»Richtig reisen«

Australien

In der vorderen Umschlagklappe: Übersichtskarte Australien

In der hinteren Umschlagklappe: Der Südosten Australiens

»Richtig reisen«

Australien

Reise-Handbuch

Roland Dusik

DuMont Buchverlag Köln

Umschlagvorderseite: Stuart Highway in Südaustralien
Umschlagklappe vorn: Schafauktion in Narromine, WA
Umschlagklappe hinten: Die Skyline von Sydney mit City-Tower, im Vordergrund der Botanische Garten
Umschlagrückseite: Ayers Rock
Frontispiz: Koala
Vignette: Känguruh-Warntafel

Für meine Eltern

Über den Autor: Roland Dusik, 1956 geboren, arbeitet als freier Journalist und Fotograf und veröffentlichte eine Vielzahl von Reisereportagen und sozialkritischen Aufsätzen über das außereuropäische Ausland, insbesondere Südostasien und Australien. Bei DuMont erschienen von Roland Dusik »Richtig reisen« Philippinen, »Richtig reisen« Indonesien sowie das Reise-Taschenbuch Bali.

3. Auflage 1993

Satz und Druck: Rasch, Bramsche
Buchbinderische Verarbeitung: Bramscher Buchbinder Betriebe

Printed in Germany ISBN 3-7701-2592-4

Inhalt

Australien im Überblick

Allgemeine Landeskunde

Geschichte

Städte und Landschaften Australiens

South Australia

Western Australia

Northern Territory

Queensland

Tasmania

Praktische-Reiseinformationen

Der Autor dankt folgenden Personen und Institutionen für Hilfe und Mitarbeit

Alan Davis (State Library of New South Wales, Sydney); John Mansfield und Frank Coffa (Museum of Victoria, Melbourne); Fiona Iezzi (Brisbane Visitors and Convention Bureau, Brisbane); Christine Hughes (Western Australian Tourism Commission, Perth); Brett Preiss (School of the Air Broken Hill, NSW); Dr. John Affleck, Captain Gordon Browne und Jody Lawrence (Royal Flying Doctor Service Broken Hill, NSW); Tim Kergler (Royal Automobil Club of Victoria, Melbourne); Vicki White (White Cliffs, NSW); Rob Langley und Russ Hall (Volksrepair, Melbourne); Baron von Blumental alias Crocodile Harry (Coober Pedy, SA); Prince Leonard of Hutt (Hutt River Province, WA); Axel Blaufelder (Melbourne); Alexander Hofmann (Deutsche Presse Agentur, Sydney); Joe Bredl (Renmark, SA); Hans R. Beckers (Bangkok); Hannelore Wagner (Tourism Victoria, Frankfurt/Main); Peter Zeller (Heilbronn) und Andreas Reichel (Stadtbücherei Lauf a. d. Pegnitz). Desweiteren geht der Dank an Frank Rainer Scheck (Köln) und Hans Günter Semsek (Köln) für Anregungen, Kritik und Tips jedweder Art sowie an Bernd Kunzelmann (Köln) für die intensive Betreuung dieses Buches. Ganz besonderen Dank für ihre tatkräftige Unterstützung vor Ort verdienen ferner Dr. Walter Hohlweg und Maria, Alwis, Karoline und Mimi Hohlweg sowie Anne Dehne und Peter Jacob (Melbourne). Last but not least habe ich den vielen australischen mates, fellas, blokes und cobbers zu danken, die mir weit öfter als einmal auf ihre unkomplizierte, offene Art aus dieser oder jener Klemme geholfen haben.

Stausee Lake Nilahcootie ▷

Australien im Überblick

Allgemeine Landeskunde

Geographie

Lage und Größe

Australien ist, läßt man die Antarktis außer acht, der einzige Erdteil, der mit seiner gesamten Fläche auf der Südhalbkugel liegt. Der ›Inselkontinent‹ erstreckt sich zwischen Pazifischem und Indischem Ozean. Die Timor Sea trennt ihn im Norden vom indonesischen Archipel, die Arafura Sea und die schmale Torres Strait bilden im Nordosten die Grenze zur Insel Neuguinea, und im Südosten liegt die Tasman Sea zwischen Australien und Neuseeland. Wegen seiner isolierten Lage tief unten in der südlichen Hemisphäre nennen die Australier ihren Erdteil auch Down Under – etwa Unten Drunten.

Nach mitteleuropäischen Maßstäben ist Australien ein Land der geographischen Superlative. Von Nord nach Süd dehnt es sich (mit Tasmanien) über knapp 3700 km aus (von 10° bis 44° südlicher Breite); seine West-Ost-Erstrekkung beträgt rund 4000 km (von 114° bis 153° östlicher Länge). Mit einer Fläche von annähernd 7,7 Mio. km^2 (einschließlich Tasmanien und vorgelagerter Inseln) und einer Küstenlinie von rund 36750 km ist Australien fast so groß wie das Festlandsgebiet der USA ohne Alaska. Hinzu kommen noch verschiedene Außenbesitzungen (s. S. 34). Auf die Landkarte Europas projiziert, reicht Australien von Madrid bis Moskau, von Island bis Istanbul. Flächenmäßig rangiert es damit unter allen Ländern auf unserem Globus an sechster Stelle.

Geologische Entwicklung

Australien zählt entwicklungsgeschichtlich zu den geologisch ältesten Landmassen der Erde. Sein ehrwürdiges Alter sieht man dem Kontinent auf den ersten Blick an: Es gibt keine ausgesprochen hohen Berge; rund drei Viertel des Erdteils bestehen aus einem weiten Flachland, dessen Oberfläche von abgeschliffenen Gesteinsformationen geprägt wird.

Australien ist ein Fragment von Gondwanaland, einem jener beiden ›Superkontinente‹ des Erdaltertums, die vor rund 200 Mio. Jahren entstanden, als sich die Landmasse unseres Planeten etwa am Äquator teilte. Die riesige Landscholle von Gondwana, die sich in der südlichen Hemisphäre herausgeformt hatte, begann vor etwa 100 Mio. Jahren, im mittleren Mesozoikum, auseinanderzubrechen. Während sich Afrika und Indien loslösten und in verschiedene Richtungen wegdrifteten, blieben Südamerika, die Antarktis und Australien zunächst noch miteinander verbunden. Australien trennte sich von der Restmasse von Gondwanaland erst vor rund 60 Mio. Jahren und bewegte sich langsam in Richtung Norden, wo es vor etwa 15 Mio. Jahren mit der pazifischen Erdkrustenplatte zusammenstieß.

Fast während des ganzen Mesozoikums (vor 200–60 Mio. Jahren) sowie während des Tertiärs (vor 60–2 Mio. Jahren) waren ausgedehnte Tieflandsgebiete im Zentrum der Landmasse, aus der einmal Australien werden sollte, überflutet

Flüsse, die sich von den Randgebirgen ergossen, bildeten riesige Seen. Zudem drang von Norden her das Meer ein. Binnenseen und das Meer lagerten mächtige Gesteinsschichten aus Jura und Kreide ab. Ihnen verdankt Australien heute sein riesiges unterirdisches Wasserreservoir, da sie die wichtigsten Speicher des artesischen Wassers darstellen (s. S. 14 u. 18).

Das heutige ›Rote Zentrum‹ Australiens war damals ein fruchtbares, von üppigen Dschungeln bedecktes Gebiet. Dort, wo heute nur noch Salzseen schimmern, machten einst die Plesiosaurier, riesige fleischfressende Meeresreptilien, Jagd auf Beutetiere. Tektonische Bewegungen ließen im Tertiär das heutige Relief Australiens entstehen, so auch die Great Dividing Range, das Faltengebirge an der Ostküste.

Entscheidende Veränderungen erfuhr das Landschaftsbild Australiens schließlich während einer starken klimatischen Abkühlung in der Übergangsphase vom Tertiär zum Quartär (vor rund 2,5–2 Mio. Jahren). Die Temperaturen in den Meeresgebieten rings um Australien fielen. Infolge der Eiskappenbildung auf der Antarktis senkte sich der Meeresspiegel. Mit der Abkühlung der Atmosphäre wurden die Winde über Australien heftiger, was wiederum zu einer stärkeren Verdunstung führte. Das Binnenmeer verebbte, die Seen trockneten aus. Australien begann, das zu werden, was es heute ist: der trockenste Kontinent. Während dieses dramatischen Prozesses entstanden die ausgedehnten Steinwüsten, abflußlosen Salzseen und riesigen Dünenfelder. Aber erst mit dem Ende der letzten Eiszeit vor ungefähr 10000 Jahren war der Veränderungsprozeß abgeschlossen. Aufgrund des Abschmelzens der Eismassen stieg der Meeresspiegel an, Neuguinea und Tasmanien wurden vom Festland getrennt, und die heutigen Küstenlinien entstanden.

Geographische Gliederung und Landschaftstypen

Grob gesprochen gleicht der Aufbau des australischen Kontinents einer Schüssel. So kam es in den letzten 300 Mio. Jahren, abgesehen von der Auffaltung des östlichen Hochlandes, zu keiner markanten Gebirgsbildung. Vorhandene Unterschiede im Relief der australischen Landmasse wurden im Laufe der Erdgeschichte durch Erosion abgetragen. Nur vereinzelt widerstanden im Inneren des Kontinents härtere Gesteine den nagenden Elementen (u. a. die MacDonnell Ranges und die Musgrave Ranges). Als Endresultat präsentiert sich Australien heute als ein extrem flaches Land. Seine durchschnittliche Höhe beträgt weniger als 300 m (weltweiter Durchschnitt etwa 700 m), nur ein Zwanzigstel des Landes liegt höher als 600 m.

Der fünfte Kontinent zeigt eine relativ einfache Gliederung. Nach der Oberflächengestalt lassen sich folgende drei Großregionen unterscheiden: das Westaustralische Tafelland, die Mittelaustralische Senke und das Ostaustralische Hochland. Mitunter werden die mehr oder weniger deutlich abgesetzten flachen Küstenstreifen noch als zusätzliche Landschaftseinheiten angesehen.

Geologisch betrachtet stellt das **Westaustralische Tafelland** (Great Western Plateau) die älteste Gesteinsformation des Kontinents dar. Zum größten Teil besteht es aus dem sogenannten Westaustralischen Schild, einem Granitschild aus dem Präkambrium. Das durchschnittlich etwa 300–500 m hohe, leicht gewellte Tafelland erstreckt sich von der

Westküste bis zu einer imaginären Linie, die vom Carpentaria-Golf im Norden bis zum Spencer-Golf im Süden verläuft. Weit in das Zentrum Australiens hineinreichend, nimmt das Tafelland etwa 60% des Kontinents ein. Vereinzelt erheben sich aus den riesigen Erosionsflächen des Plateaus Bergketten, die z.T. Höhen von über 1200 m erreichen (z.B. MacDonnell Ranges mit Mt. Zeil 1510 m, Musgrave Ranges mit Mt. Woodroffe 1440 m und Hamersley Ranges mit Mt. Bruce (1474 m). An vielen Stellen ragen unvermittelt steile Inselberge empor, etwa der Ayers Rock.

Umgeben wird das ›Rote Herz‹ Australiens von ausgedehnten Wüstengebieten, die zu den größten der Erde zählen: der Great Sandy Desert südlich des Kimberley-Tafellandes im Westen, der sich nach Süden hin anschließenden Gibson Desert, der Great Victoria Desert sowie an der Grenze zwischen Nordterritorium und Queensland der Simpson Desert. Wüsten nehmen rund 40% der gesamten australischen Landfläche ein. Da sie im Jahresdurchschnitt mit über 250 mm Regen knapp über jener kritischen Marke liegen, unter der die Wüste im wirklichen Sinne beginnt, müßte man sie korrekterweise als Halbwüsten oder Wüstensteppen bezeichnen. Das gilt insbesondere auch für die Nullarbor Plain, ein baumloses und vegetationsarmes Gebiet im Norden der Großen Australischen Bucht.

Die **Mittelaustralische Senke** (Central Eastern Lowlands), ein Sedimentbecken, das in früheren geologischen Zeitaltern häufig von einem seichten Binnenmeer überflutet war, durchzieht Australien in wechselnder Breite vom Golf von Carpentaria im Norden bis zum Spencer-Golf an der Südküste. Die Senke gliedert sich in drei ausgedehnte Beckenlandschaften: die von Savanne bedeckte Tieflandbucht um den Golf von Carpentaria; das Lake Eyre Basin mit der tiefsten Absenkung (12 m unter dem Meeresspiegel) sowie das Becken des Murray River und des Darling River, die das südliche Queensland und das westliche Neusüdwales entwässern. Unterbrochen wird die Beckenlandschaft von niedrigen Bergrücken wie den Selwyn Ranges bei Mt. Isa (Queensland) und den Grey Ranges zwischen Queensland und Neusüdwales.

Ein Großteil des australischen Kontinents ist ohne Abfluß zum Meer. Das ist die Voraussetzung für die Existenz des Großen Artesischen Beckens (Great Artesian Basin), jener gigantischen Grundwasserblase, die sich in Jahrmillionen unter der Oberfläche der Mittelaustralischen Senke angesammelt hat. Dieses Becken ist ein riesiges Entwässerungsbassin, zum größten Teil gespeist von den Flüssen, die vom östlichen Randgebirge herabkommen.

Entlang der Pazifikküste, von der Cape York Peninsula im Norden bis zur Insel Tasmanien im Süden, erstreckt sich das 3200 km lange **Ostaustralische Hochland** (Eastern Highlands). Diese Reihung von zusammengeschobenen Hochplateaus mit dem Namen Great Dividing Range ist in ihrer Grundstruktur vor rund 50 Mio. Jahren entstanden. Später wurden ausgedehnte Regionen dieses Schollengebirges durch Vulkanismus geprägt (z.B. das Atherton Tableland in Nord-Queensland). Eiszeitliche Gletscher hinterließen ihre Spuren im zentralen Hochland Tasmaniens und im Bereich der Australischen Alpen im Südosten Australiens.

In dieser Region, wo der transaustralische Gebirgszug etwa 300 km breit ist, findet man auch die höchsten Berge. Im

Teilabschnitt der Snowy Mountains erheben sich einige Zweitausender, unter ihnen der Mt. Kosciusko, mit 2230 m Australiens höchster Gipfel. Gegen Norden zu wird das Gebirge schmaler und niedriger, im tropischen Teil von Queensland liegt das Hochland meistens nur noch um 600–900 m ü. d. M.

Das Outback

Hinter den schmalen besiedelten Küstenstreifen im Osten, Südosten und Südwesten des australischen Kontinents erstrecken sich über 7 Mio. km^2 trockene Ebenen und öde Savannen, Wüstensteppen und Steinwüsten, verwitterte Gebirgszüge und karges Weideland, ausgetrocknete Flußbette und gleißende Salzseen. All dies zusammen bezeichnet man als das Outback – das Hinterland, das Land hinter der Zivilisation. Festgelegte Grenzen existieren nicht für diese Region. Outback ist praktisch überall dort, wo es keine Städte gibt, wo man die Bevölkerungsdichte nach Quadratkilometern je Einwohner und nicht nach Einwohnern je Quadratkilometer mißt. Es gehört zu den einsamsten Gebieten der Erde, wo die Bedingungen rauh, das Klima extrem und die Entfernungen beängstigend sind.

Was die Lebensbedingungen im menschenarmen Inneren Australiens besonders hart macht, sind nicht nur die geringen, sondern auch die sehr unregelmäßigen Niederschläge. Es gibt Jahre, in denen kein Tropfen Regen fällt, andere, in denen sintflutartige Regengüsse die ausgedörrten Flußbette in reißende Ströme und die staubigen Ebenen in Schlammwüsten verwandeln. Zu den klimatischen Unbilden kommt die Nährstoffarmut des Bodens. Die australischen Böden sind uralt. Riesige Gebiete liegen seit Jahrmillionen brach und haben durch Verwitterung die meisten mineralischen Nährstoffe wie Phosphorite und Stickstoff verloren.

Was sich auf der Landkarte wie ein Ortsname liest, ist oft nur eine staubige Siedlung mit einigen Wellblechhütten oder ein einzelnes Farmhaus. Solch ein unwirtliches Land kann keine große Bevölkerung ernähren. Im über 1,3 Mio. km^2 großen Nordterritorium leben beispielsweise gerade 150 000 Menschen, die meisten von ihnen in den Städten Darwin und Alice Springs. Außerhalb der wenigen Orte verteilt sich die Bevölkerung des Outback zumeist auf riesigen Schaf- und Rinderfarmen. Der Sprechfunk stellt hier die wichtigste Verbindung mit der Außenwelt dar.

Der Mut der Menschen im Outback, ihre Zähigkeit sowie ihre Bereitschaft, allen Widrigkeiten zum Trotz, das Beste aus allem zu machen, haben das Urbild des typischen Bushie geprägt: hager und sehnig, wettergegerbt und wortkarg. Eine weitere Eigenschaft haben die Landleute gemeinsam: Sie halten zusammen. Nachbarschaftshilfe ist ein Schlüsselwort des sozialen Lebens. Der Staat ist weit, darum greift man sich gegenseitig unter die Arme, wenn es nötig wird.

Literatur, Geschichtsschreibung und der Film schufen in Australien eine ambivalente und oft sentimentale Mythologie des Outback. Einmal erscheint es als Region der Leere und des Scheiterns, als ein Land, wo Durst, Hunger und Hitze europäischen Abenteurern den Tod brachten. Zum anderen wird der Busch glorifiziert als das »wahre Australien«, als hartes Land für harte Männer. Australier tragen eine romantische Vorstellung in sich von jener schier endlosen Steppe unter sengender Sonne. In der Praxis aber meiden die allermeisten der knapp 18 Mio. Bewohner des Fünften Kontinents die menschenleere Weite jenseits der Großstädte.

Die Great Dividing Range ist, wie aus dem Namen bereits hervorgeht, die Hauptwasserscheide zwischen den Küsten- und Inlandflüssen, gleichzeitig stellt sie auch eine Klimascheide dar.

Karge Vegetation im ›Roten Herz‹ bei Alice Springs

Westlich des Großen Scheidegebirges, an dem sich die feuchten ozeanischen Luftmassen abregnen, beginnt unmittelbar die Trockenzone, die sich von hier bis an die Westküste erstreckt. Gegen Osten, dem Pazifik zu, fällt das Hochland fast überall steil ab zu einer bis zu 150 km breiten, sehr fruchtbaren Küstenebene. In dieser klimatisch günstigen Region konzentrieren sich die wichtigsten Städte und Agrargebiete des Kontinents.

Klima

Infolge der riesigen Ausdehnung Australiens findet man in Nord-Süd-Richtung die unterschiedlichsten klimatischen Varianten. Beinahe in der Mitte wird der Kontinent vom Südlichen Wendekreis (Wendekreis des Steinbocks) durchschnitten. Nördlich davon liegt die tropische Region Australiens (knapp 40 % des Kontinents), im Süden schließt sich die subtropische Klimazone an, die schließlich im äußersten Südosten und auf Tasmanien in die kühlgemäßigte Zone übergeht. Aufgrund der Lage Australiens stehen die Jahreszeiten auf dem Kopf: Der australische Sommer dauert von Dezember bis Februar, der Herbst von März bis Mai, der Winter von Juni bis August und der Frühling von September bis November.

Die nördlichen und die südlichen Küstenregionen Australiens liegen im Einflußbereich unterschiedlicher ozeanischer Wettersysteme, die klimabestimmend wirken. Im tropischen Norden (Nordregionen von Queensland und Westaustralien sowie ein Großteil des Nordterritoriums) sind die Niederschläge ausgeprägten Schwankungen im Jahresablauf unterworfen. Ursache dafür ist der Nordwestmonsun, der während der Sommermonate reichlich Feuchtigkeit vom Indischen Ozean herführt. Während der Regenzeit wird der Norden (das Gebiet um Darwin, der Golf von Carpentaria sowie der Küstenstreifen von Nord-Queensland) immer wieder von verheerenden tropischen Zyklonen heimgesucht.

Dem feuchtheißen Norden steht der warmgemäßigte Südosten und Südwesten gegenüber (Südteile von Neusüdwales, von West- und Südaustralien sowie Victoria und Tasmanien). Diesen Regionen bringen im australischen Winter subpolare Westwinde kalten Regen aus dem Gebiet des antarktischen Ozeans, in Höhenlagen ab etwa 1000 m auch häufig

Schneefall. Das Klima dieser Zonen läßt sich, mit Ausnahme von Tasmanien, im großen und ganzen mit jenem des Mittelmeerraumes vergleichen.

Zwischen diesen beiden großen Klimaregionen dominiert der subtropische Hochdruckgürtel. Aus der Äquatorzone stammende Luftmassen bewirken durch ihr Absinken aus oberen Schichten im Bereich des Südlichen Wendekreises ausgedehnte Hochdruckgebiete, die wiederum langandauernde Schönwetterperioden garantieren. Durchschnittlich 2500 Stunden Sonnenschein pro Jahr im südlichen und zentralen Queensland (Deutschland 1400 Stunden) verleihen diesem Gebiet den Charakter einer Ganzjahres-Urlaubsregion. Die subtropische Hochdruckzone ist aber auch verantwortlich für die extreme Trockenheit im Inneren des Kontinents.

Einen entscheidenden Einfluß auf das Klima besitzen die Kordilleren an der Pazifikküste. Unabhängig von den großräumigen Wetterzyklen sorgen in der Region des östlichen Randgebirges Passatwinde aus südöstlicher Richtung ganzjährig für Steigungsregen.

Gänzlich aus dem beschriebenen Klimaschema fällt der semiaride bis aride Kernraum Australiens (ca. 75% des Kontinents), um den sich die anderen Hauptklimazonen in nahezu konzentrischen Kreisen legen. Hier sind Niederschläge Mangelware, da sich die mit Feuchtigkeit beladenen Wolken, die vom Pazifik herübertreiben, bereits an den Gebirgsketten und Hochplateaus der Küstenregion abregnen. Die Trokkenheit allerdings hängt auch mit der geographischen Lage des Kontinents beiderseits des 30. Breitengrades zusammen, einem Bereich, in dem in beiden Hemisphären die meisten Hitzewüsten anzutreffen sind. Das Klima im Binnenland Australiens ist charakterisiert durch sehr heiße Sommer (oft über 40° C) und häufige Nachtfröste im Winter.

Abgesehen von der Antarktis ist Australien der niederschlagärmste Kontinent (Jahresdurchschnitt ca. 400 mm), allerdings mit starken regionalen Schwankungen. Während der Westen Tasmaniens und der Nordosten von Queensland in jährlich über 4500 mm Niederschlag fast ertrinken, schätzt man sich im dürren Landesinneren bei 250 mm bereits glücklich. Die Niederschlagsmenge nimmt von der Küste zum Binnenland hin rapide ab. Insgesamt haben 70% der Landoberfläche Australiens im Jahr weniger als 500 mm Regen, 40% sogar weniger als 250 mm.

Gewässer

Wasser und Trockenheit – seit Beginn der weißen Besiedlung des Fünften Kontinents ein uraustralisches Thema mit tausend Variationen. Australiens wichtigstes Problem ist die Wasserversorgung. Die Hauptstädte der einzelnen Bundesstaaten wurden alle an Flußmündungen angelegt. Australiens Flüsse aber sind keine gewaltigen Ströme, alle zusammen führen sie nur halb soviel Wasser wie der Ganges in Indien. Selbst die längsten Flüsse, der Darling River (2740 km) und der Murray River (2570 km), sind im Vergleich zur Donau oder zum Nil eher klägliche Gewässer. Und die Sonne macht alles noch schlimmer! In den meisten Regionen ist die Verdunstung höher als der Niederschlag. Fast 90% der Wassermenge, die der Kontinent durch Niederschläge erhält, fließen nicht ab, sondern verdunsten von der Erdoberfläche oder versickern ins Grundwasser. Nur in kleinen Teilen des

Dürre – Sintflut – Buschfeuer

Drei australische Plagen

Sand und Steine, Steine und Sand – so weit das Auge reicht. Kein Gras, keine Büsche, nur vereinzelt verdörrte Bäume. Dazwischen einige schrecklich abgemagerte Rinder ohne ein Gramm Fett unter dem Fell. Rund und voll sehen nur die anderen aus – die verendeten. Verwesungsgase haben ihre Körper prall aufgeblasen. So stellte sich die Situation im Jahre 1983 in weiten Regionen des australischen Binnenlandes dar. Seit mehr als zwei Jahren war über den besten Rinderzuchtgebieten Australiens kein Regen mehr gefallen. Dunkle Wolken, die ab und zu auftauchten, reagierten weder auf Flüche noch Gebete.

Während der Großen Trockenheit der Jahre 1980–1983 wurde den Australiern drastisch vor Augen geführt, welche katastrophalen Folgen lange anhaltender Regenmangel nach sich ziehen kann. Zahlreiche Schaf- und Rinderzüchter hatte die verheerende Dürreperiode in den wirtschaftlichen Ruin getrieben. Angesichts schnell schrumpfender Futtervorräte und starker Überweidung mußten viele Farmer einen Großteil ihrer Herden zu Schleuderpreisen abstoßen. Als dann die Futtervorräte voll-

Kontinents (vorwiegend im Südosten sowie auf Tasmanien) sind Flußsysteme mit stetiger Wasserführung vorhanden. Bei den meisten auf den Landkarten eingezeichneten blauen Flächen handelt es sich um fast ständig ausgetrocknete Salzseen, deren größte der Lake Eyre (9500 km^2), der Lake Torrens (5900 km^2) und der Lake Gairdner (4700 km^2) sind.

Viele Pläne wurden in Australien entwickelt, um die Wasserversorgung zu verbessern. Überall legte man große Stauseen als Wasserspeicher an oder leitete Flüsse um, wie im Fall des Snowy River-Projekts (s. S. 203).

Ein Großteil der riesigen Trockengebiete Australiens könnte nicht für die Schaf- und Rinderzucht genutzt werden, gäbe es nicht die immensen unterirdischen Vorräte an artesischem Wasser, die buchstäblich den Lebensquell des Landes darstellen. Darunter versteht man unter Druck stehendes Grundwasser, das durch wasserundurchlässige Schichten am Versickern und am Austreten an die Oberfläche gehindert wird. Oft reicht der Druck allein aus, um es nach dem Anbohren der wasserführenden Schicht an die Oberfläche sprudeln zu lassen. Andernfalls benutzt man überall im Lande Windradpumpen (s. Farbabb. 25).

Alle artesischen Wasservorkommen Australiens sind durch mehr als 30000 Brunnen und Bohrstellen erschlossen. Einige der Bohrungen erreichen Tiefen von über 2000 m, wobei das Wasser dann oft kochend heiß an die Oberfläche dringt. Das Große Artesische Becken hat eine Ausdehnung, die rund 20 % der Landfläche entspricht. Der Grundwasservorrat ist aber nicht unerschöpflich. Versiegende Brunnen sowie der nachlassende Druck deuten darauf hin, daß das entnommene Wasser nicht ganz durch Regenwasser ersetzt wird. Wegen seines hohen Salz- und Mineralgehaltes ist das artesische Wasser nur zum Tränken von Vieh geeignet.

ends aufgebraucht waren, standen sie vor der Wahl, die ihnen verbliebenen Tiere mit hohem Kostenaufwand in bessere Weidegebiete zu transportieren oder sie zu erschießen, bevor sie verhungerten.

Als dann endlich der langersehnte Regen kam, verursachte er die schlimmsten Überschwemmungen seit zehn Jahren und richtete genausoviel Schaden an wie die Dürrekatastrophe, die ihm vorausging. Rinder, welche die Dürre überlebt hatten, blieben kraftlos im zähen Schlamm stecken und verreckten elendiglich. Bereits nach wenigen Tagen standen manche Straßenabschnitte meterhoch unter Wasser. Entlegene Farmen im Outback mußten per Hubschrauber versorgt werden.

Eine noch größere Gefahr aber geht von Buschfeuern aus, die in besonders trockenen Jahren Schäden in Millionenhöhe verursachen. So trieben am Aschermittwoch 1983 orkanartige Stürme eine Feuerwalze fast 800 km weit von Adelaide bis nach Melbourne. In nur zwei Tagen vernichtete dieses Buschfeuer sieben Ortschaften und rund 2000 Häuser. 80 Menschen verloren in dem Inferno ihr Leben, über 500 wurden verletzt. Ursachen für Buschbrände sind Selbstentzündung (mitunter durch Blitzschlag), Unachtsamkeit im Umgang mit offenem Feuer sowie vorsätzliche Brandstiftung. In besonders gefährdeten Gebieten zeigen Warntafeln den Grad der Feuergefahr an. An Tagen mit totalem Feuerbann ist landesweit jedes offene Feuer im Freien strikt verboten.

Flora und Fauna

›Studierstube der Evolution‹, ein Attribut für Australien, bezieht sich auf die Tatsache, daß dort in aller Abgeschiedenheit eine eigene Entwicklungsgeschichte der Säugetiere stattfand. Unbeeinträchtigt von Vorgängen auf anderen Kontinenten, vermochte die Natur auf sehr eigenwillige Weise endemische Tier- und Pflanzenformen auszuprägen, die keinerlei Entsprechung in anderen Teilen des Globus haben.

Die Sonderstellung der australischen Fauna zeigt sich besonders eindrucksvoll an den Beuteltieren. Während Känguruhs und Koalas in den anderen Gebieten der Erde schon bald von fortgeschritteneren Säugetieren verdrängt wurden, störten sie in Australien keine anderen Großsäuger, keine fleischfressenden Landraubtiere und auch keine pflanzenfressenden Konkurrenten in ihrer Verbreitung, was anschaulich in ihrer Artenvielfalt zum Ausdruck kommt: Etwa die Hälfte aller australischen Säugerarten gehören dieser Spezies an. Erst die Annäherung der australischen Landmasse an Asien erlaubte es Plazentatieren (vor allem Nagetieren und Fledermäusen) vor etwa 15 Mio. Jahren auf dem Inselkontinent Fuß zu fassen.

In besonderem Maße unterstreicht auch die Vegetation Australiens die Eigenständigkeit des Kontinents. Ausnahmen sind die Cape York Peninsula, die einstige Landbrücke nach Neuguinea, und die nordöstlichen Küstengebiete, die sich in ihrer tropischen Flora an die indo-malaiische Inselwelt anschließen. Über vier Fünftel der vorherrschenden rund 20000 Pflanzenarten gelten als endemisch, d. h. sie sind nur in Australien und auf den eng damit zusammenhän-

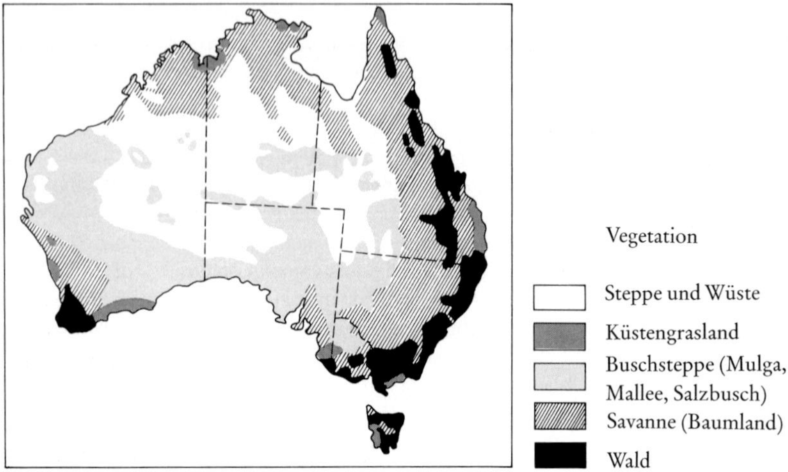

genden Inseln heimisch (u. a. rund 600 Eukalyptus- und fast 700 Akazienarten). Bezeichnend ist für viele Arten die Adaption an das heiße Klima und die Fähigkeit, lange Trockenperioden überstehen zu können.

Vegetation

Millionen Jahre lang war die Vegetation des heute überwiegend trockenen Kontinents eine ganz andere. Üppige Regenwälder überzogen weite Regionen des Landes. Mit der Austrocknung des Erdteils aber wandelte sich die Flora entscheidend. Die Pflanzenarten, die sich nicht schnell genug dem veränderten Klima anpassen konnten, starben aus. Heute überwiegen auf dem Kontinent Spezies mit einer besonders ausgeprägten Adaptionsfähigkeit.

Zu den großen ›(Über-)Lebenskünstlern‹ gehören die *Eukalypten*, die in ihrer Jahrmillionen währenden Evolution ca. 600 Arten hervorgebracht haben. Selbst Experten bereitet es oft Mühe, die unterschiedlichen Eukalyptusbäume (in Australien Gum Trees, also Gummibäume, genannt) zu bestimmen. Dort, wo wenig Wasser vorhanden ist, also vorwiegend in den Binnenregionen Australiens, wächst der Geistereukalyptus (White Ghost Gum) mit seiner charakteristischen kalkweißen Rinde, in den frostigen Hochländern der Schnee-Eukalyptus (Snow Gum). Bis in die subalpinen Zonen des östlichen Randgebirges dringt die bisweilen über 100 m hohe Bergesche (Mountain Ash) vor. Immerhin bis zu 80 m Höhe – davon 60–70 m astlos – erreichen die Stämme zweier weiterer Eukalyptusarten: der Karri- und der Jarrahbaum in Südwestaustralien. Flußbetten im Landesinneren werden meist gesäumt von Flußeukalypten (River Red Gums).

Gemeinsam ist allen Arten, daß sie im Herbst nicht ihre dickledrigen, länglichen Blätter verlieren, sondern ihre Borke schälen. Die meisten Eukalypten können infolge ihres sehr harten Holzes Schädlingen und Parasiten, etwa Termiten und Pilzen, sowie vor allem auch Buschbränden widerstehen.

Noch artenreicher als die Eukalypten sind die *Akazien* (Wattle), die man in annähernd 700 nur in Australien heimischen Arten antrifft. Wie die Eukalyptusbäume kommen sie in allen Klimazonen vor. Die Variationsbreite ihrer Erscheinungsformen ist nahezu unbegrenzt; sie reicht von nur zentimeterhohen Zwergwuchsarten in den Binnenwüsten bis zu wohlgeformten Bäumen von 15–25 m Höhe in den Hochländern der östlichen Küstenregion.

Gemessen an der Gesamtfläche besitzt Australien nur wenig Wald (5 % des Kontinents sind von Wald bedeckt, rund 60 % dagegen praktisch völlig baumlos). Geschlossene, dichte Wälder existieren nur im Bereich der Ost- und Südwestküste. Da sich die Hauptvegetationsgürtel Australiens eng an die Klimazonen anschließen, läßt sich folgende Kurzformel aufstellen: (Halb-)Wüste im Inneren, dann folgen aride Grassteppen, Buschland und Savannen, die in den feuchteren Küstenregionen in Eukalyptus-, Monsun- und Regenwälder übergehen.

Nicht einmal 1 % der Gesamtoberfläche ist heute von Regenwäldern bestanden. Tropischen, subtropischen und subarktischen oder gemäßigten Regenwald findet man in dieser Reihenfolge an isolierten Stellen entlang der Ostküste bis Tasmanien. Die ganzjährig gleichmäßig hohen Niederschläge haben aus dem Ökosystem Regenwald die üppigste Pflanzenformation der Erde geschaffen.

Eine Art Flickenteppich bildend, bedecken *tropische Regenwälder* Teile der Ostküste von der Nordspitze Australiens bis etwa zum Südlichen Wendekreis. Charakteristische Kennzeichen sind ein geschlossenes, nur wenig Son-

Weizenfeld in Victoria

Australische Umweltsünden

Die Besiedlung durch die Weißen in den vergangenen zwei Jahrhunderten hat verheerende Folgen für die ausbalancierten Ökosysteme des australischen Kontinents gehabt. Nur rund ein Drittel der Landfläche, statistisch als Ödland erfaßt, ist von den Aktivitäten der ersten weißen Siedler und ihrer Nachkommen relativ unberührt geblieben. Dabei haben sich die Vegetationsverhältnisse markant verändert: Zwei Drittel der ursprünglichen Eukalyptuswälder und drei Viertel der Regenwälder sind verschwunden. 10 % der ursprünglich über 20000 Pflanzenarten gelten als ausgestorben, 200 stehen kurz vor der Ausrottung und weitere 2000 werden als stark gefährdet geführt. Insgesamt sind nur noch 5 % der Fläche Australiens von Wald bedeckt. Der Bestand an tropischen Regenwäldern ist sogar auf 0,3 % der Gesamtfläche zusammengeschrumpft.

Heute ernährt Australien etwa 40- bis 50mal so viele Menschen wie vor der europäischen Besiedlung. Um dieses Ziel zu erreichen mußte der karge Erdteil zum Agrarland konvertieren. Schon bald war in weiten Gebieten die Regenerationskraft der natürlichen Vegetation der exzessiven Nutzung durch die eingeführten Schaf- und Rinderherden nicht mehr gewachsen. Doch statt die Notbremse zu ziehen, stockte man die riesigen Viehbestände noch einmal kräftig auf: Was die geringe Qualität des Bodens nicht hergab, sollte die Menge wettmachen. Dabei ruinierte man die dünne Schicht der australischen Muttererde nachhaltig. Zusätzlich zerstörten die Schafe und Rinder mit ihren harten Hufen die spärliche Vegetationsdecke. Dadurch gefährdeten sie nicht nur die meisten einheimischen Pflanzen, sondern förderten auch die Bodenerosion.

In anderen Landesteilen führte der Versuch, der kargen Erde ein Maximum an Erträgen abzupressen, zu einer extrem hohen Versalzung der Böden. Zunächst muß-

nenlicht durchlassendes Laubdach; eine ausgeprägte vertikale Gliederung mit bis zu über 50 m hohen Baumgiganten; eine schier unglaubliche Artenvielfalt; typische Florenelemente wie Parasiten und Epiphyten (Pflanzen, die auf anderen Pflanzen wachsen, sich aber, im Gegensatz zu Parasiten, selbständig ernähren, z. B. Orchideen, Farne und Lianen); ein wegen des geringen Lichteinfalls relativ spärlicher Bodenbewuchs. Bemerkenswerterweise mischen sich in manchen tropischen Regenwaldregionen (z. B. um das Cape Tribulation nördlich von Cairns) australische Eukalypten mit asiatischen Baumarten. In Gebieten des Nordens mit weniger Niederschlägen und zweitweiliger Trockenheit findet man zudem *Monsunwälder*. Im Gegensatz zu ›echten‹ Regenwäldern beziehen sie ihre Feuchtigkeit aus den wasserreichen Böden.

Tierwelt

Keine andere Spezies als die der Säugetiere demonstriert eindringlicher die Sonderstellung der australischen Fauna. Die bei weitem größte Gruppe unter ihnen bilden die *Beuteltiere*, auch Marsupialia (von lat. marsupium = Beutel) genannt. Fossile Funde, die auf ein Alter von 120 Mio. Jahren geschätzt werden, bewei-

ten zur landwirtschaftlichen Nutzung immer größere Waldgebiete gerodet werden. Bäume aber fungieren als gute Wasserspeicher, die das Regenwasser aufnehmen und so den Grundwasserspiegel auf einem konstanten Niveau halten. Die Abholzung jedoch führte zu einer Erhöhung des Grundwasserspiegels. Dadurch wiederum traten im Erdboden befindliche Salze an die Oberfläche und kristallisierten dort durch die Verdunstung des Wassers. Auch eine intensive Flächenbewässerung, beispielsweise im Becken der Flüsse Murray und Darling, hatte eine fortschreitende Versalzung der Böden zur Folge.

Eine in ihrem gesamten Ausmaß noch gar nicht abzuschätzende Umweltgefährdung geht auch von der, vor allem seit den letzten zwei Jahrzehnten rasch expandierenden Bergbauindustrie aus. Die Schätze, die der australische Boden birgt, seien erst »angekratzt«, heißt es. Mit ausgefeilter Technologie rücken heute Konzerne dem Land auf den Leib. Doch ihre Abbaumethoden fördern nicht nur vieles zutage, was Jahrmillionen verborgen lag, sondern sie lassen auch manches zurück, an dem nachfolgende Generationen kaum ihre Freude haben dürften. Vor allem im Norden hat der Uranabbau weite Gebiete kontaminiert. Andere Regionen werden von Zyanid- und Quecksilberrückständen bedroht, die bei der Goldgewinnung anfallen.

Die Australier scheinen auf dem besten Weg zu sein, in nur 200 Jahren das zu schaffen, wofür die Europäer 2000 Jahre gebraucht haben – einen ganzen Kontinent nachhaltig zu schädigen. In der australischen Öffentlichkeit aber stieß diese Problematik lange Zeit kaum auf Interesse. Umweltschützer, die warnend ihre Stimme erhoben, wurden häufig als »grüne Spinner« bezeichnet. Erst nach den Erfolgen von grünen unabhängigen Kandidaten bei Parlaments- und Kommunalwahlen in verschiedenen Bundesstaaten Ende der 80er Jahre gaben sich plötzlich auch die großen politischen Parteien ganz ›grün‹. Generell aber finden Umweltschutzforderungen hierzulande immer noch ein relativ geringes Gehör.

sen, daß Beuteltiere in der damaligen Welt weitverbreitet waren. Doch in den meisten Teilen des Globus wurden sie von höheren Säugetieren verdrängt.

Ein Beuteltier wird, je nach Art, 8 bis 42 Tage nach der Befruchtung geboren. Sobald die Nahrung in den winzigen dotterarmen Eiern aufgebraucht ist, verläßt der Keimling den Mutterleib. Die vorderen Gliedmaße der neugeborenen Winzlinge sind bereits so stark ausgebildet, daß sie zielstrebig und ohne Zutun der Mutter den mühseligen Weg durchs mütterliche Fell zur Milchquelle im Beutel finden. Bei Känguruhs und Kletterbeutlern (z. B. Fuchskusu) befindet sich der Beutel am Bauch der Mutter, bei grabenden Arten (z. B. Wombat) dagegen am Rücken. Im Beutel saugen sich die Jungen an den Milchzitzen fest und bleiben auf diese Weise in der folgenden Wachstumsphase untrennbar mit der Mutter verbunden, bevor sie, gewissermaßen in einer zweiten Geburt, nach zwei bis sieben Monaten ihre ›springende Wiege‹ erstmals verlassen.

Fast die Hälfte der rund 230 auf dem australischen Kontinent vorkommenden Säugetierarten sind Beutler, die bekanntesten von ihnen sind das Känguruh (s. S. 24f.) und der Koala (s. S. 270f.), ein Vertreter der Familie der vorwiegend pflanzenfressenden Kletterbeutler und Beutelgleiter (letztere werden auch als

Das ungeliebte Wappentier

Fahles Dämmerlicht liegt über den riesigen Schafweiden im Süden des Bundesstaates Neusüdwales. Bob setzt sich ans Steuer seines Geländewagens, legt eine schwere Büchse mit Zielfernrohr auf den Beifahrersitz und fährt in die aufziehende Dunkelheit. Es ist die Stunde des Jägers, der auf den Farmen im Gebiet der Kleinstadt Deniliquin grauen Schatten nachstellt: Känguruhs, die ihm bei Tageslicht mit bis zu 12 m weiten Sprüngen und Geschwindigkeiten von bis zu über 80 Stundenkilometern mühelos entkommen könnten. Doch in der Nacht haben die Tiere keine Chance. Bob ist ein Kangaroo Shooter, einer von rund 2000 professionellen Känguruhjägern mit einer staatlichen Abschußlizenz, die in harter Nachtarbeit harte Dollars verdienen.

Die Jagd auf das Känguruh (s. Farbabb. 42), das zusammen mit dem straußenähnlichen Emu zum Wappentier Australiens erkoren wurde, entzweit die Nation. Tierschützer fordern ein völliges Verbot der Jagd, stoßen dabei aber auf erbitterten Widerstand der Farmer. Sie klagen, die Beutler würden ihren Rindern und Schafen das ohnehin spärliche Gras wegfressen. Überdies machen sie die sprungkräftigen Tiere für einen Großteil der Zaunschäden verantwortlich.

Vor nur etwas mehr als 200 Jahren hatten die Menschen noch eine respektvollere Einstellung gegenüber diesen großen Beuteltieren. Die beiden Naturforscher Joseph Banks und Daniel Carl Solander, die mit Captain Cook an der Nordküste gelandet waren, stießen auf rätselhafte Lebewesen: Am Kopf und an den Ohren wollte Solander eine Ähnlichkeit zum Hasen erkannt haben. Banks, der über das enorme Lauftempo verblüfft war, verglich es mit Windhunden. Captain Cook selbst fragte die Eingeborenen nach dem Namen des Tieres. Die Antwort – Kan-ga-roo – wurde später mit ›Langnase‹ übersetzt, während neuere Sprachforschung ermittelt hat, daß es in Wirklichkeit ›Ich verstehe dich nicht‹ heißt.

Zoologisch gesehen handelt es sich bei den Känguruhs um die Familie der Macropodidae, auf deutsch: um die Großfüßer. Wer heute an Känguruhs denkt, hat hauptsächlich das Graue und das Rote Riesenkänguruh (Körpergröße zwischen 1,50 m und 2 m) in Sinn, von denen seit Captain Cooks Zeiten um die 200 Mio. Stück erlegt worden sein sollen. Das Revier dieser größten Beuteltiere Australiens sind die Busch- und Grasebenen des ariden Zentrums. Aber es hüpfen noch rund 50 andere Arten von Springbeutlern durchs Land. Wie vielgestaltig die Känguruhfamilie ist, zeigt sich an den kleinen Varianten wie Kurzschwanzkänguruh (besser bekannt als Quokka; Körperlänge 50 cm), Hasenkänguruh (bis 50 cm) und Moschusrattenkänguruh (bis 30 cm), dem kleinsten Vertreter der Art. Diese Miniaturausgaben ähneln unseren heimischen Nagetieren.

Zu den seltenen Erscheinungen unter den Springbeutlern gehören die 50–80 cm großen Baumkänguruhs, merkwürdige Kreaturen, die auf Bäumen leben, obwohl sie ihrer ›Konstruktion‹ nach eher dem Bodenleben angepaßt sind. Bereits aus weiten Teilen des Fünften Kontinents verschwunden ist das Felsenkänguruh (auch Euro oder Wallaroo genannt). Diese bis zu 80 cm große ›Gemse Australiens‹ kann ohne große Mühe vier Meter breite Schluchten überspringen. Vorwiegend in felsigen Gegenden kommen die Wallabies vor, die zierlichen Vettern des um einiges größeren Grauen Känguruhs.

Bemerkenswert ist die enorm effektive Vermehrungsmethode der meisten Känguruharten, die als wahre ›Gebärmaschinen‹ gelten können. Sobald ein weibliches Tier geschlechtsreif und befruchtet wird, beginnt eine Zeit unablässiger Jungenaufzucht. Ein Muttertier führt gleichzeitig drei Junge in unterschiedlichen Entwicklungsstadien mit sich: Während ein dem Beutelstadium entwachsenes Junges noch ständig an ihrem Schürzenzipfel hängt, wächst bereits ein Neugeborenes an den Zitzen im Beutel heran. Mehr noch: Zur gleichen Zeit liegt in der Gebärmutter meist schon wieder ein Embryo bereit.

Die Känguruhs sind ausnahmslos Pflanzenfresser – und das ist ihr Hauptvergehen. Nach Hochrechnungen der australischen Wildlife-Behörde grasen auf dem Fünften Kontinent rund 40–50 Mio. Känguruhs aller Art, also 2,4–2,9 Springbeutler pro menschlichem Einwohner. Damit hätte sich deren Kopfzahl seit Captain Cooks Zeiten verdoppelt. Aber es sind die Schaf- und Rinderzüchter selbst, auf deren Kappe die Bevölkerungsexplosion bei den Känguruhs geht. Vor der Ankunft der weißen Siedler kontrollierten natürliche Faktoren auf sehr wirksame Weise die Bestände. Bei langanhaltender Dürre beispielsweise wurden die männlichen Tiere temporär unfruchtbar. Die Farmer zerstörten dieses Gleichgewicht, als sie zur Wasserversorgung ihrer Herden überall Brunnen bohrten und Tränken anlegten, aus denen sich auch die Känguruhs bedienen konnten, und indem sie Springbeutlern auf künstlich bewässerten Weidegebieten Jahr für Jahr ein Paradies bereiteten.

Zur Jagd freigegeben sind nur die sogenannten Riesenkänguruhs: das Red, das Eastern Grey und das Western Grey Kangaroo. Der organisierten Jagd fallen nach Angaben von Tierschützern alljährlich 6–7 Mio. Känguruhs zum Opfer. Das wären etwa doppelt soviel wie die amtlichen Abschußquoten erlauben. Rund 60 % des Känguruhfleisches landet in den Futternäpfen von Hunden und Katzen – ein wahrlich unrühmliches Ende für ein Wappentier. Als menschliche Nahrung wird es in Australien nicht geschätzt, obwohl es wie Rehfleisch schmeckt und zudem weniger Fett und mehr Protein enthält als das Fleisch jedes Haustiers. Mehrfach gab es jedoch schon Prozesse, weil Fleischfirmen als Rindfleisch deklarierte Exporte mit billigem Känguruhfleisch versetzt hatten.

Flugbeutler bezeichnet). Als charakteristisches Merkmal besitzen die Kletterbeutler (auch Possums oder Opossums genannt) einen langen Greifschwanz, den sie als ›fünfte Hand‹ einsetzen. Als bekannteste Vertreter gelten der Fuchskusu, den man in Australien Buschschwänziges Possum nennt, der Ringelschwanzbeutler (Ringtailed Possum) und der Tüpfelkuskus, ein etwa 60 cm großes Tier mit 50 cm langem Schwanz, für das der häufige Farbwechsel des Felles typisch ist. Früher wegen ihrer Felle stark gejagt, bevölkern sie heute sogar Bäume in städtischen Gärten und Parks. Wo man sie füttert, werden sie bald so zahm, daß sie einem aus der Hand fressen. Der kleinste Kletterbeutler ist der Honigbeutler (20 cm Länge). Dieser Gourmet kann mit seiner langen Zunge Nektar und Pollen aus Blüten herausschlecken.

Am bemerkenswertesten aber sind diejenigen Vertreter der über 20 australischen Opossumarten, die das Fliegen – oder vielmehr das Gleiten – gelernt haben. Diese Tiere besitzen entlang der Körperflanken zwischen Armen und Beinen Spannhäute, mit deren Hilfe sie wie Segelflugzeuge im Gleitflug von Baum zu Baum fliegen können; der buschige Schwanz hält dabei die Balance und dient gleichzeitig als Steuerruder. Die bekanntesten sind die Eichhörnchen ähnelnden Beutelflughörnchen oder Zuckergleiter (Sugar Gliders), die sogar imstande sein sollen, im Gleitflug Nachtfalter zu fangen. Der größte Beutelgleiter, der bis zu 75 cm große Riesenflugbeutler, kann leicht 100 m weit segeln. So zahlreich und vielfältig die Kletter- und Flugbeutler auch sein mögen, tagsüber bekommt man sie kaum je zu Gesicht – die geborenen Nachttiere werden erst abends aktiv.

›Bodenständig‹ dagegen sind die Wombats, in Erdhöhlen lebende Nachttiere, die sich von Pflanzen ernähren. Diese bis zu 30 kg schweren Plumpbeutler (so ihr treffender deutscher Name) gelten als friedliche Gesellen, die kaum natürliche Feinde besitzen. Bedroht werden sie jedoch von einer Infektionskrankheit, die von Füchsen und verwilderten Hunden übertragen wird.

Weitere Bodenbewohner unter den Beuteltieren sind der Beutelmull, ein rund 10 cm kleines Pelztier, das im Sand nach Insekten und deren Larven gräbt, sowie der Ameisenbeutler oder Numbat, auf dessen Speisezettel täglich rund 20 000 Ameisen oder Termiten stehen. Der in den Wäldern Südwestaustraliens beheimatete Numbat existiert nach Schätzungen nur noch in etwa 2000 Exemplaren; Füchse drohen ihm nun gänzlich den Garaus zu machen. Die Numbat-Weibchen besitzen statt einer ausgebildeten Beuteltasche nur eine einfache Hautfalte mit Zitzen. Ihrer ausgeprägten Schnauze verdanken die ebenfalls bodenbewohnenden Nasenbeutler oder Bandicoots ihren Namen. Zu ihnen gehören die Kaninchennasenbeutler und die Beuteldachse. Diese nachtaktiven und allesfressenden Tiere sind in den Savannen und Halbwüsten beheimatet.

Zu den wenigen fleischfressenden Beuteltieren (Raubbeutler) zählt die insektenvertilgende Beutelmaus, der wegen seiner Überfälle auf Hühnerställe gefürchtete Beutelmarder sowie der Beutelteufel und der Beutelwolf. Erst zu Beginn des 19. Jahrhunderts wurde letzterer, wegen seiner tigerähnlichen Fellzeichnung auch Tasmanischer Tiger genannt, entdeckt, seit 1936 gilt dieser größte neuzeitliche Raubbeutler Australiens als ausgestorben. Ebenfalls fast ausgerottet wurde der dachsgroße Beutelteufel (auch Tasmanischer Teufel genannt), der durch sein friedfertiges Verhalten seinen Namen Lügen straft. Heute steht der nach Vögeln, Reptilien und kleinen Säugetieren jagende Raubbeutler unter Schutz.

Als Relikte aus der Urzeit gelten die sogenannten *Kloakentiere*, die als Überlebende eines Entwicklungsstadiums von den Reptilien zu den Säugern angesehen werden. Zu ihnen zählen das Schnabeltier (Platypus) und der Schnabeligel (Echidna), zwei skurrile Tiere, die allein in Australien und Neuguinea überlebt haben. Ihr Name rührt daher, daß sie nur eine rückwärtige Körperöffnung – die Kloake – besitzen, die gleichermaßen als Geschlechtsorgan und Exkrementenauslaß dient.

Als 1798 das erste Exemplar des Platypus am Britischen Museum in London eintraf, glaubten die Wissenschaftler an einen zoologischen Scherz: Ein Tier, halb Reptil, halb Säuger, mit einem Fell wie eine Robbe, mit Schwimmflossen, Entenschnabel und Biberschwanz – das konnte es nicht geben! Weitere 80 Jahre dauerte es, bis man herausfand, daß diese kuriosen Kreaturen Eier legten, ihre Jungen aber später säugten. Dabei tritt die Muttermilch auf einem Drüsenfeld aus zahlreichen Poren aus und wird von den Jungen von der Haut aufgeleckt.

Das Schnabeltier lebt in ufernahen Erdlöchern entlang der Binnengewässer Ostaustraliens und Tasmaniens, in eiskalten Bächen der Australischen Alpen ebenso wie in warmen Flüssen des tropischen Queensland. Für das Leben im Wasser ist das 50–60 cm lange Tier hervorragend angepaßt: Die Zehen aller vier Füße sind mit Schwimmhäuten bespannt, das dichte und fettige Fell schützt vor Kälte. Mit seinem entenähnlichen, aber ledrigweichen Schnabel sucht es vorwiegend in den Dämmerstunden am Grund der Gewässer nach großen Mengen von Wasserinsekten und -larven, Schnecken und Würmern. An den Hinterfüßen besitzt das Männchen einen hohlen Sporn, der mit einer Giftdrüse verbunden ist; das Sekret kann einen Hund töten und auch beim Menschen enorm schmerzhafte Schwellungen hervorrufen.

Schnabeltiere stehen unter strengem Schutz. Es ist aber außerordentlich schwierig, sie in freier Wildbahn zu beobachten. Zuchtversuchen in zoologischen Gärten blieb bislang nur ein geringer Erfolg beschieden. Gute Möglichkeiten, ein Schnabeltier zu beobachten, bieten sich u. a. im Sir Colin McKenzie-Tierpark in Healesville bei Melbourne.

Mit seinem einzigen Verwandten hat der Schnabeligel rein äußerlich so gut wie nichts gemeinsam. Er liebt das Unterholz und ernährt sich vorwiegend von Ameisen und Termiten. Mit seinen kräftigen Klauen kratzt er deren Bauten auf und erbeutet die Insekten mit Hilfe seiner langen klebrigen Zunge. Als relativ kleiner, nur 30–40 cm großer Landbewohner, muß sich der Echidna in ganz besonderer Weise gegen natürliche Feinde schützen: Droht Gefahr kann er sich binnen Sekunden senkrecht in die Erde eingraben, indem er seine spatenartigen Klauen wie ein Schaufelrad benutzt. Oft genügt ihm aber auch schon sein Stachelpanzer mit bis zu 6 cm langen Dornen als Schutz. Dank seiner Wehrhaftigkeit ist der Schnabeligel praktisch über den gesamten Kontinent verbreitet.

Zur Gruppe der *›normalen‹ Landsäugetiere*, die – von Asien her eingewandert – bereits vor Ankunft des Menschen auf dem australischen Kontinent vorkamen, zählen lediglich Fledermäuse und Flughunde sowie Mäuse und Ratten. Unter den in australischen Meeresgebieten heimischen *plazentalen Säugetieren* (Seelöwen, Seebären, Delphine, Wale u. a.) verdienen die Seekühe (Dugongs) besondere Beachtung, die auf den ersten Blick großen plumpgebauten Robben gleichen. Als reine Vegetarier ernähren sich diese Tiere, die 3–4 m lang und mehrere hundert Kilogramm schwer werden können, ausschließlich von Wasserpflanzen.

Zum Ruf Australiens als ein einzigartiges zoologisches Museum hat nicht zuletzt auch die spezifische *Vogelwelt* beigetragen. Von den rund 720 bislang auf dem Kontinent registrierten Vogelarten haben Ornithologen 530 als endemisch ausgemacht. Zudem ist Australien für viele in der Nordhemisphäre brütende Küstenvögel ein wichtiges Überwinterungsgebiet.

Pelikan

Bestens bekannt ist der Emu, nach dem Strauß mit 1,50–1,80 m Scheitelhöhe und bis zu 60 kg Gewicht der zweitgrößte Vogel der Erde. Wie sein afrikanischer Vetter ist der Emu ein etwas behäbig wirkender Laufvogel. Er besitzt nur verkümmerte Flügel und kann daher nicht fliegen, entwickelt aber bei Gefahr Laufgeschwindigkeiten von bis zu 60 Stundenkilometern. Außerdem gilt er als exzellenter Schwimmer. Emus, die in Gruppen von fünf bis sieben Tieren leben, praktizieren eine bemerkenswerte Arbeitsteilung: Das Weibchen legt die Eier, das Männchen übernimmt das Ausbrüten und später das Aufziehen der Jungen. Ein Emu vertilgt Unmengen von Insekten, aber auch jede Menge Gräser aller Art. Deshalb rückten ihm die australischen Farmer als Nahrungskonkurrenten ihrer Nutztiere und Zerstörer ihrer Weidezäune massiv auf den Leib.

Ein weiteres Unikum der australischen Fauna ist der Kookaburra (s. Farbabb. 47), ein etwa 45 cm großer Eisvogel mit einem heiseren Lachen, das ihm von deutschen Siedlern den Namen ›Lachender Hans‹ eingetragen hat. Meist frühmorgens bilden mehrere dieser übermütigen Burschen einen lautstarken Chor und sind dann beinahe imstande, Tote zu erwecken. Dennoch gilt der Kookaburra als ein besonderer Freund des Menschen, da er als Fleischfresser nicht nur Mäuse, Insekten und anderes Ungeziefer vertilgt, sondern gelegentlich auch Schlangen fängt, und zwar auch giftige.

Ebenso ungewöhnlich ist der Leierschwanzvogel (Lyrebird), der einen sehr melodischen Gesang besitzt, aber auch andere Vögel nachahmen kann. Wegen seiner prachtvollen Schwanzfedern wurde diesem im Südosten Australiens heimischen Vogel lange Zeit nachgestellt. Jetzt steht er unter strengem Schutz und kann mit etwas Glück auch wieder in der freien Natur beobachtet werden. Das ist vor allem während ihrer Balzzeit interessant, weil dann die Hähne bei spektakulären Tänzen ihre leierförmigen Schwanzfächer öffnen.

Ein ungewöhnliches Balzverhalten zeigen auch die mit den Paradiesvögeln verwandten Laubenvögel. Um die Weibchen zur Paarung anzulocken, errichten die Männchen im Zentrum ihres Territoriums tunnel- oder hüttenförmige Lauben. Als Baumaterial verwenden sie da-

Emu

bei Zweige, Gras und Moos, aber auch künstliche Schmuckstücke wie Wäscheklammern oder andere Plastikartikel.

Eine weitere Besonderheit in der Tierwelt sind die Großfußhühner, die ihre Eier nicht mittels ihrer Körperwärme ausbrüten, sondern dazu ›fremde Energiequellen‹ nutzen, z. B. Sonnenenergie, vulkanische Wärme oder die Gärungswärme faulender Pflanzen. Das Thermometerhuhn beispielsweise scharrt eine tiefe Mulde aus und füllt diese mit verrottenden Pflanzenteilen und Sand auf. Nachdem die Henne ihre Eier (im Durchschnitt 20) in diesen Brutapparat gelegt hat, reguliert der Hahn mit enormem Arbeitsaufwand exakt die Gärungstemperatur. Mit einem Organ im Schnabelinneren, das wie ein Thermometer funktioniert, kann er dabei die Temperatur genau messen.

Weitere markante Vertreter der australischen Vogelwelt sind der Brolgakranich (ein legendärer Tanzvogel mit einer Flügelspannweite von über 2 m), der Honigfresser (ein Feinschmecker, der sich vom Nektar von Eukalyptusblüten ernährt), der Jabiru (Australiens einziger wirklicher Storch), der Schwarze Schwan (den es nur auf dem Fünften Kontinent gibt), der Australische Pelikan (ein ausgezeichneter Fischer, der seinen Schnabel als Fangnetz benutzt) und die Magpie (die australische Elster).

Last but not least müssen natürlich die Papageien erwähnt werden. Unter den 55 Arten dominieren die Loris, als deren

Python

bekanntester Vertreter wiederum der Allfarb- oder Regenbogenlori (Rainbow Lorikeet, s. Farbabb. 45) gilt. Man findet ihn in Schwärmen entlang der Ostküste, und zwar nicht nur weit ab in der Wildnis, sondern bis hinein in die Stadtparks. Weitere Papageienarten sind bei uns als Käfigvögel bekannt, wie z. B. verschiedene Sittiche (s. Farbabb. 46) und Rosellas. Wie bei uns die Spatzen, bewohnen auf dem Fünften Kontinent die Rosakakadus (in Australien Galahs genannt) als weitverbreitete Vögel die Bäume. Die Getreidefarmer verfolgen sie gnadenlos wegen ihres Appetits auf Saatgut.

Australien besitzt eine außergewöhnlich artenreiche *Reptilienwelt*, denn in fast allen Regionen des Kontinents herrschen ideale klimatische Bedingungen für diese sonnenbedürftigen Lebewesen. Förmlich überschwemmt wird Australien von Echsen, die in fünf Familien mit rund 500 Arten vorkommen und in allen Klima- und Vegetationszonen vom ariden Zentrum bis zum tropischen Regenwald angetroffen werden.

Mit annähernd 300 Arten weisen die Skinke die größte Artenvielfalt auf. Charakteristische Vertreter sind der Blauzungenskink, der bei Gefahr drohend seine blau gefärbte Zunge herausstreckt, sowie der mit seinem unförmigen, fettspeichernden Schwanz und seinen dikken Schuppen recht merkwürdig aussehende Tannenzapfenskink. Die nachtaktiven bis zu 25 cm großen Geckos, die in rund 90 Arten vorkommen, gelten bei den Australiern als beliebte ›Haustiere‹, da sie fast ausschließlich Insekten fressen. Dank ihrer speziellen Haftzehen können diese großäugigen Echsen bei ihrer Beutejagd an Wänden und sogar Zimmerdecken herumrennen. Als zwei markante Beispiele der tagaktiven Agamen, die mit 65 Arten vertreten sind, können der Dornteufel (Thorny Devil) und die Kragenechse (Frilled Lizard) gelten.

Ganz typisch für Australien sind auch die Warane (rund 25 Arten; s. Farbabb. 44). Als geschickte Kletterer besitzen diese Räuber scharfe Klauen und einen muskulösen Schwanz. Eine imposante Erscheinung ist der weitverbreitete Gouldwaran. Wegen ihrer fast gänzlich verkümmerten Beine werden die Flossenfüßler, von denen rund 30 Arten bekannt sind, häufig für Schlangen gehalten. Im Unterschied zu Schlangen aber ist ihre Zunge nicht gespalten.

Rund 140 Schlangenarten (75 % davon Giftschlangen) begründen Australiens Ruf als ›giftigster Kontinent der Welt‹. Vor allem in der Familie der Giftnattern finden sich einige der giftigsten Schlangen unseres Planeten. Am meisten gefürchtet sind die ca. 1 m lange Tigerotter (Tiger Snake), der bis zu 3,5 m lange Taipan, die nur ca. 75 cm lange Todesotter (Death Adder) und die bis zu 2,5 m lange Schwarzotter (Black Snake), die seitlich ein auffallend rotes Schuppenkleid trägt. Berechnet man die Gefährlichkeit danach, wie viele Schafe ein Biß töten kann, so soll der Biß einer Tigerotter soviel Gift freisetzen, um 120 Schafen den Garaus zu machen, beim Biß eines Taipan reicht es sogar für 220. Als noch eine Stufe tödlicher gelten die australischen Seeschlangen. Ungiftig und weitgehend ungefährlich sind die Riesen- oder Würgeschlangen, deren Verbreitung sich auf den tropischen Norden beschränkt.

Als besonders urtümliche Vertreter der australischen Reptilienwelt sind noch die Meeresschildkröten (5 Arten) und die Süßwasserschildkröten (12 Arten; auch Schlangenhalsschildkröten genannt) zu erwähnen sowie zwei Arten von Krokodilen, welche die Flüsse des tropischen Nordaustraliens bewohnen

(Süßwasserkrokodil und Salzwasser- bzw. Leistenkrokodil; s. S. 396f.).

Die *Amphibienwelt* wird ausschließlich durch Frösche repräsentiert. Das Verbreitungsgebiet der über 150 Arten beschränkt sich auf die feuchteren Regionen, jedoch gibt es einige Arten, die sich auf erstaunliche Weise an das Leben in Trockengebieten angepaßt haben. So kann der Wasserreservoirfrosch Zentralaustraliens in seinem Körper Wasser speichern und in einer Höhle eingegraben lange Trockenperioden überstehen. In manchen sehr trockenen Gegenden graben ihn bisweilen Aborigines aus, wenn sie kein Wasser mehr haben.

Unter den 180 *Süßwasserfischarten* befindet sich eine Kreatur, die oft als »lebendes Fossil« bezeichnet wird – der Lungenfisch. Diese bis zu 1,5 m großen und 40 kg schweren Quastenflosser leben nur noch in zwei Flußsystemen im Norden von Queensland. Zusätzlich zu ihren Kiemen besitzen die Lungenfische eine primitive Lunge, mit der sie auch atmosphärische Luft atmen können.

In den Flüssen des tropischen Nordens zu Hause ist der Barramundi, Australiens Edelfisch Nummer eins. Dieser dem Lachs ähnelnde Fisch wird bis zu 1 m lang und oft 10–12 kg schwer.

Ein geradezu phantastisch anmutender Reichtum an Lebewesen findet sich in den Gewässern, die den Fünften Kontinent umspülen. In rund 2200 Fischarten, darunter fast 100 Hai- und mehr als 50 Rochenarten, kommt die Vielfalt der australischen Aquafauna anschaulich zum Ausdruck.

Die Welt der *Wirbellosen* ist von einer schier unerschöpflichen Vielfalt (50000 Arten). Riesengrößen erreichen manche Libellen wie die Giant Dragonfly mit bis zu 16 cm Spannweite und die Gottesanbeterin mit einer Länge von bis zu 25 cm. Unter den Termiten wurde eine Art berühmt: die Kompaß- oder Magnettermiten, deren Hügel man nur in der Gegend von Darwin und nirgendwo sonst auf der Erde findet. Ihre einzigartigen Bauten sind bis zu 3 m hoch, etwa ebenso lang, aber nur 10–20 cm breit. Durch die exakte Nord-Süd-Ausrichtung der Hügel treffen die Sonnenstrahlen morgens und abends auf die Breitseiten, während der heißesten Tageszeiten jedoch nur auf die schmalen Seiten. Andere Termitenarten Nordaustraliens können bis zu 10 m hohe ›Wolkenkratzer‹ errichten. Giganten gibt es aber auch unter den Würmern Australiens. Hier lebt z. B. der Megascolides australis, mit über 3 m der größte Regenwurm der Welt.

Von den 1500 Spinnenarten können nur zwei Giftspinnen dem Menschen gefährlich werden: Die Trichternetzspinne (Funnelweb Spider), die vor allem im Raum Sydney vorkommt und dort vor der Entwicklung eines Antiserums für mehrere Todesfälle verantwortlich war, sowie die Rotrückenspinne (Redback Spider), die australische Variante der Schwarzen Witwe.

Der Dingo, das älteste der *›importierten Tiere‹*, ist mutmaßlich ein Abkömmling jener halbdomestizierten Hunde, die von aus Asien einwandernden Stämmen vor 10–12000 Jahren mitgebracht worden waren. In Australien verwilderte der Dingo und entwickelte sich zu einem Landraubtier. Charakteristische Merkmale sind ein gedrungener Kopf mit kräftigen Kiefern und kurze, dreieckige, stets aufgestellte Ohren. Der Dingo jagt vorwiegend allein, schließt sich manchmal aber auch, wenn ein großes Tier gerissen werden soll, einer Meute an. Als blutdürstige Viehdiebe wurden die Dingos von den Farmern zum Freiwild erklärt, allerdings ohne sehr großen

Erfolg. In den Gebieten Inneraustraliens, wo es keine Viehzucht gibt, machen die Dingos nach wie vor Jagd auf ihre herkömmlichen Beutetiere (u. a. Kaninchen, kleine Beuteltiere, Echsen, Mäuse, Vögel). Biologen sehen im Dingo ein Geschöpf, das einen wesentlichen Beitrag zur Erhaltung des natürlichen Gleichgewichts leistet, indem es verletzte und kranke Tiere ausmerzt.

Im Lauf der Besiedlung des Fünften Kontinents wurden wiederholt gedankenlos überseeische Tiere eingeführt, was stets unvorhergesehene Folgen auf ausbalancierte Ökosysteme hatte. Zu einer gefährlichen Landplage sind die Wildkaninchen geworden. Als die vornehmen englischen Herrschaften die Kaninchenjagd vermißten, setzte man 1858 in Victoria kurzerhand aus England importierte Tiere aus. Ohne natürliche Feinde fraßen sie sich mit großer Geschwindigkeit (80–100 km pro Jahr) durch den Busch, nahmen Schafen, Rindern und wildlebenden Tieren wie Känguruhs die Nahrung weg und verursachten teilweise sogar die Versteppung der Weidegründe. Doch alle Maßnahmen, die zu einer Dezimierung führen sollten, scheiterten. Erst der Erreger der Myxomatose, der tödlich verlaufenden Kaninchenpest, der Kaninchen eingespritzt wurde, konnte rund 90 % aller Nager vernichten. Inzwischen sind viele Kaninchen immun gegen das Virus geworden. Derzeit experimentiert man mit ständig wechselnden Krankheitserregern, um die Kaninchenbestände annähernd unter Kontrolle zu halten.

Zu Plagen aber haben sich auch noch andere importierte Tiere entwickelt. Füchse, die man ursprünglich zur Kaninchenbekämpfung eingeführt hatte, und verwilderte Hauskatzen richten nach wie vor an der heimischen Tierwelt wahre Massaker an. Enorme Verwüstungen in der Fauna und Flora verursachen auch Esel- und Ziegenherden sowie wilde Schweine und Kamele. Eine große Gefahr geht zudem von den Wildpferden (Brumbies) aus, die sich hauptsächlich in Inneraustralien ausgebreitet haben. Diese Nachfahren von ausgebrochenen oder freigelassenen zahmen Pferden sind Nahrungskonkurrenten für zahlreiche heimische Tiere.

Auch gutgemeinte Importe schlugen mitunter ins Gegenteil um, so die Einfuhr der Zuckerrohrkröte (Cane Toad). Diese Riesenkröte wurde 1935 aus Südamerika importiert, um in Zuckerrohrfeldern in Queensland einem heimischen Käferschädling den Garaus zu machen. Mittlerweile sind die bis zu 20 cm großen Tiere selbst zur Plage geworden, weil sie zunehmend nützliche Insekten vernichten, die Parasiten aber ignorieren. Da sie selbst enorm giftig sind, haben sie auch keine natürlichen Feinde. Derzeit breiten sich die Zuckerrohrkröten mit einer Geschwindigkeit von 27 km pro Jahr in Richtung Darwin aus, das sie im Jahr 2020 erreicht haben könnten.

Regierungssystem

Das Commonwealth of Australia, so die offizielle Landesbezeichnung, ist eine parlamentarisch-demokratische Monarchie und Mitglied des Commonwealth of Nations. Mit verschiedenen Modifikationen gilt heute noch die Verfassung vom 9. Juli 1900, auf deren Basis sich damals sechs britische Kolonien zu der unabhängigen Nation zusammenschlossen. Staatsoberhaupt und nominell Inhaber der höchsten Exekutivgewalt ist nach wie vor der britische Monarch, vertreten durch einen von der australischen Regierung vorgeschlagenen Generalgouverneur (seit 1989 Bill Hayden) sowie Repräsentanten in den einzelnen Gliedstaaten. Die Aufgaben des Vertreters der Krone beschränken sich in der Regel auf gesellschaftliche Anlässe und symbolische Amtshandlungen. Nach einem ungeschriebenen Gesetz nimmt er seine politisch bedeutsamen Rechte, wie die Entlassung des Premierministers und die Auflösung des Parlaments, gewöhnlich nur nach Rücksprache mit Premierminister und Kabinett wahr. Eine Ausnahme stellte im Jahre 1975 die heute noch umstrittene Absetzung der damaligen Labor-Regierung durch den Generalgouverneur Sir William Kerr dar.

Einerseits wurden zahlreiche politische Institutionen des Commonwealth of Australia nach britischen Vorbildern geschaffen, andererseits aber stützt sich das australische Regierungssystem auf eine föderalistische Verfassung, die stark der amerikanischen ähnelt. Die gesetzgebende Gewalt liegt beim australischen *Bundesparlament* (Federal Parliament) mit Sitz in Canberra, das sich aus Repräsentantenhaus und Senat zusammensetzt. Das alle drei Jahre neu gewählte *Repräsentantenhaus* (House of Representatives) ähnelt dem britischen Unterhaus und ist Szenarium der wichtigsten politischen Auseinandersetzungen. Die Verteilung der 148 Sitze erfolgt nach Länderproporz und Wahlstimmenanteilen. Die zweite Kammer des Bundesparlaments stellt der *Senat* (Oberhaus) dar, in dem aus jedem der sechs Bundesstaaten jeweils 12 Senatoren, aus dem Nordterritorium und dem Bundesdistrikt um die Hauptstadt je zwei Senatoren vertreten sind. Alle drei Jahre wird jeweils die Hälfte der Senatoren auf sechs Jahre gewählt. Aufgrund seines Vetorechtes gegenüber vom Repräsentantenhaus verabschiedeten Gesetzen spielt der Senat eine legislative Wächterrolle.

Für alle Bürger Australiens über 18 Jahren besteht Wahlpflicht. Wer nicht an der Wahlurne erscheint, dem droht eine Geldstrafe. Die einzige Möglichkeit, seine Wahlabneigung kundzutun, ist der absichtlich falsch ausgefüllte Stimmzettel.

Verwaltung

Das Commonwealth of Australia gliedert sich heute in sechs innenpolitisch weitgehend autonome Bundesstaaten mit eigenen Gouverneuren und für regionale Belange zuständige Regierungen. Der flächenmäßig größte Staat ist Western Australia (Westaustralien; WA), gefolgt von Queensland (QLD), South Australia (Südaustralien; SA),

New South Wales (Neusüdwales; NSW), Victoria (VIC) und dem Inselstaat Tasmania (Tasmanien; TAS). Der kleine Distrikt mit der Bundeshauptstadt Canberra (Australian Capital Territory; ACT) wird von der Zentralregierung verwaltet. Das gleiche galt bis 1978 für das spärlich besiedelte Northern Territory (Nordterritorium; NT), das jetzt unter einem Chief Minister beschränkte Selbstverwaltung besitzt. Hinzu kommen einige kleine Außenbesitzungen im indo-pazifischen Raum (u. a. Norfolk Island, Heard and McDonalds Islands, Cocos oder Keeling Islands, Christmas Islands, Lord Howe Island und Coral Sea Islands Territory). Weiterhin erhebt Australien Anspruch auf einen Sektor in der Antarktis.

Die einzelnen Gliedstaaten der Föderation sind politisch gleichartig organisiert (nur Queensland hat 1922 den Senat abgeschafft). Sie besitzen eigene Verfassungen, die aber prinzipiell mit der Bundesverfassung im Einklang stehen, sowie unabhängige Staatsparlamente, die für ihre Gebiete weitgehend die gleichen legislativen Befugnisse haben wie die Bundesregierung für das gesamte Land. Folgende Bereiche fallen laut Bundesverfassung in die Kompetenz der Zentralregierung in Canberra: Außenpolitische Angelegenheiten, Landesverteidigung, Steuerwesen, Außenhandel, Post- und Fernmeldewesen, Sozialfürsorge, Angelegenheiten der Ureinwohner, Ein- und Auswanderung u. a. Zu den Zuständigkeiten der Einzelstaaten zählen u. a. Bildungs- und Gesundheitswesen, Verkehr, Landwirtschaft, Justiz und Polizei.

Im politischen Alltagsleben kommt es allerdings nicht selten zu Kompetenzüberschneidungen zwischen Bundes- und Staatsregierung. Dadurch daß die Zentralregierung die alleinige Entscheidungsgewalt in Steuerangelegenheiten für sich reserviert hat, kann sie die finanziell von ihr abhängigen Bundesstaaten in mancherlei Hinsicht ans politische Gängelband nehmen. Egal, welche Regierung die Geschicke Australiens lenkt, eine kämpferische Haltung der Einzelstaaten gegenüber Canberra ist seit Jahrzehnten Tradition.

Politische Parteien

Es gibt zwar mehrere politische Parteien in Australien, de facto aber hat sich ein Zweiparteiensystem durchgesetzt. Die beiden größten Parteien, von denen in den letzten Jahrzehnten auch stets eine die Regierung stellte, sind die *Australian Labor Party* (Australische Arbeiterpartei; ALP) und die *Liberal Party of Australia* (Liberale Partei; LP).

Die 1891 aus der Gewerkschaftsbewegung hervorgegangene ALP ist die älteste der politischen Parteien. Kernpunkte ihrer politischen Zielsetzung sind eine demokratische Sozialisierung wichtiger Bereiche der Ökonomie, Multikulturalismus als gesellschaftliches Konzept, eine behutsame Umweltpolitik sowie generell Chancengleichheit für alle Australier. Allerdings ist die ALP derzeit reichlich zerstritten zwischen Anhängern eines stärker wirtschaftlichen sowie solchen eines stärker sozialen und ökologischen Kurses. Ihre Wählerschaft rekrutiert die ALP vornehmlich unter den (Industrie-) Arbeitern der Großstädte sowie in katholischen Kreisen.

Erst 1944 gegründet, regierte die konservative LP bisher am häufigsten. Die heute in Opposition stehende Liberale Partei profilierte sich seit ihrer Gründung als Verfechterin der freien Marktwirtschaft sowie generell freier Entfaltungsmöglichkeiten des Individuums. Außen- und verteidigungspolitisch tritt sie für eine enge Zusammenarbeit mit den USA ein.

Zu den einflußreichen politischen Gruppierungen zählt heute auch die *National Party* (Nationale Partei; NP), die 1916 unter dem Namen National Country Party als Interessenvertretung der Farmer gegründet wurde. Wiederholt bildete die als streng antisozialistisch und rechts der Liberalen eingestufte ›australische CSU‹ sowohl auf nationaler als auch bundesstaatlicher Ebene Regierungskoalitionen mit der LP.

Unter den übrigen politischen Gruppierungen verfügt lediglich die *Australian Democrats Party* (Partei Australischer Demokraten; ADP) über größere Stimmenanteile (1990 knapp 10 %). Diese 1977 gegründete und bislang nur im Senat vertretene Organisation ist vor allem in Fragen des Umweltschutzes engagiert. Die restlichen Parteien sind relativ unbedeutend, wenn auch ein wachsendes Umweltbewußtsein und die allgemeine Unzufriedenheit mit den großen Parteien zu einem merklichen Anwachsen des Wählerpotentials der linken grün orientierten Parteien und Gruppierungen geführt hat.

Schuld an der Polarisierung innerhalb der australischen Parteienlandschaft ist das Wahlsystem, das seit Jahrzehnten dafür sorgt, daß die großen Parteien die Frage der Macht allein unter sich ausmachen können. Ähnlich wie in Großbritannien muß für jeden Sitz im Repräsentantenhaus ein Wahlkreis mit absoluter Mehrheit gewonnen werden. Nach dem Verhältniswahlrecht werden bislang nur die Senatsvertreter bestimmt.

Nach den Wahlen von 1993 (1990) hat die ALP im Repräsentantenhaus 80 (78) Mandate bei 44,9 % (39,6 %) der Wählerstimmen sowie die LP 49 (55) Sitze bei 36,8 % (35,1 %) der Stimmen und die

Zeitungsverkäufer in Brisbane

Leben in Suburbia

So gering die australische Bevölkerungsdichte ist, so rasch die Siedlungsdichte gegen das heiße Landesinnere zu abnimmt, so hoch ist der Grad der Verstädterung. Wenn man alle Bewohner von Orten mit mehr als 2000 Einwohnern als städtische Bevölkerung zählt, so erreicht deren Anteil an der Gesamtbevölkerung 85,5 % (Stand: Mitte 1990). Damit lebt in Australien – allen Mythen zum Trotz – die am stärksten urbanisierte Gesellschaft der Erde. Hinzu kommt, daß sich die Bevölkerung auf wenige sehr große Städte konzentriert. So leben knapp 70 % der Australier in den zehn größten Städten, wo sich auch die Kerngebiete des sekundären und tertiären Wirtschaftssektors befinden. Allein in Sydney, Melbourne und Brisbane konzentriert sich mit 47 % annähernd die Hälfte der Gesamtbevölkerung. Und in Melbourne drängen sich heute über 70 % der Bevölkerung des Bundesstaates Victoria – das ist der Rekord in ganz Australien.

Der hohe Verstädterungsgrad ist jedoch kein Phänomen der Gegenwart, sondern geht auf die Gründerzeit der australischen Kolonien zurück. Bereits 1850 war Australien eines der am meisten verstädterten Länder der Welt. »Sydney oder der Busch« lautet eine damals wie heute gültige australische Redensart. Die meisten Australier entschieden sich bereits während der Kolonialisierung gegen ein risikoreiches Leben im Outback. Die gesamte europäische Besiedlung des Fünften Kontinents nahm ihren Ausgang von den sechs Seehäfen und späteren Hauptstädten der Bundesstaaten. Im Landesinneren verlief die Entwicklung diametral gegensätzlich: Man nutzte das Land vorwiegend als Vieh- und Schafweidegebiet und nicht als bewirtschaftetes Ackerland, das die Anwesenheit zahlreicher Landarbeiter erfordert hätte.

Heute dehnen sich Australiens Großstädte über riesige Areale aus. Besucher aus Übersee, die nach der Ankunft in Sydney, Melbourne oder Brisbane eine beschauliche Fahrt durch Grassteppen mit Känguruhherden erwarten, werden schon bald eines besseren belehrt. Statt dessen fahren sie durch immens weitläufige Außenbezirke oder Vororte und bleiben in hoffnungslos verstopften Straßen stecken.

Die junge Physiognomie der meisten australischen Städte sieht etwa so aus: Um ein kompaktes Zentrum, in dem Bürohochhäuser vorherrschen, gruppieren sich ausgedehnte Vororte und periphere Bezirke, in denen Siedlungen aus Einfamilienhäusern das Bild prägen. Suburbia lautet hier die gängige Lebensform: Man wohnt in einer der Vorstädte und fährt nur zur Arbeit in die City, die abends und an Wochenenden verödet.

»My Home is my Castle« – in keinem Land der Erde wurde der Traum vom Eigenheim so gründlich verwirklicht wie in Australien. Nirdendwo sonst ist der Anteil der Hausbesitzer an der Bevölkerung so hoch: Fast drei von vier Australiern verfügen über ihr eigenes Heim. Obwohl in den 80er Jahren wegen rapide steigender Hypothekenzinsen und landesweiter ökonomischer Probleme die Nachfrage nach Mietwohnungen etwas anstieg, ist das typische australische Heim nach wie vor der freistehende Bungalow mit einem großen Garten ringsherum. Eine der Folgen des Lebens in Suburbia aber ist die nahezu totale Abhängigkeit vom Privatwagen: Im Durchschnitt kommt in Australien ein Auto auf rund zwei Personen.

NP 16 (15) Sitze bei 7,2 % (7,5 %) der Stimmen. Obwohl die Demokraten landesweit fast 1 Mio. Stimmen erhielten, sind sie nicht im Repräsentantenhaus vertreten. Im Senat ergab sich bei den Wahlen von 1993 folgende Sitzverteilung: ALP 37, LP 24, ADP 6, NP 5, Unabhängige 3, Antinuklearbewegung 1.

Bevölkerung

Zum Jahresende 1992 belief sich die Gesamtbevölkerungszahl Australiens auf ganze 17,7 Mio. Menschen, also weniger als in Nordrhein-Westfalen zuhause sind, dessen Landfläche 226mal auf den riesigen Kontinent paßt. Rund 75 % der Australier sind britischer Abstammung. Etwa 20 % stammen ursprünglich aus anderen europäischen Ländern (vor allem Italien, Jugoslawien, Griechenland und Deutschland) sowie ca. 3,5 % aus asiatischen und afrikanischen Staaten. Der Anteil der australischen Ureinwohner (Aborigines) beträgt knapp 1,5 %. Das ausschließlich auf die Zuwanderung zurückzuführende Bevölkerungswachstum beläuft sich auf 1,4 % im Jahr. Schätzungen zufolge wird die Gesamtbevölkerung Australiens im Jahr 2025 rund 25 Mio. betragen, wenn der Zustrom von Einwanderern unverändert anhält.

Wie auch andere Industrienationen sieht sich Australien mit dem Problem der Überalterung seiner Gesellschaft konfrontiert (prozentualer Anteil der über 65jährigen 1990 10,8 %, bis zum Jahr 2025 aller Voraussicht nach ca. 16 %). Die Lebenserwartung für weiße Australier beträgt bei den Männern 75 Jahre und bei den Frauen 80 Jahre, bei den Ureinwohnern liegt sie aber deutlich niedriger (s. S. 96). Mit einer Bevölkerungsdichte von nur 2,2 Einw./km^2 gehört Australien statistisch gesehen zu den am dünnsten besiedelten Regionen der Erde (BRD 218 Einw./km^2).

Bildungswesen

Beim australischen Schul- und Ausbildungssystem verraten nicht nur die Lehrpläne, sondern vor allem auch äußere Formen (wie z. B. die Schuluniformen und das morgendliche Antreten) britische Traditionen. Es besteht allgemeine Schulpflicht vom 6. bis 15. (in Tasmanien bis 16.) Lebensjahr. Die Verantwortung für das Bildungswesen tragen größtenteils die Regierungen der einzelnen Bundesstaaten.

Je nach Bundesstaat dauert die Primarschule sechs bis sieben, die Sekundarschule drei bis sechs Jahre. In der Regel unterliegen die letzten beiden Jahre der höheren Schulbildung, in denen die Hochschulreife erworben wird, nicht mehr der allgemeinen Schulpflicht. Etwa 20 % der Grundschulen und 25 % der weiterführenden Schulen sind private Lehranstalten. Rund 80 % dieser Privatschulen werden von der katholischen Kirche unterhalten; die übrigen sind meist ebenfalls konfessionell ausgerichtet und nach dem Vorbild englischer Internatsschulen organisiert. Hinsichtlich des Ausbildungsniveaus genießen die Privatschulen durchweg einen besseren Ruf als die staatlichen Bildungsanstalten. Allerdings ist der Besuch von nichtstaatlichen Schulen in den meisten Fällen schulgeldpflichtig.

Zunehmend beginnen neu eingewanderte Volksgruppen ihre eigenen Privatschulen zu gründen, um den Fortbestand ihrer Sprache und Kultur zu sichern. Auch unter den australischen Ureinwohnern werden immer mehr Stimmen laut,

ABC
aus dem Äther

Die im Hinterland des Fünften Kontinents lebenden Kinder von Schafzüchtern und Rinderfarmern, von Minenarbeitern und Opalschürfern sind meist unvorstellbar weit von der nächsten erreichbaren Schule entfernt. Für diese Buschkinder wurde daher eine weltweit einzigartige Einrichtung geschaffen: die School of the Air, die Schule des Äthers. Die erste dieser Schulen wurde 1951 in Alice Springs eröffnet. Bis heute sind acht weitere Sprechfunkschulen dazugekommen. Buschweit nehmen mehr als 2000 sechs- bis elfjährige Schüler, die über ein Gebiet von rund 5 Mio. km^2 verstreut wohnen, an dem Fernunterricht teil. Ihrem Alter entsprechend werden sie in Gruppen von sieben bis zehn Schülern eingeteilt. Drei Unterrichts-›Stunden‹ von jeweils 20 bis 30 Minuten Dauer pro Werktag sind Pflicht für jedes Kind.

Der Funkunterricht erfordert von den Lehrkräften eine sorgfältige Vorbereitung. Auf dem Postweg erhält jedes der teilnehmenden Kinder Unterrichtsmaterialien, wie z. B. Ton- und Videokassetten, für jede einzelne Stunde zugeschickt. Die Hausaufgaben tauschen Lehrer und Schüler auf die gleiche Weise aus. Via Äther können nur Fächer wie Englisch, Sozialkunde, Geographie oder Musik unterrichtet werden. Die Unterweisung in naturwissenschaftlichen Fächern und vor allem in Mathematik erfolgt weitgehend schriftlich. Obwohl die ›Klassenzimmer‹ nicht selten 500 km lang und 300 km breit sind, versuchen die Lehrer, ihre Schüler so oft wie möglich persönlich zu treffen, entweder bei einem Hausbesuch oder im Rahmen eines mehrtägigen School Camp, zu dem die Kinder einmal im Jahr aus einem weiten Umkreis zusammenkommen.

Brett, einer der ›Funklehrer‹ der School of the Air von Broken Hill/New South Wales, lädt den Gast aus Deutschland zur Teilnahme an einer Unterrichtsstunde seiner Klasse ein. Nach einem kurzen Morgengruß stellt er zunächst fest, ob jemand fehlt. Alle Kinder sind anwesend. »Schuleschwänzen gibt es bei uns praktisch nicht«, erklärt Brett später. Dann steht Geographie auf dem Stundenplan.

»Wer weiß, wo Germany liegt?« fragt Brett seine Schüler. In der Sprechfunkschule hebt man natürlich nicht die Hand, um sich zu melden, wenn man etwas sagen will, sondern drückt auf dem Zwei-Kanal-Funkgerät auf einen Knopf. Da die Schüler darum wetteifern, wer als erster die richtige Antwort auf die Frage des Lehrers durchgibt, dröhnt aus den Lautsprechern des Schulstudios ein kakophonisches Toninferno. »Richtig, in Europa«, sagt Brett, »und nun schlagt bitte eure Atlanten auf Seite zwölf auf, da findet ihr in der Mitte Germany.«

Der Visitor from Germany wird nun gebeten, von seiner Heimat zu erzählen. Natürlich stellen die Kinder auch Fragen. Luke auf einer seit Jahren von Dürre heimgesuchten Schaffarm fragt, ob es denn in Germany viel regne. Emma, die mit ihren Eltern und Geschwistern alleine auf einer Rinderfarm von der Größe des halben Saarlandes lebt, will wissen, wieviele Menschen und Autos es in Germany gibt. Die etwas ältere Mary, die aus einer Wellblechbaracke bei einer Opalmine herbeifunkt, will ausführlich über die Wiedervereinigung aufgeklärt werden. Schließlich ist die Stunde vorüber. »Good bye«, ruft der Hospitant in das Mikrophon. »Good bye«, schallt es aus den Weiten des australischen Outbacks zurück.

die angesichts der offensichtlichen Benachteiligung der Aborigines im weißen Bildungssystem die Schulorganisation selbst leiten wollen.

Ein Großteil der stark praxisbezogenen beruflichen Aus- und Weiterbildung findet an den 47 staatlichen Colleges (Fachhochschulen, Technischen Hochschulen) statt. Die 21 australischen Universitäten werden vorwiegend von der Bundesregierung finanziert. In vielen Studienrichtungen beschränkt ein Quotensystem die Zahl der Studienanfänger. Aufgrund eines großen Mangels an qualifizierten Akademikern im Lande hat die australische Bundesregierung allerdings Ende der 80er Jahre eine Ausbildungsoffensive gestartet, die mehr Jugendliche zum Hochschulstudium führen soll.

Wirtschaft

Allgemeines

Bis zum Zweiten Weltkrieg war Australien praktisch ein reiner Agrarstaat (Ausfuhr von Wolle, Weizen und Fleisch). Erst in den Kriegsjahren begann man, vollständig abgeschnitten von den europäischen Handelspartnern, mit dem Aufbau einer verarbeitenden Industrie.

Nach Kriegsende basierte der Aufstieg der australischen Wirtschaft aber weiterhin auf der landwirtschaftlichen Produktion. Die Entdeckung immenser Bodenschätze sowie die politische Stabilität während der Menzies-Epoche lockte allmählich immer mehr ausländische Investoren (vor allem aus England und den USA) ins Land. Bis 1960 verdoppelte sich die Zahl der Fabriken, die Menge der hergestellten Konsumgüter verdreifachte sich sogar.

In Australien entwickelte sich die größte Mittelklasse-Gesellschaft der Welt mit dem höchsten Lebensstandard nach den USA. In Übersee begann sich der Mythos von Australien als einem Auswanderungsland mit rosigen Zukunftsaussichten herauszubilden. Eingelullt von ihrem Wohlstand, verschliefen die Australier aber auch selig neue weltwirtschaftliche Trends und globale Veränderungen. Man empfand das jedoch keineswegs als Handicap, solange der Binnenmarkt durch Einfuhrbeschränkungen und Schutzzölle gegen die ausländische Konkurrenz erfolgreich abgeschottet war.

Als Großbritannien 1972 der Europäischen Gemeinschaft beitrat, verlor die australische Landwirtschaft dadurch ihren mit Abstand wichtigsten Überseemarkt, auch wenn eine Übergangsregelung den Schaden etwas minderte. Doch schon bald trat das rohstoffarme Japan an die Stelle Englands als größter Handelspartner. Zur gleichen Zeit aber verpaßte Australien im industriellen Sektor den Übergang zur Hochtechnologie. Gegen 1980 sah man die ehedem dominierende Stellung durch den gewaltigen technologischen Fortschritt in Singapur, Taiwan, Südkorea und vor allem Japan gefährdet. Die jährlichen Wachstumsraten der australischen Ökonomie begannen deutlich unter die seiner asiatischen Rivalen zu fallen. Als im Jahre 1982 eine weltweite Wirtschaftskrise die Nachfrage nach Erzen und Mineralien stark zurückgehen ließ, mußte Australien zudem im Bergbausektor enorme Devisenverluste verzeichnen. Da man die Entwicklung exporttauglicher Industrieprodukte vernachlässigt hatte, konnte auch die produzierende Wirtschaft die Einnahmeverluste aus dem Agrar- und Bergbausektor nicht auffangen.

Binnen kurzer Zeit verlor der australische Dollar gegenüber der Mark und anderen starken Währungen die Hälfte seines Wertes. Die Arbeitslosigkeit erreichte mit 600000 Erwerbslosen einen Nachkriegs-Höchststand. Der ehemalige Labor-Premier Bob Hawke, der im März 1983 sein Amt angetreten hatte, teilte die pessimistische Einschätzung der Situation, als er versuchte, seinen Landsleuten klarzumachen: »The party is over – finito. And the Australians have to understand that it is finito!«

Das Dilemma Australiens besteht immer noch darin, daß es allgemein als ein Industriestaat europäischen Musters angesehen wird, seine Wirtschaftsstrukturen im Grunde genommen aber eher an ein sogenanntes Entwicklungsland erinnern. Die Wirtschaft ist weiterhin von dem abhängig, was sich aus dem Land herausholen läßt: Über 70 % des gesamten Exportvolumens sind unverarbeitete mineralische oder landwirtschaftliche Rohstoffe, 20 % Industrieerzeugnisse. Auf der anderen Seite muß Australien über 80 % seiner Konsumgüter, vor allem seiner hochwertigen technischen Geräte (EDV-Anlagen, Elektrogeräte, Produkte der Unterhaltungselektronik u. a.) importieren. Häufig führt man dabei Erzeugnisse ein, die aus seinen exportierten Rohstoffen hergestellt sind. Diese mangelnde Diversifizierung macht die Volkswirtschaft extrem von einigen wenigen Grundstoffen abhängig.

Die einseitige Exportorientierung auf Länder wie Japan, das einen Großteil der australischen Kohle und des Eisenerzes abnimmt, birgt die Gefahr in sich, daß aufgrund schwankender Weltmarktpreise (auf die das Produzentenland wenig Einfluß nehmen kann) trotz steigender Fördermengen geringere Gewinne erzielt werden. Ein weiterer Grund für die derzeitige, von vielen als desolat eingestufte Situation liegt im Konsumverhalten der Australier, das amerikanischen Gepflogenheiten entspricht. Der Kapitalzufluß aus dem Ausland ermöglicht es den Australiern, »über ihre Verhältnisse« zu leben, d. h. einem hohen konsumorientierten Lebensstandard zu frönen, der in keinem Verhältnis zur Wettbewerbsfähigkeit der australischen Wirtschaft im Welthandel steht.

So hatte die Auslandsverschuldung, die gleich hinter der von Mexiko und Brasilien liegt, Ende 1992 mit über 150 Mrd. A–$ Entwicklungsländerniveau er-

»The party is over«

Armut in einem reichen Land

Die konjunkturellen Schwankungen der 80er Jahre haben vor allem einkommensschwache Bevölkerungsschichten stark getroffen. Im vergangenen Jahrzehnt hat sich die Anzahl derjenigen, die am Rande des Existenzminimums oder darunter leben, mehr als verdoppelt: Rund 2,7 Mio. Menschen sind mittlerweile betroffen. Auf der anderen Seite verfügen 10 % der Bevölkerung (darunter 31 000 Millionäre) über 60 % des Nationalvermögens. Noch nie war in der australischen Gesellschaft die Kluft zwischen Arm und Reich so groß. Bei steigenden Lebenshaltungskosten (mit Ausnahme der Miet- und Treibstoffpreise ist das Leben Down Under in der Regel merklich teurer als hierzulande) ist in den letzten Jahren das Realeinkommen um etwa 8 % geschrumpft. Der durchschnittliche Wochenlohn beträgt zwischen 450–500 A–$; Frauen verdienen im Durchschnitt ca. 20 % weniger.

Wer in Australiens Konkurrenzgesellschaft scheitert, der sinkt sozial schnell ab. Das dortige soziale Sicherheitsnetz weist mehr Löcher auf als ein Schweizer Käse. Soziale Errungenschaften, die bei uns mittlerweile als selbstverständlich erachtet werden, sind in Australien oft noch Utopie. Eine Lohnfortzahlung im Krankheitsfall gibt es nur für die Dauer von zwei Wochen. Die wöchentliche Arbeitslosenunterstützung von ca. 120 A-$ reicht kaum zum Überleben. Besonders hart betroffen sind etwa 50 000 Rentner, die deutlich unterhalb der Armutsgrenze leben: Ihr Einkommen entspricht gerade 25 % des Durchschnittsverdienstes eines Arbeitnehmers. Die großstädtischen Obdachlosenasyle sind derzeit bis auf das letzte Bett belegt; die Wohlfahrtsorganisationen verzeichnen nicht nur in ihren Suppenküchen, sondern auch in ihren Second-Hand-Läden einen enormen Zulauf; und die 50 000 Kinder und Jugendliche, die auf der Straße leben, lassen sich auch nicht mehr länger ignorieren.

reicht. Australiens internationale Kreditwürdigkeit wurde herabgestuft; fast ein Viertel der Exporteinnahmen müssen für den Schuldendienst verwendet werden. Auch andere Wirtschaftsdaten lassen eine lange Durststrecke erwarten: Die strukturell bedingte Arbeitslosenquote erreichte Ende 1992 einen neuen Höchststand von fast 11,5 % (ca. 850 000 Arbeitslose) und auch die Inflationsrate zog wieder auf knapp 8 % an.

Gegenwärtig steht Australien an einem wirtschaftlichen Scheideweg: Es kann sich darauf beschränken, weiterhin eine Art riesige Farm sowie gigantischer Steinbruch zu bleiben und es anderen Industrienationen zu überlassen, seine Rohstoffe zu verarbeiten. Oder es kann versuchen, seine Wirtschaftsstrukturen von Grund auf zu modernisieren, um selbst ein bedeutendes Industrieland zu werden. Die Wirtschaftsstrategen planen daher, die Umwandlung des Agrar- und Rohstofflandes zu einem Exporteur von Fertigwaren voranzutreiben.

Aber auch mittels einer geographischen Neuorientierung hinsichtlich der Handelspartner wollen die Australier verlorenes Terrain zurückgewinnen. »Das 19. Jahrhundert gehörte Europa, das 20. Amerika und das 21. gehört dem asiatisch-pazifischen Raum«, ist zu einem Schlagwort der Wirtschaftsauguren geworden. Der Wunsch, ökono-

misch näher an Asien heranzurücken, wird noch verstärkt durch die Bildung wirtschaftlicher Blöcke in anderen Teilen der Welt. Manche australischen Ökonomen, die ihr Land als Asien zugehörig betrachten, entwickeln bereits Pläne für einen Asiatischen Gemeinsamen Markt, in dem Australien eine wirtschaftliche Schlüsselrolle spielen soll.

Landwirtschaft und Viehzucht

Mit gegenwärtig ca. 38 % des gesamten Exportvolumens belegt die Landwirtschaft (nach dem Bergbau) weiterhin den zweiten Rang unter Australiens Devisenbringern (1989: 16 Mrd. A-$). An erster Stelle liegen wertmäßig die Wollausfuhren, gefolgt von Weizen, Rindfleisch, Zucker und Molkereiprodukten. Allerdings geraten die australischen Farmer immer mehr zwischen die Mühlsteine der EG-Staaten und der USA, mit deren Subventionen sie auf dem Weltmarkt kaum konkurrieren können. Rigorose Einfuhrbeschränkungen in Europa und den Vereinigten Staaten sind für Australien ein Haupthindernis, seine Agrarprodukte abzusetzen. Daher schloß sich Australien 1986 mit 14 anderen Agrarexportlandern zur sogenannten Cairns-Gruppe zusammen.

Knapp zwei Drittel der Gesamtfläche Australiens werden landwirtschaftlich genutzt. Wegen der Trockenheit und Nährstoffarmut der Böden eignen sich davon allerdings nur etwas mehr als 6 % für eine intensive ackerbauliche Nutzung. Der Ackerbau konzentriert sich auf die relativ feuchten und winterkühlen Küstenregionen des Südostens und Südwestens, die nicht weiter als 500 km ins Landesinnere hineinreichen. Durch künstliche Bewässerung will man diese Randzone weiter ausdehnen.

Weizen ist die wichtigste der hier angebauten Getreidesorten. Hauptabnehmer für australischen Weizen (Jahresproduktion 1988 14,1 Mio. t) sind die VR China, Ägypten, die ehemalige UdSSR und Japan. Intensive Forschung führen zur Entwicklung von Weizenarten, die den Gegebenheiten des Landes optimal angepaßt sind.

Um die Abhängigkeit von Weizen als Devisenbringer abzubauen, fördert die Regierung die Diversifizierung der landwirtschaftlichen Produktpalette. So ist heute Zucker ein weiteres wichtiges Exportgut. Weitere nennenswerte agarische Einnahmequellen sind Gerste, Hirse und Sorghum, Baumwolle sowie vor allem auch Obst (mittlerweile über 25 % der gesamten Agrarproduktion). Das weite Spektrum reicht von Ananas, Bananen, Mango und Papaya im tropisch-feuchten Norden über Äpfel sowie Stein- und Beerenfrüchte in den südlichen Regionen bis zu Zitrusfrüchten und Weintrauben auf ausgedehnten, mit modernen Bewässerungssystemen ausgerüsteten Plantagen.

Im Unterschied zum Ackerbau stehen einer (sehr) extensiven Weidewirtschaft riesige Räume (insgesamt rund 4,4 Mio km^2), geographisch als halbtrocken bezeichnet, zur Verfügung. Derzeit bevölkern daher auch rund 165 Mio. Schafe und fast 30 Mio. Rinder den Fünften Kontinent. Die Schafweiden befinden sich vorwiegend in den binnenländischen Ebenen der Bundesstaaten Neusüdwales und Victoria, in Regionen mit durchschnittlich knapp 300 mm Jahresniederschlag. Rinderzucht wird in allen Bundesstaaten betrieben, je nach Region vorwiegend für die Fleischerzeugung (vor allem in semiariden Gebieten Nord- und Zentralaustraliens) oder für die Milchwirtschaft (insbesondere in den

Woll-Lust – Schafzucht in Australien

Schurzeit auf einer Sheep Station: Der scharfe Geruch der Tiere mischt sich mit dem Summen der elektrischen Schurapparate. In einem langgestreckten Wellblechschuppen schuften die Scherer im Akkord. Eine Schur kostet den Schaffarmer eine Menge Geld, und da muß alles wie am Fließband ablaufen. Ein Tier nach dem anderen wird in die Schurhalle getrieben, dort von seinem ›Friseur‹ mit einem gekonnten Griff auf den Rücken gelegt und zwischen den Beinen des Scherers festgehalten, während die Rasiermaschinen – ähnlich jenen, nur etwas gröber, wie sie Herrenfriseure für Kurzhaarschnitte verwenden – durchs Fell rasen und Berge von Wolle hinterlassen, die dann von den Sortierern je nach Qualität in große Ballen gepreßt wird.

Kaum mehr als zwei, drei Minuten brauchen die schnellsten Scherer, um ein Schaf aus seinem Wollkleid herauszupellen. Ein professioneller Schafbarbier bringt es so auf gut 200 Vollrasuren am Tag! Die Bezahlung richtet sich nach der Anzahl der geschorenen Schafe. Es kommt aber nicht nur auf Quantität, sondern auch auf Qualität an: Will ein Scherer den höchsten Lohn erzielen, muß er das Vließ in einem Stück abrasieren. Ausschuß geht zu seinen Lasten. Ihres Wollkleids entledigt, werden die nackten Schafe mehr oder minder unversehrt in ihre unermeßlich großen Weidegebiete entlassen – bis zwölf Monate später die ganze Prozedur von neuem beginnt.

Ausgerechnet ein ›schwarzes Schaf‹ legte den Grundstock für den lukrativsten Zweig der australischen Wirtschaft. John Macarthur, ein ehemaliger Offizier, der in der frühen Geschichte der Kolonie wegen seiner Rücksichtslosigkeit eine recht zweifelhafte Rolle spielte (s. S. 59ff.), erkannte frühzeitig, daß nur ein unverderbliches Produkt wie Wolle, das den langen Transportweg ins Mutterland überstehen konnte, Aussicht auf Erfolg haben würde. 1805 brachte er sieben Böcke und drei Schafe aus der Merino-Zucht von King George III. mit nach Australien. Bereits zwei Jahre später konnte man die ersten zwei Zentner feinster Merino-Wolle nach London exportieren.

Schnell und stetig entwickelte sich Wolle zum Hauptexportartikel der australischen Kolonien. Riesige Schafherden begannen den Kontinent zu überfluten. Zu jener Zeit begründete die Wolle eine neureiche Landaristokratie, die Squatter, halblegale Landnehmer, die immer tiefer in das Landesinnere eindrangen und ohne gesetzliche Rechtstitel das Land einfach unter sich aufteilten.

Das geflügelte Wort, wonach Australiens Ökonomie »auf dem Rücken der Schafe reitet«, hat auch heute seine Berechtigung nicht verloren. Auf dem Fünften Kontinent produziert rund ein Sechstel aller Schafe der Welt fast ein Viertel des weltweiten Wollbedarfs. Für die Schafzucht sind in Australien wenig Produktionsmittel und Arbeitskräfte erforderlich. Alles, was man braucht, ist viel Land, ein paar nach wie vor unentbehrliche Hunde und eine Handvoll Arbeiter. Die Schafe leben das ganze Jahr über im Freien. Über 80 % des Schafbestandes sind Merinos, reine Wollzuchtschafe, welche die hochwertigsten Vließe liefern. Sie wurden aus verschiedenen europäischen und südafrikanischen Rassen herangezüchtet und sind wegen ihrer Anspruchslosigkeit und Widerstandsfähigkeit besonders geeignet. Während europäische Schafe im Durchschnitt 2 kg Wolle liefern, bringt es ein australisches ›Turbo‹-Merino auf 10 kg jährlich, was immerhin für die Herstellung von zehn Herrenanzügen reicht. Neben den Merinos grasen auf australischen Weiden noch sogenannte ›Mehrzweck-Schafrassen‹, die sowohl der Woll- als auch Fleischproduktion dienen – Australien ist nämlich auch der weltgrößte Exporteur von Hammelfleisch.

feuchten Küstenstreifen des Südostens und Südwestens sowie auf Tasmanien).

Die australische Landwirtschaft ist in allen Bereichen hochmechanisiert, und die Beschäftigtenzahl hat sich daher in den letzten drei Jahrzehnten halbiert; heute arbeiten nur noch knapp 6 % der Erwerbstätigen (ca. 430000 Menschen) im Primarsektor. Die Weite des Landes und die mageren Hektarerträge begünstigen ausgedehnte Betriebsflächen. Die Durchschnittsgröße der knapp 170000 australischen Farmen beträgt ca. 3000 ha (zum Vergleich: USA ca. 200 ha). Verursacht wird dieser enorme Mittelwert allerdings durch die riesigen Schaf- und Rinderfarmen im Zentrum und im Norden, die sich oftmals über weit mehr als 50000 ha ausdehnen. Trotz einer Tendenz zu immer größeren landwirtschaftlichen Betrieben, werden nach wie vor über 90 % aller Farmen allein vom jeweiligen Besitzer und seiner Familie bewirtschaftet.

Bergbau

Das menschenarme Zentrum des Fünften Kontinents besitzt einen wirtschaftlich verheißungsvollen Reichtum an Bodenschätzen. Ausgelöst wurde der Bergbauboom durch die Entdeckung von Gold in Victoria und Neusüdwales Mitte des vergangenen Jahrhunderts. Zwar reduzierte sich die Fördermenge dieses Edelmetalls im Laufe der Zeit drastisch, doch gingen von den Goldfunden die ersten Impulse zur Entwicklung einer eigenständigen Bergbauindustrie aus.

In den vergangenen drei Jahrzehnten hat sich Australien zu einem der größten Lieferanten mineralischer Rohstoffe entwickelt. In diesem Zeitraum entdeckte man vornehmlich in West- und Südaustralien sowie in Queensland und im Nordterritorium immens große Vorkommen an Stein- und Braunkohle, Eisenerz, Bauxit, Gold- und Silbererzen, Kupfer, Nickel, Mangan, Blei, Zink, Mineralsänden, Uran und Diamanten.

Bei der Erschließung der Bodenschätze war die australische Regierung auf internationales Kapital angewiesen. Unter oftmals extremen Klimabedingungen wird heute aufgrund maximaler Mechanisierung von nur wenigen Beschäftigten eine enorme Förderleistung erzielt. Das Engagement zahlreicher multinationaler Konzerne aber gab andererseits wiederholt Anlaß zu der Befürchtung, Australien könne um rascher Gewinne willen seine wirtschaftliche Unabhängigkeit aufs Spiel setzen. Ein starker Rückgang der Nachfrage auf den internationalen Absatzmärkten (vor allem bei den wichtigsten Kunden Japan, VR China und Südkorea) brachte die Bergbauindustrie Anfang der 70er Jahre und 1983/84 gewaltig ins Trudeln. So werden seit Ende der 80er Jahre nur noch wenige neue Förderprojekte in die Wege geleitet.

Als weltgrößer Exporteur von Steinkohle fördert Australien von diesem Energieträger mehr als Großbritannien und die BRD zusammen. Hauptgrund dafür ist der kostengünstige Abbau im Tagebau. Allein die Steinkohlevorräte wurden 1987 auf 500 Mrd. t geschätzt, von denen rund 300 Mrd. t als abbaufähig angesehen werden. Die bedeutendsten Lagerstätten befinden sich in Queensland und Neusüdwales (hier vor allem bei Newcastle und Wollongong). Ebenfalls gigantisch sind Australiens Braunkohlereserven (insgesamt geschätzte 350 Mrd. t), die bislang aber ausschließlich für die heimische Stromerzeugung genutzt werden. Die weltweit größten Braunkohlelager befinden sich im Latrobe Valley (Victoria).

Mittlerweile zählt Australien auch zur Gruppe der weltgrößten Produzenten von Eisenerz. Die schätzungsweise 30–40 Mrd. t liegen in der Pilbara-Region Westaustraliens, in den südaustralischen Middleback Ranges sowie in der Region Savage River in Tasmanien. Ursache für die hohen Ausfuhrzahlen war vor allem die rasche Expansion der japanischen Stahlindustrie, die heute noch zu ca. 40 % mit australischen Eisenerzen versorgt wird.

Weltweit nimmt Australien seit relativ kurzer Zeit auch eine Spitzenposition in der Förderung und im Export von Bauxit, eines Grundstoffes für die Aluminiumherstellung, ein. Die bekannten Bauxitreserven (Weipa in Queensland, Darling Range in Westaustralien und Gove im Nordterritorium) betragen schätzungsweise 6 Mrd. t, was knapp 20 % der Weltvorräte entspricht.

Auch die Produktion und der Export von Kupfer, Nickel, Blei, Mangan, Zink und die schweren Mineralsände (z. B. Rutil, eines Grundstoffes zur Titanerzeugung) besitzen einen hohen Stellenwert. Obwohl die Tage des großen Goldrausches lange vorüber sind, rangiert Gold unter den wichtigsten Rohstoffdevisenbringern nach Wolle, Kohle und Aluminiumprodukten weiterhin auf Platz vier. Kein Land fördert größere Mengen Diamanten und keines verfügt über größere Reserven. Die Argyle Mine bei Kununurra liefert fast 40 % des Weltbedarfs an Naturdiamanten.

Die Energiereserven des Fünften Kontinents sind nicht minder eindrucksvoll. Aller Wahrscheinlichkeit nach befinden sich in und um Australien unermeßlich große Erdöl- und Erdgasvorkommen. Die Erschließung eines Teils dieser Reserven hat Australien in den letzten Jahren auf dem Energiesektor zu 85 % zum Selbstversorger werden lassen (Tagesproduktion 550 000 Barrel Rohöl). Zwar werden die bisher bedeutendsten Fördergebiete in der Bass Strait sowie in Moonie im Outback von Queensland bald erschöpft sein, doch vermutet man noch weitaus größere Erdöllagerstätten in der Timor Sea.

Riesiger Bagger in einer Eisenerzmine in der Pilbara-Region, WA

Mit hohem Kapitaleinsatz und großem technischen Aufwand werden auch die Erdgasvorkommen erschlossen, von denen man glaubt, daß sie noch ergiebiger sind als die Rohölvorkommen. Als größte Wirtschaftsinvestition Australiens der späten 80er Jahre gilt das North West Shelve Project, eine der weltweit größten Naturgas-Förderungs- und Verflüssigungsanlagen im Nordwesten.

Australien verfügt zudem über gewaltige Reserven an einem der weltweit umstrittensten Energierohstoffe – Uran.

Die größten erschlossenen Uranvorkommen befinden sich am Rand des Kakadu National Park (Ranger Mine; s.S. 391). Seit März 1983 dürfen nur Unterzeichner des Atomwaffensperrvertrags mit Uranoxyd (Yellow Cake) beliefert werden, dem Weiterverkauf an Drittländer muß Australien zustimmen. Überdies wurde der Abbau von Uranerz stark reduziert. Die Proteste gegen den Uranabbau verlaufen in Australien aber weiterhin praktisch parallel mit den Anti-Atom-Protesten in den Abnehmerländern. Kernkraftwerke wurden – abgesehen von Kernreaktoren für Forschungszwecke – bisher nicht gebaut.

Industrie

Australien besitzt nur eine relativ schmale industrielle Basis, die fast ausschließlich auf den inländischen Markt ausgerichtet ist. In vielen Bereichen gilt der Verarbeitungssektor als überaltert und international nicht konkurrenzfähig – das Resultat einer verfehlten Wirtschaftspolitik, die den Binnenmarkt jahrzehntelang durch hohe Zollbarrieren und Importkontingente schützte. Die Industrie gewöhnte sich in dieser Zeit daran, daß jegliche potentielle Bedrohung seitens billiger Importe durch staatliche Interventionen abgewendet wurde. Auf diese Weise wurde unternehmerisches Denken in Australien nahezu eliminiert. Seit Mitte der 80er Jahre versucht die Labor-Regierung, durch den Abbau der Schutzmaßnahmen die Industrie international wettbewerbsfähiger zu machen. Ein Handicap für die verarbeitende Industrie sind die hohen Lohn- und Fabrikationskosten und die großen Entfernungen von den europäischen und amerikanischen Märkten. Umgeben von Niedriglohn-Ländern wird sich ein Strukturwandel der Industrie vornehmlich auf im Bereich der Spitzentechnologie hergestellte Produkte hoher Wertschöpfung stützen müssen. Den raschen Aufbau von High Tech-Unternehmen aber bremst nach wie vor ein großer Mangel an Fachkräften (u. a. Computerspezialisten, Feinwerkingenieure und Betriebswirte). Im produzierenden Gewerbe erwirtschaften derzeit ca. 17 % aller Arbeitnehmer rund 20 % des Bruttoinlandprodukts.

Tourismus

Seit Anfang der 60er Jahre verzeichnet Australien in dieser Branche große Fortschritte. Relativ preiswerte Flüge sowie der wachsende Wohlstand in den westlichen Industrieländern sowie in Japan ha-

Arbeitskampf und Streik

Australiens ›Englische Krankheit‹

Im Sommer 1989 stürzte ein wochenlanger Arbeitskampf der 1600 gewerkschaftlich organisierten australischen Flugkapitäne, die Lohnerhöhungen von 30 % forderten, den ganzen Kontinent ins Chaos. Zur gleichen Zeit machten Supermärkte ihre Pforten dicht, weil sie keine Ware mehr hatten und mußten Hunderttausende Industriearbeiter einen Zwangsurlaub einlegen, weil ihre Fabriken keine Zulieferungen mehr erhielten – der Grund: Tausende von Fernfahrern streikten gegen die von der Regierung verhängten Geschwindigkeitsbegrenzungen. Während sich an der Grenze zwischen Victoria und Neusüdwales lange Lastwagenkolonnen stauten, standen in Melbourne sämtliche Straßenbahnen still, weil das Personal gegen automatische Fahrkartenentwerter protestierte. In keinem Land der Erde wird so viel gestreikt wie in Australien, und außer Großbritannien gibt es auch kein Land, in dem die Gewerkschaften so mächtig und so zahlreich vertreten sind.

Auf dem Fünften Kontinent sind rund 3 Mio. Männer und Frauen Gewerkschaftsmitglieder – ca. 40 % der Arbeitnehmer. Das weite Spektrum der 300 Einzelgewerkschaften umfaßt neben landesweiten auch autonome regionale oder örtliche Organisationen und Verbände, die oft den Charakter von berufsständischen Interessengemeinschaften haben. Etwa zwei Drittel aller Gewerkschaften haben sich zum Australischen Gewerkschaftsrat (Australian Council of Trade Unions; ACTU) zusammengeschlossen. Dieser der Australian Labor Party nahestehende Dachverband versucht zwar, seine Mitgliedsgewerkschaften zu koordinieren, kann ihnen letztlich aber kaum Vorschriften machen. Die Entscheidungsgewalt liegt allein bei den Einzelgewerkschaften, die in der Regel eine überaus eigenständige Tarifpolitik betreiben.

Da die Gewerkschaften nicht nach Industriegruppen, sondern nach Berufen gegliedert sind, kann eine Vielzahl von gewerkschaftlichen Splittergruppen innerhalb eines Betriebs Verhandlungen zwischen Arbeitgebern und -nehmern stark erschweren. In etwa der Hälfte der australischen Industriebetriebe ist der Arbeitsfriede jeden Monat durchschnittlich zweimal gestört. Aufgrund der wirksamen gesetzlich geregelten Streikschlichtung sind Arbeitskämpfe aber meist nur von kurzer Dauer. Streikmotive sind durchweg Lohnforderungen; eigentliche politische Streiks kommen selten vor.

Die Gewerkschaftsbewegung kann auf eine lange Tradition zurückblicken. Schon ab den 30er Jahren des 19. Jahrhunderts war ein stetiger Aufstieg einer starken Arbeiterbewegung zu verzeichnen. Gegen 1880 war bereits ein hoher Prozentsatz der Arbeiter aus den Industriebetrieben, den Bergwerken, dem Baugewerbe und der Landwirtschaft gewerkschaftlich organisiert. Nach europäischen Maßstäben handelte es sich dabei aber nicht um eine sozialistische Bewegung. Die Arbeiter waren weniger daran interessiert, eine neue Gesellschaftsordnung aufzubauen, als sich einen ordentlichen Anteil am Bestehenden zu sichern. In den meisten Wirtschaftszweigen wurde bereits im 19. Jahrhundert der Acht-Stunden-Tag vereinbart, und die Löhne erreichten eine Höhe, von der die Arbeiter in anderen Ländern nur träumen konnten.

Erst 1891 griff die Arbeiterbewegung mit der Gründung der Labor Party ernsthaft in die Politik ein. In der Phase des wirtschaftlichen Aufschwungs nach dem Zweiten Weltkrieg haben starke Gewerkschaften, die Tarifverhandlungen teilweise mit massiver Ellbogentaktik führten, dazu beigetragen, daß die Löhne, Arbeitsbedingungen und

Sozialleistungen in Australien zur damaligen Zeit zu den besten der Welt gehörten, was Australiens Konkurrenzfähigkeit gegenüber den rasch aufkommenden Volkswirtschaften des ost- und südostasiatischen Raums verschlechterte. Erst als der ehemalige ACTU-Vorsitzende Bob Hawke im März 1983 die Regierungsgeschäfte übernahm, ist die aggressive Streiklust der Gewerkschaften merklich zurückgegangen.

Vertreter des ACTU geben inzwischen auch offen zu, daß die Gewerkschaften in der Vergangenheit dem Image Australiens als Investitionsstandort geschadet haben. So will der ACTU in Zukunft die heillos zersplitterte Gewerkschaftsszene Australiens nach dem Muster der Industriegewerkschaften in der Bundesrepublik vereinheitlichen. Desweiteren soll es keine Closed Shop-Unternehmen, bei denen für alle Beschäftigten Mitgliedszwang in einer Gewerkschaft besteht, mehr geben.

ben den Tourismus seit dieser Zeit fast verzwanzigfacht: Registrierte man 1961 gerade 130000 ausländische Besucher, so waren es 1979 bereits knapp 800000 und 1992 schließlich rund 2,4 Mio.

Als einer der zukunftsträchtigsten Wirtschaftszweige beschäftigt der Fremdenverkehr mittlerweile bereits rund 450000 Menschen (ca. 6 % aller Erwerbstätigen). Und die Tendenz ist auch weiterhin steigend, denn sowohl die australische Bundesregierung als auch die Regierungen der Einzelstaaten planen, diese Branche durch großzügige Förderungsmaßnahmen zu unterstützen, um die nicht eben rosigen Arbeitslosenzahlen zu senken.

Mit einem Anteil von knapp 25 % stellte Japan 1992 das bei weitem größte Kontingent an ausländischen Besuchern, gefolgt von Neuseeland (ca. 19 %), den USA (ca. 11 %) und Großbritannien (ca. 10 %). Im gleichen Jahr reisten rund 80000 Deutsche nach Australien. Etwa 30000 Gäste kamen aus der Schweiz, die damit in Relation zur eigenen Bevölkerungszahl die Spitzenposition hält. Aus Österreich waren es mehr als 10000 Touristen, die die weite Reise auf die andere Seite des Erdballs antraten.

Geschichte

Besiedlung

Über den frühesten Zeitpunkt der Besiedlung des australischen Kontinents können ebensowenig exakte Angaben gemacht werden wie über die genaue Herkunft der ersten Australier. Die bisherigen archäologischen Funde lassen jedoch den Schluß zu, daß die Besiedlung Australiens durch die Ureinwohner mindestens 45 000 bis 50 000 Jahre und wahrscheinlich sogar noch wesentlich weiter zurückreicht. Mit Hilfe des Radiokarbonverfahrens wurden Steinwerkzeuge, die man in Penrith bei Sydney fand, auf ein Alter von 43 000 bis 47 000 Jahren datiert. Weitere Spuren früher menschlicher Lebensgemeinschaften, auf die man im Süden Westaustralienes (Devil's Lair bei Cape Leeuwin und Upper Swan River), in Victoria (Keilor bei Melbourne) und im westlichen Teil von Neusüdwales (Lake Mungo) stieß, dürften zwischen 30 000 und 38 000 Jahre alt sein. In der Dünenlandschaft am Lake Mungo, einem vor ca. 15 000 bis 17 000 Jahren ausgetrockneten See, entdeckten Archäologen neben ca. 30 000 bis 35 000 Jahre alten Steinwerkzeugen und Muschelschalen die sterblichen Überreste einer erstaunlich feingliedrigen Aboriginal-Frau, die hier vor etwa 26 000 Jahren eingeäschert wurde. Weitere Funde von Skeletteilen, die man im Gebiet des Kow Swamp in Victoria machte, weisen in ihren rassischen Merkmalen deutliche Unterschiede zum Mungo-Typus auf und legen daher die Vermutung nahe, daß die Besiedlung des Kontinents in mehreren Einwanderungswellen erfolgte. Doch sicher scheint nur, daß die Einwanderung von Südostasien ausging. Noch vor rund 10 000 Jahren band eine globale Eiszeit soviel gefrorenes Wasser an den beiden Polarkappen, daß der Meeresspiegel ringsum den australischen Kontinent um 100 bis 200 m tiefer lag als heute. Das hatte zu Folge, daß die heutigen Inseln Neuguinea und Tasmanien mit Australien verbunden waren und der größte Teil des heutigen indonesischen Inselbogens zu Kontinentalasien gehörte. Über eine Kette von Inseln zwischen der asiatischen und australischen Landmasse fanden die Ureinwohner ihren Weg nach Australien. Man muß also annehmen, daß sie auf vermutlich primitiven Flößen eher vom Zufall günstiger Meeresströmungen als von ihrer eigenen Absicht getragen an die damalige Küste des australischen Festlands verschlagen wurden.

Eine der Theorien besagt, daß die Neuankömmlinge in der nordwestlichen Kimberley-Region zum ersten Mal ihren Fuß auf australischen Boden setzten und sich von dort strahlenförmig über den Kontinent ausbreiteten. Eine andere sieht die Cape York Peninsula als Einfallstor an. Eine dritte These schließlich geht von der frühen Besiedlung der Küstenregionen und einer späteren Erschließung des Binnenlands aus.

Auch die Herkunft der australischen Urbevölkerung ist umstritten. Bereits Ende des 19. Jahrhunderts entstand eine später von dem Anthropologen Dr. J. B. Birdsell modifizierte, heute aber längst nicht mehr allgemein akzeptierte Theorie, die von drei Einwanderungswellen

Captain Cook nimmt den australischen Kontinent für die britische Krone in Besitz

zwischen 70000 und 10000 v. Chr. ausgeht. Diese These besagt, daß während der letzten ausgedehnten Kälteperiode (der Wisconsin- oder Würm-Eiszeit) in weiten Regionen des heutigen Süd- und Südostasiens negritoide Völkergruppen vom Typus des Homo sapiens sapiens lebten. Sie waren von gedrungener Gestalt, dunkelhäutig und kraushaarig. Ihnen überlegene Eindringlinge zwangen sie teilweise, sich auf ihre lange Wanderung gen Süden zu begeben. In Australien wurden – immer der Wellentheorie zufolge – die heute *Barrinea* genannten Negritos von nachfolgenden Einwanderern entweder assimiliert oder auf die damals noch mit dem Festland verbundene Insel Tasmanien abgedrängt. Die Barrinea gelten als die Vorfahren der tasmanischen Ureinwohner, die im 19. Jahrhundert von den weißen Eroberern vollständig ausgerottet wurden.

Mit der zweiten Welle sollen von Osten her die *Murrayia*, den hellhäutigen Ureinwohnern Japans (Ainu) verwandt, von etwa 30000 v. Chr. an auf den Kontinent gelangt sein. Diese – hochgewachsen und von kräftiger Statur – siedelten vornehmlich im Becken des Murray River. Die Murrayia sollen auch die von den australischen Aboriginies verwendeten Waffen (Bumerang, Speer und Speerschleuder) mitgebracht haben. Heute leben nur noch wenige reinrassige Murrayia entlang der Küste zwischen Victoria und Westaustralien.

Mit der dritten Einwanderungswelle kamen die *Carpentaria* auf den Kontinent, große und braunhäutige Menschen, die vermutlich mit Stämmen in Südindien und auf Sri Lanka verwandt sind. Sie ließen sich vorwiegend im tropischen Nordaustralien nieder, wo man heute noch vereinzelt auf ihre Nachkommen stößt. Aus der Vermischung dieser drei ethnischen Gruppen soll die australische Urbevölkerung, später *Australiden* genannt, entstanden sein.

Als nach dem Ende der letzten Eiszeit vor rund 10000 Jahren durch das Abschmelzen riesiger Eismassen der Meeresspiegel anstieg, kehrte Australien allmählich wieder in seine geographische Isolation zurück. Das verhinderte für lange Zeit das Vordringen weiterer Völkerschaften.

Die ersten ›Entdecker‹

Die ersten Besucher Australiens sind aller Wahrscheinlichkeit nach aus asiatischen Ländern gekommen. Bereits ab dem 6. Jahrhundert v. Chr. segelten chinesische Geschäftsleute mit ihren Dschunken durch die Inselwelt Indonesiens und stießen sporadisch bis nach Australien vor. Als sicher gilt auch ein Besuch des großen Seefahrers der Ming Dynastie, Cheng Ho, der – was eine chinesische Götterstatuette und Porzellanfragmente belegen – gegen 1430 in der Nähe des heutigen Darwin an Land ging. Auch arabische Seeleute, die im Zuge der islamischen Expansion seit dem 13. Jahrhundert verstärkt in den indonesischen Archipel vordrangen, erreichten von dort aus mit ihren Dhaus vermutlich zumindest die Nordküste Australiens.

Besser belegt aber sind die periodischen Besuche indonesischer Seeleute und Fischer in australischen Gestaden. Die Buginesen von der Insel Celebes (heute Sulawesi), die einst zu den aktivsten Seefahrervölkern Ostindiens zählten, pflegten seit dem 16. Jahrhundert regelmäßig die Gegend des östlichen Arnhem-Landes zu besuchen. Sie segelten auf ihren Prahus alljährlich mit dem

Nordwestmonsun nach Australien, sammelten die dort massenhaft vorkommenden Seegurken, verarbeiteten sie an Ort und Stelle und kehrten nach sechs Monaten mit dem Südostpassat wieder in ihre Heimat zurück. Die Besuche der indonesischen Fischer hinterließen auch Spuren im Kulturbild der im Arnhem Land lebenden Stämme (Gestaltung von Felszeichnungen und Übernahme von indonesischen Begriffen in den Sprachschatz).

Entdeckung und Kolonialisierung

Das unbekannte Land im Süden

Schon seit dem Altertum hatte die vermutete Existenz eines legendenumrankten ›Südlandes‹ die Phantasie mancher Europäer beschäftigt. Diese Vorstellung von einem großen Kontinent auf der Südhalbkugel ging auf Geographen der Antike, wie Claudius Ptolemäus, zurück, die postuliert hatten, es müsse, um die Erde bei ihrer Umdrehung in Balance zu halten, ein Gegengewicht zur Landmasse der Nordkontinente geben. Der geographische Mythos erhielt sogar einen Namen: Terra Australis Incognita – das unbekannte Land im Süden.

Wem nun letztendlich die Ehre gebührt, den Fünften Kontinent entdeckt zu haben, ist unter Historikern umstritten. Der erste, der von sich behauptete, Australien gesichtet und sogar betreten zu haben, war der Franzose Paulmier de Gonneville. Sein zu Beginn des 16. Jahrhunderts erhobener Anspruch aber hielt späteren wissenschaftlichen Nachprüfungen nicht stand. Möglicherweise waren der Entdecker der Insel Neuguinea, der Portugiese Jorge de Meneses, oder einer seiner Landsleute die ersten, welche die australische Küste erreichten. Zwar gibt es manche Hinweise, aber keinen eindeutigen Beweis dafür.

Die nächsten Beiträge zur Entdeckung der Terra Australis leisteten die Spanier. Vom spanischen Hafen Callao in Peru aus wagte Alvaro de Mendoña in den Jahren 1565 und 1595 ergebnislose Vorstöße nach Westen. Kapitän Luis Váes de Torres jedoch, der 1606 die Nordküste Neuguineas anzusteuern versuchte, gelangte in die unmittelbare Nähe Australiens. Er wurde nach Südwesten abgetrieben und war damit der erste Europäer, der die gefährliche Meerenge zwischen Australien und Neuguinea durchquerte, die heute seinen Namen trägt. Vermutlich hat Torres Australien gesichtet, aber im eigentlichen Sinne entdeckt hat auch er es nicht.

Der Ruhm, die gesuchte Terra Australis tatsächlich entdeckt zu haben, gebührt den Holländern, die als erste Europäer nachweislich australischen Boden betraten. Ein Jahr, bevor der Spanier Torres die Landung in Australien verpaßte, hatte die 1602 auf Java gegründete niederländische Vereinigte Ostindische Companie (VOC) ein Schiff unter dem Kommando von Kapitän Willem Janszoon auf die Reise geschickt, mit dem Auftrag, sichere Seewege von Niederländisch-Indien zum heimatlichen Holland zu suchen. An Bord der Duyfken segelte er 1605/06 im Golf von Carpentaria 300 km an der Küste des heutigen Queensland entlang und betrat die Westseite der Cape York Peninsula. Die Eingeborenen, auf die er stieß, erwiesen sich als feindselig: Bei einem Landgang wurden mehrere Besatzungsmitglieder getötet.

In den folgenden Jahren wurden immer wieder holländische Schiffe an die Westküste Australiens oder gar in die Große Australische Bucht verschlagen. Im Oktober 1616 beispielsweise landete Kapitän Dirck Hartog auf einer Insel in der Shark Bay ca. 700 km nördlich vom heutigen Perth. Andere holländische Seefahrer steuerten weitere Mosaiksteine zum Bild der Küste bei: 1619 Frederik Houtman und 1622 Pieter Nuyts. Während dieser Zufallslandungen erkundeten und kartierten die Holländer die gesamte Nordwest- und Südküste des Kontinents, den sie fortan Hollandia Nova (Neu-Holland) nannten.

Entdeckungsgeschichtlich waren die großen Seereisen von Abel Janszoon Tasman der Höhepunkt der holländischen Erkundung von Australien. 1642 entsandte der Generalgouverneur auf Java, Anthony van Diemen, Abel Tasman mit dem Auftrag, das Südland zu erkunden. Entgegen des Uhrzeigersinns umrundete Tasman Australien und stieß dabei auf eine Insel, die später nach ihm den Namen Tasmanien tragen sollte, die er selbst aber Van-Diemens-Land nannte. 1644 schickte sein Auftraggeber Abel Tasman auf eine zweite Expedition, deren Hauptaufgabe darin bestand, noch unbekannte Meeresgebiete zwischen Australien und Neuguinea sowie die nördliche Küste des Südlandes kartographisch zu erfassen. Zwar meisterte Tasman diese Aufgabe bravourös, jedoch fand er auch auf seiner zweiten Forschungsreise weder Gold noch Gewürze, so daß die niederländischen Kaufleute und Politiker ihr Interesse an Australien endgültig verloren.

Ende des 17. Jahrhunderts setzten die Engländer die Erforschung des immer noch weitgehend unbekannten Südlandes fort. 1688 stieß William Dampier, mehr Freibeuter und Abenteurer als vom Ehrgeiz getriebener Entdecker, während seiner ersten Weltumseglung auf die Nordküste Australiens. Elf Jahre später beauftragte ihn die britische Admiralität, seine Erkundungen an der Westküste fortzusetzen. Als Dampier 1699 an der Nordwestküste an Land ging, notierte er nach seinen ersten Begegnungen mit Ureinwohnern entsetzt in sein Logbuch: »Dies ist die trostloseste Gegend, die auf Erden gefunden werden kann. Die Bewohner dieses Landes sind das armseligste Volk der Welt. Läßt man ihre menschliche Form außer acht, unterscheiden sie sich kaum von Tieren.« Mit seinen negativen Berichten über Land und Leute widerlegte Dampier alle Gerüchte über sagenhafte Goldvorkommen und leicht zu erwerbenden Reichtum. Daraufhin ließ auch das Interesse Englands an diesen fernen Gestaden nach. Dampiers Erlebnisse im Nordwesten Australiens regten übrigens Jonathan Swift zu seinem weltberühmten Roman *Gullivers Reisen* (1726) an.

Die Entdeckungsreisen des James Cook

Erst nach 1760 setzte eine weitere Entdeckungswelle ein. 1766 versuchte der Franzose Louis Antoine de Bougainville an der Nordostküste Australiens zu landen, scheiterte jedoch am Great Barrier Reef. Wie die Franzosen und Holländer waren auch die Engländer an der Erweiterung ihrer Handelsverbindungen in-

Captain James Cook

teressiert und hatten als aufkommende Seemacht sicherlich auch die strategische Bedeutung des neuen Südkontinents im Auge. Zugleich übte im Zuge der Aufklärung die nach wie vor weitgehend unerforschte Terra Australis Incognita auf die damalige Wissenschaft wieder eine unerhörte Faszination aus. Und so entschloß sich die britische Regierung im Jahre 1768 die bis dahin materiell, technisch und wissenschaftlich bestausgerüstete Expedition in diese ferne Erdregion zu entsenden.

Am 26. August 1768 verließ Kapitän James Cook (1728–1779), der im Ruf eines erfahrenen Seemanns und exzellenten Kartographens stand, mit seinem Schiff Endeavour den englischen Hafen Plymouth. An Bord befanden sich auch renommierte Wissenschaftler, wie der britische Naturforscher Joseph Banks und der schwedische Botaniker Daniel Carl Solander. Ziel der Reise war die kurz zuvor entdeckte Insel Tahiti, wo die wissenschaftlich orientierten Weltreisenden astronomische Beobachtungen durchführen sollten. So zumindest lautete Captain Cooks offizielle Order.

Nachdem die Aufgabe auf Tahiti erfüllt war, segelte Cook nach Südwesten und stieß auf das zuvor schon von Abel Tasman entdeckte Neuseeland. Sechs Monate verbrachte er damit, die beiden Inseln kartographisch zu erfassen. Statt danach Kurs gen Heimat zu nehmen, folgte er Tasmans Route in Richtung Van-Diemens-Land. Stürmisches Wetter verschlug seine kleine Bark jedoch in eine nördlichere Region, was weitreichende Folgen hatte: Am 19. April 1770 sichtete der diensthabende Leutnant Zacharias Hicks Land – es war der östlichste Zipfel von Victoria, der sogleich Hicks Point getauft wurde. Da man keinen passenden Landeplatz fand, driftete die Endeavour, stets in Küstennähe, langsam in nördliche Richtung. Am 28. April entdeckte Cook eine geschützte Bucht, die ihm als Ankerplatz geeignet schien – Botany Bay, in der Nähe des heutigen Sydney.

Was die Engländer sahen und entdeckten, ließ ihre Herzen höher schlagen. Dieses Land hatte mit der von William Dampier beschriebenen trostlosen Einöde nichts gemeinsam. Alles präsentierte sich ihnen üppig grün, dicht bewaldet und allem Anschein nach äußerst fruchtbar. Allerdings hatten James Cook und seine Mannen das Land im Frühling, also zur klimatisch günstigsten Zeit erreicht. Ein herzliches Willkommen übrigens war den Europäern nicht beschieden, empfingen sie doch bei ihrem ersten Landgang die hier ansässigen Ureinwohner mit einem Hagel von Speeren.

Nachdem Banks und Solander ihre botanischen Untersuchungen abgeschlossen hatten, setzte die Endeavour ihre Fahrt in nördliche Richtung fort. Es gelang Cook, entlang der Ostküste bis zur Cape York Peninsula vorzudringen, bevor ihm am 11. Juni beinahe ein Korallenriff zum Verhängnis wurde. Mit Mühe und Not schafften es die Engländer in eine Flußmündung nahe des heutigen Cooktown einzulaufen, wo die Bark wieder instandgesetzt werden konnte.

Auf der Weiterfahrt zum Cape York vergaß Cook auch nicht die Instruktionen der britischen Admiralität: Auf einer Insel an der Spitze des Kaps (heute Possession Island genannt) hißte er die britische Flagge und reklamierte den von ihm entdeckten östlichen Teil des Kontinents im Namen King George III. für die britische Krone. Zur Abgrenzung gegen das weiter nordwestlich liegende Neu-Holland nannte er das Territorium New South Wales (Neusüdwales). Um die Rechte der Ureinwohner kümmerte sich damals kein Weißer – auch ein Menschenfreund wie James Cook nicht.

1772 brach James Cook mit den Schiffen Resolution und Adventure zu seiner zweiten Weltreise auf. Diese dauerte drei Jahre, und, nachdem er den Pazifik von der Bering-Straße bis zur Antarktis und von Südamerika bis Neuseeland erkundet hatte und dabei auf keine nennenswerte Landmasse gestoßen war, stand unwiderruflich fest: Außer dem australischen Kontinent gibt es kein anderes Großes Südland.

Während seiner dritten, 1776 begonnenen Weltreise, die für Australien keine unmittelbare Bedeutung mehr hatte, wurde James Cook am 14. Februar 1779 bei einem Streit mit Eingeborenen auf einer der von ihm entdeckten Hawaii-Inseln getötet. Cook bereicherte nicht nur die Menschheit mit bedeutenden geographischen Erkenntnissen, die Ergebnisse seiner Forschungsreisen stimulierten darüber hinaus auch andere Bereiche der Wissenschaft, wie Botanik, Zoologie und Ethnologie.

Die Strafkolonie Neusüdwales

Nach seiner ersten Forschungsreise wurden James Cooks optimistische Berichte im heimatlichen Großbritannien zwar mit Interesse, aber ohne große Euphorie zur Kenntnis genommen. Australien mochte vielleicht geeignet sein für die Errichtung von Stützpunkten, an denen passierende Schiffe ihre Vorräte ergänzen konnten, eine eigentliche Kolonialisierung dagegen schien wenig sinnvoll. England besaß damals noch seine Kolonien auf dem amerikanischen Kontinent, und die waren viel leichter zu erreichen.

Dies alles änderte sich jedoch ab dem Jahre 1775, als der Konflikt mit den amerikanischen Siedlern zum Unabhängigkeitskrieg eskalierte. Der plötzliche Verlust dieser Besitzungen war für die Zukunft Australiens von ganz entscheidender Bedeutung. Mit einem Schlag nämlich hatte England nicht nur ein lukratives Handelsgebiet, sondern auch einen Verbannungsplatz für seine Sträflinge verloren.

Vor allem die Häftlingsfrage weitete sich zu einem enormen Problem aus. Der aufgrund der industriellen Revolution und des rapiden Bevölkerungsanstiegs in den Städten steigenden Kriminalität begegnete die Obrigkeit mit einer gnadenlosen Rechtsprechung. Da nun aber die nordamerikanischen Kolonien nicht länger als Versandplätze für ›kriminelle Elemente‹ zur Verfügung standen, begannen die englischen Gefängnisse schon bald aus allen Nähten zu platzen. Die katastrophalen Verhältnisse in den Sträflingsquartieren, die sich allmählich zu einer ernsten Bedrohung der öffentlichen Gesundheit entwickelten, führten nicht nur zu Revolten der Insassen, sondern auch zu politischen Auseinandersetzungen im Parlament. Angesichts dieser Notsituation schien die Deportation der Häftlinge in eine neu zu gründende Strafkolonie die bequemste Lösung zu sein. Und eben dafür bot sich jenes Land am anderen Ende der Welt an.

Arthur Phillip läßt in der Sydney Cove die britische Flagge hissen

Joseph Banks, der Cook auf seiner ersten Expedition begleitet hatte, plädierte bei einer Anhörung vor dem Kronrat für Neusüdwales als Standort der neuen Strafkolonie. Seine günstige Beschreibung eines fruchtbaren Landes gab dem damaligen Innen- und Kolonialminister Lord Sydney (nach dem später die Stadt Sydney benannt wurde) die – trügerische – Gewißheit, daß die Verbannten und ihre Bewacher binnen kurzer Zeit in der Lage wären, sich selbst zu ernähren. Aber auch machtpolitische und seestrategische Überlegungen, vor allem im Hinblick auf vermutete Expansionsgelüste der rivalisierenden Seemächte Holland und Frankreich, spielten eine Rolle ebenso die Absicht, dem zunehmenden Bevölkerungsdruck ein Ventil zu schaffen.

Im Oktober 1786 wurde Kapitän Arthur Phillip zum Gouverneur der zu gründenden Kolonie Neusüdwales ernannt. Am 13. Mai 1787 legte ein Konvoi von Schiffen in Porthmouth ab. 772 schlecht ernährte und von Ungeziefer heimgesuchte Häftlinge und 211 Soldaten und Seeleute sollten die ersten weißen Siedler sein. Nach acht Monaten und fünf Tagen beschwerlicher Reise gingen die Schiffe in der stillen Botany Bay vor Anker. Kaum einer der unfreiwilligen Passagiere oder der sie bewachenden Marinesoldaten dürfte an diesem schicksalhaften 18. Januar 1788 geahnt haben, daß ihre schäbigen und erbärmlich stinkenden Schiffe einmal als ›Erste Flotte‹ in die Geschichte eingehen sollten.

Das von Joseph Banks empfohlene Gebiet an der Botany Bay mag zwar ein Eldorado für Botaniker gewesen sein, für eine Besiedlung hingegen erwies es sich als äußerst ungeeignet. Arthur Phillip fand schnell eine Alternative in der weiter nördlich gelegenen Bucht von Sydney (Sydney Cove), der Captain Cook bei seiner Entdeckungsreise den Namen Port Jackson gegeben hatte. Hier ließ Arthur Phillip am 26. Januar 1788 den britischen Union Jack hissen und gründete mit diesem zeremoniellen Akt formell die erste britische Kolonie auf australischem Boden. Dieses Datum wurde später zum Australia Day, des Fünften Kontinents Nationalfeiertag.

In Port Jackson begannen die Neuankömmlinge mit dem Aufbau einer Siedlung – des Nukleus des späteren Sydney. Aber auch das Land an der Bucht von Sydney entsprach keineswegs Joseph Banks überschwenglicher Schilderung. Im Januar, auf dem Höhepunkt der Sommerhitze, präsentierte es sich ausgedörrt und wasserarm. Zudem waren die aus Europa mitgebrachten Samen für das fremde australische Klima nicht geeignet. Bullen und Kühe verwilderten schon bald im Busch, die Schafe – eigentlich für Zuchtzwecke vorgesehen – fielen nicht nur hungrigen Sträflingen, sondern auch Ureinwohnern und Dingos zum Opfer. Alles in allem also denkbar ungünstige Voraussetzungen für die Gründung einer Kolonie.

Als die mitgeführten Lebensmittelvorräte nach knapp zwei Jahren endgültig aufgebraucht waren, wurde die Lage kritisch. Erst 1790 traf die nächste Häftlingsflotte, begleitet von Versorgungsschiffen, ein. Zwar brachten die Schiffe einige Erleichterung, doch konnte nichts darüber hinwegtäuschen, daß die neue Kolonie in den Anfangsjahren ohne regelmäßigen Nachschub aus dem Mutterland nicht lebensfähig gewesen wäre. Finanziell brachte das ganze Deportationsunternehmen der Krone zunächst nichts ein, sondern belastete die Staatskasse mit rund 1 Mio. Pfund pro Jahr.

Bei der Inbesitznahme ihrer ersten Siedlungsgebiete verdrängten die Briten die ursprünglich hier lebenden Eingeborenen. Dennoch verliefen die ersten Begegnungen zwischen den Ureinwohnern – von den Weißen Aborigines genannt (von lat. ab origine = von Anfang an da) – und den Europäern friedlich. Schon bald aber kam es zu blutigen Konflikten mit den Eingeborenen, die erste Opfer auf beiden Seiten forderten. Vom Hunger getrieben dezimierten die Weißen den Wildbestand im Umkreis der Siedlungen drastisch. Die traditionsgemäß vom Jagen und Sammeln lebenden Aborigines sahen sich plötzlich nicht nur ihres Landes, sondern auch ihrer wichtigsten Nahrungsquelle und eigentlichen Existenzgrundlage beraubt. Als sie nun Schafe und Rinder der Europäer töteten, wurden die Aborigines oft willkürlich gefangen und ermordet.

Hunger und Brutalität regierten die Strafkolonie von Anfang an. Als die Disziplin immer stärker nachließ, sah sich Arthur Phillip gezwungen, härteste Strafen und sogar exemplarische Hinrichtungen zu verhängen. Daß der koloniale Außenposten Großbritanniens überhaupt bestehen blieb, war zum großen Teil sein Verdienst. Der später oft ›Vater der weißen Australier‹ genannte Gouverneur galt als ein aufgeklärter Mann: Westlich von Sydney Cove, in der Nähe der heutigen Stadt Parramatta, ließ Arthur Phillip eine Reihe von Regierungsfarmen einrichten. Bis Ende 1791 erhiel ten mehr als 150 Siedler Landüberschreibungen, die meisten von ihnen waren Sträflinge, deren Deportationszeit abgelaufen war. Ihnen bot sich nun die Chance, wieder als freie Bürger in die Gesellschaft zurückzukehren.

Als Arthur Phillip 1792 nach England zurück mußte, machte sich unter Francis Grose, dem Kommandanten des berüchtigten, 300 Mann starken New South Wales Corps, das korrupte Militär weitgehend selbständig und riß die Kontrolle über das beginnende Wirtschaftsleben der Kolonie an sich. Ihr Einfluß wuchs vor allem, als sie den Handel mit Rum, der aufgrund der hohen Nachfrage zu einer Art Ersatzwährung avancierte, unter ihre Kontrolle brachten. Unter dem despotischen Regime des Rum Corps – so die verächtliche Bezeichnung der Grose-Truppe – ging in der Kolonie bald alles drunter und drüber, grassierten Korruption und Trunksucht.

Als mehrere Zivilgouverneure der Lage nicht mehr Herr wurden, entschloß sich die alarmierte britische Admiralität, einen Offizier zu entsenden, der im Ruf eiserner Härte stand: William Bligh, der einige Jahre zuvor als Kommandant der Bounty Opfer der berühmtesten Meuterei der Seefahrtsgeschichte geworden war. Zwar gelang es ihm, den illegalen Rumhandel zu unterbinden, doch erwies sich letztendlich das Rum Corps als stärker: 1808 zettelten seine Offiziere einen Aufstand gegen ihn an und setzten ihn kurzerhand wegen »Tyrannei« für über ein Jahr gefangen (Rum-Rebellion). Eine Schlüsselrolle spielte dabei der zwielichtige Schotte John Macarthur.

Erst einem neuen, von der zunehmend nervöser werdenden britischen Regierung entsandten Gouverneur, Generalmajor Lachlan Macquarie, gelang es, das Rum Corps in die Schranken zu weisen und Ruhe und Ordnung wieder herzustellen. Die Aufrührer, denen in London der Prozeß gemacht wurde, kamen durchweg recht glimpflich davon, nur John Macarthur mußte einige Jahre ›im Exil‹ in England bleiben, bevor er auf seinem eigenen Schiff im Triumph zurückkehren konnte.

Vom Gefängnis zur autonomen Kolonie

Neben Englands Außenposten Neusüdwales entstanden in Australien zu Beginn des 19. Jahrhunderts weitere Strafkolonien (an der Moreton Bay beim heutigen Brisbane, auf Norfolk Island und auf Tasmanien), in die vorwiegend in Übersee rückfällig gewordene Häftlinge und Schwerverbrecher aus dem Mutterland verbannt wurden. Grausamkeiten und Gewalttätigkeiten, Habgier und Korruption bestimmten dort den Alltag.

Jemand hat mal ironisch bemerkt: »Die ersten weißen Bewohner Australiens wurden von den besten Richtern der Welt ausgesucht.« Unter den Verbannten befanden sich zwar auch Schwerverbrecher, doch die meisten Sträflinge waren nur wegen Bagatelldelikten, die aus der Not heraus begangen wurden, zur Deportation verurteilt worden. Bis 1868, als die Deportationen endgültig in allen australischen Kolonien eingestellt wurden, verbannte England über 160 000 Häftlinge (15 % Frauen), die Strafen zwischen sieben Jahren und lebenslänglich zu verbüßen hatten, auf den fernen Kontinent. Nach Ablauf ihrer Haft blieben die meisten der Verbannten in Australien, da eine Rückfahrt für sie in der Regel unerschwinglich war. Ein Großteil der Sträflinge wurde den freien Siedlern als billige Arbeitskräfte

Aufbruch englischer Sträflinge in die neue Kolonie, Karikatur aus den neunziger Jahren des 18. Jahrhunderts

zugewiesen. Andere Häftlinge setzte die Kolonialverwaltung in Arbeitskommandos bei öffentlichen Arbeiten (Straßenbau, Errichtung öffentlicher Gebäude u. a.) ein. Auf diese Weise trugen die Zwangsverschickten zum allmählichen Aufblühen der Wirtschaft bei. Als die Pionierarbeiten ein fortgeschrittenes Stadium erreicht hatten, vermochte Australien zunehmend mehr Privatkapital aus England anzuziehen und auch für freie Einwanderer attraktiv zu werden. Schon im Jahre 1793 waren die ersten Briten freiwillig gekommen. Gegen 1830 bevölkerten neben den 63 000 Strafverbannten bereits 14 000 freie Immigranten den Kontinent. Und 20 Jahre später waren die freien Siedler und Bürger den Sträflingen gegenüber längst in der Überzahl. Die erste Phase der australischen Geschichte – die Epoche der Strafkolonie – ging langsam ihrem Ende entgegen.

Generalmajor Lachlan Macquarie war der erste Gouverneur, der 1810 die Bedeutung der ehemaligen Strafgefangenen für den Aufbau des Landes klar erkannte und würdigte, indem er ihnen nach Ablauf oder Erlaß ihrer Strafe nicht nur Landtitel, sondern auch alle Bürgerrechte gewährte. Während Macquaries Amtsperiode formten sich innerhalb der Kolonialgesellschaft vier die Sozialstruktur bestimmende Gruppen heraus: Neben den Sträflingen (Convicts) und den freien Siedler (Free Settlers oder Exclusionists) entwickelte sich allmählich die Klasse der freien Nachkommen der Strafverbannten (Currency) sowie die der rehabilitierten ehemaligen Sträflinge (Emancipists).

Englands Kolonie Neusüdwales aber war noch weit davon entfernt, ein homogenes Gemeinwesen darzustellen. Mit seiner Emanzipationspolitik begab sich der Gouverneur auf Konfrontationskurs mit dem neuen Establishment, das sich vornehmlich aus Ex-Offizieren und wohlhabenden Neusiedlern zusammensetzte. Als Macquarie ehemalige Strafgefangene sogar als Richter und Architekten beschäftigte, löste er damit den Widerstand der Exclusionists aus, die ihre politische und ökonomische Monopolstellung bedroht sahen. Zum Wortführer der Gegenseite schwang sich erneut John Macarthur auf, der schließlich die Ablösung Macquaries bewirken konnte.

Die Zeitspanne zwischen 1820 und 1850 war geprägt durch eine kontinuierliche, teils noch von Lachlan Macquarie initiierte Ausdehnung der Kolonie Neusüdwales. Um anderen europäischen Mächten zuvorzukommen, gründeten die Briten in allen Küstenregionen strategisch wichtige Siedlungen, aus denen später einige der bedeutendsten Städte des Landes hervorgehen sollten. Nach der Errichtung weiterer Strafkolonien wuchsen bald auch die ersten Siedlungen freier Immigranten, die London direkt unterstanden, aus dem Boden (u. a. 1829 in der Nähe des heutigen Perth, 1835 bei Melbourne und 1836 bei Adelaide).

Gleichzeitig fand auch eine allmähliche politische Bewußtseinsbildung statt, in deren Verlauf die Forderung nach einer partiellen Selbstverwaltung laut wurde. Bereits 1825 wurde Tasmanien (noch bis 1853 als Van-Diemens-Land bezeichnet) eigene Kolonie und erhielt wie Neusüdwales eine begrenzte Selbständigkeit. Mit dem Australian Colonies Government Act von 1850 gewährte Großbritannien dann seinen Kolonien Neusüdwales, Tasmanien, Victoria und Südaustralien nach dem bewährten Muster Kanadas auch formell eine weitgehende Autonomie. Queensland, der nördliche Teil von Neusüdwales, folgte 1859 und Westaustralien 1890. Alle Kolonien bekamen im Lauf der Zeit eine eigene Verfassung sowie eigene Parlamente. Erst 1817 übrigens erhielt der Kontinent auf Vorschlag des Forschungsreisenden Matthew Flinders offiziell den Namen Australien.

Die Erkundung des Landesinneren

Zu Beginn des 19. Jahrhunderts stellte man sich in der Kolonie Neusüdwales oft folgende Fragen: War das Land, auf dem man sich befand, wirklich ein Kontinent oder nur ein Teil eines riesigen Inselreiches? Gab es hinter den Blue Mountains, einer seinerzeit schier unüberwindlichen Barriere, fruchtbares Land oder nur öde Wildnis? Die Antworten darauf gaben unerschrockene Entdecker.

Die Küstenforschung war bereits um die Wende vom 18. zum 19. Jahrhundert von Matthew Flinders und George Bass abgeschlossen worden. Unter ihrer Leitung umsegelte 1798 eine britische Expedition Van Diemens Land und stellte dabei fest, daß es eine Insel ist. In den Jahren 1801 bis 1803 umsegelte Matthew Flinders ganz Australien und erbrachte nun endgültig den Beweis, daß es sich bei der riesigen Landmasse um einen Kontinent handelt.

Die Erforschung des Binnenlandes aber war ein weitaus schwierigeres Unterfangen und stieß in Großbritannien auf kein großes Interesse. Diese Haltung änderte sich jedoch, als die Agrarfläche im engen Landstrich um Sydney knapp zu werden begann und sich der ständige

Nahrungsmittelmangel zu einer existentiellen Bedrohung für die Kolonie entwickelte. 1813 gelang den drei Briten Gregory Blaxland, William Charles Wentworth und William Lawson die erste Überquerung der Blue Mountains, dieser aufgrund zerklüfteter Schluchten und dichter Urwälder schwer zugänglichen Bergbarriere. Nach ihrer Rückkehr berichteten sie von riesigen Weidegründen, woraufhin Gouverneur Macquarie auf ihrer Route in Rekordzeit eine Straße bauen ließ. Bereits 1815 zogen die ersten Siedler in das ›gelobte‹ Land an der Westflanke des Gebirges.

Nach dieser erfolgreichen Pionierexpedition rissen die zahlreichen Forschungs- und Erkundungszüge nicht mehr ab. Ziele der unterschiedlich erfolgreichen Vorstöße in das Zentrum waren die Schaffung von Landverbindungen zwischen den Kolonien im Südosten mit den Ansiedlungen im Südwesten und äußersten Norden sowie natürlich vor allem auch die Erkundung neuer Siedlungsmöglichkeiten.

Eine Frage vor allem beflügelte die Phantasie der frühen Entdecker: Was geschah mit den Flüssen, die von der Wasserscheide des östlichen Gebirgszugs ins Landesinnere flossen? Um dieses Rätsel zu lösen, beauftragte der damalige Gouverneur von Neusüdwales, Sir Ralph Darling, im Jahre 1829 einen jungen Offizier, Captain Charles Sturt, eine Expedition auszurüsten. Mit einer Gruppe von Männern gelang es Sturt ein zerlegtes Walfangboot über die Berge zum Murrumbidgee River zu schleppen. Diesen Fluß ließen sie sich hinuntertreiben bis zum Murray River, auf dem sie zum mit dem offenen Meer verbundenen Lake Alexandrina an der Küste Südaustraliens gelangten. Mit seiner bahnbrechenden Unternehmung widerlegte Sturt den

Sydney zu Beginn des 19. Jahrhunderts

Mythos von einem Binnenmeer, entdeckte aber so viel fruchtbares Land, daß er den Anstoß für die spätere Erschließung Südaustraliens gab.

1836 stieß ein schottischer Offizier, Major Thomas Mitchell, nördlich und westlich von Melbourne auf riesige Gebiete fruchtbaren Landes. Aus der von ihrem Entdecker Australia Felix (Glückliches Australien) genannten Region entwickelte sich später der Bundesstaat Victoria. Den Gebirgszug in der Südostecke des Kontinents erkundete als erster der Pole Graf Paul Edmund von Strzelecki in den Jahren 1839/40. Im Alleingang bestieg er den höchsten Berg des Kontinents und benannte ihn nach einem polnischen Nationalhelden Mt. Kosciusko.

Zur selben Zeit wagte der Brite Edward John Eyre von Adelaide aus einen ergebnislosen Vorstoß ins Landesinnere; ein riesiger Salzsee erwies sich nach 600 km als unüberwindliches Hindernis. Bereits ein Jahr später wollte er als erster eine Landverbindung vom Süden in den Westen Australiens erkunden. Überwie

gend allein wanderte er in einem heroischen Gewaltmarsch 1500 km weit an der Südküste Australiens entlang von Fowlers Bay an der Großen Australischen Bucht bis zur Siedlung Albany. Am Küstensaum der unfruchtbaren Nullarbor-Ebene aber fand er zu seiner Enttäuschung nichts als wasserlose, ausgedörrte Wildnis. 1844 unternahm Charles Sturt den Versuch, von Adelaide aus zur Nordküste vorzustoßen, scheiterte jedoch auf halbem Weg.

Auch nach dem Mißerfolg von Charles Sturt übte die große Leere in der Mitte der damaligen Australien-Karten auf viele eine magische Anziehungskraft aus. Als einer der umstrittensten unter ihnen galt Ludwig Leichhardt, ein draufgängerischer und exzentrischer Preuße, der 1842 in Australien gelandet war, um sich in seiner Heimat dem Wehrdienst zu entziehen. Als Leichhardt seinen Fuß auf australischen Boden setzte, waren gerade zwei Fünftel des riesigen Kontinents erkundet, und zwar fast ausschließlich küstennahe Regionen. Ohne ausdrücklichen Auftrag und ohne finanzielle Unterstützung einer großen wissenschaftlichen Gesellschaft brach er Ende August 1844 zu einem der spektakulärsten Unternehmen der Entdeckungsgeschichte Australiens auf: Der Durchquerung des unbekannten Nordostens, von Brisbane bis nach Arnhem Land.

Die 4800 km weite Reise sollte in fünf Monaten über die Bühne gehen, 15 dauerte sie schließlich. Diese unvorhergesehen lange Reisedauer und der Verlust eines Großteils der mitgenommenen Vorräte zwangen Leichhardt und seine sieben Begleiter, »sich zuletzt ausschließlich von dem zu ernähren, was das Land hergab«. Daß der Expeditionstrupp im Dezember 1845 Port Essington im nördlichen Arnhem Land erreichte, grenzt an ein Wunder. Als die bereits Totgeglaubten im März 1846 auf dem Seeweg nach Sydney zurückkehrten, wurden sie als Nationalhelden gefeiert. Leichhardts zweite, noch ehrgeizigere Expedition, auf der er den ganzen Kontinent von Sydney bis Perth durchqueren wollte, wurde aber ein Fiasko: Er und seine sechs Begleiter verschwanden spurlos irgendwo im tödlichen Wüstenherz Australiens. Ihr Schicksal gilt als eines der großen, ungelösten Rätsel des australischen Buschs. Australiens Literatur-Nobelpreisträger Patrick White setzte Leichhardt in seinem Roman *Voss* ein literarisches Denkmal.

Im August 1860 brachen Robert O'Hara Burke, William John Wills, John King und Charlie Gray mit einer großzügig ausgestatteten Expedition auf, um den Kontinent von Melbourne im Süden zum Golf von Carpentaria im Norden zu durchqueren. Am Coopers Creek ließen sie fünf Männer in einem Basislager zurück mit der Anweisung, drei Monate auf ihre Rückkehr zu warten. Mitte Februar 1861 erreichte die Vierergruppe nach insgesamt 2400 km den Carpentaria-Golf. Angesichts der knappen Vorräte kehrten sie sofort um und schleppten sich am 21. April mit letzter Kraft in das Depot am Coopers Creek. Die Männer aber, die dort über vier Monate lang ausgeharrt hatten, waren einem zurückgelassenen Brief zufolge erst sieben Stunden zuvor zum Rückmarsch aufgebrochen, weil sie keine Hoffnung mehr auf die Rückkehr der Forscher hatten. Zu schwach, um noch weiterzumarschieren, erlitten Burke, Wills und Gray einen qualvollen Hungertod. King wurde von Aborigines gerettet, die sich um ihn kümmerten, bis ihn im September 1861 eine Suchmannschaft fand. Posthum wurde Burke und Wills zwar das Verdienst zuerkannt, als erste den Kontinent von Süd nach Nord durchquert zu haben, letztendlich aber blieb ihre Expedition für Wissenschaft und Landwirtschaft wertlos.

Weniger dramatisch, dafür aber unter praktischen Aspekten erfolgreicher, verlief das Unternehmen von John McDouall Stuart, der sich 1861/62 von Adelaide bis zur Nordküste durchschlug. Am 25. Juli 1862 traf er mit seinen Begleitern am Van Diemens-Golf ein, nahezu blind und mit schlohweißem Haar. Aufgrund seiner Gewalttour konnte eine Telegraphenleitung gelegt werden, die in Darwin den Anschluß an ein Unterwasserkabel von Java ermöglichte und damit den Kontinent mit dem Rest der Welt verband. 13 Jahre dauerte es noch, ehe Ernest Giles die erste Ost-West-Durchquerung glückte. Vollständig erschlossen war der australische Kontinent damit aber noch immer nicht.

Den zahlreichen Expeditionen ins unbekannte Landesinnere folgte oft unmittelbar die Ausdehnung der neuen Siedlungsgebiete. Die industrielle Revolution hatte die Wirtschaft des englischen Mutterlandes von Grund auf umgewandelt. Da die Nachfrage der Spinnereien und Webereien nach hochwertiger Wolle enorm war, suchten viele ihr Glück in der Schafzucht.

Diese günstigen ökonomischen Zukunftsperspektiven lockten immer mehr Immigranten auf den Fünften Kontinent. Schafzucht und Wollindustrie wirkten auch als Katalysatoren für die weitere Erforschung des Binnenlandes, denn für die laufend wachsenden Schafherden mußten neue Weidegründe erschlossen werden. Um der unkontrolliert ins Landesinnere hineinwuchernden Besiedlung Einhalt zu gebieten, versuchte die Kolonialverwaltung gegen 1830 die Landnahme per Gesetzeserlaß auf ein Gebiet mit einem Radius von 240 km um Sydney zu beschränken. Das Land wurde nun auch nicht mehr kostenlos unter den Siedlern verteilt, sondern verkauft. Diese Verordnungen aber nahm man kaum ernst. Trotz staatlicher Beschränkungsversuche breitete sich die Besiedlung bis 1840 bereits über den gesamten Nordosten von Neusüdwales aus und traf im Westen auf den Siedlungsvorstoß, der von Melbourne ausging.

Wer zur damaligen Zeit nicht über die finanziellen Mittel zum Erwerb von Landbesitz verfügte, wurde Squatter, d. h. er trieb seine oft mittels eines günstigen Kredits gekaufte Schafherde in die Wildnis, besetzte ein Stück Land und verschaffte sich später die Bestätigung als legaler Eigentümer. Da sie es verstanden, ihren wachsenden Wohlstand durch politische Einflußnahme abzustützen, wurde ihre Besitznahme in der Regel bald durch günstige Pachtverträge legalisiert. Den reichen Squatters standen die kleinen Cocky-Farmer gegenüber, die später kamen und – wie Kakadus – versuchten, das übriggebliebene Land – die Brosamen – aufzupicken.

Die Epoche des Goldrauschs

Besonders einem Ereignis verdankt es Australien, daß es seinen negativen Ruf ablegen konnte: der Entdeckung von Gold Mitte des 19. Jahrhunderts. Zwar hatte man schon ab etwa 1820 Goldklumpen (Nuggets) gefunden, doch lösten erst im Februar 1851 Funde im Bezirk von Bathurst bei Sydney einen gewaltigen Goldrausch aus, der innerhalb kurzer Zeit den ganzen Kontinent erfaßte.

Die Bekanntmachung des Goldfunds erschütterte das gesellschaftliche, wirtschaftliche und politische Gefüge in den australischen Kolonien in seinen Grundfesten. Das Zauberwort ›Gold‹ löste eine wahre Flucht der Menschen aus den Städten zu den neuentdeckten Goldfeldern aus. Da vor allem Victoria unter dieser Entwicklung zu leiden hatte, setzte die Regierung dieser Kolonie eine Prämie für Goldfunde in der näheren Umgebung aus. Mit Erfolg: Bereits im Juni 1851 endeckte man reiche Goldvorkommen in Ballarat, Bendigo und Castlemaine im Norden von Melbourne.

Der Wert des allein in Victoria im ersten Jahr des Goldrush geförderten Edelmetalls betrug über eine Million Pfund; auf ihrem Höhepunkt lieferten die Goldfelder dieser Kolonie rund ein Drittel der gesamten Weltproduktion. Als man in den 70er Jahren auch in Queensland auf

Tausende von Abenteurern zog der Goldrausch nach Australien

ergiebige Goldadern stieß und zu Beginn der 90er Jahre, während eines zweiten großen Goldrauschs, bei den westaustralischen Städten Kalgoorlie und Coolgardie die berühmte ›Goldene Meile‹ entdeckte, wurde Australien in den Augen der Welt zum Land der unbegrenzten Möglichkeiten.

Der Goldboom löste eine Bevölkerungsexplosion sondersgleichen aus; der Zustrom von Einwanderern aus aller Herren Länder, die auf der Suche nach dem schnellen Geld waren, wuchs proportional zur Menge des gefundenen Goldes: Innerhalb nur eines Jahrzehnts stieg die Einwohnerzahl des Kontinents auf fast 1,15 Mio. an. Im Grunde genommen waren diese Neueinwanderer für Australiens Zukunft weit wichtiger als das Gold. In wenigen Jahrzehnten nämlich war das leicht zu schürfende Oberflächengold erschöpft und das verbliebene Edelmetall konnte nur noch von finanzkräftigen Bergbaugesellschaften in großen Schachtanlagen gefördert werden. Viele der Diggers, der einfachen Goldsucher, vertauschten nun Schaufel und Pickel mit ihrem gewohnten Handwerkszeug und wurden auf diese Weise zu unentbehrlichen Kräften für die Entwicklung Australiens. Darüber hinaus entstand aus diesen Leuten, die oft eine fundierte handwerkliche oder kaufmännische Qualifikation mitbrachten, die bis dahin fehlende Mittelschicht in Australiens Kolonialgesellschaft.

Obwohl es auf den australischen Goldfeldern bei weitem nicht so viele Ausschreitungen gab wie zuvor in Kalifornien, ist doch von einem blutigen Zwischenfall zu berichten: die Eureka Stockade, die erste und einzige größere bewaffnete Rebellion von Zivilisten gegen staatliche Willkür in der Landesgeschichte. 1852 hatte Gouverneur La Trobe in Victoria eine Lizenzgebühr für das Goldschürfen eingeführt, welche die Diggers bezahlen mußten, auch wenn sie kein Gold gefunden hatten. Aus Protest gegen die ihrer Meinung nach überteuerten Schürfgebühren und die unmenschliche Art ihrer Eintreibung schlossen sich im November 1854 in Ballarat die Goldsucher zur Ballarat Reform League zusammen. Neben ihrem eigentlichen Anliegen, den Reformen auf den Goldfeldern, erhoben sie die Forderung nach jährlichen Parlamentswahlen und einem allgemeinen geheimen Wahlrecht.

Die Situation spitzte sich zu, als sich etwa 150 bewaffnete Diggers – provoziert durch einen Polizeieinsatz – auf einem Hügel außerhalb von Ballarat hinter einer aus Palisaden errichteten Barrikade verschanzten. Die Obrigkeit reagierte überstürzt und setzte Polizei und Militär ein. Der Aufstand dauerte keine zwei Tage: Am frühen Morgen des 3. Dezembers 1854 setzte eine Kompanie von 276 Mann zum Sturm auf die Eureka Stockade an, die binnen weniger Minuten fiel. 25 Goldgräber und vier Soldaten verloren dabei ihr Leben.

Der Aufstand war zwar blutig niedergeschlagen worden, doch bildete er den Auftakt einer demokratischen Entwicklung in den australischen Kolonien. So wurde nicht lange nach dieser Erhebung die Hauptforderung der Rebellen, die Beteiligung am politischen Entscheidungsprozeß, erfüllt.

Noch ein weiteres Problem trat im Gefolge des hektischen Goldfiebers zutage: die Anwesenheit Zehntausender meist illegal eingewanderter Chinesen, die auf Australiens Goldfeldern ihr Glück suchten. In den 70er Jahren entstanden bei den Goldfeldern am Palmer River in Queensland einige rein chinesische Siedlungen. Die fast ohne Unterlaß

Eureka Stockade, Gemälde von B. Ireland

schürfenden, spartanisch lebenden und die Erträge ihrer Funde ins heimische Reich der Mitte schickenden Chinesen weckten schon bald Ressentiments bei den weißen Goldgräbern. Es kam zu blutigen Ausschreitungen. Als weitere Rassenunruhen aufflackerten, reglementierten die einzelnen Kolonien den Zustrom der Chinesen, der bis 1887 schließlich gänzlich zum Erliegen kam.

Die zweite Hälfte des 19. Jahrhunderts

Um die Mitte des vorigen Jahrhunderts war der australische Kontinent in fünf Kolonien eingeteilt: Neusüdwales, Victoria, Tasmanien, Südaustralien und Queensland (Westaustralien erhielt seine Eigenständigkeit erst 1890). London war zwar weiterhin zuständig für die Landesverteidigung sowie für die Außenpolitik inklusive Fragen des internationalen Handels, aber in Angelegenheiten von lokaler Bedeutung erfreuten sich die australischen Kolonien damals bereits einer weitgehenden Autonomie. So begann man zu jener Zeit in jeder Einzelkolonie mit dem Aufbau eines parlamentarischen Systems, das sich am englischen Vorbild, orientierte. Ein Meilenstein der demokratischen Entwicklung in den Kolonien war die Beteiligung weiter Bevölkerungsteile am politischen Entscheidungsprozeß. Das demokratische Wahlrecht im Sinne des ›One man, one vote‹ wurde schon 1857 in Victoria und im Jahr darauf in Neusüdwales eingeführt (1893 Südaustralien, 1896 Tasmanien, 1905 Queensland). Frauen durften aber erst ab 1906 zur Wahlurne gehen.

Trotz der Unabhängigkeit der Staaten dachte kaum jemand an den Zusammenschluß zu einer staatlichen Einheit. Zwar trafen sich Vertreter der einzelnen Kolonialregierungen um über wirtschaftliche und politische Fragen zu debattieren, doch prägten eher Konfrontation statt Kooperation ihr Verhältnis. Als einen kolonialen Schildbürgerstreich kann man den Aufbau des Eisenbahnnetzes bezeichnen: Durch kleinkarierte Eigenbrödelei schafften es die Kolonien nämlich nicht, sich auf eine gemeinsame Spurbreite zu verständigen. Resultat war die Existenz von vier verschiedenen Teilsystemen, die einen nahtlosen Personen- und Güterverkehr unmöglich machten. Noch im Jahre 1925 erforderte eine Bahnreise von Westaustralien nach Queensland fünfmaliges Umsteigen.

Dennoch war das Vordringen der Eisenbahn für den steten wirtschaftlichen Aufstieg zweifellos von großer Bedeutung. Nur mit der Eisenbahn konnten Agrar- und Bergbauprodukte zu den Häfen transportiert werden, wo sie von Dampfschiffen mit großer Ladekapazität in die Industrienationen gebracht wurden. Diese Dampfschiffe trugen zusammen mit anderen Kommunikationsmitteln, wie den Telegraphenlinien, entscheidend dazu bei, daß Australien den Anschluß an den Strom der wirtschaftlichen und auch politischen Entwicklung der übrigen Welt fand.

Der wirtschaftliche Aufstieg hatte aber auch seine Schattenseiten. Die ungleiche Verteilung des Wohlstands und die Verzweiflung der Zukurzgekommenen waren u. a. Gründe für die Entstehung eines australischen Phänomens – die Bushrangers. Während des Goldrauschs nahm das Bandenunwesen dann landesweit schlagartig zu: Überfälle auf Goldtransporte, Cobb & Co.-Postkutschen und Banken standen schon fast auf der Tagesordnung. Die im Busch lebenden Gesetzesbrecher wurden häufig zu sozial handelnden Robin Hoods verklärt. Beweise für diese Art wohltätiger Nächstenliebe gibt es allerdings nicht. Volksdichter wie Banjo Paterson trugen in Balladen ihren Teil zur Bushranger-Legende bei, über die Brutalitäten wurde dabei großzügig hinweggesehen. Zu den berühmtesten unter den Straßenräubern und Wegelagerern zählten Ben Hall aus dem Forbes District von Neusüdwales, Mad Dan Morgan, der angeblich noble Gentleman Matt Cash und der bereits zu Lebzeiten legendäre Captain Starlight sowie Ned Kelly (s. S. 251).

Australien im 20. Jahrhundert

Australien wird eine Nation

Gegen Ende des letzten Jahrhunderts begannen sich die Menschen auf dem Fünften Kontinent als Australier zu fühlen. Allmählich wurde der Wunsch wach, sich vom Schürzenzipfel der Mutter England zu lösen. Und so kam es auch offiziell auf Regierungsebene zu Verhandlungen zwischen den Einzelkolonien, welche die mögliche Gründung eines Bundesstaates zum Inhalt hatten. Dieses Konzept ging hauptsächlich auf den Wunsch zurück, eine größere Gemeinsamkeit in den Bereichen Landesverteidigung, Außenpolitik, Wirtschaft und Immigration herzustellen.

Auf Initiative von Sir Henry Parkes, dem damaligen Premier von Neusüdwales und einer der herausragendsten Persönlichkeiten der australischen Einheitsbewegung, beschäftigte sich ab 1890 die Australia Federation Conference unter dem Motto ›One people, one destiny‹ (ein Volk, ein Schicksal) mit der Ausarbeitung einer Verfassung nach dem Vorbild der Vereinigten Staaten von Amerika. Nicht alle Kolonien waren jedoch für einen Zusammenschluß. Die bevölkerungsarmen Kolonien Queensland, Tasmanien, Südaustralien und Westaustralien befürchteten eine politische Dominanz von Neusüdwales und Victoria. Einigung wurde schließlich mit einem Verfassungsentwurf erzielt, der eine ausgewogene Repräsentation aller Kolonien in dem neu zu schaffenden Bundesparlament vorsah. Nach der Arbeit der verfassungsgebenden Versammlung hatten die Wähler das Wort. In Neusüdwales, Victoria, Tasmanien und Südaustralien brachte eine Volksabstimmung nur eine knappe Mehrheit für eine Vereinigung, in Westaustralien und Queensland votierte man sogar dafür, dem Bündnis nicht beizutreten.

Da die australischen Kolonien nicht an eine Loslösung von Großbritannien dachten, war auch die Zustimmung des Mutterlandes erforderlich. Die Regierung in London gab grünes Licht, bedingte sich jedoch ein Mitspracherecht aus in den Bereichen Außenpolitik, internationale Wirtschaftsbeziehungen und Verteidigung. Mit ihrer Unterschrift unter das Verfassungswerk entließ Queen Victoria im Juli 1900 die australischen Kolonien formell in die Unabhängigkeit. Der 1. Januar 1901 war der Geburtstag der unabhängigen Nation, die als Commonwealth of Australia die politische Weltbühne betrat. Das bedeutete jedoch nicht gleichzeitig die Auflösung der legislativen Gewalten in den jetzt als Staaten bezeichneten Kolonien.

Neben dem Verfassungsentwurf selbst stellte die Wahl der Hauptstadt die größte Streitfrage dar. Aufgrund der Rivalität zwischen den Bewerberinnen Sydney und Melbourne, entschloß man sich zu einer Lösung in der Mitte und bestimmte Canberra zur neutralen Kapitale, eine Stadt, die zwischen Sydney und Melbourne erst noch aus dem Boden gestampft werden mußte. Zu diesem Zweck schufen die Mitglieder des Bundesparlaments, das provisorisch in Melbourne tagte, auf dem Gebiet von Neusüdwales einen selbstverwalteten Distrikt, das Bundesterritorium oder Australian Capital Territory. Erst 1913 aber wurde mit dem Bau Canberras begonnen. Und erst 26 Jahre nach der Staatsgründung erfolgte der Umzug der Parlamentarier von Melbourne in die Bundeshauptstadt.

Australien im Ersten Weltkrieg

Australien war zwar ein Nationalstaat geworden, aber es war weiterhin fest im britischen Empire verankert. Nachdem Großbritannien am 4. August 1914 Deutschland den Krieg erklärt hatte, zogen australische Soldaten als loyale Bundesgenossen der Engländer auf die europäischen Schlachtfelder. Die Australier waren bereit, das Mutterland uneingeschränkt und klaglos zu unterstützen, weil sie sich im Gegenzug auch von ihm Sicherheit und Schutz erwarteten. Gemeinsam mit den Neuseeländern bildeten sie das Australia and New Zealand Army Corps (Anzac) und entsandten zusammen über 500 000 Soldaten ans andere Ende der Welt.

Ein Großteil der Freiwilligen wurde 1915 von der britischen Heeresführung auf der Dardanellen-Halbinsel Gallipoli gegen türkische und deutsche Verbände eingesetzt. Es gab ein schreckliches Blutbad. Australien hatte über 8500 Gefallene zu beklagen, Neuseeland rund 2700. Im Bewußtsein vieler Australier verwandelte sich diese Niederlage aufgrund des heroischen Wagemuts ihrer Soldaten in einen großen moralischen Sieg. Letztendlich empfand man Gallipoli als das

Die Landung vor Gallipoli, Gemälde von Charles Dixon

Ereignis, mit dem Australien endgültig zu einer Nation zusammengeschmiedet wurde. Heute noch ist der 25. April als Anzac Day in Australien wie Neuseeland ein nationaler Gedenktag. Insgesamt fielen rund 60 000 Australier im Ersten Weltkrieg, mehr als 200 000 wurden im Kampf verwundet.

Australien zwischen den Kriegen

Die Nachkriegsjahre waren zunächst durch einen deutlichen Aufwärtstrend von Landwirtschaft und Industrie im Schutze hoher Zölle gekennzeichnet. Um den wirtschaftlichen Aufschwung voranzutreiben, förderte die australische Regierung aktiv die Einwanderung von Briten. Zudem kamen immer mehr Italiener und andere Südeuropäer nach Australien. Deutsche Auswanderer waren bis Ende der 20er Jahre unerwünscht auf dem Fünften Kontinent.

Als am 24. Oktober 1929 mit panikartigen Massenverkäufen von Aktien in der New Yorker Wall Street die Weltwirtschaftskrise begann, wurde auch Australien in den Strudel der globalen ökonomischen Turbulenzen gerissen. Die einseitige Orientierung auf den Export von Rohstoffen hatte die australische Wirtschaft sehr empfindlich gegenüber Weltmarktschwankungen gemacht. Soziales Elend in einer bislang unbekannten Größenordnung begann den Alltag zu bestimmen. Rasche Regierungswechsel kennzeichneten das politische Leben. Wirksam waren sie allerdings nicht. Erst unter Premierminister J. A. Lyons (United Australia Party) erholte sich die Wirtschaft nach 1933 allmählich. Vor allem öffentliche Arbeitsprogramme und rigorose Sparmaßnahmen wiesen den Weg aus der ökonomischen Talsohle.

Während des wirtschaftlichen Aufschwungs brauten sich am politischen Horizont erneut dunkle Wolken zusammen. Obwohl die in Deutschland und Italien an die Macht gekommenen Faschisten versuchten, auch in Australien mit Hilfe früherer Auswanderer ihre

Ideologien zu verbreiten, wollte man auf dem Fünften Kontinent das sich anbahnende Unheil nicht recht wahrhaben. Ebenso wie Premierminister Lyons befürwortete auch der einflußreiche konservative Politiker Robert Gordon Menzies, der kurz vor Ausbruch des Zweiten Weltkriegs das Amt des Premiers übernehmen sollte, lautstark die britische Appeasement-Politik gegenüber Deutschland.

Australien im Zweiten Weltkrieg

Als im September 1939 zwischen Großbritannien und Deutschland erneut Krieg ausbrach, befand sich Australien als Mitglied des British Empire automatisch ebenfalls im Kriegszustand. Im Gegensatz zum Ersten Weltkrieg jedoch war Australien jetzt selbst unmittelbar betroffen: Japans aggressives Verhalten wandelte sich in eine direkte Bedrohung des Landes. Dennoch zogen nach dem Kriegsausbruch erneut Tausende junger Australier zunächst auf die fernen Schlachtfelder in Europa, im Nahen Osten und in Nordafrika. Die Australian Imperial Forces wurden vorwiegend in der Mittelmeerregion (vor allem auf Kreta) gegen deutsche und italienische Truppenverbände eingesetzt.

Währenddessen rückte Japan immer weiter nach Süden vor, besetzte im Juni 1941 den südlichen Teil des französischen Indochina und ließ keinerlei Anzeichnen erkennen, seine Expansionsgelüste aufzugeben. Am 3. Oktober 1941 kam es zu einem Regierungswechsel und einer politischen Wende, die Labor Party unter Premier John Curtin übernahm die Regierungsverantwortung. Wenig später eröffneten die Japaner mit ihrem Überfall auf Pearl Harbour am 7. Dezember 1941 den Pazifischen Krieg. In den ersten Monaten des Jahres 1942 besetzten die Streitkräfte des Tenno die weiträumige Inselwelt der Philippinen und Indonesiens sowie die Malaiische Halbinsel. Am 15. Februar 1942 fiel Singapur und 15000 Australier gerieten in Kriegsgefangenschaft.

Vom englischen Mutterland durfte sich Australien nun keine Hilfe erwarten. Folglich wandte sich Kriegspremier Curtin an die Vereinigten Staaten von Amerika um militärischen Beistand. Die Lage spitzte sich zu, als japanische Flugzeuge am 19. Februar 1942 Darwin bombardierten, der erste ausländische Angriff auf australischen Boden. Als wenig später japanische Bomben auf Broome, Derby, Wyndham und andere australische Küstenstädte fielen und als schließlich auch noch in die Hafenbucht von Sydney eingedrungene japanische Klein-U-Boote Torpedos abfeuerten, richteten sich alle Hoffnungen der Australier auf die neue Schutzmacht – die Amerikaner.

Von den Philippinen kommend, schlug US-General Douglas MacArthur im März 1942 sein Hauptquartier zunächst in Melbourne, später in Brisbane auf. In der Folgezeit wurden Zehntausende amerikanischer Soldaten in Australien stationiert, denen das Land als Operationsbasis im pazifischen Raum diente. Das Blatt begann sich gegen Japan zu wenden, und als die vereinigten australischen und amerikanischen Bodenstreitkräfte die Japaner aus Neuguinea vertrieben, war die unmittelbare Gefahr einer Invasion gebannt. Am Ende des Zweiten Weltkriegs hatte Australien 35000 Tote zu beklagen.

Der Zweite Weltkrieg veränderte unwiderruflich das Verhältnis Australiens zu England. Nach Kriegsende gab es keinen Zweifel mehr daran, daß die Bewohner des Fünften Kontinents künftig nur noch in einem Bündnis mit den USA Sicherheit finden konnten.

Australien nach 1945

Die Nachkriegsphase war gekennzeichnet durch das Bestreben Australiens, sich außenpolitisch neu zu orientieren, ein Balanceakt zwischen Abnabelung vom Mutterland und gleichzeitiger Anlehnung an die USA. Zugleich bemühte sich Australien, eine zunehmend eigenständige Rolle im politischen und wirtschaftlichen Weltgeschehen zu spielen, was vor allem auch eine Annäherung an die zuvor weitgehend ignorierten asiatischen Nachbarländer dringend erforderlich machte.

Bis 1949 steuerte eine Labor-Regierung unter Premierminister Ben Chifley die Nation mit viel Geschick durch die Schwierigkeiten der Nachkriegsjahre hindurch. Schon bald nach Ende des Zweiten Weltkriegs aber ging Australien auf wunderbare Weise in eine wirtschaftliche Prosperität bislang unbekannten Ausmaßes über. Bereits während der Kriegsjahre hatte die industrielle Produktion im Inland aufgrund stark rückläufiger Importe aus Großbritannien enorm zugenommen. Nach Kriegsende nahm die Regierung eine Vielzahl ehrgeiziger und kostspieliger Projekte in Angriff, u. a. den Aufbau einer eigenen Automobilindustrie, die Gründung einer internationalen Fluglinie und die Realisierung eines gigantischen Staudamm-Projekts (Snowy Mountains Hydroelectric Scheme, s. S. 203). Die günstige Wirtschaftslage erlaubte es der Labor-Regierung, die Sozialgesetzgebung weiter auszubauen sowie den Bau von Wohnungen und Schulen zu fördern.

Einen geradezu revolutionären Einschnitt aber gab es in der Einwanderungspolitik. Eine Folge des Zweiten Weltkriegs war die Erkenntnis, daß sich der Kontinent mit seinen damals nur rund 7,5 Mio. Einwohnern selbst nicht schützen konnte. Überlegungen wurden angestellt, wie man sich gegen eine mögliche Bedrohung durch die Nationen Asiens, die nach Kriegsende aus der Konkursmasse der europäischen Kolonialreiche entstanden waren, würde verteidigen können. Da Australien zudem dringend neue Arbeitskräfte benötigte, bot sich als Lösung eine gezielte Einwanderungs- und Siedlungspolitik an.

Unter dem Slogan ›Populate or perish‹ (Bevölkert das Land oder es wird untergehen) entstand das umfassendste Einwanderungsprogramm des 20. Jahrhunderts. Zum ersten Mal schlossen die staatlich subventionierten Immigrationsbemühungen auch andere europäische Nationalitäten ein, anfangs insbesondere osteuropäische Flüchtlinge. Allerdings verfolgte die australische Regierung weiterhin eine rassistisch orientierte Einwanderungspolitik. Unumwunden bekräftigte der neue Einwanderungsminister Arthur Calwell das seit 1901 gültige Konzept der White Australia Policy mit den Worten: »Two wongs don't make a white.« (Zwei Chinesen sind nicht so viel wert wie ein Weißer).

Im kriegszerstörten Europa fand Australiens Werbung für weiße Neubürger ein lebhaftes Echo: Von 1945 bis 1965 wuchs die Bevölkerung des Fünften Kontinents auf 11 Mio. Menschen. Alle Neuankömmlinge, die mit finanzieller Unterstützung seitens des australischen Staates eingewandert waren, mußten diese Kosten abarbeiten: Zwei Jahre lang hatten sie eine ihnen zugewiesene, meist körperliche Arbeit zu verrichten.

Trotz ihrer Erfolge in den ersten Jahren der Nachkriegsperiode schwand die Popularität der Labor-Regierung rasch. Und so mußte sie bei der Wahl 1949 eine vernichtende Wahlschlappe einstecken. Als Vorsitzender der erzkonservativen Liberal Party wurde Robert Gordon Menzies – später Sir Robert – zum zweiten Mal Premierminister, dieses Mal aber für 17 Jahre.

Menzies führte Australien in eine politisch stabile, von rasch wachsendem Wohlstand geprägte Epoche – die Zeit des australischen Wirtschaftswunders. Die Australier waren auf dem besten Weg, nach den US-Amerikanern den höchsten Lebensstandard der Welt zu erreichen. Unter Sir Robert bekam Australien das Etikett The Lucky Country angeheftet. Als glücklich aber konnten nicht alle Australier gelten. So zeigte der Patriarch Menzies weder ein Herz für sozial Schwache und nicht-britische Minderheiten noch für Kommunisten, denen er zu Beginn seiner Amtszeit die politische Betätigung untersagen wollte. Die Ära Menzies war überdies eine Zeit der kulturellen Stagnation sowie der erneuten Abkapselung gegenüber den asiatischen Nachbarländern.

Bereits 1951 hatte Australien ein Sicherheits- und Verteidigungsabkommen mit den USA und Neuseeland (Anzus-Pakt) abgeschlossen. Die Australier verhielten sich zu ihrem amerikanischen Verbündeten ebenso loyal wie früher zu Großbritannien, und eilten den Amerikanern wie selbstverständlich im Korea-Krieg zu Hilfe. Ebenso im Vietnam-Krieg, zumindest anfangs. Als Ende der 60er Jahre in Australien wie in den meisten Partnerländern der USA die Anti-Vietnam-Demonstrationen immer heftiger wurden, zog Canberra bis 1972 seine Kampfverbände zurück.

Robert Menzies

Sir Robert Menzies folgten in relativ kurzen Abständen drei weitere konservative Politiker im Amt des Premierministers nach: der am 17. Dezember 1967 unter mysteriösen Umständen ums Leben gekommene Harold Holt, John Gorden und William McMahon.

Während der von innen- wie außenpolitischen Turbulenzen gekennzeichneten ›Nach-Menzies-Periode‹ bekam die Labor Party, die einen grundlegenden politischen Kurswechsel auf ihre Fahnen schrieb, neuen Auftrieb. Bei den allgemeinen Wahlen vom 2. Dezember 1972 machte Edward Gough Whitlam der 23jährigen Regierungsperiode der konservativen Parteien ein Ende. Die Whitlam-Regierung begann sofort mit den im Wahlkampf versprochenen Reformen: Veränderungen in der sozialen Gesetzgebung (Aufbau eines nationalen Gesundheitsdienstes, Anhebung der Renten und Sozialleistungen), mehr finanzielle Mittel für die Aborigines und andere gesellschaftliche Randgruppen, Abschaffung der Wehrpflicht, Amnestie von Wehrdienstverweigerern sowie Aufhebung der White Australia Policy. Whitlams selbstbewußt vertretene Außenpolitik war gekennzeichnet durch die diplomatische Anerkennung der VR China und intensive Kontakte zu Ländern der ›Dritten Welt‹ sowie durch eine größere Distanzierung zu den Vereinigten Staaten und eine schroffe Abwendung von Großbritannien.

Das umfassende Reformwerk und die durch eine Ölkrise 1973 ausgelöste weltweite Rezession führte in Australien zu einem ökonomischen Desaster: In kurzer Zeit schnellte die Inflationsrate auf knapp 20 % hoch, während sich die Arbeitslosenquote verdoppelte. Auf Druck der oppositionellen Parteien, die im Senat über eine Mehrheit verfügten, entließ Generalgouverneur Sir John Kerr Gough Whitlam und dessen Kabinett und setzte den Oppositionsführer Malcolm Fraser als Chef einer Übergangsregierung ein. Dieses bis dahin für ein Tabu gehaltene Eingreifen des Generalgouverneurs löste eine schwere Verfassungskrise aus. Viele Australier, die den Schritt des Repräsentanten der englischen Königin als beispiellos und schokkierend empfanden, erhoben die Forderung nach einer republikanischen Verfassung. Fraser aber errang bei Neuwahlen am 13. Dezember 1975 eine beachtliche Mehrheit.

Malcolm Fraser versuchte mit seiner Koalition aus Liberal Party und National Country Party innen- und außenpolitisch eine Kehrwende um 180 Grad. 1977 und 1980 wurde die Regierung Fraser im Amt bestätigt. Als sich aber zu Beginn der 80er Jahre, zum Teil aufgrund einer andauernden globalen Wirtschaftskrise, die Rezession der australischen Ökonomie verschärfte, stiegen Arbeitslosigkeit und Inflation dramatisch an. Bald folgte ein Streik dem anderen und die Regierung Fraser wurde ebenso unpopulär wie das vorhergehende Kabinett.

Bei den Wahlen vom 5. März 1983 gelang es Robert (Bob) Hawke fast aus dem Stand, den amtierenden Premier abzulösen. Erst einen Monat vor der Wahl war der langjährige Vorsitzende des gewerkschaftlichen Dachverbandes ACTU Chef der Australian Labor Party geworden. Wer nun aber eine erneute Wende in der Politik erwartete, sah sich bald getäuscht. Hawke verstand sich als Politiker des Konsensus und des Ausgleichs. Der äußerst flexible Pragmatiker genoß das Wohlwollen der Unternehmer. Er hatte aller Labor-Ideologie zum Trotz die Wirtschaft weitgehend von Regierungskontrollen befreit und es darüber hinaus verstanden, die Gewerkschaften an die Kandare zu nehmen. Unerwartete Erfolge zeitigte das Wirtschaftskonzept der Regierung Hawke: Die angeschlagene Binnenwirtschaft erholte sich Mitte der 80er Jahre spürbar, was in einer deutlich gesunkenen Arbeitslosenrate und Inflationsquote zum Ausdruck kam.

Außenpolitisch versuchte Hawke in der Anfangsphase seiner Amtszeit das Verhältnis zu Großbritannien auf das Niveau gewöhnlicher Beziehungen zwischen zwei Staaten zurückzuschrauben. Die Bündnistreue zu den Vereinigten Staaten von Amerika bekräftigte er, wehrte sich aber zugleich gegen eine außenpolitische Bevormundung durch die USA. Außerdem war er auch bemüht, durch eine freundschaftliche Annäherung an die Nachbarstaaten die Stellung Australiens im asiatisch-pazifischen Raum neu zu bestimmen.

Vorgezogene Neuwahlen am 1. Dezember 1984 sowie am 11. Juli 1987 bescherten der ALP überlegene Siege. Am 25. März 1990 konnte sich Bob Hawke

Australien und seine Nachbarn

Auf seinem Weg zur nationalen Selbstfindung und Standortbestimmung befindet sich Australien seit einigen Jahrzehnten in einem Dilemma: Geschichtlich gehört das Land zum fernen Europa, geopolitisch und wirtschaftlich jedoch zu Asien. Bis zum Zweiten Weltkrieg betrachtete sich Australien in keinster Weise als asiatische oder pazifische Macht. Kulturell und emotional wurzelte die junge Nation zur damaligen Zeit fest im Mutterland Großbritannien.

Diese Fixierung hinderte Australien lange Zeit daran, eine nationale Identität zu entwickeln. Der Zweite Weltkrieg änderte jedoch so manches: Man hatte sich zwar aus traditioneller Verbundenheit zum Mutterland in den fernen Krieg hineinziehen lassen, aber als sich dieser Krieg zur Bedrohung des eigenen Kontinents ausweitete, standen nur die Vereinigten Staaten an der Seite der Australier. Erstmals wurde sich Australien richtig bewußt, eine eigenständige pazifische Nation zu sein. Der Union Jack in der australischen Flagge ist im Grunde genommen heute ein Anachronismus.

Nach dem Debakel der amerikanischen Vietnam-Politik wandte Australien sich verstärkt seinen asiatischen und pazifischen Nachbarn zu. Untersuchungen und Analysen von Wirtschaftsexperten und Politologen hatten gezeigt, daß gute Beziehungen Australiens zu den asiatischen Ländern für den Kontinent lebensnotwendig sind – einmal in sicherheitspolitischer Hinsicht, zum anderen aber vor allem unter ökonomischen Aspekten, da Südost- und Ostasien gegenwärtig und wohl auch in Zukunft zu den weltweit dynamischsten Wirtschaftsregionen gehören. Eine Voraussetzung für diese Entwicklung war die Abschaffung der White Australia Policy, eine andere der Abbau eines latenten Überlegenheitsgefühls gegenüber den asiatischen Nationen.

Lange Zeit ausschließlich auf England und Amerika fixiert, wußten die Australier kaum etwas über Asien und seine Kulturen, seine Sprachen, seine Bewohner und seine Geschichte. Diese Ignoranz, gepaart mit einer häufigen außenpolitischen Instinktlosigkeit, hatte Australien gerade im Fernen Osten oft das Gesicht verlieren lassen. Die Erkenntnis allein, ein Teil der großen Völkergemeinschaft des pazifischen Raums zu sein, in dem über die Hälfte der Erdbevölkerung lebt, war zu wenig für eine aktive Annäherung an die Nachbarländer. Ein Lernprozeß hatte einzusetzen. Allerdings nicht nur bei den Australiern, sondern auch bei vielen Asiaten. Kaum etwas hat diese Entwicklung mehr gefordert als der Zustrom asiatischer Studenten, die immer häufiger australische Schulen und Universitäten besuchen. Ihre Anwesenheit half und hilft mit, falsche Ansichten in Australien über Asien zu widerlegen. Zudem tragen sie dazu bei, das Australien-Bild in ihren Heimatländern zu korrigieren.

ein viertes Mal als Premierminister behaupten. Nach heftigen innerparteilichen Diskussionen über die künftige Wirtschaftspolitik der ALP trat Bob Hawke im Dezember 1991 als Premierminister zurück. Abgelöst wurde er vom ehemaligen Finanzminister Paul John Keating, der bei den Parlamentswahlen vom 17. März 1993 in einem überraschend deutlichen Sieg über die konservative Opposition als Premier bestätigt wurde. Der Sieg bei diesen Wahlen bedeutete zugleich einen historischen Moment für Australiens Labor Party: Erstmals hat sie fünf Wahlen nacheinander gewonnen.

Die Bevölkerungs-gruppen und ihre Kultur

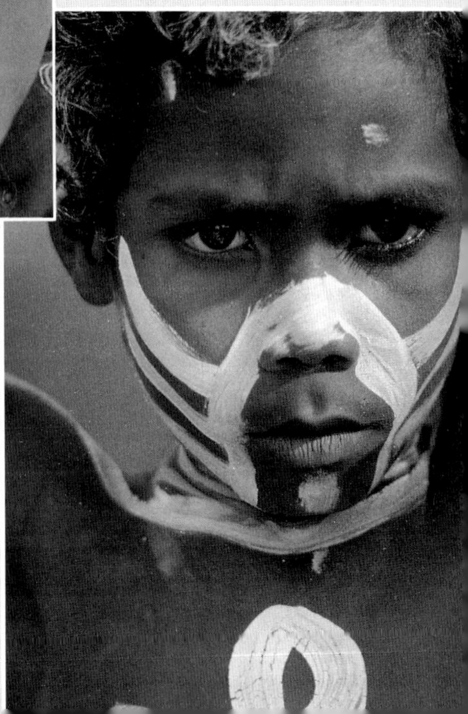

Die Aborigines

Allgemeines

Lange bevor sich im Raum des heutigen Europa sowie des Nahen und Mittleren Ostens antike Hochkulturen entwickelten, erlebte der australische Kontinent bereits die Blütezeit einer höchst differenzierten Kultur mit ausgeprägten Sitten und Lebensformen sowie ungemein komplizierten Glaubensvorstellungen. Die Existenz dieses reichen, verästelten Kulturlebens der Ureinwohner sowie die Tiefe ihrer Kosmogonie wurden von den europäischen Entdeckern und Kolonisten überhaupt nicht erkannt oder gründlich mißverstanden. Das Zusammentreffen der Uraustralier mit Menschen einer völlig andersartigen Denk- und Lebensweise, vor allem aber einer gewaltigen technischen Überlegenheit, stand am Anfang einer Entwicklung, in deren Verlauf die bodenständige Kultur – und oft auch deren Träger – rasch vernichtet oder zumindest so grundlegend verändert wurde, daß nur noch Rudimente von ihr erhalten blieben.

Erst seit Mitte dieses Jahrhunderts bemüht sich eine stetig wachsende Zahl Weißer um ein tieferes Verständnis und eine Würdigung der kulturellen Errungenschaften der australischen Eingeborenen. Leider jedoch kommen diese Bestrebungen in vielen Fällen zu spät: Zahlreiche Aboriginal-Kulturen liegen im Sterben, sehr viele andere sind bereits vergessen. Heute leben vermutlich nur noch einige hundert Aborigines nach der Art ihrer Vorväter, vorwiegend in entlegenen Gebieten Zentral- und Nordaustraliens. Da keiner der Stämme der australischen Urbevölkerung eine Schrift kannte, konzentrierte sich das immense Wissen über die traditionelle Kultur in ein paar alten Männern. Mit dem Tod dieser Träger und Vermittler des kulturellen Erbes aber sterben auch die Traditionen der Aborigines. Als Rasse werden die australischen Ureinwohner wohl überleben, ob sie auch als Kulturvolk das 20. Jahrhundert überdauern werden, ist zumindest fraglich.

Immerhin aber gibt es Anzeichen für eine Renaissance der Aboriginal-Kultur, die verhalten optimistisch stimmen können. Junge Aborigines sammeln die mündlichen Überlieferungen der Alten, fragen die letzten Künstler nach ihren Geheimnissen, gründen Kindergärten und Schulen, in denen die alten Sprachen gelehrt werden. Und auch zunehmend mehr weiße Australier begreifen, daß die alte Kultur der Aborigines vielleicht der echteste Teil der Tradition ihres Landes ist. Sie geben Bergen und Wäldern, Flüssen und Seen die alten Namen zurück und erkennen auch langsam, daß die Ureinwohner schon vor Jahrtausenden vorlebten, was ein neues Ökologie-Denken der Weißen jetzt als moderne Erkenntnis verkauft: die behutsame Behandlung der Erde.

Stämme und Sprachen

Irrtümlicherweise wird oft angenommen, daß es sich bei den australischen Ureinwohnern um eine homogene Gruppe oder ein einziges Volk handelt. Vielmehr aber existiert eine Vielzahl von Stämmen oder Kleinvölkern: die Aranda in der Gegend von Alice Springs, die Pintubi um den Lake Mackay, die Pitjantjatjara in den westlichen Musgrave

Ranges und um den Lake Amadeus oder die Walpiri im Grenzgebiet zwischen Nordterritorium und Westaustralien, um nur einige der bekannteren Stämme zu nennen. Anthropologen schätzen, daß es vor Ankunft der Europäer auf dem Fünften Kontinent 500 bis 600 verschiedene Stämme und mindestens 200 unterschiedliche Sprachen gegeben hat. Diese Sprachen gehörten etwa 30 Sprachfamilien an, von denen allerdings eine Familie – Pama-Nyungan – über 80 % des Landes verbreitet war. Heute sind schon über 50 bekannte Aboriginal-Sprachen nicht mehr im Gebrauch, zahlreiche andere stehen kurz vor dem Aussterben. Weitgehend ungebräuchlich ist mittlerweile auch eine Zeichensprache, die einst zur Überwindung von Sprachbarrieren entwickelt wurde.

Im Vergleich zur Bevölkerung anderer Erdteile waren die Ureinwohner Australiens kulturell wenig differenziert. Es bildeten sich nur relativ geringfügige Unterschiede in den sozialen Strukturen und Glaubensvorstellungen heraus. Auswirkungen auf die Wirtschaftsweise aber hatten Klima und landschaftliche Gegebenheiten. So legten Regen- und Trokkenzeit die Wanderrouten der Stämme fest und entschied die Fruchtbarkeit eines Gebietes über ihre Größe.

Unterschiede gab es auch hinsichtlich der körperlichen Beschaffenheit. Charakteristisch für das physische Erscheinungsbild der Uraustralier waren zwar landesweit eine dunkle Haut- und Augenfarbe, welliges bis krauses schwarzes Haar, eine breite, hohe Stirn und eine fleischige Nase, doch hatten sich durch natürliche Umweltanpassungen vor allem im Körperbau regionale Abweichungen entwickelt (s. Farbabb. 35, 36, 38). So waren im Gegensatz zu den langgliedrigen Wüstennomaden Zentralaustraliens die Bewohner der südlichen, kälteren Regionen eher von kleinem, gedrungenem Wuchs – eine Klimaanpassung, die den Erhalt von Körperwärme förderte.

Während die weißen Australier die Ureinwohner heute durchweg Aborigines nennen, bezeichnen sie sich selbst z.B. in Victoria und Neusüdwales als Kooris oder in Queensland als Murris, was beides schlicht Menschen bedeutet.

Traditionelle Wirtschaftsweise

Trotz lokaler und regionaler Sonderentwicklungen besaßen die australischen Ureinwohner bei Ankunft der Europäer eine erstaunlich einheitliche Wirtschaftsweise. Grundsätzlich lebten alle Uraustralier nomadisch, wenn auch die Küstenstämme, aufgrund des dortigen reichen Nahrungspotentials, ihre Lager viel seltener wechselten als die Aborigines der Trockengebiete. Hinweise darauf, daß je Ackerbau und Viehhaltung betrieben wurden, bevor die weißen Siedler auf den Kontinent kamen, gibt es nicht. Die traditionelle Wirtschaftsform der Aborigines war das Wildbeutertum: Die Nahrung wurde in festumgrenzten Stammesgebieten durch Sammeln, Jagen und Fischfang gewonnen.

Bei der Ankunft der ersten europäischen Entdecker lag die Kultur der Ureinwohner Australiens materiell im Steinzeitalter. Ihnen war die Metallverarbeitung ebenso unbekannt wie die Töpferei und die Weberei.

Das traditionelle Verständnis der Aborigines gegenüber Landbesitz gilt als sehr komplex und vielgestaltig. Sie haben zum Land heute noch eine für Europäer schwer verständliche Bindung. Für die Aborigines ist die Vorstellung von Landeigentum absurder als für uns der Besitz eines Sterns. Die Aborigines glauben, daß ihr Stammesgebiet von mythischen Schöpferwesen geformt wurde. Jeder Stamm war und ist auf ganz bestimmte Weise mit seinem Territorium verbunden: Besondere Landschaftsmerkmale stellen Bezüge zur mythologischen Vergangenheit her – zur Traumzeit, einem Schlüssel zum Verständnis des Eigentumsbegriffs bei den Aborigines (s. S. 85). Aufgrund dieser spirituellen Bindung an das Land sahen sich die australischen Ureinwohner niemals als Bezwinger der Natur, sondern stets als einen integrierten Bestandteil des homogenen Gefüges aus Land, Mensch, Pflanzen- und Tierwelt. Die Erde war also nicht geschaffen, um sie sich in unserem Sinne untertan zu machen; vielmehr verbot die Ehrfurcht vor den mythischen Urvätern jegliche zerstörende Veränderung.

Zwangsläufig mußte das Besitzverständnis der australischen Ureinwohner mit den Vorstellungen der eingewanderten Briten kollidieren. Auch in der Gegenwart ist es bei der Vergabe von Landrechten häufig unmöglich, innerhalb des angloaustralischen Rechtssystems das anzuerkennen, was die Ureinwohner unter Land Rights verstehen.

Aus dieser Auffassung resultierten auch die Wanderungen der Ureinwohner. Was in den Augen der ersten europäischen Siedler wie planloses Umherziehen aussah, war in Wirklichkeit die systematische Nutzung natürlicher Nahrungsangebote. In einem festgelegten jahreszeitlichen Rhythmus, den der Wildwechsel und die Reifezeit der Nahrungspflanzen bestimmten, zogen sie jagend und sammelnd durch streng abgegrenzte Stammesgebiete. Diese Territorien konnten, abhängig von der Größe des Stammes und vom durch die klimatischen Verhältnisse bedingten Nahrungspotential, zwischen wenigen hundert und mehreren hunderttausend Quadratkilometern groß sein. In den Busch- und Wüstenregionen Inneraustraliens mit ihren ausgiebigen Dürreperioden bedeutete Umherziehen Überleben, am selben Ort zu bleiben, jedoch Selbstmord.

Gleichstellung zwischen Schwarzen und Weißen versprach ein öffentlicher Anschlag des Vizegouverneurs Arthur in Tasmanien Anfang des 19. Jahrhunderts

Außerordentlich wichtig war auch ein regelmäßiger Tauschhandel zwischen den einzelnen Stämmen. Die seit Urzeiten exakt festgelegten Handelsstraßen, die auch eine kultische Bedeutung hatten, waren identisch mit den Traumpfaden der mythischen Ahnen. Als wichtigste Handelsgüter galten Ockerfarben, bestimmte Muscheln, Mahlsteine, Steinbeile, Speere und Speerspitzen aus Quarzit sowie das milde Narkotikum Pitcheri, das man bei Wanderungen gegen den Durst kaute.

Der Handel mit materiellen Dingen war eigentlich nur eine Begleiterscheinung des wesentlich wichtigeren Austauschs immaterieller Kulturgüter wie Mythen, Legenden, Gesänge und Tänze. Daneben stellte der Handel auch eine permanente Kontaktpflege und Friedenssicherung zwischen den einzelnen Stämmen dar. An den Schnittpunkten von Handelsstraßen befanden sich meist Zeremonienplätze. Hier fanden, oft in einem festgelegten zeitlichen Rhythmus, Corroborees (gesellige Tanzfeste) statt, bei denen die Mitglieder verschiedener Stämme und Klans untereinander ihre Traumzeit-Geschichten u. a. austauschten und sich gegenseitig auch Wegerechte garantierten. Bei den bekanntesten dieser Ereignisse, wie beispielsweise beim Bogong-Motten-Fest in den Viktorianischen Alpen, kamen oft Tausende von Ureinwohnern zusammen.

Die Lager der Wüsten- und Steppennomaden waren nur temporär. Wenn es ein ausreichendes Nahrungsangebot erlaubte, sich für längere Zeit an einem Standort aufzuhalten, legte man neben einer permanenten Feuerstelle einen geschützten Schlafplatz an. Als Unterkünfte dienten ihnen dabei einfache Schutzdächer aus Baumrinde oder sogenannte Windschirme, die aus einem mit pflanzlichem Material eingedeckten Astgerüst bestanden. Wegen der dortigen ausgedehnten Regenperiode errichteten die Ureinwohner des tropischen Nordens relativ solide Unterkünfte, die wegen ihrer Gestalt Bienenkorbhütten genannt wurden. Größere permanente Ansiedlungen gab es allem Anschein nach nur in den kälteren Regionen des Südens. So baute der mehr oder minder seßhafte Stamm der Mara im Südwesten Victorias halbkreis- oder U-förmige Holzhäuser mit Kuppeldächern auf Steinfundamenten. Felsenhöhlen dienten als heilige Kultplätze, zu denen nur geweihte Männer Zutritt hatten.

Kleidung in unserem Sinne kannten die australischen Ureinwohner in voreuropäischer Zeit nicht. Mit Ausnahme einiger Stämme an der winterkühlen Südküste, die sich in Felle aus Känguruhhaut hüllten, gingen beide Geschlechter vollkommen nackt. Zum Schutz gegen die oft eisige Kälte der Wüstennächte rieben sich die zentralaustralischen Ureinwohner mit Fett und Asche ein. Sie überleben heute noch die frostigen Nächte ohne schützende Behausung auch durch eine phantastisch anmutende natürliche Anpassung: durch einen Tiefschlaf, der Körpertemperatur und Herzschlag niedrig hält.

Auch die Ausrüstung war auf das Notwendigste beschränkt. Da die Aborigines immer wieder lange Strecken zurückzulegen hatten, mußten die einzelnen Geräte zum einen leicht transportabel, zum anderen auf verschiedene Weise nutzbar sein. Mehrere Verwendungszwecke beispielsweise hatte die hölzerne Speerschleuder (Woomera), die als künstliche Verlängerung des Arms die Hebelwirkung verstärkt. Dieses höchst sinnreiche Gerät gibt dem Speer einen solchen Schwung, daß er bei hoher Treffgenauigkeit bis zu 100 m weit fliegt. Weiterhin wurde die Woomera als Reibstock zum Feuermachen und als Trommel bei religiösen Zeremonien verwendet. Wichtigste Jagd-, aber auch Kriegswaffe des Mannes war der Speer, der meist aus gerade gewachsenen Ästen von Akazien oder Eukalypten hergestellt wurde. Die Speere konnten bis zu vier Meter lang sein und ihre Spitzen je nach Verwendungszweck aus scharfkantigen

Der Bumerang

Obwohl bei weitem nicht die bedeutendste, so ist der Bumerang doch die bei uns bekannteste aller Waffen der australischen Ureinwohner. Dieses für die Kultur der Aborigines typische Wurfholz ist ein uraltes Instrument: Im Torfboden eines Sumpfgebiets erhalten gebliebene hölzerne Fragmente beweisen, daß Bumerangs bereits vor 10000 Jahren in Gebrauch und schon damals nach aerodynamischen Gesichtspunkten gearbeitet waren. Allerdings kannte man die Krummhölzer nicht in allen Teilen des Fünften Kontinents. Beispielsweise fehlten sie bei den Aboriginal-Stämmen Tasmaniens und Nordaustraliens vollkommen. Ihre Anwendung wäre bei dem dortigen oft sehr dichten Baumbestand auch gar nicht möglich gewesen.

Man unterscheidet zwei Arten von Bumerangs: Erstens die nicht zurückkehrende und zweitens die zurückkehrende Variante. Zur Jagd benutzten die Aborigines fast nur die nicht zurückkehrenden Krummhölzer, die sich durch eine sehr massive Form auszeichnen und in einer geraden Flugbahn geworfen werden. Diese Variante diente beim Jagen kleinerer Tiere auch als Schlagwaffe. Die Rückkehrbumerangs, diese perfekten Meisterwerke der Aerodynamik, sind eine Sonderform und stellen insgesamt nur einen sehr kleinen Prozentsatz der australischen Bumerangs dar. Als Jagdwaffe nur bedingt tauglich, wurden sie hauptsächlich zum Treiben von Beutetieren eingesetzt, mehr noch aber als reine Spielgeräte verwendet.

Da die persönliche Habe der nomadisierenden Ureinwohner auf ein Minimum beschränkt sein mußte, hatte der Bumerang auch noch andere Funktionen. So konnte er als Sichel zum Grasmähen ebenso eingesetzt werden wie als Grabstock zur Nahrungssuche. Bei zeremoniellen Veranstaltungen ergaben zwei aneinandergeschlagene Bumerangs ein Rhythmusgerät zur Begleitung der Sänger.

Die Formenpalette der meist aus Hartholz gefertigten Bumerangs ist sehr weitgefächert; sie reicht von fast geraden über leicht gebogene Wurfhölzer bis zu mehrfach gekrümmten Bumerangs. Eine spezielle Bedeutung maß man der Verzierung und Bemalung dieser Geräte bei. Oft verwendeten die Aboriginal-Künstler dabei Rillenmuster oder geometrische Designs mit einem besonderen Symbolgehalt.

Knochen oder Stein bestehen. Zur Waffenausrüstung des Mannes gehörten noch Keulen und Schilde sowie die weitverbreiteten Wurfhölzer, die wir allgemein als Bumerang bezeichnen.

Weniger aufwendig war die Ausrüstung der Frau. Ihr wichtigstes Arbeitsgerät war der zugespitzte Grabstock zum Ausgraben von Wurzeln und Knollen sowie Insektenlarven und kleinen Beuteltieren. Als ebenfalls unentbehrlich galt das Coolamon, eine runde, meist aus einem Stück Holz gefertigte Schale, die als Wassergefäß und Kindertrage diente, aber auch beim Graben nach Termiten und anderen Nahrungsmitteln Anwendung fand. Zu den wenigen Besitztümern der Aborigines gehörten außerdem noch Steinmesser und -beile, Taschen aus Pflanzenfasern sowie Knochennadeln. Unabdingbar war weiterhin ein Quirl aus Hartholz zum Entfachen von Feuer. Neben dieser Grundausrüstung besaßen die Küsten- und Flußstämme zudem Rindenkanus und einfache Flöße sowie Netze und Fischspeere mit harpunenartigen Spitzen.

Vor dem Einbruch der Weißen beschafften sich die Eingeborenen ihre Nahrung ausschließlich durch Sammeln, Jagen und Fischfang. Die Wüstennomaden waren in der Lage, fast unsichtbare Tierspuren auf felsigem Boden zu lesen oder in extremen Klimasituationen, wenn sämtliche Wasserlöcher ausgetrocknet waren, ihre Trinkwasserversorgung sicherzustellen, indem sie z. B. Tauwasser auffingen oder die Wasservorräte in Pflanzen und Tieren nutzten.

Bei ihrem Wildbeuterleben praktizierten die Aborigines eine strenge geschlechtsspezifische Arbeitsteilung. Die Männer lieferten durch die Jagd die Zusatznahrung, die eigentliche Ernährungsgrundlage aber sammelten die Frauen: sowohl pflanzliche Produkte (Wurzeln, Beeren, Knollen, Früchte, Blätter, Kräuter, Samen u. a.) als auch kleineres Getier (Eidechsen, Ratten, Frösche, Würmer, Larven, Insekten u. a.) sowie als besonderen Leckerbissen Honig von wilden Bienen oder Honigameisen. Ganz oben auf dem Speisezettel der Ureinwohner stand und steht z. T. noch heute der Witchetty-Busch, eine Akazienart. Sie verzehrten die kleinen, schwarzen Samen und vor allem die proteinhaltigen Witchetty Grubs – die Larven eines großen Nachtfalters –, die sich um die langen, geraden Wurzeln des Busches sammeln. Mittlerweile sind aber auch weiße Gourmets auf den exotischen Geschmack gekommen. Gejagt wurden vor allem Känguruhs, Wallabies, Emus, Opossums, große Echsen und auch Schlangen. Dabei verwendeten die Männer meistens Speere und Bumerangs, oder auch das Feuer, um große Tiere einzukreisen und sie dann mit ihren einfachen Waffen zu erlegen. Eine weitere Absicht der Aborigines war es, mit ihren kontrolliert gelegten Buschbränden neuen Pflanzenwuchs zu fördern, der dann wieder Jagdtiere anlockte. Das erlegte Wild durfte der Jäger nicht für sich behalten. Die Beute gehörte der Gemeinschaft und wurde nach strengen Regeln aufgeteilt, um auch die Versorgung alter und kranker Gruppenmitglieder sicherzustellen. Beim Jagen und Sammeln war den Aborigines stets bewußt, daß das Überleben des Stammes eng verknüpft war mit der Erhaltung des oftmals labilen Gleichgewichts ihrer natürlichen Umgebung.

Die soziale Organisation

In dem komplizierten gesellschaftlichen Gefüge nahm jeder Ureinwohner seinen exakt festgelegten Platz mit genau umrissenen Rechten und Pflichten ein. Die primäre soziale und wirtschaftliche Einheit war die Großfamilie, in der Fachliteratur mitunter auch Horde oder Lokalgruppe genannt. Die Größe der Gruppe richtete sich nach den vorhandenen Ernährungsgrundlagen und variierte zwischen 20 und 100 Personen. In kargen Gebieten oder infolge anhaltender Dürreperioden spaltete sich die Horde meist in einzelne mobilere Kernfamilien auf. Aufgrund mythischer Überlieferungen war jede Lokalgruppe an ein ganz bestimmtes Territorium, auf dem die heiligen Kultstätten lagen, gebunden. Über dieses Wandergebiet, das für andere nomadisierenden Verbände tabu war, beanspruchte die Horde ein oft vehement verteidigtes Jagd- und Sammelrecht. Die Lagerplätze der Horde befanden sich immer in der Nähe von Wasserstellen oder Flußläufen.

Die Geschicke einer Lokalgruppe oder Horde regelte ein Ältestenrat, dessen Mitglieder aber keine gewählten politischen Führer waren. Allein aufgrund ihres umfassenden Wissens über die ungeschriebenen Gesetze und die mythischen Traditionen wurden sie als uneingeschränkt zu respektierende Autoritäten anerkannt. Zugleich aber legte man bei allen wichtigen Entscheidungen großen Wert auf den Konsens aller Gruppenmitglieder. Frauen waren allerdings von der Teilnahme an wichtigen Zeremonien ausgeschlossen und nahmen daher im religiösen Bereich eine untergeordnete Position ein.

Mehrere autonome, meist nur locker miteinander verbundene Lokalgruppen bildeten einen Stamm, der jedoch weder eine politische noch wirtschaftliche Funktion besaß, sondern lediglich eine sprachliche Einheit darstellte. Je nach Beschaffenheit des Lebensraums bestanden die Stämme oder, korrekter ausgedrückt, die überlokalen Sprachgruppen aus 100 bis 1500 Mitgliedern. Das Stammesgebiet umfaßte sämtliche Gruppenterritorien und war durch seit Urzeiten überlieferte natürliche Markierungen gegen die Territorien der benachbarten Stämme abgegrenzt.

Neben diesen gesellschaftlichen Einheiten auf wirtschaftlicher, politischer und sprachlicher Basis existierten noch sogenannte Klane, überregionale Sozialverbände auf totemistischer Grundlage. Wobei als Klan oder Totemgruppe die Gesamtheit von nicht notwendigerweise blutsverwandten Männern, Frauen und Kindern bezeichnet wurde, die beispielsweise zu einem Tier oder einer Pflanze – ihrem Totem – ein spezifisches Verhältnis hatten (s. S. 87).

Die Stellung des Einzelnen innerhalb der Großfamilie, des Stammes und des Klans war durch ein hochkompliziertes Verwandtschaftssystem bestimmt. Da dieses alle Personen, mit denen ein einzelner jemals in Kontakt kommen konnte, einschloß, dehnten sich die verwandtschaftlichen Beziehungen auf einen sehr viel größeren Kreis von Menschen aus als bei uns. Neben dem durch die Blutsverwandtschaft definierten existierte noch ein klassifikatorisches System der Verwandtschafts-Terminologie. Dabei wurden Angehörige derselben Generation in Klassen zusammengefaßt und mit demselben Begriff bezeichnet. Nach diesem Ordnungssystem bildeten beispielsweise ein Mann und seine Brüder eine Klasse.

Unabhängig von seinen blutsverwandtschaftlichen und klassifikatorischen verwandtschaftlichen Beziehungen wurde jeder Ureinwohner in eine Abstammungsgemeinschaft oder Totemgruppe hineingeboren. Die Mitglieder dieser Klane pflegten aufgrund ihrer Abstammung von einem gemeinsamen totemistischen Vorfahren, der meist tierische oder pflanzliche Gestalt hatte, eine gemeinsame mythische Tradition. Es konnte beispielsweise der Fall eintreten, daß in einer Aboriginal-Familie von fünf leiblichen Brüdern jeder einem anderen totemistischen Klan angehörte und somit jeder innerhalb und außerhalb der eigenen Horde und des eigenen Stammes unterschiedliche Totembindungen hatte. Angehörige des gleichen Totems galten als miteinander verwandt und mußten ihre Heiratspartner aus anderen Klanen wählen.

Die totemistische Ausrichtung war aber nur ein Aspekt einer bei allen Aboriginal-Stämmen sehr komplizierten Heiratsordnung. In der Regel herrschte strenge Exogamie, d. h. eine Heirat war nur außerhalb des eigenen sozialen Verbandes möglich. Ein komplexer Kodex von Bräuchen und Tabus legte genau fest, in welcher Lokal- und Totemgruppe ein potentieller Ehepartner zu suchen war. Nach der Heirat hatten die Frauen ihren Männern in deren Gruppe zu folgen. Weit verbreitet war die Vielweiberei, d. h. ein Mann konnte, je nach seinem sozialen Status, mit mehreren Frauen verheiratet sein.

Nach der Auffassung der Ureinwohner hatte ein neugeborenes Aboriginal-Kind zwei Väter: einen leiblichen und einen geistigen aus der mythischen Traumzeit. Dem zur Zeugung führenden Geschlechtsakt maß man wenig Bedeutung bei, sehr viel wichtiger erschien die spirituelle Befruchtung durch ein Wesen der Traumzeit. Den Stammesältesten fiel die Aufgabe zu, die Geister der zuständigen totemistischen Vorfahren zu beschwören. Derart ›aktiviert‹, pflanzten diese ›Kinderkeime‹ in den Schoß der Aboriginal-Frauen. Auf diese Weise waren die Ureinwohner von Anbeginn unlöslich mit den Schöpfern des Kosmos verbunden. Andererseits aber waren die Aborigines gezwungen, durch eine strikte Geburtenkontrolle (Empfängnisverhütung, Geschlechtsverkehrtabus, Abtreibung und Kindestötung) die Zahl der Menschen den natürlichen Gegebenheiten anzupassen.

Einmal geboren aber wurden die Kinder, die Piccaninnies, sehr liebevoll behandelt, viel gehätschelt und wenig gezüchtigt. Bis zum Zeitpunkt der Initiation erzog man sie fast antiautoritär. Allerdings war die Beziehung zwischen leiblichen Eltern und Kindern relativ lose. Verantwortlich für die Erziehung der Jüngeren war immer die gesamte Großfamilie. Schon früh lernten die Kinder, sich in die Gemeinschaft einzufügen, in der stets das Kollektiv zählte, niemals aber das Individuum, welches den Aborigines als Daseinsform heute noch unbekannt und unverständlich ist.

Die Trennung zwischen den Geschlechtern wurde mit der Absonderung der männlichen Jugendlichen als Vorbereitung auf die Initiation vollzogen, der die Einweihung in die mythischen und spirituellen Geheimnisse der Gruppe folgte. Die Riten, mit denen man die Jugendlichen im Alter von 12 bis 16 Jahren in die Gemeinschaft der erwachsenen Männer einführte, waren je nach Gegend und Stamm sehr verschieden. Eines jedoch hatten sie gemeinsam: Es waren durch Schmerz unvergeßlich gemachte zeremonielle Akte, die immer im geheimen stattfanden, fern von den Blicken Fremder. Bei den Aranda in der Gegend von Alice Springs beispielsweise traktierten die Stammesältesten den Prüfling so lange mit den Fäusten, bis ihm das Blut aus Mund und Nase quoll. Die rauhe Behandlung hatte einen doppelten Grund: Das Blut wurde seinem Totemurvater geopfert, gleichzeitig bezahlte er damit für die Sünden seiner Jugend. Viele Initiationsriten schlossen auch die Beschneidung des Geschlechtsorgans mit ein. Zu den schmerzhaften körperlichen Eingriffen gehörten ferner die Durchbohrung der Nasenscheidewand, das Ausschlagen von Schneidezähnen, das Ziehen von Fingernägeln und das Kopfbeißen, wobei die Ältesten mit ihren Zähnen an den Schädeln der jungen Männer nagten oder sie mit geschärften Speerspitzen bearbeiteten. Was in den Augen der Weißen wie sadistische Barbarei wirkte, war für die Ureinwohner unabdingbar. Nur die Vollinitiierten erlangten den gesellschaftlichen Status als erwachsene Männer, nur ihnen war es erlaubt zu heiraten sowie die Geheimnisse der religiösen Mythen und geheiligten Traditionen zu erfahren. Wer sich den

Initiationsriten entzog, wurde aus der Gemeinschaft ausgeschlossen.

Am Ende der Initiation, die sich mitunter über Jahre hinziehen konnte, erhielt der nun Erwachsene seinen Tjurunga, als Verkörperung seiner Ahnen von nun an sein Allerheiligstes. Ein Tjurunga ist gewöhnlich eine ovale, rund 40–50 cm lange, aus Stein oder Hartholz geschnittene Platte. In seine Oberfläche sind Zeichen eingraviert, welche die Wanderungen der Ahnen ihres Besitzers symbolisieren. Nach den Gesetzen der Ureinwohner durfte und darf noch heute keine nicht initiierte Person je einen Blick auf einen Tjurunga werfen.

Religion, Mythos und Kult

Die australischen Ureinwohner haben über Jahrtausende hinweg eine spirituelle Welt mit einem reichen Mythenschatz und spezifischen Glaubensinhalten entwickelt, wie sie im Kontrast zu ihrer einfachen materiellen Kultur komplexer kaum denkbar ist. Auch bei den traditionell lebenden Aborigines im heutigen Australien bildet die (Natur-)Religion nach wie vor einen absoluten Mittelpunkt ihres Daseins. Der Schlüssel zum Verständnis der Gedankenwelt der Ureinwohner heißt Traumzeit. Dreaming und Dreamtime sind direkte Übersetzungen aus ihren Sprachen, die indes mit unseren Vorstellungen von Träumen nichts zu tun haben. Lalai wie ein Aboriginal-Begriff für Traumzeit lautet, umschreibt den Anfang allen Lebens, aber auch die Gegenwart und die Fortdauer der Schöpfung in alle Zukunft.

Am Anfang, so will es die Schöpfungsmythologie, war die Traumzeit – eine Epoche, da die Erde flach, leer und wüst war. Es gab kein Licht und keine Wärme und es bewegte sich kein Lebewesen auf ihr. Dann tat der Boden sich auf und riesige überirdische Kreaturen – teils Mensch, teils Tier, teils Pflanze – begannen ihr Schöpfungswerk. Auf ihren ausgedehnten Wanderungen durch die Weite des australischen Kontinents erschufen die Schöpferwesen mit ihren übernatürlichen Energien und Kräften alles, was es gibt auf der Welt: Höhlen und Schluchten entstanden durch das Hervorbrechen der Urväter aus dem Erdinneren; Flüsse und Seen bildeten sich aus ihrem Urin; Wasserstellen gingen aus den Rastplätzen der Nomaden hervor; aus ihren Fußabdrücken begannen Pflanzen zu sprießen; aus ihrem vergossenen Blut entwickelten sich die für kultische Handlungen so wichtigen Ockerlager; ihre fortgeschleuderten Speere verwandelten sich in Bäume und Felsen.

Zum Schöpfungswerk der mythischen Vorfahren gehört neben den Naturerscheinungen aber auch alles Leben, das sich heute auf der Erde bewegt. Als Kulturheroen lehrten die gottgleichen Ahnen die Menschen auch Dinge, die zum Überleben notwendig waren, wie den Umgang mit Feuer, die Anfertigung von Jagdwaffen oder die Zubereitung von Nahrung. Sie führten überdies die heute noch gültigen Regeln, Gesetze und Tabus ein, wie die Initiationsriten und die Heiratsvorschriften.

Als eines der bedeutendsten der Schöpferwesen gilt die Regenbogenschlange (Kunapipi oder Almudj), die in erster Linie für die Schaffung tiefer Gewässer verantwortlich war. Als ebenso grausame wie fürsorgliche Erdmutter straft sie die Menschen mit Dürrekatastrophen, schickt aber auch regelmäßig mit der Regenzeit die Erneuerung des Lebens. Dann sieht man sie, wie die Aborigines glauben, oft als Regenbogen

auf ihrer Schwanzspitze stehen. Experten halten die Regenbogenschlange für das älteste bis heute verehrte religiöse Symbol der Erde.

Als die Schöpferwesen ihr irdisches Werk vollbracht hatten, gingen sie ein in das Land, bis auf den heutigen Tag. Sie zogen sich zurück in Flüsse, Felsen, Grotten oder Wasserlöcher, zumeist sichtbare Landschaftsmerkmale, die den Ureinwohnern heute noch als Traumplätze gelten, in denen die Schöpferkraft der Traumzeit gespeichert ist. Eine solche heilige Stätte ist z. B. der Ayers Rock (Uluru). Nach Vollendung der Schöpfung vertrauten die überirdischen Wesen den Menschen das Wächteramt über das Geschaffene an. Aus dieser Vorstellung heraus ist das Land für die Aborigines heute noch sakrosankt: Es darf nicht verändert und bepflanzt oder gar weggegeben und zerstört werden.

Es gibt noch eine weitere Verbindung zwischen den Lebenden und ihren mythischen Ahnen: Die Aborigines betrachten die Wesen der Traumzeit als ihre totemistischen Vorfahren. Jedes dieser Wesen stand in enger Beziehung zu einem bestimmten Tier oder einer speziellen Pflanze. So konnte sich etwa ein Emu-Totemvorfahr, der gewöhnlich in menschlicher Gestalt über die Erde ging, auch in einen Emu verwandeln. In Zukunft gilt er als der Urvater aller Emus des Gebiets, das er auf seiner Traumzeit Wanderung durchstreifte. Aber auch alle Menschen, die in diesem Territorium geboren wurden, führen ihren Ursprung direkt auf ihn zurück. Sie betrachten ihn als mythischen Ahnen und Beschützer und fühlen sich auf spezifische Weise mit dem Emu – ihrem Totem – verbunden.

Aboriginal Dance Festival, QLD

Einen Emu zu töten, um ihn zu verzehren, bedeutet also sowohl Brudermord als auch Kannibalismus. Aus diesem Grund regeln ein Verhaltenskodex und strikte Tabuvorschriften den Umgang eines Aborigines mit seinem Totemtier oder seiner Totempflanze. Die Ureinwohner, die von den weißen Siedlern aus ihrem gewohnten Lebensraum verdrängt wurden, verloren daher nicht nur ihr Land, sondern ihre Seele, ihre Kultur.

Die Aktivierung der in den Traumplätzen gespeicherten Energie erfolgte primär durch das Abhalten von Zeremonien. Bei diesen kultischen Handlungen trugen die vollinitiierten Männer dafür Sorge, daß das Band zwischen der Traumzeit und dem Heute nicht durchschnitten wurde. Der religiöse Kult beinhaltete für einen Ureinwohner wesentlich mehr als z. B. für einen Christen sein sonntäglicher Kirchgang. Von Urinstinkten geprägt, war das Leben eines Aborigine einem komplizierten religiösen Ritual verhaftet. Mit ihren mystischen Tänzen, Beschwörungsritualen und Blutopfern wollten sie ihre wie Götter verehrten Vorfahren bewegen, das labile Gleichgewicht in der Natur zu erhalten sowie ihnen Schutz und Kraft zum Überleben in einer menschenfeindlichen Umwelt zu gewähren. Zugleich war die ständig vorhandene Furcht vor den Heroen der Traumzeit eine Triebfeder für die kultischen Handlungen. Beispielsweise konnte die mächtige Regenbogenschlange die Menschen mit Naturkatastrophen strafen, wenn das ihr zustehende Ritual verletzt wurde. Zu dem komplexen Gefüge der Zeremonien, die stets eine Symbolisierung und rituelle Erneuerung des Schöpfungsaktes darstellten, gehörten sogenannte Vermehrungs- oder Fruchtbarkeitsriten, die Regen bringen sowie den Bestand in der Tier- und Pflanzenwelt sichern sollten, oder auch die Initiationsriten. Den Höhepunkt vieler Zeremonien stellte das Blutopfer dar, das heiligste und geheimste Ritual, bei dem die Männer ihr Blut auf die Erde tropfen ließen, um den Ahnen für ihre Gunst zu danken.

Für Ausführung und Inhalt der Zeremonien galten strenge Vorschriften, die gewissenhaft von Generation zu Generation weitergegeben wurden. Zu den Vorbereitungen der kultischen Handlungen, in deren Mittelpunkt immer mystische Tänze und Gesänge standen, gehörte das rituelle Bemalen und Dekorieren der Körper. Sakrale Ockerfarben und oftmals mit eigenem Blut angeklebte Daunenfedern verwandelten die Teilnehmer in die jeweilige Totemgestalt des Urvaters. Dadurch nahmen sie für die Dauer des magischen Rituals selbst die Gestalt von Schöpferwesen an. An einigen Zeremonien nahmen alle Gruppenmitglieder teil. Die mystischen Totemspiele sowie andere geheime Kultfeste, die bis zu zwei Monate dauern konnten, aber waren ausschließlich Sache der Männer. Andererseits aber hatten auch die Frauen ihre eigenen Geheimzeremonien, von denen die Männer grundsätzlich ausgeschlossen waren.

Eine andere Art kultischer Handlungen waren die sogenannten Walkabouts, das Umherwandern der Ureinwohner, das nichts mit der Nahrungsbeschaffung zu tun hatte, sondern eine rituelle Reise darstellte. Die mythischen Schöpferwesen hatten den Menschen ein Land hinterlassen, das von einem Labyrinth unsichtbarer Wege durchzogen war – den Traumpfaden der Urzeitheroen, welche die einzelnen heiligen Zentren miteinander verbanden. Beim Walkabout wanderte ein Aborigine immer seinem Traumpfad entlang, d. h. er folgte den

Felsmalerei am Nourlangie Rock im Kakadu National Park, NT

Spuren seines Totemahnen und vollzog damit – quasi als Reinkarnation seines totemistischen Vorfahren – dessen Schöpfungsakt nach. Ein Traumpfad konnte sich ohne Rücksicht auf Stammesterritorien quer durch den ganzen Kontinent schlängeln. Wenn ein Ureinwohner beim Walkabout von seinem Traumpfad abwich, so betrat er fremden Boden und konnte dafür getötet werden.

Die australischen Ureinwohner hatten eine starke Neigung zu Magie und Zauberei, mit denen sie vornehmlich versuchten, Einfluß auf die natürlichen Elemente zu nehmen. Ein ganz besonders mysteriöses Ritual war und ist das Knochenzeigen (Pointing of the Bone), eine Todesbeschwörung, mit der ein Medizinmann angeblich über Hunderte von Kilometern sein Opfer verhexen konnte. Schon bald nachdem das Opfer von seiner Verwünschung erfuhr, starb es auf mysteriöse Weise. Beweise für die Wirkung des Knochenzeigens, das weißen Wissenschaftlern heute noch Rätsel aufgibt, existieren in großer Zahl. Oftmals versuchten weiße Ärzte vergeblich, todgeweihte Aborigines zu retten. In vielen Fällen gaben sich die Opfer selbst auf und begingen praktisch Selbstmord durch Verweigerung der Nahrungsaufnahme.

Die Medizinmänner waren aber auch geschickte Heiler. So kannten sie eine primitive Art der Akupunktur und benutzten den ausgekochten Rindensaft des Chinarindenbaumes als Mittel gegen Fieber. Entzündete Wunden behandelten sie mit einem Schimmelpilz, der wie eine Art Penicillin wirkte. Offene Wunden klammerten sie mit den Zangen der großen Bullenameisen.

Weitverbreitet war der Glaube an ein vorherbestimmtes Schicksal sowie an die Wiedergeburt. Spezielle Zeremonien wurden abgehalten, um den Geist des Verstorbenen zu bewegen, den Leichnam zu verlassen. Sobald dies geschehen war, konnte er an anderer Stelle seine Wiedergeburt erleben – in Tieren, Pflanzen oder in einem anderen Menschen.

Kunst

Die ursprüngliche Kunst der australischen Ureinwohner unterschied sich grundlegend von dem, was wir im westlich modernen Sinn unter Kunst verstehen. Die verschiedenen Aboriginal-Sprachen kennen nicht einmal einen Begriff für Kunst oder Künstler. Kunst war bei ihnen niemals ästhetischer Selbstzweck, sondern in einem tiefreligiösen Sinn stets zweckgebunden. Sämtliche künstlerischen Ausdrucksformen dienten einerseits dazu, eine Verbindung herzustellen zwischen den Menschen und ihren mythischen Vorfahren, andererseits sollte durch sie das Schöpfungswerk in einem symbolischen Akt nachvollzogen werden. Und noch eine Funktion hatte die Aboriginal-Kunst: Da die australischen Ureinwohner nie eine Schrift entwickelt hatten, gaben sie ihre Überlieferungen, insbesondere ihre uralten Schöpfungsmythen, durch ihre Malerei, vornehmlich die Felsbilder, sowie durch ihre Gesänge von einer Generation zur anderen weiter.

Aufgrund der spirituellen Gedankenwelt der Aborigines war der Inhalt ihres künstlerischen Schaffens stets ihr Land mit all den heiligen Traumplätzen. Die in den verschiedenen Bereichen der Malerei sowie bei der dekorativen Ausschmükkung sakraler Schnitzwerke oder auch rein profaner Gegenstände (Bumerangs, Speere u. a.) verwendeten Motive waren zu einem großen Teil standardisiert und geprägt durch eine reiche Symbolik. Die Zeichen und Symbole, die immer einen Bezug zur Traumzeit herstellten, waren streng durch die Gesetze der geheimen Riten vorgeschrieben. Die genaue Symbolik der Spiralen und Wellenlinien, Rauten und Bögen, Streifen und Schlangenmuster, Kreuze und Kreise verstanden nur die vollinitiierten Männer.

Im Bereich der Bildenden Kunst nehmen die Felszeichnungen und -ritzungen eine zentrale und wohl weltweit einzigartige Stellung ein. Zwar kann man Felskunst auf allen Kontinenten finden, doch sind die australischen Ureinwohner das einzige Naturvolk, das von der Frühgeschichte bis in die Gegenwart über Jahrtausende hinweg seine Vorstellungswelt an Felswänden hinterlassen hat. Die australischen Felsmalereien und Petroglyphen kann man mit einem gigantischen Bilderbuch vergleichen, in dem die Aborigines ebenso lasen wie wir in unseren geschriebenen Büchern lesen.

Ausschließlich initiierte männliche Stammesmitglieder hatten das Recht und mehr noch die Pflicht, diese bildlichen Darstellungen rituell zu erneuern oder neue Felszeichnungen zu schaffen. Das Wesentliche dabei war nicht unbedingt das fertige Bild, sondern vielmehr der rituelle Akt des Malens oder Auffrischens. Als Farben verwendeten die Ureinwohner natürliche Pigmente, wie roten und gelben Ocker, Kalk oder Holzkohle. Die wassergelösten Naturfarben trugen sie mit Holzstäbchen, Haar- und Federpinseln oder mit den Fingern auf. Als Fixative dienten ihnen häufig Orchideensaft und Bienenhonig. Der Tradition entsprechend sollten die Felsbilder in einem bestimmten zeitlichen Rhythmus

Der Maler Albert Namatjira

Zu den bedeutendsten Landschaftsmalern Australiens zählte der Aborigine Albert Namatjira (1902–1959) vom Stamm der Aranda. Namatjira hatte Mitte der 30er Jahre in Hermannsburg bei Alice Springs die Kunst des Aquarellierens erlernt. In seinen naturalistischen Bildern verstand er es, auf bemerkenswerte Weise die Schönheit, das Farbenspiel und die Lichteffekte der zerklüfteten Landschaft des Roten Zentrums einzufangen. Seine von den Mythen der Vorfahren losgelösten Werke stießen bei den weißen Australiern auf eine begeisterte Resonanz.

Rasch wurde Albert Namatjira ein sogar über die Landesgrenzen hinaus bekannter Künstler. Gleichzeitig aber wurde er zum tragischen Symbol für die unüberbrückbare Kluft zwischen der Kultur der weißen und der schwarzen Australier. 1954 von Queen Elizabeth während ihres Staatsbesuchs empfangen sowie drei Jahre später mit sämtlichen Rechten eines australischen Bürgers versehen, geriet Namatjira zum Aushängeschild einer weißen Gesellschaft, die mit ihm den lebenden Beweis erbringen wollte, daß es keine Rassendiskriminierung gab.

Während er aufgrund der Verkäufe seiner Aquarelle das privilegierte Leben eines Weißen führen konnte, blieb er doch Mitglied seines Stammes, gegenüber dem er auch weiterhin Verpflichtungen hatte. Er teilte nicht nur sein Geld mit seinen Stammesbrüdern, sondern auch den Alkohol, zu dem er als Staatsbürger nun Zugang hatte. Das brachte ihn schließlich mit dem Gesetz in Konflikt. 1959 klagte man ihn an, anderen Aborigines Schnaps verschafft zu haben, und verurteilte ihn zu drei Monaten Gefängnis. Wenig später starb Albert Namatjira in Alice Springs – alkoholabhängig, beinahe mittellos und zwischen allen Fronten stehend.

neu gemalt oder restauriert werden. Heute geschieht dies nur noch vereinzelt in bestimmten Felsbildgalerien, die anderen Malereien verwittern und verkommen.

Die Aboriginal-Malerei kennt verschiedene Stilarten. Das Arnhem-Land im tropischen Norden Australiens ist die Region der Röntgenmalerei (auf englisch oft X-Ray Style genannt). Der Name verweist auf die transparente Malweise, bei der oft filigran exakt die inneren Organe und Knochen des dargestellten Lebewesens wie auf einem Röntgenbild mit eingezeichnet wurden. Ebenfalls auf das Arnhem-Land, und hier speziell auf den Kakadu National Park, beschränkt ist der sogenannte Mimi-Stil. Charakteristisch für ihn ist die Darstellung kleiner, antropomorpher Wesen, die den Aborigines als meist freundliche und scheue Geister erschienen. Die Ureinwohner, die jegliche Autorenschaft strikt von sich weisen, betrachten diese Felszeichnungen heute noch als Selbstbildnisse der Mimis. Im Gegensatz zu den gutmütigen Mimi-Kobolden galten und gelten die Quinkans der Cape York Peninsula als böse Geister. Aus bislang unbekannten Gründen stellten sie die Aborigines mit verrenkten Gliedmaßen und deformierten Geschlechtsteilen dar.

Nur im äußersten Nordwesten Australiens, in den rauhen Gebirgsketten des Kimberley-Plateaus, kommen die Wandjina-Malereien vor. Die Wandjinas sind meist plumpe menschenähnliche Gestalten, die vermutlich mythologische Schöpferwesen symbolisieren. Sie sind mit einem hufeisenförmigen ›Heiligenschein‹, aber immer ohne Mund und Ohren dargestellt. Nicht auf eine bestimmte Region begrenzt ist ein weiteres, häufig anzutreffendes Motiv: die schematischen Darstellungen von Händen, die von den Künstlern mit in den Mund genommenen Farben ›gesprüht‹ wurden. Ergänzt wird diese Palette durch die vergänglichen Sandbilder bzw. Bodenzeichnungen, die z. T. heute noch von zentralaustralischen Stämmen im Rahmen von Zeremonien angefertigt werden.

Seit einiger Zeit erlebt die Aboriginal-Malerei eine bemerkenswerte Renaissance. Was die Vorfahren einst an Felswände und in den Sand malten, pinseln die modernen Aboriginal-Künstler jedoch mit Acrylfarben auf die Leinwand.

Als wichtigste Stilrichtung gilt eine Art Pointillismus aus Kreisen, Punkten und Linien von tiefem Symbolgehalt.

Und mittlerweile hat auch der Kunstmarkt die ›Busch-Picassos‹ entdeckt. Weltweit kaufen Galeristen und Sammler die Bilder australischer Aborigines auf. In Sydney und New York bringen manche Gemälde inzwischen Preise zwischen 2000 und 20 000 A-$. Unweit von Alice Springs befinden sich die beiden bekanntesten Künstlerkolonien – Yuendumu und Papunya. Allerdings entfernen sich immer mehr Aboriginal-Künstler von der traditionellen Einstellung. Losgelöst von ihrem magischen Bezug sind viele Gemälde heute nur noch billige Kopien ihrer traditionellen Vorlagen.

Einen exponierten Platz im breiten Spektrum des Kunstschaffens nimmt neben der Malerei die Holzschnitzerei ein. Als Zentren der Schnitzkunst gelten die

Aboriginal-Künstlerin

der nordaustralischen Küste vorgelagerten Melville und Bathurst-Islands. Die dort ansässigen Tiwi ornamentieren ihre indianischen Totempfählen ähnelnden Grabpfosten mit rituellen Darstellungen von Vögeln, Fischen und anderen Tieren sowie mit geheimnisvollen Mustern. Ähnliche Verzierungen werden im nördlichen und zentralen Australien auch in Bumerangs, Speere, Speerschleudern und Holzschilde sowie in die Tjurunga-Kulthölzer und die Coolamon-Schalen geschnitzt. Vor allem bei den Schnitzkunstwerken hat in den letzten Jahren eine bedenkliche Kommerzialisierung überhand genommen.

Säkulare bzw. rituelle Tänze, die von Musik und Gesang begleitet wurden, waren bei allen Aboriginal-Gruppen verbreitet. In einigen entlegenen Gebieten, wie z. B. im nordaustralischen Arnhem Land, führt man solche traditionellen Tänze im Rahmen wichtiger zeremonieller Zusammenkünfte noch heute auf (s. auch Farbabb. 39–40). In den Ritualtänzen werden vornehmlich die Schöpfungsakte der Traumzeitheroen dargestellt und beschrieben. Es gibt aber auch Zeremonien ohne religiösen Charakter, sogenannte Corroborees, die zum Vergnügen und zur Entspannung abgehalten wurden.

Bei allen Tanzzeremonien spielt ein Chor eine bedeutende Rolle. Die meist sehr langen Gesänge, die oft Hunderte von Versen umfassen, erzählen durchweg die spezifische Schöpfungsgeschichte des jeweiligen Stammes oder der jeweiligen Sippe. Als die Liederzyklen begleitenden Rhythmusinstrumente dienen Bumerangs oder Klanghölzer. Von großer Bedeutung ist vor allem im Norden des Kontinents weiterhin ein wohl einzigartiges rhythmisches Blasinstrument aus Holz – das Didgeridoo, dessen Laute schwach an ein Alphorn erinnern. Dieses bis zu 3 m lange ›Heulrohr‹ wird aus einem von Termiten ausgehöhlten, möglichst geraden Eukalyptusast hergestellt. Vor allem in Alice Springs und um Cairns werden regelmäßig Corroborees von sehr unterschiedlicher Qualität speziell für zahlende Zuschauer veranstaltet.

Eine Aboriginal-Literatur von z. T. ganz ungewöhnlicher Ausdruckskraft hat sich erst seit den 60er Jahren dieses Jahrhunderts entwickelt. Zu den bedeutendsten Schriftstellern des ›schwarzen‹ Australien gehören Kath Walker (die sich in ihrer Sprache Oodgeroo Nunaccul nennt), Sally Morgan, Glenyse Ward, Archie Weller und Kevin Gilbert.

Das Ende der Traumzeit?

Es geschahen furchtbare Dinge zu jener Zeit, als die Briten das Land untertan machten. Sie legten den Keim für den Haß, die Verzweiflung und das tiefe Mißtrauen, das heute noch latent bei vielen Nachfahren der damaligen Ureinwohner vorhanden ist. Die anfänglichen Strafexpeditionen nahmen erschreckend schnell die Ausmaße eines Genozids an. Wenn auch das individuelle Vorgehen schießwütiger Siedler und Viehzüchter die Eingeborenen gewaltig dezimiert hat, so konnte die Vernichtung im großen Stil nur mit Hilfe der Justiz und des Militärs erfolgen. In manchen Regionen der Kolonien gehörte die Jagd auf Aborigines bei vielen Weißen zum angenehmsten Zeitvertreib. Mord und Vergewaltigung sah man geradezu als harmlose Delikte an – vorausgesetzt, sie wurden an Eingeborenen begangen. Und meist waren die Teilnehmer an solchen Greueltaten vor Strafverfolgung sicher.

Schon gegen 1845 gab es um die Botany Bay und die Bucht von Sydney, den Schwerpunkten der weißen Besiedlung, keine Ureinwohner mehr. Doch nicht nur Mord und Totschlag hatten die Zahl der Eingeborenen unaufhörlich dezimiert, auch eine weitere von den Weißen mitgebrachte Geißel war daran beteiligt: Krankheiten und Seuchen, die den Ureinwohnern bis dahin unbekannt waren und gegen die sie in ihrem Lebensraum keine Abwehrstoffe entwickelt hatten. Man schätzt, daß weitaus mehr Aborigines an Infektionen wie Pocken, Masern, Geschlechtskrankheiten oder der einfachen Grippe starben als durch direkte Gewaltaktionen der Europäer. Diese Zivilisationskrankheiten breiteten sich dermaßen schnell aus, daß manche Landstriche schon völlig entvölkert waren, bevor die weißen Siedler überhaupt bis dorthin vorrückten.

Schätzungen über die Zahl der Schwarzaustralier zur Anfangszeit der weißen Besiedlung gehen weit auseinander. Die Wahrheit dürfte wohl bei etwa 500 000 Uraustraliern liegen. Gegen 1920 lebten von ihnen auf jeden Fall nur noch rund 60 000. Zur gleichen Zeit war ihr Landbesitz auf Null gesunken. Auf dem erst spät kolonisierten Fünften Kontinent hat damit, längst in der aufgeklärten Neuzeit, eine Neuauflage der Verbrechen der frühen Kolonialepoche stattgefunden. Erst in der zweiten Hälfte des 19. Jahrhunderts setzten sich Humanisten durch, die ein Ende des Mordens verlangten. Reste aufgeriebener Stammesgemeinschaften wurden zu Almosenempfängern und Randbewohnern der Ansiedlungen, wo sie bald mit einem weiteren Laster des weißen Mannes in Berührung kamen – dem Alkohol.

Um die Jahrhundertwende entwickelte sich die Vorstellung vom ›edlen Wilden‹. Mit der ihnen eigenen ungeduldigen Arroganz begannen die Weißen, die Ureinwohner zu belehren und zu erziehen, das hieß, man zwängte sie in die eigenen Denkschablonen, oktroyierte ihnen fremde Religionen auf und machte sie zu Karikaturen dieser andersartigen Kultur, indem man sie in abgetragene Zivilisationsklamotten der Europäer steckte.

Besonders aufgefordert, sich um die ›heidnischen Wilden‹ zu kümmern, fühlten sich die christlichen Missionsgesellschaften. Bereits ab etwa 1870, besonders aber ab den 20er Jahren dieses Jahrhunderts, wurden Tausende von Aborigines entweder in Reservaten oder in Missionsstationen zwangsweise angesiedelt. Viele Eingeborene kamen auch freiwillig, denn sie versprachen sich durch diesen Schritt leichten Zugang zu begehrten Nahrungs- und vor allem Genußmitteln, wie Tabak und Alkohol. Die christlichen Heilsbringer sahen es als ihre Aufgabe an, die Ureinwohner zu bekehren sowie sie an ein seßhaftes Leben und die Bodenbearbeitung zu gewöhnen. Unter dem Zeichen christlicher Nächstenliebe vollzog sich mit der Zeit eine zunehmende Entfremdung der Aborigines von ihrer traditionellen Lebensweise sowie eine Auflösung der ursprünglichen sozialen Strukturen.

Ein weiteres Phänomen dieser Epoche war die Einrichtung von sogenannten Protektoraten. Über diese Sondergebiete für die Ureinwohner hatten weiße Aufsichtsbeamte zu wachen, die beispielsweise in Westaustralien sinnigerweise den Titel Chief Protector of the Aborigines (Oberster Beschützer der Eingeborenen) trugen. Aufgabe dieser Protektoren war es eigentlich, den Schutz der Rechte und Interessen der Ureinwohner zu gewährleisten. Tatsächlich aber kam für die

»... und machte sie zu Karikaturen dieser andersartigen Kultur, indem man sie in abgetragene Zivilisationsklamotten der Europäer steckte.«

Aborigines das Leben in diesen ›Schutzgebieten‹ einer totalen Entmündigung gleich. Ohne jegliche Begründung konnte man einzelne Aborigines von einem Platz zum anderen umsiedeln. Wer heiraten wollte, benötigte dafür die Einwilligung des Obersten Beschützers. In seinen von Douglas Lockwood aufgezeichneten Lebenserinnerungen *I, the Aboriginal* berichtet Phillip Waipuldanya: »... 1957 war ich in den Augen der zuständigen Behörden nicht in der Lage, für mich und meine Familie zu sorgen. Ich besaß nicht die Freiheit zu entscheiden, was ich tun und wo ich leben wollte. Ich war 35 Jahre alt und unterstand der Aufsicht eines Vormundes, der das Recht hatte, mir Auflagen zu machen.«

Diejenigen Ureinwohner, die das fragwürdige Glück hatten, als Arbeiter auf Schaf- oder Rinderfarmen angeheuert zu werden, sahen sich bald einer hemmungslosen Ausbeutung ausgesetzt. Für ihre Arbeitsleistung wurden sie lediglich mit freier Verpflegung und Bekleidung, nicht aber mit einer eigentlichen Bezahlung entlohnt. Darüber hinaus konnten die Aborigines damals über ihren Lohn nicht frei verfügen. Dieser wurde auf ein Bankkonto überwiesen, zu dem sie nur mit Zustimmung ihres Protektors oder eines weißen Polizisten Zugriff hatten.

Die staatliche Bevormundung riß bis in die 60er Jahre ganze Eingeborenenfamilien und -sippen auseinander. Auf Anordnung der Behörden wurden ab etwa 1900 Zehntausende von Aboriginal-Kindern, vor allem hellhäutige aus Mischehen, in Missionsschulen, Erziehungsanstalten und kirchliche Waisenhäuser gesteckt oder in die Obhut weißer Pflegeeltern gegeben. Den Kindern wurde in der neuen Umgebung ihre Sprache und ihre Kultur aberzogen, sie mußten lernen, ›weiß‹ zu denken und zu handeln. Die Entwurzelung vieler schwarzer Australier, die heute als Wanderer zwischen zwei Welten umherirren, hat hier ihre Ursachen: Einerseits konnten sie ihren Platz in der weißen Gesellschaft nicht finden, andererseits werden sie als ›schwarze Europäer‹ häufig von ihren traditionellen Stammesverbänden zurückgewiesen. 1989 kam der Vorsitzende einer staatlichen Untersuchungskommission in Canberra zu dem Ergebnis, daß »die australische Assimilierungspolitik gegenüber den Aborigines als Völkermord bezeichnet werden kann«.

In den letzten beiden Jahrzehnten konnte dank intensiver medizinischer und sozialer Betreuung die Gefahr der Ausrottung gebannt und ins Gegenteil gekehrt werden. Inzwischen hat sich die Zahl der mindestens halbblütigen Aborigines (und Torres Strait Islanders) wieder auf knapp 230000 – fast 1,5 % der Gesamtbevölkerung – erhöht, aber es gibt nur noch etwa 40000 vollblütige Ureinwohner. Die meisten der rassisch unvermischten Aborigines leben in Reservaten, die sich durchweg in wirtschaftlich für Weiße uninteressanten Regionen des Westens und des Nordens sowie im Zentrum Australiens befinden. Nur noch einige hundert führen ihr traditionelles nomadisierendes Leben. Von den Mischlingen (Halfcasts) lebt etwa die Hälfte in sehr ärmlichen Verhältnissen nahe der großen Rinderfarmen sowie in den Elendsquartieren an den Peripherien der Provinzstädte, die andere Hälfte in großstädtischen Ghettos.

Bis in die 60er Jahre dieses Jahrhunderts wurden den Ureinwohnern ihre elementaren Bürgerrechte vorenthalten. Erst 1960 wurden die Aborigines als australische Staatsbürger anerkannt, erst 1962 erhielten sie auf Beschluß des Bundesparlaments das Wahlrecht, erst ab 1966 galten auch für sie die Mindestlöhne, erst ab 1967 wurden sie bei Volkszählungen berücksichtigt und erst 1971 wurde ein Aborigine (Neville Bonner) Senator im Bundesparlament. Ein Meilenstein auf dem Weg zur Anerkennung der Ureinwohner als vollwertige Staatsbürger war ein Referendum im Jahre 1967, bei dem die Australier mit überwältigender Mehrheit einer Verfassungsänderung zustimmten, die sämtliche Entscheidungsbefugnisse hinsichtlich Aboriginal-Fragen von fundamentaler Bedeutung auf die Bundesregierung in Canberra übertrug. Damit wurde endlich die Voraussetzung geschaffen, um die Benachteiligung der Eingeborenen in manchen Bundesstaaten zu beenden und landesweit gültige Gesetze – wie das zum Landrecht der Aborigines – zu erlassen.

Dennoch erklärten die Schwarzaustralier 1988, als ihre weißen Mitbürger die 200jährige Besiedlung des Kontinents feierten, zum ›Jahr der Trauer‹. Mit mehr oder minder spektakulären Aktionen versuchten sie, auf die miserable Lage ihres Volkes aufmerksam zu machen. Belegt wird diese durch eine Reihe handfester Fakten: Die Lebenserwartung der männlichen Aborigines ist 22 Jahre geringer als die von weißen australischen Männern (bei Frauen 15 Jahre). Die Wahrscheinlichkeit, daß ein Aborginal-Kind vor Ende seines ersten Lebensjahres stirbt ist viermal höher als bei einem weißen australischen Kind. 25–50 % aller schwarzen Kinder zwischen einem halben und drei Jahren gelten als extrem unterernährt. Die Zahl der Diabetiker bei Erwachsenen wird auf 30 % geschätzt. Etwa ein Drittel aller außerhalb der Städte lebenden Aborigines sind an der zur Blindheit führenden Augenkrankheit Trachoma erkrankt. Alkoholismus ist bei allen schwarzen Australieren weit verbreitet. Die Arbeitslosenquote liegt sechsmal höher als bei den weißen Australiern, während das zur Verfügung stehende Einkommen nicht einmal die Hälfte dessen erreicht, was sonst in Australien verdient wird. Das Bildungsniveau der Aborigines ist im Vergleich zur übrigen Bevölkerung Australiens sehr niedrig – 11 % aller Schwarzen über 15 Jahre haben nie eine Schule besucht (allgemeiner Durchschnitt: 1 %). Die Kriminalitätsrate zählt zu den höchsten der Welt: Ihr Bevölkerungsanteil macht nur knapp 1,5 % aus, ihr Anteil unter den Strafgefangenen Australiens aber 16 %.

Während auf dem Lande die Aborigines wenigstens noch ansatzweise die Möglichkeit haben, ein ihren Traditionen nahestehendes Leben zu führen, leben sie in den Städten meist als Fürsorgeempfänger in den Elendsvierteln. In den meisten Fällen haben sie die Kontak-

1 Blick in die George Street, Sydney

2 Darling Harbour und Skyline von Sydney

AMERICAN EXPRESS
Aquarium
TAFUA

3 Opera House und Harbour Bridge, Sydney

4 The Rocks und City Skyline, Sydney

AMP
National Mutual

Advance Bank

5 Sydney Harbour Bridge

6 Sydney Harbour

Kapitän Arthur Phillip vor den Wolkenkratzern, Sydney

8 Kolonialgebäude in Bathurst, NSW

9 Küstenszenerie im Süden von Victoria

 Bay of Islands an der Great Ocean Road, VIC

11 Twelve Apostles, Great Ocean Road, VIC

te zu ihren Stammesgenossen vollständig verloren und damit auch die Möglichkeit zur Rückkehr und Wiederaufnahme ihrer traditionellen Lebensweise. Nur sehr wenige der jüngeren Generation, zumeist Mischlinge, haben es geschafft, eine Ausbildung abzuschließen und einen Beruf zu erlernen. Überhaupt ist ein stärkerer Kontrast als der zwischen der herkömmlichen Lebens- und Wirtschaftsweise der Aborigines und der modernen Zivilisation gar nicht vorstellbar: Ihre Einstellung zur Arbeit, die sie tradtionell nur zur Deckung des momentanen Bedarfs, nicht aber als dauerhafte, vorsorgende Tätigkeit ausüben und ihr Verständnis von Gemeinschaftseigentum, das keinen individuellen Besitz akzeptiert sowie vor allem ihre Zeitmaßstäbe – dies alles steht in unüberbrückbarem Gegensatz zur Wettbewerbs- und Konsumgesellschaft der weißen Australier.

Einer Integration der Aborigines in die Gesellschaft steht immer noch ein latent vorhandener Rassismus der Weißen, vor allem im Nordterritorium und in Queensland, entgegen. Öfters entladen sich Rassenspannungen verbal, wenn Weiße den Aborigines diskriminierende Schimpfwörter wie Abo, Boong, Coon oder Nigger nachrufen, mitunter kommt es aber auch zu blutigen Auseinandersetzungen. Der Makel des Rassismus haftet vor allem auch Polizeibeamten an. Zwischen 1980 und 1990 starben 100 bis 120 Aborigines unter oft mysteriösen Umständen im Gewahrsam der Polizei.

Seit 1983 bemühte sich die Labor Party, die Beziehungen zu den Aborigines weiter zu verbessern. Großen symbolischen Wert hatte die 1985 vollzogene Rückgabe des Ayers Rock, unter dem Namen Uluru eines der größten Heiligtümer der Aborigines, an seine ursprünglichen Eigentümer. Weltweit unter Kritik stehend, versprach die australische Regierung zur 200-Jahr-Feier erneut eine Wiedergutmachung der begangenen Fehler. Noch mehr Hilfsprogramme mit Millionenaufwand wurden angekündigt, noch mehr Wohlfahrtsgelder begannen zu fließen. Was die Aborigines selbst von dieser Art Hilfe halten, bringt Naomi Mayers, die schwarze Leiterin des Aboriginal-Krankenhauses in Sydneys Stadtteil Redfern drastisch zum Ausdruck: »Das ist Schuldgeld, Schweigegeld, mit dem sie uns den Mund stopfen wollen. Sie behandeln uns noch immer wie Kinder, deren Kummer man mit Bonbons besänftigt.«

Es stellt sich aber auch die Frage, ob eine Wiedergutmachung überhaupt möglich ist. Das Kernproblem war und ist die Landfrage. Mit einer angemessenen Entschädigung für das gestohlene Land ist es aber nicht getan. Ein finanzieller Ausgleich für die Enteignung würde nämlich den ideellen Sachverhalt nicht berücksichtigen. Anfang 1977 wurde vom Bundesparlament das Land Rights-Gesetz ratifiziert, die Landbesitzansprüche der Aborigines also offiziell anerkannt. Mittlerweile sind 8,2 % des australischen Kontinents wieder ausschließliches Eigentum der Ureinwohner, weitere 14 % hat man ihnen verpachtet. Allerdings liegt der größte Teil dieses Landes in der ariden Zone Inneraustraliens.

Ein weiteres Problem besteht darin, daß die sechs Bundesstaaten mehr oder weniger willkürlich mit den Landrechten der Ureinwohner verfahren können: In Queensland beispielsweise gibt es nach wie vor für Aborigines überhaupt keine Landrechte. In anderen Fällen behalten sich die Regierungen im nationalen Interesse das Recht auf alle Bodenschätze sowie die Vergabe von Schürflizenzen vor. Auf autonomem Gebiet der Aborigi-

Obwohl noch viele Aborigines als Fürsorgeempfänger in den Städten leben, ...

nal-Gemeinde Yirrkala in Arnhem Land beispielsweise wird Bauxit abgebaut, ohne daß die Ureinwohner sich dagegen wehren können. Zwar erhalten die Landeigentümer eine Entschädigung, aber sie müssen hilflos mitansehen, wie ihre heiligen Stätten zerstört werden.

Immerhin aber wurde mit der Landrechtvergabe ein Anfang gemacht, den Aborigines einen räumlichen Rahmen für Selbstbestimmung und Eigeninitiative zu schaffen. Ein Neubeginn in der Wüste oder im Busch keimt hoffnungsvoll auf, seit immer mehr Aborigines in den 70er Jahren anfingen, zu ihrem traditionellen Leben in den einstigen Stammesgebieten zurückzukehren. In entlegenen Regionen errichteten sie zunehmend kleine Siedlungen und Wohngemeinschaften, die sogenannten Homeland Centres oder Outstations. Der Vorsitzende des Dorfrates von Yirrkala sieht die einzige Überlebenschance der Aborigines in einer Art freiwilligen Apartheid, einer weitgehend getrennten Entwicklung von der weißen Gesellschaft.

Aber auch für immer mehr urbane Aborigines scheint die Zeit der Resignation vorbei zu sein. Auch in den Städten nehmen die Aktivitäten zu. ›Schwarze‹ Rundfunkstationen, die in Aboriginal-Sprachen senden, wurden gegründet. In Zentralaustralien betreiben Ureinwohner in eigener Regie sogar eine Fernsehstation. Und man unternimmt Versuche, die Schulorganisation der weißen Bürokratie aus der Hand zu nehmen und in Eigenregie durchzuführen (s. S. 408). Zumindest ein Teil der Aborigines hat begonnen, auch im Wortsinn, ›Flagge zu zeigen‹ – ein schwarzrotes Banner mit einem goldenen Kreis in der Mitte: schwarze Menschen auf roter Erde unter goldener Sonne.

Schmelztiegel Australien

Schon bald nach Ende des Zweiten Weltkriegs öffnete sich Australien und wurde zu einem klassischen Einwanderungsland (s. auch Farbabb. 27–30). In den Jahren 1945 bis 1981 wagten über 5 Mio. Menschen die Reise um die halbe Welt. Sie kamen aus fast allen Regionen Europas, neben freiwilligen Immigranten vor allem auch politische Flüchtlinge und Staatenlose (sogenannte Displaced Persons), die sich keinen langwierigen Anerkennungsverfahren unterziehen mußten. Nach dem Krieg führte Australien das Assisted Immigration Scheme, ein staatlich subventioniertes Einwanderungsprogramm, ein, das die Grundlage für die geplante Bevölkerungsexplosion bildete.

... ist für andere die Zeit der Resignation vorbei

Während bis zum Beginn des Zweiten Weltkriegs fast alle Einwanderer von den Britischen Inseln kamen, durften nun erstmals große Kontingente von Europäern einwandern, die weder britischer noch irischer Herkunft waren. Kamen zunächst zahlreiche Holländer, Deutsche, Österreicher und Skandinavier, so verschob sich der Schwerpunkt im Laufe der Jahre zunehmend vom nördlichen und mittleren Europa nach Süden und Osten: Italiener, Jugoslawen, Griechen und Malteser sowie Polen und Menschen aus dem Baltikum gehören heute zu den größten ethnischen Gruppen Australiens. Allerdings mußten diejenigen der arbeitsfähigen Einwanderer, denen der australische Staat die Überfahrt finanziert hatte, ungeachtet ihrer Ausbildung, mit oft harter körperlicher Arbeit ihre Einwanderungskosten abarbeiten.

Da sich im Laufe der Zeit die Einwanderungsquoten nach Australien mehr oder minder den Wellen der wirtschaftlichen Auf- und Abschwünge anpaßten, war Mitte der 70er Jahre, als sich Australiens Ökonomie in einer schweren Rezession befand, ein deutlicher Knick zu verzeichnen. Seit Anfang der 80er Jahre stieg die Zahl der Zuzüge zwar wieder langsam an, hat sich aber aufgrund einer in jüngster Zeit zunehmend restriktiven Einwanderungspolitik, deren Ursachen in der gegenwärtigen angespannten Wirtschaftslage zu suchen sind, bei ca. 120000–14000 pro Jahr eingependelt. Die meisten der Neu-Australier haben Down Under ihren Weg gemacht. Bis 1980 kehrte nur etwa jeder zehnte der Einwanderer von der neuen in die alte Heimat zurück.

Bis 1972 verwehrte Australien Angehörigen außereuropäischer Rassen den permanenten Aufenthalt im Lande. Die White Australia Policy war vor allem auch ein erklärter Grundsatz der Gewerkschaften, die farbige Einwanderer aus dem eigenen gelobten Land fernhalten wollten, um das hohe Lohnniveau Australiens nicht zu gefährden. Im Rahmen des bereits 1901 verabschiedeten Immigration Restriction Act führte man für alle Einwanderungswilligen einen obligatorischen Test ein: ein Diktat in irgendeiner europäischen Sprache. Da die Einwanderungsbeamten z. B. auch Sprachen wie Gälisch oder Walisisch wählen durften, konnte auf diese Weise jeder Unwillkommene am Betreten des Kontinents gehindert werden. Diesen willkürlichen Auswahlakt schaffte man erst 1959 ab.

Erst ab Mitte der 70er Jahre kamen mit den vietnamesischen Flüchtlingen Asiaten in größerer Zahl ins Land. Bis Ende 1988 nahm Australien rund 115000 Flüchtlinge aus Indochina auf, mehr als irgendein anderes westliches Land. Auch in den nächsten Jahren will Australien Tausenden von Flüchtlingen aus Vietnam, Laos und Kambodscha eine neue Heimat verschaffen. Seit Beginn der 80er Jahre kamen vermehrt auch Menschen aus Thailand, Malaysia und Indonesien sowie von den Philippinen, aber auch aus der Türkei und dem Libanon, ins Land. Heute leben etwa 550000 legal eingewanderte Asiaten in Australien. Rechnet man die Dunkelziffer der Illegalen hinzu, dürfte deren tatsächliche Anzahl aber um 50–100% höher liegen.

Ob europäischer oder asiatischer Herkunft, Australien, einst ein Haus der offenen Tür, nimmt in der Gegenwart seine neuen Mieter gründlich unter die Lupe. Aufgrund gravierender ökonomi-

Schmelztiegel der Nationen

scher Probleme im Lande, sah sich die Regierung 1983 gezwungen, die Einwanderungsbedingungen erneut zu verschärfen, um die Zahl der Neuankömmlinge drastisch zu senken. Ein hoher Prozentsatz erhält derzeit die Einreisebewilligung im Rahmen von Flüchtlingsprogrammen oder im Zusammenhang mit der Familienzusammenführung, wobei die bereits in Australien lebenden Familienangehörigen eine Art Versorgungsgarantie übernehmen müssen.

Jeder andere Antragsteller ohne Familienangehörige in Australien muß sich einem strengen Punktebewertungssystem unterziehen, wobei Alter, Ausbildung, Sprachkenntnisse und Familienstand sowie Beruf und Vermögensverhältnisse eine entscheidende Rolle spielen. Die besten Chancen, so heißt es, habe zur Zeit ein lediger Abiturient, der ein Vermögen von 500000 A-$ sowie die Absicht einer sinnvollen, arbeitsplätzeschaffenden Investition mitbringt.

Heute spricht jeder fünfte Australier Englisch, wenn er dessen überhaupt mächtig ist, mit einem fremdländischen Akzent. In den Jahren zwischen 1947 und 1986 hat sich der Anteil der im Ausland Geborenen an der australischen Bevölkerung von 10% auf 22% mehr als verdoppelt. In manchen Stadtteilen von Sydney und Melbourne muß man heute beim Einkaufsbummel schon genau hinhören, wenn man aus dem babylonischen Sprachgewirr auch einige Brocken Aussie-Slang aufschnappen will.

Die Einwanderungswellen seit dem Zweiten Weltkrieg hatten nachhaltige Auswirkungen auf die australische Gesellschaft. Millionen von Einwanderern aus mehr als 100 verschiedenen Ländern brachten ihre Gewohnheiten und Bräuche, ihre Religionen und Kulturen mit ins Land. Vieles an britischen Traditionen und Werten ging verloren, aber die Neuankömmlinge sorgten rasch für kulturelle Vielfalt und Vitalität. Spürbar wurde das zunächst in der Gastronomie. Erst in den Großstädten, später auch in kleineren Orten, eröffneten Restaurants und Delikatessengeschäfte der unterschiedlichen Volksgruppen. Außerdem erhielt das Kulturleben, das im Pionierland Australien bis dato eher eine Nebenrolle spielte, kräftige Impulse.

Bis Anfang der 80er Jahre versuchten die australischen Regierungen, mit Assimilationsprogrammen (u. a. Sprachkurse sowie Kontaktstellen und Hilfsorganisationen für viele Belange des täglichen Lebens) ihre neuen Bürger rasch und nahtlos in die australische Gesellschaft einzugliedern. Doch während beispielsweise die zahlreichen holländischen und deutschen Immigranten nahezu spurlos im australischen Alltag untertauchten, bildeten sich in manchen Großstädten ausgedehnte griechische und italienische Viertel mit einer eigenen Alltagskultur. Häufig kommt es in solchen Stadtbezirken zu einer Ghettoisierung der dortigen Einwohner. Zum Musterbeispiel für diese Entwicklung wurde Cabramatta, jener Stadtteil von Sydney, in dem Mitte der 70er Jahre die ersten Flüchtlinge aus Indochina Quartier bezogen.

An die Stelle der traditionellen Assimilationspolitik trat seit 1983 das Konzept der Multi Cultural Society. Nach diesem neuen Credo soll nicht mehr auf der Integration der Einwanderer bestanden werden – vielmehr sollen sie Sprache und Kultur ihres Heimatlandes weiter pflegen und so ihre Identität bewahren können. Ausdruck dieses Gesinnungswandels ist u. a. die Existenz eines Rundfunk- und Fernsehkanals, der ausschließlich in Sprachen von Immigrantengruppen sendet (Special Broadcasting

Über den Mythos vom ›typischen‹ Australier

Dem Mythos zufolge ist der ›typische Australier‹ ein aufrichtiger und kerniger, wenn auch etwas rauhbeiniger und rüpelhafter Bursche. Braungebrannt und lederhäutig, drahtig und hochgewachsen, blauäugig und blond, männlich und chauvinistisch gebietet er über die weite Leere des wilden australischen Busches. Zudem pflegt der ›echte Australier‹, der Fair Dinkum Aussie oder True Blue Aussie, einen breiten Slang und kann gotteslästerlich fluchen und saufen wie kaum ein anderer Menschenschlag auf der Welt. Eine Spur Marlboro-Cowboy, eine Prise Crocodile Dundee, ein Häppchen zäher Naturbursche – so geistert der ›typische Aussie‹ durch die australischen Mythen und Legenden. Dieses heute immer noch recht verbreitete Image beruht auf dem Lebensstil einer winzigen Minderheit der australischen Bevölkerung.

Doch der heutige Aussie ist alles andere als ein wettergegerbter Pionier in verwaschenen Jeans, der dem wilden Kontinent seinen Lebensunterhalt abringt. John oder Mike Durchschnitts-Australier trägt gebügelte Hosen, verdient seine Dollars in der Fabrik oder am Schreibtisch und lebt in seinem Vorortbungalow mit Garten und Swimming-pool in einer der großen australischen Städte, die sich kaum von mitteleuropäischen oder nordamerikanischen Metropolen unterscheiden. Die australische Gesellschaft kann als westlich gelten, im Sinne von industrialisiert, kapitalistisch, wohlhabend und konsumorientiert. Auch in seinen Lebenszielen und -idealen ist der durchschnittliche Australier europäisch bzw. amerikanisch geprägt. Einer Umfrage zufolge hat er folgende Bestrebungen: zu heiraten, eine Familie zu gründen, ein Haus zu kaufen, einen Wagen zu besitzen sowie sich schließlich niederzulassen und das Leben im Familienkreis zu genießen. Das Buschidol gehört endgültig in den Bereich der australischen Folklore.

Service; SBS), sowie die Berücksichtigung der Sprachen ethnischer Minderheiten in den Lehrplänen der Schulen.

Dies gilt als ein Grund für die Zunahme von Ressentiments gegen manche Immigrantengruppen. Ein anderer ist der Fleiß vieler Italiener und Griechen sowie vor allen Dingen Asiaten, die durch hohen Arbeitseinsatz die Stufenleiter des beruflichen Erfolges oft schneller hinaufklettern als ihre anglo-australischen Kollegen. Besonders unbeliebt bei vielen Alteingesessenen sind die Chuppies – die fernöstlichen Yuppies, also die junge chinesische Geldschickeria, die oft mit europäischen Prestigekarossen auftrumpft.

Während sich der Unmut über die nicht überall im Lande beliebten Südeuropäer meist auf eher harmlose verbale Attacken mit diffamierenden Ausdrükken beschränkt, entwickelte sich die Behandlung der Reffos (für Refugees = Flüchtlinge) aus den Krisengebieten Südostasiens sowie generell die sogenannte Asiatisierung des Kontinents zu einer heiß diskutierten politischen Streitfrage. Zunehmend mischten sich rassistische Töne in die Debatte um die Einwanderungspolitik. Immer häufiger tauchten an Hauswänden Hetzparolen auf.

Als immer mehr konservative Politiker mit dem Gespenst der ›gelben Flut‹ Meinungsmache betrieben und zunehmend die Forderung nach drastischen Zuzugsbeschränkungen für Asiaten erhoben, warnte die regierende Labor Party ihrerseits eindringlich vor einer Rückkehr zu der 1972 aufgegebenen White Australia Policy. Ein Einwanderungsstopp könne dazu führen, daß der australischen Wirtschaft asiatische Partner absprängen und ein Schaden in Milliardenhöhe zugefügt würde.

Noch ist Gewalt und offener Haß in der Frage der ethnischen Zusammensetzung der australischen Bevölkerung die Ausnahme, beschränkt auf radikale Splittergruppen. Doch die Diskussion um die asiatische Zuwanderung wird auch weiterhin die australische Gesellschaft beschäftigen. Wenn es mit der bisherigen Einwanderungspraxis so weiter geht, dann werden die Australier des Jahres 2030 zu fast 20% asiatischer Herkunft sein. Eine Prognose, die das Selbstverständnis Australiens als bisher weitgehend europäisch geprägtes Einwanderungsland ins Wanken bringt.

Land und Leute

»Der Australier will niemanden seinen Herrn nennen und in niemandem seinen Diener sehen«, schreibt der Historiker Russell Ward. Generell legt der Australier großen Wert darauf, nicht besser und nicht schlechter zu sein als die anderen. Noch immer trinkt der Chef sein Bier zusammen mit seinen Arbeitern an der Theke. Und eher wird er sich dabei im Aussie-Slang versuchen, als daß die Arbeiter sich respektvoll um eine vornehmere Aussprache bemühen.

Diese Ungezwungenheit und Offenheit aber darf nicht darüber hinwegtäuschen, daß in der modernen australischen Gesellschaft durchaus Klassen- und Vermögensunterschiede bestehen. Vor allem der in der Nachkriegszeit gewachsene Wohlstand hat zu Spannungen im sozialen Gefüge des Landes geführt. Rasche Gewinne auf der einen Seite und steigende Arbeitslosigkeit auf der anderen brachten das bislang Stabilität garantierende Gleichheitsbewußtsein der Australier langsam ins Wanken. Obwohl die Kluft zwischen Arm und Reich augenfälliger wird und sich soziale Konflikte häufen, sind die Klassenunterschiede aber doch eher verwischt. Zwar gibt es gewisse Klassenschranken, die beispielsweise in Dialekt und Wohnviertel zum Ausdruck kommen, aber dennoch erscheinen die Unterschiede im Lebensstil von Arbeitern, Angestellten und Managern, die sich allesamt der Mittelklasse zugehörig fühlen, relativ gering. Eine vergleichsweise kleine Oberschicht existiert in Form einer Art Geldaristokratie, die z. T. heute noch ehrwürdige britische Traditionen mit Resten viktorianischer Etikette pflegt.

In weiten Teilen der australischen Gesellschaft existiert nach wie vor ein Gefühl für Fairneß, für die wohl auch historisch bedingte Erkenntnis, daß jedem Menschen Gelegenheit gegeben werden soll, sich zu bewähren und auf seine Weise sein Glück zu machen – Fair Go nennen das die Aussies.

Ebenso weit verbreitet ist eine grundsätzlich skeptische Einstellung gegenüber jeglicher Art von Autorität. Den Menschen auf dem Fünften Kontinent ist nichts verhaßter, als von Leuten herumkommandiert und reglementiert zu werden, die Amt und Würde in Uniform sichtbar zur Schau stellen. In der Regel gibt ein Vorgesetzter seinem Untergebenen keine Anweisungen, sondern macht ihm Vorschläge, die letzterer befolgt oder auch nicht.

Die Rolle der Frau

Australische Männer bezeichnen eine Frau oft als Sheila (Alte), Tart (Nutte), Brush (Mieze) oder Top Sort (Flotte Biene). Obwohl die australischen Frauen schon um die Jahrhundertwende als weltweit erste das aktive und passive Wahlrecht bekamen, blieben sie doch bis weit in die zweite Hälfte dieses Jahrhunderts hinein in vielen Belangen rechtlich wie wirtschaftlich gegenüber den Männern diskriminiert. In den ersten 50 bis 60 Jahren der europäischen Besiedlung des Fünften Kontinents war Australien praktisch eine reine Männergesellschaft. Von den 160000 deportierten Häftlingen waren gerade 15 % Frauen. Erst nach 1850 begann sich das Zahlenverhältnis langsam auszugleichen. Als emsige Hausfrau und fürsorgliche Mutter spielte die Frau in der patriarchalisch strukturierten australischen Kolonialgesellschaft stets eine bedeutende, von den Männern allerdings kaum gewürdigte Rolle. In der Geschichtsschreibung erschien bislang immer der Mann als der Pionier, der sich den wilden Busch untertan machte, seine Frau dagegen mußte sich mit einer Nebenrolle als Helpmate of the Man (Helferin des Mannes) begnügen.

Der Zweite Weltkrieg erschütterte das soziale Gefüge des Landes so nachhaltig, daß viele Frauen nach 1945 nicht mehr bereit waren, sich in die unterprivilegierte Frauenrolle einzufügen. Hier liegen die Wurzeln für den beharrlichen Kampf der australischen Frauen um ihre Emanzipation, der schließlich in den 70er Jahren in der Women's Lib-Bewegung gipfelte. Wichtige Impulse erhielt die australische Frauenbewegung durch das Buch *Der weibliche Eunuch* von Germaine Greer, der bekanntesten Feministin des Fünften Kontinents.

Heute werden die Frauen Australiens zunehmend selbstbewußt und betätigen sich immer aktiver in der Politik. Allerdings beträgt der Anteil der weiblichen Parlamentsabgeordneten weiterhin lediglich rund 10 %. Immer noch müssen sich Frauen im Vergleich zu ihren männlichen Kollegen mit ca. 20 % weniger Lohn zufrieden geben. Und auch im ausklingenden 20. Jahrhundert gibt es in manchen Provinzstädten noch Kneipen, wo Frauen allenfalls hinter dem Tresen zum Bierausschenken und Gläserspülen geduldet werden, während die Aussies davor in trauter Männerrunde ihren Spaß an sexistischen Witzen haben.

Auf dem Mißtrauen gegenüber der Macht und den Mächtigen beruht gewiß auch die fast einmütige Ablehnung der Meldepflicht und der Australia Card, eines australischen Personalausweises. Im Autoritätsverständnis der Australier aber offenbart sich auch ein Widerspruch in ihrer Denkungsart: Ein allgemeines Mißtrauen gegenüber jeder Art von Obrigkeit kontrastiert mit der Bereitschaft, sich praktisch von der Wiege bis zu Bahre vom Staat betreuen zu lassen. An Politik sind die meisten Australier übrigens traditionell recht wenig interessiert. Und von Politikern, zumal von denen in Canberra, haben sie durch die Bank keine sonderlich hohe Meinung.

Da es kaum ein jüngeres Land auf der Erde gibt, ist die Frage nach der australischen Identität wohl schwer zu beantworten. Zunächst britisch bis in die Knochen, dann durchsetzt von Amerikanismen bis zur Selbstverleugnung, pendelt Australien nach wie vor zwischen permanenter Identitätskrise und penetranter Identifikationslust. Australiens geographische Isolation, seine mehr oder minder ereignislose Geschichte und seine nachrangige Rolle, die es im Vergleich zu den führenden Nationen der Welt in praktisch allen Bereichen spielt – daraus resultiert letztlich ein Defizit an eigenständigen nationalen Identifikationsmöglichkeiten, das von vielen Australiern als nationales Problem Nummer eins betrachtet wird.

In Australien gibt es keine guten, alten Familien wie in Amerika diejenigen, die mit der Mayflower ins Land kamen; Familien, aus denen ein homogenes Gemeinwesen entstehen und an denen sich eine Gesellschaft orientieren kann. Das Gros der ersten weißen Bürger Australiens waren bekanntlich deportierte englische Sträflinge. Und daß ihre Vorfahren einst Ketten trugen, war ihnen lange Zeit peinlich. Wer etwas auf sich und seine australische Abstammung hielt, versuchte früher, sie auf einen der unbescholtenen Offiziere oder Sträflingsaufseher zurückzuführen. Seit einigen Jahren aber gilt jede Verbindung zu den ersten Zwangssiedlern als besonders fein. Wohl dem, der heute seinen Stammbaum bis zu einem deportierten Dieb oder Straßenräuber zurückverfolgen kann – mit Fug und Recht darf er stolz von sich behaupten, ein wirklicher Aussie zu sein.

Nichts geht über ein ausgedehntes Freizeitleben am Strand

Eine weitere Besonderheit der Australier ist seine Einstellung zur Arbeit und Freizeit. Dem australischen Historiker Russell Ward zufolge gibt sich der Australier bei seiner Arbeit damit zufrieden, wenn er etwas »so einigermaßen hinkriegt«. Er wäre zwar zu großen Anstrengungen fähig, wenn Not am Mann sei, hielte aber im allgemeinen nicht viel davon, ohne zwingenden Grund hart zu arbeiten. Das deutsche Arbeitsethos »Was du heute kannst besorgen, das verschiebe nicht auf morgen!«, lautet australisch nämlich genau umgekehrt: »Never do today, what you can put off till tomorrow!« Ein geruhsamer Lebensrhythmus, kaum Futterneid und wenig Ehrgeiz – das charakterisiert die australische Gesellschaft. Vielleicht liegt es an der Sonne und den Stränden. Die Arbeit jedenfalls gilt nicht als Wert an sich, sondern ist stets ein Mittel zum Zweck, nämlich dem, ein angenehmes Leben mit viel Freizeit führen zu können.

Den Feierabend- und Wochenendrhythmus bestimmen Barbecues und Parties, Surfen und Segeln, Heim und Herd. Wochenende und Freizeit genießen in Australien nahezu geheiligten Respekt. Böse Zungen behaupten sogar, die Aussies würden nur arbeiten, um sich von ihren anstrengenden Freizeitaktivitäten zu erholen.

Das Fehlen von Grenzen mit anderen Ländern sowie lange Zeit auch der Mangel an Berührungspunkten mit fremden Nationen haben in Australien zu einer ›insularen‹ Einstellung mit ausgeprägtem Nationalbewußtsein geführt. Dennoch sind die meisten Australier Fremden gegenüber in der Regel sehr aufgeschlossen, insbesondere im Outback zudem außergewöhnlich hilfsbereit. Als weitere kollektive Charaktermerkmale dürfen sicherlich eine kontaktfreudige Offenheit und eine entwaffnende Neugierde gelten. Im allgemeinen sondern sich die Menschen auf dem Fünften Kontinent nicht in dem Maße voneinander ab wie in manchen europäischen Ländern. Kontaktfreudigkeit und Gastfreundschaft aber gehen in der Regel nicht so weit, einen Fremden in das eigene Heim einzuladen, denn – ›My Home is my Castle‹, da sind die Aussies britischer als die Briten. Für zwischenmenschliche Kontakte, die zumal unter Männern meist untrennbar mit dem geselligen Saufen von Unmengen von Bier verbunden sind, eignen sich Lokalitäten wie Pubs und Clubs auch viel besser.

Typisch für den Umgang des Australiers mit Fremden ist auch der legere Ton. Meist reden sich die Australier schon nach dem ersten Händedruck mit dem Vornamen an. Ungeachtet seines sozialen Status legt ein Australier meist großen Wert auf ungezwungene Umgangsformen. Auf Etikette achtet er gewöhnlich nur in ganz besonders vornehmer Ambiente oder bei speziellen Anlässen. Wenn sie nicht gerade Banker oder Manager sind, sehen sie eigentlich fast immer so aus, als gingen sie gerade zum Surfen oder Joggen. Ebenso informell sind die Australier bei Gesprächen, bei denen sie nicht lange um den heißen Brei herumreden, sondern meist ohne große diplomatische Schnörkel unverblümt zur Sache kommen. Tabu sind allerdings durchweg allzu persönliche Fragen mit beinahe schon inquisitatorischem Charakter. Ein nicht auf dem Fünften Kontinent Geborener und Aufgewachsener sollte in Gegenwart eines Aussie auch nie über Australien schimpfen oder gar fluchen – die Reaktion des Einheimischen kann vom Kopfschütteln bis zum Faustschlag reichen.

Kunst und Kultur der weißen Australier

Allgemeines

Kaum einer hat jemals von dem Nobelpreisträger für Literatur Patrick White gehört oder gar von dem Maler Sidney Nolan. Ein Begriff ist allenfalls die eine oder andere australische Rockgruppe. Spätestens dann aber hören für die meisten die Kenntnisse über australische Kunst auf. Lange Zeit herrschte in Europa die Meinung vor, die Australier seien vielleicht fähig, so etwas wie Zivilisation zu schaffen, aber Kunst und Kultur …?

Daran sind die Australier selbst nicht ganz unschuldig. Bis weit in dieses Jahrhundert hinein war das australische Kulturleben in hohem Maße von der einseitigen Orientierung auf Großbritannien geprägt. Die australischen Künstler des 19. Jahrhunderts fühlten sich stark den britischen Traditionen verbunden. Weder in der Malerei noch in der Literatur der damaligen Epoche kam es zu einer Auseinandersetzung der Künstler mit dem australischen Kontinent und seiner angestammten Kultur. Erst der Aufschwung des Nationalbewußtseins in den 90er Jahren des vorigen Jahrhunderts brachte einen gewissen kulturellen Wandel, d. h. vor allem in Malerei und Literatur eine verstärkte Hinwendung zu spezifisch australischen Themen.

In den 40er Jahren gelangte Australien in den Sog der Amerikanisierung, der damals die gesamte westliche Welt ergriff. Mit amerikanischen Soldaten faßte auch rasch eine neue (Alltags-)Kultur Fuß. Fortan beherrschten amerikanische Filmhelden die Kinoleinwände, dominierten amerikanische Musik- und Quizsendungen die Fernsehprogramme, standen amerikanische Schriftsteller an der Spitze der Bestsellerlisten. Darüber hinaus wurden noch viele andere Elemente der amerikanischen Volkskultur importiert: Hamburger und Coca Cola, Pappteller und Plastikbesteck, Supermärkte und Rock'n Roll.

Selbst in der zweiten Hälfte des 20. Jahrhunderts war Kultur im eigentlichen Sinn des Wortes für die meisten Australier lange Zeit absolut kein Thema. Sport, Amüsement und andere Freizeitaktivitäten hatten – und haben auch heute noch – stets Priorität. Kunst und Kultur waren nur ein Anliegen wohlhabender Bürger in den Großstädten.

So hatten die wenigen australischen Künstler in ihrem eigenen Land jahrelang einen schweren Stand. Australiens künstlerische Avantgarde bezog damals immer wieder Schelte, weil in den sogenannten ›langweiligen 50er Jahren‹, Mittelmaß und Gleichförmigkeit als erstrebenswerte Ideale angesehen wurden. Wie ein Alpdruck lastete ein alles erstikkender Puritanismus auf dem Kulturleben des Landes. Die Künstler aller Sparten verschwendeten in jenen Jahren einen Großteil ihrer Energie dabei, gegen das anzukämpfen, was der Schriftsteller Ronald Conway einmal den »großen australischen Stumpfsinn« nannte. Aufgrund des Brain Drain durch die Abwanderung namhafter Kunstschaffender verwandelte sich der Kontinent in ein kulturelles Ödland. »Große kulturelle Ereignisse finden in Australien nur dann statt, wenn unsere Künstler zu einem kurzen Gastspiel nach Hause kommen«, schrieb damals ein frustrierter Kulturkritiker.

Erst in den 60er und 70er Jahren begann man allmählich, eigene Wege zu gehen. Dazu trugen neben den zurückkehrenden emigrierten Künstlern vor allem auch die zahlreichen nicht britischen Einwanderer bei. Sie sprengten überkommene geistige und ästhetische Verkrustungen, und brachten dadurch mehr Farbe und Vielfalt in den australischen Kulturbetrieb. Und je kosmopolitischer Australiens Metropolen wurden, desto größer, vielschichtiger und verständnisvoller wurde auch das Publikum.

Ab Ende der 60er Jahre nahm dann schließlich die Bundesregierung durch die Gründung des Australian Council for the Arts verstärkt Einfluß auf das Kulturschaffen. Einheimische Talente aus allen Bereichen der Kunst erfuhren nun eine großzügige Förderung. Ein sichtbarer Ausdruck dieses gewandelten Kulturverständnisses sind auch die zahlreichen Bauwerke, die während dieser Periode errichtet wurden. Dazu zählen nicht nur das weltberühmte Sydney Opera House und das Victorian Arts Centre in Melbourne, sondern auch viele kleinere Kulturzentren

Malerei

Bis in die 80er Jahren des vorigen Jahrhunderts war die australische Malerei kaum mehr als ein Ableger europäischer Stilrichtungen. Die frühen australischen Maler, unter ihnen der Brite Joseph Lycett (1774–?) und der Deutsche Conrad Martens (1801–1878), idealisierten in der Tradition der englischen und deutschen Landschaftsmalerei das wilde Buschland mit romantischen Beigaben.

Erst gegen Ende des 19. Jahrhunderts begann sich mit der Gründung der sogenannten Heidelberg School eine eigenständige australische Malerei zu entwikkeln. Die Mitglieder der Künstlerkolonie Heidelberg, heute ein Vorort von Melbourne, entdeckten als erste australische Maler die Eigentümlichkeiten der Landschaft des Fünften Kontinents – ihre Weite, ihre Wildheit und ihre Einsamkeit. Beeinflußt vom französischen Impressionismus schufen sie aus Landschaft, Licht und Luft des Kontinents einen völlig neuen, eigenständigen Bildtypus. Zu den bedeutendsten Vertretern der Heidelberger Schule, deren Werke in allen wichtigen Galerien Australiens zu finden sind, zählen Arthur Streeton (1876–1943), Charles Conder (1855–1909) sowie schließlich Thomas William Roberts (1856–1931). In der Tradition dieser australischen Impressionisten steht auch das Werk des deutschstämmigen Malers Hans Heysen (1877–1968), dem es in seinen Aquarellen und Ölgemälden auf einzigartige Weise gelang, die Farb- und Lichtstimmungen des Outback einzufangen.

Moderne Stilrichtungen, wie Expressionismus, Surrealismus und abstrakte Malerei, begannen die australische Malerei erst nach dem Zweiten Weltkrieg zu beeinflußen. Während William Dobell (1899–1970) und Russell Drysdale (1912–1981) stilistische Anleihen bei europäischen Expressionisten nahmen, blieben sie inhaltlich doch den traditionellen Landschaftsmalern Australiens verbunden. Dagegen brachen Sidney Nolan (geb. 1917), Albert Tucker (geb. 1914) und Arthur Boyd (geb. 1920) ganz entschieden mit den Traditionen. Ihre künstlerischen Vorbilder finden sich unter deutschen Expressionisten und Surrealisten. Vor allem aber revolutionierten sie inhaltlich die australische Kunstszene. Sie lehnten den Naturalismus ihrer Vorgänger ebenso ab wie den Nationalismus der damaligen Zeit und wandten sich verstärkt sozialkritischen Themenkreisen zu, was ihnen Publikum und Kritiker arg übelnahmen.

Mit ihrer zunehmenden Distanzierung von bodenständig australischen Themen gelang vor allem Nolan, Tucker und Boyd der Durchbruch über die Landesgrenzen hinaus. Ihre Werke hängen heute in den bedeutendsten Galerien rund um den Globus. Unter den jüngeren australischen Malern, die in den 60er und 70er Jahren erfolgreiche Versuche unternahmen, sich von überseeischen Vorbildern zu lösen, ragen Pro Hart, Brett Whiteley, John Peart und Suzanne Archer heraus.

Architektur

Bis Mitte dieses Jahrhunderts prägten unverkennbar europäische Baustile die Architektur des Fünften Kontinents. Das 19. Jahrhundert stand weitgehend im Zeichen von Neugotik und Neuklassik, wobei die herausragenden Kirchen- und Profanbauwerke dieser Epoche (u. a. St. Marys Cathedral und die Universität in Sydney, St. Patricks Cathedral in Melbourne und das Parlamentsgebäude in Adelaide) durchaus ein wenig an das europäische Mittelalter erinnern. Bereichert wurde die Vielfalt der Baustile durch den sogenannten georgianischen Stil sowie im späten 19. Jahrhundert durch den viktorianischen Stil.

Mit Beginn dieses Jahrhunderts gewann auch der amerikanische Baustil der Neuen Sachlichkeit zunehmend an Einfluß. So entstand in den 20er Jahren nach Plänen des amerikanischen Architekten Walter Burley Griffin die neue Bundeshauptstadt Canberra. Als eigentliche architektonische Leistung in der zweiten Hälfte des 20. Jahrhunderts aber darf der kulturelle Monumentalbau gelten. Vor allem drei australische Bauwerke, die eine kulturelle Aufbruchstimmung symbolisieren, zählen weltweit zu den gelungensten und bedeutendsten Beispielen zeitgenössischer Baukunst: das Victorian Arts Centre in Melbourne, das Festival Centre in Adelaide und das Opera House in Sydney.

Literatur

Das Leben in den Kolonien, die Sträflinge und Einwanderer sowie insbesondere der australische Busch, das rauhe und unbekannte Land – das waren im 19. Jahrhundert die zentralen Themen der australischen Prosa und Lyrik. Allerdings gelang es nur wenigen der frühen Literaten die Besonderheiten Australiens und die Atmosphäre in den Strafkolonien wirklich treffend zu schildern. Englischen Denkschablonen verhaftet, griffen sie stilistisch auf Sprachbilder und Idiome zurück, wie sie im Mutterland gebräuchlich waren, und zeichneten dabei ein unrealistisches, ebenso idyllisches wie abenteuerliches Bild. So handelt es sich bei den Versdramen von Charles Harpur (1813–1868) und Henry Kendall (1839–1882), die als Begründer der australischen Lyrik gelten, um betont romantisierte Naturschilderungen. Und auch der Romanschriftsteller Henry Kingsley (1830–1876) verklärte das rau-

Victorian Arts Centre, Melbourne

he Australien zu einem Land voller romantischer Reize.

Eine realistische Beschreibung des Lebens in den Strafkolonien gelang erst Autoren, die als Deportierte ins Land gekommen waren. So schilderte James Tucker (1801–1866) in seiner Autobiographie *Ralph Rashleigh* eindrucksvoll sein Schicksal als Strafgefangener. Zu einer moralischen Anklage der Grausamkeiten des Deportationssystems geriet Marcus Clarkes (1846–1881) veröffentlichter Roman *For the Term of His Natural Life* (1870–1872), der heute als einer der Klassiker der australischen Literatur gilt. Ein anderes Phänomen der damaligen Zeit behandelte Thomas Alexander Browne (Pseudonym Rolf Boldrewood; 1826–1915) in seinem populären Roman *Robbery under Arms:* das Leben der Bushranger und Viehdiebe.

Einen Wendepunkt in der Geschichte der australischen Literatur markierte im Jahre 1880 die Gründung der Zeitschrift *The Bulletin,* die rasch zum Sprachrohr einer sich zunehmend vom britischen Mutterland distanzierenden Gruppe von Schriftstellern wurde. Von dieser Literaturzeitschrift gingen nicht nur entscheidende Impulse für die Weiterentwicklung der australischen Prosa und Lyrik aus, hier fanden generell progressive Intellektuelle ein Forum, um ihre politische Meinung zu äußern.

Mit dem erwachenden Nationalbewußtsein erlebte Ende des 19. Jahrhunderts auch die Literatur einen merklichen Aufschwung. Die Nineties, also die Jahre ab 1890, gelten gar als die Geburtsjahre der modernen, eigenständigen australischen Literatur. Die Poeten beschäftigten sich jetzt inhaltlich verstärkt mit spezifisch australischen Themen, die sie stilistisch in Form von Balladen und Kurzgeschichten verarbeiteten. Insbesondere eine Stimme war fortan nicht mehr zu überhören – die der sogenannten Buschbarden. Diese Literaten beschrieben in oft sehr drastischer Form die äußerst schwierigen Lebensbedingungen in den endlosen Weiten des Outback, aber auch das kumpelhafte Leben der Rinderhirten und Schafscherer. Überdies wandten sie sich einem bislang ignorierten Thema zu: dem sozialen Elend in den rasch wachsenden Städten und der Not der Unterprivilegierten.

Zu den herausragenden Erscheinungen zählen der Balladendichter Andrew Banjo Paterson (1864–1941), der die 1982 verfilmte Geschichte *The Man from Snowy River* und Australiens inoffizielle Nationalhymne *Waltzing Matilda* schrieb, sowie Henry Lawson (1867–1922), der wohl bekannteste Kurzgeschichtenautor Australiens. Sein Werk zeichnet sich zudem aus durch das Engagement für den ›kleinen Mann‹ sowie die Forderung nach sozialen Reformen. Vor allem seine Kurzgeschichten sind heute wieder mehr gefragt als die Arbeiten mancher moderner Autoren.

Ein weiteres Mitglied der Bulletin-Gruppe war Joseph Furphy (Pseudonym Tom Collins; 1843–1912), der in seinem 1903 veröffentlichten Roman *Such is Life* die Einsamkeit und Härte des australischen Buschlebens beschrieb. Steele Rudd (1868–1935), einem Zeitgenossen von Lawson und Furphy, ist es mit seinem Roman *On our Selection* ebenfalls gelungen, den Zeitgeist um die Jahrhundertwende für die Nachwelt einzufangen.

Als überragende Figur der australischen Literaturszene des 20. Jahrhunderts gilt der Nobelpreisträger von 1973, Patrick White (1912–1990). In seinem erzählerischen Werk, dessen äußerer Rahmen vorwiegend australisch ist, beschäftigte er sich meist in epischer Breite vor allem mit Grundkonflikten des menschlichen Daseins. Zu seinen bekanntesten, z. T. auch ins Deutsche übersetzten Romanen gehören *The Tree of Man* (1955; *Zur Ruhe kam der Baum des Menschen nie*), eine episch angelegte Familienchronik, sowie *Voss* (1957), die Geschichte vom Glück und Untergang des deutschen Abenteurers Ludwig Leichhardt. Weitere Werke, die Patrick White zu Weltruhm verhalfen, sind *Riders in the Chariot* (1964), *The Vivisector* (1970; *Der Maler*), *The Eye of the Storm* (1973; *Im Auge des Sturms*) sowie *A Fringe of Leaves* (1976).

Auch die Namen anderer bedeutender australischer Literaten dieses Jahrhunderts haben in Europa einen durchaus bekannten Klang. Ein engagiertes Eintreten für die Rechte der Ureinwohner kennzeichnet das Schaffen von Xavier Herbert (1901–1984; *Capricornia* und *Poor Fellow my Country*), von Katharine Prichard (1884–1969; *Black Opal* und *Coonardoo*) und von Thomas Keneally (geb. 1935; *The Chant of Jimmie Blacksmith* und *Schindler's Ark*). Internationale Popularität erlangten zudem die Autoren Morris West (geb. 1916; *The Tower of Babel*) und Neville Shute (1889–1960; *A Town like Alice*).

Die gegenwärtige Literaturszene des Fünften Kontinents ist außerordentlich vielfältig. Erwähnenswert erscheint vor allem die Renaissance der Kurzgeschichte, die sich inhaltlich wieder verstärkt australischen Themen zuwendet. Als vielleicht bedeutendste Repräsentanten dieser literarischen Form sind David Malouf (geb. 1934) und Les Murray (geb. 1938) zu nennen. In den Regalen australischer Buchläden überwiegen aber noch immer Familiensagas und Abenteuergeschichten aus der Pionierzeit. Weltweite Bekanntheit erlangte in diesem Genre neben Colleen McCullough, der Autorin des Bestsellers *The Thorn Birds* (1977; *Die Dornenvögel*), vor allem Nancy Cato, als deren Hauptwerk *Forefathers* (1982; *Der ewige Baum*) gilt. Beide Schriftstellerinnen müssen sich allerdings von Kritikern den Vorwurf gefallen lassen, die Realität des Fünften Kontinents verzerrt darzustellen.

Film

Ohne zu übertreiben, kann Australien zu den Pionierländern des Films gezählt werden. Der Film hatte hier sehr viel bessere Startbedingungen als andere Bereiche von Kunst und Kultur. Er sprach von Anfang an ein weitaus breiteres Publikum an, ihm haftete nicht der ›Makel‹ einer elitären Kunstgattung an, er war eher Sensation und Amüsement für das einfache Volk. So gelang es den Australiern sogar, eine Art Wegbereiterrolle in der Filmkunst zu übernehmen, indem sie die ersten abendfüllenden Spielfilme der Filmgeschichte produzierten.

Die lange und ereignisreiche Tradition der australischen Filmkunst begann bereits vor der Jahrhundertwende. Schon 15 Jahre vor der Gründung Hollywoods drehte man in Australien die ersten Filme, die vornehmlich den harten Existenzkampf der Pioniersiedler dokumentierten. 1906 entstand *The Story of the Kelly Gang*, danach folgten in kurzer Zeit mehr als 150 Stummfilme.

Waren die Australier bei der Entwicklung des Stummfilms noch federführend, so mußten sie diese Vorreiterrolle mit dem Aufkommen des Tonfilms an die Amerikaner abtreten. Hollywood-Produktionen überschwemmten zunächst die australischen Kinos und schließlich auch das 1956 eingeführte Fernsehen. Australiens Filmindustrie versank in einen jahrzehntelangen Dauerschlaf. Schauspieler und Regisseure wanderten zuhauf in die Vereinigten Staaten ab, wo sie mitunter Weltruhm erlangten, wie z. B. der aus Tasmanien stammende Errol Flynn sowie in späteren Jahren Peter Finch und Mel Gibson.

Erst in den späten 60er Jahren erlebte die Filmwirtschaft eine Art Wiedergeburt. Großen Auftrieb erhielt sie durch die Gründung der Australian Film Commission im Jahre 1970, deren Aufgabe in der Förderung nationaler Filmprojekte bestand. Zwar schaffte es der australische Film überraschend schnell, in den heimischen Lichtspielhäusern eine Bedeutung zu erlangen, doch gelang ihm der internationale Durchbruch erst ab Mitte der 70er Jahre.

Zu den bekanntesten, meist staatlich subventionierten Filmwerken dieser Zeit, gehört *Picnic at Hanging Rock (Picknick am Valentinstag)*. Mit diesem Film begründete 1975 Regisseur Peter Weir seine Weltkarriere. 1978 drehte Fred Schepisi nach einem Roman von Thomas Keneally *The Chant of Jimmie Blacksmith* (*Die Ballade von Jimmie Blacksmith*), einen packenden Film, der das Scheitern eines Mischlings in der weißen Apartheid-Gesellschaft zum Inhalt hat. Einer der wenigen rein privat finanzierten Filme war George Millers *Mad Max,* ein Actionfilm, der 1979 in die Kinos kam und in vielen Ländern Kassenrekorde brach (1981 bzw. 1986 folgten *Mad Max II* und *Mad Max III*).

Die Einführung von Steuererleichterungen für Investitionen führte ab 1981 zu einem beachtlichen Anwachsen der Filmindustrie. Zu den nicht nur ökonomisch erfolgreichsten Filmen der 80er Jahre zählt Peter Weirs 1981 entstandenes Werk *Gallipoli,* in dem er sich mit dem Mythos von Gallipoli auseinandersetzt (s. S. 69). Bereits 1983 folgte Peter Weirs preisgekrönter Film *The Year of Living Dangerously* (*Ein Jahr in der Hölle*), die Geschichte eines australischen Auslandskorrespondenten während der Wirren des indonesischen Bürgerkriegs im Jahre 1965. Einen geradezu sensationellen Erfolg erlebte 1986 Peter Fairmans Film *Crocodile Dundee,* mit Paul Hogan in der Hauptrolle. Seit diesem Überraschungserfolg gewann der australische Film in Europa und Nordamerika zunehmend mehr Anhänger.

Alljährlich im Juni finden in Sydney und Melbourne Filmfestivals statt, die durchaus Vergleichen mit den renommierten Festivals in Berlin, London, Toronto und New York standhalten.

Musik

Dame Nellie Melba (1861–1931) und Dame Joan Sutherland (geb. 1926), Australiens bekannteste Sopranistinnen, sangen in Übersee vor ausverkauften Opernhäusern, bevor sie im heimatlichen Australien Anerkennung fanden (nach der ›großen Melba‹ wurde übrigens ein Eiscreme-Dessert benannt). Auch die meisten australischen Komponisten von Weltrang, wie beispielsweise Percy Grainger (1882–1961) verbrachten viele Jahre ihres Schaffens außerhalb des Fünften Kontinents. Erst mit der Gründung der Australian Opera Company im Jahre 1956 erfuhr die Klassische Musik eine deutliche Aufwertung. Dieses Ensemble, das seinen Sitz im Sydney Opera House hat, gibt regelmäßig Gastspiele in allen großen australischen Städten. Nach einer großzügigen Förderung von Klassischer Musik und Oper in den 70er Jahren besitzt Australien heute mehrere Symphonieorchester und Kammermusikgruppen sowie Opernhäuser in fast allen Staatshauptstädten.

Im Gegensatz zu den klassischen Klängen erfreute sich die mehr bodenständige Country und Folk Music von Anfang an großer Popularität. Zu den nicht nur in ländlichen Regionen ungemein beliebten Barden gehören Chad Morgan und vor allem Slim Dusty. Einer der bekanntesten und beliebtesten Songs auf dem Fünften Kontinent – quasi ein nationaler Dauerbrenner – aber ist die bereits 1895 von Andrew Banjo Paterson geschriebene Ballade *Waltzing Matilda*. Es ist die Geschichte eines einsamen Landstreichers, der beim Diebstahl eines Schafes erwischt wird. Um nicht der Polizei in die Hände zu fallen, springt er in ein Wasserloch, wo er ertrinkt. Die mit einer schottischen Melodie gesungene Ballade glorifiziert das freie Leben im australischen Busch. Es ist aber auch das Lied vom ›armen Hund‹, gegen den sich Gott und die Welt verschworen haben.

Insbesondere Jugendliche in den Großstädten aber können sich kaum mehr mit den Klängen von Fiedel und Akkordeon anfreunden – sie stehen eher auf Australian Rock. Und Australien erfreut sich einer üppig blühenden modernen Musikszene. Als erste spielten sich in den 60er Jahren die Bee Gees und die Easy Beats in die internationalen Hitparaden. Ihnen folgten in den Siebzigern Gruppen wie The Little River Band, Air Supply, Flash and the Pan und die Hardrocker AC/DC sowie die Solisten Olivia Newton-John und Rick Springfield. Den internationalen Durchbruch schafften während der 80er Jahre Bands wie Men at Work, INXS, Mental as Anything und Go Betweens sowie der Solist John Farnham.

Einen exponierten Platz in der australischen Musikszene der Gegenwart nimmt die Öko-Rock-Gruppe Midnight Oil mit ihrem eingängigem Gitarrenbeat ein. Spektakulärer als ihre Songs aber ist das Engagement der Gruppe für die Aborigines und für ökologische Belange. Ebenso erfolgreich sind vor allem innerhalb der Landesgrenzen Redgum und Goanna. Die beiden Gruppen widmen sich, was bereits in den Namen zum Ausdruck kommt, australischen Themen und verflechten dabei in ihrer Musik Elemente traditioneller Volksmusik mit solchen des Rock und Blues.

Sport

Bei der Gestaltung der vielen Freizeit nehmen Spiel und Sport einen enorm hohen Stellenwert in Australien ein. Die allgemeine Freude an sportlicher Aktivität durchdringt den australischen Alltag: Banker und Manager flitzen in den frühen Vormittagstunden auf Rennrädern ins Büro, Angestellte joggen in der Lunchpause mal durch die Straßen, eilige Kunden kommen bisweilen mit dem Surfbrett unterm Arm und in triefenden Badeklamotten in Läden und Banken.

Daß die Australier zu einer der sportverrücktesten Nationen der Welt werden konnten, hängt sicherlich mit den idealen klimatischen und landschaftlichen Bedingungen zusammen. Ein herrlicher Sommer und ein milder Winter haben eine Art Freiluftnation hervorgebracht. Wer in Städten wie Sydney, Melbourne oder Perth wohnt, wo an 300 Tagen im Jahr die Sonne scheint, wo das Meer vor der Haustür liegt und zum Schwimmen und Surfen lockt, der genießt lieber sein Leben bei Spiel und Sport, als es mit Arbeit zu verbringen.

Melbourne Cricket Ground

Steckt in einem Australier schon kein Sportler, dann doch zumindest ein Sportfan. Im Pub oder im Klub ist der Sport das Gesprächsthema Nummer eins. Trotz des ungebrochenen Trends zur aktiven sportlichen Betätigung, erfreuen sich die traditionellen Sportarten wie Football und Cricket immer noch einer sehr großen Popularität.

Australische Sportfunktionäre machen ihren Landsleuten immer wieder den Vorwurf, sie würden Sport in erster Linie als Spaß und Vergnügen verstehen und nicht als Wettkampf. Tatsächlich hat der Kontinent seinen Zenit als Großmacht in Sachen Sport längst überschritten. Noch in den 50er und 60er Jahren erbrachten Sportler auf internationaler Ebene bemerkenswerte Leistungen, vor allem auf Tennisplätzen und in Schwimmbecken. In den Jahren 1939 bis 1973 gewannen australische Tennisspieler nicht weniger als 19mal den Davis Cup, die begehrteste internationale Mannschaftstrophäe des weißen Sports, und zwischen 1952 und 1971 brachte das Land 14 Wimbledon-Sieger im Herreneinzel hervor. Schlagzeilen als Tennischampions machten in jenen Jahren vor allem Lew Hoad, Rod Laver, John Newcombe und Evonne Cawley Goolagong, die Aboriginal-Vorfahren hat.

Auch der Lorbeer australischer Spitzenschwimmer beiderlei Geschlechts verblaßt zusehends. Unvergessen allerdings sind Dawn Fraser, die als erste Frau die Hundert-Meter-Distanz in weniger als 60 Sekunden bewältigte, sowie Shane Gould, die als damals erst 15jährige bei den Olympischen Spielen 1974 in München drei Gold-, eine Silber- und eine Bronzemedaille gewann.

Australier nahmen auf der Weltbühne des Sports einst auch in anderen Bereichen vordere Plätze ein. International bekannt sind z. B. immer noch die Rennfahrer Jack Brabham und Alan Jones sowie der Marathonläufer Robert de Castella. Als unbestrittener Höhepunkt der australischen Sportgeschichte aber gelten nach wie vor die Olympischen Spiele von 1956 in Melbourne. Überraschend gewannen die Athleten des gastgebenden Landes 35 Medaillen (13 Gold, 8 Silber und 14 Bronze).

Derzeit können allenfalls australische Golfer (Greg Norman und David Graham) mit der Elite ihrer Sportart mithalten. Um wieder Anschluß an die internationale Sportkonkurrenz zu finden, gründete man einerseits in Canberra das Australische Sportinstitut (AIS), zum anderen versucht man, dem Breitensport durch den Ausbau der sportlichen Infrastruktur weitere Impulse zu geben.

So sportbegeistert die Australier sind, so wettfreudig sind sie auch. Sie gelten als leidenschaftliche, besessene Spieler. Rund 8 Mrd. A-$ (ca. 9 Mrd. DM) werden in diesem Erdteil alljährlich verspielt und verwettet. Das sind jedes Jahr etwa 550 DM pro Kopf der Bevölkerung. Der jährliche Wettumsatz ist damit doppelt so hoch wie die Ausgaben für Sozialleistungen und dreimal größer als der Verteidigungsetat. Wer sein Geld aufs Spiel setzen will, kann dies bei Pferde- und Windhundrennen tun; er kann es aber auch in einer der großen Lotterien riskieren oder an einem der zahlreichen Spielautomaten.

Am ersten Dienstag im November, wenn der Melbourne Cup ausgetragen wird, das wichtigste Pferderennen der Nation, werden nicht nur in Melbourne die Menschen vom Wettfieber erfaßt, in ganz Australien haben die privaten (illegalen) Buchmacher und die offiziellen Annahmestellen des Totalizator Agency Board (TAB) Hochkonjunktur. Von der Wettlust der Australier profitieren auch die einzelnen Bundesstaaten, die zumindest von legal getätigten Wetten und Glücksspielen ihre Gewinnanteile einstreichen. Die nationale Spiel- und Wettleidenschaft machte man sich auch beim Bau des Sydney Opera House zunutze. Ein Großteil der Baukosten wurde allein durch die Gewinneinnahmen einer eigens dafür eingerichteten Lotterie gedeckt.

Populäre Sportarten

Auf dem Fünften Kontinent umfaßt der Begriff **Football** vier verschiedene Arten von Fußball, nämlich Australian Rules Football (auch Australian Football oder schlicht Footie genannt), die beiden Rugby-Varianten Rugby League und Rugby Union sowie den als Soccer bekannten europäischen Fußball.

Australian Football, der als eine der schnellsten und spektakulärsten Kampfsportarten der Welt gilt, hat seine Hochburg in und um Melbourne, gewinnt aber kontinentweit immer mehr Anhänger und Aktive. Entwickelt hat sich diese Sportart aus einer verrohten Form des Gälischen Fußballs, den Mitte des vergangenen Jahrhunderts irische und walisische Goldgräber in ihrer Freizeit auf den Goldfeldern von Ballarat in Victoria spielten. 1858 wurde in Melbourne der erste Football Club gegründet. Auch heute noch stehen in Victoria die Samstage der Wintermonate ganz im Zeichen von King Footie. Hunderttausende verfolgen in den Stadien oder am Bildschirm das Abschneiden der 14 zur Victorian Football League (VFL) gehörenden Mannschaften. Beim Grand Final kommt in Melbourne alljährlich im September das Alltagsleben praktisch zum Stillstand. Über 120000 Zuschauer – so lautet der bisherige offizielle Zuschauerrekord eines Finales im Melbourne Cricket Ground Stadium (s. Farbabb. 34).

Australian Football, wie er heute gespielt wird, ist eine wenig zimperliche und vor allem sehr schnelle Abart des American Football, wobei die Spieler in Australien allerdings keinen Körperschutz tragen.

In Neusüdwales und Queensland bevorzugen die Football-Fans die beiden Rugby-Versionen Rugby Union und die Profi-Variante Rugby League. Fast alles ist im Rugby erlaubt, um Punkte zu erzielen. Die Spieler dürfen das Leder tragen, kullern, schießen und auch seitlich oder zurück werfen. Verboten ist nur der Wurf nach vorn. Punkte gibt es, wenn die angreifende Mannschaft den Ball hinter der Grundlinie des Gegners ablegt oder wenn es gelingt, ihn über die 3 m hohe Querlatte des gegnerischen Tors an der Stirnseite des Spielfelds zu kicken. Auch den Aktionen der verteidigenden Mannschaft sind kaum Grenzen gesetzt. Der Hauptunterschied zwischen den beiden Rugby-Versionen besteht in der Art, die Treffer zu zählen.

Soccer, das in Europa als Fußball bekannte Rasenspiel, war vor dem Zweiten Weltkrieg in Australien fast unbekannt und galt noch bis vor nicht allzu langer Zeit als Domäne der Einwanderer aus kontinentaleuropäischen Ländern. Erst nachdem sich 1974 die nur aus Amateuren bestehende australische Nationalmannschaft völlig überraschend für die Teilnahme an der Fußball-Weltmeisterschaft in Deutschland qualifizieren konnte, wächst auch Down Under die Begeisterung für diese wohl ›zivilisierteste‹ der vier Football-Arten.

Cricket, diese ungemein populäre Sportart, kam Mitte des vorigen Jahrhunderts als Import aus dem britischen Mutterland. Seit der damaligen Zeit entwickelte es sich zu einer Art australischer Institution, entstand so etwas wie ein Cricket-Kult, von dem die nicht britischen Einwanderer ausgeschlossen waren. Diesen erscheint die Sportart auch heute noch eher langweilig. Ein amerikanischer Journalist beschrieb das Spiel einmal als »Baseball im Zeitlupentempo«. Die Saison ist in den Sommermonaten zwischen Oktober und März. Wichtigste Austragungsorte sind die großen Stadien von Sydney, Melbourne, Adelaide, Brisbane und Perth.

Rasenbowling vor der St. Marys Cathedral in Sydney

Das in Australien Lawn Bowling genannte **Rasenbowling** zählt vor allem bei Männern und Frauen der älteren Generation zu den populärsten Freizeitbeschäftigungen. Die Klubs, in denen sich die Anhänger dieses dem italienischen Boccia ähnelnden Spiels organisiert haben, zählen rund eine halbe Million Mitglieder. Das Rasenbowling aber ist nicht nur ein Spiel, sondern wird von seinen Anhängern beinahe schon als eine Art Ritual praktiziert, für das eine uniformähnliche Kleidung – schneeweiße Hosen, Kleider, Pullover und Sonnenhüte – unerläßlich ist.

Die meisten Australier sind Pferdenarren, und wenn sie von Rennen reden, so haben sie meist **Pferderennen** im Sinn. Diese haben auf dem Fünften Kontinent das ganze Jahr über Saison und verbinden vermutlich am besten zwei nationale Leidenschaften der Australier: den Wettkampfeifer und das Wettfieber. Überdies sind Pferderennen auch stets gesellschaftliche Ereignisse. In den Großstädten bieten sie der Schickeria einen Anlaß zum Sehen und Gesehenwerden; in kleinen Outback-Orten, wo sie den Höhepunkt im meist recht monotonen Jahresverlauf darstellen, bilden sie den äußeren Rahmen, um neben dem Wetten einem weiteren Laster zu frönen – dem Biertrinken in geselliger Runde. Das bekannteste der Outback-Rennen findet alljährlich im September in dem kleinen Nest Birdsville am Rande der Simpson Desert in Queensland statt. Um dabei zu sein, nehmen Tausende von Australiern lange Anfahrten auf harten Schotterpisten in Kauf oder reisen gar im Kleinflugzeug an.

Das Rennen aller Rennen aber findet in Melbourne statt: der Melbourne Cup. Bereits um 1870 lockte diese Veranstaltung an die 30000 Zuschauer aufs Feld. Heute dürfte der Melbourne Cup das einzige Sportereignis der Welt sein, für das eigens – zumindest im Bundesstaat Victoria – ein Feiertag geschaffen wurde.

»Life is a beach!« – damit läßt sich kurz und bündig die Lebensphilosophie eines Großteils der Australier zusammenfassen. Tausende von Kilometern phantastischer Meeresstrände und ausgedehnte Schönwetterperioden – wen wundert es, daß in Australien **Wassersport** groß geschrieben wird? Am, im und auf dem Wasser verbringen die meisten Aussies ihren Feierabend, ihr Wochenende und ihre Ferien. Down Under hat sich eine Strandkultur entwickelt, die bisweilen fast schon pathologische Züge aufweist. Trotz Ozonloch und global höchster Hautkrebsrate sind auf dem Fünften Kontinent die Strände, von denen rund drei Viertel der Australier kaum weiter als 100 km entfernt leben, nach wie vor Zeremonienstätten eines ungebrochenen Sonnenkultes. Wellenreiten und Windsurfen, Schwimmen und Tauchen, Segeln und Motorbootfahren stehen als Freizeitvergnügen der meisten Australier obenan.

Viele Strände des Fünften Kontinents sind berühmt wegen ihres Surfs, der mächtigen Wellen. Seit den 30er Jahren dieses Jahrhunderts ist Wellenreiten landesweit nicht nur zu einem Volkssport, sondern fast schon zu einer Art Religion geworden. Zehntausende junger Australier, Männer wie Frauen, leben anscheinend nur fürs Wellenreiten. In ihren Autos, meist alten Kombis, die Surfboards auf das Dach geschnallt, fahren sie an manchen Tagen von Sonnenaufgang bis -untergang oft Hunderte von Kilometern die Küste hinauf und hinunter, immer der höchsten Brandung nach. Mittlerweile verdienen die besten Surfer ihren Lebensunterhalt mit der Teilnahme an internationalen Wettbewerben. Dennoch hat diese Sportart in den letzten Jahren im Windsurfen einen ernsthaften Rivalen bekommen.

Mindestens ebenso populär wie Wellenreiten und Windsurfen sind in Australien Segeln und Motorbootfahren.

Bereits seit der zweiten Hälfte des vorigen Jahrhunderts hat sich in australischen Gestaden das Segeln zu einem beliebten Freizeitvergnügen entwickelt. Anders als hierzulande gelten in Australien Segeln und Motorbootfahren nicht als übermäßig teuere und exklusive Sportarten. An schönen Wochenenden wimmelt es denn auch in den Häfen und Buchten nahe der Städte von Yachten und Booten jeder Art und Größe. Und in manchen Yachtklubs müssen die Boote aus Platzmangel mit Hilfe von Gabelstaplern in mehrstöckigen Lagerhäusern untergebracht werden.

Segelregatten, wie beispielsweise das 1100 km lange Rennen von Sydney nach Hobart, erfreuen sich in Australien einer ungeheueren Beliebtheit (s. Farbabb. 69).

Und daß die Australier auch in internationalen Wettbewerben mithalten können, zeigte sich im Jahre 1983. Damals sorgte die Crew Australiens mit ihrer von dem Multimillionär Alan Bond finanzierten Yacht ›Australia II‹ für eine Sensation: Ihr gelang es, die Amerikaner in der bedeutendsten Hochseeregatta der Welt zu schlagen und ihnen die unter Sportseglern begehrteste Trophäe zu entreißen – den ›America's Cup‹, der 132 Jahre lang die Domäne der Amerikaner gewesen war. Der Jubel im Lande war grenzenlos, ganz Australien geriet in einen wahren Begeisterungstaumel. Als dann im Januar 1987 der australische Versuch der Cup-Verteidigung scheiterte, empfand das so mancher Aussie als nationale Katastrophe.

Surf Carnival am Bondi Beach bei Sydney

Parlamentsgebäude in Canberra

Städte und Landschaften Australiens

Canberra

Allgemeines

Als einzige Großstadt des Fünften Kontinents liegt Canberra, die Hauptstadt des Commonwealth of Australia, nicht am Meer, sondern etwa 100 km von der Küste entfernt auf dem landschaftlich reizvollen Monaro-Tafelland. Die weitläufige Metropole erstreckt sich im knapp 2400 km^2 großen Australian Capital Territory (ACT), das keine volle bundesstaatliche Souveränität besitzt, sondern in vielen Belangen der australischen Bundesregierung untersteht.

Das ACT liegt als Enklave an der südöstlichen Peripherie des Bundesstaates Neusüdwales, rund 300 km südwestlich von Sydney. Zum Hauptstadtterritorium gehört auch ein schmaler Landstrich um Jervis Bay an der Pazifikküste von Neusüdwales. Mit rund 300 000 Menschen leben im Australian Capital Territory, vorwiegend in Canberra und seinen Satellitenstädten, etwa 1,6 % der australischen Gesamtbevölkerung. In Canberra befinden sich das Bundesparlament, der Oberste Gerichtshof, Regierungsstellen, zahlreiche zentrale Verwaltungsbehörden und ausländische Botschaften. Weiterhin gilt die Metropole als ein Zentrum für Wissenschaft, Technik und Kultur. Etwa 65 % der Arbeitnehmer sind im öffentlichen Dienst beschäftigt. Industrie gibt es nur wenig.

Geschichte

Im Gegensatz zu anderen australischen Großstädten ist Canberra das Produkt sorgfältiger Planung. Da sich die Gründerväter der australischen Nation nicht auf eine der beiden Metropolen Sydney oder Melbourne einigen konnten, fanden sie eine Kompromißlösung: Eine neue Hauptstadt sollte aus dem Boden gestampft werden, aus historischen Gründen auf dem Gebiet von Neusüdwales gelegen. Melbourne fungierte vorläufig als provisorischer Regierungssitz. Erst 1908 wurde das Gebiet bestimmt, in dem die spätere Hauptstadt Canberra liegen sollte. Am 12. März 1913 erfolgte die offizielle Stadtgründung. Bei der Zeremonie gab Lady Denman, die Gattin des damaligen Generalgouverneurs, der neuen Kapitale den Namen Canberra. Dieser geht auf den Aboriginal-Begriff *Kamberra* zurück, was ›Treffpunkt‹ oder ›Versammlungsort‹, angeblich aber auch ›Frauenbrust‹ bedeutet.

Den international ausgeschriebenen Wettbewerb für die Gestaltung der Hauptstadt gewann 1912 der Amerikaner Walter Burley Griffin (1876–1937). Der Chicagoer Architekt, nie zuvor am Ort gewesen, kannte die Gegebenheiten nur von Karten, entwarf aber einen faszinierenden Plan mit Zukunftsperspektiven. Seine Konzeption orientierte sich am Vorbild der amerikanischen Hauptstadt Washington. 1913 kam Griffin nach Australien. Sieben Jahre lang kämpfte der Architekt als Federal Capital Director gegen zahlreiche Hindernisse, bevor er schließlich das Handtuch warf und die Aufsicht über den Bau von Canberra einem australisch-britischen Architektenteam übertragen wurde. Infolge der beiden Weltkriege und der großen Wirtschaftskrise zu Beginn der 30er Jahre kam die Ausführung nur schleppend voran. So konnten die Parlamentarier erst 1927 nach Canberra umziehen, und erst in den 60er und 70er Jahren wurden die Pläne von Walter Burley Griffin weitgehend verwirklicht.

Zwar ist Canberra in den letzten Jahren zusehends in seine Hauptstadtrolle hineingewachsen, doch tut sich die Stadt immer noch schwer, ein eigenes Profil zu finden. Ihr fehlen eine historisch gewachsene Urbanität und ein vielfältiges kommunales Leben. Trotz zahlreicher hübscher Parks und Grünanlagen mit hohem Freizeitwert, wirkt die Metropole vor allem im Zentrum und im Regierungsviertel sehr artifiziell und steril. Auf Canberras Ruf als wohlgepflegte, aber langweilige Beamtenstadt spielen einige geläufige Spitznamen an, wie etwa ›bestbeleuchteter Friedhof der südlichen Hemisphäre‹ oder ›das schönste Sanatorium Australiens‹.

Stadtgliederung

Das Konzept für den Grundriß Canberras basiert auf Dreiecken und Kreisen. Das innerhalb und um ein gigantisches Triangel herum angelegte Stadtzentrum wird durch einen künstlich aufgestauten See (Lake Burley Griffin) in zwei Bezirke getrennt. Verbunden werden diese etwa gleich großen Stadtteile durch die Commonwealth Ave. und die Kings Ave., die den See auf Doppelbrücken kreuzen. Gleichzeitig bilden diese beiden Hauptverkehrsadern die Schenkel eines Dreiecks, dessen Scheitelpunkt im Capital Hill mit dem neuen Parlamentsgebäude liegt und dessen Grundlinie die am Nordufer des Sees verlaufende Constitutional Ave. darstellt. Die drei erwähnten Straßennamen haben übrigens einen wichtigen Symbolgehalt: Für König, Verfassung und Volk! Beide Hälften der Innenstadt besitzen einen Mittelpunkt (nördlich des Sees der City Hill, südlich davon der Capital Hill) mit konzentrisch angeordneten Straßenringen und strahlenförmig auseinanderstrebenden Ausfallstraßen. Während sich im Norden das Geschäfts- und Einkaufszentrum mit den wichtigsten Dienstleistungsbetrieben ausbreitet, erstreckt sich im Süden das Regierungsviertel mit dem Parlament, den Ministerien, dem Bundesgerichtshof und der Mehrzahl der diplomatischen Missionen. Der polyzentrischen Struktur Canberras entsprechend, gruppieren sich um diese beiden Hauptzentren weitere Stadtteile mit wiederum kreisförmigen Grundrissen.

Da die Entfernungen zwischen den einzelnen Sehenswürdigkeiten z. T. enorm sind, ist eine Erkundung per pedes nur punktuell möglich. Aber auch eine Stadtrundfahrt im eigenen Auto gestaltet sich aufgrund des verwirrenden Straßensystems kompliziert. Empfehlenswert erscheint daher eine Kombination aus Stadtrundfahrt im Bus und Rundgang in überschaubaren Stadtbezirken, oder aber eine Stadterkundung per Fahrrad auf dem vorbildlichen Radwegenetz.

Stadtbesichtigung

Nördlich des Lake Burley Griffin: Als Ausgangspunkt bietet sich der **Regatta Point Planing Exhibition Pavilion** (1) an. Die Ausstellung in diesem Informationszentrum gibt einen guten Überblick über die Entstehungsgeschichte Canberras (Modelle, Diagramme und Fotografien aus der Vogelperspektive; tgl. 9–17 Uhr). In der Nähe des Regatta Point hat man mitten im See mit dem **Captain Cook Memorial Water Jet** (2) dem ›Entdecker‹ Australiens ein imposantes Denkmal gesetzt: eine Fontäne, die bei Windstille eine Höhe von 137 m erreicht und damit zu den größten ihrer Art auf dem Globus zählt (tgl. 10–12 Uhr, 14–16 Uhr). Am Ufer, unweit des Pavillons, befindet sich das **Captain Cook Memorial**: eine große Weltkugel aus Metall, auf der die Entdeckungsreisen von James Cook aufgezeichnet sind.

Ein angenehmer Spaziergang durch den Commonwealth Park bringt uns zum südöstlich am Wendouree Drive gelegenen **Blundell's Cottage** (3), einem der ältesten Häuser Canberras aus dem Jahre 1860 (Mo–Sa 10–16 Uhr, So 14–16 Uhr). Der Uferpromenade in südlicher Richtung folgend, erreichen wir Aspen Island mit dem **Canberra Carillon** (4). Dieser aus drei mit weißem Quarz verkleideten, rund 50 m hohen Betonsäulen bestehende Glockenturm war ein Geschenk der britischen Regierung zum 50. Geburtstag Canberras im Jahre 1963. Die 53 Glocken des Carillon erklingen in der Regel mittwochs um 12.45 Uhr sowie sonntags um 14.45 Uhr zu einem dreiviertelstündigen, weithin hörbaren Konzert. Am nordöstlichen Ende der Kings Avenue ragt neben dem Verteidigungsministerium das 73 m hohe **Australian-American Memorial** (5) in die Höhe, das an die Allianz der Australier und Amerikaner im Pazifischen Krieg (1941–1945) erinnert. Östlich der Gedenkstätte erhebt sich der Aussichtshügel Mt. Pleasant (663 m).

Vom Lake Burley Griffin erstreckt sich in nordöstlicher Richtung die Anzac Parade, eine von Eukalypten gesäumte, breite Prachtstraße. Etwa im Schnittwinkel von Anzac Parade und Constitution Ave. befinden sich die beiden ältesten Gebäude Canberras: die anglikanische **Church of St. John the Baptist** und das **St. John's Schoolhouse (6)** aus den 40er Jahren des vorigen Jahrhunderts. Letzteres beherbergt heute ein kleines historisches Museum (Mi 10–12 Uhr, Sa u. So 14–16 Uhr).

Am nördlichen Ende der beidseitig von verschiedenen Kriegerdenkmälern flankierten Anzac Parade erhebt sich in einem gewaltigen Halbrund ein im neobyzantinischen Stil errichtetes Sandsteingebäude mit einer markanten Kupferkuppel – das **Australian War Memorial** (7), Gedenkstätte für die in den Kriegen des 20. Jahrhunderts gefallenen Australier und Kriegsmuseum. Herzstück der Anlage ist die Hall of Memory mit

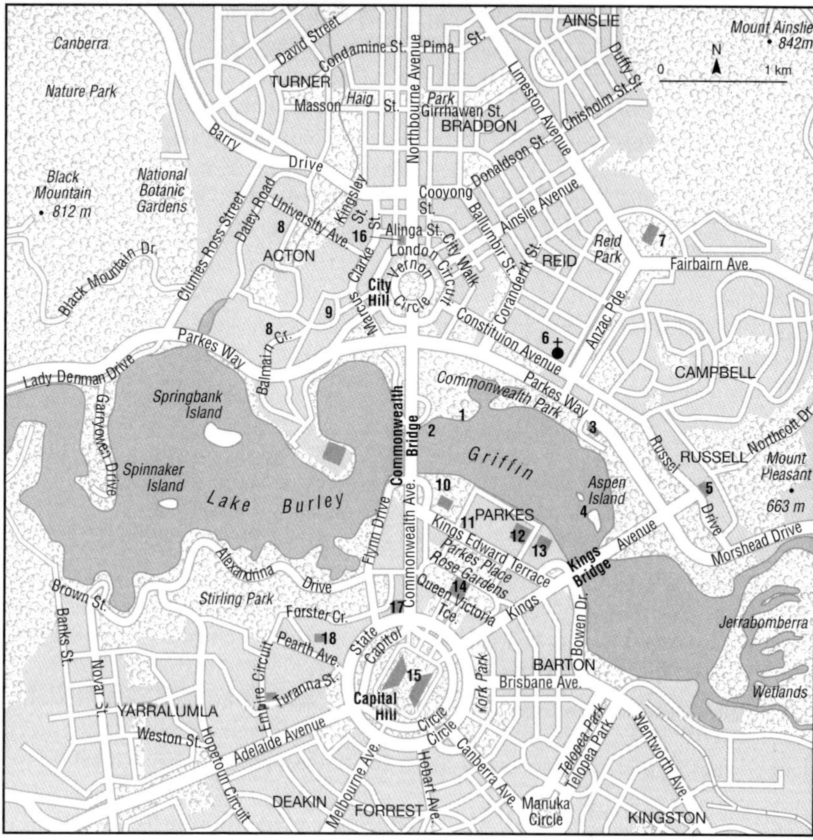

Canberra 1 Regatta Point Planing Exhibition Pavillon 2 Captain Cook Memorial Water Jet 3 Blundell's Cottage 4 Canberra Carillion 5 Australian American Memorial 6 Church of St. John The Baptist und St. John's Schoolhouse 7 Australian War Memorial 8 Australian National University 9 National Film and Sound Archiv 10 National Library of Australia 11 National Science and Technology Museum 12 High Court 13 National Gallery of Australia 14 Old Parliament House 15 Parliament House 16 ACT Tourist Bureau 17 Botschaft Papua Neuguinea 18 Botschaft Indonesien

ihren 24 m hohen, mit rund 6 Mio. Mosaiksteinchen verkleideten Wänden. Sie gilt als eigentliche Gedenkstätte für die über 100 000 Kriegstoten Australiens, deren Namen hier auf einer Roll of Honour alphabetisch aufgelistet sind. Kritiker sehen in diesem Ort eine Glorifizierung des Krieges (tgl. 9–16.45 Uhr; Führungen tgl. 10.30 Uhr u. 13.30 Uhr). Danach lohnt sich die Fahrt auf den rund 4 km nordöstlich aufragenden Mt. Ainslie (842 m), von dessen Aussichtsplattformen man den besten Eindruck vom Konzept des Architekten erhält.

Mit Ausnahme des architektonisch attraktiven National Convention Centre hat das Einkaufs- und Geschäftsviertel, das sich um den City Hill zwischen den beiden Ringstraßen Vernon Circle und London Circuit ausbreitet, nichts Außergewöhnliches zu bieten. Westlich davon erstreckt sich der parkähnliche Komplex der **Australian National University** (8). Empfehlenswert ist ein Besuch des 1984 gegründeten **National Film and Sound Archive** (9), in dem eine Ausstellung die australische Rundfunk-, Film- und Fernsehgeschichte dokumentiert (tgl. 9.30–16 Uhr).

Über die gesamte Ostflanke des Black Mountain erstrecken sich die **National Botanic Gardens** (tgl. 9–17 Uhr), die über die landesweit umfangreichste Sammlung australischer Flora verfügen. Ein großzügig angelegtes Wegenetz lädt ein zu ausgedehnten Spaziergängen. (Informationen im Visitor Information Centre am Eingang; Mo–Fr 10–16 Uhr, Sa u. So 9.30–16.30 Uhr). Eine ausgezeichnete Möglichkeit, sich einen Gesamteindruck von Canberra zu verschaffen, bietet der Black Mountain (812 m; Panoramablick vom Drehrestaurant des Fernsehturms; tgl. 9–22 Uhr).

High Court of Australia

Südlich des Lake Burley Griffin: Einige der bedeutendsten, zum Teil architektonisch sehr imposanten Bauwerke Canberras befinden sich im südlichen Teil der Stadt, vor allem im sogenannten Parlamentarischen Dreieck zwischen Commonwealth Ave. und Kings Ave. Ausgangspunkt unserer Besichtigungstour im Süden ist die **National Library of Australia** (10). Das 1968 fertiggestellte Gebäude besteht mitsamt seinem Säulengang aus Beton, der mit einem Mantel aus weißem Marmor überzogen ist. Die angeblich atombombensichere Nationalbibliothek enthält derzeit rund 4 Mio. Bände und eine umfangreiche Sammlung historischer Karten und Fotografien sowie wertvolle Berichte zur Entdeckung und Erforschung Australiens. Das Foyer schmücken drei große, im französischen Aubusson gewebte Wandteppiche sowie 16 von dem australischen Künstler Leonard French gestaltete Buntglasfenster. Besuchenswert sind die beiden Kunstgalerien im Untergeschoß bzw. im Mezzanin (Mo–Do 9–21 Uhr, Fr–So, 9–16.45 Uhr; Führungen Mo–Fr 14.15 Uhr). Wenige Schritte weiter bietet das erst Ende der 80er Jahre errichtete **National Science and Technology Centre** (11) Naturwissenschaft und Technologie zum Anfassen (tgl. 10–17 Uhr).

Ein kurzer Spaziergang entlang der Seepromenade bringt uns zu einer weiteren der architektonischen Monstrositäten Canberras – dem **High Court** (12), dem Obersten Gerichtshof. Kernstück des Bauwerks ist die 24 m hohe Great Hall, in der Fußgängerrampen zu den drei Gerichtssälen führen. Im Foyer informiert eine Ausstellung über Australiens Rechtssystem (tgl. 10–16 Uhr).

Östlich des Gerichtsgebäudes erhebt sich in einem knapp 10 ha großen Areal die in den frühen 80er Jahren vollendete **National Gallery of Australia** (13). In dem aus mehreren riesigen Kuben zusammengesetzten Bauwerk verteilen sich über drei Stockwerke elf Galerien. Die exzellente Kollektion australischer Kunstwerke, in der die Kunst der Ureinwohner einen dominierenden Platz einnimmt, gilt als die umfangreichste des Kontinents. Lohnenswert erscheint auch ein Besuch des Skulpturengartens zwischen der Nationalgalerie und dem See (tgl. 10–17 Uhr; Führungen tgl. 11.15 Uhr, 13.15 Uhr, 14.15 Uhr).

An der King George Terrace liegt das weiße **Old Parliament House** (14), das am 9. Mai 1927 vom Herzog von York seiner Bestimmung übergeben über 60 Jahre lang dem australischen Bundesparlament als Tagungsstätte diente. Den 610 m hohen Capital Hill krönt das **New Parliament House** (15), das im Rahmen der 200-Jahr-Feiern am 9. Mai 1988 Königin Elisabeth II. offiziell eröffnete. Tausende von Arbeitern, Handwerkern und Künstlern benötigten acht Jahre, um dieses Bauwerk der Superlative fertigzustellen. Um die Harmonie der Anlage Canberras nicht zu beeinträchtigen, wurde der Capital Hill aufgeschnitten und das Bauwerk, gleichsam wie ein Bunker, in den Hügel versenkt. Auf diese Weise hat der Besucher die Möglichkeit, auf dem rasenbewachsenen Dach des Hohen Hauses spazierenzugehen, was nicht eines gewissen Symbolgehalts entbehrt, denn das Volk steht somit buchstäblich über den Politikern. Das in Form von zwei mit den Rücken anliegenden Bumerangs gestaltete Bauwerk beherbergt den Senat und das Repräsentantenhaus. Die Besucher haben zu 85 % des Gebäudes Zugang. Das Foyer gleicht mit seinen 48 Marmorsäulen, die einen Wald aus Eukalypten darstellen sollen, beinahe einem römischen Forum. Die Empfangshalle (Great Hall) schmückt einer der größten Wandteppiche der Welt. Herzstück des Bauwerks ist die Members Hall mit ihrem pyramidenförmigen Glasdach, durch das man den Flaggenmast sehen kann. Zu erwähnen bleiben noch die über das ganze Gebäude verteilten 3000 Gemälde, Skulpturen und kunstgewerblichen Kostbarkeiten (tgl. 9–17 Uhr).

Unbedingt Zeit nehmen sollte man sich für eine Besuch von Yarralumla, des westlich vom Capital Hill gelegenen Viertels, wo sich die meisten der rund 70 diplomatischen Vertretungen konzentrierten. Viele Nationen haben dort interessante architektonische Akzente gesetzt, indem sie ihre Missionen im landesüblichen Stil ihrer Heimat errichteten, z. B. die USA, Indien, Thailand und Griechenland. Ganz besonders sehenswert ist die **High Commission of Papua New Guinea** (17) am Forster Crescent. Neben dem eigentlichen Botschaftsgebäude befindet sich ein sogenanntes Haus Tamberan, ein landestypisches Geisterhaus, das ein interessantes ethnographisches Museum beherbergt (Mo–Fr 10–12.30 Uhr, 14.30–16.30 Uhr). Ebenso beeindruckend ist die **indonesische Botschaft** (18) in der Darwin Ave. Neben dem Hauptgebäude, dessen Eingang von mythologischen Wächterstatuen flankiert wird, hat man im Stil eines balinesischen Tempels ein kleines Museum mit Artefakten aus der indonesischen Inselwelt errichtet (Mo–Fr 9–12.30 Uhr, 14–17 Uhr, Sa 13–16 Uhr, So 10–16 Uhr).

Im südlich des Botschaftsviertels gelegenen Stadtteil Deakin kann man in der Denison St. die Royal Australian Mint

(Königliche Münzprägeanstalt) besichtigen. Ein Museum informiert über die Geschichte und Entwicklung des Geldwesens. Von einer Besuchergalerie kann man durch große Glasscheiben den gesamten Produktionsablauf verfolgen (Mo–Fr 9–16 Uhr).

Praktische Hinweise

Unterkunft

Hotels/Motels höherer Kategorien: ***** Lakeside Hotel, London Circuit, ✆ 476244; **** Capital Motor Inn, 108 Northbourne Ave., Braddon, ✆ 486566; *** Regency Motor Inn, 47 McMillan Crescent, Griffith, ✆ 952700.

Mittlere Hotels/Motels: ** Acacia Motor Lodge, 65 Ainslie Ave., ✆ 496955; ** Canberra City Motor Inn, 74 Northbourne Ave., ✆ 496911; ** Embassy Motel, Hopetoun Circuit, Deakin, ✆ 811322.

Nicht klassifizierte Hotels/Motels und Pensionen: Blue and White Lodge, 524 Northbourne Ave., Dickson, ✆ 480498; Gowrie Private Hotel, 210 Northbourne Ave., Braddon, ✆ 496033; Macquarie Private Hotel, 18 National Circuit, Barton, ✆ 732325; Tall Trees Lodge, 21 Stephen St., Ainslie, ✆ 479200; Victor Lodge, 29 Dawes St., Kingston, ✆ 957432.

Jugendherbergen: Canberra YHA Hostel, Dryandra/O'Connor Sts., ✆ 489155; Canberra YWCA Hostel, 2 Mort St., Ainslie, ✆ 473033.

Caravan Parks: Crest View Tourist Park, 81 Donald Rd., Queanbeyan, ✆ 972443; Federal Hwy. Tourist Park, Federal Hwy., Bidges Road, Sutton, ✆ 303433.

Stadtverkehr

Bus: Vom zentralen Busbahnhof (City Interchange; East Row/Alinga St.) beim City Hill fahren die Busse der Australian Capital Territory Internal Omnibus Network (ACTION) sternförmig in die Vororte. Informationsbüro am Busbahnhof (Mo–Fr 7.15–17.30 Uhr, Sa 6–17.30 Uhr, So 8.30–11.15 Uhr, 14.15–18.30 Uhr) ✆ 251 6566, (Mo–Sa 6–23.30 Uhr, So 8.30–18.30 Uhr). *Day Tripper Ticket*: Tageskarte für alle ACTION-Busse mit unbegrenztem Umsteigen, erhältlich im ACTION-Information Centre sowie im Canberra Tourist Bureau (Jolimont Centre, Northbourne Ave.). *Sightseeing Specials*: auf die Bedürfnisse von Canberra-Besuchern zugeschnittene ACTION-Routen, u. a. 904 (Black Mountain, Botanic Gardens), 905 (Regatta Point, Botschaftsviertel Yarralumla, Red Hill, New Parliament House), 906 (Cokkington Green, Ginninderra Village, Hall), 907 (Cotter Reserve, Tidbinbilla Space Trakking Station, Tidbinbilla Nature Reserve). *Canberra Explorer*: Auf einer 25 km langen Rundstrecke passiert ein Bus im Stundentakt 21 Haltepunkte, an denen man mit einer Tageskarte beliebig oft ein- und aussteigen kann; Abfahrt vom Canberra Tourist Bureau tgl. zw. 10.15 und 16.15 Uhr, alle 60 Min., (auch kostenlose Abholung vom Hotel; Murrays Canberra Explorer, ✆ 953611).

Fahrrad: Die nützliche Broschüre Canberra Cycleways erhält man beim Canberra Tourist Bureau. *Fahrradverleih:* City West Bike Hire, Multi Car Park Bldg., Marcus Clarke St., Acton, ✆ 496861; Mr. Spokes Bike Hire, Barrine Drive, Acton Park, Acton, ✆ 571188.

Fernverkehr

Flugzeug: Nur nationale Flüge (Australian Airlines und Ansett Airlines). Der Flughafen liegt in Fairbairn (ca. 8 km östlich der City). Levers Coach Line betreibt einen sporadischen Shuttle Bus Service zwischen der Innenstadt und dem Flughafen (Auskunft: ✆ 2973133); ansonsten nur Taxiverbindung. *Fluglinien:* Ansett Airlines, 4 Mart St., ✆ 451111; Australian Airlines, Jolimont Centre, Northbourne Ave., ✆ 461811; Eastwest Airlines, Bunda St., ✆ 572411; Qantas, 197 London Circuit, ✆ 755518.

Bus: Verbindung zu allen wichtigen Städten Australiens. Abfahrt meist nahe Jolimont Centre, Northbourne Ave. *Buslinien:* Ansett Pioneer, 150 Northbourne Ave., ✆ 571555;

Greyhound, 150 Northbourne Ave., ✆ 572658; Murrays, Jolimont Centre, Northbourne Ave., ✆ 953611.
Eisenbahn: 2–3mal tgl. Canberra – Sydney. Zwischen Canberra und Melbourne besteht keine direkte Zugverbindung; der *Intercapital Daylight Express* von Melbourne hält in Yass (60 km nördlich von Canberra; ab hier Busverbindung). Bahnhof an der Wentworth Ave., Kingston (✆ 2390133).

Restaurants

Australisch: Innovations Restaurant, 35 Kennedy St., Kingston; Terminus Tavern, 9 East Row. **Chinesisch:** Cathay Gourmet, 116 Alinga St.; Dragon Inn, 122 Bunda St.; Great Wall, 13 Marcus Clarke St. **Französisch:** Chez Louise, 108 Northbourne Ave.; Chardonnay, 47 McMillan Crescent, Griffith. **Griechisch:** Acropolis, 35 East Row. **Indisch:** Shah of India, 34 Northbourne Ave.; Taj Mahal, 39 Northbourne Ave. **Italienisch:** Mama's Trattoria, Garema Place; Roma, 17 Bowman St., Macquarie. **Japanisch:** Asakusa, Green Square, Jardine St., Kingston. **Malaysisch:** Maksuri Malay, 13 Edgar St., Ainslie; Rasa Sayang, 43 Woolley St., Dickson. **Mexikanisch:** Montezumas, FAI House, London Circuit. **Thailändisch:** Sawadee, 24 Garema Place; Thai Room, 47 Northbourne Ave. **Vietnamesisch:** Canberra Vietnamese Restaurant, 21 East Row; Dainam, 27 East Row.

Einkauf

Kunsthandwerk: Cuppacumbalong Craft Centre, Tharwa (Mi So 11–17 Uhr); Paddywacks, 27 East Row; Hansens Opal Centre, 16 Garema Place; Opal Studio, Cinema Centre Arcade, Bunda St. **Buchläden:** Gilbert's Bookshop, Cinema Centre Arcade, Bunda St.

Unterhaltung

Kulturelle Veranstaltungen: Canberra Theatre am Civic Square (breites Spektrum von klassischem Drama bis Kabarett, von Oper bis Rock). Kinos mit anspruchsvollem Programm befinden sich ebenfalls in der Umgebung des Civic Square. Informationen in der Donnerstagsausgabe der Canberra Times.
Kneipen und Diskotheken: Populäre Kneipen mit Live Music sind Ainslie Hotel, Limestone Ave., Ainslie (Jazz); Dorette's Bistro, Garema Place (Jazz); Hotel Kingston, Canberra Ave., Kingston (Folk); Pot Belly, Weedon Close, Belconnen (Folk); Rascals, Petire Plaza (Jazz). Zu den anspruchsvolleren Nachtklubs und Diskotheken (oft mit Liv-Musik) gehören Juliana's, Lakeside Hotel, London Circuit; Manhattan Club, City Walk; New Images, 5 Woolley St., Dickson; Private Bin, 50 Northbourne Ave.

Information

Touristen: Canberra Tourist Bureau, Jolimont Centre, Northbourne Ave., ✆ 2456464; Visitor Information Centre, Northbourne Ave., Dickson, ✆ 2456450. **Automobilklub:** National Roads and Motorists Association (NRMA), 92 Northbourne Ave., ✆ 2438888. **Umwelt und Natur:** Canberra Bushwalking Club, Environment Centre, Kingsley St., Acton, ✆ 473064. **Aborigines:** Aboriginal Development Commission (ADC), 50 Colbee Court, Phillip, ✆ 835133.
Andere Bundesstaaten: Nordterritorium, 35 Ainslie Ave., ✆ 571177; Queensland, 25 Garema Place, ✆ 2488411; Tasmanien, 5 Canberra Savings Centre, City Walk, ✆ 2092133; Westaustralien, 33 Ainslie Ave., ✆ 485214.

Öffentliche Einrichtungen

Post: General Post Office, Northbourne Ave./Alinga St., ✆ 2485211. **Polizei:** ✆ 000 (Notruf), ✆ 497444 (allgemeine Anfragen) **Krankenhaus:** Royal Canberra Hospital, ✆ 2432111; Ambulanz: ✆ 498133 (Notruf). **Botschaften:** *Bundesrepublik Deutschland*, 119 Empire Circuit, Yarralumla, ✆ 2701911, 2733177; *Österreich*, 12 Talbot St., Forrest, ✆ 2951533; *Schweiz*, 7 Melbourne Ave., Forrest, ✆ 2733977. **Ausländische Einrichtungen:** *Goethe Institut*, Nat West House, 40 Allara St., ✆ 474472; *The German Club Harmonie*, Jerrabomberra Ave., Narrabundah, ✆ 883792.

New South Wales

Martin Place, Sydney

von Bathurst – von 60000 auf 400000 hoch. Während des Ersten Weltkriegs überschritt Sydney die Millionengrenze, erreichte den Rang der größten Stadt Australiens aber erst nach 1945.

Stadtgliederung

Der Großraum Sydney (Metropolitan Area) hat die Form eines Halbkreises, der im Osten von einem etwa 80 km langen Streifen der Pazifikküste, im Norden von der Wildnis des Ku-ring-gai Chase Nationalparks und im Süden von der Botany Bay begrenzt wird. Im Westen erstrecken sich die zahlreichen Trabantenorte rund 70 km weit bis zu den Ausläufern der Blue Mountains. Der Port Jackson gliedert den großstädtischen Einzugsbereich in einen nördlichen und einen südlichen Teil, die durch die berühmte Harbour Bridge verbunden werden. Um die zahlreichen Buchten und Arme des Naturhafens gruppieren sich die hügeligen Vororte, die von den wohlhabenderen Sydneysiders als Wohngegend bevorzugt werden. Industrieansiedlungen sind den flacheren (süd-) westlichen Stadtteilen vorbehalten.

Die meisten für Besucher interessanten Punkte der Stadt liegen im Süden des Hafens. Die eigentliche City mit dem kompakten Wolkenkratzerviertel des Business-Distriktes erstreckt sich vom Circular Quay im Norden bis zum Hauptbahnhof (Central Railway Station) im Süden.

Trotz seiner flächenmäßig gewaltigen Ausdehnung ist Sydney in seinem touristisch interessanten Kern relativ leicht zu Fuß zu erwandern. Längere Wegabschnitte kann man bei einer Stadterkundung auch mit dem Bus Sydney Explorer überbrücken. Als günstiges Standquartier empfiehlt sich u. a. der im Norden des Hafens gelegene Stadtteil Manly. Auch eilige Besucher sollten für Sydney mindestens 3 bis 4 Tage einplanen – es lohnt sich!

Stadtbesichtigung

Erster Rundgang (Sydney Opera House und Royal Botanic Gardens): Als Ausgangspunkt bietet sich **Circular Quay** (1) an, der Dreh- und Angelpunkt des Fährbetriebs im Port Jackson. Von hier führt eine überdachte Uferpromenade entlang der Sydney Cove zum nur wenige hundert Meter weiter nördlich gelegenen Bennelong Point, einer nach einem eingeborenen Berater Captain Phillips benannten Landspitze. Auf einem knapp 2 ha großen Areal erhebt sich an dieser Stelle in fotogener Pose die phantastische ›Segel-Architektur‹ des **Sydney Opera House** (2; s. Farbabb. 3). Der Bau mit seinen zehn perlenfarbenen wie geblähte Segel wirkenden Dächermuscheln war von der Grundsteinlegung am 2. März 1959 bis zu seiner offiziellen Einweihung durch Queen Elisabeth II am 20. Oktober 1973 heftig umstritten, aus ästhetischen wie finanziellen Gründen. Kein anderes Bauwerk in Australien war derart in Skandale und Affären verwickelt. Von der Londoner Times zum »Bauwerk des Jahrhunderts« erkoren wurde die exzentrische Konstruktion von Kritikern respektlos als »Gruppe französischer Nonnen beim Fußballspiel« verunglimpft. Rückblickend aber gilt das Opera House nicht nur als architektonisches Symbol, sondern vor allem auch als ein Sinnbild für ein sich damals entwickelndes neues Kultur- und Selbstbewußtsein, das von vielen Australiern lange Zeit vermißt worden war.

»Französische Nonnen beim Fußballspiel«

Einige nüchterne Fakten mögen die Dimensionen des Sydney Opera House veranschaulichen: Bei einer ungefähren Länge von 185 m und einer maximalen Breite von 120 m beträgt die nutzbare Innenraumfläche etwa 4,5 ha. Das höchste Dachgewölbe ragt 67 m empor. 350 km Stahlkabel tragen die aus 2194 Betonfertigteilen bestehende Dachkonstruktion, die mit über einer Million schwedischer Majolika-Fliesen bedeckt ist und 27 230 t wiegt. Mit den Beton- und Keramikflächen kontrastieren über 6200 m^2 topazfarbener Glasscheiben. Die Stromversorgung des Baukomplexes würde für einen 25 000-Einwohner-Ort ausreichen.

Fast 1000 Räume enthält das architektonische Prachtstück. Allerdings steht das Innere in krassem Gegensatz zu dem grandiosen äußeren Bild der Mega-Skulptur. Ein Mehrzweckbau, dessen Name mißverständlich ist, da er einer Vielzahl von kulturellen Anforderungen genügen muß: eine Konzerthalle für 2690 Besucher (hier befindet sich die mit 10 500 Pfeifen größte Orgel der Welt), der Opernsaal selbst mit nur 1547 Sitzplätzen (beachtenswert ist hier der im französischen Aubusson gewebte Bühnenvorhang Curtain of the Sun), das Dramatheater mit einem 544 Personen fassenden Zuschauerraum sowie das Playhouse mit 398 und das Broadwalk-Studio mit 288 Sitzplätzen. Dazu kommen u. a. ein Empfangssaal, Ausstellungsräume, Studios für Rundfunk und Fernsehen sowie mehrere Restaurants. Führungen: tgl. zur vollen Stunde von 9–16 Uhr; Backstage Tour (ca. 90minütiger Blick hinter die Kulissen): So mehrmals 9–16 Uhr.

Die Initiative zum Bau des Opernhauses ging Anfang der 50er Jahre von einer Gruppe engagierter Sydneyer Bürger aus. Den daraufhin im Jahre 1954 von der Regierung von Neusüdwales international ausgeschriebenen Ideenwettbewerb gewann der dänische Architekt Jørn Utzon. Die Verwirklichung seines kühnen Originalentwurfs aber stellte die ausführenden Bauingenieure vor unüberwindliche Schwierigkeiten, so daß Utzon gezwungen war, seine ursprünglichen Konstruktionspläne abzuändern. Als sich Mitte der 60er Jahre eine Explosion der Baukosten abzeichnete und daraufhin weitere Abstriche an den Plänen des Dänen gemacht wurden, zog sich Jørn Utzon im Zorn zurück. So verbittert war er, daß er die Einladung zur Eröffnung ausschlug und sein Werk auch nie in vollendetem Zustand gesehen hat.

Den Weiterbau übertrug man einem australischen Architektenteam. Am Ende mußten die Australier schließlich tief in die Tasche greifen: 7 Mio. A-$ sollte es ursprünglich kosten und in sechs Jahren fertig sein. Als am 28. September 1973 zum ersten Mal der Vorhang aufging, hatte man acht Jahre länger gebaut, und die Kosten waren inzwischen auf 102 Mio. A-$ angestiegen. Die Mehrkosten aber wurden durch eine vom damaligen Premier Joseph Cahill ins Leben gerufene ›Opernhauslotterie‹ gedeckt.

Wenige Schritte genügen, um vom Trubel am vielbesuchten Opernhaus in eine Oase der Ruhe zu gelangen – in die ausgedehnte Parklandschaft der **Royal Botanic Gardens,** die sich auf einem 29 ha großen Areal um die Farm Cove erstrecken (tgl. 8 Uhr bis Sonnenuntergang). Die Ursprünge des Botanischen Gartens reichen in das erste Drittel des 19. Jahrhunderts zurück. Vorher versuchten hier die ersten Siedler verzweifelt Gemüse anzubauen, um sich vor dem Hungertod zu retten. Der von einem verzweigten Wegenetz durchzogene Park birgt heute ein weites Spektrum teils sehr seltener Pflanzen. Der Haupteingang liegt an der Mrs. Macquarie Rd., wo sich auch ein Visitors Centre befindet (tgl. 9–17 Uhr; Führungen Mi u. Fr 10 Uhr, So 13 Uhr).

Als besondere Attraktion bieten die Royal Botanic Gardens zwei extravagante Gewächshäuser (The Arc and the Pyramid Glasshouses), die das Sydney Tropical Centre mit seltenen Regenwaldpflanzen beherbergen (Apr.–Sept. tgl. 10–16 Uhr, Okt.–März tgl. 10–17 Uhr).

Im Norden, zum Opernhaus hin, werden die Botanischen Gärten von dem festungsartig wirkenden **Government House** (3), dem der Öffentlichkeit nicht zugänglichen ehemaligen Sitz des Generalgouverneurs begrenzt. Der vielleicht beste und insbesondere bei Sonnenun-

Sydney 1 Circular Quay 2 Sydney Opera House 3 Government House 4 Mrs. Macquaries Point 5 The Rocks Visitors Centre 6 Cadmans Cottage 7 Geological and Mining Museum 8 Argyle Centre 9 Harbour Bridge 10 Sydney Observatory 11 Pier One 12 Conservatorium of Music 13 State Library of New South Wales 14 Art Gallery of New South Wales 15 Parliament House 16 Old Mint Building 17 Hyde Park Barracks 18 St. James Church 19 St. Marys Cathedral 20 Australian Museum 21 Sydney Tower 22 Queen Victoria Building 23 Town Hall 24 St. Andrews Cathedral 25 Sydney Entertainment Centre 26 Sydney Exhibition Centre 27 Powerhouse Museum 28 Harbourside Festival Marketplace 29 National Maritime Museum 30 Sydney Aquarium 31 Strand Arcade 32 General Post Office 33 Sydney Visitor Information Centre

tergang sehr beeindruckende Panoramablick auf die Szenerie am Port Jackson bietet sich vom **Mrs. Macquaries Point** (4). Von hier sieht man auch die in der Bucht liegende Felseninsel Pinchgut mit dem Fort Denison, einer düsteren, kleinen Inselfestung, wo im 18./19. Jahrhundert Sträflinge inhaftiert und auf

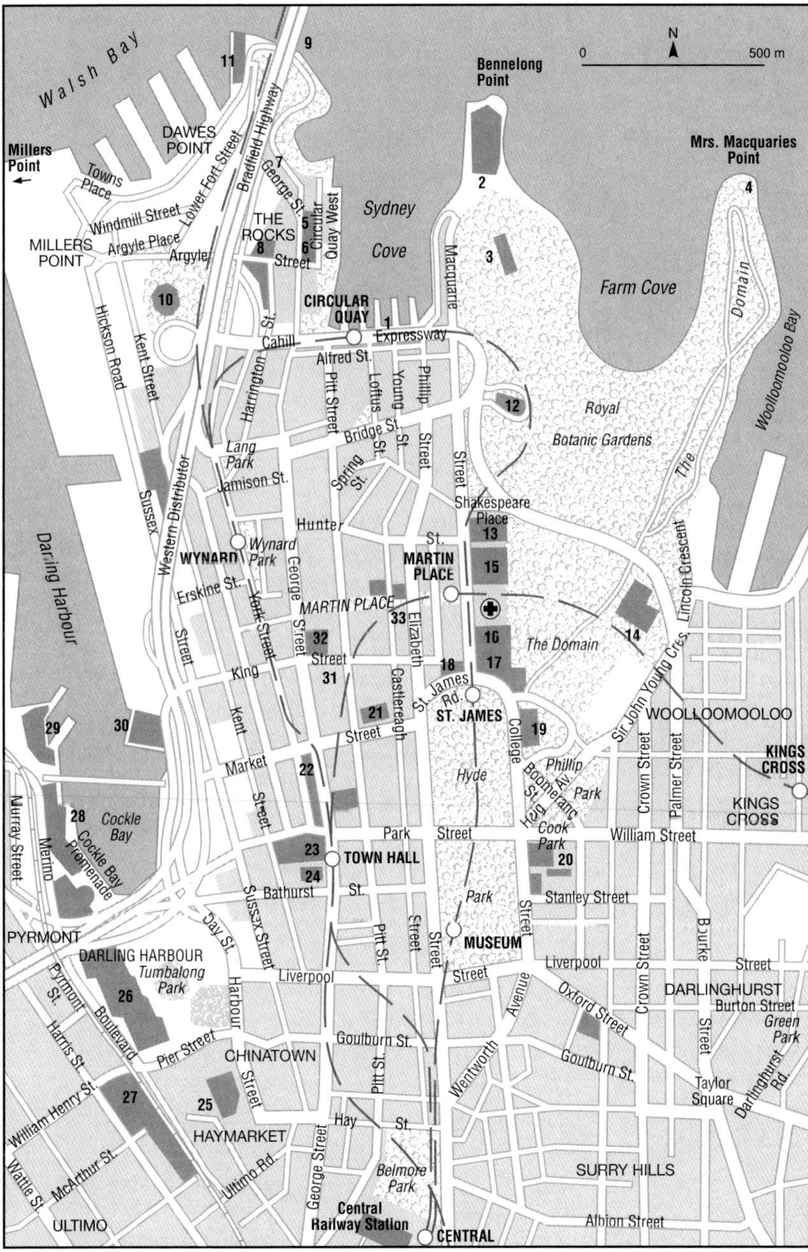

Hungerration gesetzt waren (Bootstouren ab Circular Quay, Pier 6: tgl. außer Mo 10 Uhr, 12.15 Uhr u. 14 Uhr; ✆ 272733).

Zweiter Rundgang (The Rocks, Sydney Harbour Bridge, Observatory Park, Millers Point): Zwischen der Sydney Cove und dem Bradfield Highway, im Schatten der Hafenbrücke, erstreckt sich die älteste städtische Ansiedlung Australiens, **The Rocks** (s. Farbabb. 4). Den Namen erhielt der Ort von den ersten Häftlingen, die im Jahre 1788 hier auf der felsigen Halbinsel ihre einfachen Hütten errichteten. Mit den Jahren verkamen The Rocks allmählich zu einer Slumgegend, in der mangels Hygiene Epidemien grassierten. Als im Jahre 1900 hier die Pest ausbrach und über 100 Menschen starben, brannte man zahlreiche Häuser nieder, um ein Ausbreiten der Seuche zu verhindern. Weitere historische Gebäude wurden beim Bau der Sydney Harbour Bridge Ende der 20er Jahre abgerissen. Als verwahrlostes Viertel drohten The Rocks in den 60er Jahren Bodenspekulanten und Baulöwen zum Opfer zu fallen. In den 70er Jahren schließlich begannen die Restaurierungsarbeiten. Von Sträflingen erbaute Lagerhäuser verwandelten sich in attraktive Baukomplexe mit Geschäftsarkaden, Restaurants und exklusiven Galerien.

Als Ausgangspunkt für einen rund zweistündigen Rundgang durch die Altstadt empfiehlt sich das **Rocks Visitors Centre** (5) in der George St. (Mo–Fr 8.30–17.30 Uhr, Sa, So, Feiertage 9–17 Uhr). Von hier starten auch die Rocks Walking Tours, die sehr empfehlenswerten Führungen durch das historische Viertel (Mo–Fr 10.30, 11.30, 12.30, 13.30, 14.30 Uhr, Sa u. So 10.30, 12.30, 14.30 Uhr; ✆ 2474972). Etwas südlich des Informationszentrums befinden sich **Cadmans Cottage** (6) aus dem Jahre 1816, das vermutlich von Francis Greenway erbaute, älteste noch erhaltene Gebäude Sydneys (National Parks & Wildlife Service; Mo–Fr 9–16.30 Uhr, Sa u. So 11–16 Uhr) sowie das **Museum of Contemporary Art** (Museum für zeitgenössische Kunst; tgl. außer Di 11–19 Uhr). In der nördlichen Nachbarschaft des Rocks Visitor Centre beherbergt die ehemalige **Mariners Church** (1859) die Ausstellung The Story of Sydney (tgl. 9–18 Uhr). Gleich nebenan setzt das Australian Steam Navigation Building (1883) mit seinem flamischen Baustil ungewöhnliche architektonische Akzente.

Wir setzen unseren Rundgang entlang der George St. fort, in der samstags und sonntags ein bunter Straßenmarkt abgehalten wird, und gelangen, vorbei an den Metcalfe Stores (1912–1916) und dem schräg gegenüberliegenden Mercantile Hotel (1914) zum **Geological and Mining Museum** (1902; 7), das heute unter dem Namen The Earth Exchange eine sehenswerte Ausstellung über den Bergbau in Australien zeigt (tgl. 10–17 Uhr). Vom nahegelegenen Dawes Point Park, wo sich einst eine Geschützbatterie befand, bietet sich ein schöner Blick auf das Opernhaus. Über den schmalen Gloucester Walk erreichen wir das **Argyle Centre** (8), einen Komplex aus vier perfekt restaurierten Lagerhäusern (1826–1888; im Innenhof Restaurants, Boutiquen und Galerien). Auf dem an das Argyle Centre angrenzenden Rocks Square erinnert die Sandsteinskulptur First Impressions an den harten Existenzkampf der ersten Siedler.

Wir wenden uns nun wieder in südliche Richtung und überqueren die Argyle St. Einen kurzen Abstecher lohnt das verwinkelte Gassensystem des Nurses

Walk, wo sich früher das erste Krankenhaus Australiens befand. Wir beenden die Besichtigungstour der Rocks an der Kreuzung George/Argyle Sts., wo sich zwei weitere erwähnenswerte Gebäude gegenüberstehen: die **Rocks Police Station** (1882) mit ihrem neoklassizistischen Ziergiebel und das **Orient Hotel** (1843), ein Beispiel des georgianischen Baustils der späten Kolonialepoche.

Beim Rundgang durch die Altstadt hat man fast immer das zweite Wahrzeichen von Sydney im Blick – die 1932 eingeweihte **Harbour Bridge** (9; s. Farbabb. 3, 5). Die wegen ihrer Kleiderbügelform mitunter auch respektlos Coathanger genannte gewaltige Einbogenspannbrücke verbindet die City mit den nördlichen Stadtteilen. Die von rund 1400 Arbeitern in sechs Jahren errichtete Stahlkonstruktion hat eine Gesamtlänge von 1149 m und eine Breite von 48 m. Über die Harbour Bridge verlaufen heute acht Autospuren, zwei Bahnlinien sowie zwei Fuß- und Radwege. Ein zusätzlicher Tunnel unter dem Port Jackson östlich der Brücke soll bis 1992/93 Abhilfe schaffen. Einen ausgezeichneten Blick auf Hafen und Oper hat man vom Fußweg auf der Brücke sowie insbesondere vom südöstlichen Pylon (Zugang von der Cumberland St. in The Rocks). Der 89 m hohe Südost-Pylon, wie seine drei Pendants angeblich ohne statische Funktion und nur optische Verzierung, birgt in seinem Inneren eine Ausstellung über die Entstehungsgeschichte der Brücke (tgl. 10–17 Uhr). 200 Stufen führen hinauf zu seiner Aussichtsplattform.

Das Millers Point genannte historische Viertel westlich von The Rocks wird vom Observatory Park mit dem 1858 im Renaissance-Stil errichteten **Sydney Oberservatory** (10) überragt (Museum für Astronomie; Mo–Fr 14–17 Uhr, Sa u. So 10–17 Uhr). Am Fuße des Observatory Park, an der Ecke Kent St./Argyle Place, steht das **Lord Nelson Hotel** (1834), die älteste Kneipe von Sydney.

Am Argyle Place gruppieren sich einige georgianische und viktorianische Bauten um eine Grünanlage. Erwähnenswert ist neben einer Zeile von Terrassenhäusern (1830–1880) die neugotische **Holy Trinity (Garrison) Church** (1848) mit sehenswerten Buntglasfenstern.

Vorbei am Hero of Waterloo Hotel (1844), wo einst Jack London und Joseph Conrad verkehrten, gelangen wir zu den Walsh Bay Wharves, den mit ihren Lagerhäusern und Schuppen weit ins Hafenbecken ragenden Kais (in den umgebauten Schuppen an Pier 4 und 5: die Sydney Theatre Company und die Sydney Dance Company). Den aufwendig restaurierten, mehrstöckigen Lagerschuppen am **Pier One** (11) haben mehrere Restaurants, Imbisse und Souvenirläden in Beschlag genommen. Zwischen Pier One und Circular Quay pendelt tagsüber gratis ein Bus im Viertelstunden-Takt.

Dritter Rundgang (Macquarie Street zwischen Circular Quay und Hyde Park): Für die dritte Besichtigungstour in der Innenstadt sollte man mindestens 3 bis 4 Stunden einkalkulieren; kombiniert mit dem vierten Rundgang entspricht sie einem vollen Tagesprogramm. Von der **Circular Quay Railway Station** gelangen wir über die Alfred St., vorbei am Customs House (1882) und dem Police Court (1886), zur Macquarie St. Östlich des Prachtboulevards, am Rand des Botanischen Gartens, zeugt das **Conservatorium of Music** (12) vom extravaganten Geschmack des Gouverneurs Lachlan Macquarie. Im Jahre 1819 ursprünglich als Pferdestall errichtet, beherbergt der bizarre Bau, der mit seinen Zinnen, Söllern und Türmen an eine mittelalterliche Ritterburg erinnert, heute eine Musikakademie. Weiter südlich steht die Anfang dieses Jahrhunderts im neoklassizistischen Stil erbaute **State Library of New South Wales** (13), ein majestätisches Gebäude mit einem imposanten Säulenportal. Sie besitzt u. a. eine einzigartige Sammlung von Dokumenten aus der frühen Kolonialepoche Australiens. Sehr sehenswert ist das Fußbodenmosaik im Foyer des Hauptgebäudes: eine Darstellung von Abel Tasmans historischer Australien-Karte (Mo–Fr 9–21 Uhr, Sa 9–17 Uhr, So u. Feiertage 11–17 Uhr).

Östlich der Staatsbibliothek erstreckt sich die Domain, eine weitere grüne Stadtoase von Sydney, wo gewöhnlich sonntags in den Nachmittagsstunden Volkes Stimme und Zorn erklingt; hier kann jedermann und -frau als Soap Box Orator seiner Meinung ungestraft öffentlich Ausdruck verleihen. Im Ostteil der Parkanlage erhebt sich der neoklassizistische Sandsteinbau der **Art Gallery of New South Wales** (1874; 14). Zum einen gibt die Staatsgalerie einen Überblick über die ›weiße‹ australische Malerei, zum anderen birgt sie eine vielfältige Sammlung an Aboriginal-Kunst (Mo–Sa 10–17 Uhr, So 12–17 Uhr; Führungen Mo 13 u. 14 Uhr, Di–Fr 11, 13, 14 Uhr, Sa u. So 13, 14, 15 Uhr).

Unseren eigentlichen Rundgang setzen wir von der State Library entlang der Macquarie St. in südlicher Richtung fort. Nach wenigen Metern erreichen wir das **Parliament House** (1816; 15), von dem allerdings nur das Foyer und das Parlamentsmuseum Besuchern zugänglich sind (Mi–Fr 9.30–16 Uhr). Südlich an das Parlamentsgebäude schließt das **Sydney Hospital** (1894) an, ein Komplex viktorianischer Sandsteingebäude. Den Eingang bewacht Il Porcellino, ein in Bronze gegossener kapitaler Eber, dessen Nase zu reiben Glück bringen soll. Gegenüber beginnt der Martin Place, der Mittelpunkt der City. Hier haben Stadtplaner eine Fußgängerzone eingerichtet, die an Wochentagen in der Mittagszeit, wenn im Amphitheater Freiluftkonzerte stattfinden, zum Lunch-Break-Dorado für ungezählte Bank- und Büroangestellte wird. Etwa an der Kreuzung von Martin Place und Elizabeth St. befindet sich ein Informationskiosk des Fremdenverkehrsamts (Mo–Fr 9–17 Uhr).

Wieder zurück auf der Macquarie St., geht es weiter zum **Old Mint Building** (1816;16), einem zweistöckigen Sandsteingebäude mit einer säulenbestandenen Holzveranda. Heute beherbergt die alte Münzprägeanstalt ein Museum für angewandte und dekorative Kunst (tgl. außer Mi 10–17 Uhr, Mi 12–17 Uhr). Gegenüber ragt das moderne Hochhaus der State and Commonwealth Law Courts auf. Die wohl schönsten Gebäude im georgianischen Stil gruppieren sich um den Queens Square. Drei von ihnen wurden im Auftrag von Gouverneur Macquarie von dem Sträflingsarchitekten Francis Greenway errichtet: die zwischen 1817–1819 erbauten **Hyde Park Baracks** (17), ein dreistöckiger Ziegelsteinbau, der einst als Behausung für 800 Häftlinge diente (Museum für die Sozialgeschichte von Neusüdwales, tgl. 10–17 Uhr), gegenüber die anglikanische **St. James Church** (18) aus dem Jahre 1820 und das **Old Supreme Court Building** (1820–1828).

Südlich des Queens Square breitet sich der Hyde Park aus. Im nördlichen Teil der Parkanlage befindet sich die **Archi-**

Sydney Tower ▷

bald Memorial Fountain, eine Gedenkstätte zur Erinnerung an die australisch-französische Waffenbrüderschaft im Ersten Weltkrieg. Im Süden steht das **Anzac War Memorial,** das sich in dem künstlich angelegten Lake of Reflection spiegelt. Das Areal an der Nordostseite des Parks beherrscht die katholische **St. Marys Cathedral** (19), ein zwischen 1866 und 1928 im neugotischen Stil erbautes Gotteshaus. Aufmerksamkeit verdienen die großen Rosettenfenster in der West- und Südfassade. Das **Australian Museum** (20) an der Ecke College/William Sts. zeigt eine umfangreiche naturhistorische Sammlung und überrascht mit einer ethnographischen Abteilung zur Kultur der australischen Ureinwohner und der Stammesvölker Papua Neuguineas (tgl. 10–17 Uhr; Führungen tgl. 10.30, 12, 14, 15 Uhr).

Vierter Rundgang (Sydney Tower, Chinatown, Darling Harbour und George Street): Diese mit Rundgang drei kombinierbare Besichtigungstour, für die man, separat durchgeführt, etwa einen halben Tag benötigt, beginnt bei dem markantesten Bauwerk in der Skyline von Sydney – dem **Sydney Tower** (21). Das mit 324,8 m höchste Gebäude der Südhalbkugel erhebt sich an der Ecke Market/Pitt Sts. über der **Centre Point Arcade,** einer vierstöckigen Ladenstadt mit über 200 Geschäften und Restaurants. Von der Aussichtsplattform bietet sich ein phantastischer Panoramablick, der an schönen Tagen bis zu den Blue Mountains im Westen reicht. Ein idealer Platz, um den Sonnenuntergang zu genießen, ist eines der beiden (nicht ganz billigen) Drehrestaurants knapp 300 m über dem Erdboden (Mo–Sa 9.30–21.30 Uhr, So 10.30–18.30 Uhr; Platzreservierung ✆ 233 37 22).

Folgt man der Market St. in westlicher Richtung, so erreicht man, vorbei am ›barocken‹ State Theatre (1929), das **Queen Victoria Building** (1893–1898; 22), einen eindrucksvollen Sandsteinbau, der einen ganzen Straßenblock umfassend rund 190 elegante Geschäfte und Boutiquen beherbergt. Südlich davon flankieren zwei weitere viktorianische Bauwerke den Sydney Square: die **Town Hall** (23), das 1868 erbaute Rathaus, mit der Centennial Hall (hier eine der größten Orgeln der Welt mit über 8500 Pfeifen; s. Farbabb. 1) sowie die neugotische **St. Andrews Cathedral** (1868; 24) mit ihren interessanten Buntglasfenstern.

Jenseits der Liverpool St. (Hispano-Viertel) erstreckt sich an der südlichen Peripherie des Stadtzenrums Sydneys **Chinatown,** die mehrere Blöcke um die Dixon St. herum umfaßt. Hinter den farbenprächtigen Pagodeneingängen pulsiert ein geschäftiges Treiben, ein angenehmer Kontrast zum nüchternen Ambiente des Geschäftsviertels. Westlich von Chinatown liegt das riesige **Sydney Entertainment Centre** (25; Veranstaltungen aller Art; über 12000 Sitzplätze).

Darling Harbour am Südwestrand der City war vor wenigen Jahren noch ein schmuddeliges Hafenviertel. Mit Millionenaufwand wurde der verlotterte Hinterhof von Sydney in eine glitzernde Mischung aus Freizeitpark, Einkaufszone und Kulturzentrum verwandelt (s. Farbabb. 2). Mit dem Zentrum ist Darling Harbour über eine Einschienenbahn (Monorail; s. S. 168) verbunden. Im Südteil von Darling Harbour vermittelt der bezaubernde chinesische Garten der Freundschaft mit Lotusteichen, Wasserfällen, Pagoden und Pavillons fernöstliches Flair (Mo–Fr 9.30–19 Uhr, Sa u. So 9–19 Uhr). Gegenüber erstreckt sich der attraktiv verglaste Gebäudekomplex des

Sydney Exhibition Centre (Messe- und Ausstellungszentrum; 26). Vorbei am Pumphouse, einer populären Bierkneipe mit eigener Brauerei, gelangt man zum postmodern gestalteten High-Tech-Komplex des **Powerhouse Museum** (27). Das ehemalige Dampfkraftwerk präsentiert heute auf sehr anschauliche Weise die Sammlung des Museums für Wissenschaft, Technologie, Sozialgeschichte und angewandte Künste (tgl. 10–17 Uhr). Das Zentrum von Darling Harbour nimmt der **Harbourside Festival Marketplace** (28) ein, ein futuristischer Laden- und Restaurantkomplex aus Alu und Glas (So–Mi 10–19 Uhr, Do–Sa 10–21 Uhr). Ein weiter nördlich gelegenes, architektonisch interessant gestaltetes Gebäude beherbergt das **National Maritime Museum** (29; tgl. 10–17 Uhr). Auf der anderen Seite des Hafenbeckens, über eine Fußgängerbrücke erreichbar, befindet sich das **Sydney Aquarium** (30). Hier kann man in Aquarien und von Unterwassertunnels aus eine faszinierende submarine Tierwelt bewundern (Mo–Sa 9.30–21 Uhr, So 10–19 Uhr).

Geht man nun die Market St. ostwärts und biegt an der George St. links ab, so kommt man zur **Strand Arcade** (31), einer eleganten Einkaufspassage, die sich zwischen George St. und Pitt St. erstreckt. Dieses Prunkstück viktorianischer Baukunst aus dem Jahre 1892, dessen Galerien mit Balustraden aus filigranem Schmiedeeisen und poliertem Edelholz geschmückt sind, ist heute noch eine gute Adresse für einen noblen Geschäftsbummel. Der George St. stadteinwärts folgend, stoßen wir auf das westliche Ende des Martin Place, wo das zwischen 1866 und 1874 im venezianischem Renaissance-Stil erbaute **General Post Office** (32) mit seinem Glockenuhrenturm steht. Vor dem Gebäude befindet sich der Cenotaph, ein Ehrenmal, vor dem jeden Donnerstag um 12.30 Uhr eine Gedenkzeremonie stattfindet.

Auf dem Weg zurück zum Circular Quay lohnt sich ein kurzer Stopp am Macquarie Place (Loftus/Bridge Sts.), auf dem sich ein von Francis Greenway entworfener, 1818 errichteter Sandsteinobelisk erhebt. Dieser diente einst als Kilometerstein Null, als Bezugspunkt für alle Entfernungsangaben in der Kolonie Neusüdwales. Auffälliges Merkmal des gegenüberliegenden **Lands Department Building** sind die 48 Skulpturennischen mit Bildnissen bedeutender Personen der australischen Geschichte.

Die Vororte

Osten und Südosten: Nur 1 km östlich der City liegt **Kings Cross.** Jahrzehntelang galt es als ein Viertel der schweren Jungs und leichten Mädchen und war die Drogenszene der Stadt. Heute findet man hier Nachtklubs, Bars und Kabaretts, aber auch eine ganze Reihe ausgezeichneter Restaurants und gediegener Bistros. Geschmackvoll restaurierte Terrassenhäuser, deren Balkone mit reizvollen Eisenbalustraden geschmückt sind, stehen entlang der Victoria St. und vor allem in der Kellett St. Im Norden des Viertels liegen die kleinen Fitzroy Gardens mit dem El Alamein-Brunnen.

Paddington, der südöstlich an Kings Cross grenzende Stadtteil, war mit seinen hübschen alten Häusern einst das Viertel der Künstler und Bohemiens. Mittlerweile jedoch hat sich ›Paddo‹ zu einer vor allem bei Yuppies beliebten und demzufolge sehr teuren Wohngegend entwickelt. Hier findet man die schönsten Beispiele für den viktoriani-

Turm der Town Hall in Paddington

schen Terrace-Baustil des späten 19. Jahrhunderts. Dies sind in Zeilen errichtete, schmale doppelstöckige Wohnhäuser mit aufwendigen schmiedeeisernen Verandageländern und Holzschnitzereien. Besonders schön ist dieses viktorianische Rokoko im Old Village erhalten, einem nördlich der Oxford St. gelegenen Viertel zwischen Shadforth St., Prospect St. und Spring St. An der Oxford St. liegen drei weitere Sehenswürdigkeiten des Stadtteils: die 1824 erbaute Juniper Hall mit dem Museum of Australian Childhood (Di–So 10–16 Uhr), die Old Town Hall mit dem Australian Film Institute sowie das Australian Centre for Photography (Fotogalerie mit wechselnden Ausstellungen; Mi– Sa 11–17 Uhr, So 13–17 Uhr). Jeden Samstag von 10 bis 16 Uhr wartet ›Paddo‹ mit einer Attraktion auf – dem Paddington Bazar, einem Trödelmarkt vor der St. Johns Church (Oxford St.). Südlich von Paddington erstrecken sich der Moore Park und Centennial Park, die größte Parkanlage von Sydney.

In den Stadtteilen, die sich östlich der City entlang des Südufers des Port Jackson reihen, wohnen die betuchten Sydneysiders. In unmittelbarer Nachbarschaft des verruchten Kings Cross liegt der noble Vorort **Elizabeth Bay.** Einen guten Eindruck vom Lebensstil des gehobenen Bürgertums im kolonialen Australien vermittelt mit seinem Originalmobiliar das zweistöckige Elizabeth Bay House in der Onslow Ave. (1835–1839; Di–So 10–16.30 Uhr). Über Rushcutters Bay (hübscher Park und Yachthafen) erreicht man Darling Point mit den eleganten kolonialen Herrensitzen Carthona House (1834) und Swift House (1880).

Hinter dem Namen **Double Bay** verbirgt sich ein teures Wohnviertel. Auf der New South Head Rd. gelangen wir, vorbei an Point Piper und Rose Bay, nach **Vaucluse,** wo eines der romantischsten Kolonialhäuser Sydneys steht. Das **Vaucluse House** – der ehemalige Wohnsitz des Staatsmanns und Entdekkers William Charles Wentworth – präsentiert sich als eine kuriose Mischung aus Kolonialstil und Spätgotik. Besonders eindrucksvoll ist der Park, der die damals übliche Mischung aus einheimischen und exotischen Pflanzen zeigt (Di–So 10–16.30 Uhr). Westlich von Vaucluse führt eine Stichstraße zum Naturschutzgebiet **Nielson Park** (hübsche Picknickplätze). Nördlich von Watson Bay erstreckt sich der Naturpark **South Head** (auf Klippenwanderweg Ausblick über den Port Jackson).

Entlang der Pazifikküste im Südosten von Sydney erstrecken sich einige der bekanntesten stadtnahen Strände. Der berühmteste und fast schon so etwas wie ein Inbegriff australischer Strandkultur ist **Bondi Beach** (s. Farbabb. 70). Ob-

Die australischen Lebensretter

Wer in Australien an belebten öffentlichen Badestränden in Gefahr gerät, dem kommen (in den meisten Fällen) braungebrannte Engel mit bunten Badekappen zur Hilfe – die Lifesavers, die Mitglieder der Lebensrettungsclubs, dem australischen Pendant zur DLRG. In einem von zwei flatternden Fahnen begrenzten Gebiet können sich die Schwimmer relativ unbesorgt in der oft meterhohen Brandung tummeln. Auf einem Ausguck sitzend, überwacht ein Lebensretter den gekennzeichneten Strandabschnitt und schlägt sofort Alarm, wenn jemand von der Strömung ins Meer gesogen wird oder eine verdächtige Flosse auftaucht. Im Notfall stürzt sich ein Lifesaver mit einer Rettungsleine um den Körper in die Fluten, versucht den in Bedrängnis Geratenen zu erreichen und wird, sobald ihm dies geglückt ist, von Kollegen zusammen mit dem Ertrinkenden mit einer Seilwinde an den Strand zurückgezogen. Lifesaving ist Ehrensache; kein gut besuchter Strand ist ohne freiwilligen Lebensrettungsverein.

Weil die Menschen anfingen, in ihrer Freizeit zu Tausenden an die See zu strömen, schlossen sich im Jahre 1907 zum ersten Mal Freiwillige zusammen, um über die Sicherheit anderer zu wachen. Heute sind die Lifesavers von den australischen Badestränden nicht mehr wegzudenken, gilt der Typ des muskulösen, braungebrannten Lebensretters fast schon als eine Art neues Symbol des Fünften Kontinents. Rund 200 000 Menschen bewahrten die Lebensretter bislang vor dem nassen Tod in der wilden Brandung. Obwohl die Klubs recht autoritär organisiert sind und das Training sehr hart ist (s. Farbabb. 31), haben sie keine Nachwuchssorgen. Mancherorts ist es in letzter Zeit sogar Frauen gelungen, in Lebensrettungsklubs aufgenommen zu werden, obwohl diese lange Zeit als Horte des australischen Machismo verschrien waren.

Während des australischen Sommers veranstalten die über 200 Vereine praktisch an jedem Wochenende Strandvolksfeste – die sogenannten Surf Carnivals, bei denen sich verschiedene Teams zum freundschaftlichen Kräftemessen treffen. Am berühmtesten sind die Veranstaltungen an den Stränden von Sydney. Den Auftakt eines jeden Festes bildet ein Umzug, bei dem die Lebensretter die Standarte ihres Clubs tragen. Als nächstes stehen Rettungs- und Wiederbelebungsübungen auf dem Programm, bei denen das schnellste Team Punkte kassiert. Als Höhepunkt des Tages gelten jedoch die Regatten der Brandungsboote. Unbestrittene Stars dieses Spektakels sind je fünf gestandene Mannsbilder, die in einem Ruderboot gegen die Brandung und gegen die Konkurrenz der Nachbarstrände kämpfen.

wohl der etwa 1,5 km lange Paradestrand in letzter Zeit wegen Verschmutzung und der sich ausbreitenden Drogenszene etwas in Mißkredit geraten ist, gilt er immer noch als eines der beliebtesten Ausflugsziele. Mit seinen viktorianischen Bauten erinnert Bondi ein wenig an das englische Seebad Brighton. Vom südlichen Strandende führt ein herrlicher Küstenweg (ca. 3 km) via Tamarama Bay nach Bronte. Weitere populäre Badestrände, die sich südlich anschließen, sind Clovelly Beach (mit felsigen Abschnitten an Clovelly Bay und Gordons Bay), Coogee Beach, Maroubra Beach.

Etwa 20 km südlich der City liegt die **Botany Bay,** wo am 28. April 1770 Captain James Cook vor Anker ging. Auf einer Landspitze im Norden der Bucht befindet sich die historische Stätte La Perouse mit einigen Gebäuden aus der Gründerzeit der Kolonie, von denen die Old Cable Station ein kleines Museum beherbergt (tgl. 10–16.30 Uhr). Auf der durch eine Fußgängerbrücke mit dem Festland verbundenen Bare Island steht eine Festung aus dem 19. Jahrhundert.

Norden: Die interessantesten Vororte im Norden des Port Jackson erreicht man am besten per Fähre vom Circular Quay. Gerade zwölf Minuten dauert die Überfahrt zum **Taronga Zoo,** aufgrund der landschaftlich herrlichen Lage eines der schönsten Tierparks der Welt (tgl. 9–18 Uhr, Dez.– Jan.). Eine am Eingang erhältliche Broschüre informiert über Fütterungszeiten und sonstige wichtige Termine (Anfahrt tagsüber alle 30 Min. ab Circular Quay; Mo–Sa ab Pier 2, So ab Pier 5; am Circular Quay Zoo Pass für Eintritt und alle Transporte erhältlich).

Westlich des Zoos liegt im Schatten der Hafenbrücke der Vorort **Kirribilli** mit zwei architektonischen Juwelen aus der Kolonialzeit: dem Kirribilli House (1845; Amtssitz des Premiers von Neusüdwales) und dem Admirality House (1845; Residenz desselbigen). North Sydney wird geprägt von Bürohochhäusern, zwischen denen sich einige historische Gebäude verlieren. Ein bei Sonnenuntergang reizvoller Blick auf Harbour Bridge und Opera House bietet sich von der kleinen Parkanlage am Blues Point im Stadtteil McMahons Point.

Über Mosman (Schickeriaviertel), Balmoral (Strand) und The Spit (schmale Landzunge) gelangt man auf dem Landweg nach **Manly,** dem traditionellen Seebad in der Nähe des North Head. Lohnenswerter ist Anfahrt mit einer Fähre (Pier 3) oder einem Tragflügelboot (Pier 2) vom Circular Quay über die Hafenbucht. Obwohl häufig überfüllt, wirkt der langgestreckte, von Norfolk-Pinien gesäumte **Manly Beach,** der nahtlos an das Geschäftszentrum anschließt, recht spektakulär (am Strand in Höhe Raglan St. Visitors Information Bureau; tgl. 10–16 Uhr). Die neben dem Beach bedeutendste Touristenattraktion des Ortes, das **Manly Oceanarium** mit Tausenden von Fischen (Haie, Stachelrochen, u. a.), liegt etwas außerhalb an der West Esplanade (tgl. 10–17 Uhr). Von Manly führt eine Panoramastraße in südöstlicher Richtung zum North Head, einer zum Sydney Harbour National Park gehörenden Landzunge (Wanderungen durch Küstenbuschland und Ausblicke über die Hafenbucht auf Sydney).

Zwischen Manly und dem rund 25 km weiter nördlich gelegenen Palm Beach erstrecken sich bei den gleichnamigen ruhigen Vororten einige der schönsten Bade- und Surfstrände: North Steyne Beach, Queenscliff Beach, Harbord Beach (bewachter Badestrand), Dee Why Beach, Narrabeen Beach (bewachter Badestrand), Mona Vale Beach, Newport Beach, Bilgola Beach (von Bilgola Headland herrlicher Blick auf die Klippenformationen Indian Head und Bungan Head), Avalon Beach, Whale Beach und schließlich Palm Beach (ab hier schöner Spaziergang zum Leuchtturm am Barrenjoey Head). Zwischen der Landzunge, auf der sich letztgenannte Strände befinden, und dem Ku-ring-gai Chase National Park liegt der Meeresarm Pitt Water (beliebtes Segel- und Angelrevier).

Westen: Einen guten Eindruck von der Hafenbucht westlich der Harbour Bridge vermittelt die Fahrt vom Circular

Quay nach **Hunters Hill** (Abfahrt Pier 5). Auf dem Weg bietet sich ein guter Blick auf die Kaianlagen der Walsh Bay sowie den neugestalteten Darling Harbour. Die Gartenstadt Hunters Hill, wo sich einst vornehmlich Siedler aus Frankreich niederließen, erstreckt sich auf einer Halbinsel zwischen Parramatta River und Lane Cove River. Sehenswert ist das Woodstock House in der Alfred St. (unweit Fähranlegestelle).

Auch **Balmain** mit seinen zahlreichen Sandsteingebäuden und viktorianischen Terrassenhäusern, kann man mit der Fähre vom Circular Quay erreichen (Abfahrt Pier 6). Wegen seiner Nähe zum Darling Harbour war Balmain einst ein reines Arbeiterviertel, bevor es sich später zu einem Künstler- und Literatenidyll entwickelte und heute wie das südlich gelegene Glebe primär die Wohngegend der Arrivierten darstellt.

Die weitere Umgebung

Norden: Eines der populärsten Ausflugsziele im Norden des Großraumes Sydney ist der **Ku-ring-gai Chase National Park** (Wanderwege, Campingplatze, Badebuchten). Dieses Naturschutzgebiet erstreckt sich auf einem während der letzten Eiszeit von Flüssen tief zerfurchten Sandsteinplateau. Ein Großteil des zumeist aus felsigem Buschland und australischen Heiden bestehenden Schutzgebietes umfaßt die südliche Deltaregion des Hawkesbury River. Neben einer artenreichen Fauna birgt das Schutzgebiet zahlreiche uralte Felszeichnungen und -ritzungen der hier einst lebenden Guringai-Aborigines. Die Zufahrt zum nordöstlichen Teil des Nationalparks befindet sich bei Terrey Hill, von hier aus geht es zur Akuna Bay und zum Cottage Point (beide mit Bootsrampen und Yachthafen). Zum West Head (herrlicher Blick über die Broken Bay), führt eine gute Asphaltstraße (im West Head Exhibition Centre Informationen über Wanderwege; tgl. 8–17 Uhr).

Die Zufahrt zum südlichen Teil des Ku-ring-gai Chase Nationalparks erfolgt entweder über die Bobbin Head Road oder die Ku-ring-gai Chase Road, die beide vom Pacific Highway abzweigen. Vorher führen lohnenswerte Abstecher zum **Waratah Park** westlich von Terrey Hills, einem Tierpark mit Känguruhs und Koalas (tgl. 10–17 Uhr) und dem **Ku-ring-gai Chase Wildflower Garden** mit, abhängig von der Jahreszeit, bezaubernden Wildblumen (tgl. 9–16 Uhr; Führung Di 10–12 Uhr). Sehr zu empfehlen ist ein Besuch des **Kalkari Wildlife Centre.** Hier befindet sich auch ein interessanter Naturlehrpfad (tgl. 9–16.15 Uhr). Vom Bobbin Head (Picknickplätze und Yachthafen) am fjordartigen Cowan Creek führt ein gut 3 km langer Wanderweg zu Felsritzungen der Ureinwohner. Etwas abseits unserer Route liegt der Koala Park bei Pennant Hills West (u.a. Koalas, Känguruhs, Emus, Schnabeligel; tgl. 9–17 Uhr).

Westen und Nordwesten: Die Sehenswürdigkeiten dieser Regionen lassen sich von Sydney aus auf einer ca. 250 km langen Rundfahrt erkunden. **Parramatta** (22 km) wurde im November 1788 von Gouverneur Arthur Phillip unter dem Namen Rose Hill als zweite europäische Siedlung auf dem Kontinent gegründet. Noch heute besitzt der Ort eine ganze Reihe sehenswerter architektonischer Relikte aus den Anfängen der Kolonie. Einen etwa zweitstündigen Rundgang, den wir beim Tourist Information Centre in der Market St. beim Prince Albert

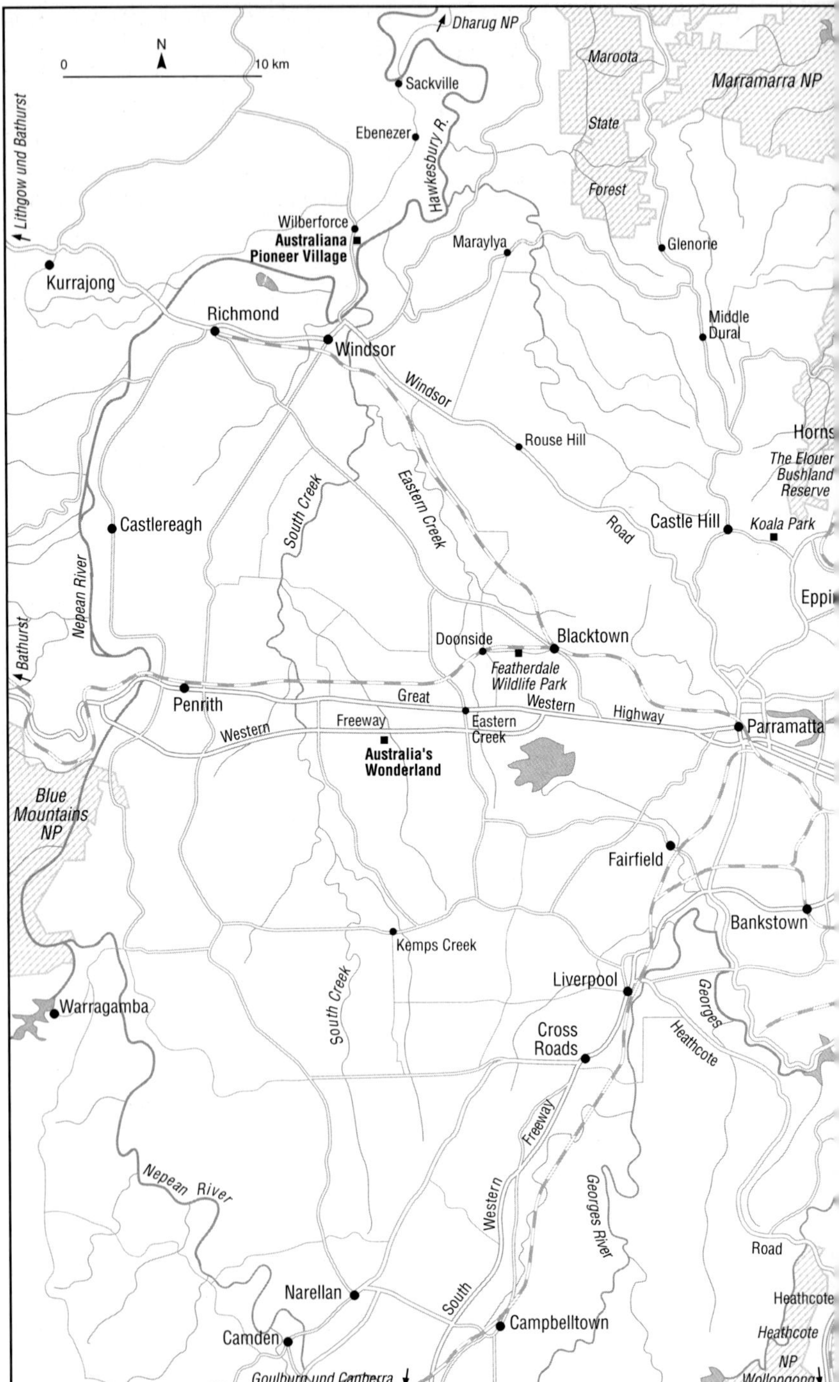
Dharug NP
N
0
10 km
Maroota
Marramarra NP
State
Forest
Sackville
Ebenezer
Hawkesbury R.
Lithgow und Bathurst
Wilberforce
Australiana Pioneer Village
Maraylya
Glenorie
Kurrajong
Richmond
Windsor
Middle Dural
Windsor
Rouse Hill
Horns
The Elouer Bushland Reserve
Eastern Creek
South Creek
Castlereagh
Road
Castle Hill
Koala Park
Nepean River
Eppi
Bathurst
Doonside
Blacktown
Featherdale Wildlife Park
Penrith
Great
Western
Highway
Parramatta
Western
Freeway
Eastern Creek
Australia's Wonderland
Blue Mountains NP
Fairfield
Bankstown
Kemps Creek
Liverpool
Georges
Warragamba
South Creek
Cross Roads
Heathcote
Freeway
Nepean River
Western
Georges River
Road
Narellan
South
Heathcote
Camden
Campbelltown
Heathcote
NP
Goulburn und Canberra
Wollongong

Park (Mo–Fr 10–16 Uhr, Sa 9–13 Uhr, So u. Feiertage 10.30–15 Uhr) beginnen, führt zu folgenden Sehenswürdigkeiten: St. Patricks Cathedral (gegenüber dem Prince Albert Park), Roseneath House (ein typisches Kolonialgebäude aus den 30er Jahren des vorigen Jahrhunderts; Ecke Ross/O'Connell Sts.), Paramatta Park mit dem 1885 im englischen Tudor-Stil errichteten Parramatta Gate House und dem zwischen 1799 und 1815 erbauten Old Government House (Di–Do 10–16 Uhr, So u. Feiertage 11–16 Uhr), St. Johns Cathedral (1820 erbaut, 1855 umgestaltet), Town Hall (1883; Macquarie St.), Linden House (1828) und die Lancer Barracks (1820; beide nahe Macquarie St.) sowie Perth House (1840; George St.) und die St. George Terraces (ca. 1880; restaurierte Terrassenhäuser in der Phillip St.). Sehenswürdigkeiten im Südosten des Zentrums: Elizabeth Farm (1793), der Prototyp des kolonialen Farmhauses in Australien (Di–So 10–16.30 Uhr), Hambledon Cottage (1824; Mi, Do, Sa, So und Feiertage 11–16 Uhr) sowie Experimental Farm Cottage (frühes 19. Jahrhundert; Di, Mi, Do, So 10–16 Uhr).

Einen bunten Querschnitt durch die australische Fauna zeigt der zwischen Blacktown und Doonside (Kildare Road) gelegene **Featherdale Wildlife Park** (tgl. 9–17 Uhr). Die australische Version von Disney World kann man im nahen **Australia's Wonderland** erleben (Minchinbury, Wallgrove Rd.; Sa, So u. Feiertage 10–17 Uhr).

Unsere Rundfahrt führt uns nun nach **Penrith** (hier fand man 1987 prähistorische Steinwerkzeuge), und von hier über **Richmond,** wo sich einige historische Gebäude erhalten haben (u. a. Hobart-

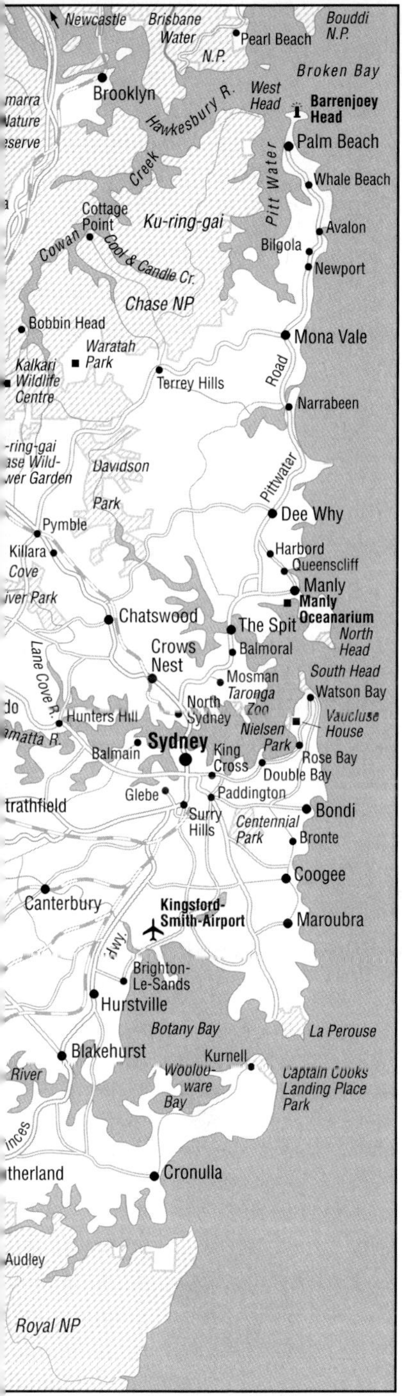

Die Umgebung von Sydney

ville House, 1828; Toxana House, 1841; St. Peters Church, 1841) nach **Windsor.** Dieser Ort birgt um den Thompson Square eine ganze Reihe stilvoll restaurierter Kolonialbauten (z. B. das Macquarie Arms Hotel von 1815 und den O'Connell Inn von 1819).

Entlang des pittoresken Hawkesbury River geht es jetzt weiter nach **Wilberforce** mit dem Australiana Pioneer Village, einem Museumsdorf mit Repliken alter Kolonialgebäude (Di, Mi, Do, Sa, So und Feiertage 10–17 Uhr). Im 5 km weiter nördlich gelegenen **Ebenezer** steht die älteste Kirche Australiens aus dem Jahre 1809. Bei Sackville überqueren wir mittels einer Autofähre den Hawkesbury River, dessen östlichem Ufer nun eine landschaftlich sehr reizvolle Straße über Lower Portland und Leets Vale bis Wisemans Ferry folgt. Hier setzen wir erneut per Fährboot über den Hawkesbury, der ab hier zusehends breiter wird. Die Straße mäandert, eingeklemmt zwischen dem Fluß und den steil aufragenden, bewaldeten Sandsteinklippen des **Dharug National Park,** durch eine wildromantische Landschaft. Bei dem kleinen Ort Central Mangrove treffen wir schließlich auf den Pacific Highway, dem wir nun südwärts in Richtung Sydney folgen.

Süden: Die Botany Bay ist heute Teil des **Botany Bay National Park,** der hart bedrängt wird von umweltverschmutzenden Raffinerien und anderen Industrieanlagen. In die Bucht hinein hat man auch die Rollbahn des Sydney Airport gebaut. In dem von Spazierwegen durchzogenen historischen Park nordöstlich von Kurnell (Captain Cooks Landing Place Park) erinnern Denkmäler an Cook, Banks und Solander. Sehenswert ist das Discovery Centre, das über die Entdeckungsreisen von Cook sowie

Australiens Straßen sind für manche Überraschung gut

über die Fauna und Flora des Naturreservats informiert (Mi–So 10–16 Uhr).

Über den Princes Highway erreicht man den 35 km südlich vom Zentrum Sydneys gelegenen **Royal National Park,** den 1879 geschaffenen ältesten Nationalpark Australiens (Abzweigung 3 km südlich von Sutherland). Zahlreiche Picknickplätze und gute Badestrände (u. a. Wattamolla Beach, Garie Beach) machen das Naturschutzgebiet vor allem an Wochenenden und Feiertagen zu einem beliebten Ausflugsziel (Übersichtskarte sowie Informationen über Wandermöglichkeiten im Visitor Centre in Audley, tgl. 9–13 Uhr, 14–16 Uhr). Einen bereits recht guten Eindruck von der dramatischen Küstenszenerie vermittelt die nur ca. 2 km lange Wanderung vom Otford Lookout zum Werrong Lookout im Süden des Schutzgebietes. Von Otford führt eine landschaftlich reizvolle Küstenstraße über Stanwell Park und Bulli nach Wollongong.

Praktische Hinweise

Unterkunft

Hotels/Motels höherer Kategorien: City: *****Old Sydney Park Royal, 55 George St., The Rocks, ✆ 2520524; *****Regent of Sydney, 199 George St., ✆ 2380000; ****Central Plaza, George/Quay St., ✆ 2122544; ****Hyde Park Plaza, 38 College St., ✆ 3316933; ***Koala Park Regis Motel, Castlereagh/Park Sts., ✆ 2676511; ***The Russel Hotel, 143a George St., The Rocks, ✆ 2413543; ***Wynyard Travelodge, 7–9 York St., ✆ 20254. **Vororte:** ****Sebel Town House, 23 Elizabeth Bay Rd., Elizabeth Bay, ✆ 3583244; ****Gazebo Hotel, 2 Elizabeth Bay Rd., Kings Cross, ✆ 3581999; ***Manly Paradise Motel, 54 North Steyne, Manly, ✆ 9775799; ***North Sydney Travelodge, 17 Blue St., North Sydney, ✆ 9550499; ***Top of the Town, 227 Victoria St., Kings Cross, ✆ 3610911.

Mittlere Hotels/Motels: City: **Harbour Rocks, 34 Harrington St., The Rocks, ✆ 2518944; *Mercantile Hotel, 25 George St., The Rocks, ✆ 2473570. **Vororte:** **Bayside Hotel, 85 New South Head Rd., Rushcutters Bay, ✆ 3278511; **Breakers Motel, 164–176 Campbell Pde., Bondi Beach, ✆ 3653300; **Carlton Motel, 6 Carlton St., Manly, ✆ 9774188; **Clairmont Inn, 5 Ward Ave., Kings Cross, ✆ 3582044; **Westbury Hotel, 221 Darlinghurst Rd., Kings Cross, ✆ 3603222; *Bombora Inn Motel, 19 Pacific St., Manly, ✆ 9771774; *Manly Lodge, 22 Victoria Pde., Manly, ✆ 9778655; *Periwinkle Guesthouse, 18–19 East Planade, Manly, ✆ 9774668.

Nicht klassifizierte Hotels/Motels: City: C. B. Private Hotel, 417 Pitt St., ✆ 2115115; Coronation Hotel, 7 Park St., ✆ 2678362; Criterion Hotel, Pitt/Park Sts., ✆ 2643093; Sydney Tourist Hotel, 400 Pitt St., ✆ 2115777. **Vororte:** Astoria Hotel, 9 Darlinghurst Rd., Kings Cross, ✆ 3563666; Backpapers Connection, 2 Roslyn St., Kings Cross, ✆ 3584844; Bondi Beach Travellers Hostel, 124 Curlewis St., Bondi Beach, ✆ 3654934; Down Under Hostel, 25 Hughes St., Kings Cross, ✆ 3581433; Empire Hotel, 103a Parramatta Rd., Annandale, ✆ 511701; Harbourside Hotel, 41 Cremorne Rd., Cremorne Point, ✆ 9537977; Manly Beach Backpakkers, 68–70 Pittwater Rd., Manly, ✆ 9772092; Roslyn Gardens Young Travellers Hostel, 15 Roslyn Gardens, Elizabeth Bay, ✆ 3573509.

Jugendherbergen: Coogee YHA, 102 Moverley Rd., South Coogee, ✆ 3495355; Dulwich Hill YHA, 407 Marrickville Rd., Dulwich Hill, ✆ 5690272; Glebe Point YHA, 262–264 Glebe Point Rd., Glebe, ✆ 6928418; Forest Lodge YHA, 28 Ross St., Forest Lodge, ✆ 6920747; Hereford Lodge YHA, 51 Hereford St., Glebe, ✆ 6605577; YWCA, 5 Wentworth Ave., Darlinghurst, ✆ 2642451.

Caravan Parks: Harts Caravan Park, 215 Port Hacking Rd., Miranda, ✆ 5257577 (24 km südlich); Heathcote Tourist Park, Princess Highway, Heathcote, ✆ 5208816 (40 km südlich); Lake Side Caravan Park, Lake Park Road, Narrabeen, ✆ 9137845 (26 km nördlich); Poplars Park, Macarthur Rd., Camden (56 km südwestlich), ✆ 669586.

Monorail am Darling Harbour

Stadtverkehr

Allgemeines: Informationen über öffentliche Verkehrsmittel: Travel Centre of NSW, 19 Castlereagh St., Info-Kiosk der Fremdenverkehrsbehörde (Martin Place), State Transit Office (Circular Quay).

Spezialtarife: *Sydney Pass:* alle Buslinien, Fährdienste, drei Hafenrundfahrten, Transport von und zum Flughafen, drei Tage gültig, ca. 40 A-$; erhältlich u. a. bei Sydney International Airport Traveller Service, Kingsfort Smith Airport und Travel Centre of NSW. *Travelpass:* alle öffentlichen Verkehrsmittel, immer Mo–So 24 Uhr gültig, unabhängig von Kaufdatum; erhältlich an Busbahnhöfen und Zeitschriftenläden.

Bus: *Terminals:* Wynyard Park, York St. (Vororte und Strände im Norden), Circular Quay (Vororte im Süden und Osten) und Town Hall, York St. (Vororte im Westen). *Spezialtarife:* Bus Tripper (Tagesticket für alle Busse außer Sydney Explorer und Airport Express) und MetroTen (Zehnerkarte); erhältlich an Busbahnhöfen, bei Zeitschriftenhändlern. Drei Buslinien können kostenlos genutzt werden: Der Art Gallery Bus (666) verkehrt von Mo-Fr zwischen 10–17 Uhr auf der Route Grosvenor St., Wynyard – Hyde Park – Domain – Art Gallery (v. v.); der City Bus (777) fährt von Mo-Fr zwischen 9.30–16 Uhr durchs Geschäftsviertel; Shuttle Bus tagsüber gratis zwischen Ciruclar Quay und Pier One. *Sydney Explorer:* tgl. 9.30–17 Uhr auf einer 20 km langen Rundstrecke alle 15 Min.; 22 verschiedene Haltepunkte, an denen man mit einer Tageskarte die Fahrt beliebig oft unterbrechen kann; erhältlich beim Travel Centre of NSW, bei den Busfahrern.

Bahn: Das Eisenbahnnetz von City Rail erstreckt sich nördlich bis Newcastle, südlich bis Nowra und westlich bis Lithgow. Im Bereich der inneren Vorstädte sind Züge, vor allem während der Rush Hour, meist deutlich schneller als Busse. Für die City und die zentrumsnahen Vororte gibt es die sehr preisgünstige Tageskarte City Hopper. *Bahnhöfe:* Central Railway Station (Eddy Ave.), Town Hall, Wynyard, Ciruclar Quay, St. James, Museum und Martin Place. Informationen ✆ 9544422. Die Monorail, eine einschienige Hochbahn, fährt in einer 3,6 km langen Schleife durch den südwestlichen Innenstadtbezirk und Darling Harbour.

Fähre: Zentrale Anlegestelle ist der Circular Quay: Pier 2: Fähre zum Taronga Zoo (am So ab Pier 5), Tragflügelboot nach Manly (ca. 20 Min.); Pier 3: Fähre nach Manly (ca. 35 Min.); Pier 4: Fähre nach Kirribilli, Cremorne, Neutral Bay und Mosman; Pier 5: Fähre nach Balmain, Hunters Hill und Darling Harbour; Pier 6: Ausflugsschiffe. Die Hafenfähren verkehren tgl. 6–23.30 Uhr, die Tragflügelboote (Hydrofoils) nach Manly 6.30–19 Uhr.

Taxen: ABC, ✆ 9222233; Legion Cabs, ✆ 20918; Premier Radio Cabs, ✆ 8974000; Taxis Combined, ✆ 3328888.

Touren: Stadtrundfahrten: Clipper Tours,

Shop 1, Overseas Terminal, Circular Quay West, ✆ 2413983; Sundeckers City Sightseeing, ✆ 3574377. 1,5–2,5stündige Hafenrundfahrten sowie Ausflüge zum Hawkesbury River, zur Broken Bay u. a.: Bounty Voyages, 31 George St., The Rocks, ✆ 2516568 (Hafentour in einer Replik der Bounty); Captain Cook Cruises, Circular Quay, Pier 6, ✆ 2515007; Sydney Ferries Cruises (State Transit), Circular Quay, Pier 4, ✆ 9544422; Sydney Harbour Explorer, Circular Quay, Pier 6, ✆ 2711879; Vagabond Cruises, Circular Quay East, ✆ 6600388.

Fernverkehr

Flugzeug: Kingsford Smith Airport im Norden der Botany Bay (ca. 12 km südlich der City). Zwischen International Terminal und Domestic Terminal (Inlandsflüge) verkehren Busse und Taxen. Der offizielle, gelb-grün lackierte Flughafenbus (Airport Express) pendelt tgl. alle 15–30 Min. von 6–21 Uhr zwischen der City und dem Flughafen. *Internationale Fluglinien:* Air New Zealand, 5 Elizabeth St., ✆ 2234666; Cathay Pacific Airways, 28 O'Connel St., ✆ 2315122; Garuda Indonesia, 175 Clarence St., ✆ 2622011; Lufthansa, 143 Macquarie St., ✆ 2406254; Malaysian Airlines, 11th Floor Amex Tower, King/George Sts., ✆ 2315066; Philippine Airlines, 49 York St., ✆ 2623333; Qantas, George/Jamison Sts., ✆ 9570111; Singapore Airlines, 17–19 Bridge St., ✆ 2313522; Swissair, 33 Pitt St., ✆ 2321744; Thai Airways, 75–77 Pitt St., ✆ 2511722; *Nationale Fluglinien:* Air New South Wales, 8–18 Bent St., ✆ 2681894; Ansett Airlines, Riley/Oxford Sts., ✆ 2681111; Australian Airlines, Hunter/Phillip Sts., ✆ 6933333; East West Airlines, 54 Carrington St., ✆ 2681166.

Bus: Verbindungen mit allen bedeutenderen Städten des Landes. *Buslinien:* Ansett Pioneer, Riley/Oxford Sts., ✆ 2681331; Greyhound, Riley/Oxford Sts., ✆ 2681414.

Eisenbahn: Von Central Railway Station Züge in alle großen Städte des Bundesstaates und die Interstate-Züge: tgl. Melbourne (Intercapital Daylight Express, ca. 13 Std.), Canberra (Canberra Monaro Express; ca. 4,5 Std.), Brisbane (Brisbane Limited Express; ca. 16 Std.); dreimal wöchentlich Adelaide und Perth (Indian-Pacific; ca. 28 bzw. 65 Std.). Auskunft und Buchung: Rail Travel Centre, House of Transport, 11–31 York St., ✆ 2178812; Central Railway Station, Eddy Ave., ✆ 2191808.

Autoverleih: A Holiday on Wheels, Unit 11, 45–47 Leighton Place, Hornsby, ✆ 4821820 (Wohnmobile); Bayswater Car Rental, 120 Darlinghurst Rd., Kings Cross, ✆ 3603622; Budget Rent A Car, 93 William St., Kings Cross, ✆ 3398888 (auch Wohnmobile); Rent A Bomb, 242 Elizabeth St., ✆ 2813003 (nahe Central Station); Rent A Wreck, 964 Victoria Rd., West Ryde, ✆ 8082888.

Autokauf: Zahlreiche Gebrauchtwagenhändler entlang der Parramatta Rd., mit Rückkaufgarantie bei Mach 1 Autos, 495 New Canterbury Rd., Dulwich Hill, ✆ 5693374; Swiss-Am-Motors, 211 Parramatta Rd., Homebush, ✆ 767176 und Travel Car Center, Bruno Frischknecht, 573 Pittwater Rd., Brookvale, ✆ 9381129.

Restaurants

Australisch: Argyle Tavern, 12–18 Argyle St., The Rocks (mit Live-Unterhaltung); Ox on the Rocks, 135 George St., The Rocks. **Chinesisch:** Angela's Eastern Restaurants, 198 Elizabeth St.; Imperial Peking Harbourside, 15 Circular Quay West, The Rocks; Nine Dragons, 39–45 Dixon St., Haymarket (Chinatown). **Deutsch:** Löwenbräu European Brasserie, 18 Argyle St., The Rocks. **Französisch:** Claudines on Macquarie, 151–153 Macquarie St.; Mere Catherine, 146 Victoria St., Potts Point; Papillon, 71 York St.. **Indisch:** Bombay, 33 Elizabeth Bay Rd., Kings Cross; Tandoori Palace, 86 Oxford St., Darlingshurst. **Indonesisch:** Favorite, New Burlington Centre, 8 Quay St., Haymarket; Warung Indonesia, 117 York St.. **International:** Red Onion, 80 George St., The Rocks; Sydney Tower Restaurants, Pitt/Market Sts. (Reservierung erforderlich, ✆ 2333722). **Italienisch:** Abbey, 156 Bridge Rd., Glebe; La Bella Notte, 201 Oxford St., Darlinghurst; Natalino's, 1 Kellet St., Kings Cross. **Japanisch:** Shiki, Clock Tower Square, The Rocks; Suntory, 529 Kent St. **Mexikanisch:** Tijuana, 229 Darlinghurst Rd., Darlinghurst; Viva Mexico, 217 Oxford St., Darlinghurst. **Seafood:** Doyles on the Beach, 11 Marine Pde., Watsons Bay (Wassertaxi-Service ab Circular Quay, ✆ 2523400); Jordon's Seafood, 197 Harbourside, Darling Harbour; Sails Harbourside, 2 Henry Lawson Ave., McMahons Point; Walter's Seafood, Riley/Reservoir Sts., Surry Hills; Waterfront, 27 Circular Quay West, The Rocks. **Thailändisch:** Arun Thai, 39 Elizabeth Bay Rd., Elizabeth Bay; Silver Spoon, 203 Oxford St., Darlinghurst. **Vegetarisch:** Cafe Elan, 379 Crown St., Surry Hills.

Einkaufspassage in der Strand Arcade

Einkauf

George, Pitt, Castlereagh und Market St. bilden das Herz des Einkaufs- und Geschäftszentrums: kleine Läden und die großen (und recht teuren) Kaufhäuser David Jones (Elizabeth/Market Sts.) und Grace Bros (George/Market Sts.). Über 200 Geschäfte sind in den ersten vier Stockwerken des Sydney Centrepoint Tower untergebracht, das Queen Victoria Building beherbergt etwa 190 Läden (George St.) und die Strand Arcade rund 90 Geschäfte (zw. Pitt und George St.). Eine weitere interessante Einkaufsmeile ist die Oxford St. in Paddington (Boutiquen, Second-Hand-Läden, Buchhandlungen, Schallplattengeschäfte u. a.).

Kunsthandwerk und Souvenirs: Argyle Centre, Argyle St., The Rocks; Australian Horizon, 34 Queen Victoria Building, George St.; Featherdale Downtown, Glasshouse on the Mall, 135 King St.. **Aboriginal-Kunsthandwerk:** Aboriginal Artists Gallery, 477 Kent St. (nahe Town Hall); Bennelong Boomerangs, 29–31 Playfair St., The Rocks; Coo-ee Australian Emporium, Shop 63, 1st Floor, Strand Arcade, 191–195 Pitt St.; Dreamtime Aboriginal Gallery, Argyle Centre, Argyle St., The Rocks; Primitive Arts, Queen Victoria Building, George Str. **Opale:** Australian Opal House, Shop 541, Royal Arcade, 255 Pitt St.; Flame Opals, 119 George St., The Rocks; Skippy Opal Company, Shop 19, Queen Victoria Building, George St. **Buchläden:** Angus & Robertson, 575 George St.; Ariel Bookshop, 42 Oxford St., Paddington; Grahames Books, Pitt/Hunter Sts.; Travel Bookshop, 20 Bridge St. **(Floh-)Märkte:** Paddington Bazaar, St. Johns Church, Oxford St., Paddington (Sa 10–16 Uhr); Paddy's Market, Parramatta Rd., Flemington (Fr 11–15.30 Uhr, So 9–16.30 Uhr); Paddy's Market, Garden St., Redfern (Sa u. So 9–16.30 Uhr).

Unterhaltung

Kulturelle Veranstaltungen: Sydney Opera House, der Sitz der Australian Opera Company und des Sydney Symphony Orchestra (Karten: Box Office Opera House, ✆ 2507777); Crossroads Theatre, 159 Forbes St., Darlinghurst, ✆ 3328800; Ensemble Theatre, 78 McDougall St., Milsons Point, ✆ 9290644; New Theatre, 542 King St., Newtown, ✆ 5193403 u.a. Klassische Konzerte im Conservatorium of Music (Macquarie St., ✆ 2301263). Informationen über kulturelle Attraktionen im Veranstaltungskalender des Sydney Morning Herald (Fr u. Sa) oder Tikketek Entertainment Guide, ✆ 11688 (24 Std. tgl.). Vorbestellung mittels Kreditkarten: Ticketek Credit Card Bookings, ✆ 2664800 (Mo-Fr 9–17 Uhr). *Wichtiger Hinweis:* In der Fußgängerzone (Martin Place/Elizabeth St.) gibt es den kleinen Half Tix-Kiosk, dort werden Eintrittskarten für manche Abendvorstellungen zum halben Preis verkauft (Mo-Sa 12–18 Uhr). **Kinos:** Australian Film Institute, Oxford St./Oatley Rd., Paddington, ✆ 3322111; Hoyts Centre, 505–523 George St., ✆ 2679877; Mandolin, 150 Elizabeth St., ✆ 2671968. **Kneipen und Musikklubs:** Harbourside Brasserie, Pier One, Hickson Rd., Millers Point (Jazz, Kabarett u.a.); Hard Rock Café, 121 Crown St., Darlinghurst (Rock); Kardomah Café, 22 Bayswater Rd., Kings Cross (Rock'n Roll); Mercantile Hotel, 25 George St., The Rocks (Folk); Oz Rock Hotel, Victoria/Darlinghurst Sts., Kings Cross (Hard Rock); Real Ale Café, 66 King St., City (Jazz); Rose, Shamrock and Thistle, 193 Evans St., Rozelle (Jazz, Folk); Round Midnight, 2 Roselyn Ave., Kings Cross (Jazz); Unity Hall, 292 Darling St., Balmain (Blues, Folk, Jazz); Woolloomooloo Bay Hotel, 2 Bourke St., Woolloomooloo (Rock'n Roll). **Bars und Diskotheken:** Bobby McGees, Festival Market Place, South Pavilion, Darling Harbour; Freezer, 11 Oxford St., Paddington; Juliana's, Hilton Hotel, 259 Pitt St.; Marble Bar, Hilton Hotel, 259 Pitt St.; Metropolis, 99 Walker St., North Sydney; St. James Underground, 80 Castlereagh St.

Information

Touristen: Travel Centre of NSW, MLC Bldg., 19 Castlereagh St., ✆ 2314444; Sydney Visitors Information Centre, Martin Place, ✆ 2352424; Travellers Information Service, Kingsford Smith Airport, Sydney, ✆ 6695111 (hier auch Hotelbuchung); Manly Visitors Information Bureau, ✆ 9771088; Tourist Information Service (telefonischer Auskunftsdienst), ✆ 6695111. **Automobilklub:** National Roads and Motorists Association (NRMA), 151 Clarence St., ✆ 2609222. **Umwelt und Natur:** National Parks & Wildlife Service, ADC Bldg., 189 Kent St., ✆ 2376500; Cadmans Cottage, 110 George St., The Rocks, ✆ 278861; Wilderness Society, 53 Liverpool St., ✆ 2677929; NSW Federation of Bushwalking Clubs, 176 Cumberland St., ✆ 274206. **Aborigines:** Ideas Centre, 381 Pitt St., ✆ 2679230. **Andere Bundesstaaten:** Canberra, 14 Martin Place, ✆ 2333666; Nordterritorium, 345 George St., ✆ 2623744; Queensland, 75 Castlereagh St., ✆ 2321788; Südaustralien, 143 King St., ✆ 2328388; Tasmanien, 149 King St., ✆ 2022033; Victoria, 403 George St., ✆ 2992288; Westaustralien, 92 Pitt St., ✆ 2334400.

Öffentliche Einrichtungen

Post: General Post Office, 159–171 Pitt St., ✆ 2307033. **Polizei:** ✆ 000 (Notruf). **Ausländerbehörde:** Department of Immigration, 190 George St., ✆ 2584555. **Krankenhäuser:** St. Vincents Hospital, Burton/Victoria Sts., Darlinghurst, ✆ 3391111; Travellers' Clinic, Dr. Raymond Seidler, 13 Springfield Ave., Kings Cross, ✆ 3583066; Ambulanz: ✆ 000 oder 20920 (Notruf). **Konsulate:** *Bundesrepublik Deutschland,* 13 Trelawney

St., Woollahra, ✆ 3287733; *Österreich,* 2 Kingsland Rd., Bexley, ✆ 591008; *Schweiz,* 203 New South Head Rd., Edgecliff, ✆ 3287511. **Ausländische Einrichtungen:** *Goethe-Institut,* 90 Ocean St., Woollahra, ✆ 3287411; *Concordia Club* (deutscher Verein), 231 Stanmore Rd., Stanmore, ✆ 5695911.

Blue Mountains

Allgemeines

Keine 100 km westlich des Zentrums von Sydney steigen aus der Küstenebene die Blue Mountains auf. Die Berge sind in Wirklichkeit ein bis zu 1200 m hohes, meist dicht bewaldetes Plateau. Ihren Namen verdanken die ›Blauen Berge‹ dem zarten bläulichen Dunstschleier der ätherischen Öle, die von Tausenden von Eukalyptusbäumen abgesondert werden. Ein Vierteljahrhundert lang bildete die Bergwelt der Blue Mountains eine schier unüberwindbare Schranke. Erst im Dürrejahr 1813 fanden der Farmer Blaxland, der Landvermesser Lawson und der Militärpolizist Wentworth einen Weg durch die bis dato unüberwundene natürliche Barriere.

Heute bilden die Blue Mountains, von denen 1959 knapp 220000 ha zum Nationalpark erklärt wurden, ein beliebtes Ausflugsziel für Einheimische und Besucher aus Übersee. Touristisch gut entwickelt ist nur die zentrale Region des Nationalparks beiderseits des Great Western Highway, während vor allem die nördlichen und südlichen Randgebiete dem erfahrenen Buschwanderer Natur pur bieten.

Rundfahrt

Reisende in Eile können die wichtigsten Sehenswürdigkeiten der Bergregion im Rahmen eines Tagesausflugs von Sydney kennenlernen. Für die nachstehend beschriebene Rundfahrt (ab Penrith ca. 180 km) aber sollte man zwei bis drei Tage einkalkulieren.

Glenbrook, ein Städtchen an den östlichen Ausläufern der Blue Mountains, ist Ausgangspunkt für Erkundungen der Südregion des Nationalparks, der sich hier noch viel von seiner ursprünglichen Wildheit bewahrt hat. (Informationen im Blue Mountains National Park Information Centre; Sa, So u. Feiertage 9–16 Uhr). Von hier führen Wanderwege zur Glenbrook Gorge (ca. 1 Std. v. v.), zum Jelly Bean Pool (ca. 1 Std. v. v.) und zur Red Hands Cave mit Aboriginal-Felszeichnungen (ca. 3 Std. v. v.).

Auf der Weiterfahrt kommt man durch **Faulconbridge** bei Springwood, wo man das historische Wohnhaus des Malers und Schriftstellers Norman Lindsay (1879–1969) besichtigen kann, in dem zahlreiche seiner Werke ausgestellt sind (Fr, Sa, So u. Feiertage 11–17 Uhr). Nächste Station ist der kleine Ort **Wentworth Falls,** in dessen Nähe sich die gleichnamigen Wasserfälle befinden. Der schönste Blick auf diesen mit über 270 m Höhe wohl spektakulärsten Katarakt der Blue Mountains bietet sich vom Princes Rock Lookout (ca. 15 Minuten ab Parkplatz). Wanderungen in der Umgebung: Weeping Rock Circuit (ca. 1 Std.) und Nature Track (ca. 2 Std.). Zwei

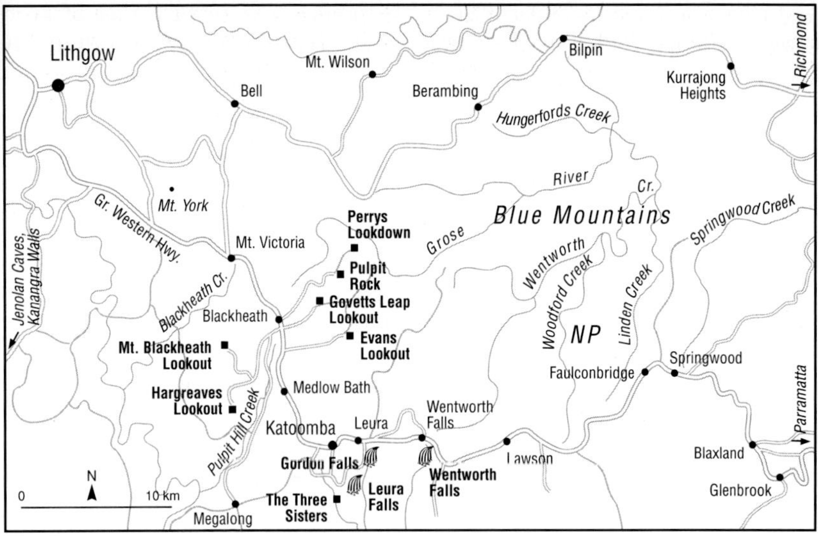

Blue Mountains

weitere Wasserfälle, **Gordon Falls** und **Leura Falls,** gibt es ca. 5 km weiter westlich nahe Leura, wo auch die sehenswerten **Everglade Gardens** (Botanischer Garten) liegen (tgl. 9–17 Uhr). Falls Sie über ein eigenes Fahrzeug verfügen, sollten Sie in Leura den Great Western Highway verlassen und auf dem Cliff Drive (phantastische Ausblicke) ins 8 km entfernte Katoomba fahren.

Katoomba, 1017 m hoch gelegen, eignet sich als günstiger Ausgangspunkt für Ausflüge in die Umgebung an (Visitors Information Centre am Echo Point; tgl. 9–17 Uhr). Von verschiedenen Aussichtspunkten in der Nähe bieten sich spektakuläre Blicke auf die Felsformation Three Sisters (s. Farbabb. 19). Der Legende nach handelt es sich hier um drei verzauberte Schwestern, die mit drei Freiern tändelten.

Empfehlenswerte Wanderung ab dem Echo Point: vom Informationszentrum zu den Three Sisters, dann über den steilen Stufenpfad Giants Stairway hinunter ins Jamieson Valley. Im Talgrund über den Federal Pass Walk, vorbei an den Katoomba Falls, zur Talstation der Scenic Railway. Mit dieser angeblich steilsten Eisenbahn der Welt (1880 ursprünglich zum Kohletransport angelegt) wieder hinauf zum Plateau (tgl. 9–16.45 Uhr) und auf dem Cliff Top Walk zurück zum Echo Point (ca. 3–4 Std.). Eine andere Möglichkeit, das Jamieson Valley mit dem berühmten Felsen-Trio kennenzulernen, ist die Scenic Skyway, eine Seilbahn, die aus 275 m Höhe atemberaubende Blicke in schwindelerregende Tiefen bietet (tgl. 9–17 Uhr).

Ein alternatives Standquartier zu Katoomba ist das weniger überlaufene Bergstädtchen **Blackheath** (1065 m). 2 km südlich von Blackheath zweigt eine Stichstraße ab zum Evans Lookout, dem Ausgangspunkt für den Grand Canyon Walk (ca. 3–4 Std.). Am Rande von Blackheath, nahe dem Govetts Leap Lookout, befindet sich das Blue Mountains Heritage Centre, das sehr umfassend über Fauna und Flora der ›Blauen Berge‹ sowie über Wander- und Campingmöglichkeiten im Nationalpark informiert (tgl. 9–16.15 Uhr). Wanderungen: vom Govetts Leap Lookout zum Pulpit Rock (ca. 1 Std.), zu den Wasserfällen Horseshoe Falls (ca. 15 Min.) und Bridal Falls (ca. 1 Std.).

Über eine andere Stichstraße (teils Schotter) erreicht man von Blackheath den Pulpit Rock und den Perrys Lookdown (schöner Panoramablick über das Tal des Grose River). Weitere Ausflüge führen von Blackheath ins malerische Megalong Valley sowie zu den Aussichtspunkten Hargreaves Lookout und Mt. Blackheath Lookout.

Nordwestlich des Bergorts Mt. Victoria erheben sich auf dem Mt. York (1060 m) zwei Denkmäler zur Erinnerung an die erste Überquerung der Blue Mountains. Sie können nun einen Abstecher zu den ca. 50 km südlich des Great Western Highway gelegenen **Jenolan Caves** machen. Diese den Aborigines seit Urzeiten bekannten Tropfsteinhöhlen, die als die größten und schönsten des ganzen Kontinents gelten, wurden 1838 zufällig von weißen Polizisten bei der Verfolgung eines Bushranger entdeckt (Führungen tgl. 9–17 Uhr). Eine stilvolle Übernachtungsmöglichkeit bietet nahe der Höhlen das Jenolan Caves House. Von hier führt eine 32 km lange Schotterpiste in den **Kanangra Boyd National Park.** Die Straße endet bei einem Aussichtspunkt nahe den Kanangra Walls, rotbraunen Sandsteinklippen, die in schroffen Konturen abfallen.

Die eigentliche Rundfahrt führt von Mt. Victoria in nördlicher Richtung nach Bell. Zwischen diesem kleinen Ort und dem 19 km weiter westlich gelegenen Lithgow verkehrt auf einer atemberaubenden Strecke eine historische Dampfeisenbahn. Von der Bells Line of Road kann man einen 8 km langen Abstecher zur kleinen Bergsiedlung Mt. Wilson unternehmen, wo es hübsche Gartenanlagen zu besichtigen gibt. Einen Stopp lohnt auch der Mt. Tomah Botanic Garden (März–Sept. tgl. 10.30–16 Uhr, Okt.–Feb. 10.30–18 Uhr). Von den Kurrajong Heights schließlich windet sich die Straße wieder hinab in die Küstenebene.

Praktische Hinweise

Verkehr: Züge der City Rail (Western Line) von der Central Railway Station mit mehreren Stopps nach Katoomba (ca. 2 Std.; Metro Trips, ✆ 02/9544422). Ein- und Mehrtagesausflüge von Sydney in die Blue Mountains: u. a. Newmans Australia, Shop 2, Overseas Shipping Terminal, Circular Quay West, Sydney, ✆ 02/2258061. Die Sehenswürdigkeiten um Katoomba und Blackheath erreicht man mit dem Blue Mountains Explorer Bus (Abfahrt an der Katoomba Railway Station; ✆ 047/821866).

Unterkunft: Leura: ***Leura House, 7 Britain St., ✆ 047/842035; **Resort Hotel Leura, Fitzroy St., ✆ 047/841331. **Katoomba:** ***California Mountain Lodge, Lovel/Apex Sts., ✆ 047/822155; **Metropole Motel, Lurline/Lovel Sts., ✆ 047/825544; *Mountain Lodge, 31 Lurline St., ✆ 047/823933; Clarendon Guest House, Lurline/Warath Sts., ✆ 047/821322; YHA Katoomba Hostel, 1 Wellington Rd., ✆ 047/821416; Katoomba Falls Caravan Park, Katoomba Falls Rd., ✆ 047/821835. **Blackheath:** **Blackheath Motor Inn, 281 Great Western Hwy., ✆ 047/878788; **St. Mount's Guest House, 194 Great Western Hwy., ✆ 047/878195. **Jenolan Caves:** ***Jenolan Caves House, ✆ 064/593304.

Information: Visitors Information Centre, Echo Point, Katoomba, ✆ 047/821833; National Parks & Wildlife Service, Blue Mountains Heritage Centre, Govetts Leap Rd., Blackheath, ✆ 047/878871.

Central Coast zwischen Gosford und Newcastle ist ein beliebtes Feriengebiet mit guter touristischer Infrastruktur. Die Küstenlandschaft besticht durch herrliche, teils kilometerlange Sandstrände, reizvolle Lagunen und Küstenseen.

Nahe **Gosford,** etwa 70 km nördlich von Sydney, lockt eine bekannte Touristenattraktion – das Freilichtmuseum **Old Sydney Town.** Dies ist die mehr oder minder originalgetreue Rekonstruktion der einstigen Strafkolonie aus den Jahren 1788 bis 1810. Maßstabsgerechte Kolonialbauten, staubige Lehmstraßen und ein Hafen mit der Replik eines Segelschiffes vermitteln ein anschauliches Bild von den Anfängen der Kolonie Neusüdwales. Als Matrosen und Marinesoldaten, als Huren und Häftlinge kostümierte Schauspieler stellen den damaligen Alltag nach. (Ochsenkarren und Kutschen als Fortbewegungsmittel; Mi–So 10–17 Uhr). Etwa 1 km nördlich von Gosford befindet sich der Australian Reptile Park, (tgl. 9–17 Uhr; Attraktionen: Schlangenmelken So 14 Uhr, Krokodilfüttern Sa 14 Uhr).

Das südlichste Binnengewässer der Seenplatte zwischen Gosford und Newcastle ist der Tuggerah Lake. Es lohnt sich sehr, die Küstenstraße über The Entrance (hier Öffnung des Tuggerah Lake zum Pazifik mit großer Pelikankolonie) zu nehmen. Vorbei am Budgewoi Lake und Munmorah Lake stoßen wir wieder auf den Pacific Highway. Wenige Kilometer weiter nördlich zweigt eine Stichstraße ab zur Munmorah State Recreation Area mit dem Frazer Park (gute Bade- und Surfstrände, mehrere Picknick- und Campingplätze). Der Pacific Highway verläuft nun auf einem schmalen Landstreifen zwischen dem Ozean und dem Lake Macquarie (beliebter Platz zum Angeln und Segeln). Südlich von Redhead erstreckt sich der Nine Mile Beach, ein Strand der Sternekategorie.

Newcastle, die mit 422000 Einwohnern zweitgrößte Stadt von Neusüdwales, wurde 1804 als Verbannungsort für die schlimmsten Sträflinge der Kolonie gegründet. Bald trug die Siedlung den Beinamen ›Hölle von New South Wales‹. Das nahe gelegene Hunter Valley mit seinen riesigen Kohlereserven versorgt Newcastle heute mit preiswerter Energie, so daß sich die Stadt zu einem Industrie- und Handelszentrum mit bedeutender Stahl- und Eisenproduktion entwickeln konnte. Zu den bedeutendsten Gebäude aus alten Zeiten zählen die Christ Church Cathedral (1902 eingeweiht) sowie die viktorianische City Hall (1929) mit ihrem mächtigen Glockenturm. Das auf der Landzunge Nobbys Head gelegene, Ende des vorigen Jahrhunderts erbaute Fort Scratchley beherbergt das Newcastle Regional Maritime Museum (tgl. außer Mo 12–16 Uhr). Das alte Fort bietet einen guten Blick über die Stadt und ihre Industrieanlagen. Unweit der City liegt der Naturpark Blackbutt Reserve mit Wanderwegen, Picknickplätzen und Wildgehegen.

Praktische Hinweise

Verkehr: Züge der City Rail (Northern Line) mehrmals tgl. von Sydneys Central Railway Station nach Gosford (ca. 1,5 Std.) und nach Newcastle (ca. 2,5 Std.). Im Raum Gosford und Newcastle verkehren öffentliche Busse.

Ein- und Mehrtagesausflüge von Sydney an die Central Coast (inkl. Old Sydney Town): u. a. Travel Centre of NSW.

Unterkunft: Gosford: ***Avoca Beach Motor Inn, 360 Avoca Drive, Avoca Beach, ✆ 043/822322; ***Pinehurst Caravillas, 11 The Entrance Rd., The Entrance, ✆ 043/322002; Ye Old Miami Guest House, 9 Ocean View Drive, Terrigal, ✆ 043/841919; Palms Caravan Park, Avoca Beach, ✆ 043/821227. **Newcastle:** Top of the Town Motor Inn, Shortland Esplanade, ✆ 049/285576; *Beach Hotel, Frederick St., Merewether, ✆ 049/631574; Newcastle Backpackers, 42 Denison St., Hamilton, ✆ 049/693436; Nine Mile Beach Caravan Park, Redhead, ✆ 049/498691.

Information: Gosford Visitors Centre, 200 Mann St., ✆ 043/252835; Newcastle Tourist Asscociation, Queens Wharf, Wharf Rd., ✆ 049/299291.

Hunter River Valley

Westlich der Industriemetropole Newcastle erstreckt sich über eine Länge von rund 150 km das Tal des Hunter River, wo zwei gegensätzliche Wirtschaftszweige miteinander kontrastieren: der Anbau von Wein und der Abbau von Kohle. Weinberge und idyllische Weindörfer mit alten Herrensitzen einerseits sowie Kraftwerke und riesige Steinkohlegruben andererseits prägen das Landschaftsbild des Tals.

Cessnock gilt als die ›Wein-Hauptstadt‹ des unteren Hunter Valley. Zwischen dem Städtchen und der sich nordwestlich erstreckenden Broken Back Range liegen im Gebiet um Pokolbin Dutzende von Weingütern, die hervorragende rote und weiße Tafelweine produzieren. (Informationen über Besichtigungen und Weinproben in Cessnock im Fremdenverkehrsbüro sowie bei der Hunter Valley Wine Society, 4 Wollombi Rd., ✆ 049/906699.)

Von der Bergbaustadt Singleton kann man auf der Putty Road zum noch weitgehend unerschlossenen **Wollemi National Park** fahren. Zwischen Singleton und Muswellbrook erhebt sich am New England Highway die Bayswater Power Station, eines der größten Kohlekraftwerke südlich des Äquators. Um **Denman** breitet sich das zweite große Weinanbaugebiet des Hunter Valley aus.

Scone, ein Städtchen am New England Highway, 26 km nördlich von Muswellbrook, gilt als ein Eldorado der Pferdeliebhaber. In der Umgebung von Scone gibt es verschiedene Gestüte, wo auch Besucher willkommen sind. Das ganze Jahr hindurch finden Pferdesportveranstaltungen und Fuchsjagden statt (Adressen und Termine beim Fremdenverkehrsbüro).

Östlich von Scone erhebt sich das Bergmassiv der **Barrington Tops** (400–1590 m). Der hier geschaffene Nationalpark besticht durch seine ursprüngliche Berglandschaft, deren Vegetationsspektrum sich von gemäßigtem Regenwald in den Talsohlen bis zu subalpinen Torfmooren und Schnee-Eukalypten auf den Hochplateaus spannt. Einen guten Eindruck davon vermittelt die Fahrt entlang des Barrington Tops Forest Drive. Diese rund 145 km lange Straße verbindet Scone mit dem Ort Gloucester.

Auf ein bemerkenswertes Naturphänomen stößt man ca. 20 km nördlich von Scone unweit des New England Highway – den **Burning Mountain.** Dies ist ein Kohleflöz, der vor etwa 2000 bis 6000 Jahren vermutlich durch Blitzschlag entzündet wurde und heute noch glimmt. Der Burning Mountain Walking Track, ein sehr interessanter Naturlehrpfad (ca. 3,5 km v. v.), führt auf den Gipfel des Brennenden Berges, wo schwefeliger Rauch aus Felsspalten quillt.

In nördlicher Richtung windet sich der New England Highway durch ein malerisches, von steil aufragenden Bergen gesäumtes Tal nach Murrurundi, wo wir das Hunter Valley verlassen und in das New England Tableland kommen.

Praktische Hinweise

Verkehr: Anreise auf Sydney-Newcastle Fwy. und New England Hwy. Eine Alternativroute ist die Putty Road ab Ebenezer (Colo Heights–Wollemi National Park–Singleton). Busse ab Newcastle nach Cessnock und zu anderen Orten im Hunter Valley (Rover Motors, ✆ 049/901175). In Newcastle werden Tagestouren ins Hunter Valley angeboten.
Unterkunft: Cessnock: ***Hunter Country Lodge, Branxton Rd., Rothbury, ✆ 049/381744; **Elfin Hill Motel, Marrowbone Rd., Pokolbin, ✆ 049/987543; *Cessnock Motel, 13 Allandale Rd., ✆ 049/902699; Black Opal Hostel, 216 Vicent St., ✆ 049/901070; Cessnock Caravan Park, Allandale Rd., Nulkaba, ✆ 049/905819. **Scone:** ***Belltrees Country House, Gundy Road, ✆ 065/461155; **Royal Motor Inn, St. Aubins St., ✆ 065/451722; *Golden Fleece Hotel, Kelly/Liverpool Sts., ✆ 065/451357; Scone YHA Hostel, Segenhoe Rd., ✆ 065/452072; Scone Caravan Park, New England Hwy., ✆ 065/452024.
Information: Hunter Valley Tourist Information Centre, Wollombi Rd., Cessnock, ✆ 049/904477; Scone Tourist Information Centre, New England Hwy., ✆ 065/452907.

New England Tableland

Dieses Plateau, das sich über rund 300 km zwischen dem oberen Hunter Valley und der Grenze zu Queensland erstreckt, ist mit knapp 33000 km² die ausgedehnteste Hochlandfläche Australiens. Die durchschnittliche Höhe des New England Tableland, in dessen nördlicher Region einige der schönsten Nationalparks von Neusüdwales liegen, beträgt etwa 900 m. Feuchte Luftmassen, die der Ostwind vom Pazifik bringt, sorgen für Schneefälle in den Wintermonaten und Gewitter und Hagelstürme im Sommer. Landschaftsbild und Klima erinnerten die Pioniersiedler an ihr Mutterland, weshalb sie ihrer neuen Heimat den Namen New England gaben.

Tamworth (ca. 35000 Einw.), das ökonomische Zentrum des südlichen New England Tableland, schmückt sich mit dem Attribut Australian Country Music Capital. Das hier alljährlich im Januar stattfindende Country Music Festival lockt Zehntausende von Fans aus allen Teilen des Kontinents an. Unübersehbar ragt am südlichen Ortsrand die überdimensionale Golden Guitar auf, das moderne Wahrzeichen der Stadt. Gleich nebenan kann man im Country Music Wax Museum einige Größen der australischen Country Music in Wachs verewigt bewundern (tgl. 9–17 Uhr). Ein weiter Blick über Tamworth und das New England Tableland bietet sich vom Oxley Lookout im Norden der Stadt. Trotz einiger historischer Gebäude in Tamworth kann man die Atmosphäre vergangener Jahre besser in **Nundle** (ca.

Bald Rock National Park

65 km südöstlich), einem alten Goldgräberdorf mit zahlreichen Gebäuderuinen und aufgelassenen Schächten, erleben.

Im Gegensatz zu Tamworth gibt sich **Armidale** (22 000 Einw.), Hauptstadt und kulturelles Zentrum der Region, eher britisch distinguiert. Der 1839 gegründete Ort ist Sitz der University of New England (ca. 9000 Studenten) und beherbergt eine ganze Reihe weiterer höherer Bildungseinrichtungen, auf die reiche Schafzüchter ihre Sprößlinge schikken. Das britische Flair des Ortes unterstreichen zwei sehenswerte Kathedralen (die katholische St. Marys Cathedral und die anglikanische Cathedral of St. Peter) sowie mehrere guterhaltene Gebäude aus dem 19. Jahrhundert. Wirklich lohnend ist ein Besuch des New England Regional Art Museum (Kentucky St.; südlich des Zentrums), das mit der Howard Hinton Collection eine bedeutende Kunstsammlung besitzt (Werke u. a. von Arthur Streeton, Tom Roberts, Hans Heysen; Mo– Sa 10–17 Uhr, So 13–17 Uhr). In der Nachbarschaft befindet sich das Aboriginal Cultural Centre and Keeping Place (Mo–Fr 10–13 Uhr, 14–15 Uhr).

Armidale eignet sich vorzüglich als Standquartier für Erkundungen in die nähere und weitere Umgebung: z. B. die Dangar Falls (19 km südlich), die Gara Falls (15 km östlich) und die Wollomombi Falls (ca. 40 km östlich von Armidale und 3 km südlich der Grafton Road). Letztere gehören zum **Oxley Wildriver National Park** und sind mit 457 m die höchsten Kaskaden des Kontinents. Von zwei Aussichtsplattformen (Falls Lookout und Checks Lookout) bieten sich überwältigende Blicke in eine Schlucht von atemberaubender Schönheit.

85 km östlich von Armidale erstreckt sich der **New England National Park** (Parkgrenze ca. 11 km südlich der Grafton Road) mit Regenwäldern in tieferen Lagen und Eukalyptuswäldern auf den Gipfeln. Mit dem Auto kann man den Point Lookout (1563 m) erreichen. Bei schönem Wetter reicht der Blick von hier bis zur 60 km entfernten Pazifikküste. Am Banksia Point beginnen verschiedene Wanderungen: Banksia Point Circular Walk (2 km/ca. 1 Std.), Lyrebird Walk (7 km/ca. 3 Std.) und eine Wanderung (ca. 1 km v. v.) zum Weeping Rock, einer steil abfallenden Felswand mit mehreren kleinen Wasserfällen.

Nördlich des Nationalparks gibt es weitere sehenswerte Wasserfälle – die vom Guy Fawkes River gebildeten **Ebor Falls**, die in zwei Kaskaden über steile Sandsteinfelsen ca. 300 m tief ins Tal stürzen. 12 km westlich von Ebor dehnt sich der **Cathedral Rock National Park** mit seinen bizarren Granitfelsen aus. Die Barokee Area (Camping- und Picknickplatz) ist Ausgangspunkt für den empfehlenswerten Cathedral Rock Circuit (ca. 6 km/ca. 3 Std.).

Von Armidale führt der New England Highway nach **Glen Innes** (auf 1073 m gelegen; guterhaltene Kolonialgebäude). Relikte aus der Pionierzeit stellt ein kleines Volksmuseum aus, das den merkwürdigen Namen Land of the Beardies History Museum trägt (Mo-Fr 10–11, 14–17 Uhr, Sa u. So 14–17 Uhr). Bei Glen Innes und vor allem in der Umgebung der 70 km entfernten Nachbarstadt Inverell werden Saphire und andere Edelsteine kommerziell abgebaut.

Glen Innes eignet sich auch als Basis, um zwei weitere Perlen unter den Nationalparks von Neusüdwales zu erkunden: den **Gibraltar Range National Park** (Granitfelsen, mit Grassavannen durchsetzte Eukalyptuswälder) und den **Washpool National Park** mit gemäßigtem Regenwald und Felsformationen vulkanischen Ursprungs. Ersterer verwandelt sich im Frühling (Okt.-Nov.) zu einem Wildblumenparadies. Vom Visitors Centre am Gwydir Highway führt der Mulligans Drive (10 km lange, gute Schotterstraße) zur Mulligans Hut (Picknick- und Campingplatz), dem Ausgangspunkt für verschiedene Wanderungen; u. a. der Needles Track (6 km/ ca. 2 Std. v. v.), der zu einem bizarren Granitmassiv führt. Die Zufahrt zum Washpool National Park liegt 3 km östlich des Visitor Centre am Gwydir Highway. Am Coombadjha-Picknickplatz beginnt der Washpool Walk (guter Einblick in die Flora des Regenwaldes; 10 km/ca. 3–4 Std.).

Nördlich des Städtchens Tenterfield liegen zwei weitere besuchenswerte Naturschutzgebiete: **Bald Rock National Park** und **Boonoo Boonoo National Park.** Zum letzteren führt von Tenterfield eine 35 km lange Straße (meist Schotter). Ein paar hundert Meter abseits ihres Endpunkts befindet sich eine Aussichtsplattform mit gutem Blick auf die in mehreren Stufen talwärts tosenden Boonoo Boonoo Falls. 10 km weiter nördlich erhebt sich der Bald Rock, ein imposanter Granitmonolith (750 m lang und 500 m breit), der das Hochplateau um 200 m überragt (steiler Weg zum Gipfel; ca. 2,5 km v. v.; von oben herrlicher Panoramablick).

Praktische Hinweise

Verkehr: Die meisten Busse auf dem New England Hwy. Das New England Tableland durchquert auch eine Haupteisenbahnlinie (ab Sydney Central Station fast tägl. ein Expreßzug). Entlang des Highways zwischen größeren Orten gute Busverbindungen, die Nationalparks sind nur mit dem eigenen Fahrzeug zu erreichen.

Felsformation The Needles im Gibraltar Range National Park

Unterkunft: Tamworth: ***Alandale Flag Inn, New England Hwy., ✆ 067/652446 (mit Swimming-pool in Gitarrenform); **Marion Motel, 159 Goonoo Goonoo Rd., ✆ 067/655585; **Riley's Motel, New England Hwy. ✆ 067/659258; City Lights Caravan Park, Goonoo Goonoo Rd./New England Hwy., ✆ 067/657664. **Armidale:** ***Armidale Regency, 208 Dangar St., ✆ 067/729800; ***Hideaway Motor Inn, New England Hwy., ✆ 067/725177; **Tattersalls Hotel, 174 Beardy St., ✆ 067/722247; Pembroke Caravan and Leisure Park, 39 Grafton Rd., ✆ 067/726470 (hier auch Backpackers Hostel). **Glenn Innes:** ***Amber Motel, 135 Meade St., ✆ 067/322300; *Central Hotel, Meade/Grey Sts., ✆ 067/323107; Poplar Caravan Park, 15 Church St., ✆ 067/321514. **Tenterfield:** ***Henry Parkes Motor Inn, New England Hwy., ✆ 067/362657; Tenterfield Lodge Caravan Park, 2 Manners St., ✆ 067/361477.

Information: Tamworth Visitors Centre, New England Hwy./Kable Ave., ✆ 067/684462; Armidale Tourist Information Centre, 135 Rusden St., ✆ 067/728666.

North Coast

Der Küstenstreifen zwischen Newcastle und Tweed Heads an der Grenze zu Queensland ist ein überaus fruchtbares Agrargebiet (im Süden Milchwirtschaft und Weizenanbau, im Norden tropische Früchte und Zuckerrohr). Entlang der Nordküste reihen sich auch einige sehr bekannte Urlaubsorte.

Nördlich von Newcastle liegt die malerische Bucht **Port Stephens** mit ausgezeichneten, kilometerlangen Stränden. Von den beiden zusammengewachsenen Ferienorten Tea Gardens und Hawks Nest kann man einen Abstecher in den **Myall Lakes National Park** (fischreiche Lagunen und imposante Sanddünen) machen. Vorbei am Picknick- und Campingplatz Mungo Brush erreicht man auf einer zumindest bei Trockenheit gut befahrbaren Schotterstraße Tamboy, wo man per Autofähre über den Nebenarm einer Lagune nach Legges Camp (Motel und Campingplatz) übersetzt. Von dort sind es 11 km nach Bulahdelah am Pacific Highway. Eine unmittelbar entlang der Küste verlaufende schmale Straße windet sich Richtung Norden zunächst entlang des Myall Lakes National Park, bevor sie bei Pacific Palms auf die Küste stößt. Die Straße verläuft nun auf einem nur wenige hundert Meter breiten Landstreifen zwischen dem Pazifik und dem malerischen Wallis Lake, einem Eldorado für Wassersportler. **Forster** und **Tuncurry** sind zwei populäre Ferienorte am Nordufer des Sees mit zahlreichen Motels und Caravan Parks. Südlich von Taree trifft die Nebenstraße wieder auf den Pacific Highway, dem wir nun bis Kew folgen. Von hier führt eine Alternativroute zum Pacific Highway entlang einer Kette von Binnenseen über die ruhigen Badeorte Laurieton, North Haven und Lake Cathie nach Port Macquarie.

Das an der Mündung des Hastings River gelegene **Port Macquarie** (20000 Einw.) war einst Verbannungsort rückfällig gewordener Sträflinge. Heute hat der Massentourismus die Hafenstadt fest im Griff. Sehenswert ist die vom Sträflingsarchitekten Francis Greenway konzipierte und von Strafgefangenen 1824 bis 1828 erbaute anglikanische St. Thomas Church (Hay/Williams Sts.; tgl.

9.30–12, 14–16 Uhr). Geschichtlich Interessierte sollten auch das Hastings Historical Museum besuchen (Mo-Sa 9.30–16.30 Uhr, So 13–16.30 Uhr).

Südlich von Port Macquarie liegt am Pacific Drive das Sea Acres Rainforest Centre (1,3 km langer Holzpfad durch subtropischen Regenwald). In der Nähe des Ortes gibt es auch zwei Tierparks mit Koalas und anderen einheimischen Tieren: Kingfisher Park am Oxley Highway, ca. 5 km westlich (tgl. 9–17 Uhr) und Billabong Koala Park am Pacific Highway, ca. 10 km westlich (tgl. 9–17 Uhr). Gute Badestrände erstrecken sich im Süden der Stadt (Rocky Beach, Flynns Beach, Nobbys Beach, Shelly Beach u. a.). Wauchope, 20 km westlich von Port Macquarie, ist bekannt für sein ausgedehntes Freiluftmuseum **Timbertown** (originalgetreue Rekonstruktion eines Holzfällerdorfes 1880–1910; tgl. 9–17 Uhr).

Südöstlich des Städtchens Kempsey (Milchwirtschaft und Holzindustrie liegt der **Crescent Head Beach**, den Kenner zu den besten Surfstränden ganz Australiens zählen. Nördlich von Kempsey lohnt sich ein Abstecher (32 km) zum Badeort South West Rocks. Bei Macksville am Pacific Highway liegen zwei weitere populäre Ferienorte mit traumhaften Stränden: **Scotts Head** und **Nambucca Heads.**

Folgt man dem Pacific Highway weiter gen Norden, so kommt man schon bald in das größte Bananenanbaugebiet Australiens. Hauptstadt dieser Region ist **Coffs Harbour** (46000 Einw.). Vor allen Dingen aber erfreut sich der Ort einer zunehmenden Beliebtheit als Ferienmetropole und Altersruhesitz. Einige Kilometer nördlich von Coffs Harbour stößt man am Pacific Highway auf die Big Banana, eine riesige Bananenattrappe aus Fiberglas, die den Eingang zu einer für Besucher geöffneten Bananenplantage markiert. Im Inneren der Riesenfrucht erfährt man alles Wesentliche zum Thema Banane (tgl. 10–18 Uhr). Ab Coffs Harbour werden Landschaft und Klima zunehmend tropisch. Bananenplantagen und riesige Zuckerrohrfelder säumen die Pazifikküste bis hinauf nach Cairns.

Der Pacific Highway führt nun nach **Grafton** (18000 Einw.), das an einer hufeisenförmigen Schleife des hier sehr breiten Clarence River liegt. Wegen seiner hübschen Parkanlagen und der Jacarandabäumen am Straßenrand, die die Stadt im Frühjahr in ein violettes Blumenmeer verwandeln, trägt Grafton zurecht den Beinamen Garden City. Besuchenswert sind die Regional Art Gallery (158 Fitzroy St.; Mi–So 10–16 Uhr) sowie das Schaeffer House, ein Museum für Regionalgeschichte (192 Fitzroy St.; Di, Do u. So 14–16 Uhr).

Südlich und nördlich des Ferienortes Yamba erstrecken sich zwei Nationalparks, die eine herrliche Küstenlandschaft mit einsamen Sandstränden und felsigen Landspitzen umfassen: der **Yuraygir National Park** und der **Bundjalung National Park**. Evans Head, ein Dorado für Hochseeangler, liegt am Nordrand des zuletzt genannten Naturschutzgebiets. Der beste Blick über den Ort und die Küstenlandschaft bietet sich vom Razorback Lookout.

Das an der Shaws Bay gelegene **Ballina** ist der südlichste einer Reihe von Ferienorten der sogenannten **Summerland Coast**. In Ballina lohnt der Besuch des Maritime Museum (hier auch Fremdenverkehrsbüro), wo das 17 m lange Balsaholzfloß Atzlan zu besichtigen ist. Mit diesem primitiven Wasserfahrzeug überquerten 1973 vier süd- und nordameri-

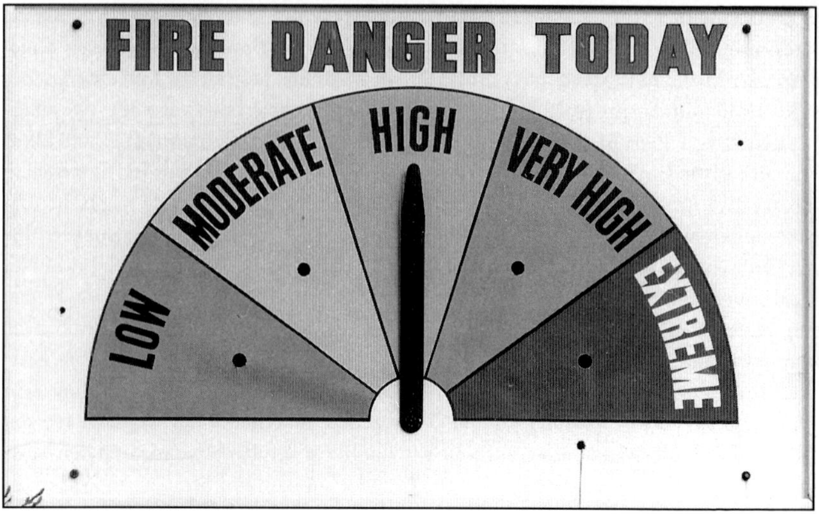

Feuerwarntafel

kanische Abenteurer den Pazifik von Ecuador nach Australien.

Im Hinterland der Summerland Coast locken beschauliche Täler und mit Regenwald bestandene Hügel. Auf dem Bruxner Highway kann man von Ballina ins 35 km westlich gelegene **Lismore** (38 500 Einw.; Landwirtschaft und Viehzucht) fahren. Die hübsch in einem Talkessel gelegene Stadt hat mit dem Wilsons River Heritage Centre ein sehenswertes naturkundliches Museum zu bieten (Mo–Fr 9–17 Uhr, Sa u. So 9–13 Uhr, Feiertage 14–17 Uhr). Etwa 30 km nördlich von Lismore liegt **Nimbin**. Anfang der 70er Jahre gründeten hier zahlreiche Aussteiger Landkommunen, in denen sie ihre Vorstellungen vom einfachen Leben auf der Basis der Selbstversorgung zu realisieren versuchten. Nordöstlich von Nimbin befindet sich der Nightcap National Park mit einigen spektakulären Wasserfällen (z. B. Tuntable Falls).

Folgt man von Ballina der Küstenstraße nach Norden, so kommt man über Lennox Head mit seinem guten Surfstrand zum Ferienort **Byron Bay.** Das nahegelegene Cape Byron ist der östlichste Punkt des australischen Festlands. Benannt wurde die Landspitze, auf der sich ein 1901 erbauter Leuchtturm erhebt, nach dem Entdecker John Byron. Sehr empfehlenswert ist der Cape Byron Walking Track (Rundwanderung ca. 3,5 km/ca. 1,5 Std.), der ruhige Strandort Brunswick Head ist eine Alternative zu Byron Bay.

Dicht an der Grenze zu Queensland liegt im verästelten Delta des Tweed River das Urlauberzentrum **Tweed Heads.** Wer sich für die Kultur der australischen Ureinwohner interessiert, sollte das Minjungbal Aboriginal Cultural Centre aufsuchen (Kirkwood Rd., South Tweed Heads; tgl. 10–16 Uhr). Zu empfehlen ist auch der beim Museum beginnende Naturlehrpfad entlang des mangrovenbewachsenen Tweed-Ufers.

Über die Stadt Murwillumbah und den kleinen Ort Dum Dum gelangt man zum **Mt. Warning National Park** mit dem steil auftragenden Mt. Warning (1157 m), einem Überbleibsel eines hier vor 20 Mio. Jahren aktiven Vulkans. Der Summit Walk auf den Gipfel (herrlicher Panoramablick) führt zunächst durch dichten Regenwald, in den höheren Lagen durch offenes Buschland (8,8 km/ca. 3–4 Std. v.v.). Gute Wandermöglichkeiten bietet auch der **Border Range National Park,** der sich im Grenzgebiet zwischen Neusüdwales und Queensland ausbreitet. Die North Coast von Neusüdwales geht jenseits der Grenze in die Gold Coast über (vgl. S. 452).

Praktische Hinweise

Verkehr: Die meisten der zwischen Sydney und Brisbane verkehrenden Busse benutzen den Pacific Hwy. Tgl. drei Züge von Sydneys Central Railway Station: tasgsüber der Schnellzug XPT und nachts Brisbane Limited und Pacific Coast Motorail. Die bedeutenderen Orte der Region verfügen über ein gut ausgebautes öffentliches Verkehrssystem.

Unterkunft: Port Macquarie: *** Aquatic Motel, 253 Hastings River Drive, ✆ 065/837388; ** Beach Park Motel, 44 William St., ✆ 065/832266; * Narimba Lodge, 5 Narimba St., ✆ 065/833839; Lindel Travellers Hostel, Gordon St./Hastings River Drive, ✆ 065/831791; Port Macquarie YHA Hostel, 40 Church St., ✆ 065/835512; Hastings River Caravan Park, 268 Hastings River Drive, ✆ 065/833387. **Nambucca Heads:** *** Blue Dolphin Motel, Fraser St., ✆ 065/686700; ** Jabiru Motel, Pacific Hwy., ✆ 065/686204; Forest Lodge, 3 Newman St., ✆ 065/686360 (Backpackers Hostel); Pacific Sands Caravan Park, Swimming Creek Rd., ✆ 065/686120. **Coffs Harbour:** *** Paradise Palms Resort, Pacific Hwy., ✆ 066/536291; *** Chelsea Motor Inn, 106 Grafton St., ✆ 066/522977; ** Star Motel, Pacific Hwy., ✆ 066/521333; ** Plantation Inn, 96 Grafton St., ✆ 066/522566; Backpackers Hostel, 312 High St., ✆ 066/511871; Coffs Harbour YHA Hostel, 110 Albany St., ✆ 066/526462; Bananacoast Caravan Park, Pacific Hwy., ✆ 066/522868. **Ballina:** *** Almare Tourist Motel, 339 River St., ✆ 066/862873; ** Fun'n'sun Motel, Pacific Hwy., ✆ 066/863982; Ballina Travellers Lodge, 36 Tamar St., ✆ 066 866737; Cedars Caravan Park, Pacific Hwy., ✆ 066/863014. **Byron Bay:** *** Cape Byron Resort, 16 Lawson St., ✆ 066/857663; ** Beacon Motel, 6 Bay St., ✆ 066/856647; Backpackers Holiday Village Hostel, 116 Jonson St., ✆ 066/857660; Byron Bay YHA Hostel, 78 Bangalow Rd., ✆ 066/856445; Suffolk Park Caravan Park, Alcorn St., Suffolk Park, ✆ 066/853353. **Tweed Heads:** *** Blue Pelican Motel, 115 Wharf St., ✆ 075/361777; * Kennedy Drive Motor Inn, 203 Kennedy Drive, ✆ 075/369288; Tweed Billabong Caravan Park, Holden St., ✆ 075/542444.

Information: Great Lakes Tourist Board, Little St., Forster, ✆ 065/548554; Tourist Information Centre, Horton/Clarence Sts., Port Macquarie, ✆ 065/831293; Tourist Information Centre, Castle St., Coffs Harbour, ✆ 066/521522; The Clarence Valley Tourist Information Centre, Duke/Victoria Sts., Grafton, ✆ 066/424677; Tourist Information Centre, Las Balsas Plaza, Ballina, ✆ 066/863484; Summerland Tourist Information Centre, Bruxner Hwy. Lismore, ✆ 066/211519.

South Coast

Zwischen Sydney und Eden erstreckt sich ein landschaftlich sehr abwechslungsreicher Küstenstreifen: bizarre Steilklippen im Wechsel mit weiten Sandstränden, buchtartige Flußmündungen und verästelte Meeresarme, idyllische Binnenseen und ein hügeliges Hinterland mit oftmals (noch) dichtem Regenwaldbestand. Diese Gegebenheiten und eine ausgezeichnete touristische Infrastruktur machen die South Coast zu einem viel besuchten Erholungs- und Feriengebiet mit zahlreichen Möglichkeiten zum Baden, Segeln, Surfen, Angeln und Wandern. Daneben spielt vor allem in der südlichen Region um Bodalla und Bega die Milchwirtschaft eine bedeutende ökonomische Rolle.

Das Tor zur South Coast bildet ausgerechnet das 80 km südlich von Sydney gelegene florierende Industriezentrum **Wollongong-Port Kembla.** In der mit 235 000 Einwohnern drittgrößten Stadt von Neusüdwales befindet sich das größte Stahlwerk des Kontinents, und in ihrer Umgebung liegen ausgedehnte Steinkohlelager. Die Region zwischen der Stahlmetropole und dem südlich gelegenen Ort Shellharbour beherrscht der Binnensee Lake Illawarra (vielfältige Wassersportmöglichkeiten).

Der Ferienort **Kiama** ist bekannt für ein sehenswertes Naturschauspiel – das sogenannte Blowhole. Dies ist eine quadratmetergroße Spalte in einer Felsenklippe, durch die bei entsprechend starker Brandung das Meerwasser wie bei einer Fontäne bis zu 60 m hoch geschleudert wird. In der Nähe befindet sich das Pilots Cottage Museum, ein historisches Gebäude, das heute ein kleines Seefahrtsmuseum beherbergt (tgl. außer Di 11–15 Uhr). 3 km nördlich des Ortes ragt die Klippenformation Cathedral Rocks auf. Ein lohnender Abstecher führt zum 8 km westlich gelegenen Dorf Jamberon (Gebäude aus dem 19. Jahrhundert) und weiter durch sanfthügeliges Agrarland zum Minnamurra Rainforest Park (Rainforest Walk, ca. 1 Std.; Auskunft im Visitor Centre; tgl. 9–17 Uhr).

Über den Strandort Gerringong erreichen wir das Feriengebiet um **Nowra** (18 000 Einw.) am Shoalhaven River. An seinem breiten Mündungstrichter liegt das bereits 1822 gegründete Dorf Coolangatta, wo man Töpfer und Glasbläser bei der Arbeit beobachten kann. Shoalhaven Heads am Nordufer der Flußmündung ist ein populäres Wassersport- und Urlaubszentrum. In der Nähe erstreckt sich der ausgezeichnete Bade- und Surfstrand Seven Mile Beach.

Westlich von Nowra beginnen, die Küste bis zu 700 m überragend, die **Southern Highlands.** Von Nowra windet sich eine landschaftlich reizvolle Bergstraße über Mt. Canbewarra (678 m; grandiose Fernsicht) zum knapp 20 km entfernten **Kangaroo Valley.** Dieses von einer imposanten Bergkulisse umrahmte Hochtal wurde ab 1820 besiedelt. Heute befinden sich hier eine kleine Feriensiedlung und das sehenswerte Pioneer Farm Museum (tgl. 9.30–16.30 Uhr). Von Kangaroo Valley kann man die Fahrt landeinwärts fortsetzen zum **Morton National Park (Fitzroy Falls).**

Südöstlich von Nowra liegt die **Jervis Bay,** die einst mit Port Jackson als führender Kolonialhafen konkurrierte. Die gesamte Südregion der Bucht gehört seit 1915 zum Australian Capital Territory. Auf der hügeligen Halbinsel zwischen Jervis Bay und St. Georges Basin dehnt sich das **Jervis Bay Nature Reserve** mit traumhaften Stränden, spektakulären Klippen und einem Ableger der National Botanic Gardens von Canberra (Mo–Fr 8–16 Uhr, So 10–17 Uhr) aus.

Knapp 50 km südlich von Jervis Bay liegt Ulladulla, ein bedeutender Fischereihafen. Weitere 50 km südlich folgt an der Mündung des Clyde River der Ferienort Batemans Bay. Der Küste vorgelagert ist Tollgate Island, eine zum Tier-

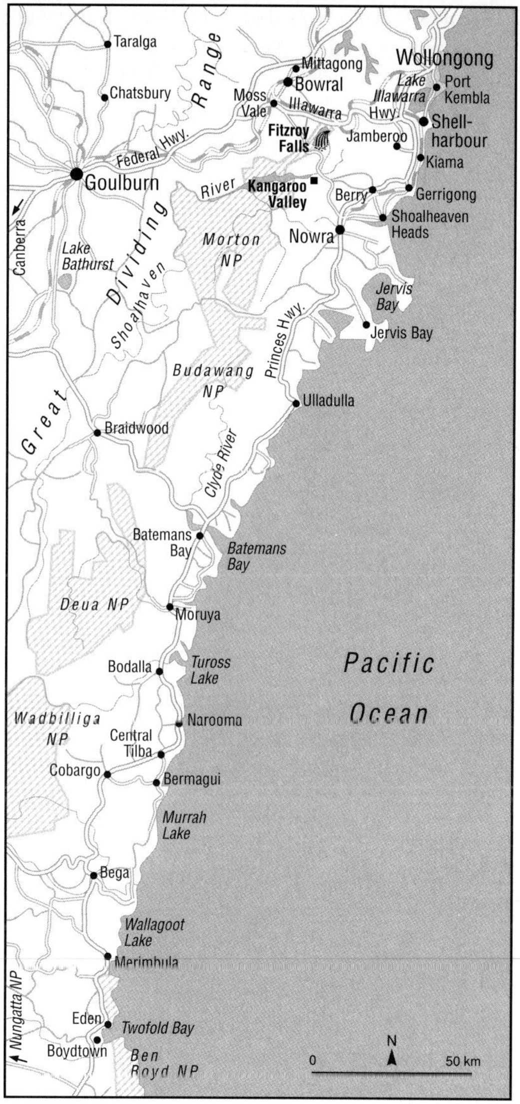

South Coast

reservat erklärte Insel mit einer Pinguinkolonie. Ein gutes Renommee als Bade-, Angel- und Surfzentrum besitzt auch das Städtchen Moruya. **Bodalla** erfreut sich als ein Zentrum der Käseherstellung großer Beliebtheit. Sehenswert ist hier die All Saints Anglican Church (1880), ein aus Granit und Sandstein errichtetes, recht trutzig wirkendes Gotteshaus. **Narooma,** 20 km südlich von Bodalla, ist ein Paradies für Sportfischer aus aller Welt, die sich das recht kostspielige Game Fishing auf Haie und Marlins leisten können. Auf der vorgelagerten Montague Island kann man Pinguine und Seehunde in freier Natur beobachten.

Central Tilba, etwas abseits des Pacific Highway gelegen, lohnt unbedingt einen kurzen Zwischenstopp. Das Bild dieses Dorfes prägen zwei Dutzend Holzbauten, die gegen Ende des letzten Jahrhunderts errichtet wurden. Geschmackvoll restauriert, beherbergen sie heute Galerien und Ateliers von Kunsthandwerkern. In einem historischen Gebäude befindet sich auch die für Besucher offene ABC Cheese Factory (tgl. 9–17 Uhr). Überragt wird dieses lebende Museum von dem markanten Gipfel des Mt. Dromedary (808 m).

Einen weiten Bogen durch das Hinterland beschreibend, führt der Pacific Highway nun südwärts nach Bega. Folgt man der teils ungeteerten Nebenstraße entlang der Küste, so kommt man, vorbei am Binnensee Wallage Lake, nach Bermagui. Über den kleinen Ort Tanja, in dessen Nähe sich der Mimosa Rocks National Park erstreckt, erreichen wir **Bega** (5000 Einw.; Milchwirtschaft). Bei einer Betriebsführung durch die Bega Cheese Factory in der Lagoon St. kann man sich ein Bild von der Herstellung verschiedener Käsesorten machen (Mo–Fr 9–15 Uhr). **Merimbula,** ein weiterer populärer Strandort 35 km südlich von Bega, hat seinen Besuchern ein sehenswertes Aquarium zu bieten (tgl. 10–17 Uhr).

Eden (4000 Einw.), malerisch an der Twofold Bay gelegen, ist der letzte größere Ort vor der Grenze zu Victoria. Einst Heimathafen einer stattlichen Flotte von Walfangschiffen, ist der Naturhafen Twofold Bay heute ein Zentrum der kommerziellen Fischerei. Über die Geschichte des Walfangs in den Gewässern von Neusüdwales informiert das Eden Killer Whale Museum in der Imlay St. (Jan. tgl. 10–17 Uhr, Feb.–Dez. tgl. 11–16 Uhr). Viel Atmosphäre vermittelt ein kurzer Spaziergang durch den Hafen.

Gegenüber von Eden, am Südufer der Twofold Bay, gründete 1842 der Schotte Benjamin Boyd den Hafen **Boydtown.** Innerhalb kurzer Zeit hatte Boyd in der Schafzucht und im Walfang ein Vermögen erworben. Nach seinen visionären Vorstellungen sollte Boydtown zunächst zum Mittelpunkt seines Wirtschaftsimperiums werden und später sogar Sydney als Hauptstadt der Kolonie ablösen. Doch Ende der 40er Jahre des vorigen Jahrhunderts platzten diese kühnen Pläne, als Boyd in ökonomische Schwierigkeiten geriet. Viel ist heute nicht mehr übrig von dem hochtrabenden Projekt des Schotten. Am Red Point im Ben Boyd National Park ragt der Boyds Tower auf, ein 31 m hoher Leuchtturm aus Sandstein. Von hier bietet sich auch ein schöner Blick auf die rötlichen Sandsteinklippen des Naturreservats.

Ebenfalls am Südufer der Twofold Bay hat sich die **Harris Daishowa Woodchip Plant** etabliert. In dieser gigantischen Holzmühle wird ein Teil der australischen Staatswälder zu Holzspänen kleingeraspelt und anschließend zur Papierproduktion nach Japan verschifft. Wiederholt kam es in der Gegend von Eden zu Konfrontationen, als Umweltschützer gegen die Kahlschlagmethoden der Holzindustrie protestierten. Im Visitors Center der Chipmill erhält der Besucher Informationen zum Thema aus der Sicht der Unternehmensleitung (tgl. 8–17 Uhr; Führung Do 10.30 Uhr). Rund 70 km jenseits von Eden überquert der Princes Highway die Grenze nach Gippsland in Victoria (s. S. 242).

Praktische Hinweise

Verkehr: Überlandbusse (Sydney–Melbourne) meist über Hume Highway. Einen guten

Ruf hat entlang des Princes Hwys. Pioneer Motor Service. Die Südküsten-Bahnlinie endet bereits in Nowra.

Unterkunft: Kiama: *** The Pines Motel, Bong Bong St., ✆ 042/321000; ** Briggdale Seaside Motel, 18 Hothersall St., ✆ 042/321767; Blow Hole Point Caravan Park, Cranford Park, Lighthouse Rd., ✆ 042 322707. **Nowra:** *** Avaleen Lodge Motor Inn, 315 Princes Hwy., Bomaderry, ✆ 044/218244; ** Albatross Motel, 161 Kinghorn St., ✆ 044/214644; Treehaven Caravan Park, 278 Princes Hwy., Bomaderry, ✆ 044/213494. **Ulladulla:** *** Albacore Motel, Boree St., ✆ 044/551322; ** Quiet Garden Motel, 2 Burrill St., ✆ 044/551757; Beach Haven Caravan Park, Princes Hwy., ✆ 044/552110. **Batemans Bay:** *** Sunseeker Motel, Old Princes Hwy., ✆ 044/725888; ** Hanging Rock Family Hotel, Beach Rd., ✆ 044/724466; Batemans Bay Tourist Park, Old Princes Hwy., ✆ 044/724972. **Narooma:** *** Holiday Lodge, Princes Hwy., ✆ 044/762282; ** Olympic Lodge, 76 Princes Hwy., ✆ 044/762379; The Lakes Hostel, RMB 80A, Old Princes Hwy., ✆ 044/762824; East's Van Park Riverside, Princes Hwy., ✆ 044/762046. **Bermagui:** *** Beachview Motel, 12 Lamont Str., ✆ 064/934155; ** Bermagui Motor Inn, 38 Lamont Str., ✆ 064/934311; Zane Grey Caravan Park, Lamont St., ✆ 064/934382. **Bega:** ** Bega Downs Motel, High/Gipps Sts., ✆ 064/922944; Bega YHA Hostel, Kirkland Crescent, ✆ 064/923103; Bega Caravan Park, Princes Hwy., ✆ 064/922303. **Eden:** *** Seahorse Inn, Boydtown, ✆ 064/961361; ** Blue Marlin Motel, Princes Hwy., ✆ 064/961601; Garden of Eden Caravan Park, Princes Hwy., ✆ 064/961172.

Information: Kiama Visitors Centre, Blowhole Point, ✆ 042/323322; Shoalhaven Tourist Centre, Princes Hwy., Bomaderry (Nowra), ✆ 044/210778; Ulladulla Tourist Information Centre, Princes Hwy., ✆ 044/551269; Batemans Bay Tourist Centre, Princes Hwy., ✆ 064/922045; Eden Tourist Information Centre, Princes Hwy., ✆ 064/961953.

Westlich der Geat Dividing Range

Der Mittlere Westen von Neusüdwales umfaßt die hügeligen westlichen Ausläufer der Great Dividing Range im geographischen Dreieck zwischen Lithgow, Dubbo und Forbes. Der Mid West ist eine der geschichtsträchtigsten Regionen Australiens: Hier wurde mit Bathurst die erste binnenländische Siedlung des Kontinents gegründet; von hier aus wagten die ersten weißen Entdecker ihre Vorstöße ins unbekannte Landesinnere; hier fand im Jahre 1851 der erste Goldrausch auf australischem Boden statt.

Lithgow (13000 Einw.) am westlichen Rand der Blue Mountains zieht vor allem Freunde alter Dampflokomotiven an. Die sogenannte Zig Zag Railway, die eine wichtige Rolle bei der Erschließung des Landes jenseits der Great Dividing Range spielte, wurde Mitte der 70er Jahre zu neuem touristischen Leben erweckt. Die abenteuerliche Fahrt geht von der Clarence Station östlich von Lithgow über drei Sandsteinviadukte und eine atemberaubende Zick-Zack-Trasse nach Bell in den Blue Mountains (Sa, So u. Feiertage 10–16 Uhr; ✆ 063/514826). Lohnenswerte Ausflüge führen zu den Jenolan Caves und dem Kanangra Boyd National Park (s. S. 174).

Bathurst (26000 Einw.), am Macquarie River gelegen, ist die älteste Stadt im Inneren Australiens. Bereits zwei Jahre nach der ersten Überquerung der Blue Mountains im Jahre 1813 ließen sich hier die ersten weißen Siedler nieder. Im Februar 1851 lösten Goldfunde eine wahre Invasion von Abenteurern aus, die nach dem Abflauen des Goldfiebers als Farmer und Handwerker ansässig wurden. Heute bildet der Ort den Mittelpunkt einer florierenden Agrarregion (Wolle und Weizen). Historische Bauwerke aus der Gründerzeit sind über das ganze Stadtgebiet verteilt (s. Farbabb. 8), z.B. die Holy Trinity Church (1835) und das Court House (1849–1882). Der Ostflügel des Gerichtsgebäudes beherbergt heute das Bathurst Historical Museum (Mo–Fr 9–16.30 Uhr, Sa 9.30–16.30 Uhr, So u. Feiertage 10–16 Uhr). Gegenüber erheben sich der 31 m hohe Glokkenturm Carillon sowie das South African War Memorial. An der südwestlichen Peripherie der Stadt windet sich um den Mt. Panorama die berühmteste Bergrennstrecke Australiens (an Ostern Motorradrennen, im Oktober Autorennen). Auf dem Plateau des Berges erstreckt sich der Sir Joseph Banks Nature Park, ein Freigehege mit Känguruhs, Koalas und Emus (tgl. 10–16.15 Uhr). Ebenfalls am Mt. Panorama befindet sich das Freiluftmuseum Bathurst Gold Diggings, die Rekonstruktion einer Goldgräbersiedlung (tgl. 9–16 Uhr).

Ein Abstecher auf teils ungeteerten Straßen führt von Bathurst in nördlicher Richtung über Sofala (altes Goldgräberdorf) zum ca. 80 km entfernten **Hill End,** einer historischen, heute unter Denkmalschutz stehenden Goldgräberstadt. Der Deutsche Bernhard Otto Holtermann entdeckte damals den 285,7 kg schweren Holtermann Nugget, den weltweit größten bislang gefundenen Goldklumpen. Heute erinnern in Hill End noch etwa ein Dutzend Gebäude an die Epoche, u.a. das alte Distriktkrankenhaus (1872; Goldgräbermuseum Di–So 9.30–17 Uhr) und das Royal Hotel (1873; stilvolle Unterkunft).

Auf dem Mid Western Highway erreicht man von Bathurst das 110 km südwestlich am malerischen Lachlan River gelegene **Cowra.** Hier befand sich während des Zweiten Weltkriegs ein Lager für japanische Kriegsgefangene. Ein Ausbruchsversuch von über 1000 Internierten am 4. August 1944 kostete 231 japanischen Gefangenen und vier australischen Soldaten das Leben. Die getöteten Japaner sind auf dem Japanese War Cemetery beigesetzt. An der Nordflanke des Bellvue Hill dehnt sich der Cowra Japanese Garden aus. Ein Museum informiert über japanische Kunst und Kultur (tgl. 8.30–17 Uhr).

56 km nordwestlich von Bathurst liegt an den Ausläufern des erloschenen Vulkans Mt. Canobolas (1395 m) das Agrarzentrum **Orange** (29 500 Einw.). In der Umgebung wird jede Menge Obst angebaut, allerdings keine Orangen! Der berühmteste Sohn der Stadt ist Banjo Patterson, einer der bekanntesten Dichter der Pionierzeit Australiens. Sehenswert sind die Botanischen Gärten mit einem weiten Spektrum an einheimischen und importierten Pflanzen.

Wellington (knapp 100 km nördlich von Orange) ist bekannt für seine 8 km südlich nahe dem Mitchell Highway gelegenen Kalksteinhöhlen mit ihren faszinierenden Stalagtiten und Stalagmiten. Besonders sehenswert ist die mächtige Cathedral Cave (Führungen tgl. zur vollen Stunde von 9–16 Uhr; Mittagspause 13–14 Uhr). Südöstlich von Wellington erstreckt sich der 440 km^2 große Burrendong Dam-Stausee, ein populäres Naherholungsgebiet mit einer breiten Palette von Wassersportmöglichkeiten.

Inmitten des durch große Stauseen gut bewässerten Weizengürtels von Neusüdwales liegt die wohlhabende Stadt **Dubbo** (33 000 Einw.). Weitere ökonomische Standbeine der Region sind neben dem Getreideanbau die Schaf- und Rinderzucht (Besichtigung der Farmen

Bowen Terrace – Terrassenhaus in Orange

s. Fremdenverkehrsamt). Von den historischen Kolonialgebäuden des Ortes, vornehmlich entlang der Macquarie St., verdienen zwei besonderes Interesse: die 1876 erbaute Bank of New South Wales, mit einem Museum für Regionalgeschichte (tgl. 9–13 Uhr, 14–17 Uhr) sowie das Old Dubbo Gaol, ein düsteres Gefängnis, wo auf recht makabere Art ein Galgen und anderes Henkers-›Werkzeug‹ präsentiert werden (tgl. 9–16.30 Uhr). Der Western Plains Zoo, Dubbos größte Touristenattraktion, breitet sich ca. 5 km südwestlich des Ortes aus (zu erreichen über den Newell Highway). Dieser größte Freigehegezoo Australiens beherbergt Tiere aus allen Erdteilen (tgl. 9–17 Uhr). Zentral in der Westregion gelegen (s. auch Farbabb. 22) , bietet sich Dubbo auch als Ausgangspunkt für Fahrten ins Outback von Neusüdwales (s. S. 195) sowie in den Nordwesten dieses Bundesstaates (s. u.) an.

Praktische Hinweise

Verkehr: Die größeren Orte des Mid West liegen in einem Netz gut ausgebauter Highways, die auch von verschiedenen Busgesellschaften im Linienverkehr bedient werden. Zwischen Sydney und Dubbo tgl. ein XPT-Schnellzug. Für Abstecher in Regionen abseits der Hauptrouten ist eigenes Fahrzeug empfehlenswert. Organisierte Tagestouren nach Sofala und Hill End ab Bathurst.

Unterkunft: Lithgow: *** Zig Zag Motel, Chifley Rd./Clwydd St., ✆ 063/522477; ** Lithgow Valley Inn, Cooerwull Rd., ✆ 063/512334; Lithgow Caravan Park, Cooerwull Rd., ✆ 063/514350. **Bathurst:** *** Country Lodge Motor Inn, 145 William St., ✆ 063/314888; ** Bathurst Motor Inn, 87 Durham St., ✆ 063/312222; * Park Hotel, George/Keppel Sts., ✆ 063/313399; Bathurst Caravan Park, Great Western Hwy., ✆ 063/318286. **Hill End:** * Royal Hotel, ✆ 063/378261; The Village Camping Ground, ✆ 063/378206. **Orange:** *** Orange Motor Lodge, 110 Bathurst Rd., ✆ 063/624600; Orange YHA Hostel, Pinnacle Rd., ✆ 063/653349; Showground Caravan Park, Margraet St., ✆ 063/ 627254. **Dubbo:** *** Blue Diamond Motor Inn, 113 Wingewarra, St., ✆ 068/820666; Dubbo YHA Hostel (Kurrajong House), 87 Brisbane St., ✆ 068/820922; Westview Tourist Caravan Park, Mitchell Hwy., ✆ 068/ 821339.

Information: Lithgow Tourist Information Centre, 285 Main St., ✆ 063/512307; Bathurst Tourist Information Centre, Court House, Russel St., ✆ 063/336288; National Parks & Wildlife Service, 140 William St., ✆ 063/334236; Orange Visitors Information Centre, Byng St., ✆ 063/624155; Dubbo Tourist Information Centre, 232 Macquarie St., ✆ 068/825359.

North West

Von Dubbo erreichen wir auf dem Newell Highway über das Landstädtchen Gilgandra **Coonabarabran.** 24 km westlich dieser kleinen Stadt befindet sich das Siding Spring Observatory, eine Sternwarte mit einigen Riesenteleskopen (tgl. 9–16 Uhr). Weitere 15 km westlich erheben sich als Ausläufer der Great Dividing Range die Warrumbungle Mountains abrupt aus der weiten Inlandebene. Geprägt wird dieses Gebiet durch vielgestaltige Felsformationen aus dem Lavagestein Trachyt, durch bizarre Felsen-

Vulkanische Steinkuppeln ▷
im Warrumbungle National Park

türme und -nadeln, durch gewaltige Steindome und -kuppen. Die Höhen und Gipfel des **Warrumbungle National Park** sind die Zeugen gewaltiger vulkanischer Eruptionen. Dieses Naturreservat gilt als ein Dorado für Wanderer und Bergsteiger (ideales Standquartier: Campingplatz Camp Blackman). Wanderungen (Informationen im Visitor Centre, tgl. 8.30–16 Uhr): zum Aussichtspunkt Fans Horizon (grandioser Blick auf die Grand High Tops; 3,6 km / 1,5–2 Std. v. v.), Breadknife-Grand High Tops Track (sehr reizvolle Rundwanderung zum Breadknife, einem bizarren 90 m hohen, aber nur 1,5 m breiten Felsgebilde; 12,5 km / 4–5 Std.). Ausgangspunkt für die meisten Wanderungen Picknickplatz Camp Pincham.

Ebenfalls vulkanischen Ursprungs ist der **Mt. Kaputar National Park,** der sich östlich der Stadt Narrabri (Zentrum der Baumwollproduktion) erstreckt. Erreichen kann man diesen Nationalpark nur über eine kurvenreiche Schotterpiste (53 km ab Narrabri). Die wohlhabende Agrarstadt **Moree** ist mit 12 500 Einwohnern der ökonomische Mittelpunkt des North West. Für Besucher interessant sind hier zwei Thermalbäder mit einer konstanten Temperatur von 43° C. Von Moree führt der Newell Highway in nördlicher Richtung nach Goondiwindi an der Grenze zu Queensland.

Über den Gwydir Highway gelangt man gen Westen nach **Lightning Ridge** (ca. 270 km). The Ridge (offiziell 1200, inoffiziell ca. 3000 Einw.) ist global der einzige Fundort des schwarzen Opals. Seit im Jahre 1902 die ersten der begehrten Black Opals gefunden wurden, hat der Ort unzählige Glücksritter angelockt. Besuchern bietet sich die Möglichkeit, auf einer organisierten Tour eine Opalmine zu besichtigen und das Schleifen von Opalen zu beobachten (The Big Opal, 3 Mile Rd.; tgl. 10 Uhr). Als Tourist darf man in den Abraumhalden der professionellen Opalgräber sein Glück versuchen. Alljährlich im August findet ein Festival statt (Musik- und Tanzveranstaltungen, Wettschürfen u. a.).

Praktische Hinweise

Verkehr: Gute Busverbindung auf dem viel befahrenen Newel Hwy. Eine Eisenbahnlinie verbindet Moree über Narrabri und Gunnedah mit der Ostküste. Air New South Wales fliegt regelmäßig nach Narrabri und Moree. Zu den Nationalparks nur mit eigenen Fahrzeugen. Nach Lightning Ridge verkehren Busse ab Dubbo, Narrabri und Moree.

Unterkunft: Coonabarabran: *** El Paso Motel, Oxley Hwy., ✆ 068/42 17 22; ** Warrumbungles Mountain Motel, Timor Rd., ✆ 068/42 18 32; John Oxley Caravan Park, Oxley Hwy., ✆ 068/42 16 35; Camp Blackman, Warrumbungle National Park, ✆ 068/25 43 64 (in der Ferienzeit Buchung erforderlich). **Narrabri:** ** Kaputar Motel, 22 Cooma Rd., ✆ 067/92 16 44; Narrabri Motel and Caravan Park, Newell Hwy., ✆ 067/92 25 93. **Moree:** *** Artesian Motel, Newell Hwy., ✆ 067/ 52 24 66; Moree Caravan Park, 28 Oak St., ✆ 067/52 95 56. **Lightning Ridge:** *** Black Opal Motel, Opal St., ✆ 068/29 05 18; Crocodile Caravan & Camping Park, Morilla St., ✆ 068/29 04 37.

Information: Coonabarabran Tourist Information Centre, Newell Hwy., ✆ 068/ 42 14 41; National Parks & Wildlife Service, 56 Cassilis St., Coonabarabran, ✆ 068/ 42 13 11; National Parks & Wildlife Service, 55 Maitland St., Narrabri, ✆ 067 92 72 34; Lightning Ridge Tourist Centre, Morilla St., ✆ 068/29 05 65.

Outback – Far West

Das Outback von Neusüdwales umfaßt die ausgedehnte Region westlich einer imaginären Linie zwischen Forbes, Dubbo und Lightning Ridge. Geprägt wird dieses nur dünn besiedelte Gebiet von schier endlosen Savannenebenen, wo nur noch Schafe ein karges Auskommen finden.

In der Übergangszone zwischen dem Weizengürtel der Western Plains und dem trockenen Outback liegt westlich von Dubbo die Stadt **Narromine,** ein bedeutendes Anbaugebiet für Zitrusfrüchte. Auf verschiedenen Plantagen sind Besucher willkommen. Des weiteren verfügt die Stadt über große Saleyards, wo regelmäßig Schafauktionen stattfinden. **Nyngan,** eine nicht sonderlich attraktive Provinzstadt, ist ein bedeutender Verkehrsknotenpunkt des Far West. Von hier aus führt der Mitchell Highway parallel zu einer Eisenbahnlinie 206 km mehr oder weniger schnurgerade nach Bourke (3500 Einw.).

Am Barrier Highway, 133 km westlich von Nyngan, liegt die Bergbaustadt **Cobar** (5300 Einw.). Hier lohnt sich der Besuch des Cobar Regional Museum, eines heimatkundlichen Museums mit den Schwerpunkten Aborigines, Pioniersiedler, Bergbau und Schafzucht (tgl. 10–17 Uhr). In dem am Darling River gelegene Städtchen **Wilcannia** (264 km westlich von Cobar) wurden in der zweiten Hälfte des 19. Jahrhunderts Schafwolle und andere Agrarprodukte auf Raddampfer verladen und nach Goolwa an der rund 1800 km entfernten Murray-Mündung gebracht. Über die Epoche der Raddampfer informiert ein kleines Museum (tgl. 9–12 Uhr u. 13–16 Uhr).

Von Wilcannia führt eine 97 km lange, bei Trockenheit auch von gewöhnlichen Pkws befahrbare Schotterpiste Richtung Norden nach **White Cliffs,** dem zweiten großen Opalzentrum von Neusüdwales. Um sich vor den extremen Temperaturen und den häufigen Sandstürmen zu schützen, leben viele Menschen hier in Höhlenwohnungen, sogenannten Dugouts. Dort befinden sich auch zwei sehenswerte Kunstgalerien: Eagles Gallery (tgl. 9–15 Uhr) und Wellingtons Underground Art Gallery (tgl. 15–17 Uhr). In verschiedenen Läden kann man Opale und Opalschmuck kaufen.

Der kürzeste Weg von Wilcannia nach Broken Hill führt über den Barrier Highway (197 km). Eine Alternativroute (267 km, davon 158 km auf einer an-

Kinderzimmer in einem Dugout in White Cliffs

nehmbaren Schotterpiste) beschreibt einen weiten Bogen in südlicher Richtung über Menindee. In der Nähe dieses Ortes hat man zur Wasserversorgung von Broken Hill den Darling River zu mehreren Seen aufgestaut.

Das nur 50 km von der Grenze zu Südaustralien entfernte **Broken Hill** (25 000 Einwohner), ein bedeutendes Bergbauzentrum, erstreckt sich über den größten bekannten Silber-, Blei- und Zinkvorkommen der Welt. In einem niedrigen, zerklüfteten Bergrücken stieß Charles Rasp 1883 zufällig auf eine unglaublich reiche Silberader. Er sicherte sich die Schürfrechte und gründete zwei Jahre später mit sechs Mitstreitern die Broken Hill Proprietary Company (BHP). Trotz Dürre, Hitze, Staubstürme, Skorbut und Typhus entwickelte sich aus dem primitiven Bergarbeitercamp schon recht bald ein funktionierendes Gemeinwesen. Um die Jahrhundertwende wichen die Holzhütten stattlichen Steinhäusern, und ab 1910 verkehrte auf der Hauptstraße des Ortes eine Dampfbahn. Aus der über 7 km langen, durchschnittlich 200 m breiten und bis zu über 1200 m in die Tiefe reichenden Erzader holen heute vier Bergbauunternehmen jährlich rund 2,5 Mio. t Erz. Und doch steckt die Stadt infolge einer weltweit stagnierenden Nachfrage in einer schweren Strukturkrise. Vermutlich werden in nicht allzu ferner Zukunft die profitabel abbaubaren Erzvorkommen erschöpft sein, so daß mit der Stillegung von Minen zu rechnen ist.

Die sehenswertesten Gebäude aus den Gründerjahren konzentrieren sich in der Argent St. (u. a. Post Office, Technical College, Palace Hotel). Ganz in der Nähe, in der Sulphide St., beherbergt das alte Bahnhofsgebäude das Railway and Historical Museum (Mineraliensammlung und Erinnerungsstücke) aus der Pionierzeit; tgl. 10–15 Uhr). Einen faszinierenden Einblick in die (ehemalige) Arbeitswelt der Kumpel vermittelt das Gladstone Mining Museum (Gladstone Hotel von 1887, South Rd.; Mo, Mi, Fr u. Sa 14–17 Uhr). Am besten macht man sich jedoch mit den Arbeitsbedingungen der Bergleute bei einer Minenbesichtigung während einer etwa zweistündigen Underground Mining Tour in der Delprats Mine (Mo–Fr 10.30 Uhr, Sa 14 Uhr) und der Daydream Mine (tgl. 10–15 Uhr) vertraut. Besucher von Broken Hill sind auch in zwei uraustralischen Institutionen willkommen: dem Royal Flying Doctor Service und der School of the Air (Anmeldung beim Fremdenverkehrsamt).

Auf einer Lehmpiste im Outback

Ein Mehrtagesausflug führt von Broken Hill in nördlicher Richtung nach Tibooburra (rund 400 km einfach). Über Yanco Glen (Yanco Glen Hotel mit Sammlung von Aboriginal-Artefakten) erreicht man den **Mootwingee National Park** mit seinen zerklüfteten, wettergezeichneten Sandsteinfelsen. Südlich des Nationalparks erstreckt sich um die Siedlung Mootwingee ein altes Stammesgebiet der Ureinwohner mit zahlreichen bis zu 20000 Jahre alten Felsmalereien. Nächste Station ist die Geisterstadt Milparinka, die im vorigen Jahrhundert Zentrum eines kurzlebigen Goldrausches war. Nördlich von Tibooburra breitet sich im Dreiländereck Neusüdwales, Queensland und Südaustralien der **Sturt National Park** aus. Für manche Abstecher in Gebiete abseits des Silver City Highway sind allradgetriebene Fahrzeuge erforderlich.

In den letzten Jahren hat sich The Hill auch einen Namen als Kulturstadt gemacht. Wesentlichen Anteil daran hatte die Malerschule The Brushmen of the Bush (Pro Hart, Hugh Schulz, Jack Absalom): Broken Hill City Art Gallery im Civic Centre, Chloride St. (Mo–Sa 9–16 Uhr, So 10–12 Uhr); Pro Hart Gallery, 108 Wyman St. (Mo–Sa 9.30–17 Uhr, So 14–17 Uhr); Hugh Schulz Gallery, 51 Morgan St. (tgl. 10–17 Uhr).

24 km nordwestlich von Broken Hill liegt **Silverton,** Ende des 19. Jahrhunderts eine florierende Bergbausiedlung mit 3000 Einwohnern. Sehenswert: Silverton Gaol Museum (tgl. 9–16.30 Uhr), Silverton School (heute Kunstgewerbe-Atelier), Silverton Pioneer Museum (Freilichtmuseum; tgl. 9–16.30 Uhr).

Praktische Hinweise

Verkehr: Bus: Sydney – Dubbo – Cobar – Broken Hill bis Broken Hill (ca. 15 Std.), Adelaide – Broken Hill (ca. 6,5 Std.), Melbourne – Broken Hill (ca. 10 Std.). Zug: dreimal wöchentlich der Schnellzug Silver City Comet Sydney – Broken Hill (ca. 16 Std.). Zudem liegt Broken Hill auf der Route des Indian-Pacific (Sydney – Perth). Flugzeug: mehrmals wöchentlich Air New South Wales Sydney – Broken Hill (meist mit Zwischenlandung in Dubbo) und Kendall Airlines Adelaide – Broken Hill. Eine interessante Möglichkeit, das Outback kennenzulernen, sind die Postflüge (Bush Mail Run) von Linden Aviation (zweimal wöchentlich; Linden Aviation, P.O. Box 811, Broken Hill 2880, ✆ 080/885257).

Unterkunft: Cobar: *** Copper City Motel, 36 Lewis St., ✆ 068/362404; Cobar Caravan Park, Barrier Hwy., ✆ 068/362425.

Die fliegenden Ärzte des Outback

Selbst Allerweltskrankheiten, wie etwa eine Blinddarmentzündung, endeten früher im australischen Busch oft tödlich. Heute aber stellt der 1928 von dem presbyterianischen Geistlichen John Flynn ins Leben gerufene Royal Flying Doctor Service (RFDS) die medizinische (Not-)Versorgung der Menschen im unendlich weiten Outback sicher. »Wenn Kranke nicht mehr zum Arzt gehen können, muß dieser eben zu ihnen kommen« – so die frühe Erkenntnis des Reverend. Um rasch Hilfe herbeirufen zu können, wurde ein Funknetz aufgebaut. Als größter Luftrettungsdienst der Welt operiert der RFDS heute von 14 Stützpunkten in ganz Australien aus und deckt dabei die Regionen außerhalb der Ballungszentren ab – ein Gebiet von über 5 Mio. km^2! Insgesamt werden alljährlich über 100000 medizinische (Not-)Fälle versorgt, Erste-Hilfe-Anweisungen per Funk eingeschlossen. Generell sind die Leistungen des RFDS kostenlos, obwohl ein Noteinsatz oft Tausende von Mark teuer sein kann. Finanziert wird diese gemeinnützige Organisation in erster Linie durch Beiträge und Spenden ihrer Mitglieder sowie durch staatliche Zuschüsse.

Bereits am frühen Morgen kommt Cheffunker Gary in Broken Hill heftig ins Schwitzen. Virtuos bedient er sechs Telefonapparate und das Funkgerät zur gleichen Zeit. Anrufe oder Funksprüche, die keine dringenden Fälle betreffen, nimmt er gewöhnlich zu festgesetzten ›Sprechstunden‹ entgegen und leitet sie an das nahe Krankenhaus weiter, wo der diensthabende Arzt dann aufgrund der genannten Symptome eine Ferndiagnose stellt und dem Patienten entweder Hinweise für eine Selbsttherapie gibt oder dessen Transport in ein Krankenhaus anordnet. Jede an das RFDS-Netz angeschlossene Farm verfügt über eine gutbestückte Hausapotheke, in der jedes der rund 100 Medikamente mit einer Nummer versehen ist. Über Telefon oder Funk sagt der Arzt dem Patienten einfach, welche Nummer das empfohlene Heilmittel trägt und wie

White Cliffs: *** Underground Dugout Motel, ✆ 080/916677; Family Post Office Inn, ✆ 080/916645. **Broken Hill:** **** Daydream Motel, 77 Argent St., ✆ 080/883033; *** Charles Rasp Motor Inn, 158 Oxide St., ✆ 080/881988; *** Hilltop Motor Inn, 271 Kaolin St., ✆ 080/7005; ** Sturt Motel, 153 Rakow St., ✆ 080/3558; * Grand Private Hotel, 317 Argent St., ✆ 080/5305; Tourist Lodge, 100 Argent St., ✆ 080/882026; Broken Hill Caravan Park, Rakow St., ✆ 080/3841.
Information: Broken Hill Tourist and Travellers Centre, Blende/Bromide Sts., ✆ 080/6077 (tgl. 8.30–17 Uhr); National Parks & Wildlife Service, 32 Sulphide St., Broken Hill, ✆ 080/880253; RAA-Automobilklub, 261 Argent St., Broken Hill, ✆ 080/884999.
Hinweis: In Broken Hill gilt die Central Australien Time, d. h. die Uhr ist gegenüber der East Australian Time (Neusüdwales, Victoria) eine halbe Stunde zurückzustellen!

es zu verabreichen ist. Ein idiotensicheres System sollte man meinen. Doch Krankenschwester Monica erzählt von einer skurrilen Begebenheit: Ein älterer Bushie hatte vom Arzt die telefonische Anweisung bekommen, vom Präparat Nummer 88 täglich eine Tablette einzunehmen. Einige Tage später erkundigte sich der Arzt nach dem Befinden des Patienten, worauf ihm dieser mitteilte: »Also, Doc, ich hatte da ein kleines Problem. Die verdammte Nummer 88 war mir ausgegangen. Da hab' ich eben statt einmal am Tag eine Pille von der verdammten Nummer 88 zu schlucken, zweimal eine von der verfluchten Nummer 44 eingenommen. Aber, Doc, glauben Sie mir, mir geht's großartig heute!«

Eine Telefonleitung sowie eine Funkfrequenz werden stets für Notrufe freigehalten. Bei einem Notfall-Einsatz dauert es nur wenige Minuten, bis ein Sanitätsflugzeug mit einem Arzt und einer Krankenschwester an Bord abhebt. Bereits während des Flugs gibt der Arzt über Funk Erste-Hilfe-Anweisungen an die Helfer vor Ort. Jede RFDS-Maschine ist eine Art fliegende Mini-Intensivstation. Mit Ausnahme größerer chirurgischer Eingriffe ist ein Arzt hier praktisch für alle denkbaren Notfälle gerüstet. Während des Rückflugs steht der Arzt in ständigem Telefonkontakt mit dem Krankenhaus in Broken Hill und erteilt Anweisungen für eine Notaufnahme. Zu den häufigsten Noteinsätzen im Outback gehören Motorrad- und Autounfälle, Schlangenbisse sowie vor allem alle Arten von Arbeitsunfällen.

Als Routineangelegenheit gelten Krankentransporte per Flugzeug in die Kliniken von Adelaide sowie regelmäßige Visiten (meist ein- oder zweimal im Monat) in kleinen Buschhospitälern. Damit aber sind die Aufgaben der Ärzte und Krankenschwestern des RFDS noch lange nicht erschöpft. Dazu John, seit 10 Jahren ein Flying Doctor: »Hier im Outback muß ich Mädchen für alles sein, hier gibt es keine Spezialgebiete. Am Morgen helfe ich vielleicht als Hebamme einem Kind auf die Welt, mittags versorge ich als Notarzt einen Stockman, den ein Bulle auf die Hörner genommen hat, am Nachmittag nähe ich als Veterinär bei einem Pferd eine tiefe Fleischwunde und am Abend tröste ich als Psychotherapeut einen einsamen Bushie!«

Southern Highlands

Südwestlich des Großraumes Sydney erstreckt sich die fruchtbare Agrarregion der Southern Highlands. Diese Hochebene, ein Ausläufer der Great Dividing Range, liegt ungefähr 50–70 km landeinwärts auf einer durchschnittlichen Höhe von 600 m. Auf dem Hume Highway, der ab Sydney die ersten 120 km nahezu parallel zu dem neuen, teils sechsspurigen South Western Freeway verläuft, erreichen wir das Städtchen **Mittagong,** mit sehenswerten Gebäuden aus der Pionierzeit. Von hier führt eine zum Teil ungeteerte Straße durch eine reizvolle Landschaft mit Mittelgebirgscharakter zu den 65 km nordwestlich gelegenen Wombeyan Caves, Kalksteingrotten mit spektakulären Tropfsteinen (Führungen mehrmals tägl. 10–16 Uhr).

Das südwestlich von Mittagong gelegene **Moss Vale** (sehenswerter Thorsby Park aus den 30er Jahren des 19. Jahrhunderts) bietet sich an als Ausgangspunkt für eine Fahrt zu den am Nordrand des Morton National Park gelegenen Fitzroy Falls und dem sich südlich anschließenden Kangaroo Valley (s. S. 186). 10 km nördlich von Moss Vale liegt am Hume Highway das Postkartenstädtchen **Berrima.** Ein Großteil der stilvoll restaurierten Sandsteingebäude dieses 1829 gegründeten Orts steht unter Denkmalschutz. Besonders sehenswert sind das neoklassizistische Court House (1838), das Berrima Jail (1839), die im neugotischen Stil erbaute, katholische St. Francis Xavier Church (1851) sowie vor allem das Surveyor General Inn (1834), wo man auch heute noch ein gepflegtes Bier vom Faß genießen kann.

Goulburn (24 000 Einw.), die zweitälteste Binnenstadt Australiens, ist heute das bedeutendste Agrarzentrum der Southern Highlands. Unter den historischen Gebäuden ragt der georgianische Backsteinbau des Court House (1880) heraus. Am östlichen Ortsrand steht inmitten einer hübschen Parkanlage das gegen 1840 erbaute Riversdale House (Fr 11–13 Uhr u. 14–16 Uhr; Sa, So u. Feiertage 10–16.30 Uhr). An der westlichen Peripherie der Stadt erhebt sich The Big Merino, ein über 15 m hoher Schafbock aus Beton, in dessen Innern sich ein Laden für Wollprodukte sowie ein kleines Wollmuseum befinden (tgl. 8–20 Uhr).

87 km weiter westlich folgt **Yass,** eine freundliche Kleinstadt mit einigen gut erhaltenen Kolonialgebäuden. Sehenswert ist vor allem die Cooma Cottage, der ehemalige Wohnsitz des Forschungsreisenden Hamilton Hume (ca. 4 km südöstlich der Stadt; tgl. außer Di 10–16 Uhr). Südlich des Ortes erstreckt sich der verästelte Burrinjuck-Stausee, ein beliebtes Angel- und Segelrevier.

8 km nördlich der Stadt Gundagai steht am Five Mile Creek (bei einer Raststätte am Hume Highway) eine der bekanntesten Statuen Australiens: **The Dog on the Tuckerbox.** Dieses Bronzestandbild eines Hundes, der eine Proviantkiste bewacht, errichtete man zu Ehren der Hunde, die den Pioniersiedlern unentbehrliche Dienste erwiesen.

Praktische Hinweise

Verkehr: Fahrzeuge sämtlicher großer Buslinien auf dem Hume Hwy. Alle bedeutenden Orte der Southern Highlands sind von Sydney auch mit der Eisenbahn zu erreichen.
Unterkunft: Goulburn: *** Goulburn Country Home, Hume Hwy., ✆ 048/21 44 97; ** Hillview Motel, Hume Hwy., ✆ 048/21 31 30; Goulburn South Caravan Park, Hume Hwy., ✆ 048/21 32 33. **Yass:** *** Hamilton Hume Motor Inn, Hume Hwy., ✆ 06/226 17 22; Yass Caravan Park, Hume Hwy., ✆ 06/226 11 73.
Information: Southern Highlands Visitors Information Centre, Winifred West Park, Hume Hwy., Mittagong, ✆ 048/71 28 88; Goulburn Visitors Centre, 2 Montague St., ✆ 048/21 53 43.

Murray River Region

Entlang des Murray River hat sich aufgrund intensiver Bewässerungsmaßnahmen eine ertragreiche Agrarregion (Obst, Gemüse, Wein) entwickelt. Um Deniliquin züchtet man zudem mit großem Erfolg Wollschafe.

Albury (41 000 Einw.), mit seiner jenseits des Murray River bereits in Victoria gelegenen Nachbarstadt Wodonga (s. S. 254) schon fast zusammengewachsen, gehört zu den dynamischsten Wirtschaftszentren von New South Wales.

Keimzelle des Ortes war eine Polizeistation, die man 1838 zum Schutz einer Furt über den Murray errichtete. In den Jahren 1850 bis 1870 befand sich hier der Endhafen für die auf dem Murray verkehrenden Raddampfer. Besuchenswert sind die Anfang dieses Jahrhunderts im venezianischen Renaissance-Stil erbaute ehemalige Town Hall (heute Albury Regional Art Centre mit einer Kunstgalerie; tgl. 10.30–17 Uhr), der Monumental Hill am Westende der Dean St. mit einem über 30 m hohen Obelisken (schöner Blick über die Stadt) und das Albury Regional Museum im historischen Turks Head Hotel (1877) am Hume Highway (tgl. 10.30–16.30 Uhr). Ganz in der Nähe ankert im Murray River die P.S. Cumberoona, die Replik eines historischen Schaufelraddampfers (Kreuzfahrten auf dem Murray ✆ 060/41 13 55).

Über den entlang des Murray verlaufenden Riverina Highway erreichen wir das Städtchen Corowa, den Mittelpunkt eines bekannten Weinanbaugebiets (Lindeman Kelterei). Wir verlassen nun den Highway und nehmen die dem Murray folgende Nebenstraße. Der Mulwala-Stausee nahe der gleichnamigen Kleinstadt bildet ein weiteres wichtiges Wasserreservoir für die Irrigation des umliegenden Agrargebiets. Am Newell Highway bei Tocumwal befindet sich das Regionalmuseum River Murray Heritage Centre (tgl. 9–17 Uhr).

Die am Edward River gelegene Stadt **Deniliquin** ist das Zentrum des Peppin Merino Country. Anfang der 60er Jahre des 19. Jahrhunderts züchtete der Brite George Hall Peppin hier seine später weltweit als Peppin-Merinos berühmt gewordenen Wollschafe, von denen heute angeblich 85 % aller australischen Schafe ursprünglich abstammen. Das Hauptproblem der Schafzüchter hier waren seit jeher ausgedehnte Trockenpe-

Weideland bei Wagga Wagga

rioden. Erst umfangreiche Bewässerungsanlagen verwandelten die ehemalige Salzbuschsteppe in reiche Weidegründe (Informationen im Peppin Heritage Centre, St. George St., Mo-Fr 10–17 Uhr, Sa u. So 14–16 Uhr). Auf einer kleinen Insel im Edward River befindet sich noch im Ortsbereich von Deniliquin das Island Sanctuary, ein Eukalyptuswald mit zahlreichen Känguruhs und Emus.

Da die ausgedehnte Agrarregion nordöstlich des Murray River keine nennenswerten Sehenswürdigkeiten zu bieten hat, empfiehlt es sich, von Deniliquin nach Echuca zu fahren und die Tour durch das Murray Valley im Staat Victoria fortzusetzen (s. S. 254). Für Touristen interessant ist eventuell noch **Wentworth** (1200 Einw., ca. 380 km nordwestlich von Deniliquin). Da hier der Darling in den Murray River mündet, spielte der Ort Ende des vorigen Jahrhunderts eine bedeutende Rolle in der Schiffahrt. Ein Relikt der damaligen Epoche – den Schaufelraddampfer Ruby – kann man im Fotherby Park (nahe der Darling-Brücke) bewundern. Informationen über die Geschichte der Flußschiffahrt erhalten Sie im Rotary Folk Museum in der Beverley St. (tgl. 10–17 Uhr), über die Fauna des Murray-Darling-Flußsystems nebenan im Cod River Aquarium (tgl. 10–17 Uhr). Auch das gegenüberliegende Old Wentworth Gaol, das alte Stadtgefängnis, lohnt einen Besuch (tgl. 10–17 Uhr).

Etwa 130 km nordöstlich von Wentworth erstreckt sich der **Mungo National Park.** Dominiert wird das Naturschutzgebiet von den Walls of China, einer halbmondförmigen, langen Dünenkette. Am Lake Mungo machten Wissenschaftler archäologische Funde, die wichtige Aufschlüsse über die Besiedlungsgeschichte des Fünften Kontinents lieferten. Im Nationalpark gibt es nur einen einfachen Campingplatz. Nur wenige Kilometer nördlich von Wentworth beginnt die Wildnis des Outback von Neusüdwales. Auf dem Silver City Highway erreicht man die 266 km weiter nördlich gelegene Bergbaustadt Broken Hill (s. S. 196).

Praktische Hinweise

Verkehr: Alle größeren Städte der Murray River Region sind von Sydney, Canberra, Melbourne und Adelaide per Bus und Bahn zu erreichen.

Unterkunft: Albury: *** Hume Inn Motel, 406 Wodonga Place, ✆ 060/212733; ** Southern Cross Motel, Hume Hwy., Lavington, ✆ 060/251622; Lancaster Lodge, Young St., ✆ 060/213127; Albury Tourist Haven Caravan Park, Hume Hwy., Lavington, ✆ 060/251619. **Deniliquin:** *** Peppin Motor Inn, Crispe St., ✆ 058/812722; Deniliquin YHA Hostel, 422–424 Wood St., ✆ 058/811410; Pioneer Tourist Park, Hay Rd., ✆ 058/812469. **Wentworth:** *** Two Rivers Motel, Silver City Hwy., ✆ 050/273268; Willow Bend Caravan Park, Lock 10 Rd., ✆ 050/273213.

Information: Albury Travel Bureau, 550 Dean St., ✆ 060/211477; Deniliquin Tourist Information Centre, Cressy St., ✆ 058/812878.

Snowy Mountains

Allgemeines

In den Schneebergen von Neusüdwales, offiziell Australische Alpen genannt, erreicht das transaustralische Randgebirge Höhen von mehr als 2000 m. Die Snowy Mountains erstrecken sich bei einer Ost-West-Ausdehnung von durchschnittlich 40 km in Nord-Süd-Richtung über etwa 160 km. Einen Großteil dieser Gebirgsregion schützt der Kosciusko National Park, so benannt nach dem höchsten Gipfel Australiens, dem 2230 m hohen Mt. Kosciusko. Im Grunde genommen handelt es sich nicht um ein wirkliches Gebirge, sondern um ein Hochplateau, das in einem Jahrmillionen währenden Prozeß tektonischer Bewegungen aufgefaltet wurde. Kennzeichnend für Australiens Alpen sind ihre sanft abfallenden Hänge und ihre abgerundeten, bewachsenen Gipfel. Geprägt wurde das Kosciusko-Plateau zudem wahrend der letzten Eiszeit durch Gletscher, die nach ihrem Abschmelzen u. a. durch Endmoränen aufgestaute Gebirgsseen zurückließen. Markante Vertreter der alpinen Flora dieser Hochgebirgslandschaft sind die Schnee-Eukalypten (Snow Gums).

Die rund 1000 km^2 umfassenden Schneefelder in den Hochlagen sind jedes Jahr bis zu sechs Monate lang schneebedeckt. Hier befinden sich die populärsten Skigebiete Australiens, die während der Saison (Juni–Nov.) Zehntausende von Wintersportlern anlocken. In den Sommermonaten sind die Snowy Mountains Urlaubs- und Ausflugsziel für Bergwanderer und Angler.

Als Quellgebiet wichtiger Flüsse (Murray River, Murrumbidgee River und Snowy River) bergen die Schneeberge ein gewaltiges wasserwirtschaftliches und hydroelektrisches Potential. Das zu erschließen, war Ziel des Snowy Mountains Irrigation and Hydroelectric Scheme. Durch ein gewaltiges System von 16 größeren Stauseen, die durch Tunnel und Aquädukte miteinander verbunden sind, wurden der Snowy River und seine wichtigsten Nebenflüsse nach Westen in den Murray und Murrumbidgee umgeleitet. Damit war das erste Ziel des Projekts erreicht: die Bewässerung der weiten Ebenen der Riverina Region im Westen des Gebirges. Zuvor treiben sie aber noch die Turbinen von sieben Wasserkraftwerken (zwei davon unterirdisch) an. Damit leisten sie einen nicht unerheblichen Beitrag zur Energieversorgung des südöstlichen Australiens.

Rundfahrt

Cooma (8000 Einw.) ist ein beliebter Startpunkt für einen Abstecher in die Snowy Mountains. Das Zentrum des Städtchens dominiert der Centennial Park mit der Avenue of the Flags. Hier flattern die Flaggen der 27 Nationen, aus denen die Erbauer des Snowy-River-Projekts stammten. In Cooma North (am Monaro Highway in Richtung Canberra) befindet sich das administrative Zentrum der Snowy Mountain Hydroelectric Authority. In einem Besucherpavillon informieren Videofilme, Modelle und Schautafeln über das Snowy Mountains Scheme (Mo-Fr 8–16.30 Uhr, Sa u. So 8–12 Uhr). Ein schöner Blick über die Stadt und die Berge bietet sich vom Mt. Gladstone (ca. 5 km west-

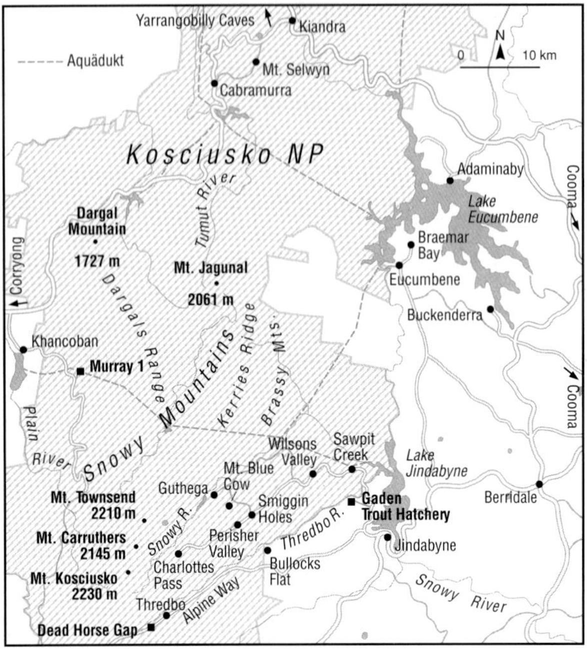

Kosciusko National Park (Snowy Mountains)

lich; Abzweigung vom Snowy Mountains Highway). Von Cooma aus kann man auf einer ca. 480 km langen Rundfahrt (zwei Tage) die Australischen Alpen mit dem eigenen Fahrzeug erkunden.

Wir verlassen Cooma auf dem Snowy Mountain Highway gen Westen und zweigen nach 6 km Richtung Berridale ab. Von hier aus führt eine Stichstraße zum **Lake Eucumbene,** dem zentralen Stausee des Snowy Mountains Scheme. Schöne Campingplätze findet man hier an der Braemar Bay und in Buckenderra. Nächste Station ist das 930 m hoch gelegene **Jindabyne,** das mit 1800 permanent hier lebenden Einwohnern größte Wintersportzentrum der Schneeberge. Am Jindabyne-Stausee erhebt sich eine große Statue des polnischen Grafen Paul Edmund von Strzelecki (1797–1873), der 1840 im Alleingang den höchsten Berg des Fünften Kontinents bestieg. In Jindabyne beginnt der 109 km lange, über Thredbo nach Khancoban führende Alpine Way, der auch Teil unserer Rundfahrt ist.

Vorher aber lohnt sich ein Abstecher in die Kernregion des **Kosciusko National Park.** Etwa 5 km westlich von Jindabyne zweigt vom Alpine Way die Kosciusko Road in Richtung Sawpit Creek (Kosciusko National Park Visitor Centre; tgl. 8.30– 16.30 Uhr) ab. Hinter dem Parkhauptquartier beginnt der Sawpit Creek Nature Track, ein Naturlehrpfad durch offenen Eukalyptuswald (Rundwanderung 1,6 km / ca. 1 Std.).

Die Straße windet sich nun hinauf zum 1440 m hoch gelegenen Skiort **Wilsons Valley,** in dessen Nähe eine Straße in nördlicher Richtung zum Skidorf Guthega abzweigt. Geradeaus geht es weiter zu den großen Wintersportzentren **Smiggin Holes** (1675 m) und **Perisher Valley** (1813 m). Im geographischen

Dreieck zwischen diesen drei Orten liegt das Mitte der 80er Jahre eröffnete Skizentrum **Mt. Blue Cow** (1666 m). Das moderne Resort ist durch die Ski Tube, eine 8,5 km lange U-Bahn, über Perisher Valley mit Bullocks Flat (am Alpine Way östlich von Thredbo) verbunden.

Ein paar Kilometer weiter südwestlich von Perisher Valley kommen wir zum Charlottes Pass (1840 m) mit dem sehr schön gelegenen Bergort **Chalet.** Vom Charlottes Pass Lookout bietet sich ein grandioser Blick auf den Mt. Kosciusko sowie andere Gipfel der Snowy Mountains (Mt. Clarke, Mt. Townsend, Mt. Lee, Mt. Carruthers u. a.). Hier befindet sich auch der Ausgangspunkt für einige interessante Wanderungen. Sehr zu empfehlen: der Summit Walk auf den Mt. Kosciusko (16 km / ca. 6–7 Std. v. v.) oder als Alternativroute der Main Range Walk über Mt. Carruthers und Mt. Townsend sowie die Gletscherseen Blue Lake, Club Lake und Lake Albina; diese Wanderung kann mit dem Summit Walk zu einer Rundwanderung kombiniert werden (20 km / ca. 8–9 Std.). Wichtiger Hinweis: Unbedingt warme Kleidung und Regenschutz mitnehmen!

Auf der Kosciusko Road kehren wir nun zurück zum Alpine Way und gelangen über Bullocks Flat (Talstation der Ski Tube) zum Wintersportort **Thredbo** (1370 m). Auch von hier kann man den Gipfel des Mt. Kosciusko erreichen: Mit einem Sessellift geht es zunächst hinauf auf den Mt. Crackenback (1930 m); von dort führt ein Wanderpfad zum Mt. Kosciusko (12 km / ca. 5–6 Std. v. v.). Südwestlich von Thredbo windet sich die Straße hinauf zur Paßhöhe Dead Horse Gap (1582 m). Ein paar Kilometer weiter geht die Asphaltstraße für etwa 40 km in eine Schotterpiste über, die nun steil abfällt ins Tal des Murray River. Ein lohnenswerter Abstecher führt zum Olsens Lookout (11 km), der einen herrlichen Blick auf die westlichen Steilabbrüche der Snowy Mountains bietet. In der Murray 1 Power Station (Wasserkraftwerk), die am Alpine Way liegt, sind Besucher willkommen (Führungen tgl. 10, 11, 12, 13, 14 Uhr).

In **Khancoban,** einem Ferienort mit Caravan Park und Motels, endet der Alpine Way. Hier aber beginnt eine andere sehr interessante Bergstraße, die zum 63 km weiter nördlich gelegenen Cabramurra führt. Noch etwas weiter nördlich befindet sich Tumut 2, ein unterirdisches Wasserkraftwerk (Führungen tgl. 10.30, 11.30, 13 u. 14 Uhr). Vorbei am Wintersportgebiet Mt. Selwyn erreichen wir das ehemalige Goldgräberdorf Kiandra. 31 km nördlich von Kiandra erstreckt sich das verzweigte Höhlensystem der **Yarrangobilly Caves**. Von den insgesamt 60 bislang erforschten Höhlen sind vier Besuchern zugänglich (Informationen beim Cooma Visitors Centre). Fährt man weiter gen Norden, so kommt man über Tumut nach Gundagai in den Southern Highlands. In südlicher Richtung kann man von Kiandra über Adaminaby wieder nach Cooma zurückkehren.

Praktische Hinweise

Verkehr: Von Sydney und Melbourne über den Hume Hwy. und den Snowy Mountains Hwy. (regelmäßig Busse). Von Canberra auf dem Monaro Hwy. nach Cooma (hier auch regelmäßig Busse). Von der Südküste auf Princes Hwy. und Cann River Hwy. über Bombala nach Cooma (keine öffentlichen Verkehrsmittel). Air South Wales mehrmals wöchentlich von Sydney, Melbourne und Brisbane nach Cooma und Jindabyne. Von Cooma Busse zu den Skiorten, von Jindabyne nach Thredbo sowie nach Sawpit Creek und Guthega. Die U-Bahn Ski Tube, eigentlich primär für den Transport von Skifahrern gebaut, pendelt auch in den Sommermonaten zwischen Bullocks Flat, Perisher Valley und Mt. Blue Cow bei Guthega.

Unterkunft: Cooma: *** Cooma Country Club Motor Inn, 237 Sharp St., ✆ 064/521884; ** Country View Motor Inn, 12 Chapman St., ✆ 064/521277; ** Swiss Motel, 34 Massie St., ✆ 064/521950; Bunkhouse Motel, 28–30 Soho St., ✆ 064/522983 (Backpackers Hostel); Snowtels Caravan & Camping Park, Snowy Mountains Hwy., ✆ 064/521828. **Jindabyne:** *** Lake Jindabyne Hotel, Kosciusko Rd., ✆ 064/562203; ** The Station Motel, Dalgety Rd., ✆ 064/562895; Chalet Jindabyne Privat Hotel, 67 Gippsland St., ✆ 064/562547; Hanna's Hütte, 51 Gippsland St., ✆ 02/4396333; Snowline Caravan Park, Alpine Way/Kosciusko Rd., ✆ 064/562099. **Sawpit Creek:** Alpine Accomodation Complex, Kosciusko Rd., ✆ 064/562224 (Caravan Park und Blockhütten). **Thredbo:** **** Alpenhorn Mountain Lodge, ✆ 064/576223; *** Berntis Mountains Inn, ✆ 064/576332; ** House of Ullr, ✆ 064/576210; Thredbo YHA Hostel ✆ 064/576376. **Khancoban:** ** Khancoban Alpine Inn, ✆ 060/769471; * Fisherman's Lodge, ✆ 060/769471; Murray Gates Caravan Park, ✆ 060/769488.

Information: Cooma Visitors Centre, 119 Sharp St., ✆ 064/521177; Jindabyne Snowy River Information Centre, Petamion Plaza, ✆ 064/562444; National Parks and Wildlifes Service, Sawpit Creek, ✆ 064/562102.

Klippenformation an der Great Ocean Road

Victoria

Der nach der britischen Königin Victoria (1819–1901) benannte Bundesstaat liegt, flankiert von Südaustralien (im Westen) und Neusüdwales (im Norden und Osten), in der Südostecke des Fünften Kontinents. Victoria ist flächenmäßig der zweitkleinste, bevölkerungsmäßig (ca. 4,4 Mio. Einw.; 1992) aber der zweitgrößte der Bundesstaaten. Auf nur 3 % der gesamten Landesfläche lebt über ein Viertel der Bevölkerung, was Victoria zum am dichtest besiedelten Bundesstaat macht (18,9 Einw./km^2).

Der Winzling unter den Staaten des australischen Festlands, dessen Landschaftsspektrum erstaunlich weitgefächert ist, läßt sich geographisch in drei Großräume einteilen: in das Bergland des Nordostens, dessen Ausläufer im Westen bis zur Grenze des Nachbarstaates Südaustralien reichen (höchste Erhebung Mt. Bogon, 1986 m); in die zwischen 20 und 250 km breite Küstenebene, die sich über eine Länge von 1200 km entlang des Südpazifik von Neusüdwales bis Südaustralien erstreckt sowie schließlich in das Becken des Murray River, der fast in seiner gesamten Länge die Grenze zu Neusüdwales bildet. Trotz mitunter sehr heißer Sommer (bis zu über 40° C) und vor allem in der Küstenregion häufig naßkalter Wintermonate, erfreut sich Victoria im großen und ganzen eines gemäßigten Klimas.

Als zweitgrößter Agrarproduzent Australiens liefert Victoria rund ein Fünftel aller landwirtschaftlichen Erzeugnisse. Die Hauptstützen des Agrarsektors sind 30 Mio. Schafe (vor allem in den weiten Ebenen des Westens) sowie 1 Mio. Milchkühe (überwiegend im Südosten sowie in der Murray River Region). Weitere wichtige Agrarprodukte sind Weizen, Obst und Gemüse.

Victorias wirtschaftliche Stärke basiert aber nicht zuletzt auch auf den riesigen Braunkohlelagern, die sich über 500 km^2 des Latrobe Valley östlich von Melbourne erstrecken. Überdies wurde im Gippsland-Becken, das sich bis in die Bass Strait zwischen Victoria und der Insel Tasmanien ausdehnt, bislang das meiste Erdöl und Erdgas Australiens gefördert. Schwerpunkte der verarbeitenden Industrie (Großraum Melbourne und Geelong) sind Lebensmittelproduktion, Fahrzeug- und Maschinenbau sowie Papier- und Zellstoffgewinnung. Das Einkommen der Haushalte liegt hier um 8 % über dem landesweiten Durchschnitt.

Die Hauptattraktionen Victorias sind neben Melbourne sowie den historischen Goldrauschstädten Ballarat und Bendigo vornehmlich landschaftliche Sehenswürdigkeiten: 33 Nationalparks und Hunderte von kleineren Naturschutzgebieten mit spektakulären Küstenszenerien und grandiosen Bergpanoramen.

12 Glen Helen Gorge, NT

13 Windjana Gorge, WA

14 Aufstieg auf den Ayers Rock, NT

15 Ayers Rock (Detail), NT

16 Devils Marbels, NT

17 Valley of the Winds in den Olgas, NT

18 Cradle Mountain und Lake Dove, TAS

19 Three Sisters in den Blue Mountains, NSW

20 Schafweide in Südaustralien

21 Akazien am Stuart Highway, SA

22 Parklandschaft bei Dubbo, NSW

23 Im südaustralischen Outback

24 Lake St. Clair, TAS

25 Windräder sichern die Wasserversorgung im Outback

Melbourne

Allgemeines

Die Hauptstadt Victorias (s. Farbabb. 63), mit rund 3,1 Mio. Einwohnern nach Sydney die zweitgrößte Metropole Australiens, liegt beidseitig des Yarra River am Nordufer der fast ganz von Land eingeschlossenen Port Phillip Bay. Obwohl sich ein Großteil der verarbeitenden Industrie Australiens in und um Melbourne angesiedelt hat, obwohl an den Ufern des Yarra mächtige Banken und Versicherungen, Minengesellschaften und andere Industriegiganten residieren und obwohl hier der größte australische Gewerkschaftsverband (Australian Council of Trade Unions) sowie alle bedeutenden politischen Parteien ihre Hauptquartiere etabliert haben, ist Melbourne in ökonomischer wie politischer Hinsicht nicht mehr so bedeutend wie Sydney. Melbourne ist eine Provinzstadt mit heute noch vornehmlich viktorianischem Charakter geblieben, auch wenn während der 60er und 70er Jahre zahlreiche spätviktorianische Gebäudekomplexe einer überhitzten Baukonjunktur zum Opfer gefallen sind.

Kaum ein Australier fühlt sich stärker britischen Traditionen verpflichtet als ein waschechter Melbournian, vor allem wenn er dem vornehmen Geldadel angehört. Dieser ist es auch, der eines der auffallendsten Merkmale der Stadt geprägt hat: eine Mischung zwischen britischem Konservatismus und amerikanischer Geschäftigkeit. Etwas ins Wanken kam die Bastion angelsächsischer Wertvorstellungen, als Melbourne in den Jahren nach dem Zweiten Weltkrieg mehr Einwanderer aufnahm als jede andere australische Stadt. In Melbournes kosmopolitischer Bevölkerung sind heute Menschen aus rund 140 Nationen vertreten.

Im touristischen Vergleich mit Sydney zieht das Aschenbrödel am Yarra auch meist den kürzeren: Die Stadt besticht nicht durch eine landschaftlich brilliante Lage und ihr fehlen spektakuläre Sehenswürdigkeiten. Dennoch hat Melbourne zweifellos auch seine Reize: zahlreiche Theater und Kunstgalerien, eine schier unüberschaubare Palette an Restaurants und eleganten Geschäften sowie sehenswerte viktorianische Kirchen und Profanbauten. Das größte Plus Melbournes aber sind seine ausgedehnten Parks, üppigen Gartenanlagen und begrünten Straßenzüge. Etwa ein Drittel der Fläche im inneren Stadtbereich ist reine Parklandschaft. Dies mag der Hauptgrund dafür sein, daß Melbourne in puncto Lebensqualität unter den Großstädten auf dem Globus ganz vorne rangiert.

Geschichte

Anders als Sydney war Melbourne ursprünglich keine Strafkolonie, sondern wurde von freien Siedlern gegründet. Im Mai 1835 landete John Batman, von der Insel Tasmanien kommend, an der sturmgeschützten Port Phillip Bay. Im Auftrag einer Gruppe britischer Kolonisten, denen es auf Tasmanien zu eng wurde und die neues Land für ihre Schaffarmen suchten, ›kaufte‹ er den dort ansässigen Ureinwohnern rund 240 000 ha Land ab. Der Preis: ein paar Decken, Äxte, Spiegel, Glasperlen und anderer Plunder im Wert von nicht einmal 200 englischen Pfund.

Am Yarra River gründeten Batman und seine Gefolgsleute eine Siedlung, die sie später nach dem damaligen britischen Premierminister Viscount Melbourne benannten. Die Kolonialverwaltung in Sydney erklärte diese Inbesitznahme zunächst für illegal und wollte das Gebiet für die Krone in Anspruch nehmen. Schon bald aber erkannte der damalige Gouverneur Bourke, daß eine Erschließung der fruchtbaren Region rund um die Port Phillip Bay unumgänglich war, und leitete eine planmäßige Entwicklung Melbournes als Ableger der Kolonie New South Wales in die Wege.

Die sich rasch verbreitende Kunde vom üppigen Weideland im Bereich von Melbourne führte zu einem starken Zustrom von freien, finanzstarken Pioniersiedlern direkt aus dem britischen Mutterland. Gegen 1840 war Batmans Nukleus zu einer Siedlung von 4000 Bewohnern angewachsen. Grundlage dieser Entwicklung war die erfolgreiche Zucht von Merino-Schafen. Den Schafzüchtern folgten bald reiche Handelskaufleute, und Melbourne wurde zu einem wichtigen Wollexporthafen. 1842 erhielt der Ort die Stadtrechte und Gouverneur Bourke erteilte dem Landvermesser Robert Hoddle den Auftrag, die Stadt planmäßig anzulegen. Dessen großzügige Konzeption orientierte sich an einem strengen Schachbrettmuster, sah aber auch ausgedehnte Freiflächen vor.

Mitte des 19. Jahrhunderts bahnte sich ein Ereignis an, das aus Melbourne, dem damaligen Mittelpunkt einer Agrarregion, eine Metropole von Weltrang machen sollte: die Entdeckung von Gold in Ballarat, Bendigo und Castlemaine im Norden von Melbourne. Große Bergwerksgesellschaften und Banken ließen sich am Ufer des Yarra nieder. In nur zehn Jahren stieg nicht nur die Bevölkerungszahl von 29000 auf 125000 an, Melbourne wurde auch zur wohlhabendsten Stadt des Kontinents. In dieser Epoche entstanden die meisten der prunkvollen viktorianischen Bauwerke, die heute noch das Zentrum der Stadt prägen. Überdies gründete man eine Universität und errichtete Theater und Konzerthallen.

Für einige Jahrzehnte war Melbourne der materielle und geistige Mittelpunkt des Landes. Über 1 Mio. Menschen besuchten 1880 die Weltausstellung. Dem damaligen wirtschaftlichen Höhenflug aber folgte in den 90er Jahren ein tiefer Sturz. Eine lange andauernde Depression trieb zahlreiche Firmen und Banken in den Konkurs. Danach kam die Queen City of the South nur langsam wieder auf die Beine. Zwischen 1901 und 1927 fungierte Melbourne als Hauptstadt des jungen Commonwealth of Australia, bevor Canberra diese Rolle übernahm.

Nach dem Zweiten Weltkrieg erfuhr Melbourne durch einen großen Einwandererstrom aus Europa einen ähnlichen Aufschwung wie ein knappes Jahrhundert zuvor. 1956 fanden in Melbourne die ersten und bislang einzigen Olympischen Spiele auf dem Fünften Kontinent statt. Dieses Ereignis war nicht nur eine Sternstunde des australischen Sports, sondern auch eine der Melbourner Lokalpatrioten: Zumindest auf sportlichem Gebiet hatten sie es den Erzrivalen aus Sydney wieder einmal gezeigt!

Stadtgliederung

Mit über 6100 km^2 ist Melbourne flächenmäßig weltweit eine der größten Städte. Die Anlage der Stadt erinnert ein wenig an die Jahresringe eines riesigen halbierten Baumstumpfes: Um die am Nordufer der Port Phillip Bay gelegene City of Melbourne gruppieren sich in einem gewaltigen Halbkreis 51 selbstverwaltete Stadtbezirke, von denen 41 den Status einer City besitzen. Im Ballungsgebiet Greater Melbourne kann man in Nord-Süd-Richtung ca. 80 km und in Ost-West-Richtung ca. 50 km weit fahren, bevor man die letzten Vororte hinter sich gelassen hat.

Anders als in Sydney fällt in Melbourne die Orientierung relativ leicht, denn fast der gesamte Stadtgrundriß ist nach nordamerikanischem Vorbild schachbrettartig angelegt. Die City mit den wichtigsten Sehenswürdigkeiten läßt sich relativ leicht zu Fuß erkunden. Für Abstecher in die inneren Vororte, aber auch in die Randgebiete kann man sich der Straßenbahn bedienen. Zwei bis drei Tage sollte man einkalkulieren, um sich einen Überblick über Melbournes bedeutendste Attraktionen zu verschaffen.

Stadtbesichtigung

Nördlich des Yarra River: Als Ausgangspunkt eines Stadtrundgangs, für den Sie zu Fuß etwa einen halben Tag benötigen, bietet sich die **Flinders Street Station** (1) an der Kreuzung Flinders/Swanston Sts. an. Dieser 1905 in Betrieb genommene Bahnhof mit seiner Prachtfassade im französischen Renaissance-Stil ist für Zehntausende von Pendlern das tägliche Tor zur City. Die Swanston St. (s. Farbabb. 68) hat immer noch eine relativ intakte Sammlung spätviktorianischer Architekturstile bewahrt. Die Prachtbauten spiegeln die Ästhetik einer Zeit wider, die die glatten Linien der klassizistischen Architektur sowie die Verspieltheit gotischer und barocker Elemente schätzte.

Überragt wird das südliche Areal der Swanston St. von der mächtigen **St. Pauls Cathedral** (2), einem pseudogotischen Bauwerk mit kunstvoll verzierten Spitzbogenfenstern (1880–1891). Nördlich davon erstreckt sich zwischen Flinders Lane und Collins St. der etwas lieblos gestaltete und wenig einladend wirkende **City Square** (3), dessen ›Amphitheater‹ man gelegentlich für Freilichtveranstaltungen nutzt. Dominiert wird der Platz von einem Denkmal der glücklosen Entdecker Robert O'Hara Burke und William John Wills (s. S. 63f.). Jenseits der Collins St. erstrahlt die **Town Hall** (4), das Rathaus der Stadt, im voluminösen Gründerzeitglanz.

Die sich von Ost nach West erstreckende und die Swanston St. rechtwinklig kreuzende Collins St. trägt den Beinamen ›Golden Mile‹. Diesen Straßenzug, der als Melbournes Nobeladresse gilt, beherrschen hochragende Verwaltungsgebäude von Handels- und Bankhäusern sowie Luxushotels und Edelboutiquen. Biegt man an der Collins St. nach rechts ab, so kommt man, vorbei am Athenaeum Theatre und verschiedenen Kirchen (Baptist Church, Scots Church und Uniting Church), zum **Collins Place** (5), einem mehrstöckigen Laden- und Restaurantzentrum. An der Ecke Exhibition/Little Collins Sts. ragt das **Nauru House** (6) in die Höhe. Errichten ließ dieses Betonmonstrum die Regierung der kleinen Pazifikinsel Nauru, deren ökonomischer Wohlstand auf dem Export von Guano, einem aus Exkrementen von Seevögeln bestehenden Phosphatdünger, basiert. Im Volksmund heißt dieses Gebäude somit nicht ohne Grund Birdshit Tower.

Lohnenswert ist auch ein kurzer Streifzug entlang der Collins St. in westlicher Richtung, wo sich das Zentrum der Melbourner Hochfinanz befindet. Vorbei an der Börse (Stock Exchange)

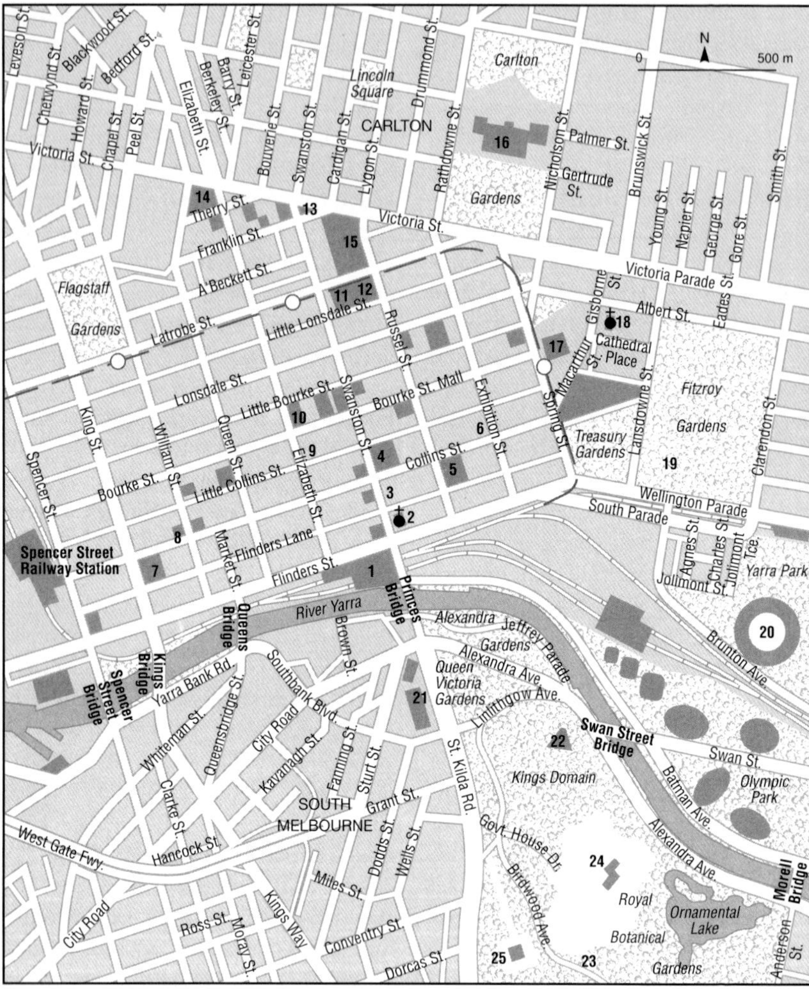

Melbourne 1 Flinders Street Station 2 St. Pauls Cathedral 3 City Square 4 Town Hall 5 Collins Place 6 Nauru House 7 Menzies at Rialto 8 St. James Church 9 Royal Arcade 10 General Post Office 11 State Library 12 Museum of Victoria 13 Public Baths 14 Queen Victoria Market 15 Old Melbourne Goal 16 Exhibition Building 17 Parliament House 18 St. Patricks Cathedral 19 Captain Cooks Cottage 20 Melbourne Cricket Ground und Australian Gallery of Sport 21 Victorian Arts Centre 22 Sidney Myer Musical Bowl 23 La Trobes Cottage 24 Government House 25 Shrine of Remembrance

und dem National Mutual Centre gelangen wir zum **Menzies at Rialto Hotel** (7), hinter dessen altehrwürdiger viktorianischer Fassade sich eine Luxusherberge verbirgt. Dahinter ragt das attraktiv verglaste neue **Rialto Building** (242 m) auf. Schräg gegenüber, in der William St., steht Melbournes älteste Kirche, die 1839 von Zwangsdeportierten errichtete **St. James Church** (8).

Unser Weg führt nun entlang der William St. zur Bourke St. Hier befindet sich das Herz des Einkaufsviertels mit einigen teuren Kaufhäusern (David Jones u. a.) sowie dem **Myer Complex,** dem größten Konsumtempel südlich des Äquators. Zum Einkaufsbummel locken hier auch die Arkaden zwischen der Bourke St. und den nördlich und südlich parallel zu ihr verlaufenden Straßen. Unbedingt sehenswert ist die **Royal Arcade** (9), eine elegante Einkaufspassage im viktorianischen Stil, die von der Bourke Street Mall in Richtung Little Collins St. abzweigt. Der Abschnitt der Bourke St. zwischen Elizabeth St. und Swanston St. ist Fußgängerzone (Mall), durch die allerdings Straßenbahnen rattern dürfen. Das neoklassizistische Gebäude an der Ecke Bourke St. Mall/Elizabeth St. beherbergt heute das **General Post Office** (10). In der Little Bourke St. erstreckt sich Melbournes **Chinatown.** Wo früher einmal Opiumhöhlen und Bordelle standen, laden heute zahlreiche Restaurants zu einem kulinarischen Streifzug durch das Reich der Mitte ein. Lohnend ist ein Besuch des kleinen Museum of Australian Chinese History am Cohan Place (Geschichte der chinesischen Einwanderer, tgl. außer Fr u. Sa 12–17 Uhr).

Im Schnittwinkel von Swanston St. und La Trobe St. steht die **State Library** (11), ein Bibliotheksgebäude, das über 1 Mio. Bücher und eine umfassende Sammlung historischer Dokumente enthält. Gleich nebenan befindet sich das naturwissenschaftliche **Museum of Victoria** (12), das aber auch ständige Ausstellungen zur Geschichte Victorias sowie zur Kultur der australischen Ureinwohner birgt. Zudem beherbergt das Gebäude ein Kindermuseum und ein Planetarium. 1992 soll das Museum aus der Stadtmitte ausgelagert werden. Die Abteilung Wissenschaft und Technologie wird ein Gebäude am Fuße der Westgate Bridge westlich des Yarra beziehen; für die Sektion Naturgeschichte und Anthropologie ist ein neuer Museumskomplex westlich des Victorian Arts Centre vorgesehen (La Trobe St. tgl. 10–16.45 Uhr; audiovisuelle Vorführungen im Planetarium Mi u. Do 14 Uhr, Fr 14 u. 20 Uhr, Sa 13, 14 u. 15 Uhr).

Wir folgen nun der Swanston St. in nördlicher Richtung und kommen an ihrer Einmündung in die Victoria St. zu den **Public Baths** (13), die sich heute als ein viktorianisches Schmuckstück mit modernem Poolbetrieb präsentieren. Im weitläufigen **Queen Victoria Market** (14; Ecke Victoria/Elizabeth Sts.) kann man turbulentes Markttreiben erleben (Di u. Do 6–14 Uhr, Fr 6–18 Uhr, Sa 6–13 Uhr, So 9–16 Uhr).

An der Ecke von Victoria und Russell St. steht eines der bekanntesten ›Denk-

Menzies at Rialto Hotel

mäler‹ aus der Zeit der Pionierjahre Melbourns: das **Old Melbourne Gaol** (15). In diesem 1851 errichteten düsteren Gefängnis wurden bis 1923 104 zum Tode Verurteilte gehenkt, unter ihnen auch Ned Kelly (tgl. 9.30–16.30 Uhr). Auf der Victoria St. gelangen wir in östlicher Richtung zu den Carlton Gardens. Das Zentrum des Parks dominiert das **Exhibition Building** (16), das für die Weltausstellung von 1880 errichtet wurde. Dieses Bauwerk mit seinen weiträumigen Anbauten und seiner 60 m hohen Kuppel, die man dem Dom in Florenz abgeschaut hat, diente 1901–1927 dem Bundesparlament als Tagungsstätte (Mo–Fr 9–17 Uhr).

Die Spring St. hinab kommen wir, vorbei am **Princess Theatre** mit seiner verschnörkelt-verspielten Fassade, zum **Parliament House** (17), einem Steinkoloß im neoklassizistischen Stil, dessen Hauptmerkmale ein mächtiger Portikus mit zehn dorischen Säulen sowie eine 46 m hohe Kuppel sind. In dem repräsentativen Gebäude, heute Sitz des Zwei-Kammer-Parlaments von Victoria, residierte die australische Bundesregierung (1901–1927). Begonnen wurde mit dem Bau des Parlamentsgebäudes im Jahre 1856, fertiggestellt hat man es erst 36 Jahre später (Führungen tgl. 10, 11, 14 u. 15 Uhr). Als ein hervorragendes Beispiel für neugotische Architektur erhebt sich dahinter die römisch-katholische **St. Patricks Cathedral** (18), das größte Gotteshaus Australiens. Östlich der Spring St. dehnen sich die ältesten Parkanlagen Melbournes aus: die Treasury Gardens und die Fitzroy Gardens. Als Hauptattraktion befindet sich in letzterem die **Captain Cooks Cottage** (19), das Elternhaus des Entdeckers, das 1933 Stein für Stein aus England nach Übersee verpflanzt wurde (tgl. 9–17.30 Uhr).

Südlich der Fitzroy Gardens erstreckt sich der Yarra Park mit dem **Melbourne Cricket Ground** (100000 Zuschauer; 20), das 1956 im Mittelpunkt der Olympischen Sommerspiele stand (s. Farbabb. 34). Nebenan kann man sich in der **Australian Gallery of Sport** (20) über die Höhepunkte der australischen Sportgeschichte informieren (Di–So 10–16 Uhr). Vom Yarra Park führt eine Fußgängerbrücke über die Eisenbahntrasse zum Olympic Park.

Südlich des Yarra River: Südlich des Yarra River dominieren Kultur und Natur. Von der Flinders Street Station gelangen wir über die 1888 erbaute Princes Bridge, wo sich die Anlegestellen von Ausflugsbooten befinden, in den Stadtteil South Melbourne. Am nördlichen Ende der St. Kilda Rd. erstreckt sich das

Parlamentsgebäude

Victorian Arts Centre (21), das kulturelle Aushängeschild der Stadt. Das weitläufige Zentrum der Künste besteht aus drei architektonisch eigenständigen Einheiten: der kreisförmigen **Concert Hall** mit 2600 Sitzplätzen (Führungen mehrmals tgl. 10–17 Uhr); dem **Theaterkomplex** mit dem State Theatre für Oper, Ballett und Musicals, dem Playhouse für die Inszenierung von Dramen und dem Studio für experimentelles Theater (Führungen tgl. 12, 14.30 Uhr) sowie schließlich der **National Gallery of Victoria.** Das Theatergebäude wird überragt von einem 115 m hohen eiffelturmähnlichen Überbau aus Stahl und Aluminium. Bereits 1968 eröffnet, ist die National Gallery das älteste Gebäude des Arts Centre. Umgeben von einem Wassergraben, weckt das fensterlose, aus massiven Basaltquadern errichtete Bauwerk Assoziationen an eine mittelalterliche Festung. Besondere Aufmerksamkeit verdient die Buntglasdecke der riesigen Empfangshalle. Fünf Jahre benötigte der Melbourner Künstler Leonard French, um dieses aus 10000 Einzelteilen bestehende größte Mosaikdach der Welt zu schaffen. Neben einer ausgezeichneten Kollektion internationaler Meisterwerke zeigt die Galerie, auf vier Stockwerke verteilt, einen Großteil der besten Gemälde australischer Künstler. Allein die Kunst der australischen Ureinwohner kommt etwas zu kurz (Di–So 10–17 Uhr; Führungen Di–Fr 11, 12, 13, 14, 15 Uhr; Sa u. So 14, 15 Uhr). Unmittelbar nördlich der Concert Hall befindet sich das **Performing Arts Museum,** das über die Darstellenden Künste von gestern und heute informiert (Mo–Fr 11–17 Uhr, Sa u. So 12–17 Uhr).

Über das gesamte quadratkilometergroße Areal zwischen dem Yarra River und der St. Kilda Rd. dehnt sich eine einzigartige Parklandschaft aus. Gegenüber dem Arts Centre liegen die **Queen Victoria Gardens** mit einer sehenswerten Blumenuhr. Nordöstlich grenzen die **Alexandra Gardens** an, im Süden erstreckt sich die **Kings Domain.** In der Nordostecke dieser weitläufigen Parkanlage befindet sich die **Sidney Myer Music Bowl** (22), eine Freiluftbühne mit 2000 Sitzplätzen. Dieses Geschenk eines Kaufhauskönigs ist in den Sommermonaten Schauplatz vieler Veranstaltungen von oft hohem Niveau. In der Kings Domain steht auch Victorias bescheidenes erstes Regierungsgebäude, **La Trobes Cottage** (23), das im Jahre 1839 in Einzelteilen aus England herübergebracht wurde (tgl. außer Fr 11–16.30 Uhr). Das heute vornehmlich repräsentativen Zwecken dienende **Government House** (24), ein weiträumiges, weißes Bauwerk nahe der La Trobes Cottage, kann ebenfalls besichtigt werden (Führungen Mo u. Mi 10, 11.30, 13, 14.30 Uhr; Sa 10, 11, 12, 13, 14.30 Uhr). Im südwestlichen Teil der Kings Domain ragt unübersehbar der kolossale **Shrine of Remembrance** (25) empor, ein 1934 eingeweihtes Ehrenmal für die Opfer des Ersten Weltkriegs. Das Herzstück der Anlage, das sogenannte Sanctuary, ist so konstruiert, daß zur elften Stunde des elften Tages im elften Monat (dem Zeitpunkt, an dem im Jahre 1918 der Erste Weltkrieg zu Ende ging) durch eine Öffnung in der Decke ein Lichtstrahl auf den zentralen Gedenkstein Stone of Remembrance fällt. Schöner Blick von der Spitze (tgl. 10–17 Uhr).

Den Abschluß dieses Rundgangs bilden die **Royal Botanic Gardens** (s. Farbabb. 48). Auf einem Wegenetz von über 7 km Länge kann man hier über 12000 verschiedene Pflanzenarten aus der ganzen Welt entdecken (je nach Jahreszeit tgl. von 7, 7.30, 8.30 oder 9 Uhr bis Sonnenuntergang). Nähere Informationen (auch über Führungen) erhält man im Besucherzentrum, das sich im Erdgeschoß des National Herbarium am Eingang F des Botanischen Gartens in der Birdwood Ave. befindet (tgl. 10–16 Uhr).

Die Vororte von Melbourne

Süden: Mit der Tram läßt sich South Yarra erreichen. Das sich inmitten einer schönen Parkanlage an der Como Ave. erhebende **Como House,** ein 1847 errichtetes stattliches Herrenhaus, zeigt eine ungewöhnliche Mischung aus frühem, typisch australischem Kolonialstil und viktorianischen Elementen (tgl. 10–17 Uhr). Südöstlich schließt sich am

Shrine of Remembrance

South Yarra das Schickeriaviertel **Toorak** (gesprochen T'rak) an, wo Melbournes Trend- und Jet-Setter ihre reichlich bemessene Freizeit in eleganten Boutiquen und teuren Restaurants verbringen.

Ein ganz anderes Bild bietet sich im direkt im Strandbereich an der Port Phillip Bay gelegenen Stadtteil **St. Kilda,** wo vor allem an Wochenenden reges Treiben herrscht. Gegen Ende des vorigen Jahrhunderts zog es viele betuchte Melbournians nach St. Kilda, wo sie nahe der Strandpromenade ansehnliche Villen errichteten. Zahlreiche alte Häuser wurden nach dem Zweiten Weltkrieg abgerissen, um Wohnbaracken für Einwanderer zu bauen. Lohnend ist ein Bummel durch die Acland St., wo man einen kulinarischen Streifzug durch fast alle Küchen der Welt machen kann. Eine der Hauptattraktionen St. Kildas ist der große **Art and Craft Market** (Kunsthandwerk und Trödel); So 10–17 Uhr entlang der Esplanade. Obwohl das Wasser in der Port Phillip Bay nicht immer 100 %ig sauber ist, gilt der Strand zwischen St. Kilda und Port Melbourne bei vielen als ein populäres Wochenendziel (Anfahrt Tram 15 u. 16 ab Swanston St.).

An der Hotham St. im Vorort Elsternwick steht das viktorianische Herrenhaus **Rippon Lea** (1860–1887). Die 33-Zimmer-Villa vermittelt mit ihrem Originalinventar ein gutes Bild des Lebensstils einer wohlhabenden viktorianischen Familie (tgl. 10–16 Uhr).

Südwesten: Von Melbournes City erreicht man auf dem mehrspurigen Westgate Freeway den Vorort **Williamstown** (von St. Kilda mehrmals tgl. eine Fähre). Das 1835 gegründete Williamstown, früher ein bedeutender Seehafen, wirkt eher ein wenig verschlafen. Entlang der Strandpromenade The Strand reihen sich Anlegestellen für Sportboote und exklusive Yachtklubs. Liebhaber nautischer Historie zieht es zum HMAS Castlemaine Maritime Museum Ship, das nahe dem **Royal Yacht Club of Victoria** liegt (Sa u. So 12–17 Uhr). Am Nelson Place zeugen einige Kolonialgebäude vom Charme früherer Jahre. Vom **Breakwater Pier** mit seinem historischen Leuchtturm (1852) aus hat man einen schönen Blick über die Hobsons Bay auf die Skyline von Melbourne.

Norden: Unmittelbar nördlich grenzt an die City der Vorort **Carlton** an, bekannt als Standort der Melbourne University und mehr noch der Carlton Brewery. In einigen Straßenzügen Carltons, das zu den ältesten Stadtteilen Melbournes zählt, findet man Musterstücke für den viktorianischen Terrace-Stil, doppelstöckige Wohnhäuser mit reichverzierten, detailverliebten Rundgiebeln und filigranem schmiedeeisernem Gitterwerk als Balkongeländer. Früher die bevorzugte Wohngegend der Melbourner Juden, ist Carlton heute das Zentrum griechischen und vor allem italienischen Lebens. Zu einem der wichtigsten Szene-Treffpunkte Melbournes hat sich die Brunswick St. im Vorort **Fitzroy** entwickelt. Hier trifft sich ein heterogenes Publikum in Künstlercafés und Restaurants. Darüber hinaus reihen sich hier Galerien, Buchläden und Second-Hand-Shops. Auf einem 22 ha großen Areal erstrecken sich im Vorort Parkville die **Royal Melbourne Zoological Gardens** mit einheimischen und exotischen Tieren. Besonders sehenswert sind hier das große Aviarium, das Schnabeltierhaus, das Schmetterlingshaus und das Koalagehege (tgl. 9–17 Uhr; Anfahrt Tram 18, 19 u. 20 ab Elizabeth St., Tram 55 u. 56 ab William St.).

Die weitere Umgebung

Nordwesten: Der Calder Freeway, die Ausfallstraße in nordwestlicher Richtung, verläuft durch nahtlos ineinander übergehende Vororte. In Sichtweite des Melbourne Airport erstreckt sich der **Organ Pipes National Park.** Die Hauptattraktion dieses winzigen Nationalpark sind bis zu 20 m hohe Basaltsäulen, die Relikte einer durch vulkanische Aktivität geprägten, etwa 1 Mio. Jahre zurückliegenden Epoche der Erdgeschichte (tgl. 9–16.30 Uhr).

Wegen des herrlichen Panoramablicks lohnt sich unbedingt ein Abstecher zum **Mt. Macedon** (1013 m), einem erloschenen Vulkan, der östlich des Calder Highway aus der Ebene aufragt. Das sich an seine südöstliche Flanke schmiegende weitläufige Dorf **Mt. Macedon** ist bekannt für seine außerordentlich schön angelegten Gärten (vor allem Currumundi Gardens an der Mt. Macedon Rd.; So u. Feiertage 12–17 Uhr).

Einige Kilometer nördlich (vom Calder Highway am besten ab Woodend zu erreichen) erhebt sich das pittoreske Felsmassiv des **Hanging Rock** (711 m), des Bergs der Mythen. Hier sollen um die Jahrhundertwende zwei Internatsschülerinnen spurlos verschwunden sein. Der Film *Picknick am Valentinstag* von Peter Weir hat den zerklüfteten Berg weltberühmt gemacht.

Südwesten: Der Princes Freeway führt von Melbourne in südwestlicher Richtung nach Werribee. Südlich der Stadt steht inmitten eines ausgedehnten Parks das im pseudoitalienischen Stil erbaute **Werribee Park Mansion (1874–1877).** Thomas Chirnside, ein in jenen Jahren bekannter Großgrundbesitzer, investierte die damals unvorstellbar hohe Summe von über 60000 englischen Pfund in dieses stattliche Herrenhaus mit seinen 60 Räumen (tgl. 10–17 Uhr).

Jenseits des Werribee River erstreckt sich der **Werribee Zoological Park,** ein weitläufiger Tierpark, wo man von einem Safaribus aus Giraffen, Zebras, Antilopen, Rhinozerosse, Nilpferde u. a. in freier Wildbahn beobachten kann (Touren Sa, So u. Feiertage 10.30 Uhr bis Sonnenuntergang).

Osten und Nordosten: Die nachstehend beschriebene Rundfahrt entspricht einem ausgefüllten Tagesprogramm. Nur 35 km östlich des Zentrums von Melbourne schützt der **Dandenong Ranges National Park** eine bis zu 633 m hohe Bergkette, die zweifellos zu den schönsten Landschaften Victorias gehört. Geprägt wird diese Naturoase von Schluchten mit üppigen, oft meterhohen Baumfarnen sowie gewaltigen Königseukalypten oder Bergeschen mit Höhen von bis zu über 100 m.

Auf dem Maroondah Highway erreichen wir das Städtchen Lilydale, wo wir in südlicher Richtung nach Montrose abbiegen. Hier beginnt die sogenannte Mt. Dandenong Tourist Road, von der nach nur wenigen Kilometern eine Straße zum Mt. Dandenong Lookout abzweigt (ausgezeichneter Blick über das Ballungsgebiet Melbourne).

3 km nördlich von Olinda liegt an der Touristenstraße durch die Dandenongs das **William Ricketts Sanctuary,** eine Art Kunstgalerie unter freiem Himmel. In einem kleinen, labyrinthartig angelegten Park werden hier die Meisterwerke des Bildhauers William Rickett, der sich sein Leben lang mit den Mythen und der Kultur der australischen Ureinwohner beschäftigt hat, präsentiert. Hier sieht man Tonskulpturen, die mit natürlichen

Felsen verschmelzen sowie Köpfe und Figuren aus Holz, die aus moosbewachsenen Baumstämmen zu wachsen scheinen (tgl. 10–17 Uhr).

Im Bergdorf **Olinda** haben sich zahlreiche Künstler und Kunsthandwerker niedergelassen, deren Ateliers und Galerien einen Besuch lohnen. Vor allem im Frühling (Okt./Nov.) sind die hiesigen herrlichen Rhododendrongärten überaus sehenswert (Mo–Sa 10–16.30 Uhr, So 10–17.30 Uhr).

Von Olinda setzen wir unsere Rundfahrt in südlicher Richtung fort bis Ferny Creek. Hier können wir nun weiter der Mt. Dandenong Tourist Road durch die westliche Region des Nationalparks bis Upper Ferntree Gully folgen oder gen Osten zum **Sherbrooke Forest** abzweigen. In diesem ausgedehnten Eukalyptuswald, der als ein guter Platz zum Beobachten der scheuen Leierschwanzvögel gilt, lohnt sich unbedingt ein Spaziergang durch die weitläufigen Alfred Nicholas Memorial Gardens mit ihren riesigen Königseukalypten (Mo–Fr 8–16.30 Uhr, So 12–17 Uhr).

Vom Sherbrooke Forest gelangen wir nach **Belgrave,** einen Ort, der voll und ganz auf Touristen und Ausflügler eingestellt ist. Hauptattraktion von Belgrave ist Puffing Billy (Keuchender Billy), eine Schmalspurbahn mit Dampflokomotive aus der Frühzeit des Eisenbahnwesens, die von hier mehrmals wöchentlich 13 km durch Schluchten und Täler in die Bergstadt Emerald schnauft. Von hier aus erreichen wir das 45 km weiter nördlich gelegenen Healesville mit dem bekannten **Sir Colin MacKenzie Zoological Park** (auch Healesville Sanctuary genannt; ca. 5 km südlich des Orts; tgl. 9–17 Uhr). Ganz besonders sehenswert sind das Nachttierhaus mit Opossums und anderen Beuteltieren (tgl. 10–16

Werribee Park Mansion

Uhr), die wohlbestückten Volieren mit den scheuen Leierschwanzvögeln (tgl. 9–16.30 Uhr) sowie das Schnabeltierhaus, wo man seltene Platypi in einer aquariumähnlichen Anlage auch unter Wasser beobachten kann (tgl. 11.30–13 Uhr u. 13.30–15.30 Uhr).

Kehrt man gen Süden nach Melbourne zurück, lohnt sich ein kurzer Abstecher zum Dorf **Warrandyte** mit dem Potters Cottage, einem Töpferzentrum mit Werkstätten und Galerien sowie einer Töpferschule (tgl. 10–17 Uhr).

Südosten: Ein weiterer Tagesausflug führt von Melbourne entlang der Port Phillip Bay zur **Mornington Peninsula.** Da die Port Phillip Bay zum offenen Meer hin nur eine sehr schmale Öffnung besitzt, ist die Bucht ideal für fast alle Arten von Wassersport. So sind denn auch die Strände bis zur Spitze der Mor-

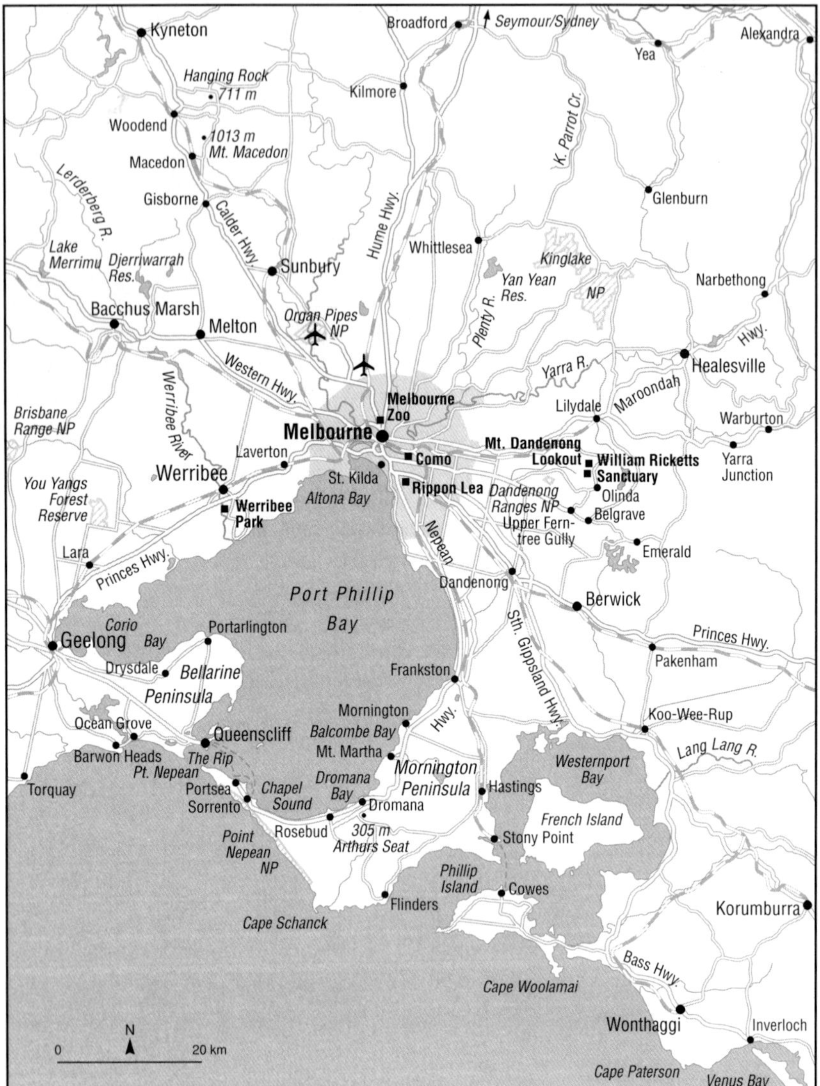

Die Umgebung von Melbourne

nington Peninsula ein populäres Wochenend- und Urlaubsziel.

Die Anfahrt von Melbourne erfolgt am besten auf dem Nepean Highway über St. Kilda. Ein herrlicher Blick über die Port Phillip Bay und die Mornington Peninsula bietet sich vom **Arthurs Seat** (305 m). Zu erreichen ist dieser Hügel von Dromana per pedes, mit dem eigenen Fahrzeug oder mit einem Sessellift.

Via Rosebud geht die Fahrt weiter zum gepflegten Bade- und Ferienort Sorrento mit dem **Marine Life Oceanarium,** dessen Hauptattraktion die Fütterung junger Seehunde ist (tgl. 9–17 Uhr; Fütterung tgl. 15 Uhr). Zwischen Sorrento und Queenscliff auf der gegenüberliegenden Bellarine Peninsula verkehrt mehrmals täglich eine Autofähre. Ein Passagierschiff pendelt, ebenfalls mehrmals täglich, auf der Route Sorrento-Portsea-Queenscliff. In **Portsea** verbringt Melbournes High Society heiße Sommertage in Wochenendvillen.

Die Spitze der stiefelförmigen Mornington Peninsula sowie deren gesamte Sohle nimmt der **Point Nepean National Park** ein. Zum Point Nepean, von dem sich ein guter Blick über The Rip, die schmale Einfahrt in die Port Phillip Bay, bietet, gelangt man nur mit einem der Touristenzüge der Parkverwaltung (mehrmals tgl. ca. 3 Std. dauernde Touren ab Orientation Centre am Parkeingang; im Sommer Buchung empfehlenswert; ✆ 059/844276).

Der Küstenstreifen zwischen Point Nepean und Cape Schanck, früher Cape Schanck Coastal Park genannt, heute Teil des Point Nepean National Park, besticht durch weite Sandstrände, pittoreske Felsformationen sowie mit Küstenheiden und Buschwerk bewachsene Klippen, über die Wanderwege führen. Anders als an der geschützten Port Phillip Bay finden sich hier an der Bass Strait auch ausgezeichnete Brandungsstrände, was Surfer sehr zu schätzen wissen. Am Cape Schanck (s. Farbabb. 73) führt ein solide gezimmerter Holzsteg auf die vom Meer umtosten Klippen hinaus. In der Nähe steht ein sich noch in Betrieb befindender Leuchtturm (Mai–Okt. Sa, So u. Feiertage 12–16 Uhr, Nov.–Apr. Sa, So u. Feiertage 10–16 Uhr).

Wesentlich ursprünglicher und weit weniger lebhaft als die Westküste der Mornington Peninsula ist der Osten der Halbinsel an der Western Port Bay. Von Stony Point im Sommer regelmäßig Passagierfähren zur French Island sowie nach Cowes auf Phillip Island (✆ 059/793233; s. S. 243ff.).

Praktische Hinweise

Unterkunft

Hotels/Motels höherer Kategorien: City: ***** Menzies at Rialto, 495 Collins St., ✆ 6209111; ****Chateau Melbourne, 131 Lonsdale St., ✆ 6633161; **** Elizabeth Tower Motel, Elizabeth/Grattan Sts., ✆ 3479211; *** Batman's Hill Hotel, 66 Spencer St., ✆ 6146344; *** The Victoria Hotel, 215 Little Collins St., ✆ 6530441. **Vororte:** ***** Hilton on the Park, 192 Wellington Pde., East Melbourne, ✆ 4193311; **** Travelodge, St. Kilda Rd./Park St., South Melbourne, ✆ 6994833; *** Marco Polo Inn, Harker St./Flemington Rd., North Melbourne, ✆ 3291788; *** Lygon Lodge Motel, 220 Lygon St., Carlton, ✆ 6636633.

Mittlere Hotels/Motels: City: ** Astoria City Travel Inn, 288 Spencer St., ✆ 6706801; ** City Square Motel, 67 Swanston St., ✆ 6547011; * John Spencer Hotel, 44 Spencer St., ✆ 6296991; * Kingsgate Private Hotel, 131 King St., ✆ 6293049. **Vororte:** ** Kingsway Motel, Park St./Eastern Rd., South Melbourne, ✆ 6992533; ** North Motalodge, 113 Flemington Rd., North Melbourne, ✆ 3297433; * Queens Bridge Family Hotel, 1 Queensbridge St., South Melbourne, ✆ 6143117.

Nicht klassifizierte Hotels/Motels und Pensionen: City: Backpackers City Inn (Carlton Hotel), 197 Bourke St., ✆ 6504379; Backpackers on Russell St. (Zanies Hotel), 230 Russell St., ✆ 6637862; Rendezvous City Guest House, 441 Elizabeth St., ✆ 3297635. **Vororte:** Backpackers by the Beach, 24 Mitford St., St. Kilda, ✆ 5254355; Melbourne Travellers Inn, 2 Enfield St., St. Kilda, ✆ 534 8159; Victoria's Tourist Hostel, 46 Acland St., St. Kilda, ✆ 5255165.

Jugendherbergen: Melbourne YHA Hostel I, 118 Lonsdale St., ✆ 6622366; Melbourne

YHA Hostel II, 76 Chapman St., North Melbourne, ✆ 3283595; Melbourne YHA Hostel III, 500 Abbotsford St., North Melbourne, ✆ 3282880; YWCA Family Motel, 489 Elizabeth St., ✆ 3295188.

Caravan Parks: Frankston Caravan Tourist Park, Hastings/Robinsons Rds., ✆ 059/712333 (ca. 40 km südlich); Hobsons Bay Caravan Park, 158 Kororoit Creek Rd., Williamstown, ✆ 3972395 (17 km südwestlich); Melbourne Caravan and Tourist Park, 265 Elizabeth St., Coburg East, ✆ 3543533 (10 km nördlich); Twin Bridge Caravan Tourist Park, 370 Frankston Rd., Dandenong, ✆ 7065492 (ca. 30 km südlich).

Stadtverkehr

Allgemeines: Der öffentliche Nahverkehr (Metropolitan Transport System oder kurz The Met) besteht aus Straßenbahnen, Bussen, Vorortzügen sowie einer kurzen U-Bahnschleife im Zentrum. Greater Melbourne ist in drei Tarifzonen eingeteilt. Der Fahrpreis richtet sich nach dem Zonenbereich sowie der Benutzungsdauer (Three Hour Tickets, Daily Tickets, Weekly Tickets, Monthly Tickets). Erhältlich sind die Fahrscheine in den Verkehrsmitteln, in zahlreichen Zeitschriftenläden, Drogerien sowie im Met Shop. Für Touristen günstig ist der Melbourne Met Pass. Informationen über Fahrpreise, Spezialtarife, Fahrpläne und hilfreiche Broschüren (u.a. See Melbourne by Tram) bei The Met Shop, 103 Elizabeth St. (Mo–Do 8.30–17.15 Uhr, Fr 8.30–19.30 Uhr, Sa 8.15–13 Uhr; ✆ 6170900, Mo–Sa 7.30–20.30 Uhr, So 9.15–20.30 Uhr).

Straßenbahn: Ideales Verkehrsmittel für eine Stadterkundung. Die Hauptlinien starten im Zentrum in der Swanston St. und Elizabeth St. (Nord-Süd-Richtung) sowie in der Flinders St., Collins St. und Bourke St. (Ost-West-Richtung).

Bus: City Explorer passiert tgl. 10–16 Uhr eine Rundstrecke durch die City und mehrere nördliche Vororte im Halbstundentakt mit sieben Haltepunkten, an denen man mit einer Tageskarte die Fahrt beliebig oft unterbrechen kann. Ticket: Australian Pacific Tours, 181 Flinders St. (✆ 6501511) sowie bei den Busfahrern selbst. Abfahrt: Flinders Street Station (Swanston St.) tgl. zur vollen Stunde.

Zug: Von der Flinders Street Station (Flinders/Swanston Sts.) fahren Züge sternförmig in die Vororte hinaus. Die wichtigsten Linien: Williamstown Line und Werribee Line nach Südwesten; Melton Line und St. Albans Line nach Westen; Broadmeadows Line, Upfield Line und Epping Line nach Norden; Hurstbridge Line nach Nordosten; Lilydale Line und Belgrave Line nach Osten (Dandenongs); Alamein Line, Glan Waverley Line und Pakenham Line nach Südosten; Sandringham Line (Vorort Elsternwick) und Stony Point Line (South Yarra, Toorak, Frankston) nach Süden (Informationen ✆ 6170900). Die Spencer Street Station dient dem Überlandzugverkehr. Melbournes U-Bahn verkehrt zwischen Flagstaff Gardens (La Trobe St.), Museum of Victoria (La Trobe St.), Parliament House (Spring St.), Flinders Street Station und Spencer Street Station.

Taxen: Arrow, ✆ 4171111; Black Cabs, ✆ 5673333; Embassy, ✆ 3200320; Regal Combined, ✆ 8100222; Silver Top, ✆ 3453455.

Touren: Australian Pacific Tours, 181 Flinders St., ✆ 5955355; Melbourne Sightseeing Tours, Melbourne Coach Terminal, 205 Spencer St., ✆ 6709706; Pioneer Tours, 181 Flinders St., ✆ 6547700. Rundfahrten auf dem Yarra und der Port Phillip Bay starten an der Princes Bridge (✆ 6297233).

Fahrradverleih: Ein Fahrradverleih befindet sich an der Princes Bridge am Südufer des Yarra (✆ 2885177).

Hinweis für Autofahrer: An Kreuzungen in der Innenstadt, die mit dem Hinweisschild ›Saftey Zone‹ gekennzeichnet sind, müssen sich Rechtsabbieger auf der äußerst linken Spur einordnen und zunächst den geradeaus führenden Verkehr passieren lassen. Man darf, kurz bevor die Ampel für den kreuzenden Verkehr auf grün schaltet, nach rechts abbiegen. Zudem ist das Vorbeifahren an haltenden Trams streng verboten.

Fernverkehr

Flugzeug: *Flughafen* für alle internationalen und die meisten nationalen Flüge in Tullama-

Fußgängerbrücke über den Yarra River

rine (ca. 22 km nordwestlich). Das International Terminal und das Domestic Terminal befinden sich im selben Gebäude. Ein Flughafenbus (Skybus) pendelt wochentags alle 30 Minuten von 9–17 Uhr zwischen City und Flughafen. Abfahrt Ecke Swanston/Franklin Sts.; kostenlose Abholung von Hotels im innerstädtischen Bereich. Auskunft: Skybus, 58 Franklin St., ✆ 3385047. Fahrzeit ca. 30–40 Min. *Internationale Fluglinien:* Air New Zealand, 154 Swanston St., ✆ 6543311; British Airways, 343 Little Collins St., ✆ 6071111; Garuda Indonesia, 45 Bourke St., ✆ 6542522; Lufthansa, 454 Collins St., ✆ 6025144; Malaysian Airlines, 1 Collins St., ✆ 6543255; Philippine Airlines, 121 William St., ✆ 6296101; Qantas, 114 William St., ✆ 6026026; Singapore Airlines, 414 Collins St., ✆ 6024555; Swissair, 343 Little Collins St., ✆ 6709075; Thai Airways, 60 Market St., ✆ 6296132. *Nationale Fluglinien:* Ansett Airlines, 485 Swanston St., ✆ 6682222; Australian Airlines, 50 Franklin St., ✆ 6653333; East West Airlines, 215 Swanston St., ✆ 6682033.

Bus: Von Melbourne fahren Busse zu allen bedeutenderen Städten des Landes (Sydney über Hume Hwy. ca. 12 Std., Sydney über Princes Hwy. ca. 18 Std., Adelaide ca. 11 Std., Brisbane ca. 30 Std.). Reservierungen: Bus Booking Centre, 14 Spencer St., ✆ 6293848 (Mo–Fr 9–17.30 Uhr, Sa 9–12 Uhr). *Buslinien:* Ansett Pioneer, 465 Swanston St., ✆ 6682422; Bus Australia, 431 Little Collins St., ✆ 6702211; Firefly Express, 177 Flinders Lane, ✆ 6548788; Greyhound, 465 Swanston St., ✆ 6682666; Intercapital Express Coaches, 260 La Trobe St., ✆ 6631600; Sunliner Express, 260 La Trobe St., ✆ 6634900.

Eisenbahn: Ab Spencer Street Station Züge mit Zielen innerhalb von Victoria sowie auch Interstate-Züge, u. a. tgl. Sydney (Intercapital Daylight Express; ca. 13 Std.), Adelaide (Overland Express; ca. 13 Std.) und Perth (mit Umsteigen in Adelaide oder Port Pirie, SA); V/Line, Spencer Street Station, ✆ 6195000.

Autoverleih: Budget Rent A Car, 188 Peel St., North Melbourne, ✆ 3283093 (auch Wohnmobile); Delta Car Rentals, ✆

4803900; Rent-A-Bomb, 507 Bridge Rd., Richmond, ✆ 4294095.
Fähre nach Tasmanien: Fährschiff Abel Tasman ab Station Pier, Port Melbourne (TT-Line Terminal, Station Pier, Port Melbourne, ✆ 6452766).

Restaurants

1300 Restaurants repräsentieren eine breite Skala von Küchen aus über 60 Nationen. Die Restaurants der Einwanderergruppen konzentrieren sich auch in deren Stadtvierteln: Chinesisch: Little Bourke St.; italienisch: Lygon St., Carlton; griechisch: Swan St., Richmond; libanesisch und türkisch: Sydney Rd., Brunswick; mittel- und osteuropäisch (sowie ausgezeichnete Konditoreien): Acland St., St. Kilda; spanisch: Johnston St., Fitzroy; vietnamesisch: Bridge St., Richmond.
Chinesisch: Empress of China, 120 Little Bourke St.; Lotus Palace, 141 Bourke St.; Oriental Gourmet, 112–114 Little Bourke St. **Deutsch:** Hofbräuhaus Melbourne, 401 Little Bourke St. **Französisch:** Monet, 71 Nicholson St., Carlton; Tolarno French Bistro, 42 Fitzroy St., St. Kilda. **Griechisch:** Agapi, 262 Swan St., Richmond; Tsindos, 197 Lonsdale St. **Indisch:** Carlton Curry House, 204 Rathdowne St., Carlton; India House, 401 Swanston St. **Italienisch:** La Cacciatora, Grattan/Drummond Sts., Carlton; Marchetti's Latin, 55 Lonsdale St. **Japanisch:** Teppanyaki Inn, 182 Collins St.; Yaki Niku, 27–35 Little Bourke St. **Libanesisch:** Chateau Lebanon, 159–161 Victoria Ave., Albert Park. **Malaysisch:** Rumah Penang, 11/12 Liverpool St. **Seafood:** Jimi's The Original, 271 Victoria St., Abbotsford; Melbourne Oyster Bar and Seafood, 209 King St. **Thailändisch:** Baan Thai, 163 Commercial Rd., South Yarra; Sawasdee, 139 Little Bourke St. **Türkisch:** Alasya, 555 Sydney Rd., Brunswick. **Vegetarisch:** Whole Meal Inn, 182 Collins St. **Vietnamesisch:** Que-Huong, 176 Bridge St., Richmond; Vao Doi, 120 Victoria St.

Einkauf

Melbournes Einkaufs- und Geschäftszentrum befindet sich etwa im Bereich Spring St. – Queen St. – Flinders St. – Lonsdale St. Interessante Einkaufsmeilen sind auch die Lygon St. in Carlton, die Acland St. in St. Kilda sowie die Chapel St. und die Toorak Rd. in South Yarra.
Kunsthandwerk und Souvenirs: Antipodes, 22 Toorak Rd., South Yarra; Craft Link, 37 Harware St.; Druva Craftmen, Shop 21, Midcity Arcade, Bourke St.; Meat Market Craft Centre, 42 Courtney St., North Melbourne.
Aboriginal-Kunsthandwerk: Aboriginal Gallery of Dreaming, 43 Bourke St.; Aboriginal Handicrafts, 9th Floor, Century Bldg., 125–133 Swanston St. (Laden einer gemeinnützigen Organisation; Mo–Fr 10–16.30 Uhr). **Opale:** Andrew Cody, 1st Floor, 119 Swanston St.; Altmann & Cherny, 120 Exhibition St.; Rochi's Opals, 210 Little Collins St. **Buchläden:** Academic and General Bookshop, 248 Swanston St.; Angus & Robertson, Elizabeth/Little Collins Sts.; Bookshelf, 116 Bridge St., Richmond (vor allem Literatur von und über Aborigines); International Bookshop, 2nd Floor, 17 Elizabeth St. **(Floh-) Märkte:** Queen Victoria Market, Elizabeth St. (Di u. Do 6–14 Uhr, Fr 6–18 Uhr, Sa 6–13 Uhr, So 9–16 Uhr; am Sonntag Flohmarkt). Weitere Lebensmittelmärkte: Prahran Market, 163–185 Commercial Rd., South Yarra; South Melbourne Market, Cecil/Coventry Sts., South Melbourne. Flohmärkte: Camberwell Market, Union St., Camberwell (So); Esplanade Art & Craft Market, Upper Esplanade, St. Kilda (So).

Unterhaltung

Kulturelle Veranstaltungen: *Etablierte Bühnen:* Athenaeum Theatre, 188 Collins St., ✆ 6501500; Comedy Theatre, 163 Spring St., ✆ 2674188; State Theatre, Victorian Arts Centre, St. Kilda Rd., South Melbourne, ✆ 6178211. *Experimentelle und avantgardistische Bühnen:* Anthill Theatre, 199 Napier St., South Melbourne, ✆ 6993253; La Mama, 205 Faraday St., Carlton, ✆ 3476142; Comedy Cafe, 175 Brunswick St., Fitzroy, ✆ 4192869; The Courthouse Theatre, 349 Drummond St., Carlton, ✆ 3477868. *Klassische Konzerte* (u.a. des Melbourne Symphony Orchestra): Melbourne Concert Hall, Victorian Arts Centre, St. Kilda Rd., ✆ 6178444. Im Sommer (meist kostenlose) Freiluftkonzerte in verschiedenen Parkanlagen (✆ 6509368). Informationen in den Veranstaltungskalendern der Tageszeitungen The Herald (Do) und The Age (Fr) sowie in der u. a. beim Victorian Government Travel Centre kostenlos erhältlichen Broschüre This Week in Melbourne. *Wichtiger Hinweis:* In der Bourke Street Mall (Fußgängerzone) gibt es einen sogenannten Half Tix-Kiosk, wo am jeweiligen Veranstaltungstag übriggebliebene Eintrittskarten zum halben Preis verkauft werden (Mo 10–14 Uhr, Di–Do 11–18 Uhr, Fr 11–18.30 Uhr, Sa 10–14 Uhr). **Kinos:** Vorwiegend in der Bourke St. und Russell St. in der City. Einige Kinos mit anspruchsvollem Programm: Astor Theatre, 1 Chapel St., St. Kilda, ✆ 511414; Carlton Movie House, 235 Faraday St., Carlton, ✆ 3478909; Valhalla Cinema, 89 High St., Northcote, ✆ 4822001. **Kneipen und Musikklubs:** Bridge Hotel, 642 Bridge Rd., Richmond (Jazz); Evelyn Hotel, 351 Brunswick St., Fitzroy (Jazz); Limerick Arms Hotel, Park/Clarendon Sts., South Melbourne (Jazz, Rock); Loaded Dog Pub Brewery, 324 St. Georges Rd., North Fitzroy; Prince of Wales, 29 Fitzroy St., St. Kilda (Rock); Troubadour, 338 Brunswick St., North Fitzroy (Rock). **Bars und Diskotheken:** Billboard, 170 Russell St.; Inflation, 60 King St.; Metro, 20 Bourke St.; Palace, Lower Esplanade, St. Kilda; Underground, 22 King St.; X-The Nightclub, 62 King St. **Museen:** Weitere, in der Beschreibung Melbournes nicht erwähnte: das restaurierte Segelschiff Polly Woodside mit dem Museum für die Geschichte der Seefahrt (Player St., South Melbourne; tgl. 10–16 Uhr) und das Jewish Museum of Australia (Toorak Rd./Arnold St., South Yarra; Mi u. Do 11–16 Uhr, So 14–17 Uhr).

Information

Touristen: Visitor Information Booths, City Square und Bourke Street Mall (Mo–Do 9–17 Uhr, Fr 9–19 Uhr, Sa 10–16 Uhr, So 11–16 Uhr). **Automobilklub:** Royal Automobile Club of Victoria (RACV), 123 Queen St., ✆ 6072211 (Zentrale); RACV, 422 Little Collins St., ✆ 6072137 (Filiale); RACV, 227 Bourke St., ✆ 6503983 (Filiale). **Umwelt und Natur:** Department of Conservation, Forests & Lands, 240 Victoria Pde., East Melbourne, ✆ 4124011; Wilderness Society, 59 Hardware St., ✆ 6702867. **Aborigines:** Aboriginal Development Commission (ADC), 766 Elizabeth St., ✆ 347681. Andere **Bundesstaaten:** Canberra, 247 Collins St., ✆ 6541393; Neusüdwales, 388 Bourke St., ✆ 6707461; Nordterritorium, 415 Bourke St., ✆ 6705007; Queensland, 257 Collins St., ✆ 6543900; Südaustralien, 25 Elizabeth St., ✆ 6146522; Tasmanien, 256 Collins St., ✆ 2067933; Westaustralien, 35 Elizabeth St., ✆ 614683 3.

Öffentliche Einrichtungen

Post: General Post Office, Bourke/Elizabeth Sts., ✆ 6554265. **Polizei:** ✆ 000 (Notruf), ✆ 11444 (allgemeine Anfragen). **Ausländerbehörde:** Department of Immigration, 55 King St., ✆ 6123999. **Krankenhäuser:** Royal Melbourne Hospital, Grattan/Flemington Rds., Parkville, ✆ 3477111; Travellers Medical and Vaccination Centre, 6/165 Flinders Lane, ✆ 6507600; Ambulanz: ✆ 000 (Notruf). **Konsulate:** *Bundesrepublik Deutschland,* 480 Punt Rd., South Yarra, ✆ 2661261; *Österreich,* 897 High St., ✆ 5090360; *Schweiz,* 3 Bowen Cres., ✆ 2672266. **Ausländische Einrichtungen:** Goethe-Institut, 606 St. Kilda Rd., ✆ 51883 8.

Allgemeines

Victorias Gippsland beginnt unmittelbar vor den Toren von Melbourne und erstreckt sich von hier nach Osten bis zur Grenze zu Neusüdwales. Das von dem polnischen Grafen Paul Edmund von Strzelecki Anfang der 40er Jahre des 19. Jahrhunderts erforschte und nach dem damaligen Gouverneur George Gipps benannte Gebiet ist eine Region der Gegensätze: Unberührte Waldgebiete und einsame Strände kontrastieren hier mit gigantischen Tagebauminen und riesigen Kraftwerken. Der Westen Gippslands war noch bis zur Jahrhundertwende fast ganz mit dichtem Regenwald bedeckt. Heute erstreckt sich hier ein landwirtschaftlich reiches Gebiet, in dem die Milchwirtschaft dominiert. Zudem baut man im geographischen Zentrum der Region um Moe und Morwell die größten Braunkohlelager der Welt ab. Im Unterschied zum Westen der Region besitzt der Osten noch weitgehend seine ursprüngliche Wildheit. Diese vor zerstörerischen Eingriffen vor allem der Holzindustrie zu bewahren, haben sich zahlreiche Umweltschützer auf die Fahnen geschrieben.

South Gippsland Highway zwischen Dandenong und Sale

Folgt man von Dandenong dem South Gippsland Highway in südöstlicher Richtung, gelangt man über Cranbourne nach Lang Lang, wo der Bass Highway nach Süden abzweigt. Der South Gippsland Highway verläuft nun für knapp 90 km im Binnenland und führt zu dem Städtchen Korumburra, das sich in den Ausläufern der Strzelecki Ranges ausbreitet. In diesem ehemaligen Zentrum des Kohlebergbaus, wo das letzte Bergwerk Ende der 50er Jahre stillgelegt wurde, lohnt ein Besuch des Coal Creek Historical Park, einer originalgetreuen Rekonstruktion einer Kohlestadt von 1890 (tgl. 9–17 Uhr).

Interessanter aber ist die Küstenstrekke über Phillip Island, Wonthaggi und das Vorgebirge Wilsons Promontory. Nahe des Ortes Bass erhebt sich am Bass Highway ein seltsames Gebilde: **The Giant Worm,** ein Museum in Form eines riesigen Wurms, wo man die mit einer Länge von bis zu 3 m weltweit größten Erdwürmer bestaunen kann (tgl. 10–17 Uhr). Bei Anderson (5 km südlich von Bass) zweigt eine Straße zur Phillip Island ab.

Die sich wie ein Riegel zwischen die Bass Strait und die Western Port Bay schiebende **Phillip Island** ist die am besten propagierte Attraktion Victorias. Seit jeher hat die 102 km^2 große Insel den Ruf eines Tierparadieses. Gleich hinter der von San Remo herführenden Brücke steht an der Phillip Island Road das Phillip Island Information Centre (hier auch die Eintrittskarten für die Pinguinparade, s. S. 244). Westlich von Newhaven befindet sich an der Phillip Island Road das sehenswerte Australian Dairy Centre, das über die Entwickung der Milchwirtschaft in Victoria informiert (tgl. 10–18 Uhr). An der Westseite des Cape Woolamai (im Süden der Phillip Island Road), mit 109 m der höchste Punkt der Insel, liegen die Nistplätze von Zehntausenden Mutton Birds (Sturmvögel). Hier erstreckt sich auch ein Surf Beach mit starker Brandung, während sich an der ostwärts gewandten Seite der Halbinsel ein sicherer Badestrand befindet. Ein kurzer Spaziergang führt zu den pittoresken Klippenformationen The Pinnacles.

Auf dem Weg nach Cowes sollten Sie unbedingt in einem der vier Koalareservate der Insel haltmachen (Oswin Roberts, Five Ways, David Forrest oder Ventnor Reserve). Hier befinden sich Kolonien freilebender und ansonsten nur noch selten anzutreffender Koalas. Andere Vertreter der australischen Tierwelt (Wombats, Emus, Dingos, Wallabies u. a.) sieht man im Phillip Island Wildlife Park 2 km südlich von Cowes (tgl. 9–17 Uhr).

Der Inselhauptort **Cowes** bietet seinen Besuchern einen Mini Europe Park mit über 200 Modellen berühmter europäischer Bauwerke (Ventnor Rd.; tgl. 10–17 Uhr) sowie ein Clock Museum mit einer Kollektion alter Uhren (Findlay St.; tgl. 10–17 Uhr). Von der Cowes Jetty (Anlegestelle) verkehren in den Sommermonaten regelmäßig Passagierfähren nach Stony Point auf der Mornington Peninsula (s. S. 235 f.) sowie zur French Island (Naturschutzgebiet). Am Pier kann man auch Touren zu den Seal Rocks (s. u.) buchen.

Ein ›Muß‹ für jeden Besucher von Phillip Island ist die Fahrt zur Südwestspitze der Insel. Vom Endpunkt der Straße, dem Point Grant, führen Holzstege entlang der bizarr zerklüfteten Basaltküste. Besonders sehenswert sind die Klippenformationen Seagull Rock und Pyramid Rock sowie das Blowhole, aus dem bei starker Brandung wie bei einem Geysir Wasser in die Höhe spritzt. Der Landspitze unmittelbar vorgelagert sind The Nobbies, zwei winzige Inseln, die man bei Ebbe trockenen Fußes erreichen kann. Etwa 1,5 km entfernt vom Point Grant ragen die Seal Rocks aus der tosenden See. Auf diesen kleinen Felseninseln hat sich eine 5000 bis 6000 Tiere zählende Kolonie von Pelzrobben angesiedelt. Man kann die Robben mit einem starken Fernglas vom Point Grant aus beobachten oder sich ihnen in einem Ausflugsboot nähern (Nov.–Jan.; Touren ab Cowes Jetty, ✆ 059/521014).

Den Abschluß eines erlebnisreichen Tages auf Phillip Island bildet, vor allem im Dezember und Januar, die Pinguinenparade am Summerland Beach. Nach Sonnenuntergang kehren oft Hunderte der kleinen Fairy Penguins von der Nahrungssuche im Meer zu ihren Nistplätzen zurück. Im Besucherzentrum am Summerland Beach können Sie sich über die Zwergpinguine informieren (tgl. 10 Uhr bis Sonnenuntergang). Es empfiehlt sich, warme Kleidung und Regenschutz mitzubringen (Fotografieren mit Blitzlicht verboten!).

Wieder auf dem Festland zurück, setzen wir unsere Fahrt auf dem Bass Highway in südöstlicher Richtung fort. Es lohnt sich sehr, den Bass Highway bei Wonthaggi zu verlassen und immer unmittelbar entlang der Küste über Cape Patterson nach Inverloch zu fahren – die Klippenszenerien (z. B. Eagles Nest) sind wirklich spektakulär. Keinesfalls versäumen sollte man einen kurzen Abstecher zum **Wilsons Promontory National Park**. The Prom, wie dieses uralte Granitvorgebirge (Teil der ehemaligen Landbrücke zu Tasmanien), kurz genannt wird, bietet ein erstaunliches Spektrum von Landschaftstypen und Vegetationszonen: von mächtigen Granitblöcken unterbrochene Strände, Eukalyptuswälder und von meterhohen Baumfarnen bestandene feuchte Schluchten. Einen guten Eindruck von der

Die Parade der befrackten Zwerge

Die possierlichen Fairy Penguins (wörtlich übersetzt Elfenpinguine) sind die prominentesten Besucher auf Phillip Island. Die Zwergpinguine, mit durchschnittlich weniger als 35 cm Länge die kleinsten der Welt, sind die einzigen Pinguine, die auf dem australischen Festland brüten. Sie tauchen jedes Jahr für einige Monate entlang der ganzen australischen Südküste auf, von Neusüdwales bis Westaustralien.

Von August an suchen die befrackten Zwerge ihre alten Nistplätze (Erdhöhlen oder Felslöcher) auf oder graben neue tief im sandigen Boden. Zwischen September und November legen dann die Weibchen meist zwei bis drei Eier, die beide Partner abwechselnd bebrüten, bis nach 35 Tagen die Jungen schlüpfen. Zu der Brutperiode und in den ersten Wochen der Aufzucht der Küken, bleibt immer ein Elternteil im Bau, während der andere Partner die Nisthöhle beim ersten Morgenlicht verläßt, um in den Brandungswellen nach kleinen Fischen und Tintenfischen zu jagen. Pünktlich nach Einbruch der Abenddämmerung finden sie sich in Gruppen zusammen, um in die Brutkolonie in den Dünen zurückzukehren. Bevor sie sich aber nach dem harten Tageswerk zur wohlverdienten Ruhe begeben dürfen, müssen sie erst noch über einen von Scheinwerfern beleuchteten Strandabschnitt watscheln, vorbei an Scharen von Schaulustigen.

Sobald die Jungen flügge geworden sind, beginnt für die Eltern die etwa drei Wochen dauernde Mauser, während der sie ihr Nest nicht verlassen. In dieser Zeit, in der ihnen ein neues Federkleid wächst (graublau auf dem Rücken, weiß an der Brust), sind sie nicht ›wasserdicht‹ und können sich folglich auch nicht zur Nahrungssuche in die Fluten stürzen. Ein vorher angefressener Fettvorrat hilft ihnen über die Hungerperiode hinweg. Der Rummel um sie scheint den kleinen Wichten übrigens kaum etwas auszumachen, denn schon seit Jahrzehnten erscheinen sie in stets etwa gleichbleibender Zahl, um auf Phillip Island zu brüten.

Schönheit des Parks vermittelt bereits die Fahrt auf dem Prom Nature Drive, einer 32 km langen Panoramastraße vom Parkeingang bei Yanakie bis Tidal River (Besucherzentrum und Hauptquartier; So–Fr 8.30–16.30 Uhr, Sa 8–16.30 Uhr). Von den zahlreichen Wanderungen – vom 30minütigen Spaziergang bis zu mehrtägigen Unternehmungen mit Expeditionscharakter –, über die Sie vom Ranger detaillierte Informationen erhalten, sind vor allem die beiden folgenden zu empfehlten: Lilly Pilly Gully Nature Walk, ein Naturlehrpfad (Rundwanderung 5 km/ca. 2–3 Std.) und Mt. Oberon Nature Walk zum Gipfel des 558 m hohen Mt. Oberon, von dem sich ein unbeschreiblich schöner Blick bietet (6,4 km/ ca. 2–3 Std. v. v.).

Vom Wilsons Promontory fahren Sie in nördlicher Richtung nach Foster, wo wir wieder auf den South Gippsland Highway treffen. Diesem folgen wir nun gen Osten und gelangen über Toora nach **Welshpool**, einen wichtigen Versorgungshafen für die Ölförderanlagen in der Bass Strait. Hier lohnt ein Blick in das kleine Maritime Museum mit seiner exquisiten Muschelsammlung (Sa–Do 10–16.30 Uhr). 15 km östlich von Yarram zweigt bei Woodside eine Stichstraße ab zum bekannten Brandungsstrand **Woodside Beach**, wo der endlos lange Ninety Mile Beach beginnt, der sich von hier bis Lakes Entrance erstreckt.

Sale (14500 Einw.), die Hauptstadt von Gippsland, ist das Dallas von Victoria. Hier befindet sich das Zentrum der Öl- und Gasindustrie, der Hauptstützpunkt für die Förderplattformen der Bass Strait. Am Princes Highway, an der westlichen Peripherie der Stadt, steht das Oil and Natural Gas Display Centre (Multi-Media-Show über Erdöl- und Erdgasförderung; hier auch Fremdenverkehrsbüro; tgl. 9.30–15.30 Uhr). Außer einigen historischen Gebäuden (Criterion Hotel, Court House u. a.), der Sale Regional Art Gallery in der Fußgängerzone (Mo–Fr 9.30–17 Uhr, Sa 9.30–12 Uhr) sowie dem in Zentrumsnähe gelegenen Lake Guthridge mit seiner reichen Vogelwelt hat Sale dem Besucher wenig zu bieten. Dafür aber ist der Ort ein idealer Ausgangspunkt für die Erkundung der Seenplatte im Dreieck Sale–Bairnsdale–Lakes Entrance.

Südlich von Sale beginnt der **Gippsland Lakes Coastel Park**. Einst war diese Region Teil einer großen Meeresbucht. Heute erstreckt sich hinter der schützenden, bis zu 38 m hohen Dünenbarriere, über rund 130 km eine Kette von Lagunen und Seen entlang der Küste (Anfahrt von Sale über Longford nach Golden Beach und Paradise Beach jenseits des Lake Reeve). Dieser Teil der Küste vermittelt einen guten Eindruck vom phantastischen **Ninety Mile Beach**, wo man kilometerlange Strandabschnitte ganz für sich alleine haben kann. Am Westufer des Lake Reeve entlang führt eine Straße zu dem Ort Loch Sport, in dessen Nähe sich der Zugang zum **Lakes National Park** befindet. Seine Vegetation ist ein Potpourri aus Eukalypten, Akazien und Küstenheiden. Vom Hauptquartier führt eine Naturpiste zum Point Wilson, wo Sie Dutzende von Grauen Känguruhs und Sumpfwallabies beobachten können.

Praktische Hinweise

Verkehr: Phillip Island: mit dem Zug ab Melbournes Flinders Street Station nach Dandenong, von dort per Bus weiter nach Cowes; im Sommer ab Flinders Street Station mit dem Zug bis Frankston, von dort mit dem Bus nach Stony Point und mit der Fähre nach Co-

Ninety Mile Beach bei Sale

wes (Fährauskunft ✆ 059/793233). Auf den beschriebenen Routen verkehren nur auf den großen Highways öffentliche Busse. Abstecher zum Wilsons Promontory National Park und zum Lakes National Park nur mit eigenem Fahrzeug, einer organisierten Tour oder per Autostopp möglich.

Unterkunft: Phillip Island: *** Coachman Motel, 51 Chapel St., Cowes, ✆ 059/521098; ** Hollydene Motel, 114 Thompson Ave., Cowes, ✆ 059/522311; * Sea Breeze Motel, 40 Forrest Ave., Newhaven, ✆ 059/567387; Flynn's Phillip Island Backpackers, 1–3 McKenzie Rd., Cowes, ✆ 059/522167; Cowes Caravan Park, 164 Church St., Cowes, ✆ 059/522211; Newhaven Caravan Park, Newhaven, ✆ 059/567227. **Wilsons Promontory** (Tidal River): Großer Campingplatz und Motel (nur für Selbstversorger). Im Sommer Buchung erforderlich: Wilsons Promontory National Park, Booking Office, Tidal River via Foster, VIC 3960, ✆ 056/808538. Unterkunftsmöglichkeiten auch in Foster und Meeniyan. **Sale:** *** Captains Lodge Motel, 46 Princes Hwy., ✆ 051/443766; ** Sale Motel, Stawell St./Princes Hwy., ✆ 051/442744; Sale Sal Caravan Park, Princes Hwy., ✆ 051/441366.

Information: Phillip Island Information Centre, Phillip Island Rd., Newhaven, ✆ 059/567447.

Princes Highway zwischen Dandenong und Sale

Folgt man von Dandenong dem Princes Highway in östlicher Richtung, so lohnt sich ein erster Stopp in **Tynong**. Hier befindet sich Victoria's Farm Shed, ein Agrarmuseum mit interessanten Vorführungen (u. a. Schafscheren; tgl. 10–17 Uhr). Über Warragul geht es weiter nach **Moe**, einer 20000-Einwohner-Stadt am Rande von Victorias Kohlenpott, mit der Old Gipstown, einem Museumsdorf mit 30 restaurierten Gebäuden aus der Pionierzeit (tgl. 10–17 Uhr).

Ein Abstecher führt von Moe zum rund 35 km nördlich gelegenen **Baw Baw**

National Park. Mit seinem majestätischen Königseukalypten und üppigen Baumfarnen gehört dieser von Schluchten zerfurchte Nationalpark wohl zu den schönsten Berglandschaften Victorias. Am Ostrand des Naturschutzgebietes liegen in einem pittoresken Flußtal die Überreste von **Walhalla**, einer in der zweiten Hälfte des vorigen Jahrhunderts reichen Goldgräberstadt. (Führung durch die Long Tunnel Gold Mine Sa, So u. Feiertage 11–15.30 Uhr). Vom kleinen Bergort Erica windet sich eine Straße gen Norden zum Baw Baw-Plateau empor. Gute Wandermöglichkeiten sind um den Mt. Erica (1519 m) vorhanden, z. B. der Beech Gully Nature Walk, der durch eine Schlucht mit Baumfarnen führt (Rundwanderung 1,5 km/ca. 45 Min.).

Unter dem **Latrobe Valley** östlich von Moe erstrecken sich der Welt größte Braunkohlevorkommen, ein Flöz von 70 km Länge, bis zu 25 km Breite sowie einer Tiefe von 30–200 m. Victorias Energiezentrum deckt heute den Elektrizitätsbedarf dieses Bundesstaates zu rund 85 %. Zu besichtigen sind die südlich von Morwell gelegene Hazelwood Power Station und die benachbarte Braunkohle-Tagebaumine Morwell Open Cut (Informationen im Morwell Visitors Centre, Commercial Rd., Morwell tgl. 8–16 Uhr; Führungen tgl. zur vollen Stunde von 8–15 Uhr; ✆ 051/353415).

Praktische Hinweise

Unterkunft: Moe: ** Moe Motel, 3 Fowler St., ✆ 051/271166; Moe Caravan Park, Mitchells Rd., ✆ 051/273072. **Morwell:** *** Coal Valley Inn, 141 Princes Hwy., ✆ 051/346211; Morwell Caravan Park, Maryvale Cres., ✆ 051/343507.

Princes Highway zwischen Sale und Mallacoota

Bairnsdale, 68 km nordöstlich von Sale am Mitchell River gelegen, ist das Handelszentrum im Osten von Gippsland (Milchwirtschaft, Wollproduktion, Holzverarbeitung). Sehenswert sind in Bairnsdale die Botanischen Gärten und die katholische St. Marys Church (1913) mit ihren italienischen Decken- und Wandmalereien. In **Paynesville**, einem populären Ferienort und Yachthafen 18 km südlich von Bairnsdale, steht die St. Peter by the Lake Church. Diese ungewöhnliche Kirche ist in ihrem Baustil einem Schiff nachempfunden: Der Kirchturm wirkt wie ein Leuchtturm, die Kanzel wie ein Schiffsbug; im Allerheiligsten brennt eine alte Positionslaterne als Altarlicht. Mit einer Autofähre kann man von Paynesville über die schmale McMillan Strait zur kleinen Raymond Island übersetzen, wo man an der Swan Cove Koalas in freier Wildbahn beobachten kann (Fähre tgl. 7–18 Uhr).

Lakes Entrance (34 km südöstlich von Bairnsdale, 3500 Einw.) schmückt sich mit dem Attribut ›Victoria's Holiday Capital‹. In den Sommermonaten schwillt die Bevölkerung auf das Zehnfache an. Das Seensystem des Gippsland Lakes Coastal Park ist hier durch eine schmale Öffnung mit dem Meer verbunden (ideale Wassersportbedingungen). Eine Rundfahrt auf den Binnenseen können Sie im Central Boat Harbour (Ortsmitte am Princes Highway) buchen (✆ 051/551246). Sehenswert in Lakes Entrance selbst ist vor allem The Big Boomerang, ein Museum, das sich mit der Kultur der Aborigines aus der Region beschäftigt (am Princes Highway östlich der Ortsmitte; tgl. 10–17 Uhr).

Östlich von Lakes Entrance beschreibt der Princes Highway einen weiten Bogen um den fischreichen Lake Tyers. Bei Nowa Nowa zweigt eine Nebenstraße in nordöstlicher Richtung nach Buchan ab. Hauptattraktion dieses Ortes sind die **Buchan Caves**, ein verästeltes System von Kalksteinhöhlen. Besonders sehenswert sind die Fairy Cave und die Royal Cave (Führungen tgl. 10, 11.15, 13, 14.15 u. 15.30 Uhr).

In Orbost verlassen wir den Princes Highway und fahren in südöstlicher Richtung entlang der Küste über Marlo zum Cape Conran, einer pittoresken Granitfelsenküste. Auf den Princes Highway stößt man wieder beim Cabbage Tree Palms Reserve, wo zahlreiche der ungewöhnlichen Cabbagepalmen wachsen. In seinem weiteren Verlauf windet sich der Highway kurvenreich durch das bergige, dichtbewaldete östliche Gippsland nach Cann River. Südlich des Princes Highway erstreckt sich über eine Länge von rund 100 km von der Meeresbucht Sydenham Inlet bis zur Grenze zu Neusüdwales der **Croajingolong National Park** mit seinen unberührten Stränden und spektakulären Vorgebirgen. Vom Princes Highway führen größtenteils ungeteerte Stichstraßen zu den landschaftlichen Höhepunkten dieser Region (u. a. Tamboon Inlet, Point Hicks, Wingan Inlet). Am bequemsten zu erreichen ist der 24 km südlich des Highway an einer schönen Bucht gelegene Ferienort **Mallacoota**. Ein herrlicher Blick auf das Mallacoota Inlet bietet sich vom sogenannten Lakeside Drive. 13 km nordöstlich von Genoa überquert der Princes Highway die Grenze zu Neusüdwales (s. S. 188).

Praktische Hinweise

Unterkunft: Bairnsdale: *** Bairnsdale Flag Motor Inn, 598 Main St., ✆ 051/523004; Bairnsdale Tourist Park, Princes Hwy., ✆ 051/524066. **Lakes Entrance:** *** Albatross Motel, 661 Esplanade, ✆ 051/551779; ** Sundown Motel, Princes Hwy., ✆ 051/551216; * Lakes Sea View Motel, 12 New St., ✆ 051/551318; Lakes Main Caravan Park Hostel, 7 Willis St., ✆ 051/552365 (Backpackers Hostel); Koonwarra Caravan Park, 687 Esplanade, ✆ 051/551222. **Mallacoota:** ** Mallacoota Motor Inn, Maurice Ave., ✆ 051/580455; Mallacoota Camp Park, Allan Dve., ✆ 051/580300.

Information: South East Coast Tourist Information Centre, 240 Main St., Bairnsdale, ✆ 051/523234; Lakes Entrance Tourist Information Centre, Princes Hwy., ✆ 051/551966, Department of Conservation, Forests & Lands, 511 Esplanade, Lakes Entrance, ✆ 051/551539.

North East

Der Nordosten Victorias präsentiert sich als eine Mischung von fruchtbaren Flußtälern und weiten Ebenen sowie vor allem aber herrlichen Berglandschaften mit den größten und schönsten Nationalparks des Staates. 1989 wurden verschiedene Naturschutzgebiete in den Victorian Alps, dem südlichen Ausläufer der Great Dividing Range, zum Alpine National Park zusammengefaßt. Granitmassive mit oftmals spektakulären Fels-

Granitfelsenküste am Cape Conran

formationen, Schluchten mit pittoresken Wasserfällen sowie eine alpine Vegetation prägen diese durch Panoramastraßen gut erschlossene Region. In den Viktorianischen Alpen herrscht ganzjährig Saison: In den Wintermonaten bieten sie ausgezeichnete Möglichkeiten für Skiläufer, im Sommer bilden sie ein ideales Terrain für Wanderer.

Zwei Routen führen in den Nordosten Victorias: der gut ausgebaute, aber landschaftlich wenig reizvolle Hume Freeway über Seymour, Benalla und Wangaratta sowie der Maroondah Highway, der sich durch die dichtbewaldeten Ausläufer der Great Dividing Range über Healesville zum Lake Eildon und von dort weiter in die Victorian Alps windet.

Nördlich von Healesville (s. S. 235) liegt an einer Nebenstraße des Maroondah Highway **Marysville**. 5 km südlich des kleinen Bergorts stürzen die 82 m hohen, nachts beleuchteten **Steavenson Falls** in eine farnbestandene Schlucht. Östlich von Marysville schlängelt sich eine schmale Straße empor zum etwa 1400 m hoch gelegenen Skigebiet um Lake Mountain (im Sommer gute Wandermöglichkeiten).

Östlich des Maroondah Highway erstreckt sich der weitverzweigte **Lake Eildon**, der größte künstliche See von Victoria. In Snobs Creek (ca. 5 km vor Eildon) befindet sich die Freshwater Fisheries Research Station and Hatchery, wo jedes Jahr einige hunderttausend Forellen gezüchtet werden, um die Bestände der überfischten Flüsse und Seen Victorias wieder aufzustocken (tgl. 10–16.30 Uhr). 1 km südwestlich von Eildon zweigt die Straße zum Mt. Pinninger Lookout (543 m) ab, der einen schönen Blick über den Lake Eildon (im Sommer ein beliebtes Wassersport- und Angelrevier) bietet. Von Eildon führt die Skyline Road zum 18 km nördlich gelegenen Fraser National Park (Campingplätze).

Vom nordwestlich des Lake Eildon gelegenen Mansfield fahren wir auf dem Midland Highway ins Kelly Country, wo in den 70er Jahren des vorigen Jahrhunderts der legendäre Bushranger Ned Kelly und seine Bande von Wegelagerern ihr Unwesen trieben. Kelly-Memorabilien und andere Kuriositäten aus der Pionierzeit kann man im Städtchen **Benalla** im Costume and Pioneer Museum bestaunen (tgl. 10–17 Uhr). Besuchenswert ist auch die am Lake Benalla gelegene Benalla Art Gallery (tgl. außer Mi 11–17 Uhr). Der Ort **Glenrowan** (18 km nordöstlich von Benalla) lockt Besucher mit der makabren Einladung: »Stop at Glenrowan like the Kelly Gang did!« In dem kleinen Ort, in dem Ned Kellys berühmtes letztes Gefecht mit der Polizei stattfand, sorgt man mit allen Mitteln des modernen Touristenrummels dafür, daß Australiens berühmtester Strauchdieb nicht in Vergessenheit gerät.

Von Wangaratta (6500 Einw.) führt der Ovens Highway sachte ansteigend in südöstlicher Richtung zurück in die Berge. Keinesfalls versäumen sollte man einen Abstecher nach **Beechworth** (3700 Einw.), einer gut erhaltenen Goldgräberstadt, und seine Attraktionen: das Post Office Building mit markantem Glockenturm (1867), das Tanswells Commercial Hotel mit einer schmiedeeisernen Veranda (1873), die Ruine des Ovens Goldfields Hospital (1857), das Carriage Museum in der Albert Rd., das alte Pferdekutschen birgt (tgl. 10–12.30 Uhr u. 13.30–16.30 Uhr); das Burke Museum in der Loch St. mit Memorabilien der Kelly Gang und einer Sammlung von Erinnerungsstücken aus der Goldrauschzeit (tgl. 9–16.30 Uhr); das interessante Brauereimuseum HB Historic

Ned Kelly

Über Ned Kelly scheiden sich die Geister. War er ein feiger Polizistenmörder oder ein armer Teufel, der, um nicht zu krepieren, sein Schicksal in die eigenen Hände nahm? War er ein Wegelagerer und Bankräuber, der nicht zögerte, sich seinen Weg brutal freizuschießen oder ein Robin Hood und Schinderhannes des Fünften Kontinents?

Einige Meilensteine seiner ›Karriere‹: Edward Kelly wurde 1855 als Sohn eines irischen Strafverbannten in ärmlichsten Verhältnissen in Melbourne geboren, verbrachte seine Kindheit aber bei Farmerfamilien in der Gegend von Benalla. Der bereits als Zehnjähriger zum Pferdedieb ›ausgebildete‹ Ned stand schon in jungen Jahren mehrfach vor dem Richter und wanderte mit vierzehn zum ersten Mal ins Gefängnis. Noch keine 18 Jahre alt, legte sich Kelly mit der Polizei an, nachdem er erleben mußte, wie verarmte irische Bauern auf Drängen reicher Großgrundbesitzer von der Obrigkeit verfolgt wurden.

Nach einer Attacke auf einen Gesetzeshüter floh er mit seinem Bruder Dan und zwei Freunden in den Busch und wurde Bandit. Kelly & Co. spezialisierten sich in den folgenden Jahren auf Banküberfälle, holten sich aber das, was sie brauchten, auch bei den reichen Viehbaronen. Die armen Kleinsiedler dagegen ließen sie in Ruhe. Diese wiederum revanchierten sich, indem sie der Kelly-Bande oftmals Unterschlupf gewährten. Während das koloniale Bürgertum in Kelly somit einen kaltblütigen Killer sah, erwarb er sich in den Unterschichten den Nimbus eines Volkshelden und Anwalts der Unterdrückten. Als Ned Kelly schließlich drei Polizisten, die ihm auf der Spur waren, erschoß, wurde er zum meistgesuchten Verbrecher seiner Zeit.

Zum blutigen Finale kam es im Juni 1880, nachdem ein ehemaliges Bandenmitglied den Schlupfwinkel der Kelly-Gang verraten hatte. In einem Pub im kleinen Ort Glenrowan wurden Ned Kelly und seine Männer von einer Streitmacht aus 50 Polizisten gestellt. Während des folgenden Feuergefechts kamen drei Mitglieder der vierköpfigen Bande um. Die Polizisten steckten schließlich das Gebäude in Brand, und Ned Kelly unternahm einen Fluchtversuch, bei dem er aber einen Treffer ins Bein erhielt und gefangengenommen wurde. Wenig später machte man ihm in Melbourne den Prozeß, der mit dem Todesurteil für Kelly endete. Obwohl 32000 Menschen ein Gnadengesuch unterzeichneten, legte am 11. November 1880 der Henker die Schlinge um Ned Kellys Hals.

Cellars in der William St. (tgl. 10–16 Uhr) und das 1859 erbaute Powder Magazine mit einem historischen Museum am nordwestlichen Ortsrand (tgl. 10–12.30 Uhr u. 13.30–16.30 Uhr). Interessant sind auch die chinesischen Verbrennungstürme auf dem historischen Friedhof, in denen chinesische Goldsucher symbolisch Gebetsbücher und Speisen für ihre Toten verbrannten.

Von Beechworth fahren wir in südöstlicher Richtung über Myrtleford (großes Hopfenanbaugebiet) nach Porepunkah (Obstplantagen), von wo sich eine landschaftlich ungemein reizvolle Bergstraße kurvenreich zum **Mt. Buffalo National Park** empor windet. Im Zentrum dieses beliebten Wander- und Skigebiets liegt das Hotel-Restaurant Mt. Buffalo Chalet. Von hier führt eine kurze Wande-

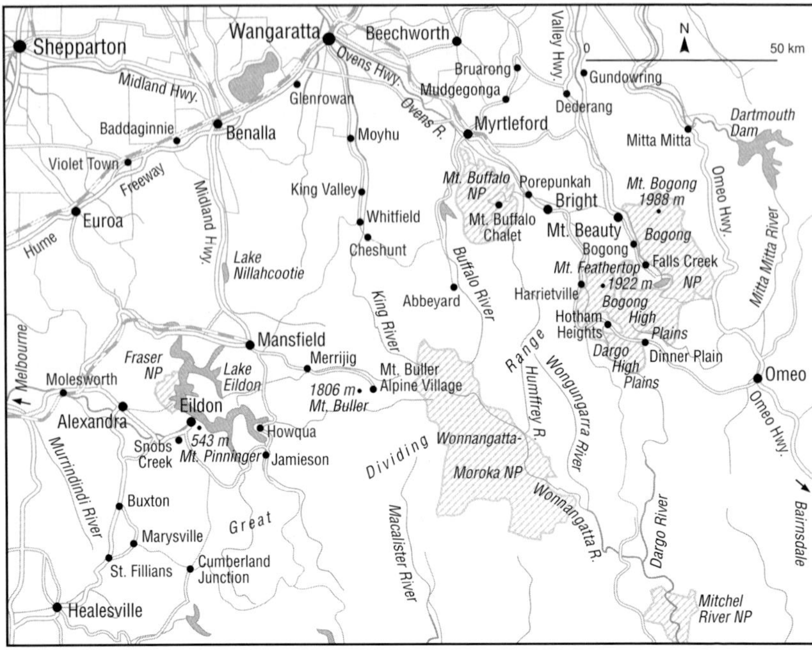

Der Nordosten von Victoria

rung zum Monolith (1419 m), einem gewaltigen Granitblock, von dessen Spitze man einen herrlichen Rundumblick genießt (ca. 2 km/ca. 1 Std. v. v.). Vom Chalet führt der Nature Drive, eine 11 km lange Panoramastraße, über die Hochebene. Von ihr zweigen verschiedene, meist kurze Wanderwege ab, z. B. zu den Drillhole Rocks (ca. 1 km/ca. 30 Min. v. v.), zum Stanley Rock (ca. 1 km/ ca. 30 Min. v. v.) und zum Giants Causeway (ca. 2 km/ca. 1 Std.v. v.). Dicht an der Straße erheben sich die mächtigen Granitformationen The Cathedral und The Hump. Vom Endpunkt des Nature Drive läßt sich The Horn besteigen (1721 m; grandioser Panoramablick; ca. 1,5 km/ca. 45 Min. v. v.)

Bright, ein am Ovens Highway gelegener großer Ferienort bietet sich an als Ausgangspunkt für eine Rundfahrt (ca. 225 km, davon ca. 100 km Schotterpiste) durch den **Bogong National Park**, wo sich Victorias höchste Berggipfel und populärste Wintersportzentren befinden. 6 km südöstlich von Bright beginnt die sogenannte Alpine Tourist Road, die in südlicher Richtung nach Harrietville führt. Hinter diesem Bergort geht die Teerstraße in eine schmale und kurvenreiche Schotterpiste über. Bei Omeo mündet die Bergstraße in den Omeo Highway, dem wir nun in nördlicher Richtung folgen. 5 km südlich von Glen Valley biegen wir nach Westen ab und kommen, vorbei am Rocky Valley-Stausee, zum Wintersportzentrum Falls Creek. Vom Ferienort Mt. Beauty kann man entweder nach Bright zurückkehren oder auf dem landschaftlich sehr reizvollen Kiewa Valley Highway ins Tal des Murray River fahren (s. S. 254).

Praktische Hinweise

Verkehr: Benalla, Wangaratta, Beechworth und Bright erreicht man von Melbourne relativ leicht per Bus oder/und Bahn. In den Nationalparks ist ein Auto notwendig. Von Melbourne aus ganzjährig Ein- und Mehrtagesausflüge in die Victorian Alps.

Unterkunft: Eildon: ** Eildon Holiday Resort, Snobs Creek Rd./Goulburn Valley Hwy., ✆ 057/742415; Eildon Caravan Park, Eildon Rd., ✆ 057/742105. **Benalla:** *** Benalla Motor Inn, 48 Bridge St. West, ✆ 057/624088; Motor Village Caravan Park, Benalla-Winton Rd. ✆ 057/623434. **Beechworth:** *** Carriage Motor Inn, Camp/Finch Sts. ✆ 057/281830; * Tanswells Commercial Hotel, 30 Ford St., ✆ 057/281480; Beechworth YHA Hostel, 59 Ford St., ✆ 057/281425; Lake Sambell Caravan Park, Elgin Rd., ✆ 057/281421. **Mt. Buffalo:** *** Mt. Buffalo Chalet, ✆ 057/551500; Lake Catani Campground, ✆ 057/551577. **Bright:** *** Colonial Inn, 54 Gavan St., ✆ 057/551633; ** Bogong View Motor Inn, 35 Delany Ave., ✆ 057/551422; Alpine Cabins & Caravan Park, 1 Mountbattan Ave., ✆ 057/551064. **Mt. Beauty:** *** Snowgum Motel, Kiewa Valley Hwy., Tawonga South, ✆ 057/572508; Mt. Beauty Holiday Centre (Cabins and Caravan Park), Kiewa Valley Hwy., Tawonga South, ✆ 057/572396.

Information: North East Visitors Centre, Hume Hwy., Wangaratta, ✆ 057/215711; Beechworth Tourist Information Centre, The Rock Cavern, Ford St., ✆ 057/281374; Bright Tourist Information Centre, 47–49 Gavan St., ✆ 057/551339; Victorian Ski Association, 31 Coventry St., South Melbourne, ✆ 03/6994413.

Felsformation im Mt. Buffalo National Park

Murray River Valley

Unsere Fahrt durch das Tal des Murray River auf der viktorianischen Seite des Flusses, der über fast 2000 km die Grenze zwischen den Bundesstaaten Victoria und Neusüdwales bildet, beginnt im Städtchen **Corryong** am Fuße der Snowy Mountains (s. S. 203). Dem Murray abwärts folgend, passieren wir den Nordrand des **Burrowa-Pine Mountain National Park**, der sich um den Mt. Burrowa (1300 m) und den Pine Mountain (1062 m), ausbreitet. Der Murray Valley Highway verläuft nun eine Weile am Südufer des Lake Hume. Dieser spielt eine wichtige Rolle bei der Regulierung des Wasserstands am Mittellauf, zudem ist er ein beliebtes Wassersport- und Angelrevier. Über Tallangatta gelangen wir nach **Wodonga** (25 000 Einw.), das mit seiner Schwesterstadt Albury, auf der anderen Seite des Murray in Neusüdwales gelegen (s. S. 200 f.), zu den am schnellsten expandierenden Städten des Kontinents gehört.

In der Gegend von **Rutherglen** und **Chiltern** siedelten sich gegen 1850 zahlreiche deutsche Winzer aus dem Rheintal an, die den Weinanbau im südlichen Neusüdwales und im nördlichen Victoria begründeten. In einigen der Kellereien sind Besichtigungen und Weinproben möglich. Chiltern, etwas abseits des Hume Highway gelegen, ist bekannt wegen des historischen Lake View House, des ehemaligen Wohnsitzes der Romanschriftstellerin Henry Handel Richardson (1870–1946). Der architektonisch reizvolle Ziegelsteinbau beherbergt heute ein heimatkundliches Museum (tgl. 10–12 Uhr u. 13–16 Uhr).

Yarrawonga (5300 Einw.; 47 km westlich von Rutherglen) hat sich seit der Stauung des Murray River zum großflächigen Lake Mulwala zu einem populären Ferienort entwickelt. Zwischen Yarrawonga und Tocumwal erstrecken sich an den Ufern des Murray unerwartet schöne Sandstrände, die besten konzentrieren sich um das Städtchen **Cobram** (z. B. der Thompsons Beach). 5 km nordöstlich von Cobram liegt, bereits in Neusüdwales, der Ort **Barooga**, wo man auf der Binghi Boomerang Ranch ein Museum und eine Werkstatt, in der diese Flughölzer hergestellt werden, eingerichtet hat (tgl. 9–17 Uhr; Bumerangwerfen tgl. 10 u. 14 Uhr). Etwa 40 km westlich von Cobram verläßt die Hauptstraße den Murray, um in einem weiten Bogen über Nathalia nach Echuca zu führen.

Echuca (9000 Einw.), an der Mündung des Goulburn River und Campaspe River in den Murray gelegenes Zentrum einer fruchtbaren Agrarregion, war während der Dampfschiffära der geschäftigste Binnenhafen Australiens. Damals wurden in der von Henry Hopwood 1853 gegründeten Stadt jährlich bis zu 100 000 Ballen Wolle verladen. Am Ufer des Murray standen zu jener Zeit 80 Kneipen und Gastwirtschaften mit Unterkunftsmöglichkeiten für die Binnenschiffer. Die bedeutendsten Sehenswürdigkeiten Echucas konzentrieren sich am Murray in der Historical Port Area.

Unseren Rundgang (ca. 2 Std.) beginnen wir im Star Hotel (1867), in dem eine Ausstellung über die Schiffahrt auf dem Murray informiert. Die Epoche der Flußdampfer kann man am besten am dreistöckigen, 1865 aus massivem Red Gum Holz erbauten Pier nacherleben. An diese Zeit erinnern die historischen

Murray River

Einige zehntausend Jahre lang versorgten der Murray River und seine Nebenflüsse verschiedene Eingeborenenvölker mit Nahrung im Überfluß. Nachdem Charles Sturt 1829/30 das Murray-Murrumbidgee-Flußsystem erforscht hatte, drangen gegen 1840 die ersten weißen Siedler in die Region des nach dem damaligen Kolonialminister, Sir George Murray, benannten Flusses vor. Die Ureinwohner töteten oder vertrieben sie. Als sich immer mehr Pioniere an den Ufern des Murray niederließen und Ochsenkarren weder die Versorgung der Siedlungen noch den Abtransport der landwirtschaftlichen Erzeugnisse mehr bewältigen konnten, schrieb Mitte des vergangenen Jahrhunderts der Gouverneur von Südaustralien, Sir Henry Fox Young, ein Preisgeld von 4000 Pfund Sterling aus für das erste eiserne Dampfschiff, das den Murray aufwärts bis Swan Hill fahren könne. Anno 1853 kam es dann zum großen Rennen zwischen der Mary Ann und der Lady Augusta, das letzteres unter dem Kommando von Francis Cadell klar für sich entscheiden konnte. Mit dem gewonnenen Geld gründete Captain Cadell die Murray River Navigation Company und leitete damit die Entwicklung der Schiffahrt ein, die in den kommenden 50 Jahren eine entscheidende Rolle bei der Erschließung der binnenländischen Gebiete Südostaustraliens spielen sollte.

Gegen 1870 verkehrten bereits rund 100 Schaufelraddampfer, Passagier- und Frachtschiffe, auf dem Murray und einigen seiner Nebenflüsse. Die Versorgung der Schaf- und Viehstationen sowie der Goldfelder im Südosten des Landes erfolgte nun ausschließlich über diese vielbefahrenen Wasserstraßen. Die Paddle Steamers aber transportierten auch die Schurwolle, die in den ausgedehnten Weidegebieten des Landesinneren erzeugt wurde, sowie die Agrarprodukte, die auf den teilweise künstlich bewässerten Feldern im Einzugsbereich des Murray gediehen. Die Paddle Steamers, die nach dem Vorbild der Mississippi-Dampfer gebaut waren, erweckten Städte wie Swan Hill und Echuca zum Leben.

Im Gegensatz zu großen Strömen der Welt aber führt der Murray jedes Jahr nur einige Monate, mitunter sogar nur Wochen genügend Wasser, um größere Schiffe zu tragen. Immer wieder liefen Dampfschiffe auf Grund – oft für Monate. 1864 erreichte dann die Eisenbahnlinie von Melbourne bei Echuca den Murray River. Das war das Ende für die großen Paddle Steamers. Und auch die Bedeutung von Binnenhäfen wie Echuca und Swan Hill nahm rapide ab. Nur ein knappes Dutzend der Schaufelraddampfer hat überlebt und wartet heute auf Touristen, die sich auf einer nostalgischen Reise in die Vergangenheit schippern lassen wollen. In den Kesseln brennt oft allerdings kein Feuer mehr und aus den Schornsteinen steigen keine Rauchschwaden – meist sorgen heute Dieselmotoren für den Vorwärtsschub der Schaufelräder.

Schaufelraddampfer Etona (1899), Pevensey (1910) und Adelaide (1866). An der Murray Esplanade steht schräg gegenüber dem Pier das 1858 von Henry Hopwood erbaute Bridge Hotel. In den Red Gum Works, einer dampfbetriebenen Sägemühle, werden heute noch auf die gleiche Art und Weise wie im letzten Jahrhundert Flußeukalypten verarbeitet. Persönlichkeiten der Weltgeschichte begegnet man, aus Wachs modelliert, gegenüber im World in Wax Museum.

Historische Raddampfer auf dem Murray River bei Echuca

Natürlich kann man in Echuca auch Kreuzfahrten auf dem Murray unternehmen, z. B. mit den Schaufelraddampfern P. S. Pride of the Murray (tgl. 9.30, 11, 13 u. 14.30 Uhr) und P. S. Canberra (tgl. 10, 11.30, 13.30 u. 15 Uhr; Buchungsbüros an der Murray Esplanade). Hinweis: Die Museen und andere Sehenswürdigkeiten im historischen Flußhafen sind tgl. ca. 9–17 oder 18 Uhr geöffnet.

Die an spektakulären Effekten arme Weiterfahrt auf dem Murray Valley Highway wird erst rund 100 km nordwestlich von Echuca durch das ausgedehnte **Seengebiet von Kerang** unterbrochen. Diese Kette von 57 Seen und Sümpfen bildet eine riesige Oase für unzählige Wasservögel. Allein an den drei Reedy Lakes brüten jedes Frühjahr schätzungsweise 100000 Ibisse. Am Middle Lake (9 km nördlich von Kerang) befindet sich ein Turm zur Vogelbeobachtung (beste Zeit: früher Morgen und Sonnenuntergang). Gute Bade- und Wassersportmöglichkeiten bietet der Lake Charm (18 km nördlich von Kerang).

Swan Hill (9600 Einw.), 60 km nordwestlich von Kerang am Murray River gelegen, war in den 50er Jahren des 19. Jahrhunderts eine frequentierte Anlaufstelle für die Flußdampfer. Einen Rückblick in die Vergangenheit bietet das sich an der Horseshoe Bend des Murray River ausbreitende Pioneer Settlement, eine originalgetreu nachgebaute Siedlung (tgl. 8.30–17 Uhr). Kern des Museumsdorfes ist der alte, restaurierte Raddampfer P. S. Gem, der in einem Staubecken des Murray liegt und heute ein stimmungsvolles Restaurant beherbergt. Jeden Tag um 10.30 und 14.30 Uhr legt zudem an der Horseshoe Bend Wharf im Freilichtmuseum die P. S. Pyap zu einer einstündigen Fahrt auf dem Murray ab.

117 km nordwestlich von Swan Hill bieten sich uns zwei Alternativrouten für die Weiterfahrt nach Mildura: Wir können vom Murray Valley Highway in nördlicher Richtung abzweigen und über Robinvale (verschiedene Weinkellereien) zum Sturt Highway fahren oder auf dem später in den Sunraysia Highway mündenden Murray Valley Highway bleiben. Im Schnittwinkel zwischen den beiden zuletzt genannten Fernverkehrsstraßen dehnt sich der **Hattah-Kulkyne National Park** aus, mit seinen zahlreichen Seen ein Paradies für Wasservögel aller Art.

Mildura (16000 Einw.) ist geradezu opulent eingebettet in riesige Obstplantagen und Weinfelder, während nur wenige Kilometer entfernt braun verbrannte Erde vorherrscht. Irrigation heißt das Zauberwort, künstliche Bewässerung über weitverzweigte Kanäle mit dem Wasser des Murray River. In den 80er Jahren des 19. Jahrhunderts bauten hier die kalifornischen Brüder George und William Chaffey ein geniales Bewässerungssystem. Die ökonomische Erfolgsstory aber hat einen bitteren Nachgeschmack: Ausgelöst durch das Ansteigen des Grundwasserspiegels, das wiederum durch die Rodung der natürlichen Vegetation verursacht wurde, versalzt das Murray-Darling-Becken zusehends.

In dem schachbrettförmig angelegten Mildura beherbergt Rio Vista, der Wohnsitz des Stadtgründers George Chaffey von 1889, ein historisches Museum mit Memorabilien der Familie sowie eine Kunstgalerie mit zeitgenössischer Malerei und Plastik (Mo–Fr 9–16.30 Uhr, So 14–16.30 Uhr). Einen guten Einblick in die Irrigationsmethoden am Murray vermittelt ein Besuch in der Orange World, 7 km nordwestlich von Mildura am Silver City Highway in Richtung Wentworth (tgl. 9–16 Uhr; Führungen tgl. 10.30 u. 14.30 Uhr). Informationen über die Produktion von Trockenfrüchten erhalten Sie im Look and Learn Centre der Australian Dried Fruits Association (33 Deakin Ave.; Mo–Fr 9–17 Uhr, Sa 9–12 Uhr) sowie im Sultana Sam Vineyard (Benetook Ave.; tgl. 9–17 Uhr; Führungen tgl. 11 u. 14 Uhr). Zu einer gut zweistündigen Fahrt auf dem Murray legt die 1912 gebaute P. S. Melbourne tgl. um 10.50 und 13.50 Uhr von der Mildura Wharf ab (✆ 050/232200). Und wenn Sie das heiße Klima ebenso durstig macht wie die Einheimischen, dann besuchen Sie doch den Working Men's Club in der Deaking Ave. Dort steht die mit knapp 91 m angeblich längste Theke der Welt, durch deren 36 Zapfhähne das Bier in Strömen fließt. Gewöhnlich ist dieser Klub nur Mitgliedern zugänglich, bei Touristen aber macht man gerne eine Ausnahme.

Unmittelbar nördlich von Mildura beginnt das Outback von Neusüdwales. Auf dem Silver City Highway sind es von hier 32 km bis nach Wentworth (s. S. 202) und 266 km bis nach Broken Hill (s. S. 196).

Praktische Hinweise

Verkehr: Alle Hauptorte des Murray River Valley sind von Sydney, Melbourne, Adelaide und Canberra problemlos mit dem eigenen Fahrzeug sowie per Bus und Bahn zu erreichen. Die Ortschaften entlang des Murray Valley Highway bedienen mehrere lokale Buslinien.

Unterkunft: Yarrawonga: ** Quality Motel, 51 Telford St., ✆ 057/441956; Riverside Caravan Park, Murray Valley Hwy., ✆ 057/268268. **Echuca:** **** Riverboat Lodge Motor Inn, 476 High St., ✆ 054/825777; *** Old Coach Motor Inn, 288 Ogilvie Ave., ✆

054/823155; ** Echuca Motel, 268 Ogilvie Ave., ✆ 054/822899; ** Murray House Bed & Breakfast, 55 Francis St., ✆ 054/824944; * Philadelphia Lodge Guest House, 499 High St., ✆ 054/822322; Echuca City Council Caravan Park, Crofton St. (Victoria Park), ✆ 054/822157. **Swan Hill:** *** Lady Augusta Motor Inn, 375 Campbell St., ✆ 050/329677; ** Murray River Motel, 481 Campbell St., ✆ 050/322067; Swan Hill River Side Caravan Park, 1 Monash Drive, ✆ 050/321494. **Mildura:** *** Commodore Motel, Deakin Ave./Seventh St., ✆ 050/230241; ** Riviera Motel, 157 Seventh St., ✆ 050/233696; * Wintersun Hotel, 124 Eighth St., ✆ 050/230365; Golden River Caravan Gardens, Flora Ave., ✆ 050/234171.

Information: Yarrawonga Tourist Information Centre, Belmore St., ✆ 057/441989; Echuca Tourist Information Centre, 2 Leslie St., ✆ 054/824525; Swan Hill Tourist Information Centre, 306 Campbell St., ✆ 050/329796; Suncity Tourist Office, Langtree Mall, Mildura, ✆ 050/237077.

Central Victoria

Allgemeines

Die meisten Städte der Zentralregion von Victoria haben eines gemeinsam: Ihre Geschichte ist geprägt von Gold. Als im Juni 1851 James ›Civil Jim‹ Esmonds in der Nähe von Clunes (nördlich von Ballarat) zufällig auf die ersten Goldnuggets stieß, konnte er die Folgen seines epochalen Fundes nicht ahnen. 100000 Goldgräber kamen in die Gegend von Ballarat und Bendigo, Goldgräbersiedlungen schossen wie Pilze aus dem Boden. So rasch es einsetzte, flaute das Goldfieber aber auch wieder ab. Nach wenigen Jahren schon waren nämlich die leicht abzubauenden Goldvorkommen des Alluviums erschöpft. Fortan mußten Schächte durch die harten Basaltlagen zu den tief liegenden Goldadern vorgetrieben werden, was sich nur noch finanzstarke Minengesellschaften leisten konnten. Gegen 1870 waren viele Siedlungen wieder von der Landkarte verschwunden. Andere Orte überlebten als ruhige Provinzstädtchen. An die stürmischen Tage der Goldrauschära erinnern heute in der Region um Bendigo und Ballarat, den beiden zentralen Fundorten, noch zahlreiche historische Gebäude und viele kleine Museen.

Rundfahrt

Die bedeutenderen Orte von Central Victoria lassen sich auf einer 450–500 km langen Rundfahrt (min. 2 Tage) erschließen.

Die einstige Goldgräbersiedlung **Ballarat** (78000 Einw.) ist heute ein wichtiger Umschlag- und Handelsplatz der umliegenden Agrarregion. Die turbulenten Tage des Goldrauschs leben wieder auf in Sovereign Hill, der originalgetreuen, vollständigen Rekonstruktion einer Goldgräberstadt der Jahre 1851 bis 1861 (an der Geelong Rd.; ca. 3 km südlich des Zentrums): In der Schmiedewerkstatt bearbeitet ein Schmied glühende Hufeisen, in der Zeitungsdruckerei kommt die neueste Ausgabe der Ballarat Times frisch aus der Presse, und auf den Red Hill Gully Goldfeldern machen Polizisten Jagd auf einen Digger ohne Schürflizenz. Zudem dürfen Besucher sich auch im Goldwaschen üben (tgl. 9.30–17 Uhr). Sehr lohnend ist außerdem ein Besuch des ge-

Freilichtmuseum Sovereign Hill in Ballarat

genüber von Sovereign Hill liegenden Gold Museum (tgl. 9.30–17.20 Uhr). An die Rebellion der Goldgräber vom Dezember 1854 (s. S. 66) erinnert an der Kreuzung Eureka/Stawell Sts. das Eureka Stockade Memorial, wo auch, ebenso wie schräg gegenüber in der Eureka Exhibition, Dioramen die Ereignisse dokumentieren. Um die Ecke liegt in der Fussel St. der Ballarat Wildlife and Reptile Park (tgl. 9–17 Uhr).

In der Stadtmitte zeugen entlang der Sturt Rd., der breiten Durchgangsader Ballarats, zahlreiche ansehnliche Gebäude vom Wohlstand, den die Goldfunde dem Ort bescherten. In der Lydiard St. präsentiert die Fine Art Gallery neben einer Sammlung australischer Malerei als bedeutendstes Exponat das Originalbanner der Eureka-Rebellion (Di–Fr 10.30–16.30 Uhr; Sa, So u. Feiertage 12.30–16.30 Uhr). Westlich des Zentrums erstrecken sich am Westufer des Lake Wendouree (mit der Ruderstrecke der Olympiade von 1956) die Ballarat Botanical Gardens, durch die an Wochenenden auf einer 1,3 km langen Strekke die Ballarat Vintage Tramway verkehrt.

Entlang und Abseits des Midland Highway zwischen Ballarat und Bendigo liegen einige weitere Städte, deren Wurzeln in die Zeit des Goldbooms reichen, u. a. Creswick (18 km nördlich) und Clunes (19 km nordwestlich).

Wer nach **Daylesford** (27 km nordöstlich von Creswick) oder in den Nachbarort **Hepburn Springs** reist, sucht in therapeutischen Bädern allerdings eher Linderung bei Rheuma oder anderen schmerzvollen Leiden. Über Guildford am Midland Highway erreichen wir **Castlemaine** (7000 Einw.), einst das dritte große Zentrum des Goldrush, heute ein beschaulicher Ort, dessen Attraktionen abgezählt sind: der Castlemaine Market, ein neoklassizistisches Gebäude aus dem Jahre 1861 (kleines Heimatmuseum, tgl. 10–17 Uhr); die Castlemaine Art Gallery mit einer Gemäldekollektion australischer Provenienz (Mo–Fr 10–17 Uhr, Sa u. So 10–12 Uhr u. 13–17 Uhr) sowie die Botanischen Gärten ca. 2 km nordwestlich der Ortsmitte an der Walker St.

Maldon (18 km nordwestlich von Castlemaine) gilt als eine der besterhaltenen Goldgräberstädte Victorias, aber auch **Maryborough** (48 km westlich von Castlemaine) pflegt seine viktorianische Bausubstanz aus der Goldrauschära (u. a. Railway Station und Bull & Mouth Hotel). Im wohlbestückten Goldfields Museum von **Dunolly** (25 km nördlich von Maryborough) befindet sich unter rund 10000 Erinnerungsstücken auch eine Replik des berühmten Welcome Stranger Nugget, des mit einem Gewicht von exakt 62,875 kg zweitgrößten bislang entdeckten Goldklumpens der Welt (Sa u. So 13.30–16.30 Uhr).

Bendigo (64000 Einw.) entwickelte sich dank der Reichtümer des dortigen Goldfelds zwischen 1851 und 1870 zu einer der größten Städte Victorias. Eine interessante und bequeme Möglichkeit, das besterhaltene Ensemble viktorianischer Architektur in ganz Australien zu erkunden, bieten die sogenannten Bendigo Vintage Talking Trams, die am Wochenende und an Feiertagen im Stundentakt auf einer 8 km langen Route zwischen Sehenswürdigkeiten pendeln, wobei über Lautsprecher Erläuterungen gegeben werden. Startpunkt der Tramtour ist die Central Deborah Gold Mine (1,5 km südwestlich der Stadtmitte), die noch bis 1954 in Betrieb war und heute als ein riesiges Bergbaumuseum dient. 60 m unter der Erde, in der ersten von insgesamt 16 Ebenen, können sich Besucher ein Bild von den einstigen Arbeitsbedingungen machen (Führungen tgl. 9.30, 11, 13, 14.15 u. 16.30 Uhr).

Die imposantesten architektonischen Überbleibsel gruppieren sich im Zentrum um die Alexandra Fountain (1881): das Post Office (1887), die Law Courts (1892), das Shamrock Hotel (1896) und die Town Hall (1885). Im nahegelegenen Rosalind Park (nordwestlich der Pall Mall) steht ein ausrangierter Förderturm, der heute als Aussichtsturm dient. Nicht versäumen sollte man zudem die Bendigo Art Gallery, die Werke australischer Maler von der Kolonialepoche bis zur Gegenwart präsentiert (Mo–Fr 10–17 Uhr; Sa, So u. Feiertage 14–17 Uhr). Eines der Relikte der zahlreichen chinesischen Goldschürfer ist das Dai Gum San Wax Museum (View St., unweit der Kunstgalerie), ein Wachsfigurenkabinett, das Alltagsszenen aus dem kaiserlichen China zeigt (tgl. 10–12.30 Uhr u. 13.30–16 Uhr), ein anderes das Joss House am Emu Point in North Bendigo (ca. 2,5 km nordwestlich des Zentrums), ein dem Gott Kuan Kung geweihter Tempel (tgl. 10–17 Uhr).

Praktische Hinweise

Verkehr: Tgl. mehrere Bus- und Bahnverbindungen von Melbourne nach Ballarat und Bendigo. Tagestouren von Melbourne nach Ballarat und Bendigo: u. a. AAT Kings Tours (✆ 03/6501244), Australian Pacific Tours (✆ 03/6501511), Pioneer Tours (✆ 03/5631244).

Unterkunft: Ballarat: *** Victoriana Motor Inn, 214 Victoria St., ✆ 053/333577; ** Eureka Lodge, 119 Stawell St. South, ✆ 053/311900; ** Sovereign Hill Accomodation, Magpie St., ✆ 053/333409; * Criterion Hotel,

18 Doveton St. South, ✆ 053/311451; Ballarat Backpackers Bridge Mall Inn, 92 Bridge Mall, ✆ 053/313132; YHA Government Camp Visitor Accomodation, Sovereign Hill, Magpie St., ✆ 053/333409; Goldfields Caravan Park, 108 Clayton St., ✆ 053/327888; **Bendigo:** *** Welcome Stranger Motel, 56 Mackenzie St. West, ✆ 054/436305; ** Golden Heart Motor Inn, 181 View St., ✆ 054/439388; * Albert Hotel, 131 McCrae St., ✆ 054/437588; Central City Backpackers Hostel, 362 High St., ✆ 054/436937; Bendigo Caravan Park, 263 High St., ✆ 054/477733.
Information: Gold Central Tourist Information Centre, 202 Lydiard St. North, Ballarat, ✆ 053/322694; Bendigo and District Tourism Association, Charing Cross, ✆ 054/415244.

South West

Die beiden bedeutendsten Überlandstraßen, die den Südwesten Victorias in Ost-West-Richtung durchschneiden, führen durch sehr gegensätzliche Landschaften. Während der im Binnenland verlaufende Princes Highway den Südrand einer ausgedehnten Seenplatte vulkanischen Ursprungs berührt, mäandert die Great Ocean Road der Küste entlang durch eine der eindrucksvollsten Landschaften des ganzen Kontinents.

Geelong und die Bellarine Peninsula

Auf dem mehrspurigen Princes Freeway gelangen wir über Werribee (s. S. 234) in die südwestlich von Melbourne gelegene Hafenstadt **Geelong** (148000 Einw.), die sich an der bereits 1802 von Matthew Flinders erforschten, aber erst ab Ende der 30er Jahre des vorigen Jahrhunderts besiedelten Corio Bay erstreckt. Als Zentrum der Schafzucht und Wollproduktion besaß die Stadt in den späten 40er Jahren des 19. Jahrhunderts eine größere wirtschaftliche Bedeutung als Melbourne. Heute ist der Ort einer der führenden Industriehäfen des Kontinents, wo vor allem petrochemische Produkte und Agrarerzeugnisse verschifft werden. Die wirtschaftliche Prosperität des vorigen Jahrhunderts hinterließ der Stadt eine ganze Reihe imposanter architektonischer Relikte, insgesamt stehen über 200 Gebäude unter Denkmalschutz.

Einen etwa zweistündigen historischen Stadtrundgang beginnen wir am alten Post Office Building (1891; Ecke Ryrie/Gheringhap Sts.). Vorbei am Old Telegraph Office (1858) und dem Mechanics Institute (1856) kommen wir zur Fenwick St., wo wir, nach rechts abbiegend, das Gordon Technical College (1877) passieren. Den am Nordende der Fenwick St. liegenden Johnstone Park durchqueren wir in östlicher Richtung und gelangen zur Geelong Art Gallery, die einen Querschnitt durch die Bildenden Künste Australiens präsentiert (Di–Fr 10–17 Uhr, Sa u. So 13–17 Uhr). Gegenüber erhebt sich die Town Hall, ein Bauwerk im neoklassizistischen Stil mit einem mächtigen Säulenportal.

Wir folgen nun der Malop St. gen Osten und zweigen an der Moorabool St. nach links ab. Ein längerer Stopp lohnt sich im National Wool Centre (Moorabool/Brougham Sts.), das sich in einem ehemaligen, sehr stilvoll restaurierten Wollspeicher befindet. Hier erfährt man alles Wissenswerte zum Thema Wolle (tgl. 10–17 Uhr). Schräg gegenüber steht das alte Customs House (1855). Ein Stück weiter in Richtung Hafen erhebt sich an der Moorabool St. eines der interessantesten Kolonialgebäude Geelongs, die alte Seamans Mission (1845). Auf der Moorabool St. kehren wir in südlicher Richtung zurück zur Ryrie St., wo wir unseren Rundgang im Zentrum von Geelong beenden.

Zu den besonders sehenswerten stattlichen Kolonialgebäuden in den Randgebieten Geelongs gehören das Herrenhaus The Heights (Aphrasia St., Newtown; Sa, So u. Feiertage 14–17 Uhr) sowie die viktorianische Villa Barwon Grange (Fernleigh St., Newtown; Sa, So u. Feiertage 14–17 Uhr). Bekannt ist Geelong auch für seine ausgedehnten Grünanlagen (ein Drittel der Stadtfläche), vor allem für die 1858 angelegten Botanischen Gärten am Ostrand des Stadtzentrums (tgl. 7.30–17 oder 19 Uhr).

Östlich von Geelong schiebt sich die **Bellarine Peninsula** in die Port Phillip Bay. Die Halbinsel ist vor allen Dingen bekannt für ihre ausgezeichneten Strände, an denen sich renommierte Badeorte entwickelt haben. **Queenscliff,** um die Jahrhundertwende das beliebteste Seebad der Melbourner Geldaristokratie, wirkt mit seinen großen viktorianischen Strandhotels heute noch wie eine Miniaturausgabe des englischen Brighton. Einige der historischen Nobelherbergen erstrahlen wieder in ihrem alten Glanz (u. a. Vue Grand Private Hotel, Ozone Hotel, Queenscliff Hotel).

Praktische Hinweise

Verkehr: Anreise von Melbourne problemlos mit Bus oder Bahn (Züge ab Spencer Street Station). Mehrmals tgl. eine Autofähre Queenscliff–Sorrento (✆ 052/523171) und ein Passagierschiff Queenscliff–Portsea–Sorrento (✆ 059/841602).

Unterkunft: Geelong: *** Eastern Sands Motel, 1 Bellarine St., ✆ 052/215577; ** Corio Bay Motel, 292 Princes Hwy., ✆ 052/751489; Geelong YHA Hostel, 1 Lonsdale St., ✆ 052/216583; Moolap Caravan Park, Bellarine Hwy. Moolap, ✆ 052/501381 (6 km südöstlich). **Queenscliff:** *** Ozone Hotel, 42 Gellibrand St., ✆ 052/521011; ** Queenscliff Hotel, 16 Gellibrand St., ✆ 052/521982; * Seaview House, 86 Hesse St., ✆ 052/521763; Four Winds Caravan Park, 40 Bellarine Hwy., ✆ 052/521884. **Bellarine Peninsula:** In allen Orten Unterkunftsmöglichkeiten jeglicher Art und aller Kategorien in ausreichender Zahl.

Information: Geelong Otway Convention & Visitors Bureau, National Wool Centre, Moorabool St., ✆ 052/222900.

Great Ocean Road zwischen Torquay und Warrnambool

Entlang der Südwestküste Victorias erstreckt sich von Torquay bis Warrnambool über eine Distanz von rund 300 km die Great Ocean Road, eine der spektakulärsten Küstenstraßen Australiens.

Torquay (22 km südlich von Geelong) besitzt als Surf Capital of Australia ein weltweites Renommee. Alljährlich an Ostern findet an Torquays Bells Beach, dem nördlichsten Abschnitt der sogenannten Surf Coast, ein Surfwettbewerb mit internationaler Beteiligung statt. Über Anglesea (Ferienort mit schönen Stränden) und Aireys Inlet (Split Point Leuchtturm mit schönem Blick auf die Kliffküste) erreichen wir das Touristenzentrum **Lorne.** Nördlich von Lorne beginnen die 550–650 m hohen Otway Ranges, die von hier bis zum Cape Otway in einem Abstand von etwa 10 km die Küste begleiten. Die windgeschützten Schluchten dieser Bergkette werden geprägt von ausgedehnten Farnwäldern, während sich in den höheren Lagen eine Mischvegetation aus Eukalyptus- und gemäßigtem Regenwald findet. **Apollo Bay,** ein populärer Ferienort, bietet sich an als ideale Basis zur Erforschung des **Otway National Park.** Nördlich und südlich von Apollo Bay winden sich von der Great Ocean Road wiederholt Stichstraßen, eine grandiose Aussicht bietend, in die Küstenberge empor (z.B. Marriners Lookout Road). Hinter Apollo Bay führt die Great Ocean Road kurvenreich durch den Otway National Park. 22 km westlich des Ortes zweigt eine Schotterstraße zum Cape Otway ab, wo ein 1848 errichteter Leuchtturm eine phantastische Aussicht bietet (Mo–Fr 10–16 Uhr; Voranmeldung erwünscht ✆ 052/379240).

Die spektakulärsten Attraktionen der Südwestküste Victorias konzentrieren sich im **Port Campbell National Park** zwischen Princetown und Peterborough. Hier besteht die Steilküste hauptsächlich aus weichem Sand- oder Kalkstein, dem idealen Material für die erodierenden Kräfte von Wind, Wetter und vor allem Wellen. Die Elemente haben hier aus der Landmasse in Jahrmillionen bizarre Felsskulpturen modelliert. Dazu gehören die **Twelve Apostles** (s. Farbabb. 11), verwitterte Felsnadeln, die isoliert von der Kliffküste der aufgewühlten See trotzen. Wenige Kilometer weiter erinnern nahe der Loch Ard Gorge, einer riesigen von der Brandung ausgehöhlten Schlucht, vier Gräber an den Untergang des Klippers Loch Ard, der am 1. Juni 1878 an einem der Mutton Bird Island vorgelagerten Riff zerschellte. Vom Ferienort **Port Campbell,** der sich an einem geschützten Naturhafen erstreckt, kann man eine kleine Wanderung (Port Campbell Discovery Walk) zur malerischen Two Mile Bay machen (ca. 1,5 Std. v. v.). Daß sich die wildromantische Küstenlinie des Port Campbell National Park in ständiger Veränderung befindet, beweist eindrucksvoll die London Bridge, eine einst von der See ausgespülte Naturbrücke, die sich bis zum 15. Januar 1990 westlich des Point Hesse befand. Innerhalb von Sekunden stürzte an jenem Tag ein Teil dieser bedeutenden Touristenattraktion in die Fluten. Westlich von Petersborough und der sehenswerten **Bay of Islands** (s. Farbabb. 10) biegt die Great Ocean Road ins Inland ab und mündet bei Warrnambool schließlich in den Princes Highway.

Warrnambool (24000 Einw.), einst ein geschäftiger Hafen, wurde Anfang des 19. Jahrhunderts als wichtigster Stützpunkt von Wal- und Robbenfängern gegründet. Heute lebt die Stadt in erster Linie von den Erträgen der sie umgebenden Agrarregion. Die bedeutendste Attraktion des Ortes ist das Flagstaff Hill Maritime Village, die Rekonstruktion der Hafenstadt Warrnambool aus dem Jahr 1870 (tgl. 9.30–16.30 Uhr).

Praktische Hinweise

Verkehr: Es empfiehlt sich die Erkundung der Great Ocean Road im eigenen Fahrzeug. Auskunft über Ein- und Mehrtagesausflüge von Melbourne an die Südwestküste bei den Informationsstellen des Fremdenverkehrsamts von Victoria.

Unterkunft: Torquay: *** Surf City Motel, 35 The Esplanade, ✆ 052/613492; ** Tor-

London Bridge an der Great Ocean Road ▷

quay Motel, 36 Bell St., ✆ 052/612001; Jan Juc Caravan Park, Sunset Strip, ✆ 052/612932. **Lorne:** *** Kalimna Motel, Mountjoy Pde., ✆ 052/891407; ** Anchorage Motel, 32 Mountjoy Pde., ✆ 052/891891; Lorne Foreshore Reserves, ✆ 052/891382 (vier Caravan Parks). **Apollo Bay:** *** Apollo Bay Beachfront Motel, 163 Great Ocean Rd., ✆ 052/376437; Waratah Caravan Park, 7 Noel St., ✆ 052/376562. **Port Campbell:** *** Port Campbell Motor Inn, 12 Great Ocean Rd., ✆ 055/986222; ** Loch Ard Motel, Great Ocean Rd., ✆ 055/986328; Port Campbell Caravan Park, Tregea/Morris Sts., ✆ 055/986382. **Warrnambool:** *** Central Coast Motel, 581 Raglan Pde., ✆ 055/628555; ** Norfolk Lodge Motel, 692 Raglan Pde., ✆ 055/626455; Flying Horse Inn Caravan Park, Princes Hwy., ✆ 055/624837.
Information: Apollo Bay Tourist Information Centre, Great Ocean Rd., ✆ 052/376529; Port Campbell National Park Information Centre, Tregea St., ✆ 055/986382; City of Warrnambool Tourist Information Centre, 600 Raglan Pde., ✆ 055/647837.

Princes Highway zwischen Geelong und Warrnambool

Von Geelong gelangt man auf dem Princes Highway über Winchelsea zum Städtchen **Colac** (11000 Einw.), das sich auf einer erdgeschichtlich jungen Basaltebene ausbreitet. Geprägt wird die sanfthügelige Landschaft nördlich von Colac durch eine Vielzahl von Seen vulkanischen Ursprungs. Im Ortsbereich erstrecken sich an den Ufern des Lake Colac die Colac Botanical Gardens. Etwa 5 km westlich von Colac zweigt vom Princes Highway eine in nördlicher Richtung zum Red Rock bei Alvie führende Straße ab (ca. 10 km). Vom Gipfel dieses erloschenen Vulkans, mit einem Alter von schätzungsweise 6000 Jahren vermutlich Australiens jüngster Feuerberg, bietet sich ein großartiger Blick über die Seenplatte zwischen Colac und Camperdown. Hauptattraktion dieses Gewässers, dessen Salzgehalt höher ist als derjenige des Pazifiks, sind die sogenannten Floating Islands, kleine Inseln aus Riedgras und einer dünnen Humusschicht, die im See treiben.

47 km westlich von Colac erstreckt sich das Städtchen **Camperdown** (5000 Einw.), eingebettet zwischen zwei Kraterseen (Lake Gnotuk und Lake Bullen Merri) und zwei erloschenen Vulkanen (Mt. Leura und Mt. Sugarloaf). Vom Gipfel des Mt. Leura, zu dem eine Straße führt, hat man einen grandiosen Blick auf über zwei Dutzend Kraterseen. Von Camperdown verläuft der Princes Highway über Terang nach Warrnambool.

Praktische Hinweise

Unterkunft: Colac: *** Baronga Motor Inn, 35 Murray St. East, ✆ 052/312100; Colac Caravan Park, Princes Hwy., ✆ 052/315337; **Camperdown:** ** Camperdown Motor Inn, Princes Hwy., ✆ 055/931144; Camperdown YHA Hostel, 15 Church St., ✆ 055/931864; Camperdown Caravan Park, Park Rd., ✆ 055/931253.
Information: Colac Tourist Information Centre, Murray St., ✆ 052/313730.

Princes Highway zwischen Warrnambool und Portland

29 km westlich von Warrnambool liegt an der Mündung des Moyne River der bereits gegen 1810 von Wal- und Robbenfängern gegründete Ort **Port Fairy** (2500 Einw.). Zeugen dieser Vergangenheit sind die über 50 historischen Gebäude, die man auf dem etwa einstündigen

Port Fairy Historic Walk ›erwandern‹ kann (Plan beim Fremdenverkehrsbüro). Sehenswert sind vor allem Motts Cottage, ein von Walfängern gegen 1845 gebautes Wohnhaus (Mo–Fr 10–14 Uhr, Sa u. So 14–16 Uhr) sowie das Caledonian Inn (1844), die angeblich älteste Kneipe von Victoria.

In der Umgebung von **Portland** (13000 Einw.) kontrastieren langgestreckte Sandstrände scharf mit schroffen Klippenformationen. Zu empfehlen ist der Abstecher zum **Cape Bridgewater** (24 km westlich von Portland) mit seiner bizarren Mondlandschaft. Aus Felsspalten schießt hier bei starker Brandung die Gischt meterhoch empor. Ein Spaziergang führt zum Petrified Forest. In einem einst von Wanderdünen bedeckten Wald bildete der Sand vor Jahrtausenden mit Hilfe von eindringendem Wasser eine Kruste um die Baumstämme.

Die parallel zum Princes Highway verlaufende küstennahe Straße nach Südaustralien passiert 19 km nordwestlich von Portland den **Mt. Richmond National Park,** der sich um den sandbedeckten erloschenen Vulkan Mt. Richmond ausdehnt (im Frühling zahlreiche Wildblumen). Etwa 20 km weiter westlich beginnt der **Lower Glenelg National Park.** Die Hauptattraktion dieses Naturschutzgebietes ist der 60 km lange Glenelg River, der hier eine abschnittsweise bis zu 50 m tiefe Schlucht in den weichen Sandstein gefräst hat. Am Westrand des Naturparks liegen die Princess Margaret Rose Caves, ein verzweigtes System von Tropfsteinhöhlen, von denen einige Besuchern zugänglich sind (Führungen mehrmals tgl. 10–16.30 Uhr). **Nelson,** kurz vor der Grenze zu Südaustralien, ist ein kleines Dorf, das gute Ausflugs- und Wassersportmöglichkeiten bietet (u. a. auf dem Glenelg River).

Praktische Hinweise

Unterkunft: Port Fairy: *** Lady Julia Percy Motel, 54 Sackville St., ✆ 055/681800; Port Fairy YHA Hostel, 8 Cox St., ✆ 055/682468; Anchorage Caravan Park, 115 Princes Hwy., ✆ 055/681145. **Portland:** *** Grosvenor Motel, 206 Hurd St., ✆ 055/232888; ** Siesta Motel, 66 Julia St., ✆ 055/231300; Portland Haven Caravan Park, 76 Garden St., ✆ 055/231768. **Nelson:** ** Black Wattle Motel, Mt. Gambier Rd., ✆ 087/384008; Nelson Kywong Caravan Park, North Nelson, ✆ 087/384174.
Information: Port Fairy Tourist Information Centre, Bank St., ✆ 055/682682; Portland Tourist Informations Centre, Cliff St., ✆ 055/232671; Department of Conservation, Forest & Lands, 63 Julia St., Portland, ✆ 055/233232.

Wimmera

Grob gesprochen umfaßt die Wimmera die Zentralregion im Westen von Victoria. Sie erstreckt sich in etwa im Dreieck zwischen den Städten Ararat im Südosten, Keith im Westen (bereits in Südaustralien) und Hopetoun im Nordosten. Die Wimmera gilt als Weizenkammer des Kontinents. Die meisten der kleinen Städte in diesem Landstrich, deren auffälligsten Bauwerke riesige Getreidesilos sind, bieten dem Besucher nichts Besonderes. Hier dominiert typisch australisches Provinzleben. Am Südostrand der Wimmera aber liegt das zerklüftete Mittelgebirge der Grampians, die allein schon einen Abstecher in den mittleren Westen lohnen.

Von Melbourne gelangt man auf dem Western Highway über Ballarat in den Südteil der Wimmera. Unsere erste Station ist das Agrarzentrum **Ararat** (10000 Einw.). Mitte der 60er Jahre des vorigen Jahrhunderts hatten Einwanderer aus Frankreich mit der Produktion von Wein begonnen. Heute stellen die Winzer um Ararat beste rote und weiße Tafelweine her; von Interesse sind die renommierten Sektkellereien von Great Western (17 km nördlich von Ararat).

Stawell (6800 Einw.), 31 km nördlich von Ararat, besitzt eine einzige nennenswerte Sehenswürdigkeit : die Stawell's World in Miniature, ein weitläufiger Komplex mit Miniaturrepliken weltbekannter Bauwerke sowie zahlreichen Dioramen, die u. a. Episoden aus der Landesgeschichte darstellen (tgl. 9–17 Uhr). 11 km südwestlich von Stawell liegen die Bunjil Caves mit Felsmalereien der Ureinwohner.

Westlich von Stawell windet sich eine Straße auf kurvenreicher Strecke empor zu den **Grampians**, einem bis zu 1167 m hohen Ausläufer der Great Dividing Range, der abrupt aus der umliegenden weiten Ebene aufsteigt. Einen Teil nimmt der **Grampians National Park** ein, das größte Naturschutzgebiet von Victoria. Geographisch gliedern sich die Grampians in fünf zerklüftete Bergketten, die parallel zueinander in Nord-Süd-Richtung verlaufen. Markante Kennzeichen dieser etwa 400 Mio. Jahre alten Gebirgszüge sind spektakuläre Steilabbrüche an den Ostflanken, die scharf mit den sanft abfallenden Hängen im Westen kontrastieren. Dieses landschaftliche Juwel Victorias ist zugleich ein bedeutendes Refugium für die einheimische Tier- und Pflanzenwelt. Während der Blütezeit (Sept.–Nov.) verwandeln rund 900 Arten von Wildblumen ausgedehnte Regionen der Grampians in ein buntes Blumenmeer.

Schon Jahrtausende bevor der britische Landvermesser Thomas Mitchell im Jahre 1836 als erster Weißer diese Gebirgsregion erkundete, waren hier Aborigines ansässig. Von ihrer Kultur zeugt eine Vielzahl von Felsmalereien. Die meisten der 60 Bildergalerien konzentrieren sich im Westteil der Region in der Victoria Range. Die für den Naturtourismus ausgezeichnet erschlossenen Grampians durchzieht ein Netz von markierten Wanderwegen mit einer Gesamtlänge von etwa 160 km.

Die ideale Basis für eine Erkundung der Grampians bildet der Bergort **Halls Gap** (24 km südwestlich von Stawell). Erste Anlaufstelle sollte hier das Grampians Visitor Centre sein (ca. 2,5 km südlich), wo man sich über Fauna und Flora der Region sowie über Wandermöglichkeiten informieren kann (tgl. 9–17 Uhr). Mit Halls Gap als Ausgangspunkt können Sie, falls Sie über ein eigenes Fahrzeug verfügen, die Grampians auf einer etwa 250 km langen Rundfahrt kennenlernen. Von hier windet sich die Mt. Victory Road in nordwestlicher Richtung nach Zumsteins. Nach wenigen Kilometern erreicht man den **Wonderland Forest Park,** den Ausgangspunkt für Touren in der Wonderland Range. Ein eindrucksvolles Naturerlebnis verspricht die Wanderung von hier zum Pinnacle Lookout (ca. 5 km/ca. 2,5 Std. v. v.).

Etwa auf halber Strecke zwischen Halls Gap und Zumsteins zweigt eine Stichstraße (ca. 5 km) in nordöstlicher Richtung zum Boroka Lookout ab, der einen grandiosen Blick über Halls Gap, den Lake Bellfield und die Mt. Difficult

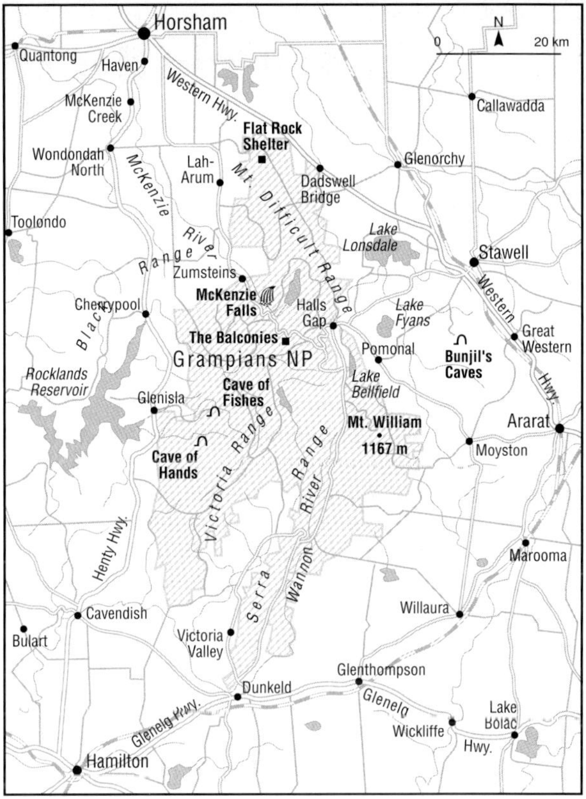

Grampians National Park

Range bietet. Nächste Station ist der Reids Lookout, wo sich ein Meldeturm für Buschfeuer erhebt. Von hier führt ein einfacher Fußweg zu The Balconies, einem der fotogensten Felsengebilde der Grampians (ca. 2 km/ca. 1 Std. v. v.). Etwa 5 km südöstlich von Zumsteins bietet sich von einem Aussichtspunkt an der Mt. Victory Road ein schöner Blick auf die stufenförmig herabstürzenden McKenzie Falls (Fußweg ca. 1 km/ca. 30 Min. v. v.). **Zumsteins** ist ein weitläufiger Caravan Park und großes Picknickareal mit halbzahmen Känguruhs.

In den sanft abfallenden Westhängen der Grampians finden sich die meisten der Aboriginal-Felsmalereien dieser Region. Einfache Felszeichnungen von anthropomorphen Wesen findet man in der Cave of Ghosts (ca. 2 km nördlich von Lah-Arum Abzweigung in östlicher Richtung, dann ca. 6 km), vornehmlich Handabdrücke dagegen im Flat Rock Shelter (ca. 5 km südlich des Western Highway in den nördlichen Grampians). Etwas beschwerlicher sind die Abstecher zur Cave of Fishes und zur Cave of Hands, die nur auf Schotterpisten zu erreichen sind.

Dem am Westrand der Grampians entlangführenden Henty Highway folgen wir nun gen Süden bis nach Cavendish, wo wir in südöstlicher Richtung nach **Dunkeld** abbiegen. Von hier können Sie den Nationalpark nun entlang der Serra Range und der Mt. William

Immer mit der Ruhe

Einfach so in den Tag hineinleben, viel schlafen und möglichst wenig Aufregung – wer hätte das nicht gern? Die Koalas Australiens haben dieses Problem gelöst: Sie lassen sich gegenseitig (meist) in Frieden und machen anders als die Känguruhs auch keine großen Sprünge. Sie wurden für Faultiere gehalten, für australische Affen oder gar für Bären. Alles falsch: Sie gehören zur Spezies der Beuteltiere. Zwar standen die flauschigen, grauen Gesellen (s. Farbabb. 41) mit ihren Knopfaugen und drolligen Stupsnasen Generationen von Teddys Modell, doch haben die ›Koalabären‹ mit echten Bären biologisch überhaupt nichts gemeinsam.

Den größten Teil ihres 15 bis 18 Jahre dauernden Lebens verbringen die Koalas hoch in den Wipfeln von Eukalyptusbäumen. Die meiste Zeit, immerhin rund 18 Stunden pro Tag, schlafen die possierlichen Tiere. Ein traumhaftes Gleichgewichtsgefühl und eine gute Polsterung durch ein dickes Fell machen ihnen dabei jede Astgabel zum Ruhekissen. Erst zur Abenddämmerung werden die Beuteltiere munter und aktiv.

Der Grund für die lässige Lebensart der Beutelbären liegt in ihrer Ernährungsweise. Sie nehmen ausschließlich Eukalyptusblätter zu sich und beschränken sich dabei lediglich auf ein halbes Dutzend der rund 600 Arten. Von denen aber mummelt ein ausgewachsener Koala täglich bis zu zweieinhalb Pfund in sich hinein. Damit ihnen ihre ölhaltige Leibspeise nicht allzu schwer im Magen liegenbleibt, besitzen die Koalas einen 2 m langen Blinddarm. Dieser ist reich bevölkert von Mikroorganismen, fleißigen Bakterien, die alle mithelfen, die zellulosereiche Nahrung abzubauen. Wegen des ständigen Genusses von Eukalyptusöl duften die Koalas selbst wie kiloschwere Hustenbonbons. Und so reinlich, wie sie riechen, sind sie auch. Nicht weil die behäbigen Kuscheltiere über Gebühr viel Zeit auf Körperpflege verwenden würden, sondern weil ihnen die ätherischen Öle der Eukalyptusblätter aus allen Körperporen dringen.

Range auf der Grampians Tourist Road durchqueren. Etwa 10 km südlich von Halls Gap zweigt von der ›Touristenstraße‹ eine rund 10 km lange Stichstraße zum Fuße des Mt. William (1167 m), des höchsten Gipfel der Grampians, ab. Den letzten, teils sehr steilen Abschnitt kann man nur zu Fuß zurücklegen (ab Straßenende ca. 3 km/ca. 1,5 Std. v. v.).

Nördlich der Grampians liegt **Horsham** (13 000 Einw.), die inoffizielle Hauptstadt der Wimmera. Folgt man von hier dem Western Highway gen Norden, kommt man zum Landstädtchen Dimboola, von wo man einen Abstecher an den Rand des **Little Desert National Park** machen kann. Der Name ist irreführend. Vermutlich erhielt die Region diese Bezeichnung wegen ihres sandigen Bodens, auf dem aber bei den hier noch relativ hohen Niederschlägen Zwergeukalypten, Akazien, Heidebusch und Wildblumen gedeihen. Bekannt ist der Nationalpark zudem für die hier lebende Vogelwelt. Einen ersten Eindruck von diesem Nationalpark vermittelt der kurze Pomponderoo Hill Nature Walk, der ca. 5 km südlich von Dimboola beginnt. Von Dimboola können Sie in nördlicher Richtung über Antwerp nach Jeparit fahren. Nordwestlich von Jeparit erstreckt sich Lake Hindmarsh, der größte Süßwassersee von Victoria (gute Bade- und Windsurfmöglich-

Und das wiederum schätzen Parasiten nicht sonderlich, denn pures Eukalyptusöl ist reines Gift. Der Giftgehalt der blättrigen Nahrung, die ein Koala täglich zu sich nimmt, würde manchem anderen Zeitgenossen den Garaus machen. Ein Koala aber wird davon lediglich ein wenig schläfrig. Trinken übrigens müssen die Baumbeutler nicht, ihren Flüssigkeitsbedarf beziehen sie ausschließlich aus ihrer Nahrung. Dieser Tatsache verdanken sie auch ihren Namen, der aus einem Aboriginal-Dialekt stammt und etwa ›Tier, das nicht trinkt‹ bedeutet.

Ein Weibchen bringt alle zwei Jahre ein Junges zur Welt. Fast ein Jahr lang schleppt die Mutter ihr Junges durch die Bäume, die ersten sechs Monate im schützenden Beutel (der sich nicht wie bei den Känguruhs am Bauch, sondern am Rücken befindet), danach festgekrallt auf ihrem Pelz. In seinem zweiten Lebensjahr wagt der junge Koala die ersten zaghaften ›Gehversuche‹ in seinem luftigen Revier. Zwar fehlt ihm der für die meisten Kletterbeutler typische Greifschwanz, dafür aber kann er sich mit langen scharfen Krallen überall gut festklammern.

Weit und breit in der Natur läßt sich kaum ein friedfertigeres Geschöpf finden als der Koala. Seit er den Erdboden verlassen hat, ist auch die Zahl seiner natürlichen Feinde geringer geworden. Doch durch die rücksichtslose Vernichtung der Eukalyptuswälder wird der Lebensraum der Tiere immer stärker eingeschränkt. Dies ist insofern besonders tragisch für die Koalas, weil ihre Darmflora nur in der Lage ist, ganz bestimmten Eukalyptusarten die lebensnotwendigen Nährstoffe zu entziehen. Tausende von Koalas werden zudem jedes Jahr von Autos überfahren oder fallen Buschfeuern zum Opfer. Die derzeit wohl größte Gefahr für die grob geschätzt noch rund 400000 ausschließlich an der Ostküste Australiens vorkommenden Tiere aber stellt die sogenannte Papageienkrankheit dar. Diese von einem heimtückischen Erreger verursachte Infektion, bei Papageien erstmals entdeckt, befällt vor allem die Geburtswege der Weibchen und führt zur Unfruchtbarkeit. Etwa die Hälfte aller Koalas sollen mittlerweile schon erkrankt sein.

keiten am Four Mile Beach ca. 4 km westlich von Jeparit).

Praktische Hinweise

Verkehr: Mit öffentlichen Verkehrsmitteln gelangt man von Melbourne über Ararat nach Halls Gap. Im Grampians National Park gibt es allerdings noch keine öffentlichen Busse.

Unterkunft: Ararat: *** Statesman Motor Inn, Western Hwy., ✆ 053/524211; Acacia Caravan Park, Acacia Ave. ✆ 053 522994. **Stawell:** ** Stawell Motel, Western Hwy., ✆ 053/582041; Stawells Grampians Gate Caravan Park, Burgh St., ✆ 053/582376. **Halls Gap:** *** Grampians Motel, Dunkeld Rd., ✆ 053 564248; ** Halls Gap Motel, Dunkeld Rd., ✆ 053/564209; ** Rocklyn Motel, Dunkeld Rd., ✆ 053/564250; Halls Gap YHA Hostel, Buckler St./Grampians Rd., ✆ 053/564262; Halls Gap Lakeside Caravan Park, Lake Bellfield, ✆ 053/564281. **Zumsteins:** Zumsteins Tourist Park, Horsham Rd., ✆ 053/836242. **Horsham:** *** Golden Grain Motor Inn, Western Hwy., ✆ 053/824741; Wimmera Lakes Caravan Park, Western Hwy., ✆ 053/824481.

Information: Ararat Tourist Information Centre, Barkly/Vincent Sts., ✆ 053/522181; Stawell & Grampians Tourist Information Centre, London Rd., ✆ 053/582314 (hier auch Buchung von Unterkünften in Halls Gap); Wimmera Tourism Limited, 20 O'Callaghan's Pde., Horsham, ✆ 053/823778; Department of Conservation, Forest & Lands, Dunkeld Rd., Halls Gap, ✆ 053/564381.

South Australia

CT
HONDA
125

Südaustralien, flächenmäßig der drittgrößte Bundesstaat, grenzt an alle anderen außer Tasmanien. Auf knapp 13 % der gesamten Landesfläche leben nur rund 1,4 Mio. Menschen (ca. 8,5 % der Gesamtbevölkerung, 1,4 Einw./km²), davon allein im Großraum Adelaide 75 %.

Geprägt wird Südaustralien von landschaftlichen wie wirtschaftsräumlichen Kontrasten: Den landwirtschaftlichen Gunsträumen des Südens stehen in den übrigen Regionen ausgedehnte Trockengebiete gegenüber. So gibt es in den küstennahen, südlichen Landesteilen grüne Hügel und fruchtbares Farmland; hier herrscht ein mittelmeerähnliches Klima mit trockenen, sehr warmen Sommern und feuchten, kühlen Wintern. Mit der Entfernung zum Meer werden die Regionen jedoch zunehmend heißer und unwirtlicher sowie vor allem trockener. Rund drei Viertel der südaustralischen Territorialfläche erhalten weniger als 250 mm Niederschlag pro Jahr, in der Nordostecke fallen im Durchschnitt sogar selten mehr als 120 mm Regen pro Jahr. Bei den meisten auf den Landkarten Südaustraliens eingezeichneten blauen Flächen handelt es sich um fast ständig ausgetrocknete Salzseen und Salzpfannen, in denen sich nur nach starken Regenfällen Wasser sammelt. Neben den gleißenden Salzseen prägen vor allem sandige rote Steppenlandschaften sowie steinige Halbwüsten das Bild der zentralen und nördlichen Landesteile. Die Topographie des Staates ist weitgehend von einem tiefen, konturlosen Tafelland gekennzeichnet, das nur von zwei nennenswerten Gebirgszügen unterbrochen wird: den Musgrave Ranges im Nordwesten (Mt. Woodroffe, 1440 m) und den Flinders Ranges im Osten (St. Marys Peak, 1188 m).

Obwohl weitgehend wüstenartig trocken, ist Südaustralien doch einer der bedeutendsten Lieferanten von Agrarprodukten des Kontinents. Im fruchtbaren Küstenstreifen sowie auf der riesigen, landwirtschaftlich nutzbaren Eyre-Halbinsel dehnt sich das Kulturland über schier endlose Weiten. Von hier stammen über ein Drittel der australischen Gerste sowie ein großer Teil des auf dem Kontinent erzeugten Weizens. Der lebensspendende Murray River, der seine letzten 650 km durch Südaustralien fließt, ermöglicht in seinem Einzugsbereich eine großflächige Plantagenwirtschaft (vor allem Zitrusfrüchte). Bekannt ist überdies der südaustralische Weinanbau. Wegen der ungünstigen klimatischen Verhältnisse eignen sich die zentralen und nördlichen Regionen von South Australia nur für eine extensive Schaf- und Viehzucht. Hier liegt auch Strangeray Springs, die mit 30 000 km² weltweit größte Rinderfarm.

Was die industrielle Entwicklung betrifft, hinkte Südaustralien lange Zeit hinter anderen australischen Bundesstaaten her. Mittlerweile aber haben sich Adelaide (Fahrzeugbau, Motorenfabrikation, Zuliefererindustrie u. a.) und Whyalla (Stahlwerke, Werften, Maschinenbau u. a.) zu zwei bedeutenden Industriezentren entwickelt. Die Ausbeutung der Bodenschätze ist allerdings noch nicht so weit fortgeschritten wie in anderen Bundesstaaten. Am vielversprechendsten sind zum gegenwärtigen Zeitpunkt die Öl- und Gasfelder des Cooper-Beckens im Nordosten, die ergiebigen Eisenerzlager der Middleback Range bei Whyalla sowie die Uranerzvorkommen von Roxby Downs (nördlich von Port Augusta). Ein traditionell wichtiges Standbein der südaustralischen Bergwerksindustrie ist die Opalförderung (Coober Pedy und Andamooka).

Zu den touristischen Hauptattraktionen Südaustraliens gehören neben kulturellen Sehenswürdigkeiten (vor allem in Adelaide und Umgebung) und landschaftlichen Höhepunkten (Kangaroo Island, Flinders Ranges, Murray River u. a.) auch die zahlreichen hier stattfindenden Festivals aller Art. Nicht umsonst ist in den südaustralischen Autokennzeichen der folgende Slogan eingeprägt: SA – The Festival State.

Adelaide

Allgemeines

Adelaide, mit 1050000 Einwohnern die fünftgrößte Stadt Australiens, erstreckt sich über eine Fläche von 1870 km² in einem schmalen Küstenstreifen zwischen dem Gulf St. Vincent im Westen und den wie ein natürliches Schutzschild im Osten aufragenden Bergen der Mt. Lofty Ranges. Die durchschnittliche jährliche Niederschlagsmenge in Adelaide liegt bei 529 mm pro Jahr. Um die Trinkwasserversorgung sicherstellen zu können, hat man mittels großer Rohrleitungen den ca. 80 km entfernten Murray River ›angezapft‹.

Obwohl die Welle der Hochhausbauten während der Baueuphorie der 70er und 80er Jahre auch über Adelaide hinwegschwappte, präsentiert sich die südaustralische Metropole heute als ein mehr oder minder gelungenes Konglomerat von alter und neuer Bauweise. Überdies ist das Zentrum rundherum von ausgedehnten Parks und Grünflächen umgeben. Der Beiname Adelaides ›Stadt der Kirchen‹ beruht auf der Tatsache, daß die heutige Metropole am Torrens River einst von freien, religiös engagierten Siedlern, die an sich selbst sehr hohe moralische Ansprüche stellten, gegründet wurde. Noch heute sind die Bewohner Adelaides bekannt für ihren zurückhaltenden Konservatismus.

Geschichte

Adelaide wurde ausschließlich von freien Männern und Frauen gegründet. Um eine Wiederholung der in Neusüdwales praktizierten Methoden der Landnahme (s. S. 64) zu verhindern, setzte man in Südaustralien die Landverteilungstheorie von Edward G. Wakefield in die Praxis um. Wakefield hatte der britischen Regierung vorgeschlagen, Kronland zu einem nicht zu geringen Preis an finanzkräftige Interessenten zu verkaufen. Mit dem Erlös wollte Wakefield ein weiteres Problem der australischen Kolonie lösen: den chronischen Mangel an qualifizierten Arbeitskräften. Diese sollten nun im britischen Mutterland gezielt rekrutiert werden und die Regierung sollte ihnen die Reise ans andere Ende der Welt finanzieren. Die Siedler, die fast durchweg aus dem englischen Mittelstand kamen, brachten großenteils neben einer soliden finanziellen Basis landwirtschaftliche, handwerkliche oder kaufmännische Erfahrungen mit.

1836 bestimmte Oberstleutnant William Light, der königliche Generallandvermesser, ein etwa 10 km von der Küste entferntes Areal am Torrens River zum künftigen Standort der Hauptstadt Südaustraliens, die nach Queen Adelaide, der Gemahlin des englischen Königs William IV., benannt werden sollte. Neben britischen Immigranten prägten vor allem deutsche Einwanderer, die ihre Heimat Schlesien aus religiösen Gründen verlassen hatten, die Kolonie Südaustralien ganz entscheidend. Bis in die 50er Jahre dieses Jahrhunderts diente Adelaide in erster Linie als Handels- und Umschlagsplatz für die Agrarprodukte der umliegenden Regionen (u. a. Weizen, Wolle, Wein und Obst) sowie als Exporthafen für die Bergbaustädte des weiteren Umkreises (u. a. auch für Broken Hill in Neusüdwales). Nach dem Zweiten Weltkrieg kam es durch die Einwanderung vieler Europäer zu einem sprunghaften Anstieg der Bevölkerungszahl, in dessen Folge u. a. die verarbeitende Industrie des gesamten Großraums rasch expandierte.

Stadtgliederung

William Light fertigte einen für die damalige Zeit vorbildlichen visionären Grundriß für die Stadt an. Der Aufbau der Siedlung erfolgte in zwei Stadtteilen, wobei der Torrens River die Trennlinie zwischen Wohn- und Arbeitsviertel bildete. Beide Bezirke wurden mit breiten Grüngürteln umgeben. Das Zentrum und Geschäftsviertel südlich des Torrens River plante Light als ein eine Quadratmeile (2,6 km^2) umfassendes Rechteck mit breiten, sich im rechten Winkel kreuzenden Straßen. Dieses Gebilde lockerte er durch einen großen, zentralen und vier kleinere, in die Ecken gesetzte Plätze mit Grünflächen auf. Ebenso akribisch konzipiert und säuberlich in Rechtecke zerlegt wie die City, präsentiert sich nördlich des Torrens der Zentrumsableger North Adelaide. Selbst außerhalb des Grüngürtels, der die beiden Zentrumsteile umsäumt, setzt sich in den Vororten das gleiche Raster fort.

Stadtbesichtigung

Unseren Stadtrundgang, der einem ausgefüllten Tagesprogramm entspricht, beginnen wir dort, wo das Herz von Adelaides Kulturleben schlägt – beim **Festival Centre Complex** (1). Das 1973 eröffnete Mehrzweckzentrum mit seinen schneeweißen Dächern umfaßt das eigentliche *Festival Theatre* (Auditorium mit 2000 Plätzen), das *Playhouse* (Schauspielbühne mit 600 Plätzen), *The Space* (ein Experimentiertheater, in dem 360 Menschen Platz finden) sowie ein *Freilichtamphitheater* (2000 Sitzplätze). Zum Festival Centre gehört weiterhin die *Festival Plaza* (s. Farbabb. 59), ein von dem deutschen Bildhauer Otto Herbert Hajek gestalteter Vorplatz, der kulturellen Ereignissen von eher informellem Charakter, wie beispielsweise spontanen Dichterlesungen, dient (Führungen Mo, Di, Mi, Fr 11, 13, 14, 15 Uhr; Sa 11, 14 Uhr).

Ein paar Schritte südlich des Festival Centre Complex stoßen wir auf die North Terrace, Adelaides breiten Flanierboulevard, an dem die meisten Sehenswürdigkeiten der Stadt liegen. Hier finden wir Gebäude, die den Begriff vom ›viktorianischen Charme‹ in den offiziellen Stadtbeschreibungen durchaus rechtfertigen, absolut stilrein ist dieses architektonische Ensemble allerdings nicht mehr. Am Schnittpunkt von North Terrace und King William St. liegt das **Parliament House** (2), der Sitz der südaustralischen Volksvertretung. Weil immer wieder das Geld ausging, wurde an diesem majestätischen, neoklassizistischen Gebäude mit seinen korinthischen Marmorsäulen über den ungewöhnlich langen Zeitraum von 1883 bis 1939 hinweg gebaut (Führungen an sitzungsfreien Tagen 10 u. 14 Uhr). Gleich nebenan stoßen wir auf eines der historisch bedeutsamsten Bauwerke Südaustraliens: das **Old Parliament House** (3). Die Tagungsstätte (1855) des ersten südaustralischen Parlaments beherbergt heute das Constitutional Museum, das einzige Museum für politische Geschichte in Australien (Mo–Fr 10–17 Uhr, Sa und So 12–17 Uhr). Der frühere Bahnhof, ein prunkvolles viktorianisches Sandsteingebäude neben dem alten Parlament, wurde 1986 anläßlich der 150-Jahr-Feier Südaustraliens mit Millionenaufwand zu einem Spielkasino umgebaut.

Wenn wir uns an der Kreuzung North Terrace/King William St. in östliche Richtung wenden, kommen wir nach wenigen Metern zum **South African War Memorial,** das an die im Burenkrieg (1899–1902) gefallenen Südaustralier erinnert. Etwas nördlich liegt inmitten des hübschen Prince Henry Garden das der Öffentlichkeit nicht zugängliche **Government House** (1839–1878; 4). An der Ecke North Terrace/Kintore Ave. steht das **National War Memorial** (5), eine Gedenkstätte für die südaustralischen Opfer des Ersten Weltkriegs. Schräg gegenüber sehen wir das Gebäude der **Royal South Australian Society of Art,** wo laufend interessante Kunstausstellungen präsentiert werden (Mo–Fr 11–17 Uhr, Sa u. So 14–17 Uhr). Unbedingt lohnenswert ist ein Besuch des **Migration and Settlement Museum** (6) in der Kintore Ave., des einzigen australischen Museums zur Einwanderungsgeschichte (Mo–Fr 10–17 Uhr; Sa, So u. Feiertags 13–17 Uhr).

Zurück auf der North Terrace gelangen wir, vorbei an der **State Library** (7) (Mo 9.30–18 Uhr, Di–Fr 9.30–20 Uhr, Sa 11–17 Uhr, So 13–17 Uhr), zum **South Australia Museum** (8; s. Farbabb. 58), das sich durch eine einzigartige anthropologische Sammlung zur Kultur der australischen Ureinwohner auszeichnet (tgl. 10–17 Uhr). In unmittelbarer Nachbarschaft liegt die **Art Gallery of South Australia** (9). Hinter der eleganten neoklassizistischen Fassade dieses Bauwerks befindet sich eine umfangreiche Sammlung australischer, europäischer und asiatischer Kunst (Überblick über sämtliche Stilepochen der australischen Malerei; tgl. 10–17 Uhr).

Östlich der Kunstgalerie erstreckt sich zwischen North Terrace und Torrens River die **University of Adelaide** (10), deren einzelne Fakultäten in zahlreichen viktorianischen Gebäuden untergebracht sind. Sehenswert ist das neogotische **Mitchell Building,** in dem sich das Museum of Classical Archaeology befindet (Mo–Fr 12–15 Uhr).

An der Ecke North Terrace/East Terrace steht das ansehnliche **Ayers House** (11), zwischen 1855 und 1897 die noble Residenz des siebenfachen Premierministers von Südaustralien Sir Henry Ayers. Sehr stilvoll restauriert, beherbergen die 40 Räume heute die Zentrale des National Trust of South Australia (Amt für Denkmalpflege von Südaustralien), das Ayers Restaurant (das Kenner als das beste und luxuriöseste von Südaustralien bezeichnen) sowie ein Museum mit Erin-

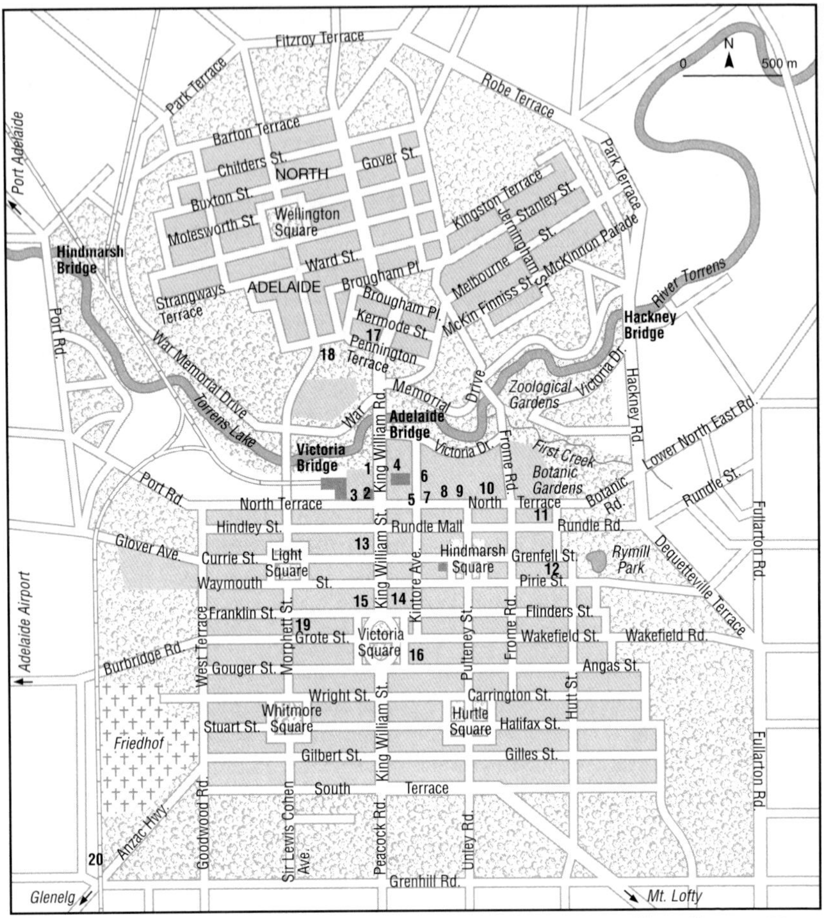

Adelaide 1 Festival Centre Complex 2 Parliament House 3 Old Parliament House (Constitutional Museum) 4 Government House 5 National War Memorial 6 Migration and Settlement Museum 7 State Library 8 South Australia Museum 9 Art Gallery of South Australia 10 University of Adelaide 11 Ayers House 12 Tandanya Aboriginal Cultural Institute 13 Edmund Wright House 14 Town Hall 15 General Post Office 16 St. Francis Xavier Cathedral 17 St. Peters Cathedral 18 Lights Vision 19 Busterminal 20 Interstate Rail Terminal

nerungsstücken aus der viktorianischen Epoche (Di–Fr 10–16 Uhr; Sa, So u. Feiertage 14–16 Uhr).

Nächste Station unseres Stadtrundgangs sind die bereits 1855 gegründeten **Adelaide Botanic Gardens.** Von ganz besonderem Interesse ist das 1988 eröffnete Bicentennial Conservatory, unter dessen schützender Kuppel ausschließlich Regenwaldpflanzen aus Australien, Indonesien und Papua-Neuguinea gedeihen (Mo–Fr 10–16 Uhr; Sa u. So 10–12 Uhr u. 13–16 Uhr). Ebenso lohnenswert ist das Museum of Economic

Botany, wo man Wissenswertes über Nutzpflanzen aus aller Welt erfährt (Mo–Do 11–15 Uhr, So 12–16 Uhr). Ein schöner Spaziergang führt von den Botanischen Gärten zum etwas weiter nördlich am Torrens River gelegenen **Adelaide Zoo** (tgl. 9.30–17 Uhr). Eine beschauliche Art, den Zoo zu erreichen, bietet das auf dem Torrens verkehrende Ausflugsboot Popeye, das im Elder Park beim Festival Centre Complex an- und ablegt.

Wir kehren nun zur East Terrace zurück und folgen diesem Boulevard bis zur Grenfell St. Am östlichen Ende dieser Straße befindet sich das **Tandanya Aboriginal Cultural Institute** (12). In diesem von australischen Ureinwohnern geleiteten Kulturzentrum vermitteln wechselnde Ausstellungen von Malerei und Kunsthandwerk sowie Musik-, Tanz- und Theaterveranstaltungen einen guten Eindruck vom zeitgenössischen Kunstschaffen der Aborigines (Mo–Fr 10.30–17 Uhr; Sa u. So 12–17 Uhr). Auf der Rundle St. gelangen wir, vorbei an den East End Market Buildings (alten Markthallen), zur Rundle Mall, Adelaides verkehrsfreier Einkaufspromenade. Jenseits der King William St. geht die Fußgängerzone in die Hindley St. über, Adelaides kosmopolitischste Meile mit europäischen und asiatischen Restaurants und Delikatessenläden.

Wir setzen nun unseren Stadtrundgang in südlicher Richtung entlang der King William St. fort. An der Ecke King William/Currie Sts. steht das **Edmund Wright House** (1876; 13), eine prunkvolle Renaissance-Doublette, ursprünglich als Bankgebäude errichtet, heute stilvolles Ambiente für kulturelle Ereignisse. Nördlich des Victoria Square liegen sich an der King William St. die

Festival Centre Complex

Town Hall (14; Führungen Di u. Do 10.30 u. 14.30 Uhr) und das **General Post Office** (15) gegenüber, beides majestätische Bauwerke mit markanten Glockentürmen. Im Schlagschatten des State Administration Centre, der modernen Verwaltungszentrale der Staatsregierung, erhebt sich an der Ostflanke des Victoria Square die neugotische **St. Francis Xavier Cathedral** (1856–1926; 16). In der Mitte des Victoria Square befindet sich der Glenelg Tram Terminus (Straßenbahnen zum Strand von Glenelg).

Falls Ihre Energiereserven noch nicht gänzlich erschöpft sind, könnten Sie nun noch einen kurzen Abstecher nach North Adelaide machen. Oberhalb der Pennington Gardens steht an der King William Rd. die neugotische **St. Peters Cathedral** (1869–1904; 17), deren Hochaltar wegen seiner bemerkenswerten Holzschnitzereien ein besonderes Augenmerk verdient. Ein schönes Panorama von der Innenstadt Adelaides bietet sich vom Aussichtspunkt **Lights Vision** (18) auf dem Montefiore Hill (ca. 500 m westlich der Kathedrale).

Vororte und nähere Umgebung

Westen und Nordwesten: Beinahe schon ein Muß für jeden Besucher Adelaides ist die Fahrt in der 1929 gebauten Glenelg Tram vom Victoria Square in der City zum Moseley Square in **Glenelg.** Nahe der Stelle, wo sich heute das Rathaus von Glenelg erhebt, gingen 1836 John Hindmarsh und die ersten Siedler der Kolonie an Land. Im Hafen von Glenelg ankert inmitten zahlreicher Segelyachten die HMS Buffalo, eine detailgetreue Nachbildung des Schoners, mit dem die Siedler nach Südaustralien kamen. Die Replik beherbergt ein kleines Seefahrtsmuseum (Mo–Fr 9–17 Uhr; Sa, So u. Feiertage 10–17 Uhr). Um Glenelg erstrecken sich am Gulf St. Vincent vom Outer Harbour im Norden bis Port Noarlunga im Süden über eine Länge von mehr als 30 km herrliche, feinsandige Badestrände, die als die sichersten ganz Australiens gelten (u. a. Henley Beach, West Beach, Kingston Park Beach, Christies Beach und Maslin Beach).

Port Adelaide, das man von Glenelg über die an der Küste verlaufende Military Rd. oder vom Zentrum Adelaides über die schnurgerade Port Rd. erreicht, ist der bereits 1840 eröffnete und ab 1870 großzügig ausgebaute Hafen des Großraums Adelaide. Der historische Bezirk von Port Adelaide präsentiert sich dem Besucher heute als ein museal gepflegtes Hafenviertel. Von ganz besonderem Interesse ist hier das SA Maritime Museum, ein Seefahrtsmuseum, das sich auf mehrere verstreut im ganzen alten Hafenbezirk gelegene Gebäude verteilt (Sa–Mi 10–17 Uhr, in den Schulferien tgl. 10–17 Uhr; Eintrittskarte im Wemans Building in der Lipson St.). Machen Sie nun einen kurzen Spaziergang in nördlicher Richtung zum Pier, wo sich das leuchtend rot gestrichene Port Adelaide Lighthouse, ein historischer Leuchtturm aus dem Jahre 1869, erhebt. In den alten Lagerschuppen am Hafenbecken finden Sie eine sehenswerte Sammlung historischer Schiffe bzw. Schiffsfragmente.

Nehmen Sie sich auch Zeit für einen Besuch von zwei weiteren Museen in Port Adelaide: des Port Dock Station Railway Museum in der Lipson St., wo Sie u. a. 20 historische Dampflokomotiven bewundern können (Mo–Fr 10–17 Uhr, Sa u. So 12–17 Uhr) sowie des SA Historical Aviation Museum in der Mundy St. mit einer Ausstellung histori-

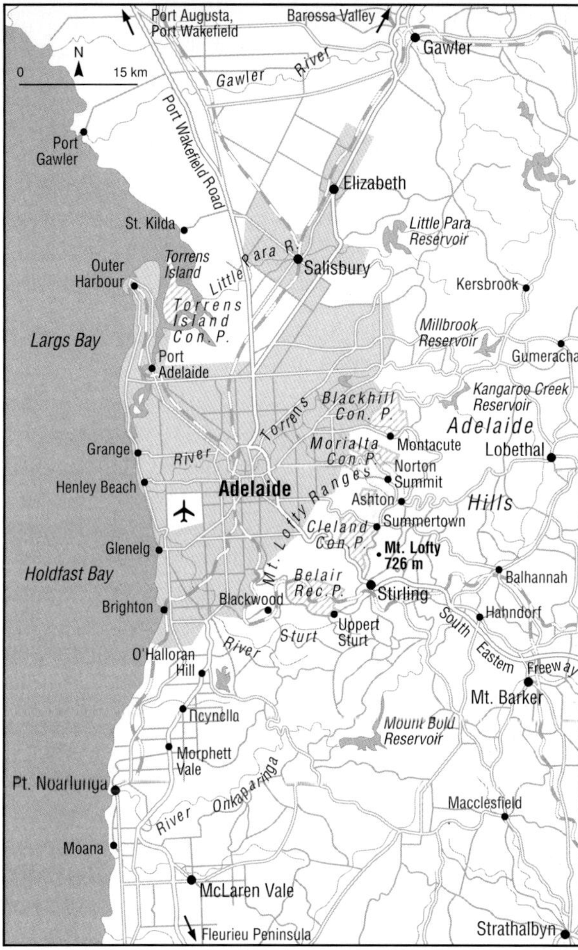

Die Umgebung von Adelaide

scher Flugzeuge (Sa 10–16 Uhr, So 10–17 Uhr).

Südosten und Osten: Im Osten des Ballungsgebiets Adelaide sorgen die Mt. Lofty Ranges, auch Adelaide Hills genannt, für ein herrliches Berg- und Naturpanorama. Dieses beliebte Naherholungsgebiet erreicht man von der City bequem auf der Glen Osmond Rd., die später in den South Eastern Freeway übergeht. An der südwestlichen Flanke der Mt. Lofty Ranges breitet sich der **Belair Recreation Park** aus, wo man mit etwas Geduld und Glück Koalas beobachten kann. Hier steht auch das viktorianische Old Government House (1859), der Sommersitz verschiedener südaustralischer Gouverneure (So u. Feiertage 12.30–17 Uhr).

Auf dem Mt. Lofty Scenic Drive gelangen wir zu den nördlich des South Eastern Freeway gelegenen **Mt. Lofty**

Hafenanlagen in Port Adelaide ▷

Botanic Gardens (Mo–Fr 10–16 Uhr; Sa, So u. Feiertage 10–17 Uhr). Die kurvenreiche Panoramastraße, die die Mt. Lofty Ranges in Nord-Süd-Richtung durchschneidet, führt weiter zum **Mt. Lofty** (726 m), von dem sich ein überwältigender Blick über den gesamten Großraum Adelaide bis zum Gulf St. Vincent bietet. Nächste Station ist der **Cleland Conservation Park,** ein in natürliches Buschland eingebetteter Tierpark (Känguruhs, Emus, Koalas, Wombats in Freigehegen; tgl. 9.30–17 Uhr; Fütterung 10–12 Uhr u. 14–16 Uhr).

Etwa 2 km nördlich des Cleland Park zweigt vom Mt. Lofty Scenic Drive die Old Norton Summit Road in nordwestlicher Richtung ab. Diese landschaftlich ebenfalls sehr reizvolle Bergstraße führt über den kleinen Ort Norton Summit zum **Morialta Conservation Park,** wo Wanderwege durch eine wilde Schlucht zu den spektakulären Wasserfällen des Fourth Creek führen. Nördlich grenzt an dieses Naturschutzgebiet der **Blackhill Conservation Park** an, in dessen Nordteil sich die vor allem während der Hauptblütezeit im Frühling sehr sehenswerten Athelstone Wildflower Gardens befinden (tgl. 8.30–17 Uhr).

Wenn Sie von Adelaide dem mehrspurigen South Eastern Freeway oder dem alten Princes Highway südostwärts in Richtung Murray Bridge folgen, kommen Sie nach ca. 25 km zum Städtchen **Hahndorf,** der zweitältesten deutschen Siedlung auf australischem Boden. Gegründet wurde diese Ortschaft im Jahre 1839 von aus Ostpreußen ausgewanderten Lutheranern (s. S. 286). Seit Mitte der 60er Jahre hat sich Hahndorf mit seinen stilvoll restaurierten (Fachwerk-) Häusern zu einer Attraktion ersten Ranges entwickelt – für australische Touristen! Nirgendwo auf dem Fünften Kontinent ist Australien ›deutscher‹ als hier. Deutsch, oder was Australier dafür halten, ist das ganze Ambiente des Städtchens, deutsch sind vor allem die Speisen, die Musik, die Kostümierung der Kellnerinnen. Einige Bauwerke erinnern an die Gründerjahre des Ortes: z. B. die Michaelskirche (1856); die alte Mühle (1864), die heute ein Restaurant beherbergt; die alte Leichenhalle (1856), in der sich gegenwärtig eine Galerie befindet sowie das Haebich-Haus (1846), das heute eine stilvolle Unterkunft bietet. Wirklich sehenswert ist überdies die Historic Hahndorf Academy an der Hauptstraße. Hier sind u. a. Werke des deutschstämmigen Landschaftsmalers Sir Hans Heysen (s. S. 125) zu sehen, der über fünf Jahrzehnte in Hahndorf lebte (tgl. 10–17 Uhr). Seit 1964 wird in Hahndorf alljährlich im Januar das Schützenfest gefeiert, das größte Bierfest nach ›deutscher Art‹ außerhalb Deutschlands.

Praktische Hinweise

Unterkunft

Hotels/Motels höherer Kategorien: City: ***** Hyatt Regency, North Tce., ✆ 231 1234; **** Adelaide Parkroyal Motel, 226 South Tce., ✆ 223 4355; **** Old Adelaide Inn, 160 O'Connell St., ✆ 267 5066; *** Adelaide Travelodge, 208 South Tce., ✆ 223 2744; *** Barron Town House, Hindley/Morphett Sts. ✆ 211 8255; *** South Park Motor Inn, South/West Tces., ✆ 212 1277. **Vororte:** **** Patawalonga Motor Inn, 13 Adelphi Tce., Glenelg, ✆ 294 2122; **** Atlantic Motel, 760 Anzac Hwy., Glenelg, ✆ 294 1011; *** Hahndorf Bavarian Motel, 145 A Main St., Hahndorf, ✆ 388 7921.

Mittlere Hotels/Motels: City: ** Newmarket Hotel, North/West Tces., ✆ 211 8533; ** Princess Arcade Motel, 262 Hindley St., ✆ 231 9524; * Hanson Hotel, 437 Pulteney St.,

✆ 2232442; * Kings Head Hotel, 357 King William St., ✆ 2126657; * Plaza Private Hotel, 85 Hindley St., ✆ 2316371. **Vororte:** ** Hahndorf Old Mill, 98 Main St., Hahndorf, ✆ 3887888; ** Norfolk Motel, 71 Broadway, Glenelg, ✆ 2956354; ** St. Leonards Hotel, 631 Anzac Hwy., Glenelg, ✆ 2942300.

Nicht klassifizierte Hotels/Motels und Pensionen: City: Adelaide Backpackers Hostel, 263 Gilles St., ✆ 2235680; Adelaide Backpakkers Inn, 112 Carrington St., ✆ 2236635. **Vororte:** Backpackers and Rucksackers International, 59 Brighton Rd., Glenelg, ✆ 2320823; Backpackers Glenelg Beach Headquarters, 7 Moseley St., Glenelg, ✆ 2957592.

Jugendherbergen: Adelaide YHA Hostel, 290 Gilles St., ✆ 2236007; YMCA, 76 Flinders St., ✆ 2231611.

Caravan Parks: Adelaide Caravan Park, Bruton St., Hackney, ✆ 421563 (ca. 2 km nordöstlich); Brownhill Creek Caravan Park, Brownhill Creek Rd., Mitcham, ✆ 2714824 (ca. 7 km südlich); Fort Glanville Caravan Park, Semaphore Park, ✆ 497726 (ca. 10 km nordwestlich); West Beach Caravan Park, Military Rd., West Beach, ✆ 3567654 (ca. 8 km westlich).

Stadtverkehr

Allgemeines: Von den drei Tarifzonen ist für den Besucher nur die Zone 1 von Bedeutung. Der Preis der Fahrscheine für alle Verkehrsmittel richtet sich nach Zonenbereich sowie Benutzungsdauer. Es gibt Cash Tickets (gültig für 2 Stunden), Multitrip Tickets (Zehnerkarten) und Daytrip Tickets (Tageskarten). Informationen bei der State Transport Authority (STA), City Information Centre, King William/Currie Sts., ✆ 2101000 (Mo–Fr 8–17.30 Uhr, Sa 8–11.30 Uhr).

Bus: Der kostenlose *Bee Line Bus* (99 B) pendelt im 5- bis 10-Minuten-Takt zwischen der Adelaide Railway Station (North Terrace) und dem Glenelg Tram Terminus (Victoria Square) via King William St. (Mo–Do 8–18 Uhr, Fr 8–21.15 Uhr, Sa 8–12.15 Uhr). *Adelaide Explorer:* Tgl. 9.20–17.30 Uhr passiert dieser Bus auf einer ca. 40 km langen Rundstrecke durch die City, North Adelaide und verschiedene westliche Vororte im 20-Minuten-Takt elf verschiedene Haltepunkte, an denen man mit einer Tageskarte die Fahrt beliebig oft unterbrechen kann (Tickets bei Adelaide Sightseeing, 101 Franklin St., ✆ 2314144 sowie bei den Busfahrern; Abfahrt vor dem South Australian Government Travel Centre). Eine besondere Rolle spielt die *O-Bahn.* Mit Geschwindigkeiten von bis zu 100 km/h verbindet dieser Spurbus durch das Tal des Torrens River verlaufend, die City mit den nordöstlichen Vororten.

Zug/Straßenbahn: Vorortzüge alle ab der Adelaide Railway Station (North Terrace; Fahrplan-Auskunft ✆ 2101000). Adelaides einzige Straßenbahnlinie verkehrt zwischen Victoria Square (Glenelg Tram Terminus) und Moseley Square im Vorort Glenelg.

Taxen: Amalgamated Taxi Services, ✆ 2233333; Suburban Taxi Service, ✆ 2118888; United Yellow Taxis, ✆ 2231111.

Touren: Acacia Travel, 29 King William St., ✆ 2118579; Premier Roadlines, 111 Franklin St., ✆ 2170777; True Blue Tours, 646 Brighton Rd., Seacliff Park, ✆ 2960938. Ausflugsfahrt auf dem Torrens River: Popeye Motor Launches, Elder Park (nahe Festival Centre Complex), ✆ 2235863. Hafenrundfahrt: Port Adelaide Paddle Boat Cruises, North Parade Wharf, Port Adelaide, ✆ 471170.

Fahrradverleih: Bike Moves, 4 Eaton St., Cumberland Park, ✆ 2711854.

Fernverkehr

Flugzeug: Adelaides Airport für alle internationalen und die meisten nationalen Flüge liegt 7 km westlich der City an der Burbridge Rd. Ein Flughafenbus (Transit Mini Bus) pendelt wochentags im Rhythmus von ca. 30 Min. (am Wochenende und an Feiertagen jeweils zur vollen Stunde) von 8–23 Uhr zwischen der City und dem Flughafen (Fahrzeit ca. 25 Min.; Informationen ✆ 3815311). *Internationale Fluglinien:* Air New Zealand, ✆ 2123544; Lufthansa, ✆ 2126444; Malaysian Airlines, ✆ 2316171; Philippine Airlines, ✆ 2126727; Qantas, ✆ 3521555; Singapore Airlines, ✆ 2123656; Thai Airways, ✆ 2125255. *Nationale Fluglinien:* Ansett Airlines, 150

Deutsche in Australien

Die ersten Deutschen kamen bereits 1788 mit Kapitän Arthur Phillip: August Theodor beispielsweise war Navigator und Phillip Schäfer hatte sich als Sträflingsaufseher anheuern lassen. Aber erst Mitte des vorigen Jahrhunderts begann Australien neben Nordamerika und Kanada ein Ziel für deutsche Auswanderer zu werden.

Das Deutschland der damaligen Zeit war geprägt von politischer Bevormundung, religiöser Unfreiheit und ökonomischem Elend. Ein Glaubensstreit war es auch, der die erste größere deutsche Einwanderergruppe nach Australien trieb – der Konflikt zwischen Reformierten und Lutheranern. So wollte Pastor August Kavel, ein Altlutheraner aus dem kleinen Ort Klemzig in Brandenburg, seine Gemeinde lieber nach Australien bringen, als auch nur einen Schritt vom rechten Glauben abzuweichen. In den orthodoxen Lutheranern aus Preußen, denen in Australien Religionsfreiheit zugesichert wurde, sah man in Südaustralien die so dringend benötigten Siedler und Arbeitskräfte. 1838 kamen Pfarrer Kavel und 220 Mitglieder seiner Gemeinde in Südaustralien an. Am Ufer des Torrens River gründeten sie auf Pachtland ein neues Klemzig, heute ein Vorort im Nordosten Adelaides. Schon bald kamen ganze schlesische Gemeinden zusammen mit ihren Pastoren nach Australien und gründeten Gemeinwesen wie Hahndorf und Lobethal in den Mt. Lofty Ranges sowie Bethanien, Langmeil und Gnadenfrei im Barossa Valley, dem sie den Namen Neuschlesien gaben. Die Kolonialverwaltungen von Victoria und Queensland sandten offizielle Vertreter zur Anwerbung weiterer Auswanderungswilliger nach Deutschland. Man bot ihnen freie Überfahrt an und stellte ihnen in Queensland sogar Land kostenlos zur Verfügung. Bis zur Jahrhundertwende hatten sich insgesamt annähernd 50000 Deutsche auf dem Fünften Kontinent niedergelassen.

Jahrzehntelang war das Verhältnis zwischen den Deutschen und Australiern geprägt von Harmonie und dem Willen zur Kooperation. Dies änderte sich schlagartig während der beiden Weltkriege. Deutschen Immigranten wurde plötzlich mit Mißtrauen, ja sogar Haß begegnet. Viele von ihnen wurden Repressalien ausgesetzt oder als ›Feinde innerhalb der eigenen Mauern‹ in Internierungslager gesteckt. Während des Ersten und des Zweiten Weltkriegs verschwanden deutsche Ortsnamen von der Landkarte Australiens. Die Behörden schlossen in dieser Zeit deutsche Schulen,

North Tce., ✆ 2177222; Australian Airlines, 144 North Tce., ✆ 2161911, Kendell Airlines, 9 A Hindley St., ✆ 2139567.

Bus: Verbindungen mit allen bedeutenderen Städten des Landes (Melbourne ca. 10 Std., Sydney ca. 20 Std., Perth ca. 35 Std., Alice Springs ca. 26 Std., Darwin ca. 2 Tage). Reservierungen (für verschiedene Gesellschaften): Bus Booking Centre, Hooker House, 33 King William St., ✆ 2125200. Busterminal für fast alle Interstate-Busse und die meisten Busse mit Fahrtzielen innerhalb von Südaustralien: Central Bus Station, 111 Franklin St.,City, ✆ 2332733. *Buslinien:* Ansett Pioneer, ✆ 2312076; Bus Australia, ✆ 2127999; Greyhound, ✆ 2332777 (alle Buchungsbüros in der Central Bus Station); McCafferty's, 213 Currie St., City, ✆ 2117555.

Eisenbahn: Interstate Rail Terminal an der Railway Terrace in Keswick. Tgl. nach Melbourne (Overland Express; ca. 13 Std.) und Sydney (Intercapital Daylight Express via Melbourne; ca. 24 Std.) sowie mehrmals wöchentlich nach Sydney (Indian Pacific via Broken Hill; ca. 27 Std.), nach Perth (Indian Pacific, Trans Australian; ca. 42 Std.), nach Alice

verboten Deutsch als Unterrichtssprache und forderten deutschstämmige Einwanderer, die größtenteils schon Australier der zweiten oder dritten Generation waren, mit Nachdruck auf, ihre Familiennamen zu anglisieren. Die Furcht der Australier aber erwies sich als unbegründet, denn in beiden Weltkriegen kämpften zahlreiche deutschstämmige Einwanderer in australischen Uniformen gegen das Land ihrer Vorfahren und dessen Verbündete. Nach dem Zweiten Weltkrieg erreichte eine zweite große Einwanderungswelle aus Deutschland den Fünften Kontinent. Die Mehrheit waren von der nationalsozialistischen Zeit geprägte Flüchtlinge, denen ein Neuanfang auf dem pazifischen Kontinent verlockend erschien.

Heute packen jedes Jahr etwa 2000 Bundesbürger ihre sieben Sachen und versuchen, sich in Australien eine neue Existenz aufzubauen. Die wenigsten von ihnen sahen sich vorher, beispielsweise während einer Urlaubsreise, einmal ihre neue Heimat an. Australien gilt vielen Deutschen – fälschlicherweise – als Land der Träume, als Kontinent der unbegrenzten Möglichkeiten, als Symbol für Freiheit und Lebensqualität. 20 % der deutschen Nachkriegseinwanderer haben den Fünften Kontinent jedoch wieder verlassen, manche packten bereits nach wenigen Wochen desillusioniert ihre Koffer, als sie feststellen mußten, daß ihre mitgebrachten Facharbeiterbriefe, Meistertitel oder Universitätsdiplome plötzlich kaum mehr etwas galten. Daß die australische Zentralregierung in Canberra Anfang der 80er Jahre die Einwanderung generell drastisch einschränkte, hing vor allen Dingen mit der stark geschrumpften Liste der in Australien gefragten Berufe zusammen. Handwerker und Lehrer, Ärzte und Ingenieure werden kaum mehr gebraucht. Gute Chancen haben Down Under dagegen noch Computerspezialisten, Elektroniker, Finanzanalytiker, Arbeitsplätze schaffende Unternehmer sowie angeblich auch Konditoren.

Die meisten der deutschen Immigranten nutzen das Angebot der australischen Regierung, bereits nach zweieinhalb Jahren Aufenthalt im Land einen Antrag auf Erteilung der australischen Staatsbürgerschaft zu stellen und, nach einer gründlichen Prüfung ihrer Eignung, nach weiteren sechs Monaten eingebürgert zu werden. Im Gegensatz zu anderen Einwanderern, vor allem solchen aus südeuropäischen und asiatischen Ländern, haben viele der jüngeren ihre ursprüngliche Nationalität und ihre Traditionen rasch wie einen alten Mantel abgelegt und wurden quasi im Schnellverfahren zu 150%igen Aussies.

Springs (The Ghan; ca. 24 Std.) und nach Broken Hill (Silver City Limited; ca. 8 Std.). Auskunft: Australian National Travel Centre, 132 North Tce., City, ✆ 2174444.

Autoverleih: Action Rent A Car, 280 Burbridge Rd., Cowandilla, ✆ 3527044; Budget Rent A Car, 274 North Tce., ✆ 2231400 (auch Wohnmobile); Go Touring, 6 Days Rd., Croydon Park, ✆ 3401811 (Wohnmobile); Koala Car Rentals, 39 Burbridge Rd., Mile End, ✆ 3527299 (auch Wohnmobile); Thrifty Rent A Car, 100 Franklin St., ✆ 2118788.

Fähre: Mehrmals wöchentlich verkehrt die Autofähre MV Island Seaway von Port Adelaide nach Kingscote auf Kangaroo Island (7 Std.) und weiter nach Port Lincoln auf der Eyre Peninsula (weitere 11 Std.). Auskunft: R.W. Miller & Co., 3 Todd St., Port Adelaide, ✆ 475577.

Restaurants

Chinesisch: Choy Sin, James Place (bei Rundle Mall); Dynasty, 26–28 Gouger St.
Deutsch: Flinders Stuben, 223 Flinders St.
Französisch: La Guillotine, 125 Gouger St.;

Hochhäuser in der Innenstadt von Adelaide

La Terrace, 279 A Hindley St. **Griechisch:** Hindley's Olympia, 137 Hindley St.; Theo's, 327 King William St. **Indisch:** Jasmin, 31 Hindmarsh Sq.; Taj Tabdoor, 76 Light Sq. **Indonesisch:** Borobodur, 160 King William St., Hyde Park; Indonesian House of Food, 37 Hindmarsh Sq. **International:** Henry Ayers, North/East Tces.; Richmond Hotel, 128 Rundle Mall. **Italienisch:** Hindley Pasta Palace, 100 Hindley St.; La Trattoria, 346 King William St. **Japanisch:** Matsuri, 167 Gouger St.; Samurai, 135 Melbourne St., North Adelaide. **Koreanisch:** Seoul, 63 Hyde St. **Libanesisch:** Adona's Gilles/Cardwell Sts.; Jerusalem Sheshkabab House, 131 B Hindley St. **Mexikanisch:** Zapata's, 42 Melbourne St., North Adelaide. **Russisch:** Volga, 116 Flinders St. **Seafood:** Buffalo, Patawalonga Boat Haven, Adelphi Tce., Glenelg; Ozone Fish Café, 45 Commercial Rd., Port Adelaide; Stanley's, 76 Gouger St. **Vegetarisch:** Rosanna's, 137 A Wright St. **Vietnamesisch:** Vietnam Village, 2 Smith St., Thebarton; White Crane, 165 O'Connell St., North Melbourne.

Einkauf

Haupteinkaufszentren sind die Rundle Mall, die King William Rd. und die Melbourne St. in North Adelaide. **Kunsthandwerk und Souvenirs:** City Souvenir Centre, Shop 43 A, City Cross Arcade, Rundle Mall; Festival City Souvenirs, 36 A King William St. **Aboriginal-Kunsthandwerk:** New Gallery of Aboriginal Art, 28 Currie St.; Otherway Aboriginal Art & Crafts, 185 Pirie St. **Opale:** Adelaide Gem Centre, 27–29 Gilbert Place; The Opal Mine, 30 Gawler Place. **Buchläden:** Europe Bookshop, 16 Pulteney St.; Imprints Bookshop, 80 Hindley St.; Standard Bookshop, 136 Rundle Mall. **(Floh-) Märkte:** Brickworks Market, South Rd., Torrensville (ca. 4 km westlich der City; Fr–So 9–17 Uhr); Central Market, Grote St. (westlich des Victoria Square; Di 7–18 Uhr, Do 11–17.30 Uhr, Fr 7–21 Uhr, Sa 7–13 Uhr); Waterfront Fishmarket, Port Adelaide (So 9–16 Uhr).

Unterhaltung

Kulturelle Veranstaltungen: Das Adelaide Symphony Orchestra und das State Theatre veranstalten im Festival Centre Complex Aufführungen (Kartenverkauf BASS Booking Office, ✆ 2134777). Weitere Theatergruppen: Arts Theatre, 53 Angas St.; La Mama Theatre, 184 Port Rd., Hindmarsh; Opera Theatre, 58 Grote St.; Theatre 62, 142 Burbridge Rd., Hilton; Q Theatre, 89 Halifax St. Termine und Neuigkeiten aus der Tagespresse sowie den kostenlosen Broschüren Adelaide Review und This Week in Adelaide (erhältlich u. a. beim SA Government Travel Centre). **Kinos:** Mit kommerziellem Programm in der Rundle Mall und Hindley St., mit ›alternativem‹ Programm: Chelsea Cinema, 275 Kensington Rd., Kensington Park; Piccadilly, 181 O'Connell St.; Trak Cinema, 375 Greenhill Rd. **Kneipen und Musikklubs:** Austral Hotel, 205 Rundle St. (Rock); Botanic Hotel, 309 North Tce.; Fahey's Norfolk Tavern, 21 Rundle Mall; Old Lion Hotel, 163 Melbourne St., North Adelaide (Rock); Port Dock Brewery Hotel, 10 Todd Place, Port Adelaide; Tou Can Tou, 181 Hindley St. (Rock). **Bars und Diskotheken:** Bebe's Pizza Bar, 273 Hindley St.; Cargo Club, 213 Hindley St.;

Crazy Horse, 141 A Hindley St.; Jules, 94 Hindley St.

Information

Touristen: South Australian Government Travel Centre, 18 King William St., ✆ 2121505. **Automobilklub:** Royal Automobile Association of SA (RAA), 41 Hindmarsh Sq., ✆ 2234555. **Umwelt und Natur:** National Parks & Wildlife Service, 55 Grenfell St., ✆ 2167777; Conservation Centre, 120 Wakefield St., ✆ 2235155. **Aborigines:** Aboriginal Community Centre, 128 Wakefield St. **Andere Bundesstaaten:** Neusüdwales, 45 King William St., ✆ 2313167; Nordterritorium, 9 Hindley St., ✆ 2121133; Queensland, 10 Grenfell St., ✆ 2122399; Tasmanien, 32 King William St., ✆ 4005533; Victoria, 16 Grenfell St., ✆ 2314129; Westaustralien, 108 King William St., ✆ 2121344.

Öffentliche Einrichtungen

Post: General Post Office, 141 King William St., ✆ 2162222. **Polizei:** ✆ 000 (Notruf), ✆ 2181212 (allgemeine Anfragen). **Krankenhäuser:** Royal Adelaide Hospital, North Tce., ✆ 2230230; Ambulanz: ✆ 000 (Notruf). **Konsulate:** *Bundesrepublik Deutschland*, 62–72 Flinders St., ✆ 2235107; *Österreich*, 14 Melbourne St., North Adelaide, ✆ 2673036; *Schweiz*, 77 Payneham Rd., St. Peters, ✆ 426641. **Ausländische Einrichtungen:** *Südaustralischer Allgemeiner Deutscher Verein*, 223 Flinders St., ✆ 2232539; *Österreichischer Club*, 11–17 Torrens Rd., Ovingham, ✆ 2691736.

Barossa Valley

Allgemeines

Weinberge gibt es in den südlichen Regionen des Bundesstaates Südaustralien zur Genüge, aber die unbestrittenen Kronjuwelen liegen im Barossa Valley, wo allein rund ein Viertel allen australischen Tafelweins gekeltert wird. Diese sanft gewellte, ca. 40 km lange und durchschnittlich 10 km breite Hochebene, die etwa 45 km nordöstlich von Adelaide beginnt, erhielt ihren Namen von Oberstleutnant William Light, der sich an das Valle de Bar Rosa in der Nähe von Cádiz erinnert fühlte. Den Grundstein für die bedeutende Weinindustrie Südaustraliens legten Mitte des 19. Jahrhunderts schlesische Altlutheraner, die die alte Kunst des Weinkelterns beherrschten. Das mediterrane Klima war ideal für die Entwicklung des Weinbaus.

Heute steht das Barossa Valley in der Gunst der Weinkenner ganz oben. Hier werden die meisten prämierten australischen Weine kultiviert. u. a. Weißweine wie der Barossa Riesling oder Rhine Riesling, der Sauvignon Blanc, der Semillon und der Chardonnay sowie die roten Traubensorten Cabernet Sauvignon, Pinot Noir und Shiraz. Fast alle Weingüter stehen für Weinproben und Kellereibesichtigungen offen. Beste Reisezeit ist zur Weinlese (Feb.–Mai).

Rundfahrt

Das Barossa Valley ist von Adelaide bequem auf dem Sturt Highway über Elizabeth und Gawler zu erreichen. 19 km östlich von Gawler liegt der Ort **Lyndoch** mit der bekannten Chateau Yaldara Winery (1). Markantes Kennzeichen dieses Weinguts ist ein nach dem Vorbild mittelalterlicher Befestigungsanlagen errichtetes Schloß mit einem zinnenbe-

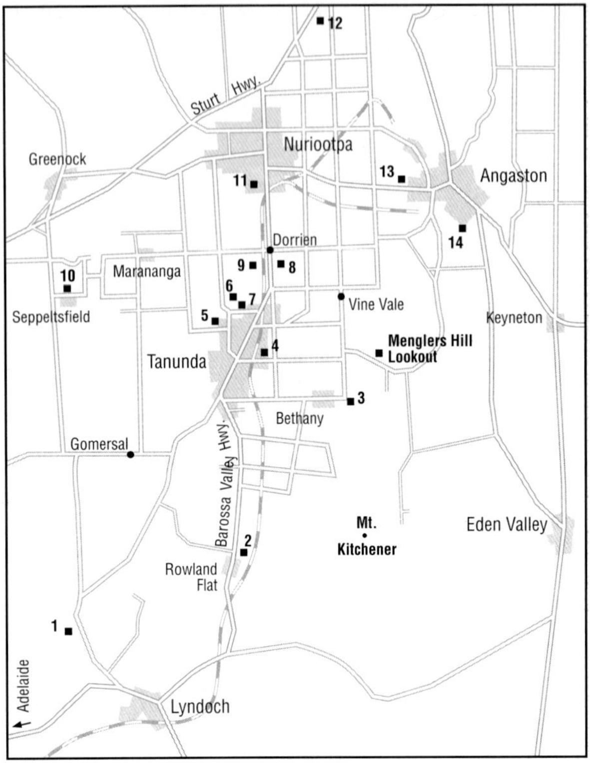

Barossa Valley (Weingüter)
1 Chateau Yaldara
2 Orlando Wines
3 Bethany Wines
4 Basedows Wines
5 Veritas Winery
6 Bernkastel Wines
7 Peter Lehmann Wines
8 Hardy's Siegersdorf
9 Chateau Dorrien Wines
10 Seppeltsfield Winery
11 Penfolds Kaiserstuhl Wines
12 Wolf Blass Wines
13 Saltram Wine Estates
14 Yalumba Winery
15 Henschke Wines

wehrten Wachturm. Das ungewöhnliche Bauwerk birgt eine bemerkenswerte Sammlung von Gemälden und anderen Kunstgegenständen aus verschiedenen europäischen Ländern (s. S. 293). Reisenden mit Zeit und Interesse an der deutschen Vergangenheit des Barossa Valley empfiehlt sich ein Abstecher von Lyndoch über Williamstown nach **Springton**. In diesem kleinen Ort am Südostrand des Barossa Valley steht der sogenannte Herbig Family Tree, ein uralter, hohler Eukalyptusbaum mit einem Innendurchmesser von 6 m. Hier lebte von 1858–1863 Friedrich Herbig, ein Schneider aus Schlesien mit seiner Frau und zwei seiner 16 Kindern.

Wenn wir von Lyndoch auf dem Barossa Valley Highway in nördlicher Richtung weiterfahren, gelangen wir über Rowland Flat (Weingut Orlando; 2; 1847 von Johann Gramp gegründet, heute im Besitz des französischen Weinimperiums Pernod Ricard; s. S. 293) nach **Tanunda** (2600 Einw.), dem kulturellen Zentrum des Barossa Valley. In dem früher Langmeil genannten Städtchen lohnt sich unbedingt ein Blick in das Barossa Valley Historic Museum (47 Murray St.), das anschaulich über die Besiedlung des Barossa Valley informiert (tgl. 10–17 Uhr). Schräg gegenüber erhebt sich die lutherische Langmeil Church aus dem Jahre 1888. Auf dem historischen Friedhof vor dem Gotteshaus, den eine 100 m lange Zypressenallee durchschneidet, befinden sich zahlreiche Gräber früher deutscher Einwanderer, darunter auch die letzte Ruhestätte von Pastor August Klavel. Neben zwei weiteren lutherischen Kirchen (St. Johns Church, 1868; Tabor Church, 1910) ist in Tanunda vor allem noch der Ziegenplatz (Goat Square) sehenswert. Dieser alte Marktplatz ist umringt von Gebäuden, wie sie im Osten Deutschlands üblich waren.

Zwischen Tanunda und dem etwa 5 km weiter nördlich gelegenen Nachbarort Nuriootpa reihen sich entlang des Barossa Valley Highway einige der renommiertesten Weingüter der Region. In Dorrien, etwa auf halber Strecke zwischen Tanunda und Nuriootpa, zweigt eine Straße in nordwestlicher Richtung nach **Marananga**, dem ehemaligen Gnadenfrei, ab. Dieser Mitte der 40er Jahre des vorigen Jahrhunderts von Schlesiern gegründete Ort erhielt seinen heutigen Namen, der einem Aboriginal-Idiom entstammt und ›Meine Hände‹ bedeutet, im Jahre 1918, als in ganz Australien deutsche Ortsnamen von der Landkarte getilgt wurden. Sehenswert ist in Marananga die Gnadenfrei St. Michaels Kirche (1857–1873). Die von Dattelpalmen gesäumte Straße zwischen Marananga und Seppeltsfield führt vorbei an dem einem griechischen Tempel gleichenden Familienmausoleum der Seppelts, die zu den Pionieren des Weinbaus im Barossa Valley zählen. Ihr 1851 gegründetes Seppeltsfield Winery (10) zählt noch heute zu den größten und sehenswertesten Kellereien der Region (s. S. 293).

Unsere Rundfahrt führt uns weiter nach **Nuriootpa** (2900 Einw.). Das historische Coulthard House in der Murray St. beherbergt das Barossa Information Centre (Informationen über die Weingüter der Gegend; Mo–Fr 9–17 Uhr, Sa u. So 11–16 Uhr). Südlich von Angaston mit der Collingrove Homestead, dem 1853/54 erbauten stattlichen Wohnsitz der Familie Angas (tgl. 11–16 Uhr), liegt das traditionsreiche Yalumba

Weinfeld im Barossa Valley

Langmeil Church in Tanunda

Winery (14), deren Hauptgebäude ein markanter Glockenturm überragt (s. u.). Eine landschaftlich recht reizvolle Straße führt von Angaston in einem weiten Bogen über den Aussichtshügel Menglers Hill (weiter Blick über das Barossa Valley sowie sehenswerter Skulpturenpark) und das Dorf Bethany (unter dem Namen Bethanien gegründete, älteste Siedlung im Tal) zurück nach Tanunda.

Praktische Hinweise

Verkehr: Von Adelaides Central Bus Station tgl. außer So mehrere Busse ins Barossa Valley. Tagestouren von Adelaide mit mehreren Stopps und Weinproben: South Australian Government Travel Centre, ✆ 2121505. Organisierte Rundfahrten auch beim Barossa Information Centre in Nuriootpa. **Fahrradverleih:** Barossa Valley Tourist Park, Penrice Rd., Nuriootpa, ✆ 085/621404; Bunkhouse, Barossa Valley Hwy./Nuraip Rd., Nuriootpa, ✆ 085/622260; Keils Gift Centre, 63 Murray St., Tanunda, ✆ 085/632177.

Unterkunft: Tanunda: *** Weintal Motel, Murray St., ✆ 085/632303; ** Blickinstal Motel, Rifle Range Rd., ✆ 085/632716 (nahe Bethany); * Barossa House, Barossa Valley Hwy., ✆ 085/622716 (ca. 3 km nördlich); Tanunda Caravan & Tourist Park, Barossa Valley Hwy., ✆ 085/632784. **Seppeltsfield:** ** Seppeltsfield Holiday Cabins, Seppeltsfield Rd., ✆ 085/628240. **Noriootpa:** *** Top of the Valley Tourist Motel, 49 Murray St., ✆ 085/622111; ** Vine Inn Motel, 14 Murray St., ✆ 085/622133; Bunkhouse Travellers Hostel, Barossa Valley Hwy./Nuraip Rd., ✆ 085/622260; Barossa Valley Tourist Park, Penrice Rd., ✆ 085/621404.

Information: Barossa Information Centre, 66 Murray St., Nuriootpa, ✆ 085/621866.

Weingüter (Auswahl): Basedows Wines (Mo–Fr 9–17 Uhr, Sa 10–17 Uhr, So u. Feiertage 12–16 Uhr); Bernkastel Wines (tgl. 10–17 Uhr); Bethany Wines (Mo–Sa 10–17 Uhr, So 13–17 Uhr); Chateau Dorrien Wines (tgl. 10–17.30 Uhr); Chateau Yaldara (tgl. 9–17 Uhr; Führungen tgl. 10.15, 11.15, 13.15, 14.15 u. 15.15 Uhr); Hardy's Siegersdorf (tgl. 10–16.30 Uhr); Henschke Wines (Mo–Fr 9–16.30 Uhr, Sa 9–12 Uhr); Orlando Wines (Mo–Fr 9.30–17 Uhr; Sa, So u. Feiertage 10–16 Uhr); Penfolds Kaiserstuhl Wines (Mo–Fr 9–17.30 Uhr; Sa, So u. Feiertage 10–17 Uhr; Führungen tgl. 10, 11, 13.30 u. 14.30 Uhr); Peter Lehmann Wines (Mo–Fr 9–17 Uhr; Sa, So u. Feiertage 11–16 Uhr); Saltram Wine Estates (Mo–Fr 9–17 Uhr, Sa u. So 12–17 Uhr, Feiertage 10–17 Uhr); Seppeltsfield Winery (Mo–Fr 8.30–17 Uhr, Sa 10.30–16.30 Uhr, So 11–16 Uhr; Führungen Mo–Fr 10, 11, 13, 14 u. 15 Uhr, Sa u. So 11.30, 13.30 u. 14.30 Uhr); Veritas Winery (Mo–Fr 10–17 Uhr; Sa, So u. Feiertage 11–16.30 Uhr); Wolf Blass Wines (Mo–Fr 9.15–16.30 Uhr; Sa, So u. Feiertage 12–16.30 Uhr); Yalumba Winery (Mo–Fr 9–17 Uhr, Sa 10–17 Uhr, So 12–17 Uhr).

Fleurieu Peninsula

Die Fleurieu Peninsula beginnt etwa 50 km südlich von Adelaide. Vor allem ihre ausgezeichneten Bade- und Surfstrände machen die Halbinsel zu einem attraktiven Ausflugs- und Urlaubsziel. An der geschützten Westküste erstrecken sich am Gulf St. Vincent südlich von Port Noarlunga herrliche, teils kilometerlange Sandstrände, die weitgehend gefahrloses Baden und Schwimmen erlauben (u. a. Moana Beach, Maslin Beach, Aldinga Beach, Silver Sands Beach, Normanville Beach). Erst an der Südspitze der Halbinsel um Rapid Bay und Cape Jervis wird die Küste felsiger.

Doch auch unter Weinkennern hat die Halbinsel Bedeutung gewonnen. Die Hauptorte des südlichen Weinbaudistrikts (Southern Vales), der nur wenige Kilometer jenseits der südlichen Vororte Adelaides beginnt, sind Willunga, Reynella und insbesondere McLaren Vale.

Mehrere Straßen führen von der Weinanbauregion im Nordwesten der Halbinsel an deren Ostküste. **Goolwa** (2400 Einw.), ein etwas verschlafen wirkendes Städtchen ca. 10 km nordwestlich der Mündung des Murray River in die Große Australische Bucht, trug in der zweiten Hälfte des vorigen Jahrhunderts den Beinamen ›New Orleans des Fünften Kontinents‹. Raddampfer lieferten damals hier alljährlich bis zu 25000 Ballen Wolle von den Schaffarmen am Oberlauf des Murray zur Verschiffung nach Übersee an. Heute ist Goolwa Heimathafen des Raddampfers P. S. Mundoo, der hier regelmäßig zu mehrtägigen nostalgischen Flußfahrten auf dem Murray bis Swan Reach ablegt. Informationen über den Murray River im Signal Point River Murray Interpretive Centre am Murray-Pier (tgl. 10–17 Uhr).

Malerisch an der Encounter Bay liegt 19 km südwestlich von Goolwa **Victor Harbor** (5400 Einw.), der größte und populärste Ferienort der Region. Die vorgelagerte Granite Island ist durch einen ca. 1,5 km langen Damm mit dem Festland verbunden (Fußweg und Pferdetram). In der Morgen- und Abenddämmerung kann man auf der felsigen Insel oft Zwergpinguine und Wallabies beobachten. Ein schöner Blick bietet sich von The Bluff, einem ca. 100 m hohen Aussichtshügel rund 5 km südwestlich des Orts. Um Victor Harbor erstrecken sich einige ausgezeichnete, wenn auch recht überlaufene Sandstrände.

An der Südwestspitze der Fleurieu Peninsula befindet sich der kleine Ort **Cape Jervis.** Von hier verkehrt mehrmals am Tag eine Autofähre zur 16 km entfernten Kangaroo Island.

Praktische Hinweise

Unterkunft: Goolwa: *** Rivers End Resort Motel, Noble Ave., ✆ 085/553300; Goolwa Caravan Park, Noble Ave., ✆ 085/552737. **Victor Harbor:** *** Wintersun Motel, Hindmarsh Rd., ✆ 085/523533; ** Family Inn, Port Elliott Rd., ✆ 085/521941; * Clifton Guest House, Torrens St., ✆ 085/521062; Victor Harbor Council Caravan Park, 114 Victoria St., ✆ 085/521142.
Information: Victor Harbor Tourist Information Centre, Torrens St., ✆ 085/524255.

Kangaroo Island

Allgemeines

Die Insel liegt knapp 120 km Luftlinie südwestlich von Adelaide zwischen dem St. Vincent-Golf und der Großen Australischen Bucht. Ein permanenter Mangel an Frischwasser sowie die Kargheit der Böden lassen auf Kangaroo Island kaum eine ackerbauliche Nutzung zu. Die 4000 Bewohner der Insel leben vorwiegend von der Schafzucht. Die südaustralische Regierung aber schreibt den Farmern exakt vor, wie und wo sie die Weiden für ihre rund 1 Mio. Schafe anzulegen haben. Damit ist sichergestellt, daß in den etwa eineinhalb Dutzend Conservation und National Parks, die ca. 20 % der Inselfläche schützen, ein einzigartiger Reichtum an Fauna und Flora erhalten bleibt. In der geographischen Isolation der Insel konnte sich die einheimische Tier- und Pflanzenwelt, abgesehen von Eingriffen des Menschen, relativ ungestört entwickeln. In den Nationalparks und Naturreservaten der Insel bieten sich somit exzellente Möglichkeiten, neben Seehunden, Seelöwen, Schnabeltieren, Emus, Pinguinen, Cape Barren-Gänsen sowie zahlreichen Papageienarten auch Koalas zu beobachten. Natürlich leben hier zudem die Kangaroo Island-Känguruhs, eine Unterart der Grauen Riesenkänguruhs, die der Insel ihren Namen gaben, sowie zahlreiche der kleineren Tammar-Wallabies.

Doch auch die bizarre landschaftliche Schönheit der Insel wirkt als Besuchermagnet. Während das Innere weitgehend geprägt wird von einer Mallee-Steppe mit kleinen Eukalyptusarten und niedrigem Buschwerk, gedeihen im feuchteren Westen stattliche, von Farnen und Moosen bewachsene Bäume. Besonders eindrucksvoll sind die abwechslungsreichen Küstenlandschaften der Insel: Steilklippen im Norden, die immer wieder von flach auslaufenden Sandstränden unterbrochen werden, und ein durchweg wildzerklüftetes Felspanorama im Süden.

Entdeckt wurde Kangaroo Island von Matthew Flinders (1802), erforscht von dem Franzosen Nicolas Baudin. 1804 bis 1806 diente die Insel amerikanischen Wal- und Robbenfängern als Stützpunkt. Ihnen folgten entflohene Strafverbannte und schiffbrüchige Matrosen. Der Versuch einer systematischen Besiedlung und landwirtschaftlichen Nutzung der Insel setzte 1836 ein. Heute verteilen sich die Inselbewohner vornehmlich auf die vier größeren Siedlungen des Eilands – Kingscote, American River, Penneshaw und Parndana.

Rundfahrt

Eingangstor für die meisten Besucher ist der kleine Fährhafen **Penneshaw.** Mit einem Zwischenstopp im Touristenzentrum American River erreichen wir **Kingscote** (1400 Einw.), den malerisch an der Nepean Bay gelegenen Hauptort der Insel. Aus der Pionierzeit von Kangaroo Island ist hier lediglich noch das unter Denkmalschutz stehende Hope Cottage (1858) erhalten, das heute ein kleines Museum zur Lokalgeschichte beherbergt (tgl. 10–12 u. 14–16 Uhr).

Zum größten Naturschutzgebiet der Insel, dem Flinders Chase National Park, führt von Kingscote der größtenteils asphaltierte Playford Highway quer über die Insel. Landschaftlich wesentlich reizvoller ist allerdings die Fahrt auf Schotterpisten entlang der Südküste. Einige Kilometer südlich der South Coast Road liegt im Nordteil des **Cape Gantheaume Conservation Park** Murrays Lagoon, als größter Süßwassersee von Kangaroo Island ein wichtiges Refugium für viele der etwa 100 Wasservogelarten der Insel. Einige Kilometer weiter südwestlich zweigt von der South Coast Road eine Stichstraße zum **Seal Bay Conservation Park** ab. In dieser von Klippen geschützten Bucht lebt eine der größten Kolonien Australischer Seelöwen. Diese bis zu 2,5 m großen und bis zu 300 kg schweren Tiere, die sich hier oftmals zu Hunderten versammeln, haben so wenig Scheu vor Menschen, daß man – geführt von Rangern – zwischen ihnen herumspazieren kann (Auskunft beim National Parks & Wildlife Service).

Zwischen der südlichen Küstenstraße und der Seal Bay erheben sich in der sogenannten ›Little Sahara‹ imposante Sanddünen. Ebenfalls auf einer Stichstraße erreicht man Vivonne Bay, wo sich einer der wenigen relativ geschützten Badestrände der Südküste erstreckt. Nächste Station ist der **Kelly Hill Conservation Park.** 1880 wurde hier ein verästeltes System von Tropfsteinhöhlen durch Zufall entdeckt, als ein Viehzüchter mit seinem Pferd Kelly einbrach. Der Mann konnte sich zwar retten, aber das Pferd blieb auf immer verschwunden. Zwar ist heute ein Teil der Höhlen für Führungen erschlossen, in ihrer Gesamtheit aber sind die Kelly Caves immer noch nicht vollständig erforscht. Die Rotfärbung der hiesigen Stalagtiten und Stalagmiten wird übrigens durch Eisenoxide bewirkt (Führungen tgl. 10, 11, 12, 13.30, 14.30, 15.30 Uhr).

Der Höhepunkt eines Aufenthalts auf Kangaroo Island ist zweifellos der Besuch des **Flinders Chase National Park.** Im Hauptquartier des National Parks & Wildlife Service am Rocky River erhalten Sie Informationen über die einzigartige Tier- und Pflanzenwelt der Insel, über Wandermöglichkeiten und die Befahrbarkeit der Naturpisten. Vom Campingplatz beim Parkhauptquartier erreicht man auch die beiden bekanntesten Naturattraktionen in der Südwestecke des Nationalparks: das Cape du Couedic mit seinen eindrucksvollen Kalkklippen und dem Admirals Arch, einem mächtigen, mit Stalagtiten behangenen Kalksteinbogen, sowie die Remarkable Rocks, riesige, von salzhaltigen Winden und der Macht gewaltiger Springfluten in Jahrmillionen ausgewaschene Granitskulpturen. In der Umgebung des Admirals Arch tummeln sich auch häufig New Zealand Fur Seals, eine Pelzrobbenart. Vom Baden sollte man hier aber Abstand nehmen, nicht nur wegen der tückischen Unterstömungen, sondern vor allem auch, weil diese Robben auf der Speisekarte von Haien stehen.

Für die Rückfahrt an die Ostküste sei Reisenden mit Zeit und einem robusten Fahrzeug statt des im Inselinneren verlaufenden Playford Highway die nicht asphaltierte und teils recht rauhe North Coast Road empfohlen. Einige wichtige Stationen auf dieser Route (von West nach Ost): **Cape Borda** (ca. 160 m hohe Klippe mit einem Leuchtturm aus dem Jahre 1858), **Harveys Return** (zerklüfteter Küstenabschnitt), **Cape Torrens Conservation Park** (Naturreservat mit über 200 m hohen Klippen), **Western River Cove** (Mündung des Western River mit herrlichem Sandstrand), **Snellings Beach** (weiter Sandstrand mit guter Angel- und Badegelegenheit), **Stokes Bay** (Bucht mit weitem Sandstrand, zu dem ein verwinkelter Pfad durch riesige Kalksteinblöcke führt) sowie **Cape Cassini** (imposante Klippenszenerie).

Praktische Hinweise

Verkehr: Mit der Auto- und Passagierfähre MV Island Seaway dreimal wöchentlich von Port Adelaide oder von Port Lincoln (Eyre Peninsula) nach Kingscote (ca. 7 bzw. 11 Std.); Auskunft und Buchung: R. W. Miller & Co., Port Adelaide, ✆ 08/475577; dto. Kingscote, ✆ 0848/22273; dto. Port Lincoln, ✆ 086/821011; Auto- und Passagierfähre M. V. Philanderer 111 bis zu fünfmal tgl. zwischen Cape Jervis und Penneshaw (ca. 1 Std.). Auskunft und Buchung (in der Hochsaison unbedingt nötig!) ✆ 0884/31122. Nach Cape Jervis Linienbus zweimal tgl. von Adelaide

(ca. 2,5 Std.); die Ankunftszeiten sind mit den Abfahrtzeiten der Fähre abgestimmt. Auskunft und Buchung KI Connection, ✆ 08/3846860. Tgl. Flüge Adelaide – Kingscote (ca. 30 Min.): Airtransit, ✆ 08/3523177 (Adelaide) und ✆ 0848/22831 (Kingscote) sowie Lloyd Aviation, ✆ 08/2173333 (Adelaide) und ✆ 0848/22117 (Kingscote). Buchungen für sämtliche Fähr- und Fluggesellschaften auch bei Kangaroo Island Booking Centre, Opal Field House, 29 King William St., Adelaide, ✆ 08/2124088. Ein- oder Mehrtagesausflüge von Adelaide nach Kangaroo Island (Auskunft South Australian Government Travel Centre). Linienbusse auf der Insel zwischen Penneshaw, American River und Kingscote. Zu den Sehenswürdigkeiten nur mit eigenem Fahrzeug (Auto- und Motorradverleih in Kingscote u. a.) oder im Rahmen organisierter Ausflugsfahrten (Auskunft Kangaroo Island Tourist Information Centre).
Unterkunft: Kingscote: *** Island Resort Motel, Telegraph Rd., ✆ 0848/22100; ** Queenscliffe Family Motel, Dauncey St., ✆ 0848/22254; ** Kangaroo Island Holiday Village, 9 Dauncey St., ✆ 0848/22225; Kangaroo Island Youth Hostel, ✆ 0848/22778; Nepean Bay Caravan Park, ✆ 0848/22394. **Penneshaw:** *** Sorrento Resort Motel, North Tce., ✆ 0848/31028; ** Tandarra Holiday Lodge, 33 Middle Tce., ✆ 0848/31018; Penneshaw Youth Hostel, ✆ 0848/31173; Penneshaw Caravan Park, Talinga Tce., ✆ 0848/31075. **American River:** *** American River Resort Motel, Wattle Ave., ✆ 0848/33052; ** Wanderers Rest Motel, Government/Bayview Rds., ✆ 0848/33140; * Linnetts Island Club, ✆ 0848/33053 (Ferienwohnungen und Campingplatz). **Sonstiges:** Campingplätze in verschiedenen Naturreservaten. Das erforderliche Permit ist beim National Parks & Wildlife Service erhältlich.
Information: Kangaroo Island Tourist Information Centre, 27 Dauncey St., Kingscote, ✆ 0848/22381; Nationalparks & Wildlife Service, ✆ 0848/22381 (in Kingscote), ✆ 0848/37235 (am Rocky River, Flinders Chase National Park), ✆ 0848/28233 (bei Murrays Lagoon), ✆ 0848/37231 (im Kelly Hill Conservation Park).

Murray River Valley

Der Murray River, Australiens zweitlängster, aber bedeutendster Fluß, erreicht Südaustralien nordöstlich von Renmark. Von der Staatsgrenze fließt er in einem weiten Bogen über rund 650 km nach Süden, wo er die große Küstenlagune Lake Alexandrina bildet. Während das Wasser des Murray die Gegend zwischen Renmark und Waikerie in einen einzigen großen Obst- und Weingarten verwandelte, hat sich die Landschaft im unteren Flußtal zwischen Swan Reach und Murray Bridge (Lower Murray) erstaunlich viel von ihrer Ursprünglichkeit erhalten. Man kann dem Murray ab Wellington am Lake Alexandrina über weite Abschnitte mit dem Auto folgen (die Fähren, die man gelegentlich benutzen muß, sind kostenlos) oder – stilvoller – den Fluß mit einem gemieteten Hausboot oder auf einer nostalgischen Fahrt mit einem alten Raddampfer erkunden.

Das Städtchen **Tailem Bend,** 13 km nördlich von Wellington, ist ein bedeutender Eisenbahnknotenpunkt. Sehenswert ist hier das 5 km nördlich gelegene Freilichtmuseum Old Tailem Town (tgl. 10–17 Uhr). Bei **Murray Bridge** (12000 Einw.) wurde 1878 die erste Brücke über den Murray River in Betrieb genommen. Die Stadt ist heute Heimathafen historischer und nachgebauter Raddampfer (ab hier Kreuzfahrten auf dem Murray). Außerdem rühmt sich Murray Bridge der kleinsten Kathedrale der Welt (Cathedral of John the Baptist mit 95 m^2 Fläche und 130 Sitzen).

Bei **Mannum** (2000 Einw.) hat der Murray beinahe schon wieder die Größe eines Binnensees. Zahlreiche Schilfinseln bilden hier ein Refugium für eine artenreiche Vogelwelt. Nordöstlich von Mannum hat sich der Murray River regelrecht in den weichen Sandsteinfels hineingefräst. Immer wieder wartet der Fluß hier spektakulär mit neuen Perspektiven und einer canyonhaften Stimmung auf. Ein imposantes Steilufer mit verschiedenen Aussichtspunkten gibt es beispielsweise bei **Walker Flat,** wo wir den Murray mit einer Autofähre überqueren, um an seinem Ostufer bis **Swan Reach** zu fahren. 27 km nördlich von Swan Reach treffen wir bei Blanchetown auf den Sturt Highway. Hier beginnt ein ausgeklügeltes System von Schleusen und Wehren zur Regulierung des Wasserstandes des Murray River.

Murray River bei Mannum

Die als Riverland bezeichnete Region im geographischen Dreieck zwischen Waikerie, Renmark und Loxton ist aufgrund der künstlichen Bewässerung eines der bedeutendsten Obst- und Weinanbaugebiete in Australien. Pionierarbeit leisteten die beiden amerikanischen Bewässerungsexperten George und William Chaffey, die 1887 in Renmark die erste Bewässerungskolonie gründeten. Auch **Waikerie** (1600 Einw.) verdankt seinen heutigen Wohlstand dem Wasser des Murray. Um die Stadt erstreckt sich Australiens größtes Anbaugebiet für Zitrusfrüchte.

Ab Waikerie dem Sturt Highway in östlicher Richtung folgend, erreichen wir die Wein- und Obststadt **Berri** (3500 Einw.). Etwa 5 km westlich der Stadt erstreckt sich bei Glossop die Berri Estates Winery, die mit einer Jahresproduktion von 7 Mio. l Tafelwein als größtes Weingut südlich des Äquators gilt (Mo–Fr 9–17.30 Uhr, Sa 9–17 Uhr). 5 km nordöstlich von Berri liegen am Sturt Highway das Riverland Display Centre (Information über die Agrarindustrie der Region, tgl. 9–17 Uhr) und das Riverland Motor Museum (Oldtimerkollektion tgl. 9–17 Uhr). **Loxton** (3400 Einw.; 24 km südlich von Berri) ist bekannt für sein Historical Village, die originalgetreue Rekonstruktion einer Kleinstadt aus der Zeit um die Jahrhundertwende (Mo–Fr 10–16 Uhr; Sa, So, Feiertage, Schulferien 10–17 Uhr).

Die Stadt **Renmark** (3500 Einw.) ist ein weiteres agroindustrielles Zentrum

des Plantagengebiets am Murray. Etwa 7 km südwestlich liegt am Sturt Highway Bredl's Reptile Park, der über die umfangreichste und vielfältigste Reptiliensammlung Südaustraliens verfügt. Zu sehen sind u. a. Taipans, Tigerottern (Tiger Snakes), Todesottern (Death Adders), Pythons, Krokodile und Alligatoren (tgl. 9–18 Uhr). Renmark ist überdies ein weiterer beliebter Ausgangspunkt für Kreuzfahrten auf dem Murray. Auf dem Sturt Highway sind es von Renmark 141 km bis nach Mildura in Victoria (s. S. 257).

Praktische Hinweise

Verkehr: In praktisch jedem größeren Ort am Murray River kann man sowohl Tagesausflüge als auch zwei- bis fünftägige Kreuzfahrten auf dem Murray buchen, v. a. PS Mundoo in Gollwa, PS Proud Mary in Murray Bridge, PS Murray River Queen und PS Lady Mannum in Mannum sowie PS Murray Princess in Renmark. Frühzeitig buchen! Auskunft über Kreuzfahrten und Verleihagenturen von Hausbooten erteilen das South Australian Government Travel Centre (s. S. 289) und die regionalen Fremdenverkehrsämter.

Unterkunft: Murray Bridge: *** Murray Bridge Motel, 212 Adelaide Rd., ✆ 085/321144; * Bridgeport Hotel, Bridge St., ✆ 085/322002; White Sands Riverfront Caravan Park, Jervois Rd., ✆ 085/321421. **Mannum:** *** Mannum Motel, Randell St., ✆ 085/691808; Mannum Caravan Park, ✆ 085/691402. **Morgan:** ** Colonial Motel, Federal St., ✆ 085/402277; Morgan Riverside Caravan Park, ✆ 085/402207. *Waikerie:* *** Waikerie Motel, McCoy St., ✆ 085/412999; Gateway Caravan Park, Ramco Rd., ✆ 085/412651. *Berri:* *** Berri Motel, Riverside Dve., ✆ 085/822688; Berri Riverside Caravan Park, Riverview Dve., ✆ 085/821718. **Loxton:** ** Loxton Motel, East Tce., ✆ 085/847266; Riverfront Caravan Park, Habels Bend, ✆ 085/847862. **Renmark:** *** Citrus Valley Motel, 210 Renmark Ave., ✆ 085/866717; ** Fountain Gardens Motel, Renmark Ave., ✆ 085/866899; Riverbend Caravan Park, Sturt Hwy., ✆ 085/855131.

Information: Murray Bridge Tourist Office, Pine Park, Swanport Road., ✆ 085/326660; Waikerie Travel Centre, 20 McCoy St., ✆ 085/412295; Berri Tourist and Travel Centre, 24 Vaughan Tce., ✆ 085/821655; Loxton Tourist and Travel Centre, East Tce., ✆ 085/847919; Renmark Tourist Office, Murray Ave., ✆ 085/866703.

Dem Reisenden mit eigenem Fahrzeug bieten sich für die Strecke Adelaide – Melbourne zwei Alternativrouten: der kürzere, aber landschaftlich wenig interessante Dukes Highway (auf viktorianischer Seite Western Highway) sowie der in Küstennähe verlaufende, zwar längere, aber reizvollere Princes Highway. Letzterer erschließt eine Region mit ausgedehnten Binnengewässern, die bekannt ist für ihren Vogelreichtum.

Zwischen Tailem Bend und Meningie folgt der Princes Highway mehr oder minder den Uferlinien der großen Binnenseen Lake Alexandrina und Lake Albert. Die Landschaft prägen zudem eine Reihe rosafarbener Salzlagunen. Südlich von Meningie erreicht der Princes Highway den **Coorong National Park.** Dieses bemerkenswerte Naturschutzgebiet besteht aus einem zwischen 200 m bis 3 km breiten Haff, das sich, geschützt durch die Sanddünen der vorgelagerten Younghusband Peninsula, von der Mündung des Murray River rund 150 km entlang der Küste in südlicher Richtung erstreckt. Der Salzgehalt dieses Binnensees ist dreimal so hoch wie der des Meeres.

In dem landeinwärts von niedrigem Mallee-Buschland aus Eukalypten und Akazien geprägten Nationalpark wurden bislang 238 Vogelarten registriert, u. a. Pelikane, Seeschwalben, Möwen, Kormorane, Albatrosse. Die Salzlagune ist mit einem allradgetriebenen Fahrzeug an zwei Stellen zu überqueren: an der Tea Tree Crossing und an der 42 Mile Crossing. Das Befahren der Sanddünen ist jedoch nur auf den markierten Pisten erlaubt. Einen guten Eindruck von Fauna und Flora des Nationalparks vermittelt auch der Coorong National Park Lakes Nature Trail, ein Naturlehrpfad (ca. 3 km/ca. 1 Std. v. v.) nahe des Hauptquartiers des National Parks & Wildlife Service in Salt Creek.

Das Wahrzeichen von Kingston SE, ein gigantischer Hummer aus Fiberglas (The Big Lobster), weist darauf hin, daß die Küstengewässer besonders reich an Schalentieren sind. In Kingston empfiehlt es sich, den Princes Highway zu verlassen und der Küstenstraße zu folgen (mehrere Seen und Lagunen mit einer ungemein artenreichen Vogelwelt).

Robe (42 km südlich von Kingston) ist einer der geschichtsträchtigsten Orte Südaustraliens. 1847 gegründet, war Robe bis 1880 eine bedeutende Hafenstadt. Zeugen dieser Vergangenheit sind etwa zwei Dutzend alter, restaurierter Gebäude, u. a. das Old Customs House (1863), das heute ein historisches Museum beherbergt (Di, Sa 14–16 Uhr; Schulferien u. Jan. tgl. 14–16 Uhr). Darüber hinaus erfreut sich Robe einer großen Popularität als Seebad, das allerdings in der Ferienzeit recht überlaufen ist.

Beachport (48 km südlich von Robe) ist ein weiterer kleiner Fischereihafen und Ferienort an einer teils sehr zerklüfteten und windzerzausten Küste. Kulturelle Hauptattraktion ist der Old Wool and Grain Store (1879/80), der heute ein reichbestücktes Heimatmuseum birgt (So 14–16 Uhr; Schulferien tgl. 10–16 Uhr). Auf der Weiterfahrt nach Millicent lohnt sich ein Abstecher nach Southend am Nordrand des **Canunda National Park,** der sich durch spektakuläre Klippenformationen sowie weite Küstendünen auszeichnet.

Bei **Millicent** (5100 Einw.; 32 km südlich von Beachport) trifft die Küstenstraße wieder auf den Princes Highway. Einen guten Einblick in die Lebensverhältnisse der Pionierzeit bietet das Millicent Museum mit der Admella Gallery (Mt. Gambier Rd.; Fremdenverkehrsamt; Mo–Sa 10–16 Uhr, So 13–16 Uhr). Der Millicent Shell Garden zeigt eine umfangreiche Kollektion phantasievoll, wenn auch etwas kitschig gestalteter Figuren aus Muschelschalen (51 William St.; tgl. 9–17 Uhr). Etwa auf halber Strecke zwischen Millicent und Mt. Gambier liegen am Princes Highway die **Tantanoola Caves** (Tropfsteinhöhlen; Führungen mehrmals tgl. 9.15–16 Uhr).

Mt. Gambier, nahe der Staatsgrenze zu Victoria gelegen, ist mit 23 000 Einwohnern das bedeutendste Handelszentrum im Südosten des Staates und Standort der südaustralischen Weichholzindustrie. Die Stadt erstreckt sich an den Ausläufern eines erloschenen Vulkans, nach dem sie auch ihren Namen erhalten hat. Obwohl vor rund 5000 Jahren zum letzten Mal aktiv, sorgt dieser Vulkan heute noch für ein spektakuläres Naturphänomen: Sein Hauptkrater wird vom 180 m tiefen und 71 000 m^2 großen Blue Lake gefüllt, dessen Färbung sich unerklärlicherweise mit den Jahreszeiten ändert – schwefelgrau während Herbst und Winter, blau im Sommer. Um den Blue Lake führt der John Watson Drive. Den benachbarten kleinen Leg of Mutton Lake kann man auf einer Rundwanderung erkunden (ca. 1,6 km/ca. 45 Min.). Sehenswert sind auch die unmittelbar östlich angrenzenden Kraterseen Valley Lake und Brownes Lake, zu denen eine Panoramastraße führt. Ein herrlicher Blick bietet sich vom Centenary Tower am Südostrand des Seengebiets.

Von Mt. Gambier kann man über den weiterhin im Landesinneren verlaufenden Princes Highway oder eine Nebenstrecke, die näher an der Küste entlang führt, die Südwestregion von Victoria erreichen (s. S. 261). Ein Abstecher in

Coorong National Park

nördlicher Richtung führt über **Penola,** dem Zentrum eines bekannten Weinanbaugebiets, nach **Naracoorte** (100 km), das landesweit bekannt ist für das sich ca. 10 km südöstlich erstreckende ausgedehnte Höhlensystem der Naracoorte Caves. Von insgesamt rund 60 bislang erforschten Höhlen sind drei im Rahmen von Führungen Besuchern zugänglich: Alexandra Cave (Tropfsteinhöhle; ca. 30 Min.), Blanche Cave (aus drei Kammern bestehende Grotte mit phantastischen Tropfsteinen; ca. 60 Min.) und Victoria Fossil Cave (Kette miteinander verbundener Tropfsteinhöhlen; ca. 60 Min.). In der Victoria Fossil Cave machten Wissenschaftler 1969 die bedeutendsten Fossilienfunde Australiens. Sie entdeckten die Skelette von bis dahin unbekannten prähistorischen Beuteltieren, darunter ein Riesenkänguruh und ein Wombat von der Größe eines Nilpferds (Führungen mehrmals tgl. 9.30–16 Uhr).

Praktische Hinweise

Verkehr: Die Busgesellschaft Mt. Gambier Motor Service verkehrt tgl. auf dem Princes Hwy. zwischen Adelaide und Mt. Gambier (✆ 08/2170777).

Unterkunft: Coorong National Park: ** Gemini Downs Holiday Village, Princes Hwy., Salt Creek, ✆ 085/757013; * Sportin' Mac Motel, Princes Hwy., Policemans Point, ✆ 085/757064; Coorong Caravan Park, Princes Hwy., Policemans Point, ✆ 085/757048. **Robe:** ** Lake View Motel, Lakeside Tce., ✆ 087/682100; Robe Long Beach Tourist Park, Esplanade, ✆ 087/682237. **Beachport:** *** Beachport Motor Inn, Railway Tce., ✆ 087/358070; Beachport YHA Hostel, Beach Rd., ✆ 087/358197; Beachport Caravan Park, Beach Rd., ✆ 087/358128. **Millicent:** *** Diplomat Motel, 51 Mt. Gambier Rd., ✆ 087/332211; Millicent Lakeside Caravan Park, Park Tce., ✆ 087/333947. **Mt. Gambier:** *** Avalon Motel, 93 Gray St., ✆ 087/257200; ** Commodore Motel, Jubilee Hwy., ✆ 087/249666; Blue Lake City Caravan Park, Bay Rd., ✆ 087/259856. **Naracoorte:** ** Naracoorte Motel, 73 Ormerod St., ✆ 087/622400; Naracoorte Caravan Park, Park Tce., ✆ 087/622128.

Information: Robe Tourist Information Centre, Smillie St., ✆ 087/682003; Millicent Tourist Information Centre, 1 Mt. Gambier Rd.; City of Mt. Gambier Tourist Information Centre, Jubilee Hwy. East, ✆ 087/241730.

Mid North und Yorke Peninsula

Als Mittleren Norden bezeichnet man die Region, die sich, begrenzt vom Princes Highway im Westen und vom Barrier Highway im Osten, zwischen Adelaide im Süden und Port Augusta im Norden erstreckt. Ebenso wie auf der stiefelförmigen Yorke Peninsula wurden im Mid North in der zweiten Hälfte des vorigen Jahrhunderts reiche Kupferlager ausgebeutet. Hauptstützen der regionalen Ökonomie sind heute die Weizen- und Wollproduktion sowie, lokal begrenzt im Clare Valley, der Weinanbau.

Zwischen Adelaide und Peterborough

Inmitten einer pittoresken Hügellandschaft liegt rund 80 km nördlich von Adelaide die traditionsreiche Bergbaustadt **Kapunda.** Einen Eindruck von den bergbaulichen Aktivitäten des vergangenen Jahrhunderts vermittelt der Mine Trail, ein 1,5 km langer Spaziergang über das Gelände der historischen Kapunda Mine. Das Kapunda Museum in der Baptist Church (1866) informiert über die Geschichte der Stadt (tgl. 13–16 Uhr).

Etwa 30 km westlich des Barrier Highway erstreckt sich über eine Länge von rund 40 km das **Clare Valley,** ein renommiertes Weinanbaugebiet, wo ca. 20 Kellereien in erster Linie vorzügliche weiße Tafelweine produzieren. Am berühmtesten sind die bereits 1851 von deutschen Jesuitenpatern gegründeten Sevenhill Cellars, eine Kellerei, die sich seit Anbeginn auf die Herstellung von Meßwein spezialisiert hat (College Rd., Sevenhill; Mo–Fr 8.30–16.30 Uhr, Sa 9–16 Uhr). 14 km südöstlich von Clare liegt das historische Dorf **Mintaro.** Besuchenswert ist hier vor allem das etwas außerhalb gelegene Herrenhaus Martindale Hall (1879; tgl. 13–16 Uhr).

Rund 155 km nördlich von Adelaide findet sich am Barrier Highway das Provinzstädtchen **Burra.** Nachdem ein Schafhirte 1845 zufällig auf eine Kupferader gestoßen war, entwickelte sich hier bis 1860 die größte Kupfermine Australiens. Bis zu ihrer Stillegung wegen Überflutung im Jahre 1877 förderte man in der Burra Mine alljährlich ca. 5 % der damaligen Weltproduktion an Kupfererzen. Ein 11 km langer, gut ausgeschilderter Heritage Drive verbindet die historischen Punkte des Orts miteinander (Plan im Burra Tourist Centre am Market Square). Einige Stationen: Paxton Square Cottages (Kingston St.): 1849–1852 erbaute, solide Reihenhäuser, die einst von Bergleuten aus Cornwall und Wales bewohnt wurden (heute teilweise Touristenunterkünfte). Die Maloween Lowarth Cottage beherbergt ein kleines Museum (Sa 13–15 Uhr, So u. Feiertage 10.30–12.30 Uhr). Miners Dugouts (Flußbett nahe Blyth St.): zwei der zahlreichen ›Wohnhöhlen‹ in der Lehmböschung des Burra Creek, in denen Mitte des 19. Jahrhunderts zeitweise bis zu 2000 Minenarbeiter mit ihren Familien lebten. Market Square Museum: kleines Museum zur Ortsgeschichte im historischen General Store (Sa 14–16 Uhr, So 12.30–14.30 Uhr). Burra Mine Open Air Museum (nordwestlich des Ortskerns): historisches Minengelände; Schautafeln informieren ausführlich über das alte Kupferbergwerk. Besonders sehenswert ist das Morphetts Enginehouse Museum, ein altes, perfekt restauriertes Maschinenhaus (Freilichtmuseum tgl. von Sonnenauf- bis Sonnenuntergang, Schlüssel vom Tourist Centre; Morphetts Enginehouse Museum: Mo–Fr 11–15 Uhr; Sa, So u. Feiertage 11–16 Uhr). Redruth Gaol (Tregony St.): zwischen 1856 und 1894 benutztes Gefängnis.

Von Burra kann man auf dem Barrier Highway über Peterborough in die Flinders Ranges (s. S. 306) oder nach Broken Hill im Outback von Neusüdwales weiterfahren (355 km; s. S. 196).

Praktische Hinweise

Verkehr: Ab Adelaides Central Bus Station verschiedene Gesellschaften Richtung Kapunda und Burra (u. a. Murtons AB Coaches, ✆ 08/2332733). Clare ist mit öffentlichen Verkehrsmitteln nur schwer zu erreichen.
Unterkunft: Clare: ** Clare Valley Motel, Main St., ✆ 088/422799; Christison Park Caravan Park, Main North Rd., ✆ 088/422724. *Mintaro:* **** Martindale Hall Private Hotel, ✆ 088/439011. **Burra:** * Paxton Square Cottages, Kingston St., ✆ 088/922622; Burra Caravan Park, Bridge Tce., ✆ 088/922442.
Information: Kapunda Tourist Centre, High

Maschinenhaus der Moonta Mine

St., ✆ 085/662902; Clare Valley Tourist Information Office, Main North Rd., ✆ 088/422131; Burra & District Tourist Information Office, Market Sq., ✆ 088/922154 (tgl. 10–16 Uhr).

Zwischen Adelaide und Port Augusta

Die 240 km lange und durchschnittlich 40 km breite **Yorke Peninsula** erreicht man von Adelaide bequem auf dem Princes Highway. Im sogenannten Copper Triangle zwischen den Städten Kadina, Wallaroo und Moonta im Nordteil der Halbinsel entdeckte man 1859 ergiebige Kupfervorkommen. Wegen Unrentabilität wurde der Kupfererzabbau 1923 eingestellt. Getreideanbau und Schafzucht bilden gegenwärtig die Basis der regionalen Ökonomie.

In **Kadina** (3300 Einw.) informieren im Kadina Museum Complex zahlreiche Erinnerungsstücke über die ›Kupferära‹ (Mi, Sa, So 14–16.30 Uhr, Schulferien tgl. 10–16.30 Uhr). 10 km nordwestlich von Kadina liegt der ehemalige Kupferhafen **Wallaroo,** heute ein wichtiger Umschlagplatz für landwirtschaftliche Produkte. **Moonta** (2200 Einw.), die letzte der drei Ortschaften im Kupfernen Dreieck, besitzt ein reichbestücktes Bergwerksmuseum (Di, Mi, Sa, So 13.30–16 Uhr; Feiertage u. Schulferien 11–16 Uhr). Mit dem Museum als Ausgangspunkt können Sie auch die Moonta Mines, die historischen Kupferminen, erkunden, entweder mit dem eigenen Fahrzeug oder mit einer eigens dafür eingerichteten Schmalspurbahn (Sa, So u. Feiertage 9–17 Uhr zur vollen Stunde).

Über die kleinen Landstädte Maitland und Minlaton gelangt man zum **Innes National Park**. Dieses Naturschutzgebiet, das die gesamte Südwestspitze der Halbinsel umfaßt, prägen Küstendünen und Salzlagunen sowie teils spektakuläre Klippenformationen. (Landschaftliche)

Sehenswürdigkeiten im Nationalpark: Cape Spencer (Landspitze mit Leuchtturm; schöner Blick auf die Steilküste), The Gap (unterspülte Steilklippe), Ethel Beach (Sandstrand mit Wrack des Frachters Ethel), West Cape (Landspitze mit Leuchttum), Pondalowie Bay (herrliche Bucht mit Fischerdorf; Campingplatz), Dolphin Beach (traumhafter Sandstrand), Shell Beach (von Felsen flankierte kleine Bucht mit guten Schwimmöglichkeiten; in der Nähe ein Campingplatz) und Browns Beach (Sandstrand und Campingplatz). An der Ostküste der Yorke Peninsula, entlang der die Rückfahrt erfolgen könnte, gibt es einige kleine Fischereihäfen und Ferienorte, u. a. Edithburgh, Stansbury, Port Vincent, Port Julia und Pine Point.

Das bedeutende Industrie- und Handelszentrum **Port Pirie** (17000 Einw.), lebt von den Erzen der Bergbaustadt Broken Hill in Neusüdwales (s. S. 196). Die Stadt wird überragt von den bis zu 205 m hohen Schornsteinen der Bleischmelzhütte Broken Hill Associated Smelters Pty. Ltd. Die im viktorianischen Barock erbaute Old Railway Station (1902) bildet zusammen mit dem Old Customs House (1882) und der Old Police Station (1892) ein Museum zur Lokalgeschichte mit den Schwerpunkten Eisenbahnwesen und Bleischmelzerei (Mo–Sa 10–16 Uhr, So 13–16 Uhr).

Im äußersten Norden des Spencer Gulf liegt **Port Augusta** (17000 Einw.), Industriezentrum und Verkehrsknotenpunkt. Die größte Touristenattraktion der Stadt ist das Wadlata Outback Centre (41 Flinders Terrace). In diesem modernen Museum wird dem Besucher ein umfassendes Bild des australischen Outback vermittelt. Behandelt werden u. a. Aspekte wie geologische Entwicklung, Aborigines und ihre Kultur, Fauna und Flora sowie Erforschung des Outback (Mo–Fr 9–17.30 Uhr, Sa u. So 10–16 Uhr). Weitere Sehenswürdigkeiten: Homestead Park Pioneer Museum, ein historisches Farmhaus mit zahlreichen Memorabilien aus der Pionierzeit (Elsie St.; Mo, Di, Do, Sa, So 10–16 Uhr; Mi u. Fr 12–16 Uhr); Bodenstation des Royal Flying Doctor Service (4 Vincent St.; Führungen Mo–Fr 10, 11, 14, 15 Uhr); School of the Air (Commercial Mall/ Flinders Tce.; Besucher können an Schultagen um 10 Uhr eine Stunde Funkunterricht miterleben).

Praktische Hinweise

Verkehr: Ab Adelaides Central Bus Station mehrere Busse zur Yorke Peninsula (z. B. Premier Lines, ✆ 08/2170777; Yorke Peninsula Bus Service, ✆ 08/2127999). Zum Innes National Park keine öffentlichen Linienbusse. Augusta Airways bedient Adelaide–Port Augusta und fliegt zweimal wöchentlich Passagiere auf dem längsten Postflug (Mail Run) der Welt von Port Augusta via Innamincka und Birdsville nach Mt. Isa in Queensland (Augusta Airways, P.O. Box 1756, Port Augusta, SA 5700, ✆ 086/423100).

Unterkunft: Moonta: ** Patio Motel, 196 Bay Rd., ✆ 088/252844; Moonta Bay Caravan Park, ✆ 088/252406. **Port Vincent:** Tuckerway Hostel, ✆ 088/537285; Port Vincent Caravan Park, ✆ 088/537073. **Port Pirie:** *** Flinders Range Motor Inn, 151 Main Rd., 086/323555; Port Pirie Caravan Park, Beach Rd., ✆ 086/324275. **Port Augusta:** *** Augusta Westside Motel, 3 Loudon Rd., ✆ 086/422488; ** Flinders Motel, 39 Commercial Rd., ✆ 086/422544; Augusta Backpackers Hostel, Blackwood Ave./Bussel Hwy., ✆ 086/725223; Shoreline Caravan Park, Gardiner Ave., ✆ 086/422965.

Information: Moonta Tourist Information Centre, 71 George St., ✆ 088/252622; Port Pirie Tourist Information Office, Jubilee

Place, ✆ 086/323332; Port Augusta Tourist Information Office, Wadlata Outback Centre, 41 Flinders Tce., ✆ 086/410793; National Parks & Wildlife Service, Innes National Park, Stenhouse Bay, ✆ 088/544040; National Parks & Wildlife Service, Mackay St., Port Augusta, ✆ 086/423800.

North East

Der von Bergketten, Stein- und Sandwüsten, Grassteppen und Salzseen geprägte Nordosten von Südaustralien zählt zu den unberührtesten und landschaftlich reizvollsten Regionen des Fünften Kontinents. Die bizarre Bergwelt der Flinders Ranges, die Hauptattraktion dieser Gegend, beginnt etwa 150 km nordöstlich von Port Augusta.

Über den Pichi Richi Pass gelangt man von Port Augusta zum 32 km nordöstlich gelegenen Städtchen **Quorn,** einst ein geschäftiger Eisenbahnknotenpunkt, heute ein beliebter Ausgangspunkt für Touren in die südlichen Flinders Ranges. Von April bis Oktober verkehrt zwischen Woolshed Flat am Fuß der Berge und Quorn mehrmals wöchentlich die Pichi Richi Railway, eine historische Dampfeisenbahn (✆ 08/2134777, ✆ 086/486016). Auf der Weiterfahrt nach Hawker passiert man den **Death Rock** (7 m hoher Quarzitfels; Initiationsstätte der Ureinwohner), die Ruinen der historischen **Kanyaka Homestead** (ca. 1 km westlich der Straße; Schaffarm, die wegen verheerender Dürren 1888 aufgegeben wurde) und die **Yourambulla Caves** (Höhlen mit Aboriginal-Felsmalereien). Etwa 40 km nordöstlich der kleinen Ortschaft **Hawker** führt eine 2 km lange Stichstraße nach Westen in die Nähe des wegen seiner Aboriginal-Felsbilder bekannten **Arkaroo Rock** (Wanderung ab Parkplatz ca. 3 km/ca. 1,5 Std. v. v.).

Wenige Kilometer weiter nördlich überqueren wir die Grenze zum Flinders Ranges National Park. Dieses Naturschutzgebiet bildet einen Teil des stark verwitterten Faltengebirges, das sich von der Südspitze der Fleurieu Peninsula südlich von Adelaide knapp 1000 km in nördlicher Richtung bis in die Region der großen zentralaustralischen Salzseen erstreckt. Die ältesten Felsformationen dieser Region – vor allem im Gammon Ranges National Park, dem nördlichen Ausläufer der Flinders Ranges – weisen ein enorm hohes Alter von über 1500 Mio. Jahren auf. Die aus hartem, erosionsbeständigem Quarzit bestehenden Gipfel und Bergrücken der Flinders Ranges sind zwar nicht sonderlich hoch, aber sie zeichnen sich durch schroffe Formen und ungemein intensive Farben sowie eine ungewöhnlich artenreiche Tier- und Pflanzenwelt aus. Während der Frühjahrsblüte (Sept./Okt.) verwandelt sich der sonst verdörrte Landstrich in einen riesigen bunten Blumenteppich.

Die von Süden kommende Teerstraße endet in **Wilpena** (Büro des National Parks & Wildlife Service, herrlich gelegener Campingplatz und ein Motel). Den einzigen Zugang zum Wilpena Pound bildet die Klamm des Wilpena Creek bei der Felsformation Sliding Rock unweit der Rangerstation. Der Wilpena Pound ist ein natürliches Amphitheater, ein 16 km langer und 10 km

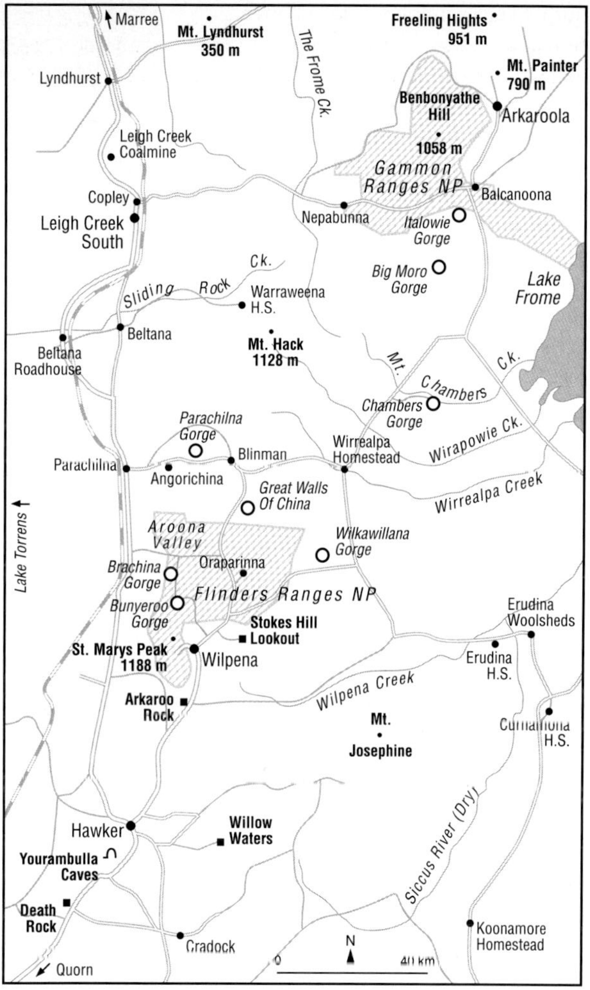

Flinders Ranges

breiter Kessel mit einer weiten, offenen Parklandschaft, der von einem schroffen, bis über 1000 m hohen Felswall umgeben ist. Die höchste Erhebung dieses ringförmigen Quarzitgebirges bildet der St. Marys Peak (1188 m).

Die Gegend des Wilpena Pound ist mit ihren gut markierten Pfaden ein ideales Terrain für Wanderungen unterschiedlichsten Schwierigkeitsgrades. Mit der regionalen Flora macht ein Naturlehrpfad bekannt, der gleich südlich des Wilpena Motel beginnt (Rundwanderung ca. 1,5 km/ca. 1 Std.). Hier befindet sich auch der Ausgangspunkt für die z. T. recht anstrengende Wanderung auf den Mt. Ohlssen Bagge (ca. 4 km/ca. 2–3 Std. v. v.). Eine einfache Wanderung führt vom Wilpena Campground durch die Schlucht des von Flußeukalypten gesäumten Wilpena Creek zur Old Homestead (historisches Farmhaus) und weiter zum Wangara Lookout (ca. 6 km/ca. 2–3 Std. v. v.). Die interessanteste Wanderung (teilweise anstrengende Kletterei, bei Regen sehr gefährlich!) hat den Gipfel des St. Marys Peak zum Ziel. Ausgehend vom Wilpena Campground führt der markierte Wanderpfad zunächst durch flaches, von lichtem Wald bestandenes Gelände (1,5 Std.), dann steil auf den Tanderra Saddle hinauf (ca. 1 Std.). Auf dem Berggrat kennzeichnen blaue Pfeile den Weg zum Gipfel (ca. 1 Std., schöner Panoramablick über den Wilpena Pound und nach Westen bis zum Torrens Salzsee). Will man nicht auf dem gleichen Weg zurückwandern, kann man vom Tanderra Saddle südwärts in den Wilpena Pound hinabsteigen und über den Cooinda Campground und die Old Homestead zum Wilpena Campground zurückkehren (ca. 3–4 Std.; Gesamtstrecke ca. 20 km/Gesamtdauer ca. 7,5–8,5 Std.). Parkranger informieren über weitere Wanderwege.

Nördlich von Wilpena erschließt ein Netz von teils recht rauhen Schotter- und Naturpisten den **Flinders Ranges National Park.** Nach heftigen Regenfällen können sie für Tage völlig unbefahrbar sein. Landschaftliche Sehenswürdigkeiten: Bunyeroo Gorge (malerische Schlucht des Bunyeroo Creek; herrlicher Blick vom Bunyeroo Valley Lookout), Stokes Hill Lookout (herrlicher Panoramablick), Oraparinna (Hauptquartier des National Park & Wildlife Service), Wilkawillana Gorge (Felsenschlucht des Billy Creek mit uralten Meeresfossilien), Aroona Valley (Tal des Aroona Creek; interessante Wanderung von den Ruinen der Aroona Homestead durch die Schlucht Bulls Gap zum Red Hill Lookout) und Brachina Gorge (Felsenschlucht des Brachina Creek durch die Heysen Range; Kreidefelsen mit 600 Mio. Jahre alten Fossilien primiti Meereslebewesen).

Auf einer durch die Brachina Gor führenden, etwas abenteuerlichen Pi gelangt man zum Highway 83. Üb durchweg nicht asphaltierte Buschpist kann man aber auch direkt vom Flind Ranges National Park zum nördlich g legenen **Gammon Ranges Natio Park** fahren. 52 km nördlich von Wilp na liegt der historische Kupferort Bli man (Hotel und Tankstelle), südlich d sen sich der bizarre Felsrücken der Gr Walls of China erstreckt. Westlich v Blinman mäandert die Straße durch Parachilna Gorge, bevor sie bei Parach

Stillgelegter Zug in Marree

na den Highway 83 erreicht. 33 km östlich von Blinman liegt die Wirrealpa Homestead. Hier biegen wir nordwärts (Richtung Wertaloona Homestead und Balcanoona) ab. Nur mit einem Allradwagen kann man die Chambers Gorge mit ihren Aboriginal-Felsritzungen (10 km östlich der Straße) sowie die Big Moro Gorge (14 km westlich) erreichen.

In **Balcanoona** befindet sich das Hauptquartier des National Parks & Wildlife Service im Gammon Ranges National Park, der mit seinen spektakulären Bergpanoramen aus imposanten rotbraunen Gipfeln dem Flinders Ranges National Park ähnelt. Während die meisten landschaftlichen Attraktionen allerdings nur mit Allradwagen zu erreichen sind (z. B. Weetootla Gorge), ist die Allwetterpiste Balcanoona–Arkaroola (ca. 30 km) auch mit konventionellen Pkws zu bewältigen.

Die ehemalige Schaffarm **Arkaroola**, heute ein großer Ferienkomplex, ist das Zentrum des außerhalb der Parkgrenze gelegenen Arkaroola Mt. Painter Sanctuary. Die Besitzer dieses privaten Naturreservats bieten eine sehr interessante sogenannte Ridgetop Tour an: von Arkaroola vorbei an spektakulären Felsformationen, tiefen Schluchten und aufgelassenen Kupferbergwerken zum Mt. Painter (790 m). Ausflüge zu anderen Landschaftsattraktionen der Region sind auch auf eigene Faust möglich, z. B. zur Felsformation The Pinnacles (ca. 5 km ab Arkaroola), zu den heißen Quellen von Bolla Bollana (ca. 7 km), zum Nooldoonooldoona Waterhole (ca. 13 km) und zur Yudnamatana Gorge (ca. 33 km; nur mit Allradantrieb). In Arkaroola selbst lohnt sich ein Blick in das Ningana Visi-

Das Kamel als Exportschlager

In Brehms Tierleben ist Australien zwar nicht als Heimatland für Kamele ausgewiesen, dennoch ziehen stattliche Herden der Höckertiere durch das Landesinnere. Die Kamele, eigentlich Dromedare, da einhöckrig, sind keine Urbewohner des Kontinents; sie kamen Mitte des vergangenen Jahrhunderts als Last- und Reittiere aus Arabien über Indien nach Australien. Bis in die 30er Jahre unseres Jahrhunderts bewährten sich die genügsamen Tiere als unentbehrliche Transportmittel. Pferde- und Ochsengespannen waren die Kamelkarawanen in den kargen Savannen und Halbwüsten des Zentrums haushoch überlegen. Von damaligen Endpunkten der Eisenbahn wie Broken Hill in Neusüdwales oder Marree und Oodnadatta in Südaustralien aus, wo sie ihre Fracht (Lebensmittel, Werkzeug, Stacheldraht u. a.) übernahmen, trieben einst asiatische Kameltreiber schwerbepackte Karawanen zu den entlegenen Pioniersiedlungen und Minenorten. Auf ihrem Rückweg schleppten die Wüstentiere tonnenweise Schafwolle sowie Kupfererz und andere Bergbauprodukte. Obwohl nur wenige der Kameltreiber aus Afghanistan stammten, wurden sie von den Australiern kurzerhand Ghans genannt. Meist kamen sie aus Indien und Pakistan.

Waren die Ghans als aufrichtige und zuverlässige ›Spediteure‹ allseits geschätzt, so waren ihre ›Wüstenschiffe‹ geradezu prädestiniert, um die brennenden Transportprobleme in Australiens Ödlandgebieten zu lösen. Tiervater Brehm fand das Kamel zwar blöd, die Araber aber nennen es weise. Wie auch immer: Für die Wüste ist es ideal. 4–5 km pro Stunde gehen sie in einem merkwürdigen, schaukelnden Gang, bei dem immer drei der tellergroßen Füße mit den Schwielensohlen den Boden berühren. Dieses Tempo halten sie 14 Stunden durch, Tag für Tag, Woche für Woche. Sie schleppen dabei bis zu vier Zentner auf dem Buckel und werden nur morgens und abends mit einem Bündel Heu abgespeist. Kein Tier läßt sich soviel zumuten.

tors Centre (u. a. über 600 Mio. Jahre alte Tierfossilien; tgl. 9–18 Uhr).

Die Schotterpiste zwischen Balcanoona und Copley (nördlich von Leigh Creek South) führt zunächst durch die pittoreske Italowie Gorge mit ihren steilen Klippen aus rotem Quarzitgestein, bevor sie die Aboriginal-Gemeinde Nepabunna passiert (Vorsicht nach heftigen Regenfällen).

Leigh Creek South (2000 Einw.) ist eine moderne Stadt vom Reißbrett, die Anfang der 80er Jahre für die Mitarbeiter der 10 km nördlich gelegenen Leigh Creek Coalmine errichtet wurde. Der alte, bereits 1856 gegründete Ort Leigh Creek mußte den hausgroßen Schaufelradbaggern der Kohlenmine weichen.

In Lyndhurst, einem kleinen Ort mit Tankstelle, zweigt vom Highway 83 in nordöstlicher Richtung der berühmte **Strzelecki Track** ab. Diese nur mit einem Geländewagen und nach entsprechenden Vorbereitungen (s. S. 554) befahrbare Sand- und Schotterpiste führt über eine Distanz von rund 470 km durch die von Salzseen durchsetzte Einöde der riesigen Strzelecki Desert zu der kleinen Siedlung Innamincka nahe der Grenze zu Queensland. Route und Wüste wurden Mitte des vorigen Jahrhunderts von Charles Sturt nach seinem

Das Rätsel, wie das Kamel – der Weltmeister im Wassersparen – auch längere Durststrecken ohne Schaden übersteht, ist noch nicht restlos geklärt. Hartnäckig hält sich die Mär vom Wasserreservoir im Höcker. Fest steht aber, daß dieser bis zu 20 kg schwere Klumpen auf dem Kamelrücken kein Wasser, sondern Fett speichert. Richtig ist auch, daß ein Kamel in zehn Minuten bis zu 100 l Wasser in seinen Organismus aufnehmen und damit in Extremfällen bis zu 20 Tagen auskommen kann.

Ohne die nach Australien eingeführten genügsamen Wüstenwanderer hätte im vergangenen Jahrhundert das höllenheiße Landesinnere nicht erforscht werden können, wären damals weder die enormen Bodenschätze entdeckt worden, noch hätten eine Telegraphen- und zwei Eisenbahnlinien quer durch die Wildnis des Riesenkontinents verlegt werden können. Den Kamelen aber hat man es wenig gedankt: Als die Tiere den Pionieren und Forschern, den Landvermessern und Goldgräbern ihren Dienst getan hatten, wurden sie buchstäblich in die Wüste geschickt. Einige hundert Kamele, so schätzt man, traten im Zeitalter des Autos und der Eisenbahn den Rückzug in die Inlandwüsten an – und vermehrten sich dort unaufhaltsam und zäh, wie das ihren natürlichen Eigenschaften entspricht. Weil sie immer wieder Weidezäune beschädigten, aber wurden sie den Rinderzüchtern zur Plage und deshalb von ihnen erbarmungslos gejagt und zu Tausenden abgeschossen.

Australien ist heute immer noch das einzige Land der Welt mit großen, oft Hunderte von Tieren zählenden Herden wilder Kamele. Inzwischen ist der einstige Import sogar als Export geschätzt: Die Kamele werden auf Farmen gezüchtet und – so paradox es klingen mag – in arabische Länder exportiert. Vor allem die Kamelzüchter rund um Alice Springs haben einen vorzüglichen Ruf. Bei ihnen ordern u. a. die Scheichs von Bahrain, Dubai, Katar und Saudi Arabien Meharis (teure Reit- und Rennkamele, die auf kurzen Strecken 60–70 Stundenkilometer erreichen können), denn die australischen Kamele sind außerordentlich immun gegen Krankheiten und Seuchen und eignen sich deshalb ganz besonders zur Blutauffrischung bei der Zucht.

Forscherkollegen Graf Paul Edmund von Strzelecki benannt (s. S. 62)

Marree (80 Einw.), lange Zeit eine wichtige Bahnstation zur Verladung von Rindern, ist heute nur noch Versorgungsstation für die riesigen Schaf- und Rinderfarmen der weiteren Umgebung sowie Pilgerziel nostalgischer Outback-Fans. Interessant ist die Camel Camp Mosque, eine einfache Lehmhütte mit Strohdach, die den einst hier lebenden moslemischen Kameltreibern aus Indien, Pakistan und Afghanistan als Andachtsstätte diente.

Marree ist der Ausgangspunkt für zwei der bekanntesten, aber am wenigsten befahrenen ›Straßen‹ Australiens: den legendären **Oodnadatta Track,** die rauhe Alternativroute zum Stuart Highway (s. S. 317), sowie den nicht weniger mythenumwobenen **Birdsville Track,** der von hier 520 km weit durch Halbwüsten und vorbei an Salzlagunen nach Birdsville in Queensland führt. Einst trieben auf dieser Abenteuerpiste Stockmen (australische Cowboys) riesige Rinderherden von Queensland zur Eisenbahnverladung nach Marree. Der Birdsville Track berührt zwei der trockensten und heißesten Gebiete Australiens: die Sturts Stony Desert im Osten, eine lebensfeindliche Kies- und Geröllwüste, und die Simpson Desert (auch Arunta Desert genannt) im Westen, eine der großen Sanddünenwüsten der Welt, in der die zueinander parallelen, bis zu 40 m hohen Sandkämme über Hunderte von Kilometern von Norden nach Süden, der Hauptwindrichtung, verlaufen. Zu den neuralgischen Punkten dieser Piste gehört der Cooper Creek, der sich nördlich der Siedlung Etadunna nach heftigen Regenfällen zum Lake Killamperpunna verbreitert; seit einigen Jahren existiert eine Fähre. Um die große Goyders Lagoon führt seit einiger Zeit eine Umgehungspiste herum. Im Mungeranie Roadhouse, etwa auf halbem Weg zwischen Marree und Birdsville, gibt es Benzin und Diesel. Zu empfehlen ist ein allradgetriebener Geländewagen (beste Reisezeit Juli–Aug., ansonsten tage- bis wochenlange Zwangsaufenthalte möglich).

Praktische Hinweise

Verkehr: Als einzige Buslinie fährt die Gesellschaft Stateliner von Adelaides Central Bus Station in die Flinders und Gammon Ranges (u. a. nach Wilpena und Arkaroola) sowie nach Leigh Creek South und Marree (✆ 08/2170777). *Geländewagentouren:* Arkaroola Pty. Ltd., 50 Pirie St., Adelaide, ✆ 08/2121366; Butlers Outback Safaris, P. O. Box 671, Port Augusta, ✆ 086/422188; Flinders Ranges Safaris, Hawker, ✆ 086/484031; Intrepid Tours, 29 First St., Quorn, ✆ 086/486277.

Unterkunft: Quorn: ** Quorn Motel, 2 Railway Tce., ✆ 086/486016; Quorn Caravan Park, Silo Rd., ✆ 086/486206. **Hawker:** *** Outback Motel, Wilpena Rd., ✆ 086/484100; Hawker Caravan Park, Wilpena Rd., ✆ 086/484006. **Wilpena:** ** Wilpena Motel, ✆ 086/480004 oder 08/2126386; Wilpena Camping & Caravan Park, ✆ 086/480004; Rawnsley Park Camping Centre, Wilpena Rd., ✆ 086/480030. **Blinman:** * North Blinman Motel, ✆ 086/484867; Blinman Caravan Park, ✆ 086/484867. **Arkaroola:** Arkaroola Motel and Caravan Park, ✆ 086/484848 (Reservierung: Arkaroola Travel Centre, 50 Pirie St., Adelaide, ✆ 08/2121366). **Marree:** Marree Hotel, ✆ 086/758344; Marree Tourist Park, ✆ 086/758371.

Information: National Parks & Wildlife Service, Wilpena, ✆ 086/480048; National Parks & Wildlife Service, Oraparinna, ✆ 086/480017. **Polizei** (Information über Straßenzustand): Quorn, ✆ 086/486060; Hawker, ✆ 086/486040; Leigh Creek South, ✆ 086/752004.

North West

Diese Region wird landschaftlich geprägt durch ausgedehnte Salzseen sowie vor allem weite Halbwüsten. Der über knapp 950 km auf südaustralischem Gebiet verlaufende Stuart Highway ist seit 1987 durchgehend asphaltiert. Der südliche Abschnitt zwischen Port Augusta und Woomera zählt sicherlich zu den schönsten und interessantesten Strecken im Inneren Australiens. Ein Blick auf die Landkarte erweckt den Eindruck, als führe die Straße hier durch eine Seenlandschaft. Es handelt sich jedoch um fast ständig ausgetrocknete Salzseen, die dem Bild der Landschaft fast surreale Züge verleihen.

Einige Kilometer nördlich des Pimba Roadhouse liegt die Kleinstadt **Woomera**, das Zentrum des gleichnamigen Raketenversuchsgeländes. In den 50er und

60er Jahren experimentierte in diesem riesigen Testgelände, das sich über die Great Victoria Desert bis nach Westaustralien erstreckt, die britische Armee mit Zustimmung der australischen Regierung mit Atomwaffen. Die damals dort lebenden Pitjantjatjara wurden in das Yalata-Reservat in der Nullarbor Plain umgesiedelt. Diejenigen dieser nomadisierenden Ureinwohner, die nicht erfaßt werden konnten, dienten als unfreiwillige ›Versuchskaninchen‹. Das ganze Ausmaß der Verseuchung ist bis heute unklar. Auch gibt es keine konkreten Angaben darüber, wie viele der Aborigines an den Folgen der radioaktiven Strahlung starben oder erkrankten. Erst 1984 erhielten die südlichen Pitjantjatjara einen Teil ihres alten Stammesterritoriums zurück, und noch heute warten viele der Betroffenen auf die versprochene finanzielle Entschädigung. Zwischen 1960 und 1972 betrieb auch die NASA an dem Salzsee Island Lagoon nahe Woomera eine Weltraumbeobachtungsstation. Wo der Stuart Highway zwischen Woomera und Coober Pedy durch das gekennzeichnete militärische Sperrgebiet führt, ist ein Verlassen der Straße verboten. Auch zum Ort Woomera, dessen Name in einem Idiom der Aborigines ›Fliegender Speer‹ bedeutet, hatten Besucher bis 1982 keinen Zutritt. Im Woomera Heritage Centre und dem davor liegenden Missile Park (Raketenpark) kann man sich über die Geschichte des Testgeländes aus offizieller Sicht informieren (März–Nov. tgl. 9.30–16.30 Uhr).

Von Woomera kann man einen Abstecher in nordöstlicher Richtung nach Roxby Downs (ca. 80 km) und Andamooka (ca. 110 km) machen. **Roxby Downs** (2500 Einw.) und das benachbarte Olympic Dam Village sind in den letz-

Stuart Highway

ten Jahren in den Mittelpunkt der australischen Nukleardebatte gerückt. Nach bisherigen Schätzungen lagern in diesem Gebiet die weltweit ergiebigsten Uranvorkommen. Ungeachtet der öffentlichen Proteste fördert man in der Olympic Dam Mine jedes Jahr 1900 t Uranoxid (Besichtigung Mo–Fr 10 Uhr ab Visitors Centre). Zudem gibt es in dieser Gegend Gold- und Kupferlager. Vom Olympic Dam Village führt die 110 km lange Borefield Road (Privatstraße) Richtung Nordosten zum Oodnadatta Track.

Von Roxby Downs gelangt man auf einer guten Allwetterpiste zum 30 km östlich gelegenen **Andamooka** mit seinen ausgedehnten Opalfeldern. Während Coober Pedy mittlerweile schon mehr auf Tourismus eingestellt und überlaufen ist, hat sich Andamooka seinen ursprünglichen Pioniercharakter noch weitgehend erhalten können.

Zwischen Woomera und Glendambo führt der Stuart Highway dicht an verschiedenen Salzseen vorbei (u. a. Island Lagoon und Lake Gairdner). Kurze Stopps an den gekennzeichneten Aussichtspunkten lohnen sich sehr. Zwischen Glendambo (Motel, Caravan Park und Tankstelle) und Coober Pedy dagegen ist die Landschaft recht monoton. Achtung: Keine Tankstelle auf über 250 km!

Nähert man sich **Coober Pedy**, so erblickt man in der fast baumlosen Ebene, so weit das Auge reicht, nur Erdhügel. Coober Pedy ist die weltweit größte Schürfstätte für Opale (80% aller Schmuckopale der Erde). Bei den Erdhügeln handelt es sich um die Abraumhalden unzähliger Stollen und Gänge. Die erste Opalader wurde hier 1915 entdeckt. Heute leben und arbeiten hier inmitten einer Geröllwüste (im Sommer bis über 50°C, im Winter unter 0°C) zwischen 2000 und 4000 opalverrückte Einwohner aus über 50 verschiedenen Nationen. Im Unterschied zu den Pionierjahren werden heute Bohrmaschinen und riesige ›Staubsauger‹ (sogenannte Blower) beim Abbau der Opale verwendet. Die möglichen Fundstätten liegen dort, wo die Sandstein- auf die Tonerdeschichten treffen (10–20 m). Die Gebühren für die Schürfrechte sind zwar gering, das zum Schürfen erforderliche Startkapital (technische Ausrüstung u. a.) allerdings mittlerweile sehr hoch (mindestens 30000–50000 A-$). Die meisten temporären Besucher von Coober Pedy beschränken sich daher aufs Noodling, d.h. auf die Suche nach Restopalen in den Abraumhalden. Vorsicht: Die Gegend von Coober Pedy ist von Tausenden aufgegebener Schächte und Stollen durchlöchert wie ein Schweizer Käse. Der Ortsname Coober Pedy ist übrigens abgeleitet von den Aboriginal-Wörtern Kupa Piti, was soviel bedeutet wie ›Erdloch des weißen Mannes‹.

Aufgrund der mörderischen Hitze leben viele Edelsteingräber und ihre Familien in unterirdischen Schächten (Dugouts). Diese durchweg geräumigen Erdwohnungen mit mehreren, oft recht komfortabel ausgestatteten Zimmern bieten ihren Bewohnern verschiedene Vorteile: eine übers Jahr relativ konstante Innentemperatur (20–25°C) sowie auch Schutz vor dem puderzuckerfeinen Staub, dem gleißenden Licht und mit etwas Geschick auch vor den Myriaden von Fliegen. Nicht zu vergessen der Kostenfaktor: Der mit Maschinen innerhalb von einer Woche aus dem Gestein herausgefräste ›Rohbau‹ ist bereits für ca. 3000 A-$ zu haben. Zudem spart man sich die hohen Stromkosten für Klimaanlage und elektrische Heizung. Nicht nur Privatwohnungen befinden sich in Coober Pedy unter der Erde, sondern auch Geschäfte, Restaurants, Touristenhotels und sogar zwei Kirchen.

Natürlich kann man Coober Pedy und seine Umgebung auf eigene Faust erkunden, informativer aber sind in jedem Fall die von verschiedenen Veranstaltern angebotenen Touren. Dabei sollte unbedingt auch der Besuch einer Working Mine sowie einer Cutting Demonstration auf dem Programm stehen. Empfehlenswerte Veranstalter: Coober Pedy Tours (Tom's Tour, ✆ 086/725333); Gem City Opal Tours (✆ 086/725711); Joe's Tours (✆ 086/725163).

Sehenswürdigkeiten: St. Peter and Paul Catholic Underground Church (1967 gebaute, unterirdische Kirche), Catacomb Church (anglikanische Katakombenkirche), Umoona Opal Mine & Museum (aufgelassene Opalmine mit Opalmuseum; tgl. 8–21 Uhr; Führungen 11 u. 16 Uhr), Old Timers Mine (museal präparierte historische Opalmine; Mo–Sa 9–18 Uhr, So 10.30–16 Uhr), The Big Winch (Opalausstellung und Verkauf von Opalen), Diggers Dream Underground Home (sehenswerte unterirdische Wohnung in der Brewster St.).

Keinesfalls versäumen sollten Sie einen Besuch der Democratic Republic of Crocodile's Nest (ca. 7 km auf der 17 Mile Rd. in nördlicher Richtung). Der ›Präsident‹, Baron von Blumental (besser bekannt als Crocodile Harry), hat seinen weißgetünchten Dugout mit viel Gips und noch mehr Phantasie in ein skurriles Gesamtkunstwerk verwandelt.

Ein sehr lohnenswerter Abstecher führt von Coober Pedy zum **Breakaways Reserve**. Zunächst fährt man auf dem Stuart Highway 19 km nach Nor-

Coober Pedy

den. In Höhe des 14 Mile Field zweigt eine 11 km lange Lehmpiste (nur bei Trockenheit mit normalen Fahrzeugen zu bewältigen) in östlicher Richtung zu den Breakaways ab. Diese bizarr erodierten Felsformationen bilden den Abbruch der Stuart Ranges am Übergang der Bergkette ins Flachland. Die Farben der Breakaways verändern sich mit dem Sonnenstand, das schönste Fotolicht herrscht am späten Nachmittag.

Zwischen Coober Pedy und der Grenze zum Nordterritorium gibt es entlang des Stuart Highway nur zwei erwähnenswerte Siedlungen: **Cadney Park Homestead** (Raststätte und Tankstelle) sowie **Marla** (Motel, Caravan Park, Raststätte, Tankstelle und Polizeistation). 36 km westlich von Marla liegen die Opalfelder von Mintabie.

Zum südlichen Abschnitt des Stuart Highway existiert eine interessante Alternativstrecke – der ca. 650 km lange **Oodnadatta Track.** Diese mehr oder minder mit der Route des Entdeckers John McDouall Stuart (s. S. 64) identische Outback-Piste verläuft meist in der Nähe der in den 70er Jahren stillgelegten alten ›Ghan‹-Bahnlinie zwischen Marree und Marla (bei Trockenheit auch mit konventionellen Fahrzeugen, nach heftigen Regenfällen absolut unpassierbar).

Zwischen Marree und William Creek berührt der Oodnadatta Track den Südteil des **Lake Eyre**. Das Becken dieses größten australischen Salzsees ist eine abflußlose Depression, deren tiefste Stelle 12 m unter dem Meeresniveau liegt. Der von einer bis zu über 2 m dicken Salzkruste überzogene Lake Eyre war seit seiner Entdeckung durch weiße Australier erst dreimal nach starken Niederschlägen mit Wasser gefüllt. Jedesmal aber schrumpfte der Binnensee schon bald wieder zu einzelnen seichten Pfüt-

Crocodile Harry

Eingang zur Democratic Republic of Crocodile's Nest

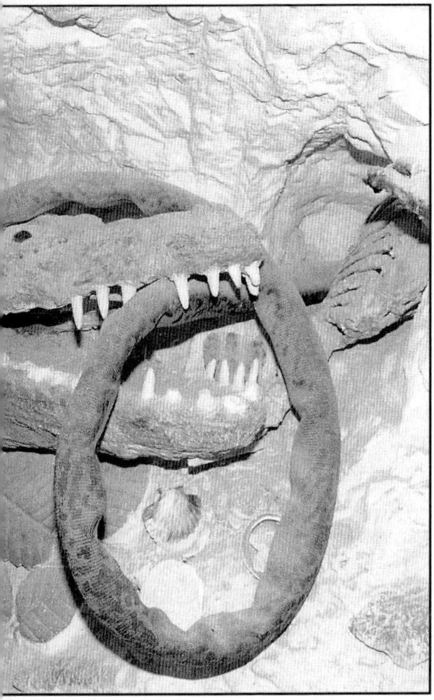

zen inmitten riesiger, lebensfeindlicher Salzpfannen zusammen. Weltweit bekannt wurde der Lake Eyre, als Donald Campbell hier am 17. Juli 1964 mit seinem turbinengetriebenen Bluebird Proteus mit 690 km/h einen Geschwindigkeitsrekord für Autos aufstellte. Beim William Creek Roadhouse, das auf dem Areal der Anna Creek Cattle Station liegt, mit knapp 30 000 km^2 eine der größten Rinderfarmen der Welt, zweigt eine gute Schotterpiste in westlicher Richtung nach Coober Pedy ab. Die einzige größere Siedlung entlang der Route ist **Oodnadatta** (230 Einw.). Dieser Ort (mit 115 mm geringste Niederschläge in Australien) war zwischen 1891 und 1929, bevor die Eisenbahnlinie nach Alice Springs fertiggestellt wurde, ein bedeutender Kopfbahnhof. In diesen Jahren transportierten Kamelkarawanen Passagiere und Fracht von hier nach Alice Springs. Sehenswert ist der historische Bahnhof, ein Sandsteinbau aus dem Jahre 1890, der heute ein kleines Museum beherbergt. Oodnadatta ist auch der Ausgangspunkt für Fahrten in den **Witjira National Park** mit den Thermalquellen von Dalhousie sowie für Durchquerungen der Simpson Desert, beides Unternehmungen für Abenteurer mit viel Outback-Erfahrung und zuverlässigen allradgetriebenen Fahrzeugen. Von Oodnadatta nach Marla am Stuart Highway sind es 211 km durch eine menschenleere Halbwüste.

Praktische Hinweise

Verkehr: Das Reisen im eigenen Fahrzeug auf dem gut ausgebauten Stuart Hwy. ist völlig unproblematisch. Treibstoff, Wasser u. a. in Pimba, Woomera, Glendambo, Coober Pedy, Cadney Park und Marla. Entlang des

Opale

Eines der faszinierendsten, aber sicherlich nicht billigsten Souvenire, die man von Australien mit nach Hause bringen kann, ist ein Opal. Das je nach Laune der Natur in allen Farben des Regenbogens schillernde Kieselsäuremineral gehört zu den teuersten Preziosen auf dem internationalen Edelsteinmarkt. Der hohe Preis ist das Resultat von Angebot und Nachfrage: Weltweit gibt es nur wenige Förderstätten und selbst dort ist der Feuerstein mittlerweile nur noch unter großer Mühe aufzuspüren. Über 90 % der Opale in aller Welt werden in Australien gefunden.

Opale sind kristalline Substanzen, die sich durch das Jahrmillionen währende Zusammenpressen von Sedimentgestein auf einstigen Seegründen bildeten. Deutlich kann man in den Schächten und Stollen der Opalminen die Opaladern als dunkle Bänder in dem ansonsten rotbraunen Gestein erkennen. Die wichtigsten Fundstätten liegen an den Ufern prähistorischer, seit langem verschwundener Seen im Inneren des Fünften Kontinents, die sich einst von Queensland über den Nordwesten von Neusüdwales bis hinein nach Südaustralien ausdehnten.

Man unterscheidet drei Hauptarten von Opalen. Die seltenste und daher teuerste Variante der Edelopale ist der sogenannte *Schwarze Opal* (Black Opal), der sich durch ein leuchtendes, sehr intensives Farbenspiel, das aus einem dunkelgrauen bis schwarzen Grund hervorschimmert, auszeichnet. An zweiter Stelle der Preisskala rangiert der *Felsopal* (Boulder Opal), der eine Basis aus Sandstein oder eisenhaltigem Gestein besitzt. Wie der Schwarze Opal hat er dunkle Farben, allerdings kostet er nur einen Bruchteil dessen, was man für einen raren Black Opal anlegen muß. Den sogenannten *Weißen Opal* (White Opal oder Light Opal) findet man am häufigsten. Diese Version ist ein glasig bis wächsern glänzendes, milchigweißes Mineral mit farbstarken Einsprengseln.

Oodnadatta Track Benzin, Diesel, Wasser u. a. in Marree, William Creek, Oodnadatta und Marla. Straßenzustand bei der Polizei in Marree bzw. Marla erfragen. Zwischen Adelaide und Alice Springs mehrere Buslinien, u. a. Greyhound und Stateliner (Adelaide – Coober Pedy ca. 12–15 Std.). Kendell Airlines: tgl. von Adelaide – Coober Pedy, wöchentlich Coober Pedy – Yulara (beim Ayers Rock), ✆ 08/2319567 (in Adelaide) und ✆ 086/725333 (in Coober Pedy). Auskunft über Permits für Reisen in die Aboriginal-Territorien Pitjantjatjara Land und Maralinga Land bei Anangu Pitjantjatjaraku, P. O. Box 2189, Alice Springs, NT 0870, ✆ 089/523655 und Maralinga Tjarutja, P. O. Box 435, Ceduna, SA 5690, ✆ 086/252946.

Unterkunft: Andamooka: * Andamooka Opal Motel, ✆ 086/727078; Andamooka Caravan Park, ✆ 086/727117. **Glendambo:** ** Glendambo Motel, ✆ 086/721030; Glendambo Caravan Park, ✆ 086/721030. **Coober Pedy:** *** Desert Cave Hotel, Hutchinson St., ✆ 086/725688 (ein Teil der Hotelanlage unter der Erde); ** The Underground Motel, Catacombe Rd., ✆ 086/725324 (gesamte Motelanlage unter der Erde); * Radeka Dugout Motel, Oliver St., ✆ 086/725223 (ein Teil der Motelanlage unter der Erde; Dormitory); Bedrock, Hutchinson St., ✆ 086/725028 (preiswerte Underground Beds); Oasis Caravan Park, Hutchinson St., ✆ 086/725169; Stuart Range Caravan Park, Stuart Hwy., ✆ 086/725179. **Marla:** ** Marla Mo-

Der Preis eines Opals richtet sich nach Art, Farbe, Form und natürlich Größe. Die Spannbreite für ein Karat Opal erstreckt sich von weniger als 10 A-$ bis weit mehr als 3000 A-$. Hauptkriterium für den Preisunterschied ist die Seltenheit der Steine. Unter den Farben rangiert Rot vor Grün und Blau. Zudem haben Größe und Struktur der Farbpartikel einen Einfluß auf den Wert. Prinzipiell aber ist die Intensität der Farben ausschlaggebend: Je tiefer und brillianter ein Opal leuchtet, desto wertvoller ist er.

Eine wesentliche Rolle spielt auch die Art und Weise, wie ein Opal geschnitten, poliert und präsentiert wird. Wieder unterscheidet man drei Arten: Ein Solid Opal ist ein durch und durch natürlicher, sehr wertvoller Opal. Bei einer Doublette (Opal Doublet) handelt es sich um eine dünne Scheibe kostbaren Opals, die auf einen schwarzen Grund geleimt ist, entweder auf einen billigen Halbedelstein oder auf einfaches schwarzes Glas. Ein Trilling (Opal Triplet) ist eine Doublette, auf die zum Schutz der Farben noch ein klares Quarzkristall geklebt wird. Doubletten und Trillinge kann man als Laie nur bei losen Steinen erkennen, bei bereits zu Schmuckstücken verarbeiteten Opalen, deren Rückseite nicht mehr sichtbar ist, dagegen kaum. Sie sollten übrigens nie mit Wasser in Berührung kommen, da sich dadurch der Leim auflösen kann. Da es sich beim Opalkauf um eine reine Vertrauenssache handelt, sollte man Steine sowie Opalschmuck nur in renommierten Fachgeschäften erstehen.

Die bekanntesten Opalfelder Australiens erstrecken sich um Lightning Ridge in Neusüdwales und Mintabie in Südaustralien (99,9 % aller Schwarzen Opale der Welt), um Quilpie in Queensland (Großteil der Felsopale) sowie um Coober Pedy und Andamooka in Südaustralien (Hauptförderstätten des Weißen Opals). Das Prinzip einer Opalmine ist denkbar einfach: Man muß nur ein Loch in den Boden graben und zwar so tief, bis man auf eine opalhaltige Gesteinsschicht stößt. An dieser Schicht arbeitet man sich entlang – und hofft auf sein Glück. Dieses war im Juli 1989 Opalsuchern in Coober Pedy hold. Sie entdeckten Jupiter 5, den bisher größten Edelstein der Welt. Dieser Riesenopal ist, nach Angaben der Finder, 23 cm lang, 12 cm breit und hat ein Gewicht von 5,27 kg (26350 Karat). Sein Wert wird auf über 5 Mio. Mark geschätzt.

tel, ✆ 086/707001; Marla Caravan Park, ✆ 086/707001. **Oodnadatta.** Transcontinental Hotel, ✆ 086/707804; Oodnadatta Caravan Park, ✆ 086/707822.

Information: Coober Pedy Tourist Centre, Hutchinson St., ✆ 086/725264; The Underground Bookstore, Hutchinson St., Coober Pedy, ✆ 086/725558.

Polizei: Woomera, ✆ 086/737244; Coober Pedy, ✆ 086/725056; Marree, ✆ 086/758346; Oodnadatta, ✆ 086/707805.

Nullarbor Plain

Diese flache Tiefebene erstreckt sich nördlich der Großen Australischen Bucht über insgesamt rund 700 km östlich und westlich der Staatsgrenze zwischen Süd- und Westaustralien. Der Name setzt sich aus den lateinischen Wörtern für ›kein Baum‹ zusammen und bezeichnet eines der größten Karstgebiete der Erde. Völlig baumlos ist allerdings nur der Kernraum dieser Region, der erst weit nördlich des Eyre Highway beginnt. Ansonsten gedeihen auf der ausgedehnten Kalktafel neben Buschwerk auch niedrige Eukalypten und Akazien. Ursache für die spärliche Vegetation ist das poröse Kalkgestein, in dem das Regenwasser sofort versickert. Unter der Nullarbor Plain aber fließen Flüsse, die in Äonen gewaltige Höhlen aus dem Kalk gewaschen haben. Die Ebene endet abrupt an den Kliffs, die steil in die Große Australische Bucht abfallen.

Das Zentrum der Nullarbor Plain durchqueren die berühmten Züge Indian Pacific und Trans Australian sowie der Tea and Sugar Train, ein Versorgungszug für die kleinen Siedlungen entlang der Bahnlinie. Hier befindet sich auch das längste gerade Schienenstück der Welt: 478 km lang folgen die Gleise ohne jede Kurve dem sanften Auf und Ab der Landschaft. Immer in Küstennähe verläuft dagegen der Eyre Highway.

Ceduna (3000 Einw.) wird von vielen Reisenden zwischen Adelaide und Perth als Übernachtungsstopp geschätzt. Sehenswert sind der Fischereihafen Port Thevenard sowie die Denial Bay Oyster Farm. 37 km nördlich liegt die Satellitenstation OTC (Führungen Mo–Fr 10, 11, 14, 15 Uhr). Von Ceduna sind es 476 km bis zur westaustralischen Grenze. Einige Orte und landschaftliche Sehenswürdigkeiten entlang des Eyre Highway: **Cactus Beach** (einer der besten Brandungsstrände Australiens, ca. 20 km südlich von Penong), **Fowlers Bay** (kleiner Fischerort ca. 15 km südlich von Bookabie), **Nundroo** (Motel, Caravan Park und Tankstelle), **Yalata Aboriginal Land** (Eingeborenenreservat; im Yalata Roadhouse kann man kunsthandwerkliche Produkte der Aborigines kaufen), **Nullarbor** (Motel, Caravan Park und Tankstelle), **Nullarbor National Park** (die einzige Stelle, wo der Eyre Highway einen Ausläufer der eigentlichen, baumlosen Nullarbor Plain durchquert) und **Koonalda Cave** (große Kalksteingrotte mit ca. 20000 Jahren alten Felszeichnungen und -ritzungen der Ureinwohner; ca. 15 km nördlich des Eyre Highway). Direkt an der Grenze zu Westaustralien liegt **Border Village** (Motel, Caravan Park und Tankstelle). Von hier sind es noch 725 km bis Norseman (s. S. 360).

Praktische Hinweise

Verkehr: Alle 150–200 km Roadhouses (Raststätten mit Tankstellen und oft auch Motels und Caravan Parks). Auskunft über Permits für den Besuch von Aboriginal-Gemeinden: Maralinga Tjarutja, P. O. Box 435, Ceduna, SA 5690, ✆ 086/252946. Busse auf der Route Adelaide – Perth u. a. Ansett Pioneer, Bus Australia und Greyhound.

Unterkunft: Ceduna: *** East West Motel, Eyre Hwy., ✆ 086/252101; ** Pine Grove Motel, Eyre Hwy., ✆ 086/252201; Ceduna Caravan & Tourist Centre, McKenzie St., ✆ 086/252150. **Nundroo:** ** Nundroo Motel, Caravan Park, ✆ 086/256120. **Nullarbor:** * Nullarbor Motel and Nullarbor Homestead Caravan Park, ✆ 086/256271. **Border Village:** Border Village Motel and Caravan Park, ✆ 090/393473.

Information: Ceduna Gateway Tourist Centre, 58 Poynton St., Ceduna, ✆ 086/253155.

26 Älterer Zuschauer bei einem Open-Air-Konzert

27

28

29

31 Lifesavers am Bondi Beach, NSW

34 Im Melbourne Cricket Ground ▷

32 Mädchen aus Melbourne

33 Bushie im Outback

35

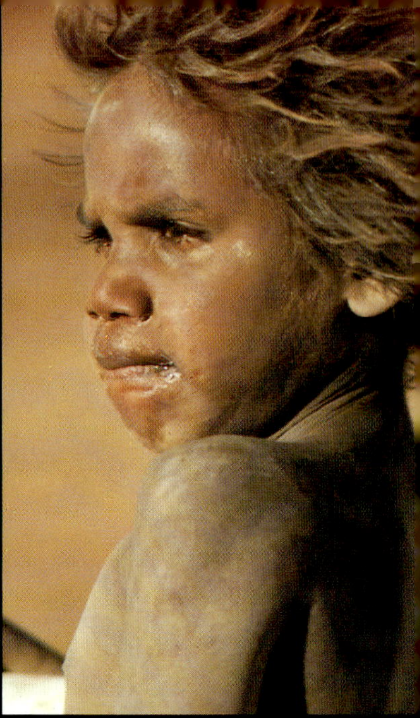

36

37 Aussie in Alice Springs, NT

35, 36, 38 Aborigines im Nordterritorium

39–40 Beim Aboriginal Dance Festival, QLD

41 Koala

42 Känguruh mit ›Joey‹

43 Bartagame

44 Buntwaran

45 Allfarb-Lori

46 Königssittich

47 Kookaburra

49 Callistemon

50 Australische Graslilie

51 Banksia

52 Anigozanthos

53 Heliconia

54 Telopea

55 Melaleuca

56 Callistemon

57 Westliche Ausläufer der Great Dividing Range, NSW

Herbig Family Tree in Springton

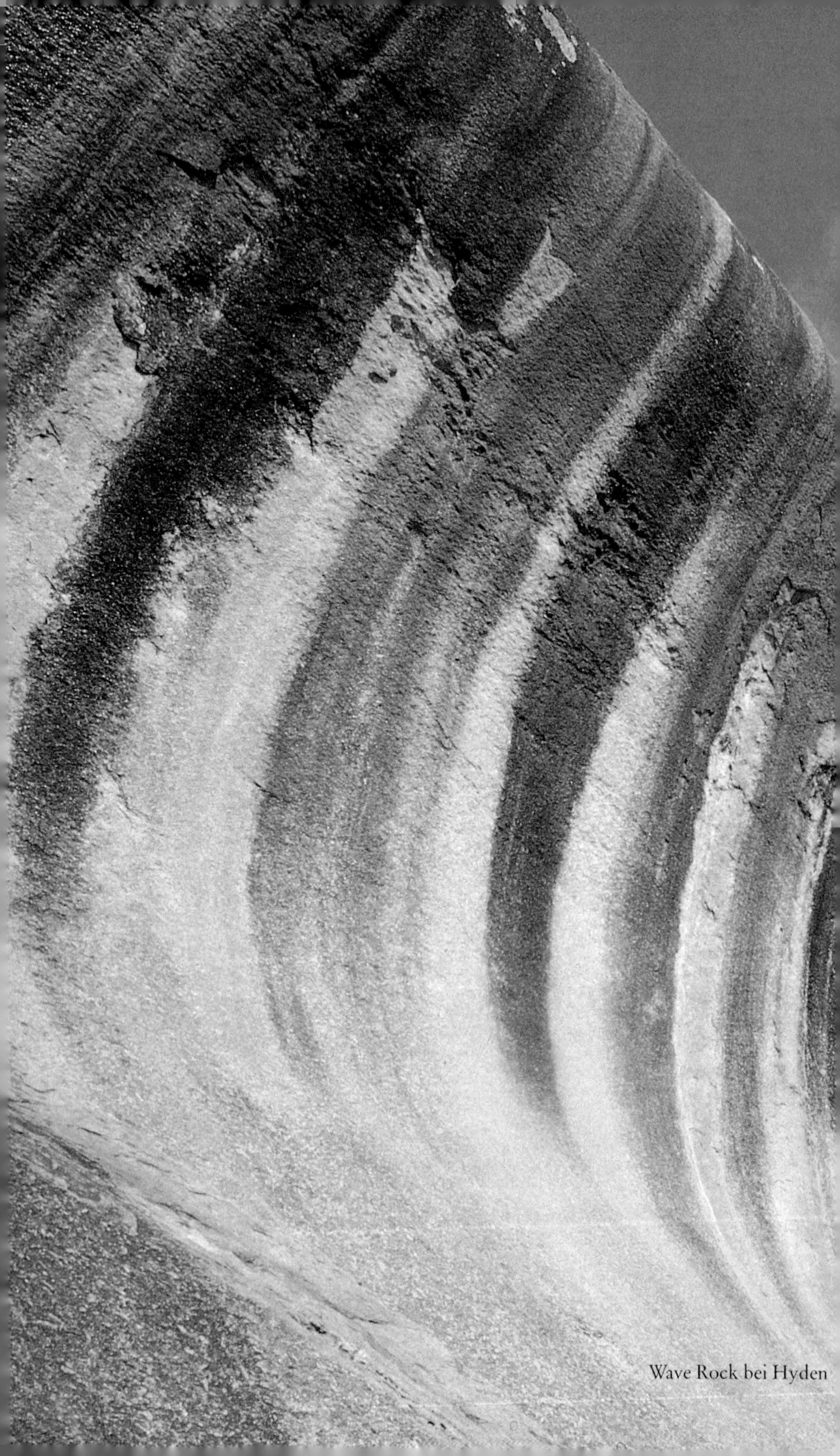

Wave Rock bei Hyden

Western Australia

Allgemeines

Der flächenmäßig größte Bundesstaat nimmt fast ein Drittel des Fünften Kontinents ein. Obwohl Westaustralien etwa siebenmal so groß ist wie die Bundesrepublik Deutschland, leben hier nur 1,6 Mio. Menschen (10% aller Australier). Wie im Nachbarstaat Südaustralien fehlt es auch in Western Australia an mittelgroßen Städten. Die nach der Millionenmetropole Perth nächstkleineren Orte sind Bunbury (25000 Einw.), Fremantle (24000 Einw.) und Geraldton (22000 Einw.). Allen Versuchen der westaustralischen Regierung, den menschenarmen Norden durch großangelegte Infrastrukturmaßnahmen (Bau von Bewässerungsanlagen u. a.) für mehr Menschen attraktiv zu machen, war bislang kein nennenswerter Erfolg beschieden.

Im wesentlichen läßt sich Westaustralien topographisch in zwei Großräume gliedern: in die schmale, aber teilweise sehr fruchtbare Ebene der Küstensäume sowie in das große westaustralische Plateau (90% der Gesamtfläche). In die zentrale und nördliche Region dieses zwischen 150–450 m hohen Plateaus sind weite Trockensteppen und riesige Wüsten (u. a. Gibson Desert und Great Sandy Desert) sowie stark zerklüftete Gebirgsketten (u. a. Hamersley Range und Höhenzüge der Kimberleys) eingelagert. Ebenso wie landschaftliche Gegensätze prägen den Bundesstaat auch klimatische Kontraste. Dem tropischen Norden mit seinen ausgeprägten Regen- und Trokkenperioden steht der Südwesten mit einem mediterranen Klima (heiße Sommer- und feuchte Wintermonate) gegenüber. Etwa zwei Drittel Westaustraliens haben ein wüstenartiges Klima (weniger als 250 mm Niederschlag pro Jahr).

In dem an wertvollen mineralischen Rohstoffen reichen Westaustralien ist der Bergbau das Rückgrat der Ökonomie. Zunächst gab die Entdeckung der Goldfelder von Kalgoorlie und Coolgardie (1890) der Wirtschaftsentwicklung starken Auftrieb, später die gigantischen Eisenerzlager in der Pilbara-Region (Anfang der 50er Jahre). Zudem verfügt Westaustralien über enorm ergiebige Nickelvorkommen (Kalgoorlie – Boulder), reiche Bauxitlager (Darling Range östlich von Perth), einen riesigen Schatz an Industriediamanten (östliche Kimberly-Region bei Kununurra) sowie Vorräte an Zink, Mangan, Uran und anderen Mineralien. Weitere Impulse für die Wirtschaft Westaustraliens gingen von der Erschließung der gewaltigen Erdöl- und Erdgasvorkommen des Nord-West-Schelfs aus. Neben der Bergwerksindustrie bildet auch die Landwirtschaft ein wichtiges ökonomisches Standbein. Zwar gibt es nur wenige landwirtschaftlich nutzbare Flächen, etwa den Weizengürtel im Südwesten und die Viehzuchtgebiete des Kimberley-Plateaus im Norden, aber der Anteil des primären Sektors am westaustralischen Bruttosozialprodukt beträgt immerhin fast 30%. Eine weitere wichtige Einnahmequelle ist die Fischerei (Fang und Verarbeitung von Krabben und Hummern).

Nur relativ wenige Besucher aus Übersee haben Westaustralien bislang entdeckt, obwohl das riesige Land am Indischen Ozean mannigfaltige landschaftliche Schönheiten bietet und es hier auch ausgezeichnete Bade-, Surf- und Tauchmöglichkeiten gibt. Zu den Hauptattraktionen Westaustraliens zählt neben den Küsten mit ihren schönen

Stränden und den bizarren Wüstengebirgen des Nordwesten vor allem die Wildblumenblüte zwischen August und November. Von den rund 7000 Wildblumenarten des Staates wachsen über 4000 Arten allein in der Südwestecke zwischen Bunbury und Esperance. 75 % der hier gedeihenden Wildblumen sind endemisch, d. h. sie kommen einzig in diesem Gebiet vor.

Perth

Allgemeines

›Boomtown‹ Perth, die Hauptstadt des Staates Westaustralien und mit 1 130 000 Einwohnern die viertgrößte Metropole des Fünften Kontinents, hat sich mittlerweile zu einem wohlhabenden und modernen Geschäftszentrum entwickelt. Während Perth in den Nachkriegsjahren vor allem ein bedeutendes Einwanderungsziel für Immigranten aus Europa war, zieht es heute auch viele Australier von der Ostküste an, denen es dort zu ›eng‹ geworden ist. Trotz der andauernden Expansionsphase gilt Perth, das vom Rest des australischen Kontinents durch riesige Wüstengebiete getrennt ist, immer noch als eine der isoliertesten Millionenstädte der Welt. Auf dem Landweg ist Perth von Brisbane 5322 km, von Sydney 4336 km, von Melbourne 3386 km und von Adelaide, der nächsten Großstadt, 2720 km entfernt. Prägend sind für das Erscheinungsbild von Perth hypermoderne Glas- und Betonriesen, die das Stadtbild rasch grundlegend veränderten. So werden heute Schmuckstücke guter alter Baukunst hart bedrängt von den Exponenten einer modernen Zweckarchitektur – »reizvolle Kontraste« nennt das ein Prospekt des lokalen Fremdenverkehrsamts.

Kann Perth auch nicht mit spektakulären Attraktionen aufwarten, so besticht die Stadt doch durch ihre herrliche Lage am Swan River sowie insbesondere durch ihr Klima. In der sonnenreichsten Metropole Australiens beträgt die durchschnittliche Sonnenscheindauer fast acht Stunden, und selbst im kältesten Wintermonat (Juli) liegt die Durchschnittstemperatur bei 13 °C. Aber auch die heißesten Sommertage (bis zu 40° C) sind in Perth erträglich. Dafür sorgt der Fremantle Doctor, eine kühle Brise, die regelmäßig von der Hafenstadt Fremantle herüberweht.

Geschichte

Erst im Jahre 1826 gründeten Engländer an der Südküste den Hafen Albany, hauptsächlich um eventuellen Ansprüchen anderer Länder zuvorzukommen. Am 2. Mai 1829 hißte Captain Charles Fremantle an der Mündung des Swan River die britische Flagge und nahm die gesamte Küste von Neu-Holland, wie Westaustralien damals noch genannt wurde, in Besitz. Im Juni 1829 trafen dann die ersten weißen Siedler ein und begannen knapp 20 km oberhalb der Mündung des Flusses ein Dorf zu errichten – die Keimzelle des heutigen Perth. Die großen Erwartungen der Siedler aber wurden rasch enttäuscht. Es wurde ihnen mehr oder minder planlos Siedlungsland zugesprochen, das sich überdies als weit weniger fruchtbar als angenommen erwies. Außerdem fehlte es den Neuankömmlingen, die zumeist städtischer Herkunft waren, an landwirtschaftlicher Erfahrung. Nach einigen Mißernten geriet die Kolonie gegen 1840 in so ernste Schwierigkeiten, daß das Experiment der privaten Koloniegründung zu scheitern drohte. Als zudem die Mehrzahl der freien Arbeiter in die expandierenden östlichen Kolonien abwanderten, wurde der Mangel an Arbeitskräften so akut, daß die Pioniersiedler entgegen ihren ursprünglichen Absichten die Entsendung von Häftlingen beantragten.

Nach der Erschließung der ergiebigen Eisenerzvorkommen und anderer wertvoller Mineralien bekam Westaustralien Anfang der 50er Jahre rasch das Attribut eines neuen Eldorado verliehen, und Perth vollzog einen beinahe kometenhaften Aufstieg zu einer bedeutenden Weltstadt.

Stadtgliederung

Der sich über eine Fläche von rund 5300 km^2 ausdehnende Großraum von Perth erstreckt sich beiderseits des Swan River zwischen dem Indischen Ozean im Westen und der bis zu 600 m hohen Darling Range im Osten. Die eigentliche City liegt etwa 19 km von der Küste entfernt am Perth Water, einer großen, vom Swan River gebildeten Lagune. Die Magistrale des Zentrums sind St. Georges Tce und Adelaide Tce. Im Bereich der nördlich davon gelegenen Straßen Hay St. und Murray St. konzentriert sich das Einkaufs- und Geschäftsviertel der City. Parkanlagen, Naturreservate und Sportplätze nehmen im Ballungsgebiet Perth übrigens mehr als 1000 km^2 ein. Die Hafenanlagen befinden sich in Fremantle an der Mündung des Swan River in den Indischen Ozean. Industrielle Großbetriebe (Stahlwerke, Aluminium- und Nikkelfabriken sowie petrochemische Anlagen) hat man nach Kwinana, südlich von Fremantle, ausgelagert.

Stadtbesichtigung

Wir beginnen unseren Stadtrundgang, für den Sie mindestens einen halben Tag einplanen sollten, vor der **City Railway Station** (1) in der Wellington St., einem zwischen 1893 und 1894 erbauten viktorianischen Schmuckstück der Stadt. Wenige Schritte nördlich des Bahnhofs erstreckt sich in der James St. die Cultural Centre Mall, das kulturelle Aushängeschild von Perth mit der **Western Australian Art Gallery** (2; tgl. 10–17 Uhr) und dem **Western Australian Museum** (3; Eingang in Francis St.; tgl. Mo–Do 10.30–17 Uhr, Fr–So 13–17 Uhr). Die Kunstgalerie beherbergt traditionelle und zeitgenössische australische und europäische Malerei. Der weiträumige Komplex des WA Museum besteht aus der unbedingt sehenswerten Aboriginal Gallery (Sammlung von Gebrauchsgegenständen und Artefakten der australischen Ureinwohner), dem Marine Life Display (meeresbiologische Sektion mit dem 24 m langen Skelett eines Blauwals als Prunkstück), der Vehicle Collection (Oldtimer) sowie dem Old Perth Gaol (Gefängnis von 1856; Ausstellung zur Geschichte Westaustraliens im Innenhof).

Südlich der City Railway Station erstreckt sich in einem von der Murray St. im Norden, der King St. im Westen, der St. Georges Tce. im Süden und der Pier St. im Osten begrenzten Areal das Geschäfts- und Einkaufsviertel von Perth. Am General Post Office (17) an der Forrest Place Mall zwischen Wellington und Murray St. orientieren wir uns in südöstlicher Richtung und folgen der Murray St. bis zur Pier St. Wir biegen nun nach rechts ab und gelangen über die Hay St. zur St. Georges Tce. Strenge georgianische Eleganz, viktorianischer Barock und last but not least moderner Funktionalismus bestimmen hier kontrastreich das Bild. An der Ecke Pier St./St. Georges Tce. treffen wir auf die presbyterianische **St. Andrews Church** (4; 1906) und das in den späten 50er Jahren des 19. Jahrhunderts erbaute historische Deka-

Perth 1 City Railway Station 2 Western Australian Art Gallery 3 Western Australian Museum 4 St. Andrews Church 5 Government House 6 St. Georges Cathedral 7 Old Court House 8 Town Hall 9 London Court 10 Old Perth Boys School 11 Creative Native Aboriginal Art Gallery 12 The Cloisters 13 Botanic Gardens 14 State War Memorial 15 Zoological Gardens 16 Old Mill 17 General Post Office 18 Perth Central Bus Station 19 Perth Railway Terminal 20 Transperth Information Centre

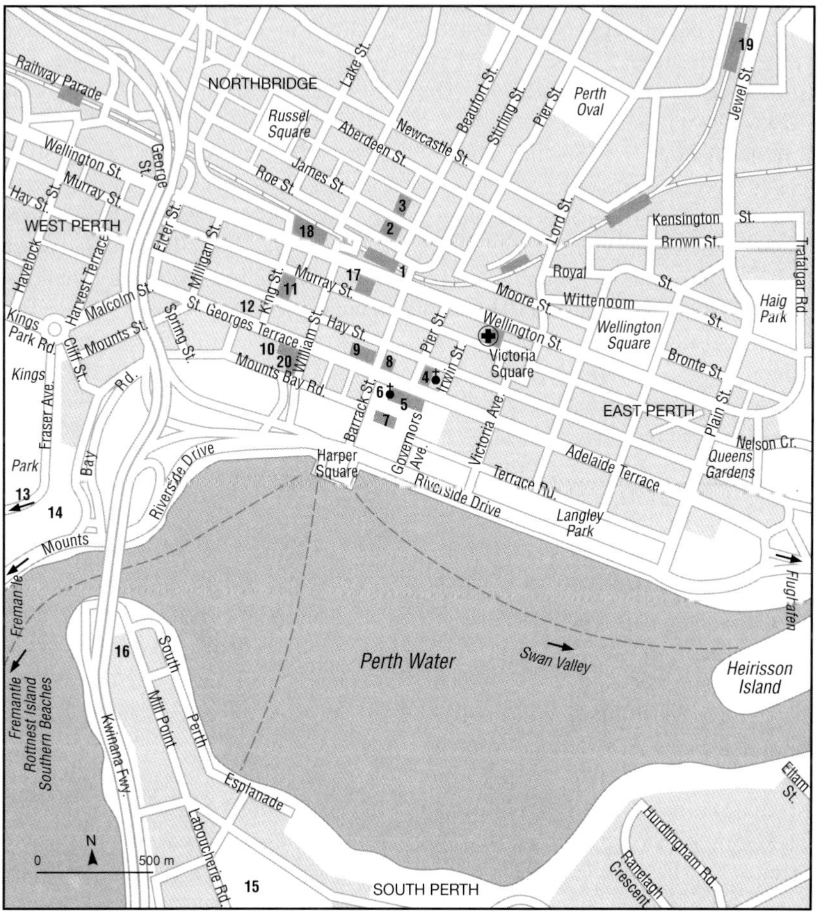

nat (The Deanery). Genau gegenüber erhebt sich das zwischen 1859 und 1864 in einer skurrilen Stilmischung aus Neuromanik und Neugotik errichtete **Government House** (5), dessen die Hauptfassade untergliedernden Türmchen eine Reminiszenz an den Tower of London sein sollen. Gleich daneben steht die anglikanische **St. Georges Cathedral** (6; 1880). Inmitten der Stirling Gardens und der Supreme Court Gardens, einer grünen Oase im eher etwas trist wirkenden Gebäudearrangement dieses Viertels, befindet sich der **Supreme Court** (Oberste Gerichtshof) sowie das zwischen 1836 und 1837 errichtete **Old Court House** (7), eines der ältesten Gebäude von Perth, das heute das Francis Burt Law Centre (Justizmuseum) beherbergt (Di, Do 10–14 Uhr).

In der Barrack St., zwischen Hay St. und St. Georges Tce. erhebt sich die zwischen 1867 und 1870 im Stil einer jakobinischen Markthalle errichtete **Town Hall** (8). Wenn Sie der Barrack St. in südlicher Richtung folgen, so kommen Sie zur Barrack Street Jetty, dem Pier für Fähren nach South Perth sowie Ausflugsschiffen nach Fremantle, zur Rottnest Island und ins Swan Valley.

Wir setzen den Stadtrundgang entlang der St. Georges Tce. fort und treffen westlich der Barrack St. auf den **London Court** (9), zwischen St. Georges Tce. und Hay St., die bekannteste, einer altenglischen Gasse der Tudorepoche nachempfundene Einkaufsarkade von Perth. An der Ecke St. Georges Tce./William St. ragt das AMP Building in die Wolken, dessen gute Aussichtsplattform leider nur sporadisch für Besucher geöffnet ist. Ein paar Schritte weiter steht in der St. Georges Tce. die **Old Perth Boys School** (10), ein zwischen 1852 und 1855 von Strafverbannten aus Sandstein errichtetes Schulhaus. Heute ist dieses neugotische Gebäude Sitz des National Trust of Western Australia (Verein für Denkmalpflege; Mo–Fr 9–17 Uhr). Wer sich für Kunst und Kunsthandwerk der australischen Ureinwohner interessiert, sollte den Rundgang in der King St. unterbrechen und einen Blick in die **Creative Native Aboriginal Art Gallery** (11; 32 King St.) werfen. Gegenüber der Einmündung der Mill St. in die St. Georges Tce. sieht man die architektonischen Relikte von **The Cloisters** (12; 1858), einer ehemaligen anglikanischen Knabenschule, deren Ziegelsteinwerk heute in ein modernes Hochhaus integriert ist.

Den Kings Park erreicht man vom westlichen Ende der St. Georges Tce. entweder auf einem kleinen Spaziergang über die Mount St. und die Bellevue Tce. oder ab der City auch per Bus (33 ab St. Georges Tce.). Ein Großteil des bereits 1872 gegründeten **Kings Park** besteht aus naturbelassenem Buschland, das sich in den Frühlingsmonaten zu einem farbenprächtigen Blumenmeer verwandelt. Zudem beherbergt der Park einen **Botanischen Garten** (13) mit über 1200 westaustralischen Pflanzenarten. Am höchsten Punkt des Parks, dem Legacy Lookout, erhebt sich das **State War Memorial** (14), ein Mahnmal zum Gedenken an die australischen Opfer der beiden Weltkriege. Von hier bietet sich ein faszinierender Blick über Perth und einen Teil seiner Vorstädte sowie vor allem über den Swan River, der sich im Zentrum von Perth zu einem bis zu 2 km breiten See, Perth Water oder Melville Lagoon genannt, weitet. Seinen Namen erhielt der Swan River übrigens bereits im Jahre 1697 von Willem de Vlamingh. Der holländische Forschungsreisende benannte den Fluß nach den Schwarzen Schwänen (heute die Wappentiere von Westaustra-

Skyline von Perth

lien), die er hier zu Tausenden beobachten konnte (Informationen über von Ranger geführte naturkundliche Spaziergänge im Information Centre am Karri Log; tgl. 9.30–15.30 Uhr).

Südlich der Lagune Perth Water breitet sich der Stadtteil South Perth aus (am bequemsten zu erreichen mit einer Fähre ab Barrack Street Jetty). Von der Anlegestelle sind es nur fünf Fußminuten zu den **Zoological Gardens** (15), in denen vor allem das Nachttierhaus und das große Aviarium einen Besuch lohnen (tgl. 10–17 Uhr; Anfahrt per Bus: an Wochentagen 36, am Wochenende 38 ab Haltestelle 40, St. Georges Tce./William St.). Einen knappen Kilometer nördlich des Zoos steht am südlichen Ende der Narrows Bridge die **Old Mill** (16), eine sorgsam restaurierte Getreidemühle aus dem Jahre 1835, die heute als ein kleines Mühlenmuseum dient (So, Mo, Mi, Do 13–17 Uhr, Sa 13–16 Uhr).

Vororte und nähere Umgebung

Süden und Südwesten: 19 km südwestlich der City liegt **Fremantle** (24000 Einw.), der Hafen der westaustralischen Hauptstadt. Die nach Captain Charles Fremantle benannte Stadt an der Mündung des Swan River in den Indischen Ozean wurde zeitgleich mit Perth gegründet. Obwohl Fremantle heute noch ein wichtiger Hafen zur Verschiffung von mineralischen Rohstoffen und landwirtschaftlichen Produkten ist, gelang es doch, den historischen Charakter des alten Stadtkerns zu erhalten (s. Farbabb. 66). Grund war vor allem auch der America's Cup von 1987: Damals war Fremantle als Austragungsort dieser Regatta liebevoll herausgeputzt worden. Zudem überrascht Freo (so die gebräuchliche Kurzform für Fremantle) mit zahlreichen netten Straßencafés und Boutiquen, gemütlichen Pubs und Restaurants sowie interessanten Museen und Galerien. Erreichen kann man Fremantle von Perth City mit dem eigenen Wagen über den Stirling Highway oder den Canning Highway sowie mit öffentlichen Verkehrsmitteln (Züge ab City Railway Station und Busse ab St. Georges Tce.). Am gemütlichsten aber ist eine Fahrt auf einem der Flußschiffe, die regelmäßig von der Barrack Street Jetty in der City ablegen.

Ein günstiger Ausgangspunkt für einen etwa zwei- bis dreistündigen Rundgang ist das Old Round House am Arthur Head im Südwesten der Stadt. Dieses bereits 1831 aus Kalkstein errichtete Bauwerk diente einst als erstes Gefängnis der Kolonie. In diesem im Gegensatz zu seinem Namen nicht runden, sondern zwölfeckigen Gebäude wurden die nach Westaustralien verbannten Sträflinge nach ihrer Ankunft in Fremantle vorübergehend untergebracht (tgl. 10–17 Uhr). Unsere nächste Station ist das am südlichen Ende der Cliff St. gelegene Western Australian Maritime Museum; Hauptattraktion ist der rekonstruierte Rumpf der Batavia, eines 1629 vor der westaustralischen Küste gesunkenen niederländischen Handelsschiffes (Mo–Do 10.30–17 Uhr, Fr–So 13–17 Uhr, Feiertage 9.30–17 Uhr).

Kolonialgebäude in Fremantle

Wir setzen unseren Weg entlang der Marine Tce. fort und gelangen, an der Essex St. links abbiegend (hier das interessante Esplanade Hotel), zu den Fremantle Markets an der Ecke South Tce./ Henderson St. (regelmäßige Märkte; Fr 9–21 Uhr, Sa 9–17 Uhr, So 11–17 Uhr). Gleich nebenan liegen die Warders Quarters (1851), die ehemaligen Unterkünfte für die Sträflingsaufseher. Wenn Sie an der William St. wieder links abzweigen, kommen Sie nach wenigen Schritten zur Fremantle Town Hall (1887; lokales Fremdenverkehrsbüro). Etwas abseits erhebt sich in der Adelaide St. die anglikanische St. Johns Church (1881) mit sehenswerten Buntglasfenstern. Entlang der vom St. Johns Square abzweigenden High St. treffen wir auf einige Kunstgalerien. Besuchenswert ist vor allem die Birukmarri Gallery (47 High St.), eine von Aborigines geleitete Galerie, deren Erlöse gemeinnützigen Zwecken zufließen. In der parallel zur High St. verlaufende Bannister St. haben mehrere Künstler und Kunsthandwerker ihre Ateliers und Werkstätten (Bannister Street Craftworks; Di–Sa 10–17 Uhr, So u. Feiertage 12.30–17 Uhr). Den Abschluß unseres Rundgangs bildet ein Abstecher zum Victoria Quay im Hafen von Fremantle, über den sich ein schöner Blick von der Aussichtsplattform des Port Authority Building bietet.

Sehenswürdigkeiten in den Randgebieten von Fremantle: Fremantle Museum and Arts Centre (Ord/Finnerty Sts.; Museum mit stadtgeschichtlichen Exponaten und Kunstgalerie; Mo-Do 10.30–17 Uhr, Fr–So 13–17 Uhr), Samson House (Ord/Ellen Sts.; Kolonialgebäude aus dem Jahre 1888 mit Originalinventar; Do, So 13–17 Uhr), Fremantle Crocodile Park (Fishing Boat Harbour, Mews Rd.; Tierpark mit Süß- und Salzwasserkrokodilen; tgl. 10–17 Uhr).

19 km vor Fremantle liegt die **Rottnest Island,** eine weitgehend aus Sand und Kalkstein bestehende Insel, deren Vegetation sich auf niedriges Buschwerk beschränkt. Der Name des Eilands beruht auf einem biologischen Irrtum: Holländer, die hier Ende des 17. Jahrhunderts an Land gingen, hielten die zahlreichen hier lebenden Quokkas (eine kleine Känguruhart) für große Ratten und nannten die Insel daher ›Rattennest‹. Zwischen 1839 und 1903 diente Rottnest Island als Internierungslager für Sträflinge (vorwiegend Aborigines). Neben schönen Stränden sowie hervorragenden Tauch- und Schnorchelrevieren bietet die Insel an Sehenswertem das Sandsteingebäude The Quad, ein ehemaliges Gefängnis, sowie das Quokka Arms Hotel, die einstige Sommerresidenz verschiedener Gouverneure Westaustraliens. Auf der Insel gibt es keine Autos, nur ein paar Ausflugsbusse sowie jede Menge Mietfahrräder (Star Flyte-Ferry tgl. 9 Uhr ab Perth Barrack Street Jetty, tgl. 9.45 Uhr ab Fremantle, ✆ 09/3256033; Flug Skywest, ✆ 09/4789898).

Weitere Orte und Sehenswürdigkeiten im Süden von Perth: **Kelmscott** (23 km südöstlich) mit Cohunu Wildlife Park, einem Tierpark in natürlicher Umgebung (tgl. 10–17.30 Uhr); **Armadale** (28 km südöstlich) mit der Pioneer World, einer Nachbildung der Siedlung Perth des späten 19. Jahrhunderts (tgl. 10–17 Uhr) und dem Elizabethan Village, einem Freilichtmuseum mit Gebäuderepliken aus der elisabethanischen Epoche Großbritanniens (tgl. 10–17 Uhr); **Rockingham** (55 km südwestlich) mit der vorgelagerten Penguin Island, einem Naturreservat mit Seelöwen- und Pinguinkolonien (an Wochenenden und in Schulferien Boote ab Mersey Point); **Mandurah** (77 km südwestlich), ein beliebtes Ferienzentrum am Peel Inlet, einer fast ganz geschlossenen Meeresbucht; **Pinjarra** (78 km südlich) mit der Hotham Valley Railway, einer historischen Dampfeisenbahn zwischen Pinjarra und Dwellingup in den Darling Ranges (✆ 09/2214444).

Norden und Nordwesten: Gerade 4 km nordwestlich des Zentrums von Perth liegt der **Lake Monger,** ein bedeutendes Naturreservat mit einem breiten Spektrum an Wasservögeln (Bus 91, 92, 95 ab westlicher Wellington St.). Problemlos erreicht man per Bus von der City aus auch die ausgezeichneten Badestrände am Indischen Ozean, z. B. Leighton Beach (Bus 103 ab Haltestelle 42, St. Georges Tce.), Cottesloe Beach (Bus 72, 207 ab Haltestelle 44, St. Georges Tce.), City Beach (Bus 84 ab Raines Square, Wellington St.), Scarborough Beach (Bus 268, 269 ab Wellington Street Bus Station) sowie North Beach, Sorrento Beach und Mullaloo Beach (Bus 250 ab Wellington Street Bus Station).

Im nördlichen Vorort **Hillarys** befindet sich am West Coast Highway der Hillarys Boat Harbour, ein weitläufiger Jachthafen mit dem Sorrento Quay (Laden- und Restaurantzentrum) und der Underwater World (großes Unterwasser-Ozenarium; tgl. 9–17 Uhr).

Yanchep (Beiname Sun City; 60 km nördlich) erfreut sich als Ferienort einer großen Popularität. Um das Städtchen herum breitet sich der Yanchep National Park aus, der mit verschiedenen Attraktionen aufwarten kann, u. a. dem Wasservogelparadies Loch McNess, mehreren Dutzend Tropfsteinhöhlen (Führungen in der Crystal Cave Mo–Sa 13.30, 14.15, 15, 15.45 Uhr, So u. Feiertage 11.15 u. 16.30 Uhr) sowie einem kleinen Tierpark mit Koalagehege.

Osten und Nordosten: Die populärste Ausflugsregion im Osten von Perth ist das **Swan Valley,** das Tal des Swan River am Rande der Darling Range. Auf beiden Seiten des Flusses wird bereits seit mehr als 150 Jahren Wein angebaut. In den meisten der ca. 30 Kellereien sind Weinproben möglich. Man erreicht die Weinregion auf einer Schiffstour von Perth Barrack Street Jetty (tgl. 9.45 Uhr sowie Fr und Sa auch 18 Uhr; ✆ 09/ 3256033) oder mit dem eigenen Fahrzeug auf dem Great Eastern Highway.

Das urbane Zentrum der Weinregion ist das Städtchen **Guildford** (16 km nordöstlich von Perth). Sehenswert sind hier das Woodbridge House, ein 1883–1885 errichtetes viktorianisches Herrenhaus (Mo-Sa, außer Mi 13–16 Uhr; So u. Feiertage 11–16 Uhr) und das Halls Museum mit einem Sammelsurium an Antiquitäten und Kuriositäten (tgl. außer Mo 10–16.30 Uhr). Guildford ist auch der Startpunkt für den sogenannten Swan Valley Drive, eine 32 km lange, markierte Rundfahrt durch das Tal des Swan River, die auch zu einigen der namhaftesten Weingüter der Region führt.

Von Guildford führt die West Swan Road in nördlicher Richtung nach **Caversham** mit dem Caversham Wildlife Park (tgl. 9–17 Uhr). Einige Kilometer nördlich bringt uns eine nach Westen abzweigende Straße zum **Whiteman Park** (Freizeitpark mit Kunsthandwerkerkolonie; Mi-So 11–16 Uhr). Im oberen Swan Valley erstreckt sich der **Walyunga National Park,** der eines der letzten unberührten Gebiete des landwirtschaftlich sehr intensiv genutzten Flußtals schützt. Weiter nördlich liegt im Tal des Avon River der **Avon River National Park** (Zufahrt über die Toodyay Road).

Folgt man von Guildford dem Great Eastern Highway in östlicher Richtung, so kommt man nach ca. 10 km zum **John Forrest National Park,** dem ältesten Nationalpark Westaustraliens. 8 km südlich der Ortschaft Mundaring liegt der Stausee **Mundaring Weir,** der die Bergbaustadt Kalgoorlie über eine 553 km lange Pipeline mit Wasser versorgt. Geplant und realisiert wurde dieses Projekt, das damals als eine technische Meisterleistung galt, 1895 von Charles O'Connor (Informationen im O'Connor Museum; Mo, Mi, Do 10.30–15 Uhr, Sa 13–16 Uhr, So 12–17 Uhr). Vom Stausee aus kann man auf einer landschaftlich reizvollen Strecke durch die Darling Range vorbei an den Lesmurdie Falls über den Ort Kalamunda nach Perth zurückkehren. Fährt man von Mundaring auf dem Great Eastern Highway weiter gen Osten, erreicht man nach rund 60 km das bereits 1831 gegründete Kolonialstädtchen **York.**

Praktische Hinweise

Unterkunft

Hotels/Motels höherer Kategorien: City: ***** Hyatt Regency, 99 Adelaide Tce., ✆ 2251234; **** Perth Ambassador, 196 Adelaide Tce., ✆ 3251455; **** Perth Parkroyal, 54 Terrace Rd., ✆ 3253811; *** Chateau

Commodore, 417 Hay St., Ø 3250461; *** Inntown, Murray/Pier Sts., Ø 3252133; *** Miss Maud Private Hotel, 97 Murray St., Ø 3253900. **Vororte:** ***** Burswood Island Resort, Great Eastern Hwy., Ø 3627777; **** Fremantle Esplanade Hotel, Marine Tce./Essex St., Fremantle, Ø 4304000; **** Rottnest Lodge Resort, Rottnest Island, Ø 2925161; *** Metro Inn, 61 Canning Hwy., South Perth, Ø 3676122.

Mittlere Hotels/Motels: City: ** Adelphi Motel, 130a Mounts Bay Rd., Ø 3224666; ** Grand Central Private Hotel, 379 Wellington St., Ø 3255638; ** Wentworth Plaza, 300 Murray St., Ø 4811000; * CWA House, 74 Hay St., Ø 3216081; * Regatta Hotel, 500 Hay St., Ø 3255155. **Vororte:** ** Greetings Town Lodge, 134 Mill Point Rd., South Perth, Ø 3675655; ** Murray Lodge, 718 Murray St., West Perth, Ø 3217441; ** Paradise Riverview Hotel, 22 Nile St., East Perth, Ø 3251866; * Charles Hotel, 509 Charles St., North Perth, Ø 4441051; * Como Beach Motel, 2 Preston St., Como, Ø 3677955.

Nicht klassifizierte Hotels/Motels und Pensionen: City: Downtowner Lodge, 63 Hill St., Ø 3256973; Globe Hotel, 497 Wellington St., Ø 3214080. **Vororte:** Backpackers Perth Inn, 194 Brisbane St., Northbridge, Ø 3289958; Budget Bunks Hostel, 80 High St., Fremantle, Ø 4306710; Kingswood College Hostel, Hampden Rd., Crawley, Ø 3890389; Roo on the Roof, 11 Pakenham St., Fremantle, Ø 3351998; Top Notch Hostel, 194 Aberdeen St., Northbridge, Ø 3286667.

Jugendherbergen: Britannia YHA Backpackers Hostel, 253 William St., Northbridge, Ø 3286121; Fremantle YHA Hostel, 98 Hampton Rd., Fremantle, Ø 3533467; Newcastle YHA Hostel, 60–62 Newcastle St., East Perth, Ø 3281135; Northbridge YHA Hostel, 42–48 Francis St., Northbridge, Ø 3287794; YMCA Jewell House, 180 Goderich St., City, Ø 3258488.

Caravan Parks: Central Caravan Park, 34 Central Ave., Redcliffe, Ø 2775696 (ca. 7 km östlich); Como Beach Caravan Park, 4 Ednah St., Como, Ø 3671286 (ca. 6 km südlich); Fremantle Village Caravan Park, Cockburn/Rollinson Rds., Fremantle, Ø 4304866 (ca. 19 km südwestlich); Scarborough Caravan Park, 18 Pearl Pde., Scarborough, Ø 3411770 (ca. 14 km nordwestlich).

Stadtverkehr

Allgemeines: Acht Tarifzonen, für den Besucher sind in der Regel aber nur die Zone 1 (City) sowie die Zone 2 (Fremantle und diverse Strände) von Bedeutung. Der Preis der Fahrscheine (für alle Verkehrsmittel im Verbundsystem gültig) richtet sich nach dem Zonenbereich sowie der Benutzungsdauer: normale Tickets (gültig für zwei Stunden), *Multirider Tickets* (Zehnerkarten) und *Day Tripper Tickets* (Tageskarten), *Sightseers Tickets* (unbegrenzte Benutzung aller öffentlichen Verkehrsmittel im Großraum Perth, ermäßigter Eintritt für zahlreiche Museen und sonstige Sehenswürdigkeiten in Perth). Informationen im Transperth Information Centre, 125 St. Georges Tce. (Mo-Fr 7–18 Uhr, Sa 7.30–15 Uhr) sowie im Transperth Information Office, Perth Central Bus Station, Wellington St. (Mo-Fr 6–22 Uhr, Sa 7–21 Uhr, So 8–13 Uhr). Auskunft Ø 2211211 (tgl. 6–22 Uhr).

Bus: Transperth Busse für City und Vororte. Zentraler Terminal in der Wellington St. (westlich der City Railway Station). Im Innenstadtbereich unterhält Transperth vier kostenlose Buslinien (Mo-Fr 6–18 Uhr, Sa 9–12 Uhr, 10- bis 30-Minuten-Takt): *Red Clipper* (Wellington St. – Milligan St. – St. Georges Tce. – Adelaide Tce. – Plain St. – Wellington St.), *Yellow Clipper* (Wellington St. – William St. – St. Georges Tce. – Victoria Ave. – Hay St. – Barrack St. – Wellington St.), *Blue Clipper* (Bulwer St. – William St. – The Esplanade – Barrack St. – Beaufort St. – Bulwer St.), *Green Clipper* (zwischen der Central Bus Station in der Wellington St. und West Perth).

Zug: Vorortzüge ab der City Railway Station (Wellington St.): nach Nordosten (Guildford, Midland u. a.), nach Südosten (Kelmscott, Armadale u. a.) und nach Südwesten (Fremantle). Auskunft Ø 2211211.

Fähren: tgl. 6.45–19.15 Uhr im 30-Minuten-Takt Barrack Street Jetty (City) – Mends Street Jetty (South Perth).

Taxen: Black & White Taxis, ✆ 3288288; Green & Gold Taxis, ✆ 3283455; Swan Taxis, ✆ 3220111.
Touren: Stadtrundfahrten und Touren in die nähere Umgebung veranstalten u. a. Bus Australia, 30 Pier St., ✆ 3255488; Great Western Tours, Main Foyer, Westrail Terminal, West Parade, East Perth, ✆ 3284542; Pinnacles Travel Centre, Hay/Irwin Sts., ✆ 3259455. Stadtrundfahrten in Repliken historischer Straßenbahnen (Ride the Perth Tram, ✆ 3256893). Ausflugsfahrten auf dem Swan River nach Fremantle (und weiter zur Rottnest Island) sowie zu den flußaufwärts gelegenen Weingütern des Swan Valley ab Barrack Street Jetty in der City: Boat Torque Cruises, Pier 4, Barrack St. Jetty, ✆ 3256033; Captain Cook Cruises, Pier 2, Barrack St. Jetty, ✆ 3253341; Swan River Cruises, Pier 3, Barrack St. Jetty, ✆ 3253793.
Fahrradverleih: Northbridge YHA Hostel, 42–48 Francis St., Northbridge, ✆ 3287794; Captain Munchies, 2 Beach St., Fremantle, ✆ 3355958.

Fernverkehr

Flugzeug: Domestic Airport für Inlandflüge (ca. 11 km nordostlich) und International Air port (ca. 18 km nordöstlich). Flughafenbus zwischen den Flughäfen und den Stadtbüros der Fluggesellschaften sowie den großen Hotels (tgl. 5–21 Uhr; Perth Airport Bus Service, ✆ 3702355; Fahrzeit zum Domestic Airport ca. 30 Min., zum International Airport ca. 40 Min.). Transperth Bus 338 tgl. 6–23 Uhr alle 40 Min. zwischen Domestic Airport und William St. (Haltestelle Nr. 37 zw. St. Georges Tce. und Esplanade); Transperth, ✆ 2211211; Fahrzeit ca. 45 Minuten. *Internationale Fluglinien:* Air New Zealand, 50 St. Georges Tce., ✆ 3251099; Cathay Pacific, 111 St. Georges Tce., ✆ 3227611; Garuda Indonesia, 111 St. Georges Tce., ✆ 3224000; Malaysian Airlines, 77 St. Georges Tce., ✆ 3254499; Philippine Airlines, 207 Murray St., ✆ 3215177; Qantas, 77 St. Georges Tce., ✆ 2258282; Singapore Airlines, 179 St. Georges Tce., ✆ 3222422; Thai Airlines, 5 Mill St., ✆ 3221111. *Nationale Fluglinien:* Ansett Airlines, 26 St. Georges Tce., ✆ 3231111; Australian Airlines, 55 St. Georges Tce., ✆ 3238444; Skywest Airlines, 140 St. Georges Tce., ✆ 4789898.
Bus: Zu allen großen Städten des Landes (Adelaide ca. 35 Std., Melbourne ca. 45 Std., Sydney ca. 55 Std., Darwin ca. 60 Std.). Zentraler Busterminal: Perth Central Bus Station, Wellington St. *Buslinien:* Ansett Pioneer, 26 St. Georges Tce., ✆ 4791600; Australian Pacific Tours, 25 Barrack St., ✆ 3259377; Bus Australia, 30 Pier St., ✆ 2771077; Greyhound, 26 St. Georges Tce., ✆ 4781122; Westrail, West Parade, East Perth, ✆ 3262222.
Eisenbahn: Von der City Railway Station (Wellington St.) Vorortzüge (s. o.) und Züge Richtung Bunbury, von Perth Railway Terminal (West Parade, East Perth) Interstate-Züge, alle Züge mit Zielen innerhalb von Westaustralien (außer Bunbury) und Westrail-Busse (Bahnbusse). Folgende Strecken werden befahren: Neben dem zwischen Perth und Bunbury verkehrenden *Australind, Prospector* (tgl. außer Sa Perth–Kalgoorlie), *Trans Australian* und *Indian Pacific* (nach Adelaide, ca. 38 bzw. 42 Std.), *Indian Pacific* (nach Sydney; ca. 65 Std.). Auskunft und Buchung: Westrail Travel Centre, City Railway Station, Wellington St., ✆ 3262690; Interstate Booking Office, Westrail Centre, West Parade, East Perth, ✆ 3262222.
Autoverleih: Apex Car Rentals, 400 William St., Northbridge, ✆ 2279091; Budget Rent A Car, 302 Great Eastern Hwy., Redcliffe, ✆ 4791919 (auch Wohnmobile); Econo Car Rentals, 133 Pier St., ✆ 3289828; South Perth Four Wheel Drive Rentals, 80 Canning Hwy., Victoria Park, South Perth (Geländewagen).

Restaurants

Viele Restaurants im Stadtteil Northbridge. Spezialität im gesamten Stadtgebiet tgl. frische Meeresfrüchte. **Australisch:** Oz Out-

Architektonische Kontraste

back Theatre Restaurant, 135a James St., Northbridge. **Chinesisch:** Cheong On, 12 Victoria Ave.; Emperor's Court, 66 Lake St., Northbridge; Magic Wok, 3 Fitzgerald St., Northbridge. **Französisch:** Ambrosia, 292 Hay St., Subiaco; La Provence, 16 Milligan St.. **Griechisch:** Bouzoukia Garden, 115 Aberdeen St., Northbridge; The Greek Taverna, 124 James St., Northbridge. **Indisch:** Royal India, 1134 Hay St., West Perth; Shalimar, 115 Francis St., Northbridge. **Indonesisch:** Bali Corner, 145 Hay St., Subiaco; Java, 17 Kearns Crescent, Applecross. **International:** Hilite 33, St. Martins Tower, 44 St. Georges Tce. (Drehrestaurant mit schönem Blick); Miss Maud's, Pier/Murray Sts. **Italienisch:** Tinelli's, Shop 24, Orchard Village, Milligan/Wellington Sts. **Japanisch:** Hayashi, 107 Pier St.; Sakura, 68 Lake St., Northbridge. **Libanesisch:** Al Barakat, 110 Aberdeen St., Northbridge; Al Sahara, Shop 21, Cinema City Arcade, Barrack St.. **Malaysisch:** Mahsuri Satay, 313 Albany Hwy., Victoria Park. **Mexikanisch:** El Gringo's, 13 Rokeby Rd., Subiaco. **Seafood:** Macca's Seafood, Orchard Village, Milligan/Wellington Sts.; Oyster Shell Seafood, 144 Barrack St.; The Fishy Affair, 132 James St., Northbridge; The Oyster Beds, 26 Riverside Rd., Fremantle. **Thailändisch:** Dusit Thai, 233 James St., Northbridge. **Vegetarisch:** Magic Apple Whole Food Kitchen, 138 Barrack St.; No Bones, 224 Carr Place, Leederville. **Vietnamesisch:** Ly Tao, 193 Brisbane St., Northbridge.

Einkauf

Das Herz des Einkaufzentrums von Perth sind die Hay St. (teils Fußgängerzone) und die Murray St. sowie die zwischen ihnen liegenden Ladenarkaden. **Kunsthandwerk und Souvenirs:** Contempo Gallery, Murray Mews, 329 Murray St.; Mount Lawlay Craft Centre, 676a Beaufort St., Mount Lawley. **Aboriginal-Kunsthandwerk:** Aboriginal Art Gallery, 251 St. Georges Tce.; Birukmarri Gallery, 47 High St., Fremantle; Creative Native Aboriginal Art Gallery, 32 King St. und Hay St. Mall. **Opale:** Gemtec Opals, 43 Barrack St.; Opals Creations, 129 William St. (Raines Sq.); The Opal Centre, Shop 1–5, Martins Arcade, Hay St. **Buchläden:** Angus & Robertson, Hay Street Mall; Doringtons Bookshop, City Railway Station, Wellington St. **(Floh-)Märkte:** Fremantle Markets, Henderson St./South Tce., Fremantle (Lebensmittel, Textilien, Second Hand Artikel; Fr 9–21 Uhr, Sa 9–17 Uhr, So 11–17 Uhr); Subiaco Carpark Market, Station St., Subiaco (Sa u. So 9–17 Uhr); Subiaco Pavilion Market, Rokeby/Roberts Rds., Subiaco (Sa, So u. Feiertage 10–17 Uhr).

Unterhaltung

Kulturelle Veranstaltungen: Regelmäßige Auftritte des westaustralischen Sinfonieorchesters in der Perth Concert Hall (✆ 3253545); kulturelle Veranstaltungen aller Art im Perth Entertainment Centre (Wellington St., ✆ 3224766); Theaterbühnen: His Majesty's Theatre, King/Hay Sts., ✆ 3222929; Hole in the Wall, 180 Hamersley Rd., Subiaco, ✆ 3812733; Playhouse Theatre, Pier St., ✆ 3253500; Regal Theatre, 47 Hay St., ✆ 3811557. Termine in der Tagespresse (*The West Australian* u. a.) und kostenloser Broschüre This Week in Perth. **Kinos:** Die kommerziellen Filmpaläste konzentrieren sich in der City. Kinos mit alternativem Programm: Film and Television Institute, 92 Adelaide St., Fremantle; Kimberley Cinema, Barrack St.; New Oxford Cinema, Vincent/Oxford Sts., Leederville. **Kneipen und Musikklubs:** Aberdeen Hotel, 84 Aberdeen St., Northbridge (Pub, Bar und Biergarten); Brass Monkey, James/William Sts., Northbridge (Pub und Biergarten); Grosvenor Hotel, Hay/Hill Sts. (Rock); Jenny's Place, 24 Hedley St., Bentley (Folk); Old Melbourne Hotel, Hay/Milligan Sts. (Rock); Sail & Anchor Pub Brewery & Brasserie, 64 South Tce., Fremantle (stilvolles Pub). **Diskotheken und Nachtklubs:** Chicago's Nightclub, Orchard Hotel, Wellington St.; Hannibals, 69 Lake St., Northbridge; Hippodrome, 78 James St., Northbridge. **Kasino:** Burswood Casino, Great Eastern Hwy., Victoria Park (Zutritt nur in Abendkleidung!).

Information

Touristen: Western Australian Tourist Centre, 772 Hay St., ✆ 3222999; Fremantle Tourist Information Centre, Town Hall, St. Johns Sq., Fremantle, ✆ 3352952; Swan Valley Tourist Bureau, Great Eastern Hwy., Midland, ✆ 2741522. **Automobilklub:** Royal Autmobile Club of Western Australia (RAC), 228 Adelaide Tce., ✆ 4214444. **Umwelt und Natur:** Department of Conservation & Land Management (CALM), Head Office, 50 Hayman Rd., Como, ✆ 3670333; Conservation Council of Western Australia, 794 Hay St., ✆ 3214507. **Aborigines:** Aboriginal Affairs Planning Authority, 256 Adelaide Tce., West Perth, ✆ 4831222; Aboriginal Lands Trust, 35 Havelock St., West Perth, ✆ 4831333. **Andere Bundesstaaten:** Canberra, 77 St. Georges Tce., ✆ 3251533; Nordterritorium, 62 St. Georges Tce., ✆ 3224255; Queensland, 55 St. Georges Tce., ✆ 3251600; Südaustralien, Wesley Centre, 93 William St., ✆ 4811268; Tasmanien, 100 William St., ✆ 3212633; Victoria, 56 William St., ✆ 4811484.

Öffentliche Einrichtungen

Post: General Post Office, 3 Forrest Place, ✆ 3265211. **Polizei:** ✆ 000 (Notruf), ✆ 2221111 (allgemeine Anfragen). **Ausländerbehörde:** Department of Immigration, 12 St. Georges Tce. ✆ 3250521. **Krankenhäuser:** Royal Perth Hospital, Wellington St., ✆ 2242244; Travellers Medical and Vaccination Centre, 5th Floor, 1 Mill St., ✆ 3211977; Ambulanz: ✆ 000 (Notruf). **Konsulate:** *Bundesrepublik Deutschland:* 16 St. Georges Tce., ✆ 3258851; *Österreich:* 21 Howard St., ✆ 4813622; *Schweiz:* 5 Marle Way, Kalamunda, ✆ 2932704.

Southern District

Der Southern District von Westaustralien umfaßt eine Region, die sich in etwa im geographischen Dreieck zwischen den Städten Bunbury, Albany und Esperance ausdehnt. Ergiebige Regenfälle und eine hohe Luftfeuchtigkeit sorgen dafür, daß dieses Gebiet als einziger Teil des Staates eine üppige Vegetation aufweist. Die Hänge der Darling Range und anderer Bergketten bedecken u. a. majestätische Karris (70–80 m Höhe) und Jarrahbäume (40–50 m Höhe). Mit über 4000 vorwiegend endemischen Arten gilt diese Region außerdem als bekanntestes Wildblumengebiet des Fünften Kontinents. Weitere Naturattraktionen sind die über weite Abschnitte spektakuläre Küstenlandschaft sowie eine Vielzahl eindrucksvoller Tropfsteinhöhlen. Weite Flächen der fruchtbaren Region werden genutzt für den Weizenanbau, die Milchviehwirtschaft sowie für die Kultivierung von Obst und Wein.

Das Eingangstor zum Southern District ist **Bunbury** (25000 Einw.). In der modernen aufstrebenden Hafenstadt haben sich einige sehenswerte Kolonialgebäude erhalten, u. a. die King Cottage (1867; Sa u. So 14–16 Uhr), das Rose Hotel (1865) und die St. Marks Church (1842). 17 km nordöstlich von Bunbury liegt das Städtchen **Australind,** das sich der kleinsten Kirche Australiens rühmen kann. Das nur 3,8 × 6,7 m große Gebäude der St. Nicholas Church wurde gegen 1840 als Wohnhütte errichtet, bevor man es acht Jahre später in ein Gotteshaus umwandelte. Gegenüber steht die historische Henton Cottage (1841), die heute einen Kunstgewerbeladen beherbergt.

Auf dem an der Küste entlang führenden Bussell Highway erreichen wir das

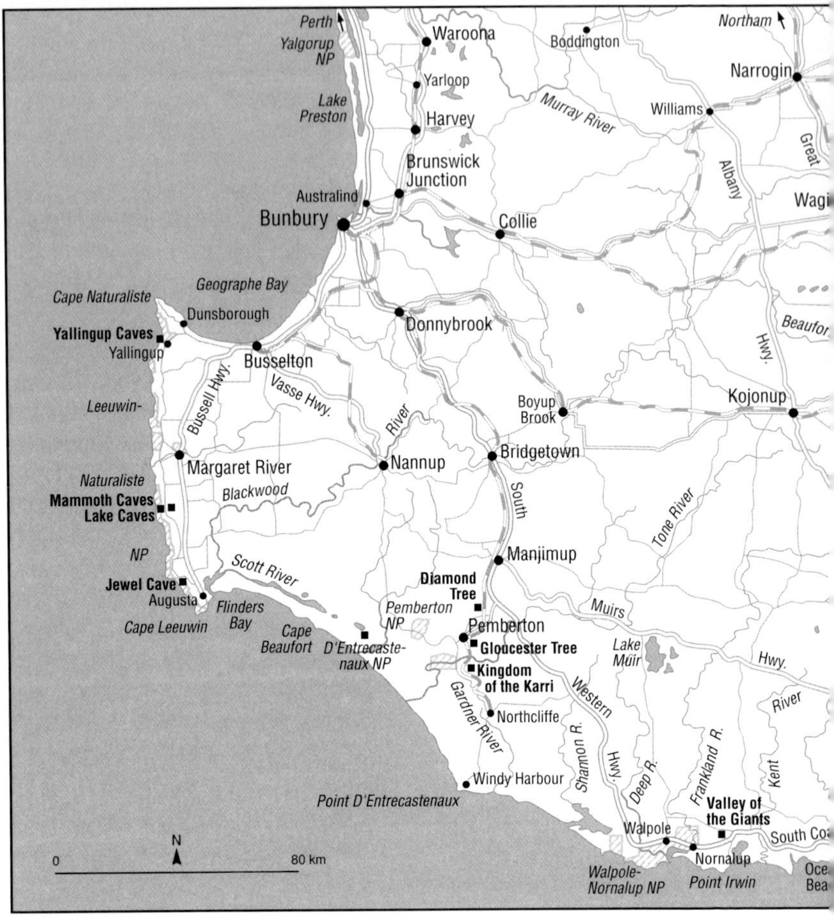

Southern District

53 km südwestlich von Bunbury gelegene **Busselton.** Dieses wind- und wettergeschützte Städtchen und seine Umgebung ist ein populäres Feriengebiet der Perther. Sehenswert sind neben dem ca. 10 km nordöstlich gelegenen historischen Wonnerup House (1859; tgl. 11–12 Uhr, 13–16.30 Uhr) im Ort selbst die katholische St. Marys Church (1843), die Busselton Jetty (ein 2 km langes Holzpier) sowie das Old Court House Arts Centre (Di-Sa 10–16 Uhr).

Landschaftlich überaus eindrucksvoll ist die Fahrt durch den **Leeuwin-Naturaliste National Park.** 37 km westlich von Busselton ragt das Cape Naturaliste in die Geographe Bay. Südlich von Dunsborough (Bannamah Wildlife Park; tgl. 9–17 Uhr) beginnt die sogenannte Caves Road, entlang derer sich rund 300 Höhlen reihen. Die bekanntesten Höhlen im Nordteil des Nationalparks sind die Yallingup Caves (Führungen mehrmals tgl. 9.30–15.30 Uhr). Südlich von **Margaret River** (etwa zwei Dutzend Weingüter in der Umgebung) kann man Tropfsteinhöhlen erkunden: die Lake Caves mit einem unterirdischen See (ca.

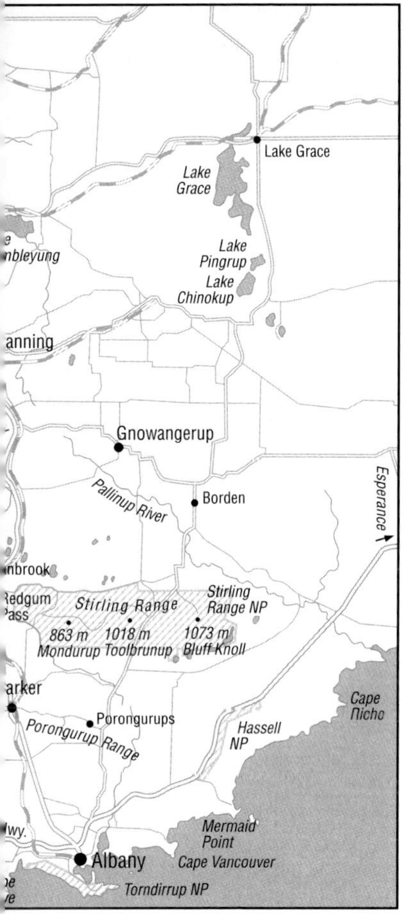

2 km südlich; Führungen tgl. 9.30 u. 13.30 Uhr) sowie die Mammoth Caves, wo Fossilien ausgestorbener Säugetiere entdeckt wurden (ca. 21 km südlich; Führungen tgl. 11 u. 15 Uhr). Die spektakulärste Höhle aber ist die 8 km nördlich von Augusta gelegene **Jewel Cave,** deren phantastische Stalaktiten und Stalagmiten zu den größten der Erde gehören (u. a. Frozen Waterfall und Organ Pipes; Führungen tgl. 9.30, 11.30, 13.30, 15.30 Uhr). Von dem Fischerdorf **Augusta** lohnt sich ein Abstecher zum Cape Leeuwin (vom Leuchtturm von 1895 guter Blick über die Küstenlandschaft; tgl. außer Mo 9.30–15.30 Uhr).

Von Augusta gelangen wir zunächst auf dem Bussell, dann dem Brockman und schließlich dem Vasse Highway zum Städtchen **Pemberton.** Hier kann man die Pemberton Sawmill, eines der größten Sägewerke Australiens besichtigen (Führungen tgl. 9.30, 11, 13, 15 Uhr). 3 km südöstlich des Orts erhebt sich der Gloucester Tree, ein 61 m hoher Eukalyptusriese, der als Feuerwarnturm dient. 153 in den Stamm eingerammte Holz- und Stahlpflöcke bilden eine zum Ausguck in der Baumspitze führende Wendeltreppe. Zwischen Pemberton und Northcliffe (32 km südlich) erstreckt sich das Kingdom of the Karri, das Königreich der bis zu 1000 Jahre alten Karri-Eukalypten (Warren National Park mit Panoramastraße Maidenbush Trail). Eine gute Möglichkeit, die Gegend zwischen Pemberton und Northcliff kennenzulernen, bietet der Touristenzug Timber Tramway (✆ 097/761133). Von Northcliffe (informatives Pioneer Museum; tgl. 10–16 Uhr) führt eine Teerstraße zum 29 km südlich gelegenen Ferienort Windy Harbour, in dessen Nähe sich die imposanten Steilklippen des Point D'Entrecasteaux erheben.

Am South Western Highway liegt die Stadt **Manjimup** mit dem Manjimup Timber Park (Rose/Edward Sts.), wo sich Westaustraliens einziges Holzmuseum befindet (tgl. 9–17 Uhr). 15 km südlich des Ortes steht unweit des South Western Highway der Diamond Tree Fire Lookout, ein 51 m hoher Karri (1941–1974 Feuerwarnturm).

Zwischen Manjimup und Walpole (119 km) mäandert der South Western Highway durch ausgedehnte Karri- und Jarrahwälder (Shannon National Park und Mount Frankland National Park).

Um den kleinen Ort Walpole erstreckt sich der **Walpole-Nornalup National Park.** Dieses Naturreservat umfaßt die malerische, von bewachsenen Sanddünen geprägte Küstenlandschaft um die große Nornalup-Bay. Verschiedene Forstpisten bieten immer wieder herrliche Ausblicke (z. B. Hilltop Gully Road). Unbedingt zu empfehlen ist ein kurzer Abstecher vom South Coast Highway zum Valley of the Giants (Abzweigung ca. 10 km östlich von Nornalup), einem Tal mit riesigen Karri- und Red Tingle-Bäumen. Den rund 120 km langen Küstenstreifen zwischen Walpole und Albany prägt eine ganze Reihe pittoresker Buchten. An einer der größten, dem Wilson Inlet, liegt der Ferienort **Denmark** (südlich Brandungsstrand Ocean Beach; schöner Blick vom Lions Lookout am Wilson Head).

Albany (15 000 Einw.) liegt am Princess Royal Harbour, einem perfekt geschützten Naturhafen am westlichen Ende des King George Sound. Mitte des 19. Jahrhunderts ein bekannter Walfangstützpunkt diente die Stadt später als Kohlebunkerstation für Hochseedampfer auf der Australien-Indien-Route. Heute ist Albany ein populäres Ferienzentrum mit folgenden sehenswerten historischen Gebäuden: die St. Johns Church (1848), das Old Gaol (1851; tgl. 10–16.30 Uhr), die Patrick Taylor Cottage (1832; Museum mit stadtgeschichtlichen Exponaten; tgl. 14–16.30 Uhr), die am Strawberry Hill gelegene Old Farm (Landhaus von 1836; tgl. 10–12 Uhr, 14–17 Uhr) und das Albany Residency Museum (historisches Seefahrtsmuseum; Mo-Sa 10–17 Uhr, So 14–17 Uhr) mit originalgetreuer Replik der Amity, mit der 1826 die ersten weißen Siedler kamen. Ein herrlicher Blick über Albany und den King George Sound bietet sich vom Mt. Clarence Lookout östlich der Stadtmitte.

Unmittelbar südlich von Albany liegt der **Torndirrup National Park** mit seiner eindrucksvollen Klippenlandschaft. Zu den Highlights gehören The Gap (ca. 30 m tiefer Felseinschnitt in den Klippen), The Natural Bridge (Natursteinbrücke aus Granit) sowie die Blowholes. An der Frenchman Bay, noch im Nationalpark, steht das Albany Whaleworld Museum. Dieses einzigartige Walfangmuseum umfaßt u. a. eine ehemalige Walfangstation und das restaurierte Walfängerschiff Cheynes IV (tgl. 9–17 Uhr).

Wem es an Zeit nicht mangelt, der könnte von Albany einen Ausflug in nördlicher Richtung in die Wildblumenreservate der **Porongurup Range** (ca. 40 km) und der **Stirling Range** (ca. 70 km) machen. Einen guten Eindruck vom Stirling Range Nationalpark und seiner Blütenpracht vermittelt eine Fahrt auf dem 40 km langen Stirling Range Drive, von dem verschiedene Wanderwege abzweigen, u. a. zum Toolbrunup Peak (ca. 4 km/ca. 3–4 Std. v. v.), zum Mondurup Peak (ca. 4 km/ca. 2–3 Std. v. v.) sowie zum Mt. Trio (ca. 3 km/ca. 2–3 Std. v. v.). Der höchsten Erhebung der Region, dem Bluff Knoll (1073 m) im Ostteil des Parks, kann man auf einer 8 km langen Teerstraße schon recht nahe kommen. Ab dem Endpunkt dieser Straße windet sich ein Wanderpfad auf den Gipfel (ca. 6 km/ca. 3–4 Std. v. v.).

Von Albany führt der South Coast Highway in nordöstlicher Richtung weiter nach **Esperance** (6500 Einw.). Ende des 19. Jahrhunderts spielte die Hafenstadt eine wichtige Rolle bei der Versorgung von Kalgoorlie und Coolgardie. Mitte der 50er Jahre gelang es Wissenschaftlern, Hunderte von Quadratkilometern der den Ort umgebenden Halbwüste fruchtbar zu machen, um Weizen in großem Stil anzubauen. In Esperance selbst gibt es wenig Sehenswertes, um so lohnender aber ist die Erkundung der Küstenlandschaft, vor allem auf dem Scenic Loop, einer 40 km langen Küstenstraße. Einige Stationen: Pink Lake, ein teils ausgetrockneter Salzsee, dessen rosarote Verfärbung von einer salzresistenten Algenart (Dunalella Salina) hervorgerufen wird; Observatory Point, ein Aussichtspunkt mit Blick auf die Inseln des vorgelagerten Archipelago of the Recherche; Twilight Beach, ein sicherer Badestrand; West Beach, ein guter Brandungsstrand zum Surfen sowie der Rotary Lookout auf dem Wireless Hill.

56 km östlich von Esperance beginnt der **Cape Le Grand National Park.** Die bedeutendsten Natursehenswürdigkeiten des Parks kann man auf dem Coastal Trail (ca. 15 km/ca. 7–8 Std.) erwandern oder auch auf Stichstraßen, die von der Lucky Bay Road abzweigen, erreichen. Einige wichtige Anlaufpunkte: Le Grand Beach (Sandstrand und Campingplatz), Hellfire Bay (mit herrlichem Sandstrand), Thistle Cove (von eindrucksvollen Granitfelsen eingerahmte Bucht), Lucky Bay (Bucht mit traumhaftem Sandstrand und Campingplatz; viele halbzahme Känguruhs und Wallabies) und Rossiter Bay (Bucht mit kleinen Granitinseln). Eine kleinere Wanderung führt auf den Gipfel des Frenchman Peak (262 m), der markantesten Erhebung des Nationalparks (ca. 3 km/ca. 2 Std. v. v.). Informationen und Karten in der Rangerstation am Parkeingang.

Praktische Hinweise

Verkehr: Expreßzug *Australind* tgl. zwischen Perth und Bunbury. Westrail-Busse von Perth nach Busselton, Margaret River, Augusta, Manjimup, Albany und Esperance. Skywest fliegt tgl. von Perth nach Albany, mehrmals wöchentlich von Perth nach Esperance.

Unterkunft: Bunbury: *** Clifton Beach Motel, 2 Molloy St., ✆ 097/21 43 00; Bunbury Backpackers Hostel, 22 Wittenoom St., ✆ 097/21 33 59; Riverside Caravan Park, 5 Pratt Rd., Eaton, ✆ 097/25 12 34. **Busselton:** *** Paradise Motel, Pries Ave., ✆ 097/52 12 00; Geographe Bay Holiday Park, 525 Bussell Hwy., ✆ 097/52 43 96. **Margaret River:** *** Overland Motor Inn, Bussell Hwy./Tunbridge St., ✆ 097/57 20 33; Margaret River Caravan Park, Station Rd., ✆ 097/57 21 80. **Augusta:** *** Augusta Motel, Blackwood Ave., ✆ 097/58 19 44; Augusta YHA Hostel, Bussell Hwy./Blackwood Ave., ✆ 097/58 15 45; Doonbanks Caravan Park, Blackwood Ave., ✆ 097/58 15 17. **Pemberton:** *** Quality Karri Valley Resort, Vasse Hwy., ✆ 097/76 20 20 (20 km westlich). **Manjimup:** *** Kingsley Motel, 1 Chooping St., ✆ 097/71 11 77; Fonty's Pool Caravan Park, Seven Day Rd., ✆ 097/71 21 05. **Denmark:** *** Denmark Motel, 55 Inlet Dve., ✆ 098/48 11 47; Denmark YHA Hostel, Dingo Flat Rd., ✆ 098/40 80 73 (16 km nordwestlich); Ocean Beach Caravan Park, Ocean Beach Rd., ✆ 098/48 11 05. **Albany:** *** Albany Dog Rock Motel, 303 Middleton Rd., ✆ 098/41 44 22; ** Emu Point Motel, Mermaid Ave./Medcalf Pde., ✆ 098/44 10 01; Albany Backpackers Hostel, Stirling Tce./Spencer St., ✆ 098/41 88 48; Albany YHA Hostel, 49 Duke St., ✆ 098/41 39 49; Albany Tourist Village Caravan Park, Albany Hwy., ✆ 098/41 37 52 (4 km nördlich). **Esperance:** *** Bay of Isles Motel, 32 The Esplanade, ✆ 090/71 39 99; ** Bayview Motel, Dempster St., ✆ 090/71 18 47; Esperance YHA Hostel, Goldfields Rd., ✆ 090/71 10 40; Pink Lake Caravan Park, Pink Lake Rd., ✆ 090/71 24 24.

Information: Bunbury Tourist Bureau, Old Railway Station, Carmody Place, ✆ 097/21 79 22; Margaret River Tourist Bureau, Bussell Hwy./Tunbridge Rd., ✆ 097/57 21 47; Manjimup Tourist Bureau, Rose/Edwards

Sts., ✆ 097/711831; Albany Tourist Bureau, Peel Place, ✆ 098/411613; Esperance Tourist Bureau, Dempster St., ✆ 090/712330; Department of Conservation & Land Management, South Coast Regional Office, 44 Serpentine Rd., Albany, ✆ 098/417133.

Goldfields

Allgemeines

Am 15. Juni 1893 machte der kleine Ire Patrick ›Paddy‹ Hannan in der Gegend des heutigen Kalgoorlie seinen großen Fund. Bei der Suche nach Wasser stieß er auf eine Goldader, deren Reichtum alle bisherigen australischen Goldfunde in den Schatten stellte. Zwar war bereits ein Jahr zuvor im benachbarten Coolgardie das Goldfieber ausgebrochen, doch löste erst Hannans sensationelle Entdeckung jenen berühmten Goldrausch aus, der die Kolonie Westaustralien vor dem damals drohenden ökonomischen Kollaps rettete. Zelt- und Barackenstädte wuchsen nun praktisch über Nacht aus der kargen Halbwüste. Um die Jahrhundertwende lebten in Kalgoorlie rund 30000 Menschen, etwa ein Sechstel der Gesamtbevölkerung Westaustraliens.

Als größtes Problem beim Aufbau einer Infrastruktur auf den Goldfeldern erwies sich die Wasserversorgung. Für das rare und sehr salzhaltige Grundwasser mußten die Goldgräber wahre Vermögen bezahlen. Das Problem löste 1895 der irische Ingenieur Charles O'Connor mit einer hölzernen und mit Pech abgedichteten Pipeline, in der Wasser vom Mundaring-Stausee (östlich von Perth) herangepumpt wurde. Als nach der Jahrhundertwende die Goldadern erschöpft waren, verebbte der Goldrausch und ganze Siedlungen verschwanden, ebenso schnell wie sie entstanden waren, wieder von der Landkarte. Während Coolgardie heute nur noch eine Art Geisterstadt für Touristen ist, liefern die bis zu über einen Kilometer tiefen Schächte von Kalgoorlie immer noch große Mengen des Edelmetalls. Außerdem liegen in der Gegend von Kalgoorlie-Boulder die größten Nickellagerstätten des Fünften Kontinents.

Kalgoorlie und Umgebung

Das Zentrum der Goldregion bildet die Doppelstadt Kalgoorlie-Boulder (zusammen ca. 24000 Einw.). In beiden Orten spiegelt sich die Prosperität der goldenen Epoche in zahlreichen eindrucksvollen, perfekt restaurierten Bauten (s. Farbabb. 65 u. 67) wider. Entlang der breiten Hauptstraße, der Hannan St., reiht sich in **Kalgoorlie** eine Vielzahl stattlicher Gebäude aus der Zeit um 1900, u.a. das Old Australia Hotel, das Exchange Hotel, das Old Government Building und die Kalgoorlie Town Hall (sehenswertes Treppenhaus; Mo–Fr 9–16 Uhr). Vor letzterer steht ein Bronzedenkmal für ›Paddy‹ Hannan.

Am Nordende der Hannan St. befindet sich der Komplex des Museum of the Goldfields. Hier erfährt man Interessantes über die Geschichte der Goldgräbersiedlungen sowie die Lebens- und Arbeitsbedingungen auf den Goldfields (Ausstellung von Goldnuggets und Goldschmuck). Das Wahrzeichen des Museums ist der ehemalige Förderturm einer aufgelassenen Goldmine (tgl. 10.30–16.30 Uhr).

In der Nähe des Museums beginnt die legendäre Golden Mile, wo heute allerdings nur noch in der großen Mount Charlotte Mine Gold gefördert wird. Ein anderes Goldbergwerk, bereits Ende der 60er Jahre stillgelegt, befindet sich ca. 4 km südöstlich des Museums an der Peripherie der Nachbarstadt Boulder: die Hainault Tourist Mine. Mit Schutzhelm und festem Schuhwerk fährt man im Rahmen einer Besichtigung über 60 m tief in den Stollen ein. Als Führer fungieren ehemalige Bergleute (tgl. 10.30, 13, 14.30 Uhr; ✆ 090/93 10 65).

Auch in **Boulder** gibt es architektonische Relikte aus den Tagen des Goldfiebers (u. a. Town Hall, Metropole Hotel). Sehenswert ist hier zudem das Eastern Goldfields Historical Society Display Centre in der alten Boulder Railway Station (Mo–Sa 10–12.30 Uhr, So 12–16 Uhr). Der historische Bahnhof ist auch der Startpunkt des Rattler Loopline Train, mit dem man auf einer nostalgischen Rundfahrt den südlichen Teil der ›Goldenen Meile‹ kennenlernen kann (Abfahrt Mo–Sa 11 Uhr, So u. Feiertage 13.30, 15 Uhr; ✆ 090/93 11 57).

39 km südwestlich von Kalgoorlie liegt der Ort **Coolgardie.** Mit gerade noch 600 Einwohnern ist Coolgardie heute nur mehr ein Schatten der blühenden Goldgräberstadt, in der einst rund 20 000 Menschen lebten. Wichtigste Einnahmequelle des Ortes ist heute der Tourismus. Sehenswert sind vor allem die historische Town Hall (1898; Museum zur Geschichte Coolgardies; tgl. 8–17 Uhr), das Priors Museum (Freilichtmuseum mit alten Dampfmaschinen und allerlei Kuriositäten; tgl. 9–17 Uhr) sowie das Railway Station Museum im historischen Bahnhof des Ortes (tgl. 9–17 Uhr).

Die mit 598 km kürzeste Anreise von Perth nach Kalgoorlie ist die Fahrt auf dem Great Eastern Highway durch die westaustralischen Wheatlands, einen ausgedehnten Weizengürtel, der sich von hier in südlicher Richtung bis fast an die Küste erstreckt. Sehr lohnenswert ist ein Abstecher von Merredin in südlicher Richtung zu einer geologischen Kuriosität Westaustraliens, zum berühmten **Wave Rock** (s. S. 338 f.). Wie eine im Augenblick des Niederbrechens erstarrte Brandungswelle ragt der Wellenfelsen ca. 10 km nordöstlich des kleinen Ortes Hyden aus einer mit niedrigem Buschwerk bewachsene Ebene auf. Der rund 200 m lange und stellenweise bis zu über 15 m hohe Granitfelsen, dessen Alter auf 2700 Mio. Jahre geschätzt wird, lag früher einmal teilweise unter der Erde. Im Erdreich verband sich Wasser mit zerfallenden organischen Stoffen zu milden Säuren, die in Jahrmillionen ganz all-

Priors Museum in Coolgardie

mählich den unterirdischen Teil des Felsens zersetzten. Als dann der Boden weggeschwemmt wurde, kam das charakteristische konkave Profil des Wave Rock zum Vorschein. Den eleganten Schwung dieses Naturgebildes unterstreicht ein hell-dunkles Bandmuster, das durch herablaufendes, mit chemischen Stoffen im Gestein reagierendes Regenwasser entstanden ist.

Praktische Hinweise

Verkehr: Expreßzug *Prospector* tgl. außer Sa zwischen Perth und Kalgoorlie (Fahrzeit ca. 8 Std.); *Trans Australian* und *Indian Pacific* nach Bonnie Vale bei Kalgoorlie. Ansett Pioneer, Bus Australia, Greyhound u. a. fahren Perth–Kalgoorlie, Westrail und lokale Gesellschaften Esperance–Kalgoorlie. Ansett und Skywest fliegen tgl. Perth–Kalgoorlie. *Mietwagen* in Kalgoorlie: Avis, ✆ 090/21 17 22; Budget, ✆ 090/93 23 00; Hertz, ✆ 090/91 26 25. Regionaler Reiseveranstalter: Goldrush Tours, Boulder St., ✆ 090/21 29 54.

Unterkunft: Kalgoorlie: **** Quality Plaza Hotel, 50 Egan St., ✆ 090/21 45 44; *** Sandalwood Motel, Lower Hannan St., ✆ 090/21 44 55; * Exchange Hotel, Hannan St., ✆ 090/21 28 33; * Old Australia Hotel, Hannan/Maritana Sts., ✆ 090/21 13 20; Kalgoorlie Goldfields Backpackers Hostel, 58 Piesse St., Boulder, ✆ 090/93 14 35; Kalgoorlie Village Caravan Park, Burt St., Boulder, ✆ 090/93 27 80. **Coolgardie:** ** Golden Flag Motel, Great Eastern Hwy., ✆ 090/26 60 02; Coolgardie YHA Hostel, 56–60 Gnarlbine Rd., ✆ 090/26 60 51; Coolgardie Caravan Park, Great Eastern Hwy., ✆ 090/26 60 09. **Hyden:** * Hyden Hotel, 2 Lynch St., ✆ 098/80 50 52; Wave Rock Caravan Park, Wave Rock, ✆ 098/80 50 22.

Information: Kalgoorlie-Boulder Tourist Centre, 250 Hannan St., ✆ 090/21 14 13; Coolgardie Tourist Bureau, Bayley St., ✆ 090/26 60 90.

Nullarbor Plain

Im Grenzgebiet zwischen West- und Südaustralien erstreckt sich die riesige Nullarbor Plain. **Norseman** (2500 Einw.) ist der letzte größere Ort, bevor der Eyre Highway nach 1200 km durch Steppe und Halbwüste die Stadt Ceduna in Südaustralien erreicht. Auch Norseman hat eine goldene Vergangenheit. Noch heute befindet sich nahe dieser Stadt eine der ergiebigsten Goldminen ganz Australiens (Central Norseman Corporation Gold Mining Operations; Besichtigung Mo–Fr 9.30 Uhr). Ein weiter Blick über die Salzseen um Norseman bietet sich vom Beacon Hill Lookout.

Zwischen Norseman und der west-/südaustralischen Grenze gibt es nur wenige kleine Siedlungen, meist sogenannte Roadhouses (Raststätten mit Tankstelle sowie gelegentlich auch Motel und Caravan Park). 191 km östlich von Norseman liegt das Balladonia Roadhouse. Zwischen hier und Caiguna, der nächsten Siedlung, verläuft der Eyre Highway über 145 km ohne Kurve. Weitere Stationen sind das Cocklebiddy Roadhouse, das Madura Roadhouse (2 km westlich der Madura Pass mit herrlichem Blick über die karge Ebene) und das Mundrabilla Roadhouse. Ein Stopp lohnt sich unbedingt beim **Eucla Roadhouse** nahe der Bundesgrenze. Einst befand sich hier eine wichtige Telegrafenstation, die Perth mit Adelaide verband.

Historische Telegraphenstation bei Eucla

Die Ruine der Old Telegraph Station steht, halb von Flugsand bedeckt, 5 km südlich des Eyre Highway inmitten einer grandiosen Dünenlandschaft. Beim Border Village Roadhouse überquert der Eyre Highway die Grenze zu Südaustralien (s. S. 320).

Praktische Hinweise

Verkehr: (s. S. 320).
Unterkunft: Norseman: *** Great Western Motel, McIvor St., ✆ 090/39 16 33; Norseman Caravan Park, Esperance Hwy., ✆ 090/39 12 62. **Balladonia:** ** Balladonia Motel, ✆ 090/39 34 53; Balladonia Caravan Park, ✆ 090/39 34 56. **Cocklebiddy:** * Wedgetail Inn Motel und Cocklebiddy Caravan Park, ✆ 090/39 34 62. **Madura:** ** Hospitality Inn und Madura Caravan Park, ✆ 090/39 34 64. **Mundrabilla:** * Mundrabilla Motor Motel und Mundrabilla Caravan Park, ✆ 090/39 34 65. **Eucla:** *Amber Motor Motel und Eucla Caravan Park, ✆ 090/39 34 68.
Information: Norseman Tourist Bureau, Robert St., ✆ 090/39 10 71.

Mid West

Der Mittlere Westen umfaßt ein riesiges Gebiet, das sich über rund zehn Breitengrade zwischen Perth im Süden und Exmouth im Norden erstreckt. Zwei große Überlandstraßen erschließen diese Region: der mehr oder weniger ständig dem Küstenverlauf folgende Brand Highway/North West Coastal Highway sowie der kürzere, durchs Inland führende Great Northern Highway.

53 km nördlich von Perth zweigt bei Muchea der Brand Highway vom Great

Northern Highway ab. Wir folgen der küstennahen Straße rund 140 km. Etwa 10 km südlich der kleinen Ortschaft Badgingarra biegt meerwärts eine Straße nach Cervantes am Nordrand des **Nambung National Park** ab (ca. 55 km). Von Cervantes führt eine 17 km lange, rauhe Schotterpiste zur Hauptattraktion des Nationalparks – den Pinnacles (Zinnen), Tausenden von bizarren, bis zu über 5 m hohen Kalksteinsäulen, die wie Stalagmiten aus dem nahezu vegetationslosen Sandboden herauswachsen. Der geologische Ursprung dieser merkwürdigen Steinplastiken ist immer noch umstritten. Eine Theorie nimmt an, daß alte Wurzelsysteme ehemaliger Vegetation im Laufe von Jahrtausenden durch mineralhaltigen Regen von Kalkablagerungen überzogen und später vom Wind freigelegt wurden. Durch die Pinnacle Desert führt ein 5 km langer Rundweg, der mit einem gewöhnlichen Pkw befahren werden kann (Touren zu den Pinnacles ab Cervantes, Shell-Tankstelle, tgl. 9.45 u. 13 Uhr; ✆ 096/527041).

Wieder zurück auf dem Brand Highway erreichen wir über den Fischereihafen Dongara (guter Badestrand bei Port Denison) und das malerische Städtchen Greenough die Hafenstadt **Geraldton** (22000 Einw.). Das Ferienzentrum besitzt folgende Sehenswürdigkeiten: das Geraldton Museum im historischen Bahnhofsgebäude (heimatkundliches Museum), das nur wenige Schritte entfernte Maritime Museum (Seefahrtsmuseum mit zahlreichen Fundstücken aus den Wracks holländischer Handelsschiffe; Mo–Sa 10–17 Uhr, So 14–17 Uhr), die St. Francis Xavier Cathedral (1914–1938 im pseudobyzantinischen Stil erbautes Gotteshaus) sowie der Point Moore-Leuchtturm (1879; gute Badestrände in der Nähe).

In Geraldton geht der Brand Highway in den North West Coastal Highway über. Nördlich von Northampton (52 km von Geraldton) erstreckt sich die **Hutt River Province.** Allerdings werden Sie dieses ›unabhängige Fürstentum‹ auf keiner Landkarte finden, da es die australische Regierung nicht anerkennt. Dennoch sollten Sie Prince Leonard of Hutt einen Besuch abstatten. Kurze Wegbeschreibung: 8 km nördlich von Northampton zweigt vom North West Coastal Highway die Chilimony Road nach Westen ab. Folgen Sie dieser ca. 15 km bis zur Mumby-Schaffarm und biegen Sie an der dortigen Kreuzung links ab. Nun sind es noch 17 km auf einer Schotterstraße bis zur Hutt River Province (s. S. 364 f.).

49 km nördlich von Northampton zweigt bei Ajana eine asphaltierte Stichstraße vom North West Coastal Highway meerwärts nach **Kalbarri** ab. Um diesen beliebten Ferienort dehnt sich einer der interessantesten, weil landschaftlich kontrastreichsten Nationalparks von Westaustralien aus – der **Kalbarri National Park.** Dieses außergewöhnliche Naturreservat beeindruckt vor allem durch die 500 Mio. Jahre alten Sandsteinfelsen der 80 km langen, tiefeingeschnittenen Schlucht des Murchison River sowie seine Küstenlinie, an der sich spektakuläre Klippenformationen reihen. Einige der besten Aussichtspunkte über dem Canyon des Murchison River sind per Auto zu erreichen. Nur 4 km nördlich der Straße nach Kalbarri liegen Hawks Head Lookout und Ross Graham Lookout. Etwa 25 bzw. 35 km sind es auf einer Schotterpiste bis zu den Aussichtspunkten an der Z Bend und dem Loop. Oberhalb des Loop, wo der Fluß eine beinahe ovale Schleife bildet, befindet sich Natures Window, ein ›Fen-

ster‹ in den Sandsteinschichten der rotbraunen Klippen. Einen grandiosen Rundblick hat man vom Meenarra Hill Lookout (2 km südlich der Hauptstraße, ca. 10 km östlich von Kalbarri).

Südlich von Kalbarri erschließt eine Panoramastraße einen ca. 20 km langen Küstenabschnitt. Zu den imposantesten Anlaufpunkten zählen Red Bluff, Mushroom Rock, Rainbow Valley, Pot Alley Gorge, Eagle Gorge, Shellhouse Gorge, Island Rock und Natural Bridge. Einige der Aussichtspunkte sind auch durch Klippenwanderpfade miteinander verbunden. Zwischen Juni und Oktober können Sie von hier mit etwas Glück und Geduld sowie einem guten Fernglas das Schauspiel vorbeiziehender Buckelwale beobachten. In Kalbarri lohnt sich ein Besuch des Rainbow Jungle, eines künstlichen Regenwalds (Di–Sa 9–17 Uhr, So 10–15.30 Uhr).

Die landschaftlich recht monotone Fahrt zwischen Geraldton und Carnarvon kann man beim Overlander Roadhouse (ca. 170 km nördlich von Ajana) ein weiteres Mal unterbrechen, dieses Mal mit einem Abstecher zum kleinen Ort **Monkey Mia** an der Shark Bay (154 km). Hauptattraktion von Monkey Mia sind die halbzahmen Delphine, die hier regelmäßig zum Füttern an den Strand kommen (beste Zeit am Morgen). Wissenswertes über die intelligenten Meeressäuger erfährt man im Dolphin Information Centre (tgl. 9–17 Uhr). An der Shark Bay um Monkey Mia und dem Ferienort Denham Strände der Fünf-Sterne-Kategorie; Shell Beach (von Abermillionen kleiner Muscheln gebildet) und Hamelin Bay (mit Stromatolithen, d. h. von Blaualgen aufgebauten Kalksteingebilden aus dünnen, blätterteigähnlichen Lagen, die auf ein Alter von 3500 Mio. Jahren geschätzt werden).

Hawks Head Lookout im Kalbarri National Park

Monarch von eigenen Gnaden

Seine Exzellenz sind ungehalten. Der unangemeldete Besucher stört sie beim Holzhacken. Vor 20 Jahren trug Seine Königliche Hoheit Fürst Leonard noch den bürgerlichen Namen Leonard George Casley. Während eines Disputs mit der Regierung des Bundesstaates Westaustralien über Weizenquoten erklärte er am 21. April 1970 kurz entschlossen die Unabhängigkeit seines Farmlandes von Australien und ernannte sich selbst wenig später zum Fürsten.

»Die Autonomie war damals unsere große Chance«, erzählt der 65jährige Monarch und wischt sich mit schmutzigen Händen die Schweißperlen vom Gesicht, »auch wenn wir seitdem mit den Behörden ständig auf Kriegsfuß stehen.« Die australische Regierung in Canberra hat das kleine Fürstentum am Hutt River nie anerkannt. Auch die Aufnahmeanträge bei der UNO und beim britischen Commonwealth of Nations wurden abgelehnt. All das aber hält Fürst Leonard nicht davon ab, mittels Konsuln diplomatische Beziehungen zu rund zwei Dutzend Staaten überall auf dem Globus zu pflegen. In Deutschland ist gar ein Sonderbotschafter für ihn tätig.

Das Reich des selbst ernannten Potentaten mißt genau 75 km^2. Zu seinen ›Untertanen‹ zählen neben 30 Menschen rund 10000 Schafe und einige Dutzend Milchkühe. Auf Leonards Arbeitstisch aber stapeln sich Briefe aus aller Welt, denn zur Hutt River Principality, wie die offizielle Bezeichnung des Territoriums lautet, gehören auch Tausende von Bürgern in aller Welt. »Wir überprüfen jeden peinlich genau, der sich bei uns um die Staatsbürgerschaft bewirbt«, erklärt der Fürst. Die lange Liste der Staatsbürger zieren sogar einige Sprosse aus Adelsgeschlechtern, wie z. B. ein gewisser Colm O'Rourke, Prinz von Breffni (in Irland) oder Siti Isah Nating Altmann, Prinzessin der Ibans (im ostmalaysischen Sarawak).

Carnarvon (5000 Einw.), ca. 150 km südlich des Tropic of Capricorn (Wendekreis des Steinbocks) gelegen, ist das Zentrum des fruchtbaren Gascoyne District (insbesondere Bananenplantagen). Dank intensiver künstlicher Bewässerung ist zudem eine Gemüseproduktion großen Stils möglich (Munros Banana Plantation, South River Rd.; Touren tgl. 11 u. 14 Uhr; ✆ 099/41 81 04). Sehenswertes in Carnarvon und Umgebung: Babbage Island mit Prawn Processing Factory (Garnelenverarbeitung), The Big Dish (stillgelegte Satellitenstation), Bibbawarra Bore (77 °C heiße artesische Quelle; ca. 15 km nördlich), Lake Macleod (ausgedehnter Salzsee mit Salztrocknungsanlagen; ca. 50 km nördlich), Blowholes (bis zu 20 m hohe natürliche Wasserfontänen; ca. 75 km nördlich), Cape Cuvier (Salzverladeanlagen und Wrack der Korean Star; ca. 105 km nördlich) sowie die teils ausgezeichneten Badestrände Miaboolya Beach (ca. 20 km nördlich), Bush Bay (ca. 20 km südlich) und New Beach (ca. 40 km südlich).

Von Carnarvon führt ein Abstecher (Geländefahrzeug von großem Vorteil) in östlicher Richtung über Gascoyne Junction (178 km) zum **Kennedy Range National Park** (zerklüftete Berge, tiefe Schluchten sowie eine artenreiche Fauna

Wie es sich für einen richtigen Staat gehört, verfügt die Hutt River Provinz auch über eine eigene Verfassung, bei deren Formulierung man sich am Vorbild Liechtensteins orientierte. Die legislative Gewalt übt ein Parlament aus, das alle fünf Jahre gewählt wird. Als Regierungschef fungiert natürlich Fürst Leonard, die wichtigsten Ministerposten haben seine drei Söhne inne. So zeichnet Prinz Richard für das Wirtschaftsressort, Prinz Arthur Wayne für das Außenministerium und Prinz Ian George für das Portfolio Bank und Post. Ihrer Königlichen Hoheit, Prinzessin Shirley, Gattin von Fürst Leonard, dagegen fallen rein repräsentative Aufgaben zu.

Der Monarch hat für sein Reich sogar Geldscheine mit seinem Konterfei drucken lassen – auch wenn vermutlich keine Bank der Welt die Währung akzeptiert. Eigene Briefmarken (von der australischen Post natürlich nicht anerkannt) gibt es ebenfalls. Allerdings streiten sich Philatelisten darüber, ob sie nun sammelwürdig sind oder nicht. Immerhin tragen sie dazu bei, den Haushalt des Fürstentums aufzubessern.

»Seit unserer Unabhängigkeitserklärung hat unsere Wirtschaft einen gewaltigen Aufschwung genommen«, beschreibt Fürst Leonard die ökonomische Lage seines Reiches. Zu verdanken ist dies vor allem den Touristen, die augenscheinlich leichter zu melken sind als Kühe. Anfang der 80er Jahre fanden pro Woche über 1000 Besucher den komplizierten Weg zu Fürst Leonards abgelegener Residenz. Und das, obwohl die Bezirksverwaltung das Aufstellen von Hinweisschildern untersagt. Sie kauften Briefmarken und Souvenirs, wechselten harte Aussie-Dollars in die Währung der Hutt River Provinz um und ließen sich gegen Gebühr Visas in die Pässe stempeln.

Mittlerweile hat der Boom merklich nachgelassen und die Kitschandenken verstauben in den Regalen. Im kleinen Museum der königlichen Familie zieren Fliegendreck und Spinnweben die Exponate. Ein Foto zeigt Fürst Leonard mit Krönungsmantel und Szepter. Daneben ist das Wappen seines Reiches zu sehen: ein stilisierter Stierkopf, ein Adler und die Waage der Justitia. Trotz der gegenwärtigen Flaute blickt der Monarch mit Optimismus in die Zukunft. Unter anderem will er in der Einöde seines Imperiums demnächst einen internationalen Flugplatz bauen.

und Flora). Über Dairy Creek und Cobra Station (Motel und Caravan Park) erreicht man auf einer teils sehr rauhen Piste den 290 km nordöstlich von Gascoyne Junction gelegenen **Mt. Augustus.** Dieser 1105 m hohe, 7 km lange und 3 km breite Berg ist im Guinness-Buch der Rekorde als der weltgrößte Monolith verzeichnet. Im Gegensatz zum Ayers Rock wird der Mt. Augustus (ca. 1650–1750 Mio. Jahre alt) kaum besucht.

Ein weiterer langer (221 km), aber sehr lohnenswerter Abstecher führt vom North West Coastal Highway auf einer mittlerweile durchgehend geteerten Straße nach Exmouth, einem vor allem bei Hochseeanglern sehr beliebten Ferienort. Einen Teil der Halbinsel, an deren Nordspitze Exmouth liegt, nimmt der **Cape Range National Park** ein. Einen guten Eindruck vom Nationalpark mit den tiefeingeschnittenen Canyons aus Kreidefelsen (ehemalige Riffe, in denen Fossilien von Meereslebewesen zu finden sind) vermittelt die Fahrt auf der Charles Knife Canyon Road (Abzweigung ca. 30 km südlich von Exmouth nach Westen). Diese 11 km lange Schotterpiste führt zum Thomas Carter Lookout, dem Ausgangspunkt für den Badjirrajirra Walk Trail (Rundwanderung ca. 8 km/ca. 2–3 Std.). Zum Cape Range

National Park gehören auch feine Strände, an denen in den Sommermonaten riesige Meeresschildkröten ihre Eier ablegen (Informationen im Milyering Visitors Centre nahe dem nordwestlichen Parkeingang; tgl. 10–16 Uhr). Eine weitere Attraktion der Region ist der **Ningaloo Marine Park,** ein Unterwasser-Naturschutzgebiet, das sich vom North West Cape entlang der Westküste der Halbinsel über rund 260 km nach Süden erstreckt. Dieses Naturreservat schützt das längste Korallenriff Westaustraliens, das an der dichtesten Stelle nur 100 m vom Festland entfernt verläuft. Kenner behaupten, die hiesige Unterwasserwelt sei mit ihren rund 220 riffbildenden Korallen- sowie mehr als 500 Fischarten vielfältiger als die des Great Barrier Reef. **Exmouth** (2500 Einw.) wurde 1964 ursprünglich als Versorgungsstation für die benachbarte Naval Communication Station Harold E. Holt gegründet, einer zentralen Funkleitstelle für Kriegsschiffe der Amerikaner und Australier (Besichtigung tgl. 8.20 Uhr; Buchung im Exmouth Tourist Bureau).

Praktische Hinweise

Verkehr: Auf der Küstenstraße Perth–Port Hedland Busse von Ansett Pioneer, Bus Australia, Greyhound u. a. Westrail-Busse zu abseits des North West Coastal Highway gelegenen Orten (Kalbarri, Exmouth). Preisgünstige Mehrtagesfahrten von Perth nach Kalbarri, Monkey Mia, Exmouth u. a. Auskunft beim Western Australian Tourist Centre (s. S. 353). Ansett Airlines nach Geraldton, Carnarvon und Learmonth (bei Exmouth).

Unterkunft: Cervantes: *** Cervantes Pinnacles Motel, 227 Aragon St., ✆ 096/527145; Pinnacles Caravan Park, Aragon St., ✆ 096/527060. **Geraldton:** *** Batavia Motor Inn, 54 Fitzgerald St., ✆ 099/213500; ** Club Sun City Resort, 137 Cathedral Ave., ✆ 099/216111; Geraldton Backpackers Hostel, Chapman Rd., ✆ 099/641445; Geraldton YHA Hostel, 80–82 Francis St., ✆ 099/212549; Sun City Caravan Park, Swan Dve., ✆ 099/381655. **Kalbarri:** ** Palm Lodge Resort, Porter St., ✆ 099/371008; Red Bluff Caravan Park, ✆ 099/371080. **Monkey Mia:** Monkey Mia Dolphin Resort, ✆ 099/481320 (Caravan Park mit On-Site-Vans). **Carnarvon:** *** Overland Motor Inn, Robinson St., ✆ 099/411532; Carnarvon Backpackers Hostel, 48 Olivia Tce., ✆ 099/411095; Carnarvon YHA Hostel, 23 Wheelock Way, ✆ 099/412511; Wintersun Caravan Park, Robinson St., ✆ 099/418150. **Mt. Augustus:** Mt. Augustus Station Tourist Resort, ✆ 099/430527 (Motel und Caravan Park). **Exmouth:** *** Potshot Court Hotel Resort, Maidstone Crescent, ✆ 099/491200; Exmouth Backpakkers Hostel, Truscott Crescent, ✆ 099/491101; Lighthouse Caravan Park, Vlaming Head, ✆ 099/491478.

Information: Geraldton Tourist Bureau, Bill Sewell Complex, Chapman Rd., ✆ 099/213999; Kalbarri Travel Service, Grey St., ✆ 099/371104; Shark Bay Visitor & Travel Centre, Knight Tce., Denham, ✆ 099/481253; Carnarvon District Tourist Bureau, Civic Centre, Robinson St., ✆ 099/411146; Exmouth Tourist Bureau, Maidstone Crescent, ✆ 099/491176; Department of Conservation & Land Management, Exmouth, ✆ 099/491676.

Allgemeines

Als Pilbara bezeichnet man die Region zwischen dem Mittleren Westen im Süden, der Gibson Desert im Osten, der Great Sandy Desert im Norden und dem Indischen Ozean im Westen. In dem Gebiet von der fast anderthalbfachen Größe der Bundesrepublik Deutschland leben weniger als 100000 Menschen. Vor wenigen Jahren noch war die Pilbara fast völlig menschenleer. Doch dann setzte praktisch über Nacht eine wohl einzigartige Industriexplosion ein. Als der Viehzüchter Langley Hancock 1952 infolge eines Gewitters gezwungen war, ein unerforschtes Gebiet in niedriger Höhe zu überfliegen, fielen ihm bläuliche Adern im Gestein auf. Er hatte das bislang größte Eisenerzlager der Welt entdeckt. Seitdem spielt sich in der Pilbara ein titanischer Ausbeutungsprozeß ab. Dort, wo bisher Känguruhs und Emus in der Hitze dösten, wuchsen auf einen Schlag gigantische Infrastrukturen für den Abbau, die Verarbeitung und den Abtransport der hochkonzentrierten Eisenerze aus der roten Halbwüste. Zehntausende von Menschen wurden durch hohe Gehälter angelockt. Es entstanden Firmenstädte aus der Retorte, künstliche Wohnanlagen mit allem Komfort. Nester wie Dampier und Port Hedland erhielten plötzlich riesige Hafenanlagen, um den wertvollen Rohstoff vorzugsweise nach Japan verschiffen zu können.

Die Pilbara ist aber auch trotz ihrer Unwirtlichkeit und ihrer oftmals mörderischen Hitze (Temperaturen über 40° sind im Sommer die Regel) eine der interessantesten Landschaften des Kontinents. Sie umfaßt uralte, stark erodierte Gebirgsrümpfe und Plateaus aus präkambrischen Sedimentschichten. Charakteristisch sind tiefeingeschnittene Schluchten, deren Wände je nach Sonnenstand in den verschiedensten Farben leuchten und deren Böden oft mit Farnen und Palmen bestanden sind. Als beste Reisezeit empfehlen sich die Wintermonate (Mai–Okt.). Die Tage sind dann bei meist klarem Himmel warm und sonnig, nachts allerdings kann es im Binnenland empfindlich kalt werden.

Städte und Landschaften

Der erste größere Ort in der südlichen Pilbara ist das 82 km nordwestlich des North West Coastal Highway gelegene **Onslow** (600 Einw.), das vor allem Bedeutung als Versorgungsbasis für die Erdölförderstätten nahe der nördlich vorgelagerten Barrow Island hat.

Rund 330 km nordöstlich von Onslow liegen, etwas abseits des Highway One, die Städte **Karratha** (9500 Einw.; Retortenwohnstätte für die Mitarbeiter der großen Bergwerksgesellschaften) und **Dampier** (2000 Einw.). Ursprünglich als Hafen für die Minenstädte Tom Price und Paraburdoo ausgebaut (Besichtigung des Erzverladehafens Mo–Fr 9 und 12 Uhr), ist die Stadt heute zudem die Hauptbasis für die Öl- und Gaswirtschaft in den nordwestlichen Offshore-Bereichen des Kontinents. Auf der **Burrup Peninsula** (ca. 10 km nordöstlich von Dampier) liegt das North West Shelf Natural Gas Project, eine riesige Anlage zur Verflüssigung von Erdgas, das mittels einer 135 km langen submarinen Pipeline von der Förderplattform North

Rankin A herbeigeschafft wird (Besucherzentrum Mo–Fr 9–16.30 Uhr). Das Umland von Dampier prägen riesige Salinen (Salzgewinnung).

Sehenswert ist das stilvoll restaurierte **Cossack** (18 km nordöstlich von Roebourne), ein ehemals wichtiger Stützpunkt für Perlentaucher sowie Verladehafen für mineralischen Rohstoffe und landwirtschaftliche Produkte. Cossacks Bedeutung schwand quasi über Nacht, als sein Hafen versandete (schöner Blick vom Tien Tsin Lookout). In **Point Samson,** einem kleinen Ferienort und Fischereihafen 20 km nördlich von Roebourne, sind eine moderne Trawlerflotte und einige Fischverarbeitungsbetriebe lokalisiert. Der nahegelegene Verladehafen für Eisenerz am Cape Lambert besitzt das größte Tiefwasserpier Australiens.

Südlich von Roebourne erstreckt sich der **Millstream-Chichester National Park,** den man auf einer relativ guten Schotterpiste leicht erreichen kann. Im Unterschied zur östlichen Region (malerische Schluchten; Schwimmgelegenheit im natürlichen ›Felsenbad‹ Python Pool) präsentiert sich der Westteil um Millstream als eine tropische Oase mit üppiger Vegetation (u. a. Dattelpalmen, Papierrindeneukalypten, Farnen). Einen scharfen Kontrast zur Halbwüste der Pilbara bilden die hier permanent wasserführenden Flußläufe sowie mit Wasserlilien übersäte Teiche. Diesen Garten Eden schuf eine unterirdische Quelle. Einige Städte an der Küste erhalten ihr Trinkwasser mittels einer Pipeline aus dem Millstream National Park. Entlang der Flüsse gute Wandermöglichkeiten.

Auf einer Schotterpiste (in der Trokkenzeit gut befahrbar) erreicht man von Millstream den noch weiter südlich gelegenen **Hamersley Range National Park.** Eine bequemere, landschaftlich allerdings weniger reizvolle Anreise ist auf einer geteerten Straße von Port Hedland aus möglich. Für die Schotterpisten im Park selbst benötigt man ein Fahrzeug mit guter Bodenfreiheit. Im Park sind einfache Campingplätze vorhanden (u. a. bei Yampire Gorge, Dales Gorge, Weano Gorge), allerdings besteht keine Möglichkeit, Treibstoff oder Proviant zu kaufen (letzte Gelegenheit in Wittenoom). Genügend Trinkwasser mitnehmen! Vorsicht bei der Erkundung des Parks: Es gibt keine Warntafeln, Absperrungen oder Sicherungsseile.

Die Hamersley Range ist ein stark verwittertes Urgebirge, eigentlich ein wildzerklüftetes Plateau. Wissenschaftler haben anhand von Mikrofossilien nachgewiesen, daß die geologische Formung des Gebirges schon vor 3500 Mio. Jahren begann. Was den Zauber dieser Landschaft ausmacht, sind die von der Erosion tief in die Gesteinsschichten hineingefrästen Schluchten sowie die Felsformationen, deren Vielfarbigkeit Mineralien wie Kupfer, Asbest und Eisen hervorrufen. Die spektakulärsten Schluchten liegen in der Nordregion, verlaufen fast durchweg von Süd nach Nord, sind bis zu 100 m tief und besitzen fast alle ständig wasserführende und von üppiger Vegetation umrahmte Felsenpools.

Ausgangspunkt für Erkundungen des Nationalparks ist **Wittenoom,** das seine Gründung im Jahre 1947 dem Abbau von Asbest in der nahen Wittenoom Gorge verdankt. Mitte der 60er Jahre wurden die Asbestminen wegen akuter Gesundheitsgefahren stillgelegt.

Die Zufahrt ins eigentliche Canyon Country erfolgt durch die Yampire Gorge östlich von Wittenoom. Nach 27 km kommen wir zu einer Straßenkreuzung mit einem ungewöhnlich großen Termitenhügel (Giant Termite Mound).

Links abbiegend erreichen wir nach weiteren 10 km die Dales Gorge. Es gibt hier zwei kleinere Wanderungen: Vom Parkplatz auf dem Plateau oberhalb der Fortescue Falls, der einzigen ganzjährig wasserführenden Fälle des Parks, führt ein Weg hinab in die Schlucht, deren Grund sich zum Circular Pool, einem natürlichen Basin, das von steilaufragenden Felswänden umgeben wird, schlängelt (ca. 3 km/ca. 2 Std. v. v.). Ein anderer Pfad führt vom genannten Parkplatz der Abbruchkante der Schlucht entlang zu einem Aussichtspunkt oberhalb des Circular Pool (ca. 2 km/ca. 1 Std. v.v.).

Zweigen wir an der Kreuzung beim Termitenbau nach rechts ab, kommen wir zu einer weiteren großartigen Naturattraktion des Parks – zum Oxer Lookout, wo vier Canyons (Red, Joffre, Weano und Hancock Gorge) aufeinander treffen. Vom Parkplatz beim Oxer-Aussichtspunkt können Wagemutige teils über Eisenleitern in die Hancock Gorge hinabsteigen, von der man, eiskaltes Wasser durchschwimmend, über die Red Gorge zur Weano Gorge gelangt. Weniger riskant ist die kurze Wanderung vom Parkplatz direkt zur Weano Gorge, in der die etwa 100 m steilaufragenden Felswände abschnittsweise bis auf einen Meter zusammenwachsen (ca. 2 km/ca. 1 Std. v. v.). Über die Hamersley Gorge und die Rio Tinto Gorge in der Nordwestecke des Parks kann man wieder nach Wittenoom zurückkehren.

Die zentrale Pilbara-Region hat zudem einige von Menschen geschaffene ›Attraktionen‹ zu bieten. Hier befindet sich die Schatzkammer Westaustraliens, wo gigantische Eisenerzvorkommen im Tagebau (Open Cut Mining) ausgebeutet werden, großflächig hochprozentiges Eisenerz aus dem Boden gesprengt und von Baggern auf riesige Lastwagen (240-Tonner) verladen wird. Diese Trucktitanen karren das Eisenerz zu sogenannten Crusher, wo es in maximal 10 cm große

Hamersley Range National Park

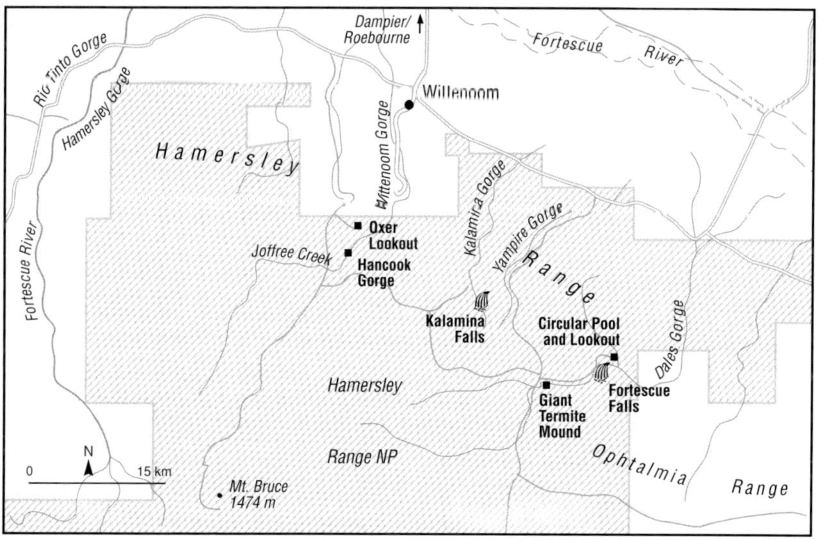

Termitenbau in der Kimberley-Region

Brocken zerkleinert wird. Anschließend transportieren Züge, von bis zu sechs hintereinandergekoppelten Diesellokomotiven gezogen, mit bis zu 240 Waggons (je 100 t Ladevermögen) und einer Länge von 2–3 km die Ladung an die Küste. In den großen Eisenerzminen der Pilbara können Besucher während der Hauptreisezeit diese Vorgänge von Aussichtsplattformen beobachten.

Unmittelbar am Rande des Hamersley Range National Park, am Fuße des Mt. Nameless (1128 m), liegt **Tom Price** (3500 Einw.), eine Firmenstadt des Konzerns Hamersley Iron. Wie alle anderen großen Minenorte der Region ist es eine

Fertighaussiedlung aus der Retorte mit Supermärkten, Kinos und Grünanlagen. Die Tagebauminen von Tom Price und dem 92 km südlich gelegenen **Paraburdoo** (2500 Einw.) sind nach Voranmeldung zu besichtigen (Hamersley Iron/Tom Price, ✆ 091/892375; Hamersley Iron/Paraburdoo, ✆ 091/895200).

In der südöstlich an die Hamersley Range anschließenden Ophthalmia Range liegt die Minenstadt **Newman** (7000 Einw.), wo an bestimmten Tagen die Mt. Whaleback Mine, die größte Eisenerztagebaumine der Welt, besichtigt werden kann (Mt. Newman Mining Company, ✆ 091/751581).

Die Reißbrettstadt Newman ist durch eine 426 km lange private Eisenbahnlinie mit **Port Hedland** (13000 Einw.) dem Ausfuhrhafen für die am Mt. Whaleback geförderten Eisenerze, verbunden. Zudem werden von hier jedes Jahr rund 2 Mio. t Salz exportiert. Touristisch hat das auf einer kleinen Insel (13 km lang, 1,6 km breit) gelegene und mit dem Festland durch drei Dämme verbundene Port Hedland wenig zu bieten (Besichtigungstour des Erzhafens der Mt. Newman Mining Company Mo–Fr 9.30 Uhr). Einen guten Ausblick auf das Verladepier und die ein- und auslaufenden Erzfrachter hat man vom Shipping Observation Lookout (nahe Tourist Information Centre).

Der Great Northern Highway (Highway 95), der von Perth durch das Binnenland nach Norden führt, ist eine an Sehenswürdigkeiten relativ arme, allerdings deutlich kürzere Alternativroute zum küstennahen Highway One. Rund 130 km nördlich von Perth liegt im Städtchen **New Norcia** ein Benediktinerkloster, das 1846 von spanischen Mönchen gegründet wurde (im Klostermuseum u. a. eine Sammlung von Werken spanischer und italienischer Maler; tgl. 10–16.30 Uhr). Über Cue (600 Einw.; 80 km nördlich von Mount Magnet, alte Gebäude aus der Goldrush-Ära) und Meekatharra (1500 Einw.; 120 km nördlich von Cue, Verwaltungszentrum einer ausgedehnten Schaf- und Viehzuchtregion) geht es weiter nach **Wiluna** (ca. 200 km östlich von Meekatharra). Hier ist der südliche Endpunkt der Canning Stock Route. Diese Buschpiste, auf die man sich nur nach sehr intensiver Vorbereitung und nur mit zuverlässigen allradgetriebenen Fahrzeugen (möglichst im Konvoi) wagen sollte, führt über eine Distanz von 1830 km von Wiluna quer durch die Gibson Desert nach Halls Creek in der Kimberley-Region. In der ersten Hälfte des 19. Jahrhunderts trieben auf dieser Route Stockmen riesige Rinderherden von den Weidegebieten des Kimberley-Plateaus zur Bahnverladung nach Wiluna.

Zwischen Meekatharra und Newman verläuft der Great Northern Highway über mehr als 400 km durch fast menschenleere Halbwüste. Von Newman führt der New Great Northern Highway nach Port Hedland (471 km), der alte Great Northern Highway (Schotterpiste) über die ehemaligen Goldminenstädte Nullagine und Marble Bar (290 km nördlich von Newman) an die Küste.

Praktische Hinweise

Verkehr: Große Busgesellschaften (Ansett Pioneer, Bus Australia, Greyhound u. a.) fahren auf North West Coastal Highway und Great Northern Highway Richtung Port Hedland (Perth – Port Hedland ca. 24 Std.). Ansett Airlines tgl. Perth – Karratha und Perth – Port Hedland. Zwischen Port Hedland und Wittenoom verkehren keine regulären Busse. Nationalparks der Pilbara: Nur mit eigenem Fahrzeug oder Reiseveranstalter. Vorsicht: Starke Regenfälle in den Sommermonaten machen die Schotter- und Lehmpisten abseits der asphaltierten Highways oft tage- und wochenlang unpassierbar. Reiseveranstalter: Bush Bus Tours, Port Hedland Welcome Centre, Wedge St., Port Hedland, WA 6721, ✆ 091/731650; Design-a-Tour, P.O. Box 81, Wittenoom, WA 6752, ✆ 091/897059; Norwest Explorer Tours, Karratha City Shopping Centre, Welcome Rd., Karratha, WA 6714, ✆ 091/852474.

Unterkunft: Dampier: ** King Bay Holiday Village, The Esplanade, ✆ 091/831644 (hier auch preiswerte Zimmer). **Wittenoom:** * Fortescue Motel, Gregory St., ✆ 091/897055; Bungarra Bivouac Hostel, 71 Fifth Ave., ✆ 091/897026; Gorges Caravan Park, ✆ 091/897075. **Tom Price:** ** Tom Price Hotel, Central Rd., ✆ 091/891101; Mt. Nameless Caravan Park, ✆ 091/891515. **Newman:** *** Overland Motor Inn, Newman Dve., ✆ 091/751101; Newman Caravan Park, Kalgan Dve., ✆ 091/751428. **Port Hedland:** *** Overland Motor Inn, North West Coastal Hwy., ✆ 091/721222; ** The Esplanade Hotel, Anderson St., ✆ 091/731798; Port Hedland Backpackers Hostel, 20 Richardson St., ✆ 091/732198; Cooke Point Ocean Beach Caravan Park, Athol/Taylor Sts., ✆ 091/731271.

Information: Dampier Tourist Information Centre, King Bay Holiday Village, The Esplanade, ✆ 091/831644; Port Hedland Tourist Bureau, 13 Wedge St., ✆ 091/731650; Department of Conservation & Land Management, Pilbara Regional Office, SGIO Bldg., Welcome Rd., Karratha, ✆ 091/868288.

Allgemeines

Die riesige Kimberley-Region im Norden von Westaustralien ist erst teilweise erforscht und erschlossen. Ungünstige naturräumliche und klimatische Voraussetzungen waren und sind der Grund für die sehr geringe Bevölkerungsdichte. Die Kimberleys (2500 Mio. Jahre alt) sind im wesentlichen ein ausgedehntes, stark verwittertes und wildzerklüftetes Hochplateau. Tief in den rötlichen Fels eingeschnittene Schluchten wechseln mit weiten offenen Savannen.

Schwere saisonale Regenfälle ermöglichen in der semitropisch geprägten Kimberley-Region eine extensive Viehwirtschaft. Zunehmend an Bedeutung gewinnt der Bergbau: Industriediamanten am Lake Argyle und Bauxitvorkommen auf dem Mitchell Plateau.

Geprägt wird die Region zudem von klimatischen Extremen. In den Sommermonaten sind hier Temperaturen von bis zu über 40° C an der Tagesordnung. Zur gleichen Jahreszeit setzen monsunartige Niederschläge ganze Landstriche unter Wasser. Flüsse wie der Fitzroy River und der Ord River, normalerweise nicht viel breiter als etwa 100 m, verwandeln sich dann in tosende Ströme, die sich auf bis zu über 10 km Breite ausdehnen können. Und selbst auf dem asphaltierten Great Northern Highway sitzen dann Autofahrer gelegentlich tagelang im Wasser oder Schlamm fest.

West Kimberleys

Zwischen Port Hedland und Broome verläuft der Great Northern Highway 624 monotone Kilometer lang zwischen dem Indischen Ozean und der Great Sandy Desert. Die einzigen nennenswerten ›Orte‹ entlang dieser Strecke sind das Pardoo Roadhouse sowie das Sandfire Flat Roadhouse (Raststätten mit Tankstelle, Motel, Caravan Park).

Die südwestlichste und mit rund 4500 Einwohnern gleichzeitig größte Stadt der Region ist **Broome,** Anfang dieses Jahrhunderts weltweit das führende Zentrum der Perlenfischerei. Gegen 1930 jedoch setzte mit dem Aufkommen von Zucht- und Kunstperlen der Niedergang dieses lukrativen Erwerbszweiges ein. Heute sammeln die Besatzungen einiger weniger Küstenschiffe junge Austern ein, die dann in verschiedenen Perlenfarmen in der Umgebung für die Herstellung von Kulturperlen herangezogen werden. Anschauliche Informationen über die Geschichte der Perlenfischerei erhalt man im Broome Historical Museum im Old Customs House (Saville St.; Mo-Fr 10–16 Uhr, Sa u. So 10–13 Uhr). Auf dem Weg zum berühmten Cable Beach lohnt sich ein Stopp am Japanese Cemetery (Port Drive), wo eine Gedenkstätte an 40 japanische Perlentaucher erinnert, die 1908 bei einem verheerenden Wirbelsturm ums Leben kamen. In der Nähe des über 20 km langen, feinsandigen Cable Beach, der seinen Namen von dem Telegraphenkabel erhielt, das einst von hier nach Banyuwangi auf der indonesischen Insel Java führte, befinden sich die Pearl Coast Zoological Gardens (tgl. 9–17 Uhr) sowie der Broome Crocodile Park mit zahlreichen Süß- und Salzwasserkrokodilen (tgl. 10–17 Uhr). Am Gantheaume Point (ca. 7 km südlich) sind bei Ebbe Dinosaurierspuren zu sehen, deren Alter auf 130 Mio. Jahre geschätzt wird.

Derby (3000 Einw.; 223 km östlich von Broome), nahe der Mündung des Fitzroy River in den King Sound gelegen, hat vor allem Bedeutung als administratives Zentrum der West Kimberleys sowie zudem als Exporthafen für Rindfleisch. Beeindruckend sind die enormen Gezeitenunterschiede am King Sound von bis zu knapp 12 m. Lohnenswert ist ein Besuch des Royal Flying Doctor Service (Clarendon St.; Mo-Fr 8–12 Uhr u. 14–15.30 Uhr). Etwa 7 km südlich von Derby steht der berühmte Prison Boab Tree, ein riesiger, über 1000 Jahre alter Baobab (Umfang 14 m), dessen hohler Stamm einst als Aufbewahrungsort für Häftlinge diente. Wenn Sie sich für das Kunsthandwerk der Ureinwohner interessieren, sollten Sie der Aboriginal Corporation Mowanjum (ca. 8 km östlich von Derby an der Gibb River Road) einen Besuch abstatten.

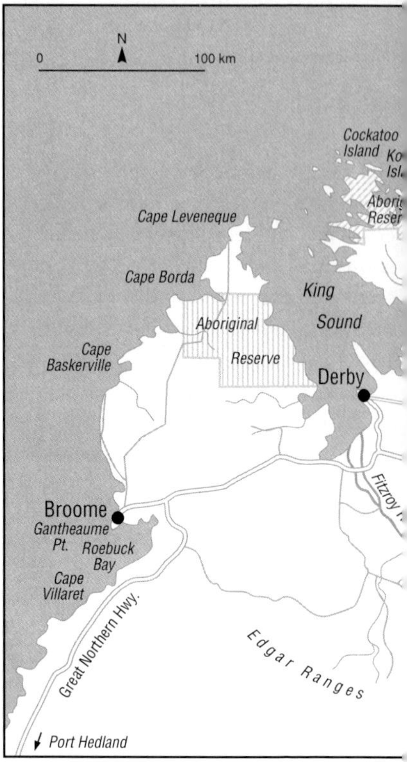

Kimberleys

Von Derby kann man auf dem Great Northern Highway über Halls Creek die östlichen Kimberleys erreichen. Eine interessante Alternativroute ist die rund 300 km kürzere Gibb River Road (Derby-Wyndham, 670 km) durch die King Leopold Ranges (am besten mit einem Geländewagen oder bei umsichtiger Fahrweise während der Trockenperiode mit einem robusten Pkw zu bewältigen; während des Sommermonsuns ist die Piste unpassierbar).

420 km nordöstlich von Derby zweigt bei der kleinen Siedlung Gibb River die Kalumburu Road in nördlicher Richtung ab. Diese über weite Abschnitte unbefestigte Piste führt in das landschaftlich faszinierende **Mitchell Plateau** mit den Mitchell Falls, dem King Edward River, dem Surveyors Pool sowie dem Drysdale River National Park (detaillierte Informationen in der u. a. bei Fremdenverkehrsämtern der Gegend erhältlichen Broschüre The Gibb River and Kalumburu Road Travellers Guide).

Den ersten Abschnitt der Gibb River Road (120 km) müssen Sie auch benutzen, um zu einer eindrucksvollen Schluchtenlandschaft zu gelangen, dem vom Lennard River in die Napier Range gefrästen Canyon der **Windjana Gorge** (s. Farbabb. 13). Im Devon (vor ca. 350 Mio. Jahren) bedeckte ein seichtes Tropenmeer weite Teile des Nordwesten Australiens. Damals erstreckte sich ein 20–30 km breites und über 1000 km langes Korallenriff (Devonian Great Barrier Reef) von der Gegend des heutigen Fitzroy Crossing in weitem Bogen bis in das

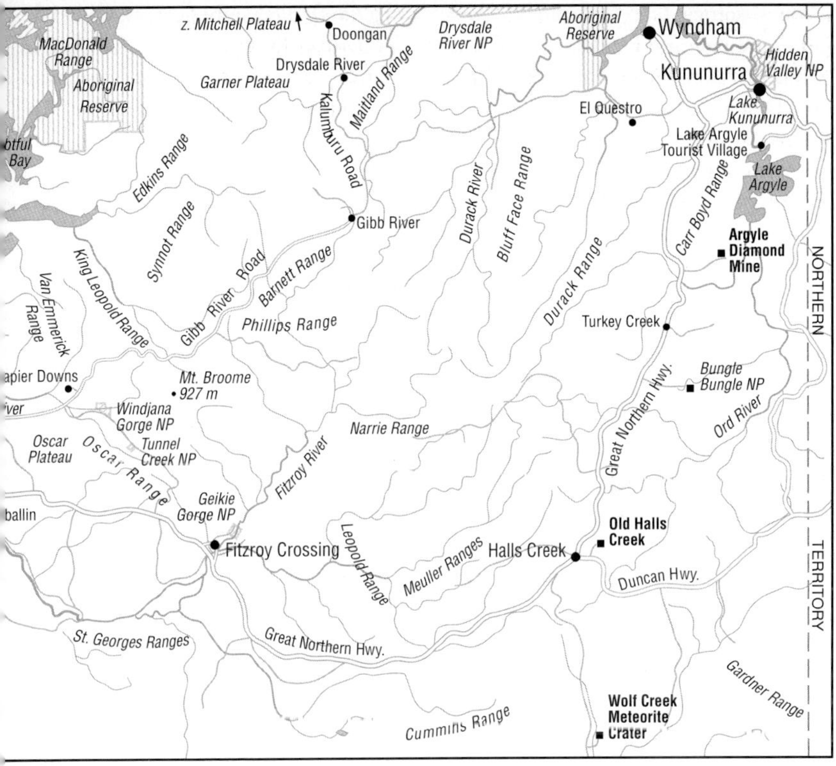

Gebiet des heutigen Kununurra. Nachdem sich das Meer zurückgezogen hatte, schnitten Flüsse tiefe Schluchten in die exponierten Teile des ehemaligen Korallenriffs. So entstanden u. a. die imposanten Canyons der Windjana Gorge und der weiter südöstlich gelegenen Geikie Gorge. Heute noch zeugen Fossilien von Meereslebewesen, die man in den Felswänden dieser Schluchten findet, von der geologischen Formung der Region. Auf einer Wanderung durch die 3,5 km lange und bis zu 100 m tiefe Windjana Gorge, die während der Trockenperiode (Mai–Okt.) bis auf einige Wasserlöcher ausgetrocknet ist, kann man Flora und Fauna des Nationalparks bewundern, u. a. Kakadus, riesige Fledermäuse (Flugfüchse), harmlose Süßwasserkrokodile. Die uralten Felszeichnungen der Aborigines, die die Windjana Gorge seit jeher als einen mystischen Ort betrachten, sind allerdings nur schwer zu finden (Auskunft beim Ranger). Am Schluchteingang einfacher Campingplatz.

35 km südöstlich der Windjana Gorge (schlechte, aber auch mit Pkws befahrbare Straße) liegt der kleine **Tunnel Creek National Park.** Hier hat der Tunnel Creek einen 750 m langen, 3–12 m hohen und bis zu 15 m breiten Tunnel durch die Napier Range gebohrt. Je nach Wasserstand und ausgerüstet mit einer guten Taschenlampe kann man diesen Naturtunnel mit seinen Tropfsteinen auf eigene Faust erkunden.

Vom Tunnel Creek National Park sind es auf einer rauhen, staubigen Piste 68 km bis zum Great Northern Highway. Diesem in südöstlicher Richtung folgend, kommt man nach 42 km zum Städtchen Fitzroy Crossing. Knapp 20 km nordöstlich dieses relativ uninteressanten Ortes beginnt der **Geikie Gorge National Park** (Zufahrt auf guter Teerstraße; am Eingang der Schlucht ein einfacher Campingplatz). Hier hat der Fitzroy River eine 14 km lange und bis zu 30 m tiefe Schlucht in das ehemalige Korallenriff gegraben. Im Gegensatz zum Lennard River, der nur während der Regenzeit durch die Windjana Gorge fließt, führt der mächtige Fitzroy River ganzjährig Wasser. An den scharf von einander getrennten, unterschiedlichen Verfärbungen der Felswände in der Geikie Gorge kann man die enormen Pegelschwankungen des Flusses (bis zu 16,5 m) zwischen Trocken- und Regenzeit ablesen. Den Fluß bevölkern neben Süßwasserkrokodilen u. a. auch Stachelrochen und Sägefische, also Meeresfische, deren Vorfahren hier zurückblieben, als sich das Meer zurückzog. Die beste Gelegenheit, die Geikie Gorge kennenzulernen, bieten von Rangern veranstaltete, zweistündige Bootsfahrten (in der Trockenzeit tgl. 9 u. 14.30 Uhr; Buchung empfehlenswert, ✆ 091/915121). Einen guten Eindruck von dem Nationalpark vermittelt auch der Reef Walk Nature Trail entlang des westlichen Steilufers (ca. 5 km/ca. 1,5 Std. v. v.).

East Kimberleys

291 km östlich von Fitzroy Crossing liegt das Städtchen **Halls Creek** (1000 Einw.), seit seiner Gründung ein von Reisenden geschätzter Rastplatz auf dem Weg durch die Kimberleys. In Old Halls Creek (ca. 15 km östlich am Duncan Highway gelegen) zeugen nur noch Ruinen und ein vom Flugsand halbverwehter Friedhof von einer ›goldenen‹ Zeit (1883–1885). Knapp 150 km südlicher liegt der ca. 50000 Jahre alte **Wolf Creek Meteorite Crater,** der mit einem Durchmesser von 854 m und einer Tiefe von 49 m zweitgrößte Meteoritenkrater der Erde. Den besten Eindruck von diesem Riesenkrater erhält man vom Flugzeug aus (Rundflüge ab Halls Creek), man kann ihn aber auch mit einem konventionellen Fahrzeug auf der Tanami Road erreichen (Abzweigung vom Great Northern Highway ca. 15 km südwestlich von Halls Creek). Etwa 50 km südlich des Meteoritenkraters zweigt bei Billiluna die nach Wiluna führende Canning Stock Route (s. S. 372) ab. Während man die Piste durch die Tanami Desert nach Alice Springs, den Angaben von Einheimischen zufolge, bei günstigen Witterungsbedingungen und entsprechenden Vorbereitungen auch mit konventionellen Fahrzeugen bewältigen kann, wird dringend davon abgeraten, die Canning Stock Route auf eigene Faust anzugehen.

Nordöstlich von Halls Creek liegt der **Bungle Bungle National Park:** steile Felsdome, bizarre Sandsteinkuppeln und wie runde Bienenkörbe wirkende Skulpturen aus Naturstein (vor ca. 350 Mio. Jahren entstanden). Aufgrund der unterschiedlichen Härte des Sedimentgesteins kam es durch Erosion zu dieser Formenvielfalt. Zufahrt: nur mit allradgetriebenem Geländefahrzeug mit großer Bodenfreiheit (Abzweigung vom Great Northern Highway 109 km nördlich von Halls Creek in östlicher Richtung; Eingang bei Three Ways, 55 km; genügend Wasser mitnehmen!). Als Ausgangspunkte für Erkundungen des

Parks stehen zwei Campingplätze zur Verfügung: das Kurrajong Camp und das Bellburn Camp. Eine Hauptanlaufstelle im Park ist der Echidna Chasm (ca. 20 km nordöstlich der Three Ways-Kreuzung). Vom Parkplatz führt ein Wanderpfad in die pittoreske Schlucht (ca. 3 km/ca. 1,5 Std. v.v.). Als landschaftlich schönstes Wandergebiet aber gilt der Südteil des Naturreservats, die Region der ›steinernen Bienenkörbe‹ mit ihren markanten, verschiedenfarbigen Querstreifen. Startpunkt für zwei Wanderungen ist der Parkplatz beim Piccaninny Creek (ca. 30 km südöstlich der Three Ways Junction): einfacher Rundweg zur Cathedral Gorge (ca. 2,5 km/ca. 1 Std.), schwierigere Wanderung zur Piccaninny Gorge (ca. 18 km/ca. 8–10 Std. v.v.). Zum Schutze der zerbrechlichen Gesteinsformationen ist Klettern im Park streng verboten!

Nördlich von Halls Creek verläuft der Great Northern Highway zwischen Durack Range und Carr Boyd Range. **Wyndham** (1500 Einw.), am Cambridge Gulf gelegen, wurde in den 80er Jahren des vorigen Jahrhunderts als Versorgungshafen und Eingangstor für die Goldfelder von Halls Creek gegründet. Seit der Schließung seiner Schlachthäuser und fleischverarbeitenden Betriebe 1985 verliert der Ort immer mehr an Bedeutung. Besuchenswert ist die Wyndham Crocodile Farm (tgl. 9–17 Uhr; Fütterung tgl. 11 u. 16 Uhr), der Crocodile Lookout (Salzwasserkrokodile in freier Wildbahn) und Five River Lookout mit Blick über den Cambridge Gulf, in den fünf Flüsse münden. Lohnenswert ist ein Abstecher zur Telegraph Springs Grotto (ca. 35 km südlich von Wyndham). Dies ist ein herrlich gelegener Felsenpool, der an drei Seiten von steilaufragenden Klippen umgeben wird.

Kununurra (2500 Einw.) entstand 1963 als Versorgungs- und Verwaltungszentrum für das Ord River Irrigation Scheme (ORIS). Dem 1963 geschaffenen Stausee Lake Kununurra folgte neun Jahre später die Aufstauung des mächtigen Ord River zum Lake Argyle, dem größten künstlichen See des Fünften Kontinents (ca. 1000 km²). Dieser dient dazu, die ungenutzt in die Timor Sea abfließenden Wassermassen aufzufangen. Bis 1978 wurde in der umliegenden Trockenzone ein Bewässerungsgebiet von 6000 km² erschlossen. Nach einigen Jahren des Experimentierens konnte sich hier eine moderne, marktorientierte Plantagenwirtschaft etablieren (Sonnenblumen, Erdnüsse, Sojabohnen, verschiedene Obst- und Gemüsearten). Sehenswert ist in Kununurra die Waringarri Aboriginal Arts Gallery in der Speargrass Rd. (Kunst und Kunsthandwerk der Ureinwohner; Mo–Fr 8.30–12 Uhr, 13–16.30 Uhr). Einen schönen Blick über das ausgedehnte Bewässerungsgebiet hat man vom Kellys Knob Lookout. Keinesfalls versäumen sollten Sie einen Abstecher zum Hidden Valley National Park, dem Mini-Bungle-Bungle an der östlichen Peripherie von Kununurra.

Am **Lake Argyle,** ca. 70 km südlich von Kununurra, liegt in der Nähe des Lake Argyle Tourist Village (Motel und Caravan Park) die Durack Argyle Homestead. Dieser heute als Museum dienende Wohnsitz der Pionierfamilie Durack vermittelt einen guten Eindruck vom Leben der ersten Siedler in den Kimberleys (tgl. 9–12 Uhr u. 13–16 Uhr). Im Süden des Lake Argyle erstreckt sich die riesige Argyle Diamond Mine, die größte Diamantenmine der Erde, wo rund 2000 Beschäftigte vorwiegend Industriediamanten fördern (Besichtigung über Belray Diamond Tours,

Stausee Lake Argyle

✆ 091/68 10 14). Etwa 40 km östlich von Kununurra überquert der Highway One die Grenze zwischen Westaustralien und dem Nordterritorium, jenseits derer er als Victoria Highway in nordöstlicher Richtung verläuft (s. S. 401).

Praktische Hinweise

Verkehr: Mit Ansett Pioneer, Bus Australia, Greyhound u. a. auf der Route Perth – Darwin in sämtliche größeren Orte der Kimberleys (Perth – Broome ca. 30 Std., Perth – Derby ca. 34 Std., Perth – Kununurra ca. 48 Std). Ansett bietet tgl. Flüge von Perth und Port Hedland nach Broome, Derby und Kununurra. Abseits des Great Northern Highway ist unbedingt ein eigenes, sehr zuverlässiges Fahrzeug nötig. Einzig mögliche Besuchszeit für die Nationalparks: Mai – Okt. *Panoramaflüge* über den Bungle Bungles, dem Wolf Creek Meteorite Crater und anderen Naturattraktionen: Alligator Airways, Kununurra, ✆ 091/68 15 75; Crocodile Air, Halls Creek, ✆

091/686250; Kingfisher Aviation, Halls Creek, ✆ 091/686162; Slingair, Kununurra, ✆ 091/661255. Helikopterflüge über die Bungle Bungles starten beim Kurrajong-Campingplatz nahe des Parkeingangs; ✆ 091/681811. Mehrtägige *Geländewagentouren* in den Bungle Bungle National Park: East Kimberley Tours, Kununurra, ✆ 091/682213; Halls Creek and Bungle Bungle Tours, Halls Creek, ✆ 091/686217.

Unterkunft: Broome: *** Auski Tropical Resort, 1298 Milner St., ✆ 091/921183; * Forrest House, 59 Forrest St., ✆ 091/922429; Broome Backpackers Hostel, Crokker Way, ✆ 091/935050; Cable Beach Caravan Park, Millington Rd., ✆ 091/922066. **Derby:** ** Derby Boab Inn, Lock St., ✆ 091/911044; Derby Caravan Park, Rowan St., ✆ 091/911022. **Fitzroy Crossing:** *** Fitzroy River Lodge, Great Northern Hwy., ✆ 091/915141; Tarunda Caravan Park, ✆ 091/915004. **Halls Creek:** *** Kimberley Hotel, Roberta Ave., ✆ 091/686101; Halls Creek Caravan Park, Roberta Ave., ✆ 091/686169. **Kununurra:** *** Overland Motor Inn, Duncan Hwy., ✆ 091/681455; ** Lake Argyle Inn, ✆ 091/687360 (72 km südlich am Lake Argyle); Kununurra Backpackers Hostel, 112 Nutwood Crescent, ✆ 091/681711; Kununurra YHA Hostel, Coolibah Dve., ✆ 091/681372; Kuna Park Caravan Park, Levee Bank Rd., ✆ 091/681031 (3 km westlich); Lake Argyle Tourist Village (Caravan Park), ✆ 091/687360 (72 km südlich am Lake Argyle).

Information: Broome Tourist Office, Great Northern Hwy., ✆ 091/922222; Derby Tourist Bureau, Clarendon St., ✆ 091/911426; Halls Creek Information Centre, Great Northern Hwy., ✆ 091/686262; Kununurra Visitors Centre, Coolibah Dve., ✆ 091177; Department of Conservation & Land Management, Kimberley Regional Office, Papuana Dve., Kununurra, ✆ 091/680200.

Die Felskuppeln der Olgas ▷

Northern Territory

Allgemeines

Das Nordterritorium ist das drittgrößte Territorium Australiens. Obwohl es von der Ausdehnung her etwa ein Sechstel des Kontinents umfaßt, beherbergt es weniger als 1% der australischen Gesamtbevölkerung (156400 Einw.; Bevölkerungsdichte 0,12 Einw./km^2; 1989). Die Bevölkerungsverteilung ist sehr differenziert und an die wenigen Erwerbsmöglichkeiten der Region gebunden (zwei Drittel leben in Darwin und Alice Springs). Mit über 25% liegt der Anteil der Ureinwohner an der Gesamtbevölkerung deutlich höher als in den sechs Bundesstaaten. Ihnen wurde rund 20% des Northern Territory als Aboriginal Land zugesprochen.

Der größte Teil des Nordterritoriums liegt bereits im Tropengürtel. Geographisch gliedert es sich in zwei Großregionen: den tropischen Norden mit der Hauptstadt Darwin und das riesige ›Rote Herz‹ des Kontinents mit dem Zentrum Alice Springs. Während die nördlichen Küstensäume geprägt sind von einer üppigen Vegetation mit einer äußerst artenreichen Tierwelt, besteht der Rest des Territoriums weitgehend aus ariden und semiariden Gebieten, aus Spinifexsavannen, steinübersätem Ödland und Halbwüsten mit Sanddünen. Gegen Süden steigt die Küstenebene allmählich zu einer Plateaulandschaft von durchschnittlich etwa 450 m Höhe an, aus der in der Gegend von Alice Springs und nahe der Grenze zu Südaustralien Bergketten mit Erhebungen von bis zu über 1500 m (MacDonnell Ranges, Petermann Ranges u.a.) sowie einige Inselberge (Ayers Rock) herausragen. Größere Flüsse finden sich nur im Küstenbereich; die Wasserläufe im Landesinneren sind fast das ganze Jahr über ausgetrocknet.

Der landschaftlichen Gliederung entsprechen zwei sehr ungleiche Klimazonen. Den tropischen Norden charakterisiert der Rhythmus von Regenzeit mit monsunartigen Wolkenbrüchen und hoher Luftfeuchtigkeit und Trockenperiode. Obwohl sich das Land während der Regenzeit von seiner grünsten Seite zeigt, liegt die Hauptreisezeit für den tropischen Norden in den Monaten Mai bis Oktober. Im ›Roten Herzen‹ um Alice Springs herrscht Wüstenklima mit heißen Sommermonaten (bis zu über 40° C), in denen auch die meisten Niederschläge fallen, und trockenwarmen Wintermonaten (nachts Temperaturen bis zum Gefrierpunkt).

Das Northern Territory unterstand 1827 bis 1863 der Kolonialregierung von Neusüdwales in Sydney, bevor es dann von Südaustralien verwaltet wurde. Da man sich dort jedoch außer stande sah, die immensen Geldmittel für eine Erschließung des Territoriums aufzubringen, ging es 1911 in den Verantwortungsbereich der Zentralregierung in Canberra über. Wie der Name besagt, ist das Northern Territory kein vollwertiger Bundesstaat im Commonwealth of Australia. Seit 1. Juli 1978 genießt es zwar einen staatenähnlichen Status mit einer eingeschränkten Selbstverwaltung, doch behielt sich Canberra ein Mitspracherecht bei Aboriginal-Angelegenheiten sowie bei der Vergabe von Schürf- und Förderrechten von Uran und anderen Bodenschätzen vor.

Der Bergbau löste Mitte unseres Jahrhunderts auch die Viehwirtschaft als

Haupterwerbszweig im Northern Territory ab: 1872 entdeckte man Gold bei Pine Creek, später Kupfer, Blei, Zinn und Silber bei Tennant Creek. In den 50er und 60er Jahren folgte die Erschließung großer Bauxitlager auf der Gove Peninsula und Manganvorkommen auf Groote Eylandt. Nach einem kurzlebigen Uranboom bei Rum Jungle südlich von Darwin in den 50er Jahren, ist man seit Anfang der 80er Jahre dabei, die im Arnhem Land lagernden, vermutlich reichsten Uranvorkommen der Welt auszubeuten (Ranger Mine und Nabarlek Mine). Bei der landwirtschaftlichen Nutzung überwiegt die Viehzucht (rund 400 Rinderfarmen). Ein wichtiger Erwerbszweig ist mittlerweile auch der internationale Tourismus.

Weite Regionen des Nordterritoriums verkörpern in sich wohl das ›typisch australische Landschaftsbild‹. Zum kontrastreichen Landschaftsspektrum gehören neben dem weltberühmten Ayers Rock noch viele andere Naturattraktionen, z. B. die Felsendome der Olgas, die Schluchten der MacDonnell Ranges und der Kakadu National Park, der die schönsten und am leichtesten zugänglichen Aboriginal-Felsbilder Australiens birgt. Mittlerweile ermöglicht hier heute eine durchweg gute touristische Infrastruktur eine Kombination aus komfortablem Urlaub und Outback-Erlebnis.

Darwin

Allgemeines

Darwin (73 000 Einw.) ist die Hauptstadt des Northern Territory und zugleich das bedeutendste Zentrum im Top End, dem ›oberen Ende‹ Australiens. Trotz zweimaliger fast völliger Zerstörung hat sich Darwin zu einem der wichtigsten Handelszentren des Fünften Kontinents entwickelt. Der Grund für diesen Aufschwung ist die günstige Lage zum Großraum Südostasien. In einem Umkreis von 4000 km liegen nicht nur die Hauptstädte der australischen Bundesstaaten, sondern auch die Metropolen verschiedener südostasiatischer Länder (u. a. Jakarta, Singapur, Kuala Lumpur, Bangkok, Manila, Hongkong, Taipeh). Die Nähe zu Asien spiegelt sich auch im Bevölkerungsbild wider: Unter den Einwanderern finden sich überproportional viele Chinesen, Indonesier, Malaysier, Filipinos und Vietnamesen. Für Touristen hat die Stadt vor allem Bedeutung als Ausgangspunkt für die großartigen Naturschutzgebiete des Nordens.

Geschichte

Den Naturhafen, dem Darwin seine Existenz verdankt, entdeckte 1839 J. C. Wickham, der Kapitän der berühmten Beagle, mit der einst Charles Darwin über den Pazifik gesegelt war. Zu Ehren des Forschers gab Wickham der Bucht den Namen Port Darwin. Aber erst 30 Jahre später, nachdem andere Siedlungsversuche fehlgeschlagen waren (u. a. auf Melville Island), beschloß die Kolonialregierung in Sydney, an dieser Bucht einen Stützpunkt zu errichten. Die zunächst Palmerston genannte Siedlung erlebte ihren ersten Aufschwung, als 1872 bei Pine Creek (rund 200 km südlich) Gold gefunden wurde. Nach dem Abflauen des Goldrausches stagnierte die Entwicklung des Ortes lange Zeit. Hauptgründe waren das Klima und die geographische Isolation.

Der entscheidende Impuls, Darwin besser an die expandierenden Zentren des Südens anzuschließen, kam jedoch erst während des Zweiten Weltkriegs: Am 19. Februar 1942 attackierten fast 200 japanische Bomber den Hafen, der für das britische Militär damals eine wichtige strategische Bedeutung besaß. Bis zum Ende jenes Jahres folgten 63 weitere Luftangriffe. Insgesamt starben fast 250 Menschen. Aus Angst vor einer Invasion der Japaner errichtete man große Armeestützpunkte. Um den Nachschub zu sichern, bauten Australier und Amerikaner in nur drei Monaten die Naturpiste zwischen Darwin und Alice Springs, die einzige Landverbindung nach Süden, zur Asphaltpiste aus.

Eine erneute kritische Phase kam für Darwin, als am Weihnachtstag 1974 der Wirbelsturm Tracy über die Stadt hereinbrach und damit die größte Naturkatastrophe in der überlieferten Geschichte Australiens auslöste. Vier Stunden genügten Tracy, um 90% der Häuser zu zerstören. 66 Menschen starben im Wüten des Zyklons, dessen genaue Stärke nicht bekannt ist, weil der Windmesser am Flughafen bei 217 km/h brach. Man schätzt Tracys Spitzengeschwindigkeiten aber auf 280–300 km/h. Rund 26000 Bewohner mußten über eine Luftbrücke in den Süden ausgeflogen werden. Damals gab es ernsthafte Überlegungen, das in der Hauptzugrichtung tropischer Wirbelstürme gelegene Darwin ganz aufzugeben. Doch ehe es zu einer Entscheidung gekommen war, kehrte die Bevölkerung in die verwüstete Stadt zurück und begann mit dem Wiederaufbau. Inzwischen ist Darwin wie ein Phönix aus der Asche neu entstanden. An den Zyklon erinnern nur noch verblichene T-Shirts mit der makabren Aufschrift »Wow! What a night with Tracy!«

Stadtgliederung und -besichtigung

Darwin liegt auf einer flachen Landzunge, die in den Port Darwin hineinragt. Das Zentrum der Stadt mit dem Einkaufs- und Geschäftsbezirk dehnt sich im Südteil der Halbinsel zwischen Fannie Bay und Frances Bay aus. 25 km südöstlich von Darwin liegt die für 50000 Menschen konzipierte Satellitenstadt Palmerston (8000 Einw.). Das kompakte und übersichtliche Stadtzentrum von Darwin kann man bequem zu Fuß erkunden. Einige der weit über den gesamten Großraum verstreuten Sehenswürdigkeiten aber lassen sich praktisch nur mit dem eigenen Fahrzeug erreichen. Seit dem Zyklon Tracy hat Darwin viel von seinem einstigen Charme eingebüßt, der größte Teil der alten Holzhäuser im viktorianischen Kolonialstil fiel ihm zum Opfer. Man baute Darwin wieder auf, zyklonsicher dieses Mal und mit reichlich Beton. Versuche, ein paar alte Mauerreste als historische Gebäude zu restaurieren, muten eher rührend an.

Als Ausgangspunkt für einen kurzen Rundgang durch das Zentrum bietet sich das **Civic Centre** (1) an der Harry Chan Ave. an. Im Innenhof des Bürgerzentrums erhebt sich ein eindrucksvoller Banyanbaum mit seinen charakteristischen Luftwurzeln. Durch die Grünanlage des Civic Square gelangen wir zur Smith St., an der einige der wenigen aus dem vorigen Jahrhundert noch erhaltenen Bauwerke Darwins stehen. Auf eine turbulente Vergangenheit kann **Browns Mart** (1885; 2) zurückblicken: Zweimal

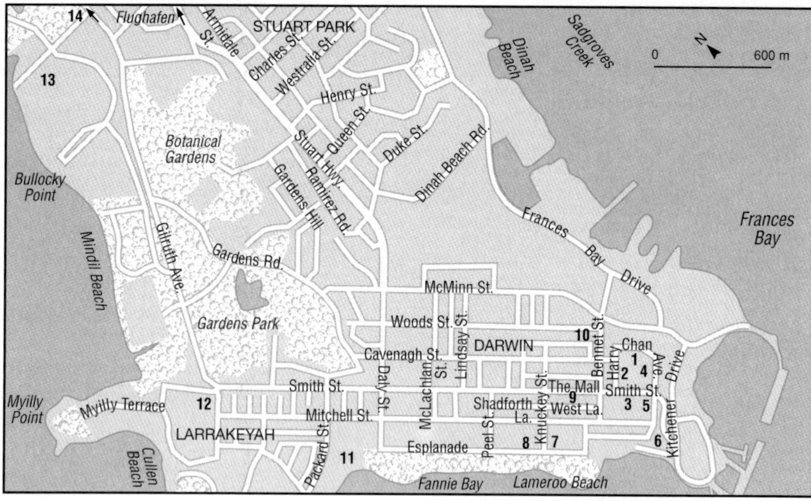

Darwin 1 Civic Centre 2 Browns Mart 3 Old Town Hall 4 Christchurch Cathedral 5 Old Court House and Police Station 6 Government House 7 Old Admirality House 8 Lyons Cottage 9 Victoria Hotel 10 Chinese Joss House 11 Aquascene 12 Indo Pacific Marine 13 Northern Territory Museum of Arts and Sciences 14 Fannie Bay Goal Museum

von Wirbelstürmen schwer beschädigt, diente das Steingebäude abwechselnd als Börse, Bordell und Polizeiwache. Heute beherbergt es ein Theater. Gegenüber erhebt sich die **Old Town Hall** (1883; 3), früher eines der stattlichsten Gebäude Darwins, von dem Tracy allerdings nur mehr eine Ruine übrig ließ, ebenso wie von der anglikanischen **Christchurch Cathedral** (1902; 4). Als einziges erhaltenes Relikt des alten Gotteshauses hat man die gemauerte Eingangspforte in den 1975 neu errichteten Kirchenbau integriert. Bei dem Komplex **Old Court House and Police Station** (5) an der Ekke Smith St./Esplanade handelt es sich um eine originalgetreue Rekonstruktion des von Tracy zerstörten, ursprünglich 1884 errichteten Gerichtsgebäudes, dem eine Polizeiwache angegliedert war.

Zu den alten Bauten von Darwin gehört das **Government House** (1883; 6), das sich an der Esplanade auf einer 70 m hohen Klippe über dem Hafen erhebt. Das weiße Kolonialgebäude mit seinen sieben markanten Giebeln ist der Öffentlichkeit nicht zugänglich. Vorbei am Overland Telegraph Memorial Cairn, das an die Fertigstellung der 2750 km langen Telegraphenleitung von Adelaide nach Darwin am 22. August 1872 erinnert, und dem Hotel Darwin (1938) gelangen wir zum **Old Admirality House** (7), einen 1937 als Hauptquartier der Marine errichteten Stelzenbau, in dem sich heute die sehenswerte Aboriginal-Kunstgalerie Shades of Ochre befindet (Mo–Sa 10–17 Uhr, So 13–17 Uhr). Gegenüber, an der Ecke Esplanade/Knukkey St., steht die 1924/25 erbaute **Lyons Cottage** (8), ein historisches Museum zur Geschichte der Erforschung und Besiedlung des Nordterritoriums (tgl. 10–12 Uhr u. 12.30–17 Uhr).

Der Knuckey St. in südöstlicher Richtung folgend, kehren wir zurück zur

Blick auf Darwin

Smith St., wo wir beim General Post Office nach rechts in die Smith St. Mall einbiegen. In dieser kleinen, palmengeschmückten Fußgängerzone erhebt sich der architektonische Stolz von Darwin: das 1894 erbaute **Victoria Hotel** (9). Den Abschluß unseres Rundgangs bildet das **Chinese Joss House** (10; chinesischer Tempel) an der Ecke Bennett/Woods Sts. Das Wenige, was der Zyklon Tracy von dem Originalbauwerk aus dem Jahre 1887 übrig ließ, das Fundament, einige Mauerreste und verschiedene Steinlöwen, hat man geschickt in diese moderne Andachtsstätte der etwa 1000-köpfigen chinesischen Gemeinde Darwins einbezogen (Mo–Fr 8–16 Uhr, Sa u. So 8–15 Uhr).

Über die Strandpromenade Esplanade, entlang derer sich hübsche Parkanlagen erstrecken, erreichen wir die **Aquascene** (11) am Doctors Gully, wo Tag für Tag während der Flut Hunderte von Fischen herbeischwimmen, um sich von Hand füttern zu lassen. Nahe des Cullen Beach, an der Lambell Terrace, befindet sich **Indo Pacific Marine** (12), ein großartiges Meerwasseraquarium mit lebenden Korallenbänken und einer artenreichen Meeresfauna (Mai–Okt. tgl. 10–16 Uhr). Nördlich davon erstreckt sich der **Mindil Beach**, während der Monate Mai bis Oktober, wenn keine Gefahr von den Box Jellyfish-Quallen droht, ein populärer Badestrand. Östlich der Gilruth Ave. liegen die bereits 1891 angelegten **Botanical Gardens** mit ihren allein 400 Palmenarten (tgl. 9–18 Uhr).

Das sehenswerte **Northern Territory Museum of Arts and Sciences** (13) am

Bullocky Point im Vorort Fannie Bay birgt u. a. eine umfangreiche Kunstsammlung der Aborigines sowie Stammeskunst verschiedener südostasiatischer und melanesischer Völker (Mo–Fr 9–17 Uhr, Sa u. So 10–18 Uhr). Vesteys Beach an der Fannie Bay gilt als ein Dorado für Wassersportler und ist vor allem Schauplatz der Beer-Can-Regatta. Etwas weiter nördlich liegt an der East Point Rd. das **Fannie Bay Gaol Museum** (14), ein 1883 erbautes Gefängnis, das bis 1979 in Gebrauch war. Heute beherbergt dieses älteste erhaltene Gebäude Darwins ein Museum zur Stadt- und Regionalgeschichte (tgl. 10–17 Uhr).

Die nähere Umgebung

22 km südlich von Darwin liegt der besuchenswerte **Yarrawonga Wildlife Park**, wo die Tierwelt des Nordterritoriums fast vollzählig vertreten ist (u. a. Krokodile, Känguruhs, Wallabies, Dingos, Emus, zahlreiche Vogel- und Schlangenarten; tgl. 9–17 Uhr; Fütterung der Krokodile: So 15 Uhr). Das **Howard Springs Nature Reserve** (30 km südöstlich von Darwin) ist ein üppiger tropischer Regenwald, in dessen Mitte ein natürlicher Quellsee zu einem erfrischenden Bad einlädt (tgl. 8–20 Uhr). Am Stuart Highway 40 km südlich von Darwin befindet sich die **Darwin Crocodile Farm,** Australiens erste Krokodilfarm mit über 7000 australischen Süß- und Salzwasserkrokodilen sowie amerikanischen Alligatoren in allen Wachstumsstadien (tgl. 9–17 Uhr; Fütterung Mo–Sa 14 Uhr, So 11 u. 14 Uhr). Südlich der Crocodile Farm zweigt vom Stuart Highway eine Straße in westlicher Richtung zum **Berry Springs Nature Park** ab. Die Hauptattraktion sind hier die zum Schwimmen geeigneten Pools des Flüßchens Berry Creek (tgl. 8–19 Uhr). Ganz in der Nähe liegt der **Territory Wildlife Park,** in dem typisch nordaustralische Tiere in Freigehegen gehalten werden (tgl. 9–16 Uhr).

Praktische Hinweise

Unterkunft

Hotels/Motels höherer Kategorien: ***** Beaufort International Hotel, The Esplanade, ✆ 829911; **** Diamond Beach Hotel Casino, Gilruth Ave., Mindil Beach, ✆ 462666; **** Darwin Travelodge, 122 The Esplanade, ✆ 815388; *** Atrium Hotel, Peel St./The Esplanade, ✆ 410755; *** Four Seasons Darwin Hotel, Buffalo Crt., ✆ 815333; *** Poinciana Inn, McLachlan/Mitchell Sts., ✆ 818111.

Mittlere Hotels/Motels: ** Cherry Blossom Motel, 108 The Esplanade, ✆ 816734; ** Mirambeena Resort Motel, 64 Cavenagh St., ✆ 460111; ** Top End Frontier Motel, Mitchell/Daly Sts., ✆ 816511; * Darwin City Lodge, 151 Mitchell St., ✆ 815691; * Leprechaun Motel, Stuart Hwy., Winnellie, ✆ 843400; * Tiwi Lodge, 53 Cavenagh St., ✆ 816471.

Nicht klassifizierte Hotels/Motels und Pensionen: Darwin Backpackers Haven Sunset City Lodge, 144 Mitchell St., ✆ 817326; Darwin Transit Centre, 69 Mitchell St., ✆ 819733; Larrakeyah Lodge, 50 Mitchell St., ✆ 817550; Sherwood Backpackers Lodge, Peel St., ✆ 411944.

Jugendherbergen: Darwin City YHA Hostel, 69a Mitchell St., ✆ 813995; Darwin YHA Hostel, Beaton Rd., Berrimah, ✆ 843902; YMCA Lodge, Doctors Gully, ✆ 818377; YWCA Lodge, 119 Mitchell St., ✆ 818644.

Caravan Parks: Coolalinga Caravan Park, Stuart Hwy., Howard Springs, ✆ 831026 (26 km südöstlich); Overlander Caravan Park, McMillans Rd., Berrimah, ✆ 843025 (13 km östlich); The Palms Caravan Park, Stuart Hwy., Berrimah, ✆ 322891 (17 km südlich).

Der große Durst

Eines haben die meisten australischen Männer gemeinsam: An ihrem Feierabend treiben sie wie Schiffbrüchige auf die Tresen der Pubs zu, um dort vereint in trauter Männerrunde einen konzentrierten Angriff auf die Leber und das Gehirn zu unternehmen. Doch das schwülheiße Darwin im tropischen Norden schlägt alle Rekorde: Nirgendwo sonst auf der Welt rinnt so viel Bier durch trockene Kehlen wie hier – in einem Spitzenjahr waren es 230 l pro Einwohner. Ob es nun die Isolation am Top End Australiens oder die Langeweile ist, was die Darwiner zu den stärksten Biertrinkern der Welt werden ließ, darüber wurden schon so manche Spekulationen angestellt. Vielleicht liegt es einfach nur an der großen Hitze, die stets auch zu einem großen Durst führt. Und gegen diesen Durst gibt es kein besseres Mittel als ein kühles Bier oder auch zwei oder ...

Jeder Aussie hat seine eigene Bier-Philosophie, bei der auch eine gehörige Portion Lokalpatriotismus eine wichtige Rolle spielt. In jedem Bundesstaat gibt es eine spezielle von Großbrauereien hergestellte Biermarke. Landesweit führt die auch international bekannte Marke Fosters Lager, die in Victoria und Neusüdwales gebraut wird. In Westaustralien bevorzugt man das regionale Swan Lager, in Queensland das Castlemain XXXX (gesprochen Four Ex), in Südaustralien das West End und in Tasmanien das Cascade. Als weitere ›gute Tropfen‹ gelten das Victoria Bitter (Victoria), das Coopers Sparkling Ale (Südaustralien) sowie das Powers Bitter und Tooheys Bitter (Neusüdwales).

Doch nicht nur die Biersorten unterscheiden sich von Bundesstaat zu Bundesstaat, sondern auch die Bezeichnung und Größe der Gläser, in die der edle Gerstensaft eingeschenkt wird. Bestellen Sie ein Glass of Beer, so erhalten Sie in Victoria und Neusüdwales ein 0,2 l, in Queensland aber ein 0,325 l fassendes Glas serviert. Pot bedeutet in Victoria und Queensland 0,285 l, in Westaustralien dagegen 0,575 l. Diese Probleme aber sind eher akademischer Natur, denn Gläser sind in vielen Pubs, zumal in solchen, wo nicht vom Faß gezapft wird, ohnehin die Ausnahme. Die meisten nehmen den Gerstensaft aus Dosen zu sich. Die Bierdosen (Cans) sowie auch die

Stadtverkehr

Bus: Öffentliche Busse Mo–Fr 6–22 Uhr, Sa 6–12 Uhr. Zentraler Terminal für die Stadtbusse ist in der Harry Chan Ave. (Informationen ✆ 897513). Einige wichtige Buslinien: Bus 4 und 6 in Richtung Fannie Bay, Casuarina und Parap mit Stopps bei Doctors Gully, Botanical Gardens, NT Museum of Arts and Sciences und Mindil Beach; Bus 5 nach Berrimah und Bus 8 nach Palmerston. Zweimal tgl. (Mo–Fr) Linienbusse nach Howard Springs und Humpty Doo.

Fähren: Die Darwin Harbour Ferries verkehren mehrmals tgl. zwischen Darwin (Stokes Hill Wharf, Frances Bay Rd.) und dem Vorort Mandorah; Hafenrundfahrten mit dem Ausflugsboot Billy J (✆ 410744).

Taxen: Darwin Radio Taxi Co-op, ✆ 818777.

Fahrradverleih: Darwin Bike Rentals, Top End Travel, 57 Mitchell St.; U-Rent, 50 Mitchell St., ✆ 411280.

Fernverkehr

Flugzeug: Ansett Airlines und Australian Airlines fliegen von allen größeren Städten nach Darwin. Der Airport liegt 6 km nordöstlich der City am Stuart Hwy. Flughafenbus

kleinen Bierflaschen (Stubbies) werden eiskalt (kurz vor dem Gefrierpunkt) in Leder- oder Styroporbechern serviert, damit sich die Kälte möglichst lange hält. Und falls ein Aussie doch einmal ein Glas verwendet, so muß dieses geeist sein, und das eingeschenkte Bier darf keine Schaumkrone tragen!

Schauplätze geselliger Saufrunden sind stadtein, landaus die Pubs. Vor allem auf dem Lande befindet sich das Hotel (früher mußten sie nämlich auch ein paar Fremdenzimmer parat halten) im Zentrum des Ortes – oder besser: Es ist das Zentrum, eine Stätte der Begegnung und Kommunikation, für viele Australier der Mittelpunkt des sozialen Lebens. »Your shout, mate!« – das ist die australische Variante des »eine Runde ausgeben«. Mehr noch, es ist die Aufforderung, beim Volkssport mitzuspielen. Nicht nur für den Geldbeutel, sondern auch für die Leber ist dieses Rollenspiel im Pub eine Tortur. Eine eherne Trinkerregel will es, daß jeder in einer trauten Säufergemeinschaft eine Lage ausgibt, gewöhnlich mit dem Ruf »It's my shout!«. Ernten Sie schiefe Blicke, wissen Sie, daß Sie dran waren. Beachten Sie andererseits diese wichtige gesellschaftliche Höflichkeitsform, so sind Sie schnell völlig anerkannt. Wenngleich Pubbesuch und Bierkonsum immer noch viel mit dem Klischee des chauvinistischen Australiers zu tun haben, ist die traditionelle Zweiteilung – Männer zum Bier an den Tresen, Frauen zum Gin Tonic in die Lounge – mittlerweile weitgehend aufgehoben. Es ist aber noch gar nicht so lange her, daß Pubs eine ausschließlich männliche Domäne waren, zu der Frauen der Zutritt strikt verwehrt wurde.

Doch noch einmal nach Darwin: Aufgrund des hohen Bierkonsums im Ort wurden die leeren Bierdosen allmählich zu einer Umweltplage. Nichts liegt in einer Hafenstadt näher, so dachten sich zwei clevere Darwiner, als eine Regatta mit Booten auszuschreiben, die ganz aus leeren Bierdosen gebaut sind. Das Rezept für den Bau eines Dosenschiffes ist sehr einfach: Leere, zugelötete Bierdosen werden mit einem wasserdichten Klebeband miteinander verbunden – schon 360 Dosen tragen einen erwachsenen Menschen. An den Start gehen alljährlich im Juni die abenteuerlichsten Wasserfahrzeuge: Drachenboote, Wikingerschiffe, Raddampfer, einmal sogar ein von der australischen Marine konstruiertes U-Boot. Der Bierkonsum des Renntags übrigens sichert bereits das Baumaterial für die Boote, die an der nächsten Regatta teilnehmen.

(Airport Shuttle Bus) und Linienbusse 5 bzw. 8 pendeln tgl. zwischen Flughafen und Zentrum (✆ 81 11 02). *Internationale Fluglinien:* Garuda Indonesia, 9–11 Cavenagh St., ✆ 81 64 22; Qantas, Smith St. Mall/Bennett St., ✆ 46 46 66; Royal Brunei Airlines, Star Village, Smith St. Mall, ✆ 41 09 66; Singapore Airlines, Paspalis Centrepoint Bldg., Smith St. Mall/Knuckey St., ✆ 41 17 99. *Nationale Fluglinien:* Ansett Airlines, Shop 14, Smith St. Mall, ✆ 80 33 33; Australian Airlines, 16 Bennett St., ✆ 82 33 11.

Bus: Zu allen bedeutenderen Städten (Alice Springs ca. 20 Std., Townsville ca. 30 Std., Adelaide ca. 40 Std., Brisbane ca. 50 Std., Perth ca. 60 Std.). Interstate-Busse ab Darwin Transit Centre, 69 Mitchell St.; dort auch die Buchungsbüros der Gesellschaften: Ansett Pioneer, ✆ 81 64 33; Bus Australia, ✆ 81 33 77; Greyhound, ✆ 81 87 00; McCafferty's, ✆ 41 16 24.

Touren: Ein- und Mehrtagesausflüge zu den Nationalparks, nach Bathurst Island und Melville Island: AAT King's, Mitchell/Daly Sts., ✆ 47 12 07; Australian Kakadu Tours, ✆ 81 51 44; Dial-A-Safari, ✆ 84 48 99; Terra Safari Tours, ✆ 47 11 77; Territory Park Tours, ✆ 27 95 26; Tiwi Tours, ✆ 81 51 15. Interessante Buschwanderungen im Kakadu National Park: Willi's Walkabouts, 12 Carrington St., Millner, ✆ 852134.

Autoverleih: Budget Rent A Car, 131 Stuart Hwy., Parap, ✆ 411187 (auch Wohnmobile); Cheapa Rent A Car, 149 Stuart Hwy., Parap, ✆ 818400; Rent-A-Dent, 87 Smith St., ✆ 811411.

Restaurants

Australisch: Lizzie's Restaurant, Boulevarde Motel, 38 Gardens Rd. (Büffel- und Krokodilsteaks). **Chinesisch:** Jade Gardens, Smith St. Mall; Lee Dynasty, 21 Cavenagh St.; The Noodle House, Knuckey St. **Französisch:** La Chamière, 13 Shepherd St.; Le Breughel, 6 Dashwood Crescent. **Griechisch:** Christo's, 114 Mitchell St. **Indisch:** Maharaja, 37 Knuckey St. **International:** Swiss Cafe & Restaurant, Shop 7, Harry Chan Arcade, Smith St. **Italienisch:** Charlie's, Knuckey St./Austin Lane. **Malaysisch:** Rasa Sayang, Shop 119, Homecentre Bldg., 22 Cavenagh St. **Mongolisch:** Genghis Khan, 44 East Point Rd., Fannie Bay. **Seafood:** Rock Oyster, 17 Cavenagh St.; The Beagle, NT Museum Complex, Bullocky Point. **Thailändisch:** Asian Gateway, 58 Aralia St., Nightcliff.

Einkauf

Darwins populärste Einkaufsmeile ist die Smith St. Mall (Fußgängerzone).

Kunsthandwerk und Souvenirs: Arafura Gift Shop, Sheraton Darwin Hotel, 32 Smith St.; Framed Showcase Gallery, 55 Stuart Hwy., Stuart Park. **Aboriginal-Kunsthandwerk:** Aboriginal Artists Gallery, 153 Mitchell St.,; Raintree Gallery, Shop 1, 14 Knuckey St. **Buchläden:** Angus & Robertson, Shop 46, Casuarina Shopping Square; Tivoli Book Centre, 27 Cavenagh St. **(Floh-) Märkte:** Big Flea Market, Rapid Creek Shopping Centre, Trower Rd., Nightcliff (großer Flohmarkt; So 8–14 Uhr); Mindil Beach Sunset Market, Mindil Beach (Kunsthandwerk, Kleidung und Schmuck; Mai–Okt. Do 18–22 Uhr); Parap Market, Parap Shopping Village, Parap (Lebensmittel und Second Hand-Artikel; Sa 8–14 Uhr).

Unterhaltung

Kulturelle Veranstaltungen: Darwin Performing Arts Centre, Mitchell St., ✆ 811222 (Konzerte aller Art u.a.); Territory North Theatre Company, University College, ✆ 466257 (traditionelles bis avantgardistisches Theater). Veranstaltungshinweise in der kostenlosen Broschüre *This Week in Darwin* (erhältlich u.a. beim Northern Territory Government Tourist Bureau). **Kino:** Darwin Film Society, Museum Theatrette, Conacher St., Bullocky Point. **Kneipen und Musikklubs:** Beachfront Hotel, Rapid Creek (Jazz und Rock); Billabong Bar, Atrium Hotel, The Esplanade/Peel St. (Rock und Folk); Victoria Hotel, Smith St. Mall (Rock). **Diskotheken und Nachtklubs:** Beachcombers, Mitchell/Daly Sts.; Crystals Nightspot, Diamond Beach Hotel Casino, Gilruth Ave., Mindil Beach; Darbys, Cavenagh/Bennett Sts.; Scandals, Cavenagh St.

Information

Touristen: Northern Territory Government Tourist Bureau, 31 Smith St. Mall, ✆ 816611. **Automobilklub:** Automobile Association of the Northern Territory (AANT), MLC Bldg., 79–81 Smith St., ✆ 813837. **Umwelt und Natur:** Conservation Commission of the Northern Territory, Berrimah Farm, Winnellie, ✆ 220211; Australian National Parks & Wildlife Service, Commercial Union Bldg., Smith St., ✆ 815299. **Aborigines:** Northern Land Council, 47 Stuart Hwy., P.O. Box 39843, Winnellie, NT 0801, ✆ 089/817011. **Andere Bundesstaaten:** Westaustralien, 79–81 Smith St., ✆ 813838.

Öffentliche Einrichtungen

Post: General Post Office, Smith/Knuckey Sts., ✆ 808200. **Polizei:** ✆ 000 (Notruf), ✆ 278888 (allgemeine Anfragen). **Ausländerbehörde:** Department of Immigration, Arkaba House, The Esplanade, ✆ 814556. **Krankenhäuser:** Royal Darwin Hospital, ✆ 207211; Darwin Private Hospital, Rocklands Dve., Casuarina, ✆ 206055; Ambulanz: ✆ 27900. **Konsulate:** *Bundesrepublik Deutschland,* 2 Sheppard St., ✆ 843770; *Schweiz,* 46 Wells St., Ludmilla, ✆ 897211.

Top End mit Arnhem Land

Allgemeines

Das Arnhem Land, ein stark zerklüftetes Sandsteinplateau, umfaßt den gesamten nordöstlichen Teil des Nordterritoriums. Dieses uralte Stammesland der Aborigines ist reich an archäologischen Fundstätten und Felsmalereien. Heute ist das Arnhem Land eines der letzten Rückzugsgebiete für die australischen Ureinwohner, die hier auch noch weitgehend ihre traditionelle Lebensweise pflegen können. Mit Ausnahme des Kakadu National Park und seiner Randgebiete sowie dem Ort Nhulunbuy auf der Gove Peninsula darf das ausgedehnte Eingeborenenreservat nur mit einer besonderen Erlaubnis betreten werden (Auskunft beim Northern Land Council in Darwin). Die Funde riesiger Uranvorkommen innerhalb des Reservates haben diesen Landstrich Mitte der 70er Jahre unversehens in den Blickpunkt des nationalen Interesses gerückt. Gegen den Protest der Aborigines und Umweltschützer begann 1981 ein Bergbaukonzern auf einem später vom Nationalpark separierten Gebiet mit dem Abbau von Uranerz. Bislang sind nur die beiden Tagebauminen Nabarlek Mine und Ranger Mine in Betrieb, weitere Lizenzen für die Mineraliensuche wurden aber bereits vergeben. Umweltschützern zufolge wird der in der Ranger Mine in Jabiru produzierte Abraum in Absatzbecken nur unzureichend gelagert. Während der Regenzeit werden dann weite Teile des Nationalparks mit ausgeschwemmten Schwermetallen und radioaktiven Substanzen überflutet, die Flüsse und schließlich auch die Nahrungskette der Ureinwohner verseucht.

Kakadu National Park

Allgemeines: Der Kakadu National Park, eine ›Leihgabe‹ von etwa zwei Dutzend Aboriginal-Völkern an den australischen Staat, ist der größte Nationalpark des Kontinents sowie der drittgrößte der Welt. Aufgrund der einmaligen Kombination aus landschaftlichen Besonderheiten und Kulturstätten der Ureinwohner wurde der Kakadu National Park 1987 von der UNESCO in die World Heritage List aufgenommen. Der Name dieses alljährlich von rund 250000 Naturliebhabern besuchten Nationalparks kommt von Gagudju, der Bezeichnung für eines der hier ansässigen Aboriginal-Völker.

Der von vier mächtigen Flüssen (Wildman River sowie South, West und East Alligator River) und ihren Nebenflüssen durchschnittene Nationalpark fasziniert durch ein sehr kontrastreiches Landschaftsbild, das geprägt wird von sechs topographischen Regionen: der Gezeitenzone entlang der Küste am Van Diemens Gulf mit ausgedehnten Mangrovenwäldern; den weiten Überschwemmungsebenen, auf denen sich während der Regenzeit über Hunderte von Quadratkilometern ein flaches Süßwassermeer ausbreitet; den savannenähnlichen Tieflandgebieten, die von Billabong-Wasserlöchern durchzogen werden; dem Hügelland mit einem relativ niedrigen Bestand an Eukalyptuswäldern sowie Tausenden von teils übermannshohen Termitenbauten; dem Escarpment, der 500 km langen, schroff abfallenden Abbruchkante des Plateaus, über die während der Regenzeit eindrucksvolle Wasserfälle stürzen, sowie schließlich vom Hochplateau des Arnhem Land mit steilen Sandsteinflanken und tiefeingeschnittenen Schluchten.

Ebenso abwechslungsreich ist die Flora und Fauna des Nationalparks. Hier leben mit fast 300 Spezies rund ein Drittel aller Vogelarten Australiens. Des weiteren kommen hier über 100 Reptilien-, mehr als 60 Säugetier- und fast 80 Fischarten vor. Vor allem die Überschwemmungsgebiete sind ein Paradies für Ornithologen. Während der Trokkenperiode versammeln sich hier Zehntausende von Wasservögeln entlang der wasserführenden Flußläufe und flachen Lagunen. Zu beobachten sind u. a. Wildgänse, Brolgakraniche, Ibisse, Kormorane und Jabirus, Australiens einzige Storchenart mit auffallenden purpurfarbenen Beinen und schwarzweißem Federkleid.

Mächtige Termitenburg nahe dem Kakadu National Park

Die Vegetation des Parks prägen mehr als 1275 Pflanzenarten. Das breite Spektrum spannt sich von den salzwassertoleranten Mangroven der Gezeitenzone über die Sumpfwälder der Überschwemmungsgebiete mit ihren charakteristischen Papierrindenbäumen und Schraubenpalmen bis zu den verschiedenen Eukalyptusarten. Während der Regenzeit steht teilweise ein Viertel der Nationalparkfläche unter Wasser und verwandelt sich zu einer ausgedehnten Seenlandschaft, bedeckt von Teppichen aus Wasserlilien, Lotusblumen und Seerosen.

Der Kakadu National Park ist aber auch eine wahre Schatzkammer der Aboriginal-Kultur. An etwa 5000 Plätzen haben die Vorfahren der heute noch hier lebenden Gagudju-Aborigines Felsenkunstwerke geschaffen, deren älteste von Archäologen und Anthropologen auf ein Alter von mindestens 20000 Jahren datiert werden. Diese Bilder erzählen von den Schöpfungsmythen aus der Traumzeit, als die Erde und das Leben entstanden. Bitte leisten Sie als Besucher Ihren Beitrag zum Erhalt dieser Kunstwerke, indem Sie hinter den Absperrungen bleiben und die Bilder keinesfalls berühren!

Anfahrt von Darwin auf dem Arnhem Highway: Auf der Fahrt von Darwin zum Kakadu National Park lohnt sich bereits in **Humpty Doo** (ca. 50 km östlich) ein kurzer Stopp. Hier befindet sich Graeme Gow's Reptile World, Australiens größte private Schlangensammlung (tgl. 8.30–17.30 Uhr). Etwa 60 km östlich von Darwin erstreckt sich das **Fogg Dam Conservation Reserve.** Der Fogg Dam wurde ursprünglich in den 50er Jahren im Rahmen eines Staudammprojekts zur Bewässerung von Reisfeldern entlang des Adelaide River aufgeschüttet. Nach dem Scheitern des Vorhabens entwickelte sich hier ein wertvolles Feuchtbiotop und Vogelschutzgebiet. Vor allem während der Trockenzeit bildet das Fogg Dam Reserve ein wichtiges Refugium für Tausende von Wasservögeln (u. a. Wildenten, Ibisse, Brolgakraniche; beste Zeit zur Vogelbeobachtung am frühen Morgen). Am **Adelaide River** (ca. 65 km östlich von Darwin) bietet ein Veranstalter Fahrten mit dem Ausflugsboot Adelaide River Queen an; Höhepunkt der Tour sind die ›springenden Krokodile‹ (✆ 089/878989).

Rund 140 km östlich von Darwin passiert man die Parkgrenze. Am **South Alligator River** liegt das Kakadu Holiday Village, ein komfortables Feriendorf, wo man auch Flußfahrten auf dem krokodilreichen South Alligator River buchen kann (✆ 089/790166). 7 km östlich des Flusses dehnt sich das Feuchtbiotop von Mamukala aus. Während der Trockenperiode konzentrieren sich hier bis zu 25000 Magpiegänse. Ein Rundweg bietet ausgezeichnete Möglichkeiten zur Vogelbeobachtung (ca. 3 km/ca. 2 Std.).

Unterwegs im Kakadu National Park: Eine gute Einstimmung auf Kakadu ist ein Besuch des **Visitor Information Centre** (tgl. 8–17 Uhr; hier auch Parkbenutzungs- u. Campinggebühr) in der Nähe des Hauptquartiers (ca. 5 km südwestlich des Ortes Jabiru). Eine Ausstellung vermittelt hier alles Wissenswerte über die Fauna und Flora des Parks sowie die Geschichte und Kultur der hiesigen Aborigines. Broschüren und Faltblätter informieren über Wander- und Campingmöglichkeiten sowie über von Rangern geführte Touren.

Ein Muß sind die Ausflüge zu den bekanntesten Bildergalerien des Parks, dem Obiri Rock und dem Nourlangie Rock. An beiden Kulturstätten findet

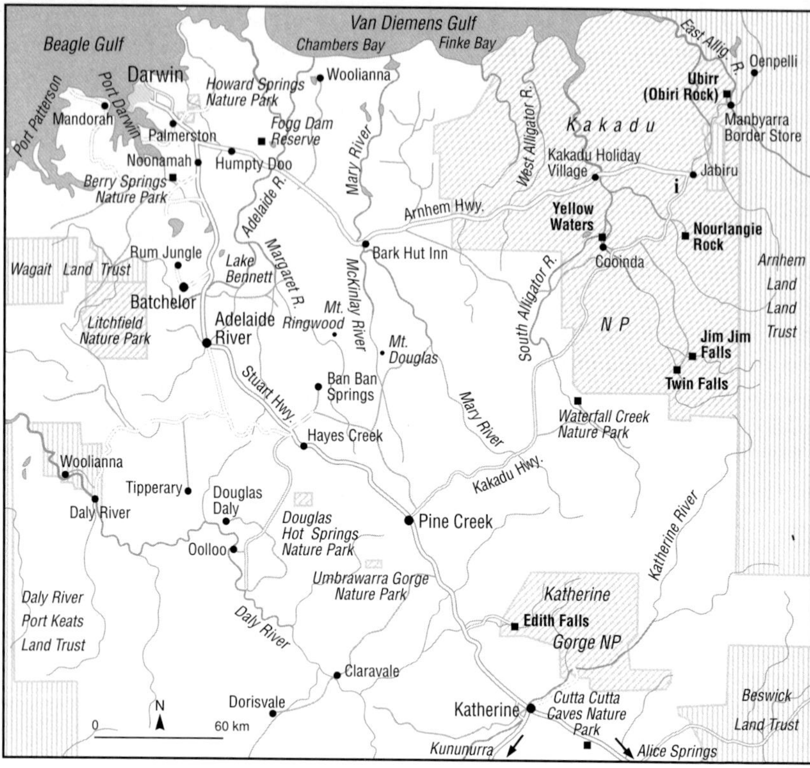

Top End mit Arnhem Land

man ausgezeichnete Beispiele von Felsenmalereien, teils im Röntgenstil, teils im Mimi-Stil (s. S. 91). Vom Parkplatz unterhalb des **Obiri Rock** (40 km nördlich des Visitor Centre, Teerstraße) führt eine kleine Rundwanderung zu den Galerien (ca. 1 km/ca. 1 Std.). Einen schönen Blick auf die Überschwemmungsebenen hat man von einem nur wenige hundert Meter entfernten Aussichtspunkt. In der Nähe des Border Store (unweit des Obiri Rock; Laden, Tankstelle, Campingplatz, Jugendherberge) verläuft am Westufer des East Alligator River der Manngarre Monsoon Forest Nature Trail, ein interessanter Naturlehrpfad (ca. 1,5 km/ca. 1 Std.).

Noch beeindruckender sind die Aboriginal-Galerien am **Nourlangie Rock** (30 km südlich des Visitor Centre; Teerstraße), die eine Mischung aus sehr alten (bis zu 20000 Jahre) und relativ jungen (ca. 1000 Jahre) Malereien präsentieren. Viele der hiesigen alten Felsenkunstwerke wurden in den 60er Jahren nach überlieferten Traditionen nachgemalt. Vom Parkplatz führt ein Rundwanderweg zu den einzelnen Galerien (ca. 1,5 km/ca. 1 Std.). Lohnenswert ist auch der kurze Abstecher zum Gunwarrde Wardeh Lookout oberhalb der Felsenbildstätte. Einen herrlichen Blick auf den Nourlangie Rock sowie die gute Chance, Wallabies und Felsenkänguruhs zu Gesicht zu ekommen, bietet der Nawurlandja ,ookout (Abzweigung ca. 2 km nord-westlich des Nourlangie Rock-Parkplat-es). Etwa 5 km nördlich des Nourlangie Rock zweigt von der Zufahrtsstraße eine ıngeteerte Stichstraße zu einem Park-platz nahe der wenig besuchten Nangu-uwur-Galerie ab (Wanderung ab Park-platz ca. 4 km/ca. 1,5 Std. v. v.)

Auch die Weiterfahrt in südlicher Richtung zum Ferienzentrum Cooinda läßt sich für verschiedene Wanderungen unterbrechen: Buba Wetlands Walk ab dem Muirella Park Campingground (Rundwanderung ca. 5 km/ca. 2 Std.) und den Abstecher zum Mirray Lookout (ca. 1,5 km/ca. 1 Std. v. v.). Ein weiteres Highlight ist die zweistündige Bootstour auf der seichten Lagune Yellow Waters (viele Wasservögel, Salzwasserkrokodi-le) nahe dem Touristendorf Cooinda (Motel, Caravan Park, Tankstelle), be-sonders zu Sonnenauf- bzw. untergang (✆ 089/790145).

6 km nordöstlich von Cooinda zweigt eine 60 km lange, sehr rauhe Buschpiste (nur mit Allrad in der Trockenzeit) zu den **Jim Jim Falls** ab. Diese Wasserfälle stürzen an der südlichen Abbruchkante des Arnhem Land-Plateaus spektakulär über eine rund 200 m senkrecht abfallen-de Felswand (vom Parkplatz ca. 1 km, beschwerlich). Sehr lohnenswert (bei ungünstiger Witterung problematisch) ist die Weiterfahrt zu den 10 km südlich gelegenen **Twin Falls,** die man vom Parkplatz aus nur (auf einer Luftmatrat-ze) schwimmend erreichen kann.

Während der Trockenzeit problemlos mit konventionellen Fahrzeugen zu be-wältigen ist der Kakadu ›Highway‹, eine ca. 140 km lange Schotterpiste zwischen Cooinda und Pine Creek am Stuart Highway. Etwa auf halbem Weg lohnt sich ein Abstecher zum **Waterfall Creek Nature Park** mit den etwa 100 m hohen UDP-Wasserfällen.

Jabiru: Am Ostrand des Kakadu Natio-nal Park gelegene Retortensiedlung für die Mitarbeiter der nahen Ranger Urani-um Mine mit rund 1500 Einwohnern. In der nach Australiens einziger Storchen-art benannten Uranstadt lohnt nur eine Besichtigung der Uranmine, die pro Jahr 3000 t Uranoxid produziert (Hauptab-nehmer Bundesrepublik Deutschland; Besichtigungstouren ✆ 089/792411; Treffpunkt Kakadu Visitor Information Centre am Flugplatz). In Jabiru ist 1988 ein spektakuläres Luxushotel (Four Sea-sons Kakadu Hotel) eröffnet worden, das aus der Vogelperspektive wie ein gi-gantisches Krokodil aussieht und sich im Besitz der Gagudju befindet.

Praktische Hinweise

Verkehr: Anreise von Darwin auf dem asphaltierten Arnhem Hwy. (247 km bis Jabi-ru). Kakadu ›Highway‹ zwischen Pine Creek und Jabiru ist nur in der Trockenzeit befahr-bar. Bericht über Zustand der Pisten im Besu-cherzentrum der Parkverwaltung erhältlich. Greyhound bedient Route Darwin – Jabiru. *Tagestouren:* Kakadu Parklink (Jabiru Air-port, ✆ 089/792411). *Bootstouren* auf der Yellow Waters-Lagune: u. a. im Four Seasons Cooinda Hotel (✆ 089/790145); auf dem South Alligator River u. a. im Kakadu Holi-day Village (✆ 089/790166). *Rundflüge:* Ka-kadu Air, Jabiru Airport, ✆ 089/792411.
Unterkunft: Während der Hochsaison (Apr.–Okt.) frühzeitig reservieren: **** Four Seasons Kakadu Hotel, Flinders St., Ja-biru, ✆ 089/792800; *** Four Seasons Cooinda Hotel, Kakadu Hwy., Cooinda, ✆ 089/790145; Kakadu Holiday Village, Arn-hem Hwy., ✆ 089/790166 (ca. 45 km west-lich von Jabiru am South Alligator River; *** Motel und Caravan Park); Kakadu Frontier

Krokodile

Krokodile gelten als gierig, gefräßig und gefährlich, als warzige Freßmaschinen, die auf Nahrungssuche so ziemlich alles töten, was ihnen in die Quere kommt. Perfekt getarnt lauern die vermeintlichen Scheusale in schlammigen Gewässern auf Beute, um dann ihre hilflosen Opfer blitzschnell zu attackieren und unter Wasser zu ziehen, wo sie erbarmungslos in Stücke gerissen und verschlungen werden. Kein Wunder, daß einst mancherorts nur ein totes Krokodil als ein gutes Krokodil galt. Rund um den Äquator bis vor gar nicht allzu langer Zeit heftig bejagt, zählen die archaischen Riesenechsen heute weltweit zu den gefährdeten Tierarten. Auch in Australien, vor allem entlang der Nordküste des Northern Territory und im nördlichen Queensland, rottete man sie bis auf kleine Restbestände aus. Seit 1971 in Australien Krokodile unter strengen Artenschutz gestellt wurden, stieg ihre Population wieder auf schätzungsweise 100000 Tiere an.

Von den 26 Krokodilarten, die es auf der Erde gibt, findet man auf dem Fünften Kontinent zwei: das Süßwasser- oder Johnstone-Krokodil (Crocodylos johnstoni) und das Salzwasser- oder Leistenkrokodil (Crocodylos porosus; in Australien auch Estuarine Crocodile). Sie unterscheiden sich vornehmlich in Aussehen, Größe und Verbreitung. Das im tropischen Norden Australiens endemische, bis zu 3 m lange Süßwasserkrokodil lebt hauptsächlich in Binnengewässern. Es hat eine schmale, langgezogene Schnauze und ernährt sich vor allem von kleineren Fischen und Wasservögeln. Abgesehen von der Brutzeit gilt das Süßwasserkrokodil (Freshie) als scheu und harmlos. Angriffe dieses Reptils auf Menschen wurden bislang nicht bekannt.

Das bis zu über 6 m lange Salzwasserkrokodil (Saltie), das zu den größten und aggressivsten Krokodilarten gehört, dagegen ist ein gefährliches Raubtier. Es lebt zwar vorzugsweise im Brackwasser von Flußmündungen, dringt aber auch in Süßwassergebiete, die bis zu 100 km im Inland liegen, vor. Gelegentlich trifft man es überdies im offenen Meer an. Als in hohem Maße dem Wasser angepaßtes Reptil kann das Leistenkrokodil bis zu über einer Stunde untergetaucht bleiben. Seine Schnauze ist im Vergleich zu derjenigen des Süßwasserkrokodils wesentlich breiter und stumpfer. Die Salties schnappen nach allem, was ihnen vor ihre riesigen Schnauzen läuft oder schwimmt, selbst nach ausgewachsenen Wasserbüffeln. Beutetiere dieses Kalibers werden von ihnen unter Wasser gezogen, ertränkt und anschließend buchstäblich in Stücke gerissen. Salzwasserkrokodile fressen aber auch Kadaver. Weil sie dadurch das ökologische Gleichgewicht aufrechterhalten, gelten sie als Gesundheitspolizisten der Natur.

Tagsüber liegen Salzwasserkrokodile häufig mit weit geöffneten Rachen auf Sand- oder Schlammbänken. Da sie am Körper keine Schweißdrüsen besitzen, lassen sie auf diese Weise Wasser aus den Mundschleimhäuten verdunsten. Ein Weibchen legt

Lodge and Caravan Park, Jabiru Dve., Jabiru, ✆ 089/792422; Manbiryarra Hostel, Ubirr Rd., ✆ 089/843902 (Jugendherberge nahe Obiri Rock); Four Seasons Cooinda Campground, Kakadu Hwy., Cooinda, ✆ 089/790145. Ca. 20 Campingplätze im Nationalpark (meist mit Toiletten, aber ohne Duschen).

Information: Kakadu National Park Visitor Centre, Jabiru, ✆ 089/792101; Kakadu Visitor Information Centre, Jabiru Airport, Jabiru East, ✆ 089/792411.

alljährlich 50 bis 60 Eier, aus denen nach 3 bis 5 Monaten die Jungen schlüpfen. Das Krokodilnest ist ein ca. 1 m hoher Hügel aus Pflanzen und Sand, den das Weibchen meist hoch auf einer Uferböschung im Schutz von Büschen zusammenscharrt. Da sie eine Menge Feinde besitzen, haben von den Krokodiljungen bestenfalls zwei eine Chance, die ersten Monate zu überleben. Erst wenn ein Krokodil eine Länge von etwa 1,5 m erreicht hat, muß es – außer den Menschen – kaum mehr Feinde fürchten.

Obwohl der Naturtourismus in den australischen Krokodilgebieten ständig zunimmt, kommt es relativ selten zu Krokodilunfällen, und die meisten von ihnen sind durch eigenes Verschulden verursacht. Das Risiko einer Krokodilattacke läßt sich auf ein Minimum beschränken, wenn man bestimmte Verhaltensregeln beherzigt: In Krokodilgebieten niemals in natürlichen Gewässern schwimmen oder paddeln! Sich niemals, weder im Wasser noch an Land, Krokodilen oder deren Nestern nähern (Krokodile können auch außerhalb des Wassers in einer Art Galopp enorme Geschwindigkeiten erzielen)! Niemals Fische in der Nähe von Krokodilgewässern ausnehmen oder Essensreste am Ufer oder im Wasser zurücklassen! Beim Zelten im Busch immer einen Sicherheitsabstand zu Krokodilgewässern einhalten! Bei Bootstouren Arme und Beine immer im Boot behalten!

Weitere Reiseziele

Cobourg Peninsula: Rund 220000 ha dieser Halbinsel, die sich wie ein Riegel zwischen den Van Diemens-Golf und die Arafura-See schiebt, nimmt der Gurig National Park ein (verwilderte Wasserbüffel und Schweine). In der Black Point Ranger Station informiert eine Ausstellung über die Geschichte der Halbinsel. In Port Essington zeugen die

Ruinen des Victoria Settlement von einem mißglückten Siedlungsversuch der Briten.

Gove Peninsula: Auf dieser Halbinsel in der Nordostecke des Arnhem Land liegt **Nhulunbuy,** mit 4000 Einwohnern eine der größten Städte des Nordterritoriums. Gegründet wurde dieser Ort 1971 als Wohnstätte für die Mitarbeiter der Nabalco-Bauxitmine. Besuchenswert ist vor allem die Aboriginal-Siedlung Yirrkala mit dem Buku-Larrugay Arts Museum (Rindenmalereien, Holzschnitzereien u. a.; Mo–Fr 8.30–16.30 Uhr, Sa 9–12 Uhr). Bekannt ist die Halbinsel auch für ihre weißsandigen, endlos langen Traumstrände, unter Sportfischern gilt die Halbinsel als Geheimtip.

Bathurst Island und Melville Island: Getrennt durch die 1,5 km breite Apsley Strait liegen diese beiden großen Inseln rund 80 km nördlich von Darwin. Auf beiden Eilanden leben etwa 2500 Eingeborene vom Volk der Tiwi (Menschen), deren Vorfahren bis ins späte 18. Jahrhundert kaum Kontakt mit Stämmen des australischen Festlands hatten. In ihrer geographischen Isolation entwickelten die Tiwi eine vollkommen eigenständige Kultur. Zum Ausdruck kommt dies insbesondere bei der Anfertigung von Kunstgegenständen. Bekannt wurden die Tiwi vor allem als Schöpfer der einmaligen, bis zu 6 m hohen, mit kunstvollen Ornamenten verzierten Pukamani-Totempfähle. Ein Besuch der beiden Inseln ist nur im Rahmen von organisierten Touren möglich. **Nguiu** (1200 Einw.), der größte Ort der Inselregion auf Bathurst Island, gilt heute als das Zentrum der Tiwi-Kultur. Sehenswert sind hier der Tiwi Ngaripuluwamigi Keeping Place (Sammlung von Tiwi-Artefakten), das Patajili Heritage Museum in der St. Theresa School (historisches Museum der ehemaligen Missionsstation) sowie das Tiwi Pima Art Centre (Ausstellung von lokalem Kunsthandwerk). Beide Inseln verfügen über schöne Strände, an denen Besuchern allerdings von Haien und Krokodilen der Badespaß verleidet wird.

Praktische Hinweise

Verkehr: Cobourg Peninsula: *Anreise:* Air North (✆ 089/721711). *Reiseveranstalter:* Latitude 12, GPO Box 1221, Darwin, NT 0801, ✆ 089/410734. Während der Trockenzeit ist die Anreise auch in einem robusten Allradfahrzeug möglich. In jedem Fall ist ein Permit erforderlich (Cobourg Peninsula Sanctuary Board, P. O. Box 496, Palmerston, NT 0831). **Gove Peninsula:** *Anreise:* Liniendienst von Ansett Airlines und Australien Airlines. Über Land nur im Allradwagen während der Trockenzeit möglich. Außer für Nhulunbuy Permit erforderlich (Northern Land Council, s. S. 390). **Bathurst Island und Melville Island:** Renommiertester Veranstalter für Halb-, Ein-, Zwei- und Dreitagestouren ist Tiwi Tours, GPO Box 1397, Darwin, NT 0801, ✆ 089/815144.

Unterkunft: Nhulunbuy: **** Gove Resort Hotel, Westal St., ✆ 089/871777; ** Hideaway Safari Lodge, Prospect Rd., ✆ 089/871833. **Melville Island:** Putjamirra Safari Camp (Buchung über Tiwi Tours).

Das ›Rote Herz‹

Allgemeines

Rot ist die vorherrschende Gesteinsfarbe Zentralaustraliens. Dieser markante Farbton entsteht beim ›Rosten‹ des im Sandstein enthaltenen Eisens zu Eisenoxid. Wenn aber einmal, was in manchen der Zentralregionen denkbar selten vorkommt, Regen fällt, beginnen Samen, die lange Zeit im Boden geruht haben, zu keimen und zu sprießen; dann bekommt die Erde ein vergängliches grünes Pflanzenkleid, in dem Wildblumen bunte Einsprengsel bilden, und dann straft das ›Rote Herz‹ all diejenigen Lügen, die es bisweilen auch das ›tote Herz‹ nennen.

Die meisten Gebiete Inneraustraliens sind bei weitem keine vegetationslose Wüste, sondern weisen eine überraschende Pflanzenvielfalt auf. Die über 250 verschiedenen Pflanzenarten haben sich größtenteils dem heißen und trockenen Klima angepaßt und können lange Dürrejahre überleben. Manche Pflanzenarten (u. a. Palmen und Palmfarne in den geschützten Schluchten des Zentrums) sind Relikte der tropischen Wälder, die zu einer niederschlagsreicheren Zeit (bis vor ca. 1,5–2 Mio. Jahren) ganz Inneraustralien bedeckten.

Noch vor gar nicht allzu langer Zeit war das Zentrum Australiens nur wenigen einsamen Siedlern (zumeist Viehzüchtern) und den Ureinwohnern vorbehalten. Etwa seit Beginn der 70er Jahre aber übt das ›Rote Herz‹ eine enorme Anziehungskraft auf Touristen aus aller Welt aus. Fast alle kommen wegen der berühmten Naturmonumente, vor allem wegen des Ayers Rock und der benachbarten Olgas. Klimatisch gesehen gelten die Wintermonate als günstigste Besuchszeit, obwohl die Region dann (besonders Aug./Sept.) recht überlaufen ist. Zwischen Juni und August kann man bei kalten Nächten (bis zu 0° C) mit klaren, sonnigen Tagen (ca. 20°–25° C) rechnen, während in den Sommermonaten der Himmel oft bewölkt ist und es zudem drückend heiß werden kann.

Stuart Highway zwischen Darwin und Alice Springs

Die einzige direkte Überlandverbindung zwischen Darwin und Alice Springs ist der Stuart Highway (1522 km; s. auch Karte S. 394). Rund 95 km südlich von Darwin biegt von ihm eine Straße in südwestlicher Richtung nach Batchelor ab (14 km). Westlich erstreckt sich in der Tabletop Range der **Litchfield National Park**. Hauptattraktionen dieses Naturreservats sind spektakuläre Wasserfälle (Wangi, Florence, Tolmer und Sandy Creek Falls), die Lost City, eine bizarre ›Geisterstadt‹, die die Erosion im Sandsteinplateau der Tabletop Range geformt hat, und die merkwürdigen Bauten der Magnettermiten (s. S. 31). Die nicht geteerten Hauptstraßen können in der Trockenzeit auch mit konventionellen PKWs bewältigt werden, abseits von ihnen aber ist Allradantrieb erforderlich. In der Regenzeit ist der Park (einfache Campingplätze) oft wochenlang für Fahrzeuge gesperrt.

Beim Städtchen **Adelaide River** (119 km südlich von Darwin), wo sich einst das Hauptquartier der australisch-amerikanischen Streitkräfte befand, stößt man auf Spuren des Zweiten Weltkriegs (alte Munitionsbunker, Landestreifen u. a.).

Nächste Station ist die historische Bergbaustadt **Pine Creek**, in deren Nähe 1877 eine ergiebige Goldader entdeckt worden war. Relikte aus der turbulenten Vergangenheit des Ortes finden sich im Pine Creek National Trust Museum (tgl. 10–12 Uhr u. 14–16 Uhr) sowie im Pine Creek Miners Park (Freilichtmuseum). 22 km südwestlich des Ortes erstreckt sich der kleine **Umbrawarra Gorge Nature Park**, eine wildromantische Schlucht mit permanenten Wasserlöchern. Nach weiteren 50 km zweigen wir in östlicher Richtung vom Stuart Highway ab und erreichen nach 20 km die **Edith Falls**. Diese Wasserfälle bestehen aus einer Kette von Kaskaden, die, über die steile Abbruchkante des Arnhem Land-Plateaus stürzend, mehrere Lagunen bilden, wo man gelegentlich Süßwasserkrokodile sehen kann. Vom herrlich gelegenen Campingplatz am Fuß der Wasserfälle führt eine kleine Wanderung zu einem Aussichtspunkt oberhalb der Kaskaden (ca. 2 km/ca. 1 Std. v. v.).

Nordöstlich der Stadt Katherine erstreckt sich der **Katherine Gorge National Park**, einer der beeindruckendsten und auch am meisten besuchten Nationalparks des Nordterritoriums. Kern dieses wilden Naturschutzgebiets ist die 30 km lange Katherine Gorge, eine Schlucht, die sich bis zu 100 m tief in das Sandsteinplateau eingegraben hat. Eigentlich handelt es sich dabei um ein System von 13 einzelnen Canyons, durch die sich der Katherine River schlängelt (Pegelunterschied zwischen Trocken- und Regenzeit bis zu 10 m!). Weil der Katherine River das ganze Jahr hindurch Wasser führt, bildet die Katherine Gorge ein bedeutendes Refugium für die regionale Fauna und Flora (vielfältige Vogelwelt mit rund 160 Arten). Zu den zahlreichen in den Schluchten lebenden Reptilien gehören auch harmlose Johnstone-Süßwasserkrokodile. Auf keinen Fall sollten Sie sich eine Flußfahrt entgehen lassen (frühzeitig buchen; ✆ 089/721044). Flachboote verkehren während der Trockenzeit im Bereich der drei unteren Schluchten. Die Canyons des Oberlaufs sind bis zur siebten Schlucht mit Kanus, die man am Parkeingang mieten kann, zugänglich. Zwischen den einzelnen Schluchten müssen allerdings einige steinige Abschnitte zu Fuß überwunden werden (teils 500–1000 m!).

Ausgangspunkt für unterschiedlich anspruchsvolle Wanderungen ist das Besucherzentrum (Informationen über Dauer und Ausrüstung; tgl. 9–17 Uhr) mit einem großen Caravan Park. Lohnend sind der Lookout Walk zu einem Aussichtspunkt oberhalb der ersten Schlucht (ca. 5 km/ca. 2 Std. v.v.) sowie der Butterfly Gorge Walk, der in eine Nebenschlucht der Katherine Gorge führt, wo es Unmengen von Schmetterlingen gibt (ca. 14 km/ ca. 4 Std. v. v.). Andere Wanderwege, die tief in den Nationalpark hineinführen, sind eher etwas für Wildnisabenteurer mit entsprechender Ausrüstung, z. B. der Katherine River Wilderness Walk (ca. 36 km/ca. 2 Tage) und der Edith Falls Wilderness Walk (ca. 76 km/ca. 5 Tage).

Katherine (5000 Einw.) ist das Zentrum des sogenannten Never Never-Landes, eines von Viehzucht geprägten, breiten Landstreifens, der sich quer durch das Northern Territory erstreckt. Dieser im Jahre 1844/45 von Ludwig Leichhardt erforschten Region setzte Aeneas Gunn, die um die Jahrhundertwende als eine der ersten weißen Frauen nach Katherine kam, mit ihrem Roman *We of the Never Never* ein literarisches Denkmal. Sehenswert sind in Katherine das heimatkundliche Katherine Museum

(Mo–Fr 10–16 Uhr, Sa 10–14 Uhr, So 14–17 Uhr), die Springvale Homestead, die älteste noch erhaltene Farm des Nordterritoriums (ca. 8 km nordwestlich; Führungen Apr.–Okt. tgl. 10.30 u. 14 Uhr, Nov.–März tgl. 14 Uhr), die School of the Air (Unterrichtsteilnahme Mo–Fr 11 Uhr möglich) und die Mimi Arts and Crafts Gallery in der Pearce St. (Aboriginal-Kunsthandwerk).

In Katherine zweigt der Victoria Highway in Richtung Westaustralien ab. Nach 150 landschaftlich wenig interessanten Kilometern windet er sich durch die Randgebiete des **Gregory National Park** mit ihren zerklüfteten Bergketten. Ein Stopp lohnt sich an der Victoria River Crossing mit dem Wayside Inn (Motel, Caravan Park und Tankstelle), wo interessante Bootstouren auf dem krokodilreichen Victoria River angeboten werden (Victoria River Boat Cruise, ✆ 089/750744). Exkursionen auf dem hier bereits recht mächtigen Victoria River kann man auch im weiter westlich gelegenen Timber Creek unternehmen (Max's Victoria River Boat Tours, ✆ 089/750850). Direkt an der Grenze zu Westaustralien liegt der wenig besuchte Keep River National Park und jenseits der Staatengrenze beginnen die westaustralischen Kimberleys (s. S. 373 ff.).

27 km südlich von Katherine erstreckt sich westlich des Stuart Highway unter einer vor 500 Mio. Jahren entstandenen bizarren Karstlandschaft der **Cutta Cutta Caves Nature Park**, ein ausgedehntes Höhlensystem, das im Rahmen von Führungen besichtigt werden kann (Apr.–Okt. tgl. 10.30, 12, 13.30 Uhr). **Mataranka** (110 km südlich von Katherine) ist berühmt für seine konstant 34° C warmen Thermalquellen, aus denen pro Minute 16500 l kristallklaren Wassers sprudeln. Gespeist wird von ihnen ein natürlicher Pool, der sich inmitten eines tropischen Palmenwaldes befindet (Bademöglichkeit). In unmittelbarer Nachbarschaft liegt das Mataranka Homestead Tourist Resort (Motel, Jugendherberge, Caravan Park).

Auf der Weiterfahrt von Mataranka in südlicher Richtung nach Tennant Creek (541 km) geht die grünwuchernde feuchte Urwaldzone des tropischen Nordens allmählich in die Savannen und roten Halbwüsten Zentralaustraliens über. 24 km nördlich von Tennant Creek liegt das Three Ways Roadhouse (Motel, Caravan Park und Tankstelle). Von hier führt der Barkly Highway durch ein ausgedehntes Viehzuchtgebiet nach Mt. Isa (s. S. 501).

Tennant Creek (3000 Einw.) streifte 1932 kurzzeitig der Goldrausch, der richtige Aufschwung aber kam erst in den 50er Jahren mit der Entdeckung großer Kupfervorkommen. Memorabilien aus der Goldrauschära beherbergen das National Trust Museum (Mai–Okt. tgl. 16–18 Uhr) sowie das Central Battery and Mining Museum (tgl. 9–16 Uhr). 100 km südlich von Tennant Creek liegen über ein ca. 18 km^2 großes Gelände die **Devils Marbles**, Hunderte von riesigen ovalen und runden Steinformationen, verstreut (s. Farbabb. 16). Die ›Murmeln des Teufels‹ verdanken ihre Entstehung den abrupten Temperaturänderungen zwischen Tag und Nacht, die dazu führten, daß sich die Oberflächenschichten riesiger Granitblöcke in Jahrmillionen ausdehnten und zusammenzogen, um schließlich wie Zwiebelhäute abzublättern. Viele der Devils Marbles sind nahezu vollkommene Kugeln, teils winzig klein, teils von mehreren Metern Durchmesser. Die Aborigines der Region betrachten die Granitgebilde als die Eier der mythologischen Regenbogenschlange Wanambi, die für sie als Verkörpe-

rung der Fruchtbarkeit den Ursprung allen Lebens bedeutet. Für sie war der Platz einst eine wichtige Kultstätte. Besonders beeindruckend sind die zyklopischen Felskugeln beim Sonnenauf- und -untergang, wenn sie in allen Rotschattierungen leuchten (Campingplatz am Rande des Devils Marbles Conservation Reserve).

Wem danach ist, mitten im australische Outback ein Löwenbräu aus München oder ein Guinness aus Dublin zu trinken, der sollte beim kleinen **Wycliffe Well Roadhouse** (Tankstelle für Fahrzeuge und Fahrer) stoppen. Noch origineller aber ist das **Barrow Creek Hotel** weitere 90 km südlich. Südwestlich von Barrow Creek erhebt sich der Central Mt. Stuart, das geographische Zentrum des Fünften Kontinents. Etwa 35 km nördlich von Alice Springs kreuzt der Stuart Highway den Wendekreis des Steinbocks. Wenige Kilometer südlich davon zweigt in nordwestlicher Richtung die Tanami Road ab (s. S. 376).

Praktische Hinweise

Verkehr: Will man auf einer vom Stuart Hwy. abzweigenden Piste Aboriginal-Reservate durchqueren (z. B. Tanami Road), benötigt man ein Permit des Northern Land Council in Darwin (s. S. 390) oder des Central Land Council in Alice Springs (s. S. 409).
Sämtliche großen Busgesellschaften fahren auf dem Stuart Hwy. sowie auf dem Victoria Hwy. nach Westaustralien, auf dem Barkly Hwy. nach Queensland. Zwischen Katherine und dem Katherine Gorge National Park Shuttle Bus (Travel North); Abfahrt beim Katherine Transit Centre am Stuart Hwy., hier auch Buchungsbüro aller anderen Buslinien (✆ 089/721044.) Ansett Airlines mehrmals wöchentlich Darwin – Katherine und Alice Springs – Katherine. Flüge Katherine – Jabiru (Kakadu National Park): Air North, Katherine, ✆ 089/721711; Kakadu Air, Katherine, ✆ 089/792411.
Unterkunft: Pine Creek: ** Pine Creek Motel, Moule St., ✆ 089/761288; Pine Creek YHA Hostel, Main Tce./Old Moline Rd., ✆ 089/761254; Pine Creek Caravan Park, Moule St., ✆ 089/761217. **Katherine:** *** Frontier Motor Inn, Stuart Hwy., ✆ 089/721744; ** Riverview Motel, Victoria Hwy., ✆ 089/721011; Katherine YHA Hostel, Victoria Hwy., ✆ 089/722942; Kookaburra Backpackers Lodge, Lindsay Ave./Third St., ✆ 089/710257; Katherine Low Level Caravan Park, Shadforth Rd., ✆ 089/723962 (ca. 5 km westlich); Katherine Gorge Caravan Park, ✆ 089/721253 (ca. 31 km östlich). **Mataranka:** Mataranka Homestead Tourist Resort, ✆ 089/754580 (** Motel, Jugendherberge und Caravan Park). **Tennant Creek:** *** Eldorado Motor Lodge, Stuart Hwy., ✆ 089/622402; Tennant Creek YHA Hostel, Leichhardt St., ✆ 089/622719; Outback Caravan Park, Peko Rd., ✆ 089/622459.
Information: Katherine Tourist Information Centre, Stuart Hwy./Lindsay Ave., ✆ 089/722650; Tennant Creek Tourist Information Centre, Paterson/Davidson Sts., ✆ 089/623337.

Alice Springs

Allgemeines: Alice Springs (25000 Einw.) liegt im geographischen Zentrum des Fünften Kontinents: 1600 km nach Darwin und 1700 km nach Adelaide. Für die meisten Australier ist Alice Springs ein Symbol für das Outback, aber auch für dessen Überwindung und Beherrschung. Mit dem Namen Alice Springs untrennbar verbunden ist ein wichtiges Kapitel der australischen Geschichte, der Mythos von den frühen Entdeckern, wie John McDouall Stuart, die das Land er-

Devils Marbles

Die Bank der Biertrinker

Barrow Creek, Northern Territory, Australia. Die Straßenkarte verleiht dem Ort Größe und Glanz einer Mittelstadt. Doch wenn ein Reisender auf dem Stuart Highway die 1800 km von Adelaide herauf- oder die 1400 km von Darwin heruntergefahren kommt, dann empfindet er Barrow Creek in der Regel als einen Schock. Es ist ein gottverlassener Fleck ›in the middle of nowhere‹: ein paar Häuser im Outback, eines davon ein Pub, und fünf ständige Einwohner.

Zwei Gründe gibt es, weshalb dieser Fliegendreck seinen Platz auf der Landkarte gefunden hat. Erstens, weil im menschenarmen Nordterritorium im weiten Radius um Barrow Creek noch weniger ist – nämlich gar nichts. Und zweitens, weil die kleine Siedlung seit rund zehn Jahren mit einer großen Attraktion aufwarten kann: der Bank der Biertrinker im Pub des Barrow Creek Hotel. Die Wand hinter dem Tresen der Kneipe ist tapeziert mit Geldscheinen im Wert von gut und gern 3000 A-$, meist Fünf- und Zehn-Dollar-Noten, aber vereinzelt auch Zwanzig- und Fünfzig-Dollar-Scheinen. Jede Banknote trägt die Signatur ihres Besitzers.

Steve, Kneipenwirt und Bankdirektor in Personalunion, erklärt das System der Buschbank: Der vom Besucher mit Namen und Datum versehene Geldschein wird mit einem Reißnagel an die Wand gepinnt. Beim nächsten Kneipenbesuch kann die Spareinlage dann in ›flüssige Währung‹ konvertiert werden. Zinsen allerdings zahlt Steve seinen Kunden nicht. Im Gegenteil, mit der momentan galoppierenden Inflationsrate verliert die Einlage natürlich mit der Zeit an Wert. Heute bekommt man für 5 A-$ noch zwei Stubbies, also zwei kleine Flaschen Bier, in einigen Jahren aber vielleicht nur noch eine. Oder auch gar keine mehr, sollte das Barrow Creek Hotel zwischenzeitlich abgebrannt sein.

»Die meisten Touristen, die bei uns ihr Geld anlegen, kommen eh nie wieder«, erklärt Steve, »für sie ist das Ganze nichts weiter als ein Gag. So mancher prahlt dann wohl daheim in Europa mit seinem Sparkonto bei einer Bank in Australien.« Ganz anders dagegen verhält es sich mit den Bewohnern im Einzugsbereich des Barrow Creek Pub. Die Rinderzüchter und ihre Stockmen im Umkreis von wenigstens 200 km schauen auf der Suche nach etwas Abwechslung im Busch regelmäßig alle paar Tage auf einige eisgekühlte Stubbies herein. Und sie nutzen ebenso wie die Truckies gerne die Vorteile der Creek Bank.

forscht und erschlossen haben (s. S. 64). 1871 folgten die Landvermesser Gilbert McMinn und William Mills, die damit beauftragt waren, eine für den Bau der Telegraphenleitung zwischen Adelaide und Darwin geeignete Route durch die MacDonnell Ranges zu finden, auf den Spuren Stuarts. Anders als dieser hielten Mills und McMinn die Heavitree Gap, einen Felseinschnitt durch die Gebirgskette einige Kilometer südlich des heutigen Alice Springs, für geeigneter – zumal hier eine Quelle (Alice Springs) entdeckt wurde. 1872 hatte man die Telegraphenleitung vollendet. Damit war die Verbindung zwischen Adelaide und Darwin sowie via Indonesien und Indien auch weiter nach London hergestellt.

Bis 1929 blieb Alice Springs (bis 1933 Stuart genannt) ein isoliertes Outback-Nest mit wenig mehr als 100 Einwohnern, die mittels Kamelkarawanen versorgt werden mußten. Die Weiterentwicklung setzte erst ein, als in jenem Jahr die Eisenbahnlinie von Süden her die Stadt erreichte und der Stuart Highway zwischen Alice Springs und Darwin während des Zweiten Weltkriegs fertiggestellt wurde. Die planlos um den Todd River herum wachsende Stadt entwickelte sich zu einem wichtigen Umschlagplatz und Zentrum der inneraustralischen Rinderindustrie. Dann wurde The Alice plötzlich vom Tourismus entdeckt, und die Bevölkerung verzwanzigfachte sich bis zu Beginn der 70er Jahre. Heute gilt Alice Springs als idealer Ausgangspunkt für Erkundungen der MacDonnell Ranges und des rund 450 km südwestlich gelegenen Ayers Rock.

Stadtzentrum: Der Innenstadtbereich ist leicht zu Fuß zu erschließen. Für eine Erkundung der weitläufigen Randbezirke benötigt man allerdings ein eigenes Fahrzeug. Wir beginnen unseren kurzen

Wandgemälde in Alice Springs

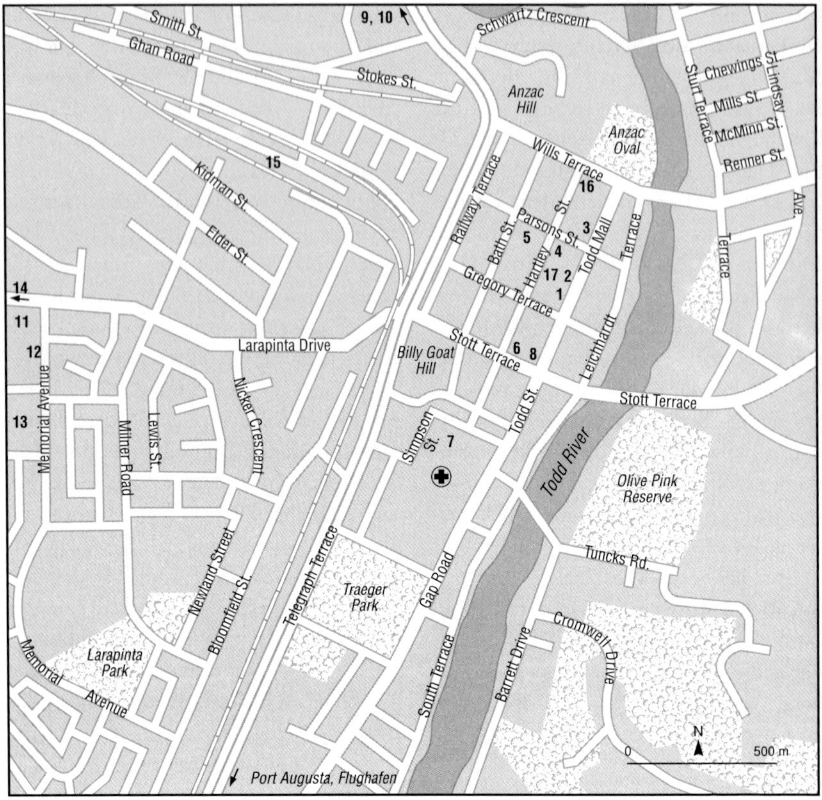

Alice Springs 1 John Flynn Memorial Church 2 Adelaide House 3 Ford Plaza 4 The Residence 5 Old Stuart Gaol 6 Panorama Guth 7 Royal Flying Doctor Service 8 Centre for Aboriginal Artists 9 Alice Springs Telegraph Station Historical Reserve 10 School of the Air 11 Araluen Arts Centre 12 Central Australian Aviation Museum 13 Alice Springs Memorial Cemetery 14 Diarama Village 15 Railway Station 16 Busterminal 17 General Post Office

Rundgang durch Alice Springs in der Todd Mall, einer gepflegten Fußgängerzone mit zahlreichen Souvenirläden, Kunstgalerien und Reisebüros. Zwischen der Gregory Terrace und der Parsons Street steht die **John Flynn Memorial Church** (1), ein schlichtes Gotteshaus, das nach dem Begründer des Royal Flying Doctor Service benannt wurde. Gegenüber erhebt sich das von Reverend Flynn entworfene und in 20 Jahren fertiggestellte **Adelaide House** (2), das erste Krankenhaus Zentralaustraliens. Heute beherbergt es das John Flynn Museum (Geschichte des Luftrettungsdienstes; Mo–Fr 10–16 Uhr, So 10–12 Uhr).

Nächste Station ist die **Ford Plaza** (3), ein modernes Ladenzentrum, in dem sich auch das Spencer & Gillen Museum befindet (Kunst und Kultur der zentralaustralischen Ureinwohner; Kunstgalerie mit wechselnden Ausstellungen zeitgenössischer australischer Maler; tgl. 9–17 Uhr). An der Ecke Parsons und

Hartley Street steht **The Residence** (4), ein Gebäude aus den 20er Jahren, einst Wohnsitz von Regierungsbeamten, heute ein historisches Museum (tgl. 9–17 Uhr). In der Nähe befindet sich das **Old Stuart Gaol** (5; altes Gefängnis aus dem Jahre 1907/08; das älteste noch erhaltene Gebäude von Alice Springs; Di, Do 10.30–12.30 Uhr, Sa 9.30–11.30 Uhr).

Nördlich des Zentrums ragt der Anzac Hill auf (zu Fuß zu erreichen über den an der Wills Terrace beginnenden Lions Walk, mit einem Fahrzeug auf einer vom Stuart Highway abzweigenden Zufahrtsstraße). Auf diesem Aussichtshügel erhebt sich ein Kriegsdenkmal in Form eines weißen Obelisken.

Wenn wir unseren Rundgang entlang der Hartley Street fortsetzen, gelangen wir zum **Panorama Guth** (6), einem gigantischen Rundgemälde (6 x 60 m) des Holländers Henk Guth, das Landschaftsszenerien des ›Roten Herzens‹ darstellt (Mo–Sa 9–17 Uhr, So 14–17 Uhr). In der Stuart Terrace, einige hundert Meter südlich des Stadtkerns, befindet sich das regionale Hauptquartier des **Royal Flying Doctor Service** (7; Mo–Sa 9–15.30 Uhr, So 13–14 Uhr). Auf dem Rückweg zur Todd Mall lohnt sich ein Stopp im **Centre for Aboriginal Artists** (8; 88 Todd St.), das 1972 als erste schwarzaustralische Galerie gegründet wurde (Mo–Fr 9.30–17.30 Uhr, Sa 10–14 Uhr).

Randbezirke: 3 km nördlich der City erstreckt sich östlich des Stuart Highway das **Alice Springs Telegraph Station Historical Reserve** (9) mit einer kleinen Siedlung aus Steinhäusern, die 1872 zur Beherbergung der ersten Europäer in Zentralaustralien um die alte Telegraphenstation herum entstand (Ausstellungen dokumentieren die Geschichte; Okt.–Apr. tgl. 8–21 Uhr, Mai–Sept. tgl. 8–19 Uhr; Führungen tgl. 10 u. 15 Uhr). In der Head Street (westlich des Stuart Highway) befindet sich die **School of the Air** (10) von Alice Springs (Mo–Fr 13.30–15.30 Uhr).

Die Besuchspunkte im Westen der City liegen alle am oder nahe des Larapinta Drive. Etwa 2 km außerhalb befindet sich das **Araluen Arts Centre** (11), ein Kulturzentrum mit Theater und Kunstgalerien (Di–Fr 10–16 Uhr, Sa u. So 11.30–15.30 Uhr). In unmittelbarer Nachbarschaft liegen das **Central Australian Aviation Museum** (12), ein Luftfahrtmuseum mit Exponaten aus den Luftpioniertagen Zentralaustraliens (Mo–Fr 10–16 Uhr, Sa u.So 10–14 Uhr) sowie der **Alice Springs Memorial Cemetery** (13). Ein paar hundert Meter weiter westlich befindet sich das **Diarama Village** (14), wo mittels plastischer Schaubilder Mythen und Legenden aus der Traumzeit der Ureinwohner dargestellt werden (tgl. 10–17 Uhr). Nördlich des Larapinta Drive liegt die **Yipirinya School**, eine Schule der Aborigines, wo Besucher nach Anmeldung willkommen sind (✆ 089/525633).

Gleich im Südosten der City, jenseits des meist ausgetrockneten Flußbetts des Todd River, erstreckt sich über ein hugeliges Terrain das **Olive Pink Flora Reserve**, ein auf die Vegetation der inneraustralischen Trockenzonen spezialisierter Botanischer Garten (tgl. 10–18 Uhr). Eine Reihe von Sehenswürdigkeiten befindet sich unmittelbar **südlich der Heavitree Gap**, des berühmten Nadelöhrs, durch das sich der Stuart Highway, die Ghan-Eisenbahnlinie und der Todd River zwängen: das Pitchi Richi Sanctuary, ein Freilichtmuseum mit Aboriginal-Skulpturen des weißen Bildhauers William Rickett (tgl. 9 Uhr bis Sonnenunter-

Die Schule der ›kleinen Raupen‹

An der westlichen Peripherie von Alice Springs liegt die 1979 von Aborigines im Rahmen eines Selbsthilfeprojekts gegründete Yipirinya School. Die nach der mythologischen Raupe Yipirinya benannte Schule wird von 150 Aboriginal-Kindern im Alter von 6 bis 14 Jahren besucht. Nach Jahren voller Probleme, in denen die damalige konservative Regierung des Nordterritoriums den Initiatoren dieser ersten schwarzaustralischen Privatschule alle nur denkbaren Stolpersteine in den Weg legte, erhielt die Schule 1984 endlich ihre formelle Anerkennung als Privatschule und damit auch die für ihr Bestehen unbedingt notwendigen finanziellen Mittel.

Gegründet wurde diese Aboriginal-Schule, um nicht länger dem auf Assimilation abzielenden Bildungsmonopol der weißen Australier ausgesetzt zu sein. Das Curriculum der Yipirinya School propagiert die sogenannte Two Way Education, eine Art dualen Unterricht. Im Mittelpunkt des Lehrplans steht die Bewahrung der traditionellen Sitten und Gebräuche sowie der Sprachen der Ureinwohner. Um diesen Grundblock gruppieren sich die ›modernen‹ Fächer wie Englisch, Mathematik und Physik. Dazu Kevin Buzzacott, der derzeitige Schulleiter: »Wir wollen unseren Schülern das ganze Spektrum der traditionellen Fertigkeiten unseres Volkes beibringen, ihnen zugleich aber auch modernes Wissen vermitteln, damit sie in der weißen Gesellschaft bestehen können.«

Der Mittwoch ist der Culture Day in der Yipirinya-Schule, der wichtigste Tag der Woche. An diesem Unterrichtstag fahren die ›kleinen Raupen‹ zusammen mit älteren Mitgliedern ihres Klans hinaus in den Busch. Dort erfahren sie die Entstehungsgeschichte und die Legenden ihres Volkes, lernen die Traumpfade ihrer mythologischen Heroen kennen. Während dieser Exkursionen unterweisen die Stammesältesten die Jungen zudem in der richtigen Handhabung von Bumerang und Speeren, während die Mädchen von den älteren Frauen ihres Volkes lernen, wie man Bush Food findet und zubereitet.

gang); das Stuart Auto Museum am Palm Circuit (tgl. 9–17 Uhr), die etwas weiter südlich gelegenen Mecca Dates Gardens, eine Dattelpalmenplantage (Mo–Sa 9–17 Uhr, So 10–16 Uhr); 8 km südöstlich der City am Ross Hwy. die Frontier Camel Farm (tgl. 9–17 Uhr; Kamelsafaris ✆ 089/530444) und der Arid Australian Reptile Park mit Reptilien der Trockenzone (tgl. 9–17 Uhr); am Stuart Highway, ca. 3 km südlich der City, das Old Timers Folk Museum, ein heimatkundliches Museum mit Memorabilien aus der Pionierzeit (tgl. 14–16 Uhr); westlich des Stuart Highway (ca. 5 km südlich der City) der ausgedehnte Museumskomplex der Ghan Preservation Society, ein Eisenbahnmuseum (tgl. 9–17 Uhr; Auskunft über Fahrten im Old Ghan, ✆ 089/555047); am Colonel Rose Drive, ca. 10 km südlich der City (Abzweigung vom Stuart Highway) das Chateau Hornsby-Weingut (einzige Kellerei Zentralaustraliens).

Praktische Hinweise

Verkehr: *Anreise:* Ansett Airlines (Todd/ Parsons Sts., ✆ 089/524455) und Australian Airlines (Todd/Parsons Sts., ✆ 089/505211) verbinden Alice Springs mit allen Großstädten. Der Flughafen liegt ca. 20 km südlich der Stadt (Airport Shuttle Bus, ✆ 089/530310). Ansett Pioneer, (✆ 089/531222), Bus Australia (✆ 089/531022), Greyhound (✆ 089/ 527888), McCafferty's (✆ 089/532250) fahren Alice Springs regelmäßig an, u. a. von Adelaide, Port Augusta, Darwin, Mt. Isa und Townsville. Zentraler Terminal ist in der Hartley St. (Ford Plaza). Expreßzug The Ghan ein- oder zweimal pro Woche zwischen Adelaide, Port Augusta und Alice Springs (ca. 24 Std.; Reservierung in Alice Springs ✆ 089/ 521011).

Öffentlicher Nahverkehr: Asbus-Busse verkehren Mo–Sa tagsüber alle 60–90 Min. auf knapp 10 km langer Route (Fahrplan beim Northern Territory Government Tourist Bureau). Touristenbus The Alice Wanderer fährt alle 60 Min. alle bedeutenden Sehenswürdigkeiten an (✆ 089/530310).

Reiseveranstalter: AAT King's Tours, 74 Todd St., ✆ 089/525266; Around Alice Tours, 71 Gregory Tce., ✆ 089/527300; Centre Highlights Tours, 113 Todd St., ✆ 089/531733; Leigh Goldsmith's Outback Experience, ✆ 089/532666; Toddy's Tours, 41 Gap Rd., ✆ 089/521322; Worana Tours, ✆ 089/532322 (Listen im Touristenbüro; Buchung möglich). Touren, die einen guten Einblick in die Kultur der Ureinwohner geben: Rod Steinert Tours, Shop 2, Gregory Tce., ✆ 089/555000. Mail Run (Flug mit dem Briefträger zu Farmen und entlegene Siedlungen): Skyport, ✆ 089/523977. Ballonfahrten: Aussie Balloons, ✆ 089/530544; Outback Ballooning, ✆ 089/528723.

Autoverleih (auch Geländewagen): Brits Rentals, 870 Stuart Hwy., ✆ 089/528814; Budget Rent A Car, 64 Hartley St., ✆ 089/524133; Centre Car Rentals, Ford Plaza, Todd St., ✆ 089/521405.

Unterkunft (Apr. – Okt. Reservierung empfohlen): ***** Sheraton Alice Springs, Barrett Dve. ✆ 089/528000; **** Lasseters Hotel & Casino, Barrett Dve., ✆ 089/525066; *** Alice Motor Inn, Undoolya Rd., ✆ 089/ 522322; *** Larapinta Lodge, 3 Larapinta Dve., ✆ 089/527255; *** Oasis Frontier Resort, 10 Gap Rd., ✆ 089/521444; ** Desert Rose Inn, 15 Railway Tce., ✆ 089/521411; ** Outback Motor Lodge, South Tce., ✆ 089/ 523888; ** Trade Winds Motel, Ross Hwy., ✆ 089/524866 (4 km südlich); * Melanka Lodge, 94 Todd St., ✆ 089/522233 (hier auch preiswerte Backpackers-Zimmer); Alice Lodge, 4 Mueller St., ✆ 089/531975 (Backpackers Hostel); Alice Springs YHA Hostel, Todd St./Stott Tce., ✆ 089/525016; Toddy's Backpackers Resort, Warburton St./Lindsay Ave., ✆ 089/523188; YWCA Stuart Lodge, Stuart Tce., ✆ 089/521894; MacDonnell Range Tourist Park, Palm Place, Ross Hwy., ✆ 089/526111 (5 km südlich); Stuart Tourist Park, Larapinta Dve., ✆ 089/522547.

Information: Northern Territory Government Tourist Bureau, Ford Plaza, Todd Mall, ✆ 089/521299. **Umwelt und Natur:** Conservation Commission of the Northern Territory, Gap Rd., ✆ 089/508211. **Aborigines:** Central Land Council, 33 Stuart Hwy., P. O. Box 3321, Alice Springs, NT 0870, ✆ 089/ 523800. **Post:** General Post Office, Hartley/ Parsons Sts. **Polizei:** Parsons St., ✆ 089/ 501211. **Krankenhaus:** Alice Springs Hospital, ✆ 089/502211.

Einkauf von Aboriginal-Kunst und -Kunsthandwerk: Arunta Art Gallery, Todd St.; Centre for Aboriginal Artists, 88 Todd St.; Corkwood Dreaming Gallery, Fan Arcade, Todd Mall; Dreamtime Art Gallery, 3 Todd Plaza, Todd Mall; Papunya Tula Art Company, 78 Todd St.

Die weitere Umgebung von Alice Springs

Alice Springs liegt mehr oder weniger im Zentrum der sich über eine Distanz von rund 400 km von Ost nach West quer durch die riesige inneraustralische Ebene ziehenden MacDonnell Ranges. Die bis

Die verrückteste Regatta der Welt

Todd River heißt der Fluß, der durch Alice Springs fließt. Das tut er allerdings nur alle Jubeljahre einmal und dann in der Regel auch nur für ein paar Tage. Die Einwohner von Alice Springs aber haben den Todd River zum Schauplatz eines kuriosen ›Bootsrennens‹ erkoren – der Henley-on-Todd-Regatta. Henley nach dem berühmten Ruderzentrum an der Themse in England und Todd nach eben dem Fluß, auf dem – oder besser gesagt in dem – sie ausgetragen wird.

Die Henley-on-Todd-Regatta ist wahrscheinlich das einzige Bootsrennen der Welt, das auf dem Trockenen entschieden wird: Da es kein Wasser gibt, rudern die Teilnehmer nicht, sondern laufen mit ihren bodenlosen Booten, oft recht originellen Konstruktionen, durch das staubtrockene Flußbett dem Ziel entgegen. Wie bei normalen Regatten kann nur die Mannschaft gewinnen, die den Bug vornbehält und im Ziel noch alle Mann an Bord hat. Ausgeheckt wurde die Idee 1961 von Mitgliedern des Rotary Club, nach deren Meinung zu einem Wohltätigkeitsfest auch eine Regatta gehörte. Und weil es wohl ein Flußbett gab, aber gerade mal wieder kein Wasser drin war, versuchte man es eben ohne das feuchte Element. Dieser mit Begeisterung betriebene Wettkampf ist mittlerweile zu einer großen Attraktion geworden, die alljährlich am letzten Samstag im September Tausende von Zuschauern anlockt. Ein einziges Mal nur machte das Wetter den Veranstaltern einen Strich durch die Rechnung – es regnete im September und das ganze Spektakel fiel buchstäblich ins Wasser.

zu knapp über 1500 m hohen, vor 600–900 Mio. Jahren im Präkambrium entstandenen MacDonnells gehören zu den ältesten Gebirgen der Erde. Sie bestehen aus einer Reihe von zerklüfteten und steilen Bergzügen, die in einem komplizierten Erosionsvorgang die Gestalt wellenförmiger Falten bekommen haben und durch parallel verlaufende Schluchten voneinander getrennt sind. Diese Canyons bildeten sich, als Wasserläufe vielfach geschichtete Ablagerungen von weichem Sandstein und Schieferton fortspülten, während die härteren Quarzitkämme stehenblieben, als Reste einer Gebirgskette, die vermutlich bis zu 4500 m hoch aufragte.

Die Schluchten der MacDonnell Ranges sind die Hauptattraktionen im weiteren Umkreis von Alice Springs, auch wegen ihrer Bedeutung als Refugien für eine archaische Flora (u. a. Palmen und Palmfarne), die noch aus den Zeiten stammt, als weite Regionen Zentralaustraliens von einem seichten Tropenmeer bedeckt waren. Darüber hinaus gilt das Gebirge als ein bedeutendes Aboriginal-Land. Noch lange nach Ankunft der Weißen führten hier die Aranda, ein Volk von über einem Dutzend verwandter Stämme, ein halbnomadisches Leben. Große Verdienste erwarb sich der deutschstämmige Wissenschaftler Theodore Strehlow, der mehr als 45 Jahre lang in mühsamen und gefährlichen Expeditionen die Sitten und Gebräuche erforschte.

Glen Helen Gorge

In der Popularitätsskala der meisten Besucher stehen die westlichen MacDonnells ganz oben. Entlang der beiden gut ausgebauten Straßen Larapinta Drive und Namatjira Drive reihen sich die landschaftlichen Höhepunkte wie Perlen an einer Kette. Die Entfernungsangaben in den Klammern beziehen sich auf Alice Springs als Ausgangspunkt.

Vorbei am Flynns Grave (7 km) erreichen wir den **Simpsons Gap National Park** (Abzweigung nach 18 km, dann 8 km in nördlicher Richtung). In diesem Naturreservat haben die sich von Zeit zu Zeit durch die Betten des Roe Creek und anderer Flüsse wälzenden Hochwasserfluten faszinierende Schluchten durch die Quarzitfelsen der Rungutjirba Ridge gegraben. Am lohnenswertesten ist ein Abstecher zur Simpsons Gap am frühen Morgen oder späten Nachmittag (je nach Lichteinfall verschiedene Rotschattierungen). Ausgedehnte Wanderungen führen von der Ranger Station bei der Hauptschlucht in westlicher Richtung zur Bond Gap (ca. 16 km/ca. 5 Std. v. v.) sowie nach Osten zur Wallaby Gap (ca. 20 km/ca. 7 Std. v. v.). Ca. 2 km südlich der Ranger Station zweigt von der Zufahrtsstraße der Cassia Hill Trail ab (ca. 2 km/ca. 45 Min. v. v.). Gegenüber der Abzweigung zur Simpsons Gap erstreckt sich das **White Gums Wildlife Sanctuary,** ein Tierpark mit Känguruhs, Wallabies und Emus (tgl. 9–17 Uhr).

Nächste Station ist der **Standley Chasm,** ein weiteres Landschaftsjuwel der Western MacDonnells (Abzweigung nach 40 km, dann 10 km in nordwestlicher Richtung). In diese Felsenschlucht, deren fast 100 m hohen Wände sich stellenweise zu einer nur 5–9 m schmalen Klamm verengen, fällt nur während der Mittagszeit etwa eine Stunde lang die Sonne, die dann aber das Quarzitgestein zum Leuchten bringt. Der Fußweg vom Parkplatz zum Canyon (ca. 1,5 km/ca. 30 Min.) führt durch ein ausgetrocknetes Bachbett. Der Standley Chasm Nature Park befindet sich im Besitz der Iwupataka-Aborigines (tgl. 8.30–17 Uhr).

Unsere nächste Anlaufstelle ist der **Ellery Creek Big Hole Nature Park** (1; Abzweigung nach 93 km, dann 2 km auf Schotterpiste in nördlicher Richtung). Dieses Naturreservat überrascht mit einem kleinen, aber tiefen, ständig wasserführenden See. Die Hauptattraktion des **Serpentine Gorge Nature Park** (2; Abzweigung nach 104 km, dann 3 km auf einer sehr rauhen Schotterstraße in nördlicher Richtung) ist eine schmale Schlucht, durch die sich der Serpentine Creek windet.

Das Kernstück des bei Wanderern sehr beliebten **Ormiston Gorge and Pound National Park** (3; Abzweigung nach 132 km, dann 8 km in nördlicher Richtung) ist eine weite Schlucht, die der Ormiston Creek in Jahrmillionen in die MacDonnells gefräst hat. Verschiedene markierte Wanderwege, die alle beim Visitor Information Centre am Parkeingang beginnen, erschließen diese herrliche Naturregion. Zu empfehlen ist der Ormiston Pond Walk (Rundwanderung ca. 7 km/ca. 3–4 Std.). Standquartier: Campingplatz beim Besucherzentrum.

Ein weiteres ›Highlight‹ bildet der **Glen Helen Gorge Nature Park** (4; 133 km). Hier verbreitert sich der Finke River zu einer tiefblauen Lagune, die mit orangeroten und rostfarbenen eisenoxidhaltigen Quarzitklippen kontrastiert (s. Farbabb. 12). Vor allem bei Sonnenuntergang sehr beeindruckend ist der Blick, der sich von Glen Helen auf den Mt. Sonder (1379 m) bietet. Unterkunft in der hübsch gelegenen Glen Helen Lodge, in deren Nähe ein Campingplatz.

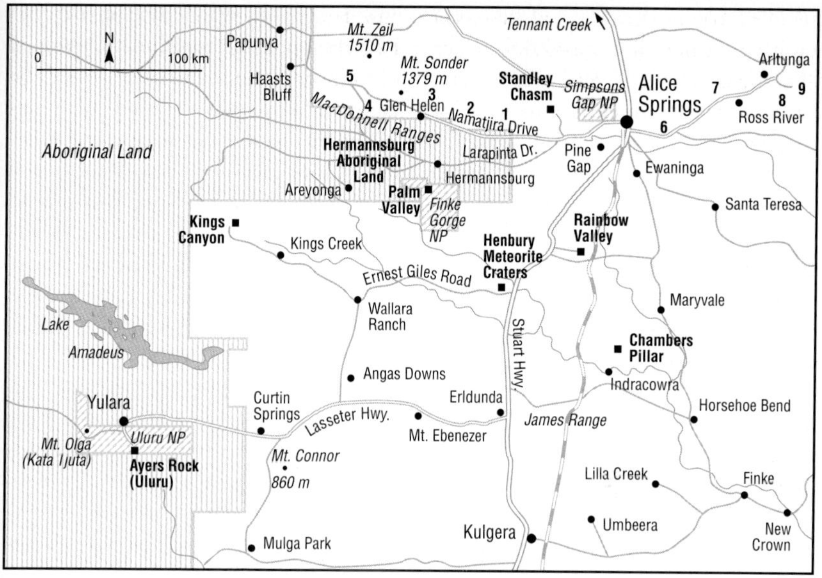

Umgebung von Alice Springs 1 Ellery Creek Big Hole Nature Park 2 Serpentine Gorge Nature Park 3 Ormiston Gorge and Pound National Park 4 Glen Helen Gorge Nature Park 5 Redbank Nature Park 6 Emily and Jessie Gaps Nature Park 7 Trephina Gorge Nature Park 8 N'Dhala Gorge Nature Park 9 Ruby Gap Nature Park

Bei Glen Helen geht der asphaltierte Namatjira Drive in eine Schotterpiste über, die aber zumindest während der Trockenperiode auch mit konventionellen Fahrzeugen ohne Probleme bis zum **Redbank Nature Park** (5; 161 km; pittoreske Schlucht mit semi-permanenten Wasserstellen) zu bewältigen ist. Für die rund 50 km lange Naturpiste zwischen Redbank und Hermannsburg via Gosse Bluff (Rand eines Meteoritenkraters) aber benötigt man wegen einiger sandiger Abschnitte einen allradgetriebenen Geländewagen, ebenso wie zum 21 km südlich davon beginnenden **Finke Gorge National Park.** Kernstück dieses Nationalparks ist das Palm Valley, eine Naturoase, wo rund 3000 der sonst nirgendwo auf der Erde vorkommenden Palmen Livistona mariae gedeihen. Man nimmt an, daß diese Fächerpalmen (Red Cabbage Palms) von Bäumen abstammen, die hier vor Jahrmillionen am Ufer eines tropischen Binnenmeeres wuchsen. Darüber hinaus birgt die Schlucht des fast ständig wasserführenden Finke River einige wichtige Kult- und Versammlungsstätten der Ureinwohner (z. B. den Initiation Rock und das Amphitheater). Markierte Wanderwege sind im Park nicht vorhanden. Unproblematisch aber sind kleine Wanderungen entlang des Flußbetts im Palm Valley.

Der kleine Ort **Hermannsburg** (132 km) am Finke River (ca. 400 Einw., meist Aborigines) wurde 1877 von deutschen Lutheranern als erste Missionsstation im Northern Territory gegründet. Der Gebäudekomplex der alten Missionsstation kann besichtigt werden (tgl. außer Di 8–17.30 Uhr). Etwa 5 km östlich von Hermannsburg erinnert ein

Steindenkmal an den Maler Albert Namatjira, den berühmtesten Zöglich der Missionsstation (s. S. 91). Hermannsburg ist von Alice Springs auch auf dem Larapinta Drive zu erreichen (132 km).

Kernpunkte des **Emily and Jessie Gaps Nature Park** (6; 13 km östlich von Alice Springs) sind zwei Flußdurchbrüche im MacDonnell-Gebirge, die für die Arandas von großer mythologischer Bedeutung sind, den weißen Australiern aber vorwiegend als Bade- und Picknickplätze dienen. An der Ostseite der Emily Gap befinden sich Aboriginal-Felsmalereien, die man jedoch bei hohem Wasserstand nur mit einem Boot erreichen kann. Der Corroboree Rock (48 km) ist ein weiteres zentrales Heiligtum der Ureinwohner. Hier fanden einst bedeutende Zeremonien, wie z. B. Initiationsriten, statt. In den Höhlen des nicht aus Quarzit, sondern aus Dolomit bestehenden Felsmassivs bewahrten die Aborigines früher Kultgegenstände auf. Um die Basis des Corroboree Rock führt ein Wanderweg (ca. 1 km/ca. 20 Min.).

Als unbestrittene Höhepunkte der Eastern MacDonnells gelten die Trephina Gorge und das John Hayes Rock Hole (Abzweigung nach 72 km, dann 8 km auf einer Schotterstraße in nördlicher Richtung). Die **Trephina Gorge** (7) ist eine breite Felsenschlucht mit semi-permanenten Wasserlöchern, in der sich mächtige Flußeukalypten kontrastreich gegen die rostfarbenen Quarzitklippen abheben. Während der Trockenzeit kann man diesen Canyon entlang der sandigen Talsohle erkunden. Der Ridgetop Walk führt vom Campingplatz an der Trephina Gorge in einer Höhe von bis zu 350 m über der Ebene (schöner Blick vom Mt. Hayes) zum **John Hayes Rock Hole,** einer Kette pittoresker Felsentümpel in einer Klamm (ca. 7 km/ca. 3–4 Std.; Tip: Wanderung in der beschriebenen Richtung durchführen, da der Aufstieg vom John Hayes Rock Hole zum Mt. Hayes sehr steil ist).

Ein günstiger Ausgangspunkt für Erkundungen der östlichen MacDonnell Ranges ist die Ross River Homestead (88 km) mit ihren stilvollen Unterkünften. Mit einem Geländewagen gelangt man von hier in südlicher Richtung zur **N'Dhala Gorge** (8; 98 km), die bekannt ist für ihre (z. T. allerdings schon stark verwitterten) Aboriginal-Felsritzungen. Um die historische Goldgräbersiedlung **Arltunga** (111 km; auch mit normalen Fahrzeugen) lebten nach der Entdekkung von alluvialem Gold (1887) zeitweise bis zu 3000 Menschen. Daran erinnern heute noch einige historische Gebäude bzw. deren Fragmente (Besucherzentrum tgl. 8–17 Uhr). Nur mit Allradfahrzeugen zu erreichen ist der entlegene **Ruby Gap Nature Park** (9; 40 km östlich von Arltunga).

Auf der sogenannten Old South Road (Abzweigung vom Stuart Highway 10 km südlich von Alice Springs) gelangt man zum **Ewaninga Rock** (39 km südlich). Dieses Felsmassiv birgt zahlreiche, teils schon stark verwitterte Aboriginal-Petroglyphen, die zu den ältesten ihrer Art gehören. Ca. 160 km südlich von Alice Springs ragt weithin sichtbar der 45 m hohe **Chambers Pillar** aus der Spinifexebene. Er diente zahlreichen frühen Forschungsreisenden und Siedlern als Orientierungspunkt. Manche haben ihre Initialen in den weichen Sandstein geritzt, weshalb der Chambers Pillar heute als ein Nationaldenkmal gilt.

In Pine Gap (15 km südwestlich von Alice Springs) befindet sich eine australische Weltraumbeobachtungsstation, die Teil des weltweiten Frühwarnsystems der USA sein soll. 75 km südwestlich von Alice Springs zweigt vom Stuart Highway eine 22 km lange Naturpiste (Allradantrieb empfohlen) in südöstlicher Richtung zum **Rainbow Valley** ab. Die Gegend des Rainbow Valley ist reich an uralter Aboriginal-Kunst (Felsenmalereien und -gravuren). Unweit des Stuart Highway liegen auch die **Henbury Meteorite Craters** (132 km südlich von Alice Springs Abzweigung in westlicher Richtung; dann 19 km Schotterpiste). Über ein Areal von knapp 20 ha verstreuen sich hier 12 Krater, die ein Meteoritenregen vor 4700 Jahren geschaffen hat. Der größte von ihnen hat einen Durchmesser von 180 m und ist 15 m tief, der kleinste durchmißt bei einer Tiefe von nur wenigen Zentimetern 6 m. Erkunden kann man das Gelände auf einer kleinen Rundwanderung (ca. 2 km/ca. 45 Min.).

Zwischen dem Stuart Highway und dem Kings Canyon verläuft die Ernest Giles Road (199 km; während der Trokkenzeit auch mit normalen Autos befahrbar, aber gute Bodenfreiheit erforderlich!). Nach heftigen Wolkenbrüchen kann allerdings der Abschnitt zwischen Henbury am Stuart Highway und der Wallara Ranch vorübergehend in einem sehr schlechten Zustand sein (Auskunft über Straßenzustand ✆ 089/627111). Alternative: die vom Lasseter Highway in nördlicher Richtung abzweigende Piste.

Die beschwerliche Anreise zum **Kings Canyon** lohnt sich in jedem Fall, denn diese bizarre, weit über 200 m tiefe Sandsteinschlucht mit ihren teils senkrecht abstürzenden Felswänden zählt zu den wirklich einzigartigen Naturwundern Zentralaustraliens. Der Kings Canyon bildet das Zentrum eines großen 1982 gegründeten Nationalparks, der den westlichen Teil der George Gill Range umfaßt und den offiziellen Namen **Watarrka National Park** trägt. Zwar erreichten bereits 1872/73 die beiden Forschungsreisenden William Gosse und Ernest Giles, die zuvor bereits den Ayers Rock und die Olgas ›entdeckt‹ hatten, den Kings Canyon, doch wurde diese Gegend erst ab Anfang der 60er Jahre unseres Jahrhunderts intensiver erforscht. Ähnlich wie in manchen Schluchten der MacDonnell Ranges finden sich auch hier feuchtigkeitsliebende Pflanzenarten, die von Gewächsen aus dem Miozän (2 Mio. Jahre) abstammen (Informationen bei der Ranger Station; ca. 20 km östlich des Kings Canyon).

Der kurze Kings Creek Walk mäandert entlang des fast ständig ausgetrockneten Flußbetts durch die westliche Hälfte des Kings Canyon bis zu einem Aussichtspunkt (ca. 1,5 km/ca. 1 Std. v. v.). Anstrengender, aber landschaftlich spektakulärer ist der Kings Canyon Walk. Nach einem steilen Aufstieg führt dieser Rundwanderweg zunächst zur Lost City, einem Konglomerat verwit-

Im Kings Canyon

terter Sandsteinkuppeln. Nach einem Abstecher zu zwei Aussichtspunkten hoch über dem Schluchtboden kommen wir zum Garden of Eden, einer üppiggrünen Oase entlang eines bezaubernden Bachlaufs in einer Nebenschlucht des Kings Canyon. Ein natürlicher Pool lädt zum Baden ein. Entlang des südlichen Schluchtrands kehren wir zurück zum Ausgangspunkt (ca. 6 km/ca. 3–4 Std.). Da die Sandsteinkuppeln im Park sehr zerbrechlich sind, verzichten Sie bitte auf Klettertouren!

Praktische Hinweise

Verkehr: Nur mit dem eigenen Fahrzeug oder im Rahmen von organisierten Touren (s. S. 409).
Unterkunft: ** Glen Helen Lodge, Namatjira Drive, ✆ 089/567489 (hier auch Jugendherberge und Campingplatz; 133 km westlich von Alice Springs); ** Ross River Homestead, Ross Hwy, ✆ 089/569711 (88 km östlich); ** Wallara Ranch Motel, Ernest Giles Road, ✆ 089/567455 (hier auch Caravan Park; 99 km westlich des Stuart Hwy; *** Kings Canyon Frontier Lodge, Ernest Giles Road, Watarrka National Park, ✆ 089/567442 (Motel und Caravan Park). Campingplätze in den westlichen MacDonnells: Ormiston Gorge, nahe der Glen Helen Lodge sowie im Finke Gorge National Park (Palm Valley), in den östlichen MacDonnells bei der Trephina Gorge und nahe Arltunga, in der George Gill Range auf der Wallara Ranch, am Kings Creek (Eingang zum Watarrka NP) sowie direkt beim Kings Canyon.

Der Ayers Rock und die Olgas

99 % aller Touristen, die sich dem Uluru National Park mit dem Ayers Rock und den Olgas auf dem Überlandweg nähern, wählen für die Anfahrt ab Erldunda den Lasseter Highway. Sobald westlich von Mt. Ebenezer (Rinderfarm sowie Roadhouse mit Motel, Campingplatz und Tankstelle) die Abzweigung der Luritja Road zur Wallara Ranch passiert ist, taucht aus der Ebene plötzlich ein riesiger Tafelberg – der **Mt. Connor,** Millionen Jahre altes Relikt einer Gebirgskette von Himalayaformat, die sich hier einst erstreckte. Trotz seiner eindrucksvollen Erscheinung (3 km lang, 1200 m breit, 290 m aus der Ebene herausragend, 860 m ü. M.) liegt der Mt. Connor eher am Rande des touristischen Interesses.

Über Curtin Springs (Roadhouse mit Motel, Campingplatz und Tankstelle) erreichen wir den **Yulara-Ferienkomplex.** Diese 1984 eröffnete Retortenstadt wurde gebaut, um den touristischen Wildwuchs (250000–300000 Besucher pro Jahr) im Uluru-Naturschutzgebiet einzudämmen. Yulara (Platz des heulenden Dingos) ist ein mit viel architektonischem Feingefühl errichtetes Touristendorf, das sich harmonisch in die natürliche Umwelt einfügt. Es umfaßt neben Hotels aller Preisklassen und Campingplätzen für insgesamt 5000 Gäste Restaurants, Banken, Postämter, Reisebüros, ein Krankenhaus, eine Polizeistation und Visitors Information Centre (sehr gute Information über geologische Entwicklung, Fauna und Flora, Kultur und Alltagsleben der Aborigines u. a.; tgl. 8–22 Uhr). Von Yulara sind es 18 km zum Ayers Rock im Süden und 35 km zu den Olgas im Westen. Campieren im Uluru National Park ist verboten.

Aus der flachen Landschaft des 1958 gegründeten **Uluru National Park** erheben sich zwei der berühmtesten Naturwunder Australiens: der Ayers Rock und die Olgas. Der 1872/73 von William Gosse und Ernest Giles, die ihn als erste Weiße erreicht hatten, nach dem damaligen südaustralischen Premier, Sir Henry Ayers, benannte Felsklotz heißt in der Sprache der Anangus Uluru.

Der 863 m hohe **Ayers Rock** (s. Umschlagrückseite), der die ihn umgebende flache Spinifex- und Mulga-Ebene um 348 m überragt, hat an seiner ovalen Basis einen Umfang von 9,4 km. Die Behauptung, er sei der größte Monolith der Erde, ist mittlerweile von Geologen korrigiert worden. Wie die benachbarten Olgas ist der Uluru ein respektabler Inselberg. Wie die Olgas besteht er aus sogenannter Arkose – Sandstein, in den verschieden große Teilchen aus Feldspat und Quarz eingelagert sind. Bei beiden Felsmassiven, deren Kerne vor 600–700 Mio. Jahren im frühen Kambrium entstanden sein sollen, handelt es sich um Sedimentblöcke, die der Verwitterung von Jahrmillionen besonders gut standhielten und sozusagen aus der weniger widerstandsfähigen Umgebung herauserodiert wurden. Dort, wo sich heute der Ayers Rock erhebt, verschoben sich während einer geologischen Faltungsperiode die waagerechten Sedimentschichten in die Senkrechte. Was man heute von dem mächtigen Felsen sieht, ist aller Wahrscheinlichkeit nach die von der

Uluru National Park

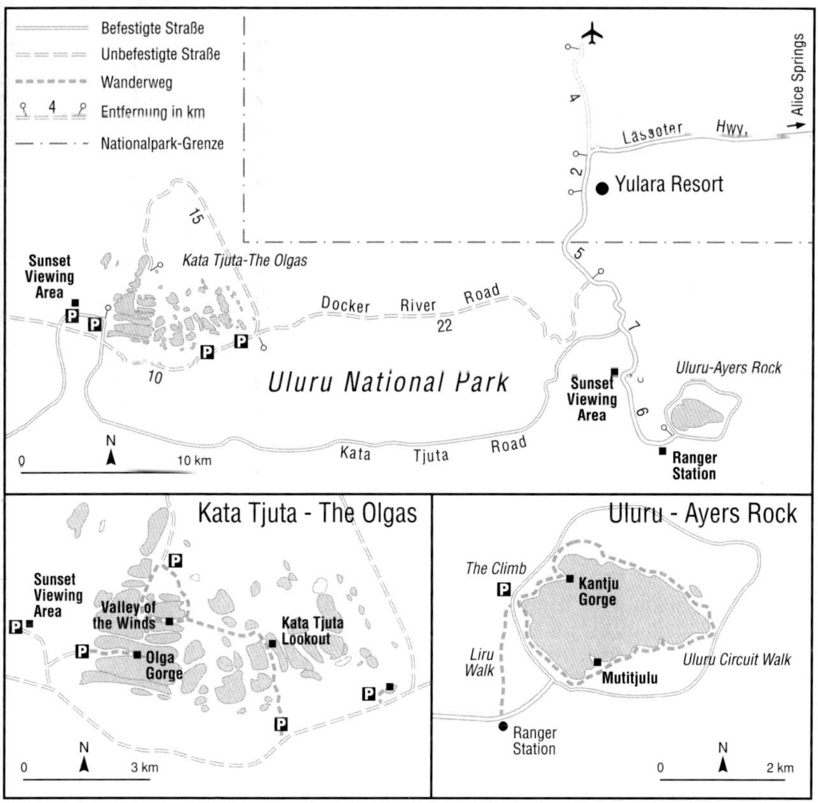

Luftaufnahme des Ayers Rock

Erosion rundgeschliffene Spitze eines gigantischen steilgestellten Sandsteinblocks, der sich vermutlich noch ein paar tausend Meter unter der Erde fortsetzt.

Aus der Ferne wirkt die Oberfläche des Ayers Rock sowie auch die der Felsenkuppeln der Olgas gleichmäßig glatt und rund. Beim Näherkommen jedoch erkennt man die für beide Felsmassive charakteristischen ›blätterteigähnlichen‹ Erosionsformen, die durch einen Abschuppung oder Abschieferung genannten Prozeß entstanden (s. Farbabb. 15). Ihren markanten rostroten Farbton er-

hielten der Ayers Rock und die Olgas durch die Oxidation des im Arkose-Sandstein enthaltenen Eisens.

Zu den besonders beeindruckenden Erlebnissen im Uluru National Park gehört das Wechselspiel des Lichts, das den Ayers Rock und die Olgas je nach Witterung und Sonnenstand in den unterschiedlichsten Farben leuchten läßt. Vor allem der Uluru wechselt wie ein steinernes Chamäleon ständig seine Farbe. Der beste Platz, um die Metamorphose des Uluru zu verfolgen, ist die sogenannte Sunset Viewing Area auf halber Strecke zwischen Yulara und dem Ayers Rock.

Seit alters her gilt der Uluru den Ureinwohnern als zentrales Heiligtum. Hier treffen sich die Traumzeit-Pfade ihrer mythologischen Heroen, die selbst in die Erde eingingen und nun im Uluru ruhen. Jedes Merkmal dieses heiligen Felsens hat seinen festen Platz in der Religion und Mythologie der Aborigines. In manchen Höhlen und an verschiedenen Felsüberhängen finden sich Felsmalereien, die ihre Schöpfungsmythen und Legenden erzählen. Die für die Ureinwohner besonders bedeutungsvollen Plätze wurden von der Parkverwaltung mit dem Hinweisschild ›Aboriginal Sacred Site‹ markiert und dürfen weder betreten noch fotografiert werden. Zu ihnen gehören u. a. das Mutitjulu-Wasserloch, wo die heilige Regenbogenschlange lebt, und Ngaltawata (Känguruhschwanz), ein 150 m langer Sandsteinblock, der sich teilweise vom Uluru abgespalten hat.

Das Land, auf dem sich der Uluru Nationalpark ausdehnt, war am 26. Oktober 1985 den Anangus von der Bundesregierung offiziell als Eigentum zugesprochen worden. Doch gleichzeitig verpflichteten sie sich, ihr Stammesland für 99 Jahre an den Australian National Parks & Wildlife Service zu verpachten. Als traditionelle Besitzer des Gebiets aber wirken die lokalen Stämme an der Verwaltung des Nationalparks in allen Fragen mit. Überdies erhalten sie eine Pacht von 75 000 A-$ pro Jahr sowie 20 % der Eintrittsgelder.

Man kann um den Ayers Rock auf einer Asphaltstraße herumfahren, einen sehr viel intensiveren Eindruck von diesem gigantischen Felsklotz aber vermittelt eine Umrundung zu Fuß (Uluru Circuit Walk auf einem gut angelegten Wanderpfad; ca. 9,5 km/ca. 3–4 Std.) oder auch die Besteigung (s. Farbabb. 14). Wer Herz- und Kreislaufbeschwerden hat oder nicht schwindelfrei ist, sollte sich auf keinen Fall auf den wirklich sehr steilen Weg machen. Nehmen Sie sich für den 1,6 km langen Aufstieg genügend Zeit, auch wenn der Rekord bei 12 Min. 15 Sek. liegt. An klaren Tagen reicht der Blick vom Uluru bis zu den Olgas im Westen, dem Mt. Connor im Osten und dem Lake Amadeus im Norden.

Ca. 1 km südwestlich des Uluru liegt eine Ranger Station (tgl. 7.30–17 Uhr), wo Sie Hinweise auf Veranstaltungen im Park erhalten. Hier, aber auch im Yulara Visitor Centre kann man sich über die teils von Aboriginal-Ranger geführten Touren informieren, die mit der Fauna und Flora des Parks und der Kultur der Aborigines vertraut machen (während der Hochsaison frühzeitige Buchung erforderlich!). Bei der Ranger Station befindet sich auch ein kleines Freilichtmuseum sowie das Maruku Arts & Crafts Centre (Mo–Sa 9–14 Uhr).

35 km westlich des Ayers Rock ragt unvermittelt ein zerklüftetes Bergmassiv aus der brettebenen Spinifexsteppe. Kata Tjuta (Viele Köpfe) heißen diese Felsmonumente in der Sprache der Anangu-Aborigines; **The Olgas** taufte sie 1873 der Entdecker Ernest Giles nach einer baden-württembergischen Königin. Das Massiv besteht im Gegensatz zum Ayers Rock aus 36 Felskuppeln und -domen, die sich über eine Fläche von 35 km^2 verteilen. Der höchste Gipfel dieser Bergkuppen, die sich schlafenden Sauriern gleich eng aneinander schmiegen, ist der Mt. Olga (546 m über der Ebene, 1072 m ü. M.). Getrennt werden die ursprünglich zusammenhängenden Konglomeratbuckel von schmalen, aber tiefen Schluchten, in denen sich Feuchtigkeit ansammelt und die damit ideale Lebensräume bilden für subtropische Pflanzen und eine Vielzahl von Tieren. Auch die Kata Tjuta gelten den örtlichen Aboriginal-Stämmen als heiliges Land.

Die wahren Schönheiten der Olgas lassen sich nur auf Wanderungen erschließen, so etwa zum Kata Tjuta Lookout, von dem sich ein grandioser Blick auf die Felsenmonumente im Zentrum des Massivs bietet (ca. 4 km/ca. 2 Std. v. v.). Zum Valley of the Winds (s. Farbabb. 17) gelangt man von einem Parkplatz im Norden der Olgas (Allradantrieb empfehlenswert) auf einer Rundwanderung (ca. 4 km/ca. 2 Std.). Man kann den Valley of the Winds Walk auch mit einer vom Kata Tjuta Lookout ausgehenden Durchquerung der Zentralregion der Olgas kombinieren; für diese unbeschreiblich schöne Wanderung unbedingt genügend Trinkwasser mitnehmen (insgesamt ca. 12 km/ca. 5–6 Std.). Ein letzter markierter Wanderweg führt schließlich in die Mt. Olga Gorge im Westen des Bergmassivs (ca. 2 km/ca. 1 Std. v. v.). Ein bei Sonnenuntergang sehr eindrucksvoller Blick auf das Kata Tjuta Ensemble bietet sich von der Sunset Viewing Area.

Praktische Hinweise

Verkehr: Von Alice Springs regelmäßig Linienbusse nach Yulara, außerdem Ein- und Mehrtagestouren zum Uluru National Park (s. S. 409). Der Connellan Airport (5 km nördlich von Yulara) wird tgl. von verschie-

denen Fluglinien angeflogen. Direktflug zum Connellan Airport (5 km nördlich von Yulara) von Alice Springs, Adelaide, Coober Pedy, Perth, Darwin und Cairns (u. a. von Ansett Airlines, East West Airlines und Kendall Airlines; Auskunft in Yulara: ✆ 089/524455). Shuttle Bus verkehrt tgl. 8.30–17 Uhr von Yulara zum Ayers Rock und den Olgas (Auskunft und Buchung im Visitor Information Centre). *Tagesausflüge:* AAT King's Tours, ✆ 089/562067. Taxi: Yulara Taxis, ✆ 089/562140 und Sunworth Taxis, ✆ 089/562152. *Leihwagen:* Avis, ✆ 089/562266; Budget, ✆ 089/562121; Hertz, ✆ 089/562177 u. a. *Rundflüge* in Propellermaschinen und Helikoptern: Ayers Rock Air Services, ✆ 089/562075; Central Australian Helicopters, ✆ 089/562093; Chartair, ✆ 089/562280; Rockayer, ✆ 089/562345. (30minütiger Flug in Propellermaschine ca. 45–50 A $, Hubschrauber das Doppelte.)

Unterkunft (Buchungen in jeder Zweigstelle des Northern Territory Government Tourist Office, während der Hochsaison dringend zu empfehlen): ***** Sheraton Ayers Rock, ✆ 089/562200; **** Four Seasons Ayers Rock, ✆ 089/562100; *** Yulara Maisonettes, ✆ 089/562131; ** Ayers Rock Lodge, ✆ 089/562170 (auch preiswerte Übernachtung in Schlafsälen in der Bunkhouse Section); Ayers Rock Campground, ✆ 089/562055.

Information: Yulara Visitor Information Centre, ✆ 089/562240; Conservation Commission of the Northern Territory, ✆ 089/562122.

Queensland

Hinchinbrook Island

Queensland, nach Westaustralien flächenmäßig der zweitgrößte Bundesstaat nimmt das gesamte Nordostviertel des Fünften Kontinents ein (22,5 % der Gesamtfläche). Besiedelt ist dieses Riesenland von nur knapp 2,9 Mio. Menschen (knapp 17 % der Gesamtbevölkerung, Bevölkerungsdichte 1,6 Einw./km^2), allerdings konzentrieren sich 90 % der Einwohner in dem schmalen Küstenstreifen östlich der Great Dividing Range. Die Bevölkerungsstruktur von Queensland ist weitaus homogener als jene der südlichen Nachbarstaaten: 85 % der Queensländer wurden in Australien geboren, 7 % kamen nach dem Zweiten Weltkrieg als Einwanderer von den Britischen Inseln und nur die restlichen 8 % sind Zuzügler aus verschiedenen, meist mittel- und westeuropäischen Ländern.

Geographisch ist Queensland ein Staat mit vielen Gesichtern. Auf die außerordentlich fruchtbare Küstenregion folgt die Great Dividing Range, deren Ausläufer im äußersten Norden und Süden des Staates bis an die Küste reichen. Westlich an die Bergregion schließt sich ein hügeliges Hochplateau an, dem schließlich die endlos weiten Ebenen des Outback folgen. Ergänzt wird das Landschaftsbild durch sumpfige Küstenabschnitte in der Gegend des Golfes von Carpentaria. Den geographischen Extremen entsprechen enorme klimatische Kontraste. Das Wasserscheidengebirge teilt Queensland in eine westliche, trockene und eine östliche, von Passatwinden ausgiebig mit Feuchtigkeit versorgte Region. Charakterisiert wird das Klima des tropischen Nordens von einer ausgeprägten Regen- und Trockenperiode mit Niederschlags- und Temperaturmaxima (Jan.–Apr.). Die angenehmste Reisezeit liegt hier zwischen Juni und August mit geringen Niederschlägen und Durchschnittstemperaturen um 20° C. In den Ferienregionen des gemäßigten Südens (milder Winter und heißer Sommer) herrscht dagegen praktisch immer Saison.

In der Wirtschaftsentwicklung hat sich Queensland in den 80er Jahren kontinentweit einen Spitzenplatz erobert. Dabei vollzog es einen bemerkenswerten Wandel von einem vorwiegend agrarisch geprägten Land (Rinder- und Schafzucht, Getreide, Zuckerrohr, Gemüse, Obst, Wein, Tabak) hin zu einem Staat mit einer vielfältig strukturierten und deshalb relativ krisenunanfälligen Wirtschaft. Führender Wirtschaftszweig ist heute der Bergbau: Blei und Silber (Mt. Isa), Kupfer und Zink, Kohle und Bauxit sowie Edelsteine (Saphire und Opale).

Zum jüngsten ökonomischen Standbein haben sich der Fremdenverkehr und die Freizeitwirtschaft entwickelt. Weil hier die Sonne im Jahresmittel acht Stunden am Tag scheint, schmückt sich Queensland mit dem offiziellen Attribut Sunshine State. Das sonnenreiche Klima macht den Staat zu einer beliebten Ferienregion sowie überdies zum bevorzugten Alterswohnsitz für Pensionäre aus dem kühlen Süden. Sonnenhungrige und Wassersportler kommen an den scheinbar unendlichen Paradiesstränden voll auf ihre Kosten. Darüber hinaus besitzt Queensland mit dem rund 2000 km langen Great Barrier Reef und dessen arten- und erlebnisreichen Unterwasserwelt eine Touristenattraktion von ganz besonderem Rang.

Brisbane

Allgemeines

In der Südostecke von Queensland, kaum 100 km nördlich der Grenze zu Neusüdwales, breitet sich die Hauptstadt Brisbane an den Ufern des gleichnamigen Flusses aus. Mit 1310000 Einwohnern (1992) ist Brisbane die drittgrößte Stadt Australiens. Lange Zeit führte sie ein verschlafenes Aschenbrödeldasein im Schatten der Metropolen Sydney und Melbourne. In den 80er Jahren entwickelte sich Brisbane zu einem hektischen Zentrum von Handel, Verwaltung und Hochfinanz. Katalysator war die Weltausstellung Expo 88. Mit der beschriebenen Metamorphose ging aber auch eine Baueuphorie einher. So bilden heute altehrwürdige viktorianische Bauten, die fast wie Fremdkörper wirken, und zweckmäßige Glasbetonklötze Gegenpole der Stadtarchitektur. Neben seiner Funktion als Hauptumschlagplatz für die Landwirtschaftsgebiete des Hinterlands ist Brisbane heute vor allem auch ein bedeutendes Zentrum der verarbeitenden Industrie.

Geschichte

Australiens ›Sonnenscheinstaat‹ hatte einen denkbar ungünstigen Start. Im Jahr 1824 veranlaßte Sir Thomas Brisbane die Gründung einer Strafkolonie an der Moreton Bay beim heutigen Brisbane. Bereits 1825 mußte die Moreton Bay Colony, in die man die renitentesten Rückfallverbrecher von Neusüdwales deportierte, nach kriegerischen Auseinandersetzungen mit den hier ansässigen Ureinwohnern an einen neuen Standort weiter im Inland verlegt werden. 1834 erklärte man die Strafkolonie, die mittlerweile den Namen ihres Gründers, Sir Thomas Brisbane, trug zur Stadt. Ein Gefängnis aber blieb Brisbane weiterhin, denn ein Umkreis von 80 km um den Ort war Sperrgebiet für jeden freien Siedler.

Nach der Entdeckung fruchtbarer Weidegebiete in den Darling Downs jenseits der Great Dividing Range im Westen von Brisbane setzte gegen 1840 jedoch von Sydney aus eine vehemente Landnahme ein, unter deren Druck die Strafkolonie schließlich aufgelöst wurde. 1842 öffnete man die gesamte Region offiziell für freie Siedler. Viehfarmer trieben riesige Rinderherden in die weiten Savannenebenen und Tafelländer westlich der Great Dividing Range und legten damit den Grundstein für die lukrative Rinderzucht. 35 Jahre lang waren Brisbane und sein Umland ein von Sydney kontrollierter Außenposten, bevor man sich 1859 auf Drängen der einflußreichen Squatter von Neusüdwales lossagte. Zu Ehren der Königin Victoria gab man der neugegründeten Kolonie den Namen Queensland und erkor Brisbane zur Hauptstadt. Aufsehenerregende Goldfunde (1867 bei Gympie, gegen 1870 bei Charters Towers und 1873 am Palmer River) führten zu einem erneuten wirtschaftlichen Aufschwung und einem erheblichen Bevölkerungszuwachs. Obwohl nach dem Abflauen des Goldbooms andere mineralische Ressourcen erschlossen wurden, entwickelte sich die Landwirtschaft zur lange Zeit zuverlässigsten Stütze der ökonomischen Prosperität.

Shrine of Remembrance in Brisbane

Die jüngere Geschichte von Queensland und Brisbane wurde vor allem von Johannes Bjelke-Petersen geprägt, dem Vorsitzenden der ultrarechten National Country Party. Der ›australische Franz Josef Strauß‹, wie Bjelke-Petersen oft genannt wurde, regierte Queensland zwischen 1968 und 1989 streng autokratisch, erzkonservativ und strikt antiliberal. Unter Bjelke-Petersen wurden wesentliche bürgerliche Freiheitsrechte beschnitten (z. B. das Demonstrationsrecht), wurde Homosexualität strafrechtlich verfolgt, war Sexualaufklärung in den Schulen verboten und standen Bücher und Filme auf dem Index staatlicher Zensoren, die man überall sonst in Australien lesen oder sich anschauen konnte. Unter Bjelke-Petersen maß man Umweltschutz und Umwelterhaltung keine große Bedeutung bei, unter ihm hatten Landrechte für die Ureinwohner keine Chance. Bei den Parlamentswahlen von 1989 stolperte Sir Joh über eine Korruptionsaffäre, und nach insgesamt 32 Jahren in der Opposition gelang es der Labor Party, den konservativen Kräften die Macht zu entreißen.

Stadtgliederung

Der Ballungsraum Brisbane erstreckt sich zwischen der Moreton Bay im Osten und den mit Regenwald bestandenen Ausläufern der Great Dividing Range im Westen. Der Brisbane River mit seinen zahlreichen Windungen sowie die rund drei Dutzend flachen Hügel, auf denen sich die Vororte ausbreiten, sorgen für ein abwechslungsreiches Stadtbild. Die relativ kleine Innenstadt liegt in einer Schleife des Brisbane River, ca. 15 km landeinwärts der Moreton Bay. Die Straßen im Stadtzentrum bilden ein Gitternetz, wobei die von Nord nach Süd verlaufenden weibliche, die von West nach Ost verlaufenden Straßen männliche Vornamen tragen.

Stadtbesichtigung

Als Ausgangspunkt für unseren Stadtrundgang, für den Sie etwa einen halben Tag einplanen sollten, bietet sich die **Central Railway Station** (1), ein viktorianischer Prachtbau aus dem Jahre 1901 in der Ann St., an. Gegenüber erstreckt sich der **Anzac Square** (2), eine kleine Grünanlage, an deren Nordseite sich der **Shrine of Remembrance** erhebt. Dieser Rundbau im neoklassizistischen Stil erinnert an die im Ersten Weltkrieg gefallenen australischen Soldaten. Vorbei an der Ann Street Presbyterian Church und der Albert Street Uniting Church, zwei historischen Kirchen im neogotischen Stil, erreichen wir den **King George Square** (3). An der Westseite dieser grünen Stadtoase mit Springbrunnen ragt der architektonische Stolz der Stadt auf: die **City Hall** (4). Überragt wird das zwischen 1920–1930 errichtete Gebäude von einem 85 m hohen Uhrenturm im italienischen Renaissance-Stil, von dessen Aussichtsplattform sich ein schöner Blick bietet (Mo–Fr 8.30–15.30 Uhr). Die 90 m lange Sandsteinfassade akzentuiert ein mächtiger Portikus mit einer korinthischen Säulenreihe. Blickfang der Fassade ist das 18 m lange Basrelief im Giebelfeld über dem Haupteingang, eine allegorische Darstellung des Staates als Beschützer seiner Bürger. Neben Büros der Stadtverwaltung und dem lokalen Fremdenverkehrsbüro beherbergt das Rathaus auch die besuchenswerte City Hall Art Gallery (tgl. 10–17 Uhr).

Entlang der Ann St. gelangen wir in westlicher Richtung zur George St., die in Brisbane als ein Synonym für Stil und Eleganz gilt. Dies manifestiert sich beispielsweise im **Treasury Building** (5; George/Queen Sts.), einem zwischen 1885 und 1928 errichteten imposanten Bauwerk, das als das schönste Exemplar des italienischen Renaissance-Stils südlich des Äquators gilt. Schräg gegenüber beginnt die Queen Street Mall, eine Fußgängerzone, die sich bis zur Edward St. erstreckt. Besonderes Augenmerk verdient in dieser populärsten Einkaufsmeile von Brisbane das **Myer Centre** (6), ein großes Kaufhaus, das sich in einem Komplex aus vier, in den 80er Jahren des vorigen Jahrhunderts errichteten Kolonialgebäuden befindet. Im Zentrum der Mall steht auch ein Informationskiosk der Fremdenverkehrsbehörde.

Wir unterbrechen nun unsere Besichtigungstour für einen kurzen Abstecher in den Vorort South Brisbane jenseits des Brisbane River. Über die Victoria Bridge, in deren Nähe sich die Hayles Wharf (Pier für Ausflugsboote) befindet, gelangen wir zum architektonisch recht ansprechenden Komplex des **Queensland Cultural Centre** (7). Dieses moderne, großzügig konzipierte Kulturzentrum umfaßt die *Queensland Art Gallery* mit einer umfangreichen Sammlung von Werken australischer und europäischer Künstler (tgl. 10–17 Uhr, Mi 10–20 Uhr); das *Queensland Museum* mit einer technischen und naturhistorischen Abteilung sowie einer großen ethnographischen Sektion über Geschichte, Kunst und Kultur der Aborigines (tgl. 9–17 Uhr, Mi 9–20 Uhr); die *State Library of Queensland* (Mo–Do 10–20 Uhr, Fr–So 10–17 Uhr) sowie, auf der gegen-

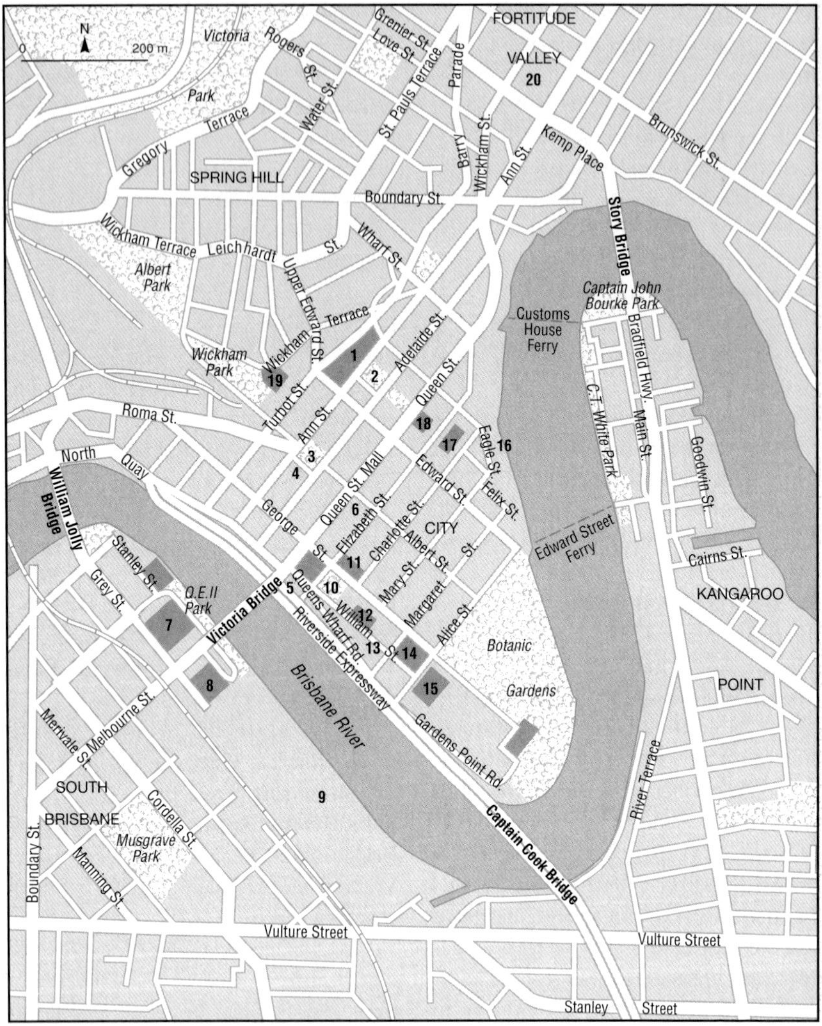

Brisbane 1 Central Railway Station 2 Anzac Square (Shrine of Remembrance) 3 King George Square 4 City Hall 5 Treasury Building 6 Myer Centre 7 Queensland Art Gallery and Queensland Museum 8 Performing Arts Complex 9 World Expo '88 Site 10 Queens Garden 11 Queensland Aboriginal Creations Gallery 12 Sciencentre 13 Old Commissariat Stores 14 The Mansions 15 Parliament House 16 Waterfront Place and The Pier 17 St. Stephens Cathedral 18 General Post Office 19 Old Observatory (Old Mill) 20 Chinatown

überliegenden Seite der Melbourne St., den *Performing Arts Complex* (8) mit einem Schauspielhaus und einem Konzertsaal, die über je 2000 Sitzplätze verfügen. Südlich des Kulturzentrums erstreckt sich das weitläufige **World Expo '88 Site** (9) mit Ausstellungshallen und Pavillons.

Unseren Stadtrundgang am Treasury Building fortsetzend, gelangen wir auf der George St. in südlicher Richtung zu den hübschen **Queens Gardens** (10), die ein Standbild von Königin Victoria dominiert. Gegenüber dem Land Administration Building (italienische Renaissance; 1901–1905) befindet sich die sehenswerte **Queensland Aboriginal Creations Gallery** (11; Mo–Fr 9–18 Uhr, Sa 9–12 Uhr). Wissenschaft und Technik zum Anfassen und Ausprobieren präsentiert gleich um die Ecke in der William St. das **Sciencentre** (12; Mo–Fr 9.30–16 Uhr, Sa 13–17 Uhr, So 9.30–17 Uhr). Ebenfalls in der William St. stehen die **Old Commissariat Stores** (13), Brisbanes 1829 errichteter erster Gebäudekomplex aus Stein, heute Museum der Royal Historical Society of Queensland (Di–Fr 11–14 Uhr, So 11–16 Uhr). Die George St. birgt noch weitere architektonische Schmuckstücke, u. a. **The Mansions** (14), ein Ziegelsteinkomplex mit neoklassizistischen Stilelementen (heute Boutiquen und Restaurants) sowie das zwischen 1865 und 1868 erbaute, französischen Renaissance-Vorbildern nachempfundene **Parliament House** (15; Führungen Mo–Fr 10.30, 11.30 Uhr, nur an sitzungsfreien Tagen). Fast die gesamte Südspitze der Halbinsel nehmen die **Botanic Gardens** ein, einst der Gemüsegarten der Strafkolonie, heute eine Oase der Ruhe mit Spazier- und Radwegen.

Der Uferpromenade entlang des Brisbane River folgend, gelangen wir zur Eagle St., wo verschiedene moderne Glasbetonpaläste für architektonische Aufmerksamkeit sorgen (u. a. **Waterfront Place** und **The Pier**; 16; Ablegestelle der Ausflugsdampfer Kookaburra, Queen I und II). Das Quartier östlich der Elizabeth St. dominiert die **St. Stephens Cathedral** (17; 1863), die mit ihren neugotischen Zierformen ganz dem historisierenden Stil des vorigen Jahrhunderts entspricht. Schräg gegenüber der Kathedrale breitet sich der Komplex des **General Post Office** (18) mit GPO Museum aus (Mo–Fr 9.30–12 Uhr u. 13–15.30 Uhr). Über den Post Office Square (Grünanlage) kehren wir zurück zum Ausgangspunkt unseres Rundgangs, der Central Railway Station. Ein kleiner Abstecher führt noch zum **Old Observatory** (19; auch Old Windmill) an der Wickham Terrace nordwestlich des Hauptbahnhofs. Dieses 1828 von Sträflingen ursprünglich als Windmühle errichtete Gebäude wurde bereits nach wenigen Jahren zur Tretmühle umgerüstet, in der Strafdeportierte in 14-Stunden-Schichten die Mühlsteine antreiben mußten. Später diente der Bau als Signal- und Wetterstation (Mo–Sa 10–15 Uhr).

Vororte und nähere Umgebung

Norden: Von der City führt als Hauptausfallstraße in nördlicher Richtung die Ann St. zum Vorort Fortitude Valley, Brisbanes ›Klein-Asien‹ mit einer **Chinatown** (20). Ein schöner Blick auf die City bietet sich von der Story Bridge (markante 782 m lange Stahlbrücke), die die beiden Vororte Fortitude Valley und Kangaroo Point miteinander verbindet. Südöstlich von Fortitude Valley (Anfahrt über Brunswick St.) erstreckt sich der New Farm Park, eine weitläufige Parkanlage am Brisbane River, die sich zwischen September und November in ein vielfarbiges Blütenmeer verwandelt (von hier Flußfähre nach Norman Park).

Etwa 4 km nördlich des Stadtkerns liegt der Vorort **Newstead**. Umgeben von einer hübschen Parkanlage erhebt sich auf einem Hügel über dem Brisbane River das elegante Newstead House (1846), das heute museal genutzt wird (Mo–Fr 11–15 Uhr, So, Feiertage 14–17 Uhr). Am Breakfast Creek erstreckt sich die Breakfast Creek Wharf (Nachbau eines historischen Gebäudekomplexes mit Ladenarkaden), auf der anderen Seite des Flusses stehen das Breakfast Creek Hotel (1889) sowie in der Higgs Street das Joss House (1885), Brisbanes einziger chinesischer Tempel. An der von der Breakfast Creek Road abzweigenden Jordan Terrace liegt das Heimatmuseum Miegunyah Folk Museum, das in einem 1884 erbauten hölzernen Pfahlhaus untergebracht ist (Di, Mi 10.30–15 Uhr, Sa, So 10.30–16 Uhr).

17 km nordwestlich der City befindet sich in landschaftlich reizvoller Lage das **Bunya Park Wildlife Sanctuary** (tgl. 9.30–17 Uhr), und 28 km nördlich der City liegt der **Alma Park Zoo** (tgl. 9–17.30 Uhr). Die besten Badestrände im Großraum Brisbane erstrecken sich bei Sandgate (ca. 20 km nördlich der City) sowie auf der Redcliffe Peninsula bei Redcliffe, Margate und Scarborough (ca. 25–30 km nördlich der City). Von Scarborough verkehrt regelmäßig eine Autofähre zur Moreton Island.

Westen: Etwa 5 km westlich der City breitet sich der Mt. Coot-tha Park aus, auf dessen ausgedehntem Areal auch die **Mt. Coot-tha Botanic Gardens** liegen, einer der schönsten Botanischen Gärten Australiens mit einer reichhaltigen Sammlung einheimischer und importierter Pflanzen (tgl. 9–17 Uhr; Bus 39 ab City). Auf dem Gelände steht auch das Sir Thomas Brisbane Planetarium (Vorstellungen Mi, Do, Fr 15.30 u. 19.30 Uhr; Sa 13.30, 15.30, 19.30 Uhr; So 13.30 u. 15.30 Uhr). Durch den **Mt. Coot-tha Park** führt eine Panoramastraße, vom Mt. Coot-tha (285 m) bietet sich ein beeindruckender Blick über den Großraum Brisbane.

Mit einem eigenen Fahrzeug können Sie den Besuch des Mt. Coot-tha Park mit Abstechern zu dem Agrarmuseum **Australian Woolshed** bei Ferny Grove (tgl. 9.30–17 Uhr; Schurvorführung tgl. 11 u. 14 Uhr) und in den **Brisbane Forest Park**, der den Südteil der D'Aguilar Range einnimmt, verbinden. Am Eingang im Vorort The Gap informiert das Walkabout Creek Freshwater Study Centre über subtropische Flußlandschaften (Mo–Fr 9–16.30 Uhr, Sa u. So 10–16.30 Uhr). Durch dichten Eukalyptuswald windet sich die Straße zu den kleinen Bergorten Mt. Nebo und Mt. Glorious. Von hier kann man über das Wivenhoe Reservoir (zahlreiche Wassersportmöglichkeiten) nach Brisbane zurückkehren.

Süden: Ein Ausflug führt zum **Earlystreet Historical Village** im Vorort Norman Park (McIlwraith Ave.; ca. 6 km südlich der City). In diesem Freilichtmuseum stehen historische Gebäude, Originalstücke, die aus ganz Queensland zusammengetragen und hier wieder aufgebaut wurden (tgl. 9.30–16.30 Uhr). Zu den Hauptattraktionen gehört das 11 km südwestlich des Zentrums malerisch am Brisbane River gelegene **Lone Pine Koala Sanctuary,** Australiens erstes Koalagehege (Jesmond Rd., Fig Tree Pocket). Neben den rund 100 Kletterbeutlern präsentiert dieser Tierpark auch verschiedene Känguruharten, Emus, Wombats, Possums, Dingos und Warane (tgl. 9–17 Uhr; Bus 518 ab Queen Street Bus Station; Ausflugsboote ab Hayles Wharf, ✆ 2297055).

Praktische Hinweise

Unterkunft

Hotels/Motels höherer Kategorien: City: ***** Sheraton-Brisbane Hotel, 294 Turbot St., ✆ 8353535; **** Brisbane Parkroyal, Alice/Albert Sts., ✆ 2213411; **** Lennons Hotel, 66 Queen St., ✆ 2223222; *** Bellevue Hotel, 103 George St., ✆ 2216044; *** Metropolitan Motor Inn, Leichhardt/Little Edward Sts., ✆ 8316000. **Vororte:** **** Gazebo Hotel, 345 Wickham Tce., Spring Hill, ✆ 8316177; *** Albert Park Motor Inn, 551 Wickham Tce., Spring Hill, ✆ 8313111; *** Gregory Terrace Motor Inn, 397 Gregory Tce., Spring Hill, ✆ 8321769.

Mittlere Hotels/Motels: City: ** Parkview Motel, 128 Alice St., ✆ 2296866; ** Embassy Hotel, Edward/Elizabeth Sts., ✆ 2217616; ** Regal Motel, 132 Alice St., ✆ 2297000; * Annies Shandon Budget Inn, 405 Upper Edward St., ✆ 8368684; **Vororte:** ** Astor Motel, 193 Wickham Tce., Spring Hill, ✆ 8319522; ** Marrs Town House, 391 Wickham Tce., Spring Hill, ✆ 8315388; ** Story Bridge Motor Inn, 321 Main St., Kangaroo Point, ✆ 3931433; * Soho Motel, 333 Wickham Tce., Spring Hill, ✆ 8317722.

Nicht klassifizierte Hotels/Motels und Pensionen: Vororte: Backpackers Bridge Inn, 196 Bowen Tce., New Farm, ✆ 3585000; Backpackers Downtown (Balmoral House), 33 Amelia St., Fortitude Valley, ✆ 2521397; Backpackers Down Under, 71 Kent St., New Farm, ✆ 3584504; Billabong Lodge, 515 Brunswick St., New Farm, ✆ 2541384.

Jugendherbergen: Brisbane City YHA Hostel, 53 Quay St., ✆ 2361004; Brisbane Gardens YHA Hostel, 15 Mitchell St., Kedron, ✆ 8571245.

Caravan Parks: Brisbane Caravan Park, 18 Scott Rd., Hawthorne, ✆ 3994878 (5 km östlich); Newmarket Gardens Caravan Park, 199 Ashgrove Ave., Ashgrove, ✆ 3561458 (5 km nördlich); Redlands Caravan Park, Collingwood Rd., Birkdale, ✆ 2072752 (21 km östlich).

Wolkenkratzer am Brisbane River

Stadtverkehr

Allgemeines: *Day Rover Ticket:* Damit kann man einen Tag lang unbegrenzt alle öffentlichen Verkehrsmittel im Großraum Brisbane (außer Flußfähren) benutzen (Informationen im Public Transport Information Centre, 69 Ann St. ✆ 2254444 Mo–Fr 8.15–16.45 Uhr).

Bus: Fahrtzeiten Mo–Sa 5.30–23 Uhr, So 5.30–19 Uhr. Zentraler Terminal unter dem Myer Centre (Queen St.), Busse in die nördlichen Vororte meist ab Brisbane Transit Centre (Roma St.). *Einige wichtige Buslinien:* City Circle Bus 333 (George St.–Adelaide St.–Eagle St.–Mary St.), 177 und 178 (ab Adelaide St. Richtung Fortitude Valley und New Farm), 160, 180 und 190 (ab Edward St. Richtung Fortitude Valley und Newstead), 518 (ab Queen Street Bus Station zum Lone Pine Koala Sanctuary).

Zug: Vorortzüge (tgl. 4.30–1.30 Uhr) ab Central Railway Station (Ann St.). Es existieren sieben wichtige Bahnlinien (Ipswich, Beenleigh, Cleveland, Pinkenba, Shorncliffe, Caboolture, Ferny Grove). Bahnhöfe, die von allen Vorortzügen passiert werden: Brisbane Transit Centre und Brunswick Street Station.

Fähren: Öffentliche Fähren (tagsüber etwa im Viertelstundentakt) verbinden die City mit den Vororten südlich des Brisbane River (✆ 3994768). Private Golden Mile Ferry Service bedient die Route Riverside Centre (Eagle Street Wharf) – New Farm – East Brisbane – Hawthorne – Bulimba (✆ 2297055).

Taxen: Ascot Taxi Service, ✆ 8313000; Black & White Taxis, ✆ 2291900; Yellow Cabs, ✆ 3910191.

Touren: Aladdin's Tours, 3rd Floor, Brisbane Transit Centre, Roma St., ✆ 2362727; Boomerang Day Tours, 3rd Floor, Brisbane Transit Centre, Roma St., ✆ 2363614; Lookabout Tours, Ground Floor, Brisbane Administration Centre, 69 Ann St., ✆ 2255555; Sunstate Tours, 3rd Floor, Brisbane Transit Centre, Roma St., ✆ 2363555. Ausflugsfahrten auf Brisbane River zum Lone Pine Koala Sanctuary: Koala Cruises, Queens Wharf Rd., ✆ 2297055 (tgl. 10 u. 13 Uhr ab Hayles Wharf). Brisbane City Ferry River Cruise von der Edward St. (Old Botanic Garden) zum Newstead House und zu der Queensland University (Brisbane City Council, 69 Ann St., ✆ 3994768; Sa u. So 13 Uhr, Schulferien zusätzlich Mo–Fr 12 Uhr ab Edward St.). Kreuzfahrten mit Raddampfer-Repliken Kookaburra Queen I und II (The Pier, Waterfront Place, Eagle St., ✆ 2211300).

Fahrradverleih: Brisbane Bicycle Sales & Hire, 50–60 Albert St., ✆ 2292433.

Fernverkehr

Flugzeug: Flughafen ca. 10 km nordöstlich der City. Shuttle Bus zwischen Terminals für internationale und nationale Flüge. Flughafenbus: 6–19 Uhr im 30-Minuten-Takt (Coachtrans Airport Commuter Service, Brisbane Transit Centre, Roma St., ✆ 8321148; Fahrzeit ca. 35 Minuten). *Internationale Fluglinien:* Air New Zealand, 288 Edward St., ✆ 2293044; Lufthansa, 380 Queen St., ✆ 2292666; Philippine Airlines, Queen/Albert Sts., ✆ 2297255; Qantas, Level 1, Post Office Square, Adelaide St., ✆ 8333747; Singapore Airlines, 100 Eagle St., ✆ 2215744; Thai Airways, 145 Eagle St., ✆ 8324722. *Nationale Fluglinien:* Ansett Airlines, 40 Creek St., ✆ 8542222; Australian Airlines, 247 Adelaide St., ✆ 2233333; East West Airlines, 195 Adelaide St., ✆ 8542296; Norfolk Airlines, Adelaide/Creek Sts., ✆ 2295252; Sunstate Airlines, Brisbane Airport, ✆ 2685466.

Bus: Verbindungen mit allen bedeutenderen Städten des Landes (Sydney ca. 16 Std., Melbourne ca. 22 Std., Adelaide ca. 26 Std., Cairns ca. 28 Std., Mt. Isa ca. 30 Std.). Zentrales Busterminal: Brisbane Transit Centre, Roma St. (Ansett Pioneer, ✆ 8409350; Coachtrans Australia, ✆ 8321148; Greyhound, ✆ 8409300; McCafferty's, ✆ 2218555; Skennars, ✆ 3261000; Sunliner, ✆ 2296155).

Eisenbahn: Von Roma Street Station (Brisbane Transit Centre) tgl. bzw. mehrmals wöchentlich nach Sydney (*Brisbane Limited Express;* ca. 16 Std.), nach Cairns (*Sunlander, Queenslander;* ca. 36 Std.), nach Rockhampton (*Capricornian, Spirit of Capricorn;* ca. 14 Std.) und nach Mt. Isa (*Inlander* über Townsville; ca. 40 Std.). Auskunft und Buchung:

 South Australia Museum, Adelaide

59 Adelaide Festival Centre

FOLLOW THE YELLOW BRICK ROAD TO
WIZARD of OZ

60 St. Michaels Church in Melbourne

61 Melbourne Central

62 St. Francis Church und Melbourne Central

63 Stadtansicht von Melbourne

ANZ
PRINCES BRIDGE

64 Kolonialgebäude in Toowoomba, QLD

65 Kolonialgebäude in Kalgoorlie, WA

66 Kolonialgebäude in Fremantle, WA

67 Kolonialgebäude in Kalgoorlie, WA

68 In der Swanston Street, Melbourne ▷

DOWNTOWN DUTY FREE
RIGHT TURN FROM LEFT ONLY
SAFETY ZONE
RIGHT TURN FROM LEFT ONLY

69 Segelregatta vor der Küste von Victoria

70 Bondi Beach, NSW

71 Victoria Dock in Hobart, TAS

DELPH
HOBART

72 Freycinet National Park, TAS

73 Cape Schanck, VIC

Queensland Railways, City Booking Office, 208 Adelaide St., ✆ 2250211; Queensland Railways, Central Reservations Bureau, ✆ 2351122.
Autoverleih: ABC Rent A Car, 374 Wickham St., Fortitude Valley, ✆ 2521555; Budget Rent A Car, St. Pauls Tce./Baxter St., Fortitude Valley, ✆ 2520155 (auch Wohnmobile); Cut Rate Car Rentals, 339 Wickham St., Fortitude Valley, ✆ 8541809; Newmans, 40 Balaclava St., Woolloongabba, ✆ 8915266 (Wohnmobile).

Restaurants

Die meisten Restaurants konzentrieren sich in Fortitude Valley und St. Lucia (nahe der Queensland University). Brisbane ist bekannt für Fischspezialitäten und Meeresfrüchte, insbesondere Mud Crabs (Schlammkrebse) und Moreton Bay Bugs (eine Hummerart).
Chinesisch: Golden Palace, Ann/Duncan Sts., Chinatown Mall, Fortitude Valley; Lotus Room, Elizabeth/Edwards Sts. **Französisch:** La Grange, 153 Elizabeth St.; Pier 66, Breakfast Creek Boardwalk, Newstead. **International:** Bellevue, Bellevue Hotel, 103 George St.; Munich Steak House, Albert/Charlotte Sts.; Traditions, Lennons Hotel, 66–67 Queen St. **Italienisch:** Angies Trattoria, 10 Dornoch Tce., West End; Ristorante Ridge, Ridge Hotel, 189 Leichhardt St. **Japanisch:** Kobe, 47 Elizabeth St.; Yamagen, 115 Albert St. **Seafood:** Barrier Reef, 138 Albert St.; Breakfast Creek Wharf, 192 Breakfast Creek Rd., Newstead; Coronation, 205 Coronation Drive, Milton. **Thailändisch:** Baan Thai, 630 Brunswick St., New Farm; Sala Thai, Wickham St., Fortitude Valley. **Vegetarisch:** Squirrels, Melbourne/Edmondstone Sts., South Brisbane.

Einkauf

Das Haupteinkaufszentrum der Stadt konzentriert sich zwischen Elizabeth, Edward, Adelaide und George St., insbesondere in der Queen Street Mall (Fußgängerzone). Weitere beliebte Shopping-Meilen sind die Chinatown Mall und der McWhirters Marketplace in Fortitude Valley. **Kunsthandwerk und Souvenirs:** M. E. Humfress & Co., 26 Market St.; The Proud Australian, 130 Queen St. **Aboriginal-Kunsthandwerk:** Queensland Aboriginal Creations Gallery, 135 George St. **Opale:** Quilpie Opals, 68 Queen St.; Rock Shop, 193 Adelaide St. **Buchläden:** Angus & Robertson, Edward St.; Folio Books, Elizabeth St.; Queensland Book Depot, Adelaide St. **(Floh-)Märkte:** Caxton Street Market, Petrie Terrace (großer Flohmarkt; Sa 9–13 Uhr); Paddy's Markets, Florence/Commercial Rds., New Farm (Lebensmittel, Textilien u. a.; tgl. 9–15 Uhr); Spring Hill Village Market, 196 Water St., Spring Hill (Kunsthandwerk, Delikatessen u. a. Sa 10–15 Uhr).

Unterhaltung

Kulturelle Veranstaltungen: Performing Arts Complex (Theater, Oper, Ballett, Musical, Konzerte u. a.; ✆ 8464646). Weitere Theaterbühnen: Brisbane Arts Theatre, 210 Petrie Tce., ✆ 3692344; Edward St. Theatre, 109 Edward St., ✆ 2211527; La Boite Theatre, 57 Hale St., Petrie Terrace, ✆ 3695060. Über Veranstaltungstermine informieren die Tagespresse sowie die kostenlose Broschüre This Week in Brisbane (erhältlich u. a. beim Queensland Government Travel Centre, s. u.). **Kinos:** Die großen Filmpaläste konzentrieren sich in der City. Kinos mit ›alternativem‹ Programm: Classic, 963 Stanley St., East Brisbane, ✆ 3931066; Metro Arts Cinema, 109 Edwards St., ✆ 2218361; Schonell Theatre, Queensland University, St. Lucia, ✆ 3711879. **Kneipen und Musikklubs:** Alice's Rock Café, Adelaide St. (Rock); Blue Moon Café, Queen St. (Jazz); Breakfast Creek Hotel, Kingsfort Smith Drive, Newstead (Brisbanes älteste Kneipe); Brisbane Tavern, Ann/Wharf Sts. (Rock); Caxton Hotel, Caxton St., Paddington (Jazz); Port Office Hotel, Edward/Margaret Sts. (Blues und Jazz); Story Bridge Hotel, 200 Main St., Kangaroo Point (Jazz); St. Pauls Tavern, Leichhardt/Wharf Sts. (Rock, Blues, Jazz). **Diskos/Nachtklubs:** Brisbane Underground, Caxton/Hale Sts., Paddington; Manhattan East, 201 Brunswick St., Fortitude Valley; Reflections, Sheraton Brisbane Hotel, 249 Turbot St.

Information

Touristen: Queensland Government Travel Centre, 196 Adelaide St., ✆ 2216111; Brisbane Visitors and Convention Bureau, City Hall, King George Square, ✆ 2218411; Informationskiosk, Queen Street Mall (Mo–Fr 8.30–17 Uhr, Sa 8.30–11.30 Uhr). **Automobilklub:** Royal Automobile Club of Queensland (RACQ), 190 Edward St., ✆ 2534444. **Umwelt und Natur:** National Parks & Wildlife Service, MLC Centre, 239 George St., ✆ 2440414. **Aborigines:** Aboriginal Development Commission, 294 Adelaide St. **Andere Bundesstaaten:** Neusüdwales, 40 Queen St., ✆ 2298833; Nordterritorium, 48 Queen St., ✆ 2295799; Tasmanien, 40 Queen St., ✆ 4054133; Victoria, 45 Queen St., ✆ 2214500; Westaustralien, 243 Edward St., ✆ 2295794.

Öffentliche Einrichtungen

Post: General Post Office, Queen St., ✆ 2241202. **Polizei:** 000 (Notruf), ✆ 2266001 (allgemeine Anfragen). **Krankenhaus:** Royal Brisbane Hospital, ✆ 2538111; Ambulanz: ✆ 000 (Notruf). **Konsulate:** *Bundesrepublik Deutschland,* 26 Wharf St., ✆ 2217819; *Österreich,* 30 Argyle St., Breakfast Creek, ✆ 2628955; *Schweiz,* 15 Corowa St., Wavell Heights, ✆ 2669782. **Ausländische Einrichtungen:** German Club, 416 Vulture St., East Brisbane, ✆ 3912434.

Moreton Bay

In der Moreton Bay liegen 365 Inseln, von denen die meisten gänzlich aus Sand bestehen. Die drei Hauptinseln (Moreton Island, North Stradbroke Island, South Stradbroke Island) schieben sich wie Riegel zwischen den Südpazifik und die Moreton Bay. Aufgrund dieser geschützten Lage hat sich die Meeresbucht zu einem idealen Revier für Angler und Wassersportler entwickelt.

Sand, fein wie Schnee, und Dünen, hoch wie Berge, sind die Kennzeichen von **Moreton Island.** Diese Insel kann sich der höchsten Sandberge der Welt rühmen. Den Inselgipfel markiert der 279 m hohe Mt. Tempest, der den Moreton Island National Park überragt. Geprägt wird dieses ursprüngliche Wildnisgebiet ferner durch klare Frischwasserlagunen sowie Buschland aus Küstenheide. Im Inselhauptort Tangalooma an der Westküste ist ein stilvolles Ferienzentrum entstanden.

Mit einer Länge von 37 km und einer Breite von bis zu 11 km ist **North Stradbroke Island** die größte Insel in der Moreton Bay. Kilometerlange Strände sowie ungemein fischreiche Küstengewässer machen sie zu einem Dorado für Schwimmer, Surfer und Sportfischer. Auf Straddie leben ständig ca. 3000 Menschen in der Hochsaison bis zu 40000. Trotz der vielen Touristen verfügt die Insel über eine vielfältige Tier- und Pflanzenwelt (Naturreservat um den Süßwassersee Blue Lake, der von Sanddünen umgeben wird). Hauptort auf North Stradbroke Island ist das bereits 1827 gegründete Dunwich an der Westküste. 3 km nördlich davon liegen die Myora Springs (von Süßwasserquellen gespeister Pool mit Picknickplätzen), 5 km östlich der Brown Lake (beliebtes Wassersportrevier). Weitere Siedlungen sind Amity und Point Lookout an der Nordküste. Bei Point Lookout erstrek-

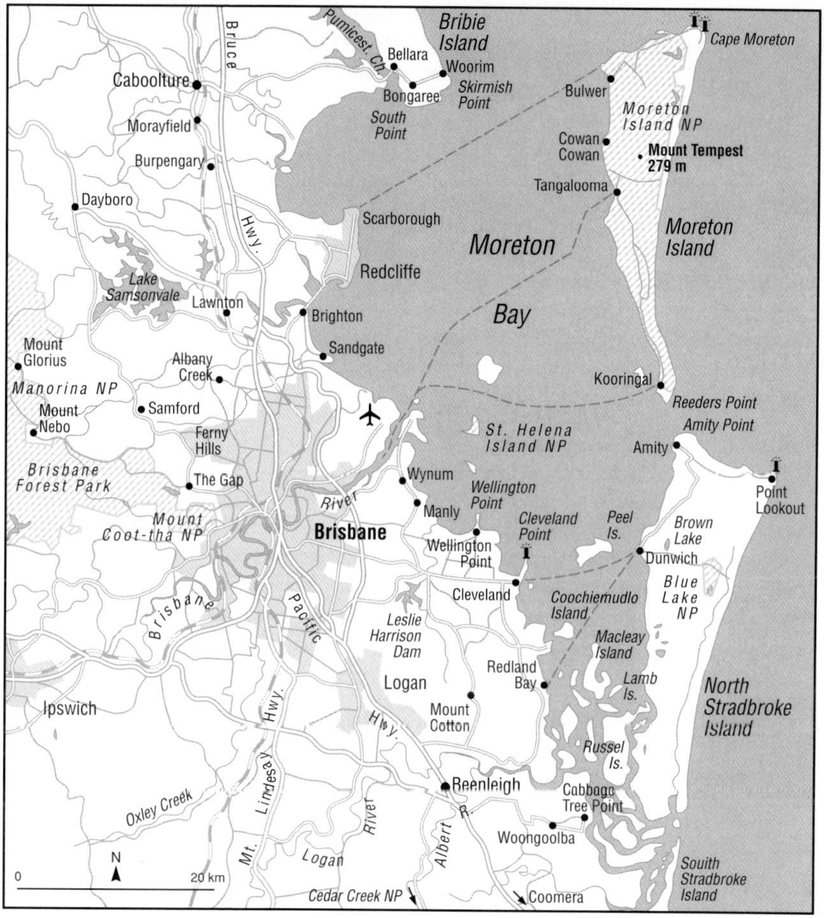

Die Umgebung von Brisbane

ken sich die Brandungsstrände Cylinder Beach, Deadmans Beach und Frenchmans Beach. In Moongalba hat die eingeborene Schriftstellerin Oodgeroo Noonuccal (besser bekannt als Kath Walker) eine Aboriginal-Gemeinde gegründet, wo sie Kindern und Jugendlichen die traditionelle Kultur ihres Volkes vermittelt. Südlich von North Stradbroke Island liegt, getrennt durch die schmale Jumpinpin Passage, ihre fast gänzlich unbewohnte Schwesterinsel South Stradbroke Island.

St. Helena, ein kleines Eiland nahe der Mündung des Brisbane River in die Moreton Bay, diente zwischen 1867 und 1932 als Gefängnisinsel. Die zu einem ›historischen Nationalpark‹ erklärte Insel mit den Relikten der alten Strafkolonie kann nur im Rahmen von organisierten Touren besichtigt werden.

Bribie Island (5000 Einw.), die nördlichste der Inseln, ist durch eine Brücke im Süden mit dem nahen Festland verbunden. Ruhige Badestrände erstrecken sich in der Nähe der beiden Hauptorte

Bongaree und Bellara am Pumicestone Channel, Brandungsstrände am Skirmish Point bei Woorim.

Praktische Hinweise

Verkehr: Moreton Island: Autofähre von Scarborough nach Bulwer. Auf der Insel gibt es nur Sandpisten (Allradantrieb erforderlich). Tagesausflüge vom Tangalooma Island Resort starten in Pinkenba am Brisbane River (Di–Fr 9.30 Uhr, Sa u. So 9 Uhr; McCafferty's-Zubringerbus ab Brisbane Transit Centre Di–Fr 8.45 Uhr, Sa 8.15 Uhr; Buchung Tangalooma Reservations, ✆ 07/2686333). **North Stradbroke Island:** Zwischen Cleveland und Dunwich Autofähre (Buchung Stradbroke Ferries, Toondah Harbour, Middle St., Cleveland, ✆ 07/2862666) und Passagierboote (z. B. Stradbroke Flyer, ✆ 07/2861964; Spirit of Stradbroke, ✆ 07/2862666). Weitere Autofähre zwischen Redland Bay und Dunwich (Buchung Island Transport, Weinam/Banana Sts., Redland Bay, ✆ 07/8290008). Nordregion der Insel ist durch Teerstraßen erschlossen (abseits der Hauptstraßen Allradantrieb erforderlich). Zwischen den Hauptorten tagsüber Linienbus (Green's Bus Service, ✆ 075/499228). **South Stradbroke Island:** Tagesausflüge Stanley Leasingham, ✆ 075/390529. **St. Helena Island:** Tagesausflüge ab Manly St. Helena Island Ferries Pty. Ltd., ✆ 07/3933726.

Unterkunft: Moreton Island: *** Tangalooma Island Resort, Tangalooma, ✆ 075/482666; Moreton Island Backpackers Lodge, Bulwer, ✆ 075/481047. **North Stradbroke Island:** *** Anchorage Village Beach Resort, Point Lookout, ✆ 075/498266; *** The Islander Resort, Point Lookout, ✆ 075/498388; Point Lookout Backpackers Hostel, Point Lookout, ✆ 075/498279; Stradbroke Island Caravan Park, Point Lookout, ✆ 075/498127. **Bribie Island:** ** Bellara Motel, 19 Benabrow Ave., Bellara, ✆ 075/487177; Bribie Island Caravan Park, Second Ave., Woorim, ✆ 075/481134.

Information: Redland Shire Tourism, Bloomfield St., Cleveland, ✆ 07/2868586.

Gold Coast

Allgemeines

Rund 60 km südlich von Brisbane beginnt Australiens beliebteste Ferienregion – die Gold Coast. Dieser etwa 40 km lange Küstenstreifen, eine Kette von fast zwei Dutzend Stränden, erstreckt sich von Southport bis nach Coolangatta an der Grenze zu Neusüdwales. Aus verwaltungstechnischen Gründen hat man die mittlerweile ohnehin praktisch zusammengewachsenen Orte und Gemeinden dieses Küstensaums zu der City of Gold Coast zusammengefaßt (ca. 235000 permanente Einwohner). Noch Mitte unseres Jahrhunderts gab es hier nur ein paar ruhige Fischerdörfer mit einer bescheidenen touristischen Infrastruktur. Doch dann entdeckten die Späher der Tourismusindustrie die herrlichen Strände. Innerhalb von nur drei Jahrzehnten verzehnfachte sich die Einwohnerzahl. Jedes Jahr strömen rund 3 Mio. einheimische Touristen hierher, um das subtropische Klima mit durchschnittlich 300 Sonnentagen im Jahr zu genießen. Dem Besucher aus Europa präsentiert sich die Gold Coast als eine Mischung aus Miami Beach und Costa Brava, als ein künstliches Urlaubsparadies, wo alles auf Unterhaltung und Zerstreuung ausgerichtet ist.

Hotelburgen in Surfers Paradise

Die Küste

Mit dem eigenen Fahrzeug erreicht man die Gold Coast von Brisbane am bequemsten über den Pacific Highway. Unterwegs lohnt sich ein Stopp in **Beenleigh** (Beenleigh Rum Destillery, 1804 gegründet, Führungen tgl. 10, 12, 13, 14 Uhr) und in **Coomera** mit seinen drei Attraktionen: der Dreamworld, einer Art australischem Disneyland (tgl. 10–17 Uhr); der Koala Town (Tierpark mit Koalas u. a.; tgl. 9.30 17 Uhr) sowie dem Wet'n'Wild Park, einem großen ›Wasserpark‹ mit Rutschen und Pools (tgl. 10–17 Uhr).

Southport, der nördlichste Küstenort der Gold Coast, besitzt einen Touristenmagneten ganz besonderer Art – die Sea World. Dieses weitläufige ›Wasser-Disneyland‹ erstreckt sich auf einer Landzunge östlich der Stadt. Zur Sea World gehören u. a. ein großen Ozeanarium, ein Kino, ein ›Wasserpark‹ mit Pools und Rutschen. Am populärsten aber sind die wirklich außergewöhnlichen Seehund-, Delphin- und Mörderwal-Dressurnummern (tgl. 10–17 Uhr).

Mittelpunkt des Ferienzentrums Gold Coast ist **Surfers Paradise**, das Touristenmekka Australiens, mit seiner weithin sichtbaren Skyline. Tagsüber liegt der kilometerlange Strand im Brennpunkt des Interesses, abends und nachts verlagern sich die Aktivitäten in die Vergnügungszentren. Kernstück ist Grundy's Paradise Centre, ein verschachtelter Gebäudekomplex mit über 100 Geschäften und zwei Dutzend Restaurants sowie dem Family Entertainment Centre (tgl. 9–22 Uhr, Sa 9–24 Uhr). Weitere Touristenfallen sind Ripley's Odditorium in der Cavill Mall (tgl. 9–22 Uhr) sowie das Jupiter Casino in der Nobelherberge Conrad International Hotel (rund um die Uhr offen).

Ein Stück Natur pur bietet der kleine **Burleigh Heads National Park,** der sich südlich der gleichnamigen Ortschaft auf einer felsigen Landspitze ausbreitet (Rainforest Circuit Walk, ca. 1 km/ca. 30 Min.; Ocean View Circuit Walk, ca. 2 km/ca. 1 Std.). In West Burleigh liegt der Tierpark **Fleay's Fauna Centre** (tgl. 9–17 Uhr). Ein ›Muß‹ für Hobbyornithologen ist das **Currumbin Sanctuary,** das sich über ein weites Areal natürlichen Buschlands erstreckt (große Volieren mit einer Vielzahl australischer Vögel und Freigehege mit u. a. Koalas und einigen seltenen Baumkänguruhs; tgl. 8–17.30 Uhr). Im Currumbin Valley, knapp 10 km landeinwärts, liegen die **Olson's Bird Gardens,** ein weiterer Vogelpark mit rund 1000 Vögeln aus aller Welt (tgl. 9–17 Uhr). Fährt man von Currumbin weiter in südlicher Richtung, kommt man über Tugun (Märchenpark Land of Legends) in das große Ferienzentrum **Coolangatta,** das südliche Pendant zu Surfers Paradise. Von ihrer Schwesterstadt Tweed Heads in Neusüdwales (s. S. 184) wird Coolangatta durch eine Halbinsel getrennt, auf der sich am Point Danger (dem östlichsten Punkt des australischen Festlands) das Captain Cook Memorial Lighthouse erhebt.

Das Hinterland

Obwohl sie keine 40 km auseinander liegen, könnten die Kontraste zwischen der Küste und ihrem Hinterland kaum größer sein. Ein idealer Ausgangspunkt für eine längere Erkundung der von dichtem Regenwald bestandenen Bergregion ist der kleine Ort **Canungra**. Nördlich von ihm erstreckt sich das bis zu 610 m aufragende Mt. Tamborine-Hochplateau, von dem sich spektakuläre Panoramablicke über die Küste bieten. In dieser bevorzugten Wochenendhausgegend der Brisbaner befinden sich neun kleine Nationalparks mit subtropischem Urwald und zahlreichen Wasserläufen und -fällen: u. a. Cedar Creek National Park (lohnenswerte Rundwanderung Cedar Creek Circuit, ca. 3,5 km/ca. 1,5 Std.), Witches Falls National Park (Wandermöglichkeiten), Joalah National Park (Wandermöglichkeiten).

Südlich von Canungra dehnt sich der **Lamington National Park** aus, der das Lamington Plateau sowie Teile der Darlington Range und McPherson Range, Gebirgszüge vulkanischen Ursprungs, umfaßt. Charakteristisch sind die üppigen subtropischen Regenwälder, in denen sich vereinzelt uralte antarktische Buchen finden, letzte Relikte der Vegetation einer längst vergangenen, wesentlich kühleren Periode der Erdgeschichte. Ausgangspunkt für Wanderungen unterschiedlicher Länge (1–22 km) in der Ostregion des Naturschutzgebiets ist die Binna Burra Mountain Lodge (hier auch ein Besucherzentrum des National Parks & Wildlife Service). Unter den Halbtageswanderungen ist der Daves Creek Circuit zu empfehlen (dichter Regenwald, lichter Eukalyptuswald und offenes Heideland, grandiose Ausblicke; ca. 13 km/ca. 3,5–4 Std.). Alle Wanderwege im Westteil des Parks beginnen beim O'Reilly's Green Mountains Resort (hier auch Ranger Station). Zwei kürzere Wanderpfade sind der zu den tosenden Moran Falls führende Moran Falls Track (ca. 6 km/ca. 1,5 Std. v. v.) sowie der Python Rock Track, der an einem Aussichtsfelsen endet (ca. 5 km/ca. 1,5 Std. v. v.). Unbedingt zu empfehlen ist der kurze Rainforest Circuit Walk (ca. 1,3 km), der teils auf Hängebrücken, hoch in den Baumwipfeln, verläuft.

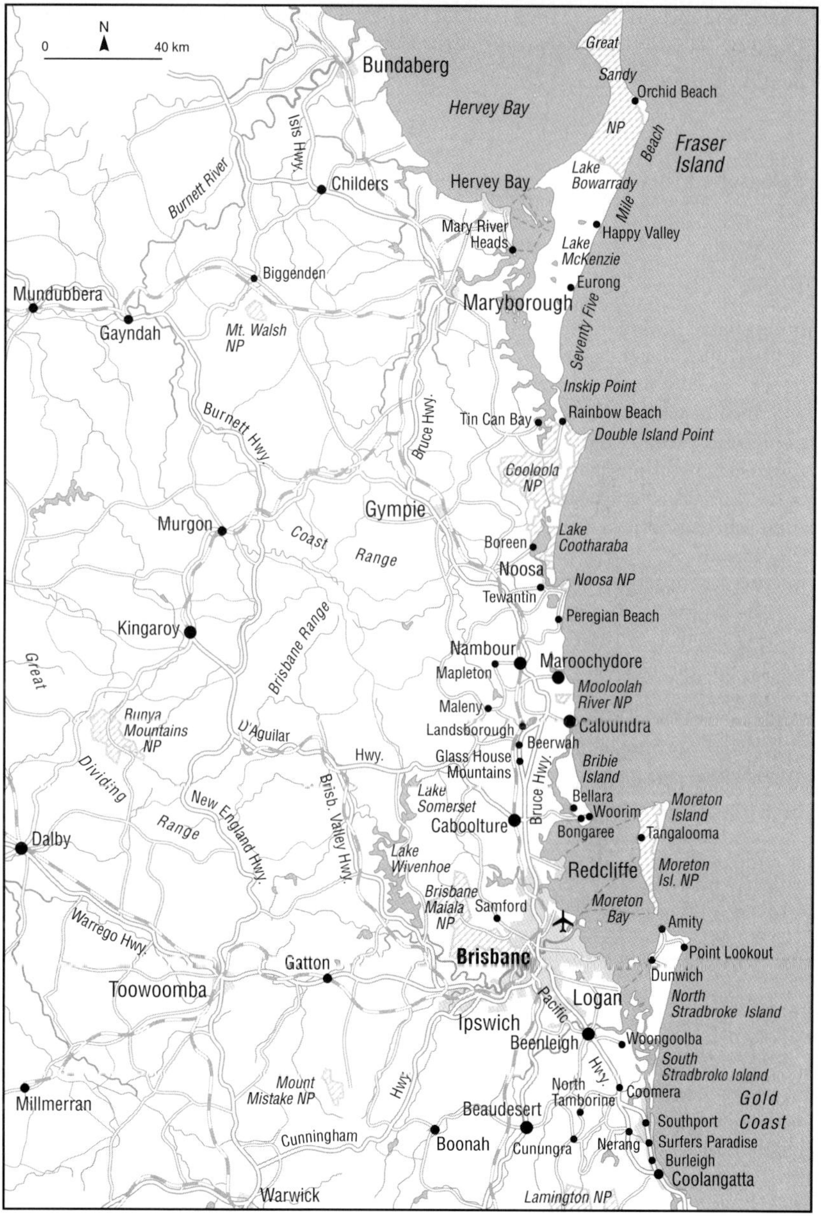

Der Südosten von Queensland

Auf dem Springbrook Plateau östlich des Lamington National Park liegen weitere kleinere Naturreservate, u. a. der Natural Arch National Park (von Wasserkaskaden gebildeter Natursteinbogen inmitten üppigen Regenwalds), der Warrie National Park, der Gwongorella National Park (109 m vertikal abfallenden Purling Brook Falls) und der Mt. Cougal National Park (Regenwald, Kaskaden, Felsenpools).

Praktische Hinweise

Verkehr: *Bus:* Southport, Surfers Paradise und Coolangatta werden von allen großen Busgesellschaften von Norden und von Süden her angefahren. Zwischen den einzelnen Orten der Gold Coast Linienbusse. *Zug:* von Norden her über Beenleigh, von Süden her über Murwillumbah (dort umsteigen in Busse). *Flugzeug:* direkt zum Gold Coast Airport (Coolongatta) ab Brisbane, Sydney, Melbourne, Adelaide. Nationalparks: nur mit eigenem Fahrzeug oder im Rahmen organisierter Tagesausflüge.
Unterkunft: Southport: *** Southport Motor Inn, 2 Barney St., ✆ 075/327922; ** Marine Parade Motel, 134 Marine Pde., ✆ 075/322488; Southport Caravan Park, 6 Frank St. (Gold Coast Hwy.), ✆ 075/312281. **Surfers Paradise:** ***** Gold Coast International, Gold Coast Hwy./Staghorn Ave., ✆ 075/921200; **** Bahia Beachfront Motel, 154 The Esplanade, ✆ 075/383322; *** Ocean Blue Resort, 122 Ferny Ave., ✆ 075/594444; ** Silver Sands Motel, 2985 Gold Coast Hwy., ✆ 075/386041; ** Surfers City Motel, 3314 Gold Coast Hwy., ✆ 075/398988; Surfers Paradise Backpackers, 2835 Gold Coast Hwy., ✆ 075/387250; Surf & Sun Backpakkers, 3323 Gold Coast Hwy., ✆ 075/387305; Main Beach Caravan Park, ✆ 075/314225. **Coolangatta:** *** Greenmount Beach Resort, 3 Hill St., ✆ 075/361222; ** Ocean View Motel, 126 Marine Pde., ✆ 075/363175; Coolangatta Backpackers Inn, 45 McLean St., ✆ 075/362422; Coolangatta YHA Hostel, 230 Coolangatta Rd., Bilinga, ✆ 075/367644. **Canungra:** ** Canungra Motel, Kidstone St., ✆ 075/435155. **Lamington National Park:** ***O'Reilly's Green Mountains Resort, ✆ 075/440644 (hier auch Campingplatz); ** Binna Burra Mountain Lodge & Campsite, ✆ 075/333622.
Information: Queensland Government Travel Centre, 3177 Gold Coast Hwy., Surfers Paradise, ✆ 075/385988; Gold Coast Visitors Information Bureau, Cavill Mall, Surfers Paradise, ✆ 075/384419; National Parks & Wildlife Service, Green Mountains (O'Reilly's Resort), ✆ 075/440634; National Parks & Wildlife Service, Binna Burra, ✆ 075/333584.

Darling Downs

Die Darling Downs sind ein welliges, zwischen 400 und 700 m hohes Tafelland in den Ausläufern der Great Dividing Range westlich von Brisbane. Aufgrund ihrer fruchtbaren Schwarzerdeböden, die vulkanischen Ursprungs sind, sowie reichlicher Niederschläge gehört diese Region zu den landwirtschaftlich bedeutendsten Gebieten ganz Australiens. Entdeckt und erschlossen wurde die Region Ende der 20er Jahre des 19. Jahrhunderts von Allan Cunningham, der sie nach dem damaligen Gouverneur von Neusüdwales, Ralph Darling, benannte.

Das ökonomische und kulturelle Zentrum ist **Toowoomba** (80000 Einw.) mit seinen prächtigen Gärten und ausgedehnten Parks. Zu den sehenswertesten Grünanlagen gehören der Queens Park mit den ihm angeschlossenen Botanical Gardens, der Laurel Bank Park mit vielen seltenen Bäumen sowie der Park am Picnic Point Lookout, von dem sich zudem ein herrlicher Blick bietet. Die beiden Höhepunkte des Jahres markieren in Toowoomba das farbenprächtige Blumenfest im September sowie das Gartenfest im Mai. Zu den landschaftlichen Attraktionen der Umgebung zählen der für seine artenreiche Vogelwelt bekannte **Ravensbourne National Park** (ca. 35 km nordöstlich) und die in eine tiefe Granitschlucht stürzenden **Crows Nest Falls** (ca. 45 km nördlich).

Warwick (10000 Einw.), 87 km südlich von Toowoomba am Condamine River gelegen, gehört zu den ältesten Städten von Queensland. Das landesweit bekannte Rose and Rodeo Festival findet alljährlich im Oktober statt. Jede Woche wird in Warwick ein Rindermarkt (dienstags) sowie ein Schafmarkt (mittwochs) abgehalten. Ausflüge: **Queen Mary Falls** über eine 42 m senkrecht abfallende Felswand (ca. 30 km südöstlich) und **Main Range National Park** (ca. 50 km nordöstlich) mit der Cunningham Gap zwischen dem Mt. Cordeaux (1135 m) und dem Mt. Mitchell (1168 m). Durch diese Schlucht verläuft heute der Cunningham Highway, an dem das Hauptquartier des Nationalparks liegt (Ausgangspunkt für Wanderungen; empfehlenswert ist der durch mehrere Vegetationszonen führende Mt. Cordeaux Lookout Walk; 6,8 km/ca. 2,5–3 Std. v. v.).

Stanthorpe (5000 Einw.; 60 km südlich von Warwick) liegt im sogenannten Granite Belt, einem etwa 15 km breiten und 60 km langen Hochplateau, aus dem mächtige, bis zu 1270 m hohe Granitmassive ragen. Hauptbesuchspunkte sind der Girraween National Park (Wasserfälle und Granitfelsen, im Frühling Wildblumenparadies; ca. 25 km südlich) sowie der Sundown National Park (tiefe Schlucht des Severn River; ca. 85 km südwestlich).

Von Toowoomba führt der Warrego Highway in nordwestlicher Richtung nach **Dalby**, dem Zentrum der westlichen Darling Downs. Etwa auf halber Strecke liegt 3 km südwestlich der kleinen Ortschaft Jondaryan die Jondaryan Woolshed, eine große historische Schafschurhalle, die heute museal genutzt wird (tgl. 8.30–17 Uhr; Schurvorführungen Mo–Fr 13 Uhr, Sa u. So 10.30, 13, 15 Uhr). Etwa 60 km nördlich von Dalby erstreckt sich der **Bunya Mountains National Park** (offenes Grasland, lichter Eukalyptuswald, üppiger Bergregenwald). Charakteristisch sind die mächtigen, säulengeraden Hoop-Pinien und Bunya-Kiefern. Zu den Hauptattraktionen des Nationalparks gehört seine artenreiche Vogelwelt, vornehmlich die großen Populationen von Königspapageien und Pennant-Sittichen. Besonders empfehlenswert (detaillierte Informationen beim Ranger in Dandabah) ist der Rundweg Big Falls Circuit durch den subtropischen Regenwald zu mehreren Wasserfällen und Aussichtspunkten (ca. 10 km/ca. 3 Std.).

Praktische Hinweise

Verkehr: Busse auf Cunningham Hwy., New England Hwy., Warrego Hwy. und Bunya Hwy. im Liniendienst. Für Abstecher in die Nationalparks benötigt man ein eigenes Fahrzeug.

Unterkunft: Toowoomba: *** Allan Cunningham Motel, 808 Ruthven St., ✆ 076/355466; ** Bridge Street Motor Inn, 291 Bridge St., ✆ 076/343299; Toowoomba Motor Village Caravan Park, 821 Ruthven St., ✆ 076/358186. **Warwick:** ** Criterion Hotel, Palmerin St., ✆ 076/611042 (stilvolles Kolonialgebäude); Warwick YHA Hostel, 6 Palmerin St., ✆ 076/612698; Warwick Caravan Park, Palmer Ave., ✆ 076/613632. **Stan-**

thorpe: *** Apple & Grape Motel, 63 Maryland St., ✆ 076/811288; Top of the Town Caravan Village, 10 High St., ✆ 076/812030. **Bunya Mountains National Park:** ** Dandabah Holiday Units, ✆ 076/683131; * Rices Bunya Mountains Retreat, ✆ 076/683133; Dandabah Camping Ground, ✆ 076/683127. **Information:** Toowoomba & Golden West Regional Tourist Association, Town Hall, 541 Ruthven St., ✆ 076/321988; Warwick and District Tourist Information Centre, Town Hall, Palmerin St., ✆ 076/613686; Southern Downs Tourist Centre, 61 Marsh St., Stanthorpe, ✆ 076/811799; National Parks & Wildlife Service, Bunya Mountains National Park, ✆ 076/683127.

Sunshine Coast

Allgemeines

Die Strände des rund 150 km langen Küstenstreifens zwischen Bribie Island und Tin Can Bay nördlich von Brisbane firmieren unter dem Sammelbegriff Sunshine Coast. Diese nach der Gold Coast zweitbeliebte Ferienregion mit etwas ruhigerem Ambiente ist auch bei betuchten Ruheständlern aus den kühlen Südstaaten beliebt, was ihr den Beinamen ›Gottes Wartezimmer‹ eingetragen hat. Der Landschaft merkt man die Nähe zum Tropengürtel an (Zuckerrohrfelder sowie Bananen-, Ananas- und Zitrusplantagen im Hinterland). Zwei Routen führen parallel zum Bruce Highway gen Norden – eine entlang der Küste, die andere durch die Berge der Blackall Range im Hinterland.

Die Küste

Von Brisbane folgen wir zunächst dem Bruce Highway bis Caboolture (hier Abzweigung zu Bribie Island). Nördlich dieser Agrarstadt, zwischen den Orten Beerburrum und Landsborough, ragt eine Kette bizarrer, vegetationsloser Felsspitzen unvermittelt aus der flachen Küstenebene – die **Glass House Mountains.** Diese Felskegel und -säulen aus Trachyt (einem Eruptivgestein) sind die Überbleibsel erloschener Vulkane, die harten Lavakerne der urzeitlichen ›Feuerberge‹, die den Kräften der Erosion widerstanden. Die zwischen 200 m und 556 m hohen Felsformationen sind vor schätzungsweise 20 Mio. Jahren entstanden. Vier der insgesamt zehn Vulkangipfel wurden zu Nationalparks erklärt. Alle Berge sind beliebte Kletterziele, die allerdings nur von erfahrenen Bergsteigern in Angriff genommen werden sollten (relativ einfach der 253 m hohe Mt. Ngungun). Panoramablicke: vom Forestry Lookout an der Old Gympie Road sowie vom Mary Cairncross Park (ca. 15 km nordwestlich von Landsborough, s. S. 460). Bei Beerwah befindet sich der Queensland Reptile and Fauna Park (u. a. Taipans, Tigerschlangen, Todesottern; tgl. 9–17 Uhr). In Landsborough gabelt sich die Straße. In nordwestlicher Richtung geht es nach Maleny und weiter durch die Blackall Range nach Nambour und Gympie; gen Osten führt die Caloundra Road an die Küste.

Bei **Caloundra** (44000 Einw.), dem größten Ort der Sunshine Coast, erstrecken sich einige populäre Bade- und Surfstrände (u. a. Moffat Beach, Dickey Beach, Shelly Beach; Kings Beach). An

Strand im Noosa National Park

der Landsborough Parade (nahe Golden Beach) liegt eine Replik von Captain Cooks Endeavour (tgl. 9–16.45 Uhr), am Caloundra Airport das Queensland Air Museum (Mi, Sa u. So 10–16 Uhr). Etwa auf halber Strecke zwischen Caloundra und Maroochydore breitet sich der Mooloolah River National Park aus (artenreiche Vogelwelt).

Die Orte Mooloolaba, Alexandra Headland und Maroochydore sind seit den 80er Jahren zu einer Großgemeinde von rund 70000 Einwohnern zusammengewachsen. In **Mooloolaba** kann man in die Unterwasserwelt Australiens abtauchen, ohne naß zu werden. An der Parkyn Parade (Wharf Complex) befindet sich die Underwater World, deren Herzstück ein riesiger Meerwassertank ist, in dem Hunderte von Fischarten und deren natürlicher Lebensraum Platz finden. Besucher können hier, einen Tunnel aus Acrylglas durchschreitend, Muränen, Manta-Rochen und Haie aus nächster Nähe betrachten (tgl. 9–18 Uhr). **Alexandra Headland** gilt als das Surfmekka der Sunshine Coast, **Maroochydore** ist das älteste Seebad der Sunshine Coast. Zwischen Maroochydore und Noosa Heads erstreckt sich eine Kette herrlicher, teils noch relativ ruhiger Sandstrände (u. a. Marcoola Beach, Peregian Beach, Marcus Beach und Sunshine Beach).

Das am verästelten Mündungstrichter des Noosa River gelegene **Noosa** (bestehend aus den beiden Ortsteilen Noosaville und Noosa Heads; zusammen ca. 17000 Einw.) ist der eleganteste und teuerste Badeort der Sunshine Coast. Die Spitze des felsigen Vorlands östlich des Orts nimmt der **Noosa National Park** ein. Von den verschiedenen kleinen Wanderungen (Auskunft im Besucherzentrum am Parkeingang) ist besonders der Coastal Track über den Dolphin

Point und die Granite Bay zu der imposanten Klippenformation Hells Gate zu empfehlen. Von dort kann man einen Abstecher zur Alexandria Bay (weiter Sandstrand und bizarre Klippen bei Oyster Rocks und Lion Rock) machen oder auf dem Tanglewood Track quer durch die mit Regenwald bestandene Landzunge zum Parkeingang zurückkehren (ohne Alexandria Bay ca. 7 km/ca. 2,5 Std.).

Die Nachbarstadt **Tewantin** besitzt zwei nennenswerte Attraktionen: die Big Shell, ein Museum mit einer großen Muschelsammlung (Gympie St.; tgl. 9–17 Uhr) sowie das House of Bottles, ein aus rund 35000 leeren Flaschen gebautes Haus, das ein Flaschenmuseum mit über 5000 gläsernen Exponaten beherbergt (Myles St.; tgl. 9–17 Uhr).

Zwischen Noosa-Tewantin und Tin Can Bay erstreckt sich der **Cooloola National Park,** dessen Landschaftsbild der Noosa River und seine Nebenflüsse sowie eine Reihe großer Süßwasserlagunen prägen. Den besten Eindruck von diesem Naturreservat vermitteln Bootstouren, die man in Noosa und Tewantin buchen kann. Von dem 30 km langen, quer durch den Park führenden Cooloola Way (bei Trockenheit auch mit konventionellem Fahrzeug) zweigen Stichstraßen ab zum Boreen Point (Hotel, Caravan Park, Kanuverleih) und zum Elanda Point (Hauptquartier des Nationalparks, Campingplatz, Kanuverleih), beide am Lake Cootharaba, sowie zur Harrys Camping Area am Noosa River (Allradantrieb erforderlich). Nur per Boot oder zu Fuß (4 km ab Elanda Point) ist das Sir Hiley Information Centre in Kinaba am Nordende des Lake Cootharaba zu erreichen. Mit einem allradgetriebenen Fahrzeug kann man sich in Tewantin per Autofähre über den Noosa River setzen lassen und bei Ebbe entlang des Cooloola Beach vom Süd- zum Nordende des Nationalparks fahren (ca. 35 km). Hauptattraktion dieser Tour ist die Teewah Coloured Sands (Sandsteinklippen, die aufgrund eingelagerter Mineralien in allen Regenbogenfarben schillern). Am Nordrand des Cooloola National Park liegt der Ferienort **Rainbow Beach** (Autofähre ab Inskip Point zur Fraser Island; nur allradgetriebene Fahrzeuge!). **Tin Can Bay,** ein bei Sportfischern beliebter Küstenort, markiert das nördliche Ende der Sunshine Coast.

Das Hinterland

Von Landsborough führt eine kurvenreiche Straße durch die landschaftlich sehr reizvolle Blackall Range gen Norden. Erster Haltepunkt sollte wegen des sich dort bietenden grandiosen Panoramablicks über die Glass House Mountains der **Mary Cairncross Park** sein (Abzweigung 2 km westlich von Bald Knob). 6 km östlich des Ausflugsorts Maleny zweigt die Balmoral Road in nördlicher Richtung nach Montville ab. Auf dem Kamm der Blackall Range verlaufend, eröffnet diese Panoramastraße immer wieder herrliche Ausblicke auf die gerade 30 km entfernte Sunshine Coast. Etwa 5 km nordwestlich des Bergorts Montville liegt der kleine **Kondalilla National Park.** Kernpunkt dieses Naturreservats sind die rund 100 m hohen Kondalilla Falls, die von üppigem Regenwald umrahmt werden. Empfehlenswerte Rundwanderung: Kondalilla Falls Circuit (ca. 4,5 km/ca. 1,5 Std.). Etwa 4 km nordwestlich des Orts Mapleton beginnt der **Mapleton Falls National Park.** Zwei spektakuläre Aussichtsterrassen in der Nähe des Parkplatzes erschließen das Naturschauspiel.

Weitere Besuchspunkte des Hinterlands reihen sich am Bruce Highway. Das ökonomische Zentrum der Sunshine Coast ist **Nambour** (8000 Einw.), in dessen Umgebung Zuckerrohr sowie Ananas und andere tropische Früchte angebaut werden. Einige Kilometer südlich liegt die **Sunshine Plantation** (Fiberglasananas als Aussichtsturm). Besucher werden mit einer Schmalspurbahn durch die ausgedehnte Plantage gefahren (tgl. 9–17 Uhr). Nördlich von Nambour steht am Bruce Highway als weithin sichtbarer Blickfang **The Big Cow**. Diese überdimensionale Kuh aus Fiberglas ist das Wahrzeichen der Country World, wo man alles Wissenswerte über die Milchwirtschaft der Region erfährt (tgl. 9–16.30 Uhr). In **Gympie** (10000 Einw.) liegt das Gold Mining Museum (tgl. 9–17 Uhr). Eine Stichstraße führt von hier in nordöstlicher Richtung zu den Ferienorten Tin Can Bay und Rainbow Beach.

Praktische Hinweise

Verkehr: *Bus:* Alle großen Buslinien fahren Brisbane – Sunshine Coast (Caloundra, Maroochydore, Noosa, Nambour u.a.). Die Orte entlang des Bruce Hwy. kann man zudem per Zug erreichen. Durch die Blackall Range benötigt man ein eigenes Fahrzeug. *Flüge* von Brisbane, Sydney und Melbourne nach Maroochy Airport u.a. von Ansett Airlines, Australian Airlines und East-West Airlines. In Noosa und Tewantin kann man Bootstouren in den Cooloola National Park (z.B. Everglades Water Bus Co., ✆ 074/471838, und Noosa's Cooloola Cruises, ✆ 074/499177) sowie Tagesausflüge nach Fraser Island (z.B. Suncoast Safaris, ✆ 074/472617) buchen. Buchung von Ein- und Mehrtagesausflügen nach Fraser Island auch in Rainbow Beach beim Tourist Information Centre, 68 Rainbow Beach Rd., ✆ 074/863288.

Unterkunft: Caloundra: *** Views Motor Inn, 115 Bulcock St., ✆ 074/911788; ** Dolphins Motel, 6 Cooma Tce., ✆ 074/912511; Backpackers United, 27–29 Leeding Tce., ✆ 074/916278; Golden Beach Caravan Park, 75 Esplanade, ✆ 074/921296. **Maroochydore:** *** Blue Waters Motel, 64 Sixth Ave., ✆ 074/436700; ** Maroochy River Motel, 361 Bradman Ave., ✆ 074/433142; Maroochydore YHA Holiday Hostel, 24 Schirrmann St., ✆ 074/433151; Sunshine Coast's Backpackers Hostel, 52 Parker St., ✆ 074/437544; Sundowner Caravan Park, Aerodrome Rd., ✆ 074/431375. **Noosa:** *** Noosa Haven Motor Inn, 119 Noosa Pde., Noosa Heads., ✆ 074/499211; ** Noosa Court Beachfront Motel, 55 Hastings St., Noosa Heads, ✆ 074/474455; ** Noosa Riverside Motel, 175 Gympie Tce., Noosaville, ✆ 074/497551; Club Walkabout Backpackers Hostel, 173 Gympie St., Noosaville, ✆ 074/498055; Noosa YHA Hostel, 35 Douglas St., Noosa Heads, ✆ 074/474739; Noosa River Caravan Park, Robert St., Noosaville, ✆ 074/498950. **Rainbow Beach:** *** Gazebo Gardens Resort, Spectrum Ave., ✆ 074/863255; * Rainbow Beach Motel, Wide Bay Esplanade, ✆ 074/863125; Rainbow Beach Backpackers Hostel, 66 Rainbow Beach Rd., ✆ 074/863288; Rainbow Beach Caravan Park, Rainbow Beach Rd., ✆ 074/863222.

Information: Queensland Government Travel Centre, Alexandra Pde., Alexandra Headland, ✆ 074/432411; Noosa Tourist Information Centre, Weyba Rd., Noosaville, ✆ 074/497344; National Parks & Wildlife Service, Cooloola National Park, Elanda Point, ✆ 074/497364; National Park & Wildlife Service, Rainbow Beach Information Centre, Rainbow Beach, ✆ 074/863160.

Der etwa 100 km lange Küstenstreifen, der sich nördlich an die Sunshine Coast (s. Karte S. 455) anschließt, ist als Fraser Coast bekannt. Wirtschaftliches Zentrum der Region ist das am Mary River gelegene **Maryborough** (22000 Einw.; einige stilvoll restaurierte Exemplare viktorianischer Baukunst).

34 km nordöstlich von Maryborough liegt **Hervey Bay** (14000 Einw.), ein ausgedehntes Ferienzentrum, zu dem sich aus verwaltungs- und werbetechnischen Gründen die Küstenorte Point Vernon, Pialda, Scarness, Torquay und Urangan zusammengeschlossen haben. Höhepunkte sind die ausgezeichneten Strände und Wassersportreviere sowie das Neptunes Coral Cave Marine Aquarium, ein Meerwasseraquarium mit lebenden Korallen und zahlreichen Fischarten in Urangan (tgl. 9–16 Uhr). Hervey Bay ist zudem wichtiger Ausgangspunkt für Ein- und Mehrtagesausflüge zur dicht vorgelagerten Fraser Island sowie für organisierte Bootstouren zur Beobachtung von Buckelwalen (Humpback Whales; Juli–Okt.).

Der bedeutendste Touristenmagnet der Region ist **Fraser Island.** Abgesehen von einigen Felsformationen vulkanischen Ursprungs besteht die 123 km lange, 7–25 km breite und bis zu 240 m hohe Fraser Island gänzlich aus Sand. Dieser Sand, ein Verwitterungsprodukt der Great Dividing Range, gelangte durch Flüsse im Südosten Queenslands ins Meer, wo er von Meeresströmungen entlang der Küste nordwärts transportiert wurde und sich an exponierten Stellen des Festlandsockels ablagerte. Hauptattraktionen auf Fraser Island sind neben endlos langen Stränden und gewaltigen Dünen vor allem die bunten Sandsteinformationen (Coloured Sands), die sich im mittleren Teil der Ostküste erheben (z. B. The Cathedrals und The Pinnacles). Die imposante von Gelb bis Rot reichende Farbpalette dieser Klippen entstand durch die Oxidation des im Sandstein enthaltenen Eisens und anderer Mineralien. Als weiteres Naturphänomen gelten die mehr als 40 Süßwasserseen, deren schönste sich im Südteil der Insel konzentrieren. Das weite Spektrum der Vegetationsformationen spannt sich von Mangrovenwäldern im Gezeitenbereich über offene Küstenheiden (im Frühling Wildblumenparadies!) bis zu subtropischen Regenwäldern. Unter den Baumarten ragt der Satinay heraus, ein bis zu über 70 m hoher Gigant mit einem säulengeraden Stamm. Wegen seines sehr widerstandsfähigen Hartholzes ist der Satinay, der früher vor allem beim Schiffbau Verwendung fand, heute noch ein begehrtes Baumaterial. Zur Fauna von Fraser Island gehören neben zahlreichen Vogel- und Reptilienarten auch eingeführte Tiere wie Wildpferde (Brumbies) und Dingos.

Die Interessenkollision zwischen Umweltschutz und Forstwirtschaft brachte Fraser Island in letzter Zeit wiederholt in die Schlagzeilen der Presse. Während das nördliche Drittel 1976 zum Nationalpark erklärt wurde (Great Sandy National Park), hat die Holzindustrie in den übrigen Regionen nach wie vor freie Hand. Nach Angaben von Umweltschützern fällen die Holzkonzerne auf Fraser Island alljährlich rund 5000 Bäume.

Fraser Island ist für den Tourismus durch ein dichtes Netz von Sandpisten

(Allrad) erschlossen. Am Besucherzentrum der Central Station beginnen zwei markierte Pisten, an denen wichtige landschaftliche Sehenswürdigkeiten der Insel liegen: der 30 km lange Northern Circuit, der über den Lake McKenzie zum Lake Wabby führt (rote Pfeile), und der ebenfalls 30 km lange Southern Circuit, der, die Seen Jennings, Birrabeen, Benaroon und Boomanjin passierend, an der Ostküste bei Dilli Village endet (grüne Pfeile). Die (Natur-)Attraktionen der Ostküste (u. a. Rainbow Gorge, The Cathedrals, The Pinnacles, Eli Creek und das Wrack des Frachters Maheno) erreicht man auf einer Fahrt entlang des berühmten 75 Mile Beach.

Bei der Central Station beginnt der 600 m lange Wanggoolba Creek Boardwalk, ein Naturlehrpfad durch die zentrale Regenwaldregion der Insel. Eine längere Wanderung führt von der Central Station zum Lake McKenzie, dem vielleicht idyllischsten See der Insel (ca. 12 km/ca. 3 Std. v. v.). Weitere empfehlenswerte Wanderungen: Lake Boomanjin Circuit (Rundwanderung ca. 4 km/ca. 1 Std.), Lake Boomanjin Trail (Wanderung vom See zum Dilli Village; ca. 7 km/ca. 1,5 Std. einfach) und Lake Wabby Trail (Wanderung vom See zum Strand; ca. 3 km/ca. 45 Min. einfach), Eli Creek Boardwalk (kurzer Naturlehrpfad an der Mündung des Eli Creek).

Praktische Hinweise

Verkehr: Tgl. Linienbusse nach Maryborough und Hervey Bay. Maryborough kann man überdies mit der Eisenbahn erreichen (u. a. *Sunlander* und *Capricornian*). Bootstouren (Whale Watching) und Ein- und Mehrtagesausflüge nach Fraser Island in Hervey Bay (auch für Hotels, Caravan Parks u. a.) bei Central Booking Office, 363 Esplanade, Scarness, Hervey Bay, ✆ 071/241300 und Marina Kiosk Tourist Information Centre, Boat Harbour, Urangan, Hervey Bay, ✆ 071/289800. Empfehlenswert für Whale Watching: Islander Tours, 555 Esplanade, Urangan, Hervey Bay, ✆ 071/289370; für Ausflüge zur Fraser Island Fraser Flyer, 484 Esplanade, Torquay, Hervey Bay, ✆ 071/251655 und Sid Melksham's Fraser Venture Day Tours, Hervey Bay, ✆ 071/241900. Geländewagenverleih in Hervey Bay u. a. bei Bay 4 WD Centre, Boat Harbour Drive, Pialba, ✆ 071/282981 und Wide Bay Renta-Centa, 430 Esplanade, Torquay, ✆ 071/251766. Ein Permit (15 A-$, 1991) muß bereits auf dem Festland erworben werden, u. a. beim National Parks & Wildlife Service in Rainbow Beach, beim Central Booking Office und beim Marina Kiosk Tourist Information Centre in Hervey Bay. Für Selbstfahrer ist die detaillierte Fraser Island Tourist Sunmap sehr hilfreich. Autofähren: tgl. ab Inskip Point bei Rainbow Beach (✆ 071/279122), Urangan Boat Harbour (✆ 071/251906) und Mary River Heads (071/281900) bei Hervey Bay. Chartermaschinen nach Orchid Beach und Toby's Cap (Fraser Island) (Auskunft Central Booking Office und Marina Kiosk Tourist Information Centre). In der Hochsaison (Juli–Okt.) frühzeitig buchen. Hinweis: Insektenschutzmittel nicht vergessen!

Unterkunft: Maryborough: *** Maryborough Motor Inn, Ferry/Queen Sts., ✆ 071/222777; Wallace Caravan Park, 22 Ferry St., ✆ 071/213970. **Hervey Bay:** *** Kondari Resort, 49 Elizabeth St., Urangan, ✆ 071/289702; *** Playa Concha Motel, 475 Esplanade, Torquay, ✆ 071/251544; ** Reef Motel, 410 Esplanade, Torquay, ✆ 071/252744; ** Seven Seas Motel, 573 Esplanade, Urangan, ✆ 071/289699; * Bay View Motel, 399 Esplanade, Torquay, ✆ 071/281134; Colonial Backpackers Resort, Boat Harbour Drive, Urangan, ✆ 071/251844; Hervey Bay Backpackers, 195 Torquay Tce., Torquay, ✆ 071/281458; Hervey Bay Caravan Park, Margaret St., Urangan, ✆ 071/289553; Shelly Beach Caravan Park, 61 Ocean St., Torquay, ✆ 071/251105. **Fraser Island:** *** Orchid Beach Resort, ✆ 071/279185; ** Eurong

Beach Resort, ✆ 071/279122; ** Happy Valley Resort, ✆ 071/279144; * Cathedral Beach Resort and Camping Park, ✆ 071/279177. Campingplätze des National Parks & Wildlife Service mit Toiletten und teils auch Duschen befinden sich bei der Central Station, an den Seen Boomanjin, McKenzie und Allom sowie im Great Sandy National Park (Dundubara, Waddy Point und Wathumba Creek). Buschcamping ist u. a. an verschiedenen Stellen entlang des 75 Mile Beach möglich (Permit im Besucherzentrum der Central Station).

Information: Hervey Bay City Council, Torquay, ✆ 071/251855; National Parks & Wildlife Service, Rainbow Beach, ✆ 074/863160.

Great Barrier Reef

Allgemeines

Es gilt als das achte Weltwunder: das Great Barrier Reef, das weitläufigste Korallensystem der Erde, das sich entlang der australischen Ostküste über eine Distanz von rund 2300 km erstreckt, etwas südlich vom Wendekreis des Steinbocks beginnend bis zu den Küsten der Insel Neuguinea. Die Bezeichnung für dieses faszinierende Naturphänomen ist eigentlich nicht ganz korrekt, denn es bildet in Wirklichkeit keine zusammenhängende Barriere, sondern setzt sich aus etwa 2900 Einzelriffen zusammen. Die nördliche Hälfte besteht aus einem durchgehenden Wall. Südlich von Cairns dagegen zerfällt es in ein Gewirr einzelner verschieden großer Riffe. Der gesamte Komplex ist aber auf dem australischen Kontinentalsockel verankert und verläuft mehr oder minder parallel zum Festland. Der äußerste Gürtel der Riffkette, das sogenannte Outer Reef, bricht abrupt und steil bis in etwa 2000 m Tiefe ab. Dieser äußere Riffsaum ist bei Cairns im Norden nur etwa 30 km, bei Mackay im Süden dagegen rund 260 km von der Küste entfernt. Zwischen dem Festland und dem Outer Reef erstreckt sich eine Lagune, die Tiefen zwischen 50–100 m aufweist und oft als Barrier Reef Channel bezeichnet wird. Innerhalb dieses Lagunenkanals befinden sich weitere Riffe und Korallenbänke sowie Inseln unterschiedlichster Größe.

Von den über 700 Inseln des Great Barrier Reef sind nur eine Handvoll echte Koralleninseln, die ausschließlich aus gebrochenen Korallen und angeschwemmtem Sand bestehen. Sie haben meist nur wenige hundert Meter Durchmesser, ihre höchsten Erhebungen liegen selten höher als einen Meter über dem Meeresspiegel. Sie sind teils völlig vegetationslos, teils bewachsen mit meer- und windbeständigen Pflanzen. Die Koralleninseln sind fast alle unbewohnt, allein drei von ihnen (Lady Elliot Island bei Bundaberg, Heron Island bei Gladstone und Green Island bei Cairns) hat man für einen Tourismus größeren Stils erschlossen. Die meisten der in Festlandsnähe steil aus dem Meer herausragenden Inseln stellen die Überbleibsel versunkener Küstengebirge dar. Aus festem Gestein aufgebaut, bilden sie geologisch gesehen Teile des Kontinents, von dem sie durch Absenkung und einen Anstieg des Meeresspiegels nach der letzten Eiszeit getrennt wurden. Die meist sehr hohen und mit dichter Vegetation bestandenen Festlandinseln sind häufig von schmalen Saumriffen mit sehenswerten

Palmenstrand auf Dunk Island

Korallengärten umgeben. Das Great Barrier Reef besitzt ein stattliches Alter von vermutlich 20 Mio. Jahren. Was wir heute sehen, ist aber relativ jungen Ursprungs, da der größere Teil der Kontinentalplatte, auf der sich das Riff erstreckt, während der letzten Eiszeit über dem Meeresspiegel lag. Der Aufbau des heutigen Barrier Reef begann erst mit dem Ansteigen des Meeresspiegels vor 10000 bis 15000 Jahren auf älteren verkarsteten Riffteilen.

Das Great Barrier Reef, das größte von lebenden Organismen je geschaffene Bauwerk der Erde, besteht vorwiegend aus Kalksteingehäusen und -skeletten von Abermilliarden winziger Meerestiere, sogenannter Korallenpolypen. Diese im Durchschnitt kaum mehr als 10 mm langen Lebewesen sind primitiv gebaute wirbellose Organismen, die während ihres Lebenszyklus' fortwährend den mit der Nahrung aufgenommenen Kalk absondern. Daraus produzieren die Polypen, die selbst nur aus einem sackförmigen Körper mit einer von einem Kranz von Tentakeln umgebenen Mundöffnung bestehen, becherförmige Gehäuse. Bei Dunkelheit werden die Tentakel, mit Nesselkapseln versehene Fangarme, ausgestreckt, um im Wasser schwebendes Plankton aufzunehmen. Unter günstigen Umständen vermehren sich die Polypen in raschem Tempo und bilden bald eine Kolonie von vielen Millionen einzelner Korallentierchen. Die Kalkskelette der Einzelpolypen verbinden sich im Lauf der Zeit zu oftmals bizarr geformten Korallenstöcken. Diese wiederum können zu Riffen heranwachsen, indem sich abgestorbene Stöcke über Jahrtausende hinweg Lage um Lage aufeinanderschichten. Ein Korallenriff besteht also zum größten Teil aus einem toten Kern, auf dessen Oberfläche sich Kolonien lebender Korallenpolypen angesiedelt haben. Im Bereich des Great Barrier Reef hat man über 350 verschiedene Arten von Korallen (Wachstum 1–10 cm/Jahr) mit einer phantastischen Formen- und Farbenvielfalt registriert: Am weitesten verbreitet sind die Baumkorallen (Acropora), die sogenannten Hirnkorallen (rundliche Gebilde mit einem Durchmesser bis zu 1 m, die von zahllosen Windungen durchfurcht werden) und die Geweih-, Pilz- und Tischkorallen. Neben diesen kalkabsondernden Korallen gibt es zudem die sogenannten weichen Korallen, pflanzenähnliche Gebilde mit lederartig weichen Skeletten.

Korallen sind aber bei weitem nicht die einzigen lebenden Organismen im Great Barrier Reef. In der Korallensee um das Riff zählt man allein über 1500 Fisch- und rund 4000 Weichtierarten. In der atemberaubenden Vielfalt der Tropenfische ragen vor allem der Weißbinden-Korallenfisch (auch Clownfisch genannt) und der Papageifisch heraus. Letzterer hat sich bei seiner Nahrungsaufnahme auf Korallenpolypen spezialisiert. Der Rotfeuerfisch (Butterfly Cod) ist mit seinen flügelartigen Flossen einerseits eines der schönsten Exemplare, andererseits aber auch eines der gefährlichsten der Fischwelt am Riff: Sein Gift ist so wirksam wie das der Kobra. Ebenfalls gefährlich, weil hochgiftig, allerdings überaus häßlich, ist der Steinfisch, der sich mit seiner graubraunen Farbe und seinem stacheligen Rücken kaum von abgestorbenen Korallenstökken abhebt. Zu den Fischen, die Menschen gefährlich werden können, zählen neben den rund 100 in australischen Gewässern vertretenen Haiarten auch die Muräne und der Manta-Rochen. Eine Besonderheit ist auch die bis zu über 1 m lange und bis zu mehrere hundert Kilogramm schwere Riesenmuschel (auch Mördermuschel genannt), die angewachsen zwischen den Korallenstöcken sitzt. Zu der facettenreichen Unterwasserwelt gehören ferner bunte Schwämme, Seesterne und Krebstiere. Das komplexe Ökosystem über dem Meeresspiegel umfaßt u. a. eine artenreiche Vogelwelt (u. a. Seeschwalben, Sturmtaucher, Fregattvögel und Seeadler) und Meeresschildkröten, die im Sommer an manchen Stränden ihre Eier ablegen.

Seit 1983 ist der gesamte Riffkomplex als Marine Park unter Naturschutz gestellt. Trotz aller vorsorgenden Schutzmaßnahmen droht das Great Barrier Reef seit den 50er Jahren durch willkürliche Eingriffe des Menschen aus dem ökologischen Gleichgewicht zu kippen: durch Tourismus, Umweltverschmutzung und Wirtschaftsinteressen.

Für die australische Tourismusindustrie bedeutet des Barriere Reef ›Big Business‹. Pro Jahr besuchen es rund 700000 Touristen aus aller Welt, und ihre Zahl steigt jährlich um ca. 10%. Innerhalb des Marine Park wurden bislang knapp zwei Dutzend Inseln für den Fremdenverkehr erschlossen. Einst betrieben gewinnsüchtige Tourismusmanager in weiten Regionen der Meeresprovinz ›Entwicklung‹ vor allem nach dem Motto: »Ich kam, sah und betonierte.« Mittlerweile wurde der ungezügelten Ausbreitung großer Ferienzentren ein Riegel vorgeschoben. Und die Tourismusindustrie selbst gibt sich zunehmend umweltbewußter (Kläranlagen für Abwässer, vorbildliche Müllentsorgung u. a.). Praktisch alle Veranstalter von Bootstouren sowie Tauch- und Schnorchelexkursionen stimmen ihre Aktivitäten mit der Marine Park Authority, der die Aufsicht über das Riff obliegt, ab. Trotz dieser Fortschritte befürchten Naturschützer, daß das Great Barrier Reef dem Druck der riesigen Besucherscharen nicht standhalten könnte, und fordern daher, die touristische Erschließung nicht weiter voranzutreiben.

Nach Meinung anderer Experten stellt die Verschmutzung der Rifflagune die größte Gefahr für diese einzigartige Unterwasserwelt dar. Während der jährlichen Monsunregen gelangen über Flußsysteme neben Sedimenten vor allem auch Phosphatdünger, Pflanzenschutzmittel und andere Rückstände in die See, wo sie zu einem Absterben der Korallenstöcke führen. Eine in ihrer ganzen Tragweite bislang noch gar nicht abzusehende Gefahr geht von den Gold- und Kupferminen in Papua-Neuguinea aus, deren chemisch belasteter Abraum insbesondere den nördlichen Riffwall bedroht. Weitere Gefahren sehen Naturschützer in den Plänen der petrochemischen Industrie, die vermuteten Ölvorkommen im Riffgebiet auszubeuten.

Tödliche Gefahren für das Riff lauern aber auch unter Wasser: Der mit Giftstacheln bewehrte Dornenkronen-Seestern (Durchmesser bis 60 cm) ist in der Lage, die winzigen Korallenpolypen aus ihren Kalkgehäusen zu saugen, um sie dann zu fressen. Folge davon: Der Korallenstock stirbt ab. Alle Gegenmaßnahmen haben gegen diese Geißel bislang wenig ausrichten können. Die Experten kennen noch nicht einmal die genauen Ursachen für die immer wieder auftretenden dramatischen Massenvermehrungen der Dornenkronen. Vermutlich aber hängen sie eng mit der Überfischung der Gewässer um das Great Barrier Reef zusammen, der die natürlichen Feinde der Seesterne zum Opfer fallen. Zwar zieht das Great Barrier Reef selbst verwöhnte Riffkenner immer wieder in ihren Bann, doch darf das Bild vermeintlich perfekter Harmonie nicht über die Gefahren hinwegtäuschen, die dem Great Barrier Reef von vielen Seiten drohen.

Praktische Hinweise:

Verkehr: Zahlreiche Korallen- und Festlandinseln sind mittels Ein- und Mehrtagesausflügen zugänglich. Transportmittel: alle Arten von Ausflugsbooten (von Segelyachten bis Katamaranen), Hubschrauber, (Wasser-) Flugzeuge. Populärste Ausgangsorte: Bundaberg, Gladstone, Rockhampton, Mackay, Shute Harbour, Airlie Beach, Townsville, Cairns, Port Douglas, Cooktown. Auf den bislang rund zwei Dutzend für den Tourismus erschlossenen Inseln gibt es teure Ferienzentren (Island Resorts). Package Tours: Transport, Unterkunft und Verpflegung ab den Großstädten der Ostküste zu einem relativ günstigen Preis (Buchung: Queensland Government Travel Centre; Juli – Sept. rechtzeitig reservieren!). Günstigste Jahreszeit: Wintermonate Apr. – Nov.

Zahlreiche Veranstalter von Kreuzfahrten in der Region des Barrier Reef bieten Exkursionen in Glasbodenbooten. Besser ist die Rifferkundung aus der Fischperspektive: Wer kein Sporttaucher ist, sollte daher zumindest Schnorchel und Flossen mitbringen!

Auskunft: Bei jedem Queensland Government Travel Centre und jedem Büro des Queensland National Parks & Wildlife Service sowie bei der für den Marine Park zuständigen Behörde (Great Barrier Reef Marine Park Authority, Flinders St. East, P. O. Box 1379, Townsville, QLD 4810, ✆ 077/81881). Sehr nützlicher Reiseführer: Tony Wheeler, Islands of Australia's Great Barrier Reef, Lonely Planet Publications.

Die wichtigsten Inseln (von Süd nach Nord)

Lady Elliot Island (ca. 45 ha; 93 km nordöstlich von Bundaberg): Diese direkt auf dem Barrier Reef gelegene reine Koralleninsel markiert das Südende des Great Barrier Reef. Die kleine Insel wird von ausgezeichneten Saumriffen umgeben und erfreut sich aus diesem Grund einer großen Popularität bei Tauchern und Schnorchlern. Zwischen November und Februar legen an den Stränden der Insel Suppenschildkröten ihre Eier ab.

Anreise: Tgl. Flüge der Sunstate Airlines von Bundaberg (ca. 35 Min.); Sunstate Airlines, 188 Bourbong St., Bundaberg, ✆ 071/722322. Achtung: Nur 10 kg Freigepäck!
Unterkunft: Lady Elliot Island Resort, ✆ 071/716077 (einfach ausgestattete Zimmer oder Zelte).

Lady Musgrave Island (18 ha; 100 km nordöstlich von Bundaberg): Von spektakulären Riffen gesäumt, ist diese unbewohnte Koralleninsel ein hervorragendes Tauch- und Schnorchelrevier.

Anreise: Während der Saison tgl. Eintagesausflüge in Katamaranen von Bundaberg (ca. 2,5 Std.) und Seventeen Seventy (ca. 2 Std.); Lady Musgrave Barrier Reef Cruises, 1 Quay St., Bundaberg, ✆ 071/729011; 1770 Barrier Reef Cruises, Marina Harbour Wharf, Town of Seventeen Seventy, ✆ 079/749188.
Unterkunft: Keine kommerziellen Unterkünfte. Mit einem ›Permit‹ des National Parks & Wildlife Service zelten möglich; ausreichend Trinkwasser mitbringen!

Heron Island (17 ha; 80 km nordöstlich von Gladstone): Diese direkt auf dem Barrier Reef gelegene Koralleninsel wurde über und unter Wasser zum Nationalpark (meeresbiologische Forschungsstation) erklärt. Weiße Traumstrände, glasklares Wasser, phantastische Korallengärten. Kenner zählen die Tauchgründe bei Heron Island zu den weltweit besten. Darüber hinaus gilt die Insel, die ihren Namen von dem weißen Reiher (Heron) erhielt, als Vogelparadies (Brutkolonien von Weißkopfnoddies, Seeschwalben, Sturmtauchern). Zwischen Oktober und Februar suchen zahlreiche Meeresschildkröten die Sandstrände zum Ablegen ihrer Eier auf. Ein sehr lohnenswerter Ausflug, der auf der Insel angeboten wird, führt zum Wistari Reef.

Anreise: *Hubschrauber:* tgl. von Gladstone (ca. 30 Min.; Lloyd's Helicopter Service, Gladstone Airport, ✆ 079/781777). *Katamarane:* tgl. von Gladstone (ca. 1,5 Std.; Reef Adventureland Travel Shop, 43 Goondoon St., Gladstone, ✆ 079/722866).
Unterkunft: Heron Island Resort, ✆ 079/781488 (Unterkunftskategorien **** bis **).

Great Keppel Island (1046 ha; 50 km nordöstlich von Rockhampton): Diese dichtbewaldete Festlandinsel (im Besitz von Australian Airlines) bietet ein vielfältiges Sport- und Freizeitangebot (u. a. Schnorcheln, Tauchen, Segeln, Windsurfen, Wasserski, Reiten, Drachenfliegen) und das ausgelassenste Nachtleben aller Inselresorts des Great Barrier Reef. Abseits des großen Feriendorfs ruhige Buchten mit ausgezeichneten Stränden (u. a. Butterfly Beach, Monkey Beach). Mehrere Veranstalter auf der Insel offerieren Bootstouren und Flüge zum äußeren Riff. Bei der benachbarten Middle Island befindet sich ein besuchenswertes Unterwasserobservatorium.

Anreise: *Flüge:* tgl. von Rockhampton (Sunstate Airlines, c/o Australian Airlines, ✆ 079/391744). *Katamarane und andere große Motorboote:* tgl. mehrmals von Rosslyn Bay (15 Min; Capricorn Reefseeker, ✆ 079/336744; Denison Star, ✆ 079/224334). Zum Service der Fährgesellschaften gehört ein Zubringerbus von Rockhampton.
Unterkunft: **** Great Keppel Island Resort, ✆ 079/391744; ** bis * Wapparaburra Haven Tourist Park, ✆ 079/391907 (Holzhütten, Zelte); * Keppel Kamp-Out, ✆ 079/392131 (Zelte); Yeppoons Lions Captain

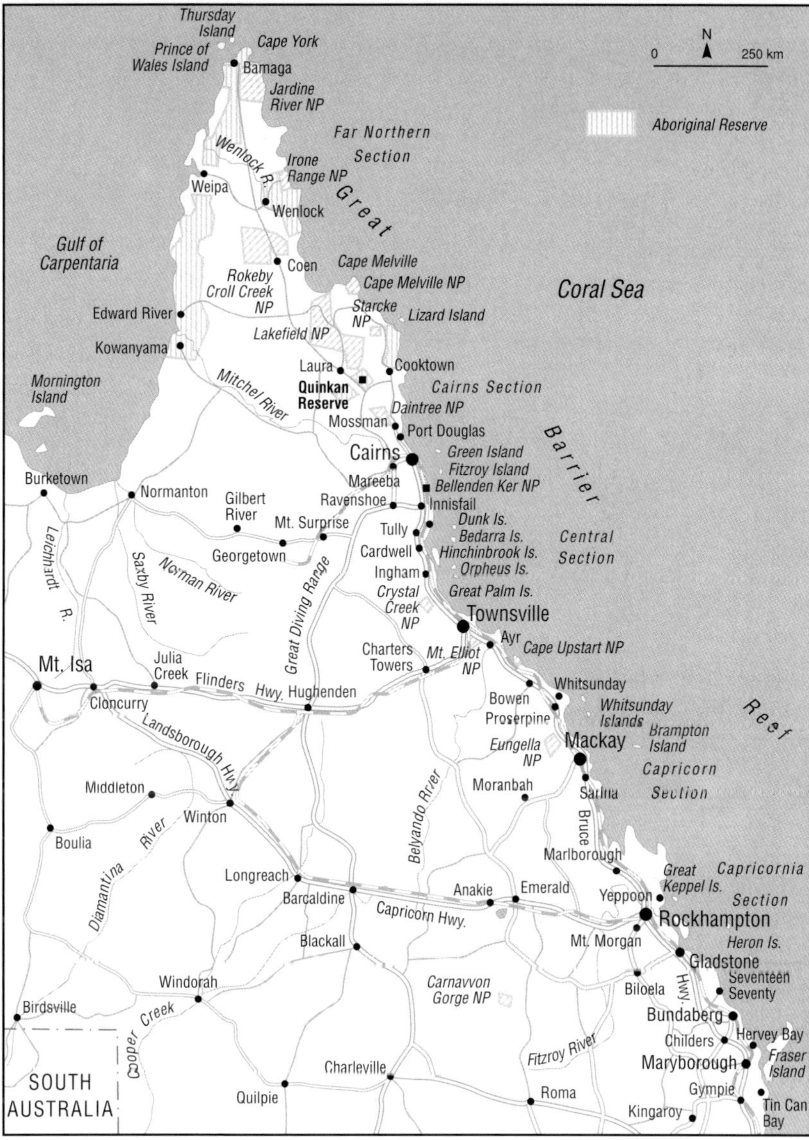

Great Barrier Reef und das Hinterland

Cook Memorial Camp, ✆ 079/275288 (Jugendherberge).

Brampton Island (464 ha; 35 km nördlich von Mackay): Diese Festlandinsel vulkanischen Ursprungs ist zwar knapp 60 km vom Barrier Reef entfernt, doch sehr populär bei Schnorchlern und Tauchern (Saumriffe). Sport- und Freizeitaktivitäten: u. a. Windsurfen, Golf, Tennis, Wasserski, Segeln, Bootsfahrten zu den Whitsunday Islands und zum Outer Reef. Die dichtbewaldete Insel erschließt ein Netz von Wanderwegen zu Aussichtspunkten und Badebuchten. Bei Ebbe kann man zur benachbarten Carlisle Island laufen.

Anreise: *Flüge:* tgl. mit Australian Regional Airlines von Mackay (bei jedem Büro der Australian Airlines). *Motorboot:* Spirit of Roylen tgl. von Mackay (ca. 45 Min.; ✆ 079/553066.

Unterkunft: **** Brampton Island Resort, ✆ 079/514499.

Whitsunday Islands: Diese 74 Inseln (35–70 km entfernt vom äußeren Riff) werden zwar vielfach von Saumriffen umgeben, sind aber selbst keine Koralleninseln, sondern die Gipfel eines Unterwassergebirges, das vom Festland durch tiefe Schluchten getrennt ist. Vielfaltige Meeresfauna um die Korallenbänke und über Wasser ein abwechslungsreiches Landschaftsbild (Sandstrände und dichtbewaldete Inselberge; zahlreiche touristische Investitionen, u. a. sündhaft teure Luxusresorts auf einigen Inseln).

Hamilton Island (611 ha; 18 km südöstlich von Shute Harbour): Mitte unseres Jahrhunderts noch unbewohnt, präsentiert sich die Insel mit den beiden 14stöckigen Hoteltürmen, um die sich zahlreiche Apartmenthäuser gruppieren (insgesamt 2400 Betten), und dem internationalen Flughafen wie ein Stück Miami Beach. Mit ihrer breit gefächerten touristischen Infrastruktur (Restaurants, Swimmingpools, Tennisplätze, Jachthafen) trägt die Insel den unterschiedlichsten Besucherwünschen Rechnung.

Im Unterschied zum einst recht exklusiven Hamilton Island Resort (mittlerweile mit relativ preiswerten Pauschalarrangements) gibt sich das Urlaubsresort auf **Hayman Island** weiterhin mondän und elitär. Die von einer Korallenlagune umgebene nördlichste Insel der Whitsundays (303 ha; 27 km nördlich von Shute Harbour) bietet mit ihrem üppigen Regenwald und lauschigen Palmenhainen das passende Ambiente für diesen ultraluxuriösen Hotelkomplex (Standardzimmer ab etwa 250 A-$).

Die bis zu 212 m hohe **Lindeman Island** (800 ha; 33 km südöstlich von Shute Harbour, Nationalpark) hat den Ruf einer perfekten Ferieninsel für Familien (sieben Badestrände, umfangreiches Angebot an Sport- und Freizeitaktivitäten). Das von Regenwald bedeckte Innere der Insel erschließen ausschließlich ausgedehnte Wanderwege. Ähnliche Möglichkeiten bietet die dem Festland dicht vorgelagerte **South Molle Island** (400 ha; 6 km nordöstlich von Shute Harbour): vielfältiges Freizeit- und Sportangebot und zahlreiche Wanderwege (herrlicher Blick vom 198 m hohen Mt. Joffrey auf die Whitsunday Passage).

Bei jüngeren Leuten sehr beliebt ist die preiswerte Ferieninsel **Long Island** (144 ha; 8 km südöstlich von Shute Harbour). Die Strände der Insel (ebenfalls Nationalpark) sind vom Feinsten. Zudem durchzieht das regenwaldbedeckte Eiland ein Netz von Wanderpfaden mit einer Gesamtlänge von 13 km. Klein, aber fein ist **Daydream Island** (26 ha; 4 km nordöstlich von Shute Harbour): Tropische Vegetation, idyllische Palmenhaine und ein weißer Korallenstrand (Ferienanlage mittleren Preisniveaus).

Auf **Hook Island** (5180 ha; 22 km nordöstlich von Shute Harbour), der zweitgrößten Insel der Whitsunday Group, befindet sich ein preiswertes und einfaches, vor allem bei jungen Reisenden sehr beliebtes Resort. Tagesausflügler zieht das Unterwasserobservatorium an der Südspitze der Insel an. Landschaftlich besonders reizvoll sind das Nara Inlet und das Macona Inlet, zwei fjordähnliche, tief in den Südteil der Insel eingeschnittene Buchten. Ausgezeichnete Tauch- und Schnorchelmöglichkeiten bietet die Manta Ray Bay im Norden von Hook Island.

Alle anderen Inseln der Whitsunday Group sind unbewohnt. Viele von ihnen entsprechen sämtlichen Klischees tropischer Trauminseln und bilden ideale Ziele für temporäre Robinsonaden. Whitsunday Island (10930 ha; 16 km östlich von Shute Harbour) ist die größte Insel der Region. Hier erstreckt sich der 6 km lange Whitehaven Beach, der als der schönste Strand der Inselgruppe gilt. Weitere bei ›Aussteigern‹ auf Zeit sehr populäre Inseln sind Pentecost Island, Thomas Island, Haslewood Island und Border Island.

Anreise: Hamilton Island wird von Ansett Airlines von verschiedenen Städten an der Ostküste direkt angeflogen (u. a. von Sydney, Brisbane, Townsville, Mackay und Cairns). Startpunkte für Flüge (Wasserflugzeuge und Helikopter) zu den anderen Resortinseln sind Proserpine und Shute Harbour. Ausflugsboote zu den Resortinseln sowie auch zu unbewohnten Inseln verkehren regelmäßig von Shute Harbour und Airlie Beach, wo man auch Motorboote und Segelyachten chartern kann, zum Selbststeuern ebenso wie mit kompletter Crew. In Shute Harbour kann man zudem sogenannte Watertaxis zu jeder Insel mieten. Detaillierte Informationen: Whitsunday Tourism Association, 348 Shute Harbour Rd., Airlie Beach, ✆ 079/466673.

Unterkunft: Hamilton Island: ***** bis *** Hamilton Island Resort, ✆ 079/469144. **Hayman Island:** ***** Hayman Island Resort, ✆ 079/469100. **Lindeman Island:** *** Lindeman Island Resort, ✆ 079/469333. **South Molle Island:** *** South Molle Island Resort, ✆ 079/469433. **Long Island:** *** Contiki Whitsunday Resort, ✆ 079/469400 (für ›Gruftis‹ über 35 Jahren kein Zutritt!); ** Palm Bay Resort, ✆ 079/469233 (hier auch Zelte). **Daydream Island:** *** Daydream Island Resort, ✆ 008/075040. **Hook Island:** Hook Island Resort, ✆ 079/466900 (preiswert; im Jugendherbergsstil).

Campingplätze: u. a. Whitsunday Island, Haselwood Island, Border Island und Thomas Island. Permit erhältlich beim National Parks & Wildlife Service, Airlie Beach. Achtung: ausreichenden Trinkwasservorrat und Gaskocher mitnehmen (Lagerfeuer sind verboten!).

Magnetic Island (5184 ha; 12 km nördlich von Townsville): Als im Jahre 1770 Captain James Cook beim Vorbeisegeln erhebliche Abweichungen am Kompaß feststellte, schob er die Irritationen auf das vermeintlich erzhaltige und deshalb magnetische Gestein dieser Festlandinsel und nannte sie aus diesem Grund Magnetic Island. In Wirklichkeit jedoch besteht die Insel hauptsächlich aus nicht magnetischem Granit. Heute rührt die magnetische Anziehung, die die Insel insbesondere auf jüngere Leute ausübt, von der hier gebotenen breitgefächerten Palette an Sport- und Freizeitaktivitäten her. Ein landschaftlich attraktives, von imposanten Granitmassiven geprägtes Binnenland (höchste Erhebung: Mt. Cook 497 m) sowie vor allem mehr als 20 Buchten mit Traumstränden machen die Insel zu einem idealen und relativ preiswerten Urlaubsziel. Die rund 2500 permanenten Einwohner leben überwiegend in den Küstensiedlungen Picnic Bay, Nelly Bay, Arcadia und Horseshoe Bay (praktisch Vororte von Townsville). Annähernd die Hälfte der Insel umfaßt der Magnetic Island National Park.

Ankunftsort ist in der Regel Picnic Bay an der Südküste. Der östlichen Küstenlinie folgend, führt von hier die einzige Teerstraße (10 km) zur Horseshoe Bay und Radical Bay im Norden. Auf jede der von Townsville ankommenden Fähren wartet in Picnic Bay ein Bus, der alle interessanten Besuchspunkte der Insel anfährt. Erster Stopp ist das Sharkworld Aquarium nahe Nelly Bay, ein großes Salzwasseraquarium mit Haien (tgl. 9–18 Uhr; Fütterung der Haie tgl. 11.30 u. 14 Uhr). Ein ausgezeichnetes Schnorchelrevier erstreckt sich in der Florence Bay an der Radical Bay. Sehr zu empfehlen ist die kleine Wanderung von der Radical Bay über die Balding Bay (traumhaft schöne, von Granitfelsen flankierte Bucht) zur Horseshoe Bay (ca. 3 km/ca. 45–60 Min. einfach). Horseshoe Bay ist eine Bucht mit einem guten Badestrand, einem Naturhafen für Yachten und einer Ferienkolonie. In der Nähe liegt die Koala Park Oasis (tgl. 9–16 Uhr; Fütterung tgl. 11.45 u. 13.45 Uhr).

Anreise: *Passagier- und Autofähren:* Townsville (ab Pier beim Great Barrier Reef Wonderland oder Breakwater Ferry Terminal) – Magnetic Island (Picnic Bay oder Arcadia) mehrmals tgl. 6–19 Uhr (30–40 Min.; Hayles Magnetic Express, 168–192 Flinders St. East, Townsville, ✆ 077/716927; Magnetic Marine Ferry Services, 168–192 Flinders St. East, Townsville, ✆ 077/727122). Wegen der hohen Kosten lohnt es sich für Tagesausflügler kaum, den eigenen Wagen nach Magnetic Island mitzubringen, zumal in Picnic Bay Mietwagen (Mini Mokes) sowie Leihmopeds und -fahrräder zur Verfügung stehen. Überdies existiert auf der Insel ein hervorragender Linienbusdienst.
Unterkunft: *** Island Palms Resort, 13 The Esplanade, Nelly Bay, ✆ 077/785571; *** Latitude 19 Resort, Mandalay Ave., Nelly Bay, ✆ 077/785200; ** Arcadia Holiday Resort, Marine Pde., Arcadia, ✆ 077/785177; ** Radical Bay Resort, Radical Bay, ✆ 077/785294; ** Tropical Palms Inn, 34 Picnic St., Picnic Bay, ✆ 077/785076; Club Magnum Backpackers Resort, Radical Bay, ✆ 077/785294; Geoff's Place, 40 Horseshoe Bay Rd., Horseshoe Bay, ✆ 077/785577; Sharkworld Backpackers Resort, Nelly Bay, ✆ 077/785187.

Orpheus Island (1368 ha; 38 km östlich von Ingham): Die zweitgrößte Insel der Palm Islands (etwa 25 km vom Outer Reef entfernt) steht seit 1960 als Nationalpark unter Naturschutz. Markante Merkmale der langgestreckten Insel sind schneeweiße Sandstrände, mächtige Granitfelsen und ausgezeichnete Korallenriffe. Auf Orpheus Island befinden sich eine kleine Ferienanlage, die maximal 50 Gästen (mit wohlgefüllter Brieftasche!) Platz bietet, sowie eine meeresbiologische Forschungsstation der James Cook University von Townsville.

Anreise: *Flüge:* mehrmals wöchentlich mit Seair Pacific (Wasserflugzeug) von Townsville und Cairns (ca. 40 bzw. 60 Min.) *Katamaran:* tgl. von Townsville via Magnetic Island (ca. 2 Std.; Westmark, Flinders St. East, Townsville, ✆ 077/211913. *Charterboote (Watertaxis):* von Dungeness bei Lucinda.
Unterkunft: ***** Orpheus Island Resort, ✆ 077/777377.

Hinchinbrook Island (49 km nördlich von Ingham): Diese größte Kontinentalinsel von Queensland wird vom Festland durch den schmalen, aber tiefen Hinchinbrook Channel, ein versunkenes Flußtal, getrennt. Dadurch hat sich auf Hinchinbrook Island eine einzigartige Fauna entwickelt, die sich teils erheblich von der des Festlands unterscheidet. Die Insel präsentiert sich dem Besucher als eine weitgehend unberührte Wildnis aus regenwaldüberwucherten Bergspitzen vulkanischen Ursprungs, die bis zu 1142 m hoch aufragen. Weitere landschaftliche Akzente setzen spektakuläre Wasserfälle und undurchdringliches Mangrovendickicht, der Lebensraum zahlreicher Vogel- und Reptilienarten. Darüber hinaus verfügt die Insel über fast gänzlich menschenleere Sandstrände sowie ausgezeichnete Korallenriffe. Hinchinbrook Island ist in erster Linie Ziel von erfahrenen Wildniswanderern, die sich für mehrere Tage auf der Insel absetzen lassen, um den Coastal Walk, einen ca. 20 km langen Wanderpfad an der Ostküste von der Ramsey Bay im Norden bis zum George Point im Süden, zu erwandern. Nach vorheriger Absprache kann man sich am Zielpunkt der Wanderung per Boot wieder auflesen lassen. *Hinweis:* Genehmigung frühzeitig beantragen (National Parks & Wildlife Service, Bruce Hwy., Cardwell, ✆ 077/66 86 01). *Achtung:* In den Flußdeltas, die beim Coastal Walk zu überqueren sind, kommen Leistenkrokodile vor, in den Gewässern um die Insel Box Jelly Fish-Quallen (Nov. – März).

Anreise: *Flüge:* mehrmals wöchentlich mit Seair Pacific (Wasserflugzeug) von Townsville und Cairns (ca. 40 Min.). Ausflugsboot tgl. von Cardwell zum Cape Richards und durch schmale, von Mangroven gesäumte Kanäle weiter bis nahe Ramsay Bay (Hinchinbrook Travel, 91 Bruce Hwy., Cardwell, ✆ 070/66 85 39). *Watertaxi:* tgl. von Dungeness bei Lucinda (Hinchinbrook Wilderness Safaris, 48 Patterson Pde., Lucinda, ✆ 077/77 83 07). Beide Firmen übernehmen auch den Transfer von Buschwanderern.
Unterkunft: **** Hinchinbrook Island Resort, ✆ 070/66 85 85. Camper benötigen eine Genehmigung des National Parks & Wildlife Service in Cardwell.

Bedarra Island (86 ha; 6 km südöstlich von Mission Beach): Auf dieser dichtbewaldeten und hügeligen Festlandinsel haben sich zwei Ferienkomplexe etabliert, in denen Tagesgäste ebenso wenig erwünscht sind wie Kinder unter 15 Jahren (Vollpension ab ca. 600 A-$).

Anreise: Nur per Boot von Dunk Island.
Unterkunft: ***** Bedarra Bay Resort, ✆ 070/68 82 33; ***** Bedarra Hideaway Resort, ✆ 070/68 81 68.

Dunk Island (970 ha; 5 km südöstlich von Mission Beach): Die Aborigines nannten Dunk Island einst ›Insel des Friedens und des Überflusses‹. Auch heute noch präsentiert sich diese gebirgige, in ihrem Inneren stark zerklüftete und mit Regenwald überwucherte Festlandinsel, die von traumhaften Sandstränden gesäumt wird, als wahres Tropenidyll. Der Nationalpark ist die Heimat von über 100 Vogelarten und zahlloser bunter Schmetterlinge (u. a. der blaue Ulysses-Falter). Dunk Island ist eine reine Fußgängerinsel. Lohnend ist die Wanderung auf den Mt. Kootaloo, der mit 271 m den höchsten Punkt der Insel markiert (ca. 2 Std. v. v.). Man kann diese Tour zu einer Rundwanderung ausweiten, die vom Mt. Kootaloo über das Palm Valley zum Coconut Beach und zurück zur Bootsanlegestelle führt (ca. 4–5 Std.). In der Südwestecke der Insel liegt, eingebettet zwischen tropischen Gärten, eine relativ große Ferienanlage, die vor allem in puncto Sport keinerlei Wünsche offen läßt. *Achtung:* In den Gewässern um Dunk Island Box Jelly Fisch-Quallen (Nov. – März).

Anreise: *Flüge:* tgl. mit der Australian Airlines von Cairns und Townsville (ca. 40 Min.). Mehrmals sogenannte Watertaxis von Mission Beach und ein größeres Ausflugsboot vom Clump Point (M. V. Quick Cat, ✆ 070/

687289) sowie ein Luftkissenboot von Wongaling Beach (Dunk Island Hovercraft, ✆ 070/688688).
Unterkunft: **** Great Barrier Reef Hotel, ✆ 070/688199. Für Buschcamping ist Genehmigung des National Parks & Wildlife Service notwendig.

Fitzroy Island (324 ha; 26 km östlich von Cairns): Diese 6 km von der Küste und 13 km vom Outer Reef entfernte Festlandinsel ist ein beliebtes Ziel für Tagesausflüge von Cairns. Die im Innern bis zu 266 m aufragende, mit dichtem Regenwald bestandene Insel umgeben ausgezeichnete Korallenriffe – ein Dorado für Taucher und Schnorchler. Empfehlenswerte Wanderung: Lighthouse Circuit Walk, eine Rundwanderung, die vom Inselresort zum Leuchtturm in der Nordostecke der Insel führt (ca. 2 Std.).

Anreise: *Ausflugsboote:* während der Saison tgl. von Cairns (ca. 1–1,5 Std.; Great Adventures Cruises, ✆ 070/510455).
Unterkunft: *** Fitzroy Island Resort, ✆ 070/519588; Fitzroy Island Budget Accommodation, ✆ 070/510455. Camper benötigen Permit von Great Adventures Cruises.

Green Island (13 ha; 27 km nordöstlich von Cairns): Die gerade bis zu maximal 3 m über dem Meeresspiegel aufragende, direkt auf dem Barrier Reef gelegene Koralleninsel ist vom Festland aus leicht zu erreichen. Aufgrund ihrer Nähe zu Cairns ist der nur 660 m lange und maximal 260 m breite Inselwinzling ein sehr populäres Ziel für Tagesausflügler (exzellente Tauch- und Schnorchelreviere sowie Traumstrände). Die Insel sowie auch die sie umgebenden Korallenbänke bilden einen Nationalpark. An der Bootsanlegestelle befindet sich das älteste Unterwasserobservatorium in der Region des Great Barrier Reef. Nicht

Green Island

weit vom Pier entfernt, kann man sich im Barrier Reef Theatre einen Film über die submarine Welt anschauen. Empfehlenswert sind zudem das Marineland Melanesia, eine Krokodilfarm mit über 80 Riesenechsen und die nur rund 1,5 km lange Rundwanderung um die Insel.

Anreise: Während der Saison tgl. Ausflugsboote von Cairns (ca. 1,5–2 Std.; Big Cat Cruises, ✆ 070/510444; Great Adventures Cruises, ✆ 070/510455; Sunlover Cruises, ✆ 070/311055 u. a.).
Unterkunft: **** Green Island Resort, ✆ 070/514644.

Michaelmas Cay (3 ha; 40 km nordöstlich von Cairns): Zusammen mit der be-

nachbarten Upolu Cay gehört diese winzige Koralleninsel zu den wichtigsten Nistplätzen für Wasservögel in der Meeresprovinz des Great Barrier Reef. Im australischen Sommer drängen sich hier bis zu über 30000 Vögel (meist verschiedene Arten von Seeschwalben). Besucher dürfen sich nur an einem markierten Strandabschnitt aufhalten. Das Betreten der Brutkolonie ist strikt untersagt! Gleich nordöstlich von Michaelmas Cay erstreckt sich ein schmales, aber rund 10 km langes Korallenriff – ein Traum für jeden Taucher und Schnorchler!

Anreise: Während der Saison tgl. Ausflugsboote von Cairns (ca. 2–3 Std.; Great Adventures Cruises, ✆ 070/510455; Noah's Ark Barrier Reef Cruises, ✆ 070/517777, preiswert; Ocean Spirit Cruises, ✆ 070/312920, Segeltörn).

Low Isles (18 km nordöstlich von Port Douglas): Zwei kleine Inseln, die häufig von Tagesausflüglern besucht werden. Gesäumt von Korallenbänken, bietet Low Island ausgezeichnete Tauch- und Schnorchelmöglichkeiten. Die etwa 700 m lange Woody Island wird zu einem großen Teil von Mangroven gesäumt.

Anreise: Während der Saison tgl. Ausflugsboote von Port Douglas (ca. 30–60 Min.; Quicksilver Cruises, ✆ 070/995500; Hardy's Courier Cruises, ✆ 070/995599, Segeltörn).

Lizard Island (1012 ha; 97 km nordöstlich von Cooktown): Die nördlichste der Resortinseln gilt als das ›Juwel des Great Barrier Reef‹. Die gebirgige Festlandinsel, die nur 15 km vom Outer Reef entfernt ist, wird von Saumriffen mit spektakulären Korallengärten umgeben. Die Attraktionen setzen sich aber auch über Wasser fort: Rund zwei Dutzend einsame, von mächtigen Granitblöcken begrenzte Buchten mit traumhaften Sandstränden vermitteln ein Bild perfekter Südseeidylle. Vom 368 m hohen Cook's Lookout hat man einen phantastischen Panoramablick (ca. 5 km/ca. 1,5–2 Std. v. v.). Lizard Island ist Ziel betuchter Sportfischer, die hier Jagd auf den Blue Marlin machen (Sept.–Okt.). Auf der Insel befinden sich ein exklusives Strandhotel sowie ein renommiertes Meeresforschungsinstitut.

Anreise: *Flüge:* tgl. mit Australian Airlines von Cairns (ca. 1 Std.; ✆ 070/527700).
Unterkunft: ***** Lizard Island Lodge, ✆ 070/503711. Camper benötigen Genehmigung des National Parks & Wildlife Service in Cairns.

Die Central Coast erstreckt sich zwischen Bundaberg und Gladstone. Die Capricorn Coast umfaßt einen Küstenabschnitt, der 50 km südlich des Wendekreises des Steinbocks (Tropic of Capricorn) beginnt und 50 km nördlich von ihm endet (s. auch Karte S. 469).

Bundaberg (45 000 Einw.), rund 50 km östlich des Bruce Highway an der Küste gelegen, ist das wirtschaftliche Zentrum einer hochproduktiven Zukkerrohranbauregion. In Bundaberg selbst wird vor allem Hochprozentiges hergestellt: der Bundie, ein dunkler, kräftiger Rum. Die bereits 1888 gegründete Bundaberg Distillery in der Avenue St. steht Besuchern im Rahmen von Betriebsbesichtigungen offen (Führungen Mo–Fr 10, 11, 13, 14, 15 Uhr). Historische Gebäude im viktorianischen Kolonialstil reihen sich an der Bourbong St. im Zentrum, die lohnenswertesten Sehenswürdigkeiten konzentrieren sich jedoch im sogenannten Bundaberg Tourist Centre an der nordwestlichen Peripherie der Stadt jenseits des Burnett River. Dieser Komplex umfaßt die Bundaberg Botanic Gardens (Mo–Fr 7–16.30 Uhr, Sa u. So 10–16.30 Uhr), das Bundaberg and District Historical Museum mit Exponaten zur Stadt- und Regionalgeschichte (tgl. 10–16 Uhr) sowie das historische Hinkler House mit Memorabilien des deutschstämmigen Flugpioniers Bert Hinkler, der 1928 den ersten Alleinflug von England nach Australien unternahm (tgl. 10–16 Uhr).

Sehenswertes in der näheren Umgebung: Dreamtime Reptile Reserve, ein Faunapark mit verschiedenen Schlangenarten und Krokodilen (5 km südlich; tgl. 9–17 Uhr); Mysterie Craters, 35 geheimnisvolle Krater, deren Entstehung selbst Experten Rätsel aufgibt (27 km südwestlich bei South Kolan; tgl. 8–17.30 Uhr); Moore Park, ein kleiner Ferienort mit kilometerlangem Sandstrand (20 km nordwestlich) sowie Mon Repos Environmental Park, ein feinsandiger Strand, an dem zwischen November und Februar große Meeresschildkröten zur Eiablage auftauchen (15 km nordöstlich). Darüber hinaus ist Bundaberg ein populäres Sprungbrett für Lady Elliot Island und Lady Musgrave Island (s. S. 467 f.).

Gladstone (25 000 Einw.), ca. 20 km abseits des Bruce Highway, kann eher mit ökonomischen Superlativen aufwarten: Port Gladstone ist hinsichtlich der Tonnage der bedeutendste Exporthafen von Queensland, die Gladstone Power Station das größte Kohlekraftwerk des Bundesstaates (Besichtigung Do 10 Uhr) und die Boyne Smelters die produktivste Aluminiumhütte Australiens. Darüber hinaus besitzt Gladstone den größten Yachthafen südlich des Äquators und ist ein populärer Ausgangsort für Fahrten und Flüge zur Heron Island (s. S. 468).

Rockhampton (60 000 Einw.) liegt im Zentrum der Region Capricorn Coast. Diese wird vom Tropic of Capricorn durchschnitten, einem klimatischen Wendekreis, der die Grenze zwischen den Tropen und Subtropen markiert. Dem Besucher hat die Stadt neben zahlreichen historischen Gebäuden (vor allem nahe des Fitzroy River an der Victoria Parade und der Quay St.) weitere kulturelle Sehenswürdigkeiten zu bieten: die neue Rockhampton Art Gallery (Pilbeam Theatre, Victoria Parade), eine Kunstgalerie mit Werken zeitgenössischer australischer Künstler (Mo-Fr 10–16 Uhr, So 14–16 Uhr), die Rockhampton Botanic Gardens mit herrlichen tropischen Pflanzen, einem Aviarium und einem kleinen Zoo (ca. 1,5 km südlich des Zentrums; tgl. 9–17 Uhr).

Sehenswertes in der Umgebung: **Dreamtime Aboriginal and Torres Strait Islanders Cultural Centre,** eines der größten und interessantesten Zentren ganz Australiens für die Kultur der Ureinwohner (8 km nördlich am Bruce Highway; tgl. 10–17.30 Uhr; Führungen tgl. 11, 13 u. 15 Uhr); **The Caves,** ein kleiner Ort, in dessen Nähe sich ausgedehnte Kalksteinhöhlen erstrecken, z. B. die Cammoo Caves und die Olsen's Capricorn Caverns (ca. 25–30 km nördlich; Führungen tgl. 8.30–16 Uhr); **Emu Park,** ein kleiner Ferienort mit guten Badestränden (ca. 40 km nordöstlich); **Coral Life Marineland,** ein großes Aquarium mit lebenden Korallen und zahlreichen Tropenfischen (am Kinka Beach nahe Emu Park; tgl. 10–16 Uhr); **Yeppoon,** ein großer Ferienort mit populären Badestränden (ca. 40 km nordöstlich); **Saleyards** bei Gracemere, wo jeden Montag ab 7.30 Uhr sehenswerte Viehauktionen stattfinden (9 km südwestlich am Capricorn Highway), **Mount Morgan,** eine Gold- und Kupferbergbaustadt, in der eine Kupfermine besichtigt werden kann (38 km südlich; Führungen tgl. 9.30 und 13.30 Uhr). **Rosslyn Bay** (ca. 40 km nordöstlich) ist der populärste Ausgangspunkt für Ausflugsfahrten zur Great Keppel Island (s. S. 468) und zur Middle Island, nahe der sich ein großes Unterwasserobservatorium befindet.

Praktische Hinweise

Verkehr: Die Busunternehmen, die zwischen Brisbane und Cairns Fahrzeuge einsetzen, halten in Bundaberg, Gladstone und Rockhampton. Die drei Orte sind auch per Zug zu erreichen (*Spirit of Capricorn, Capricornian, Sunlander, Queenslander*). Die Fluglinien Ansett Airlines und Australian Airlines fliegen nach Rockhampton.

Unterkunft: Bundaberg: *** Rum City Motel, 52 Takalvan St., ✆ 071/725722; ** Butterfly Motel, 240 Bourbong St., ✆ 071/522700; City Centre Backpackers Hostel, 216 Bourbong St., ✆ 071/513501; Apollo Gardens Caravan Park, 83 Princes St., ✆ 071/528899. **Gladstone:** *** Amber Lodge, 129 Toolooa St., ✆ 079/724144; ** Gladstone Motel, 88 Toolooa St., ✆ 079/722144; Gladstone Backpackers Hostel, 12 Rollo St., ✆ 079/725744; Clinton Van Park Holiday Village, Dawson Hwy., ✆ 079/782718. **Rockhampton:** **** Country Comfort Inn, 86 Victoria Pde., ✆ 079/279933; *** Cattle City Motor Inn, 139 Gladstone Rd., ✆ 079/277811; ** Capricorn Motel, Bruce Hwy., North Rockhampton, ✆ 079/282444; * Criterion Hotel, Quay/Fitzroy Sts., ✆ 079/221225; Rockhampton Backpackers Hostel, East/Derby Sts., ✆ 079/224677; Rockhampton YHA Hostel, 60 MacFarlane St., ✆ 079/275288; South Side Caravan Village, Lower Dawson Rd., ✆ 079/273013. **Yeppoon:** *** Driftwood Motel, 7 Todd Ave., ✆ 079/392446; Barrier Reef Backpackers Hostel, 30 Queen St., ✆ 079/394702; Blue Dolphin Caravan Park, 74 Whitman St., ✆ 079/393140.

Information: Bundaberg Tourist Information Centre, Bourbong/Mulgrave Sts., ✆ 071/722406; Reef Adventureland Information Centre, 100 Goondoon St., Gladstone, ✆ 079/724000; Capricorn Tourist Information Centre, Gladstone Rd., Curtis Park, Rockhampton, ✆ 079/272055; National Parks & Wildlife Service, Gladstone District Office, Roseberry St., ✆ 079/761621; National Parks & Wildlife Service, Central Regional Centre, 194 Quay St., Rockhampton, ✆ 079/276511.

Diese Region umfaßt mehrere Bergketten und Hochplateaus der Great Dividing Range westlich von Rockhampton und ist wirtschaftlich geprägt durch Viehzucht, Ackerbau und Kohlebergbau. Wichtigste Verkehrsarterie durch die Central Highlands ist der von Rockhampton nach Longreach führende Capricorn Highway (s. Karte S. 469).

Blackwater (8000 Einw.; 205 km westlich von Rockhampton) – der Ort existiert erst seit Ende der 60er Jahre in seiner heutigen Form – lebt ausschließlich von der Braunkohleförderung im Tagebau (Besichtigung der South Blackwater Mine Mi 10 Uhr; Anmeldung ✆ 079/825166). Zwischen Blackwater und Moranbah (rund 200 km nördlich) erstreckt sich das Bowen Basin, eine reiche Kohleregion mit gut einem halben Dutzend hochproduktiver Tagebauminen. **Emerald** (6000 Einw.; 279 km westlich von Rockhampton) liegt inmitten einer durch künstliche Bewässerung geschaffenen fruchtbaren Agrarregion. Der vom Fairbairn Dam aufgestaute Lake Maraboon (14 km südwestlich von Emerald) gilt als der größte künstliche See von Queensland (Wassersportrevier).

Knapp 50 km westlich von Emerald beginnen bei Anakie Edelsteinfelder (Saphire, Rubine, Topase, Amethyste und Diamanten). Die Hauptschürfgebiete liegen im Umkreis von **Anakie, Rubyvale, The Willows** und **Sapphire.** In diesen Ortschaften gibt es Geschäfte mit Saphirschmuck und anderen Edelsteinen. Mancherorts werden auch Führungen durch Minen angeboten (u. a. Miners Heritage Walk-In Mine und Desperado Mine, beide in Rubyvale).

Südlich von Emerald erstreckt sich der an Naturattraktionen reiche **Carnarvon Gorge National Park.** Dieses ausgedehnte Naturschutzgebiet umfaßt vier Sektionen. Während Salvator Rosa, Ka Ka Mundi und Mt. Moffatt nur sehr schwer zugänglich sind, kann man die Carnarvon Gorge während der Trockenzeit auch mit konventionellen Fahrzeugen von Emerald im Norden und von Roma im Süden erreichen.

Die Carnarvon Gorge ist ein bis zu 200 m tiefes Schluchtsystem mit phantastischen Klippenformationen, das der Carnarvon Creek und seine Nebenflüsse in Jahrmillionen in das weiche Sandsteinplateau des Consuelo Tableland gefräst haben. Während die Vegetation auf dem Plateau vornehmlich aus lichten Eukalyptuswäldern besteht, finden sich in den Schluchten Palmen und Palmfarne sowie verschiedene Arten von Moosen und Orchideen. Zudem birgt der Nationalpark zwei sehenswerte Galerien mit Felsmalereien der Ureinwohner.

Die Carnarvon Gorge erschließt ein dichtes Netz gut ausgebauter Wanderwege (Ausgangspunkt: Campingplatz nahe der Ranger Station am Parkeingang). Wegen des grandiosen Blicks über die Schlucht ist die Wanderung auf den ca. 200 m hohen Boolimba Bluff, die allerdings etwas einfache Kletterei über Felsen erfordert, sehr lohnenswert (6,4 km/ca. 2,5 Std. v. v.). Ein unvergeßliches Naturerlebnis garantiert die Wanderung durch die Flußoase des Carnarvon Creek. Die meisten Naturattraktionen der Region liegen entlang oder etwas abseits des Hauptwanderpfads (Entfernungsangaben ab Campingplatz): Hell-

Palmen und Sandsteinklippen im Carnarvon Gorge National Park

hole Gorge (pittoreske Schlucht; 3 km), Moss Garden (kleine, farn- und moosbewachsene Schlucht mit Wasserfall; 3,6 km), Amphitheatre (von steilaufragenden Felswänden umrahmtes natürliches ›Amphitheater‹; 4,1 km), Aljon Falls und Wards Canyon (kleiner Wasserfall und malerische Klamm mit Moosen, Farnen und Palmen; 4,8 km), Art Gallery (Aboriginal-Felsmalereien; 5,6 km) und Cathedral Cave (Felsüberhang mit einer weiteren Aboriginal-Kunststätte; 9,3 km). Nahe der Cathedral Cave liegt der Big Bend-Buschcampingplatz, der Ausgangspunkt für weitergehende Erkundungen der Carnarvon Gorge.

Praktische Hinweise

Verkehr: Zwischen Rockhampton und Longreach Linienbusse (u. a. Greyhound und McCafferty's). Zweimal wöchentlich Expreßzug *Midlander* zwischen Rockhampton und Longreach. Zur Carnarvon Gorge gelangt man problemlos nur mit einem eigenen Fahrzeug. (Nach Niederschlägen nach dem Zustand der Zufahrtsstraßen und -pisten erkundigen! Beste Besuchszeit Aug. – Nov.).

Unterkunft: Emerald: *** Western Gateway Motel, Theresa St./Hospital Rd., ✆ 079/823899; Emerald Backpackers Hostel, 126 Hospital Rd., ✆ 079/824188; Karinya Caravan Park, 6 Opal St., ✆ 079/822268. **Anakie:** Gemfields Caravan Park, ✆ 079/854142. **Carnarvon Gorge:** *** Oasis Lodge, 079/ 844503 (ca. 3 km östlich der Ranger Station); National Parks & Wildlife Camping Area, ✆ 079/844505 (während der Hauptsaison frühzeitig buchen!).

Information: Central Highlands Tourist Organisation, Emerald, ✆ 079/821281; National Parks & Wildlife Service, Central Highlands District Office, Emerald, 079/822246; National Parks & Wildlife Service, Carnarvon Gorge Ranger Station, ✆ 079/844505.

Mackay und Whitsunday Coast

Inmitten einer ökonomisch und landschaftlich vom Zuckerrohranbau geprägten Region liegt **Mackay** (50000 Einw.; s. Karte S. 469). Acht große Raffinerien produzieren hier rund ein Drittel des australischen Zuckers, der vom Mackay Bulk Sugar Terminal vorwiegend nach Japan und Europa verschifft wird (Besichtigung der Verladeeinrichtungen Mo–Fr 10.15 Uhr).

Besuchspunkte in der näheren Umgebung: Town Beach, Illawong Beach und Eimeo Beach, drei der beliebtesten Badestrände nahe Mackay (3 km bzw. 5 km bzw. 14 km nördlich); Hay Point, der größte Kohleexporthafen Australiens (ca. 20 km südlich); Sarina, bedeutende Zuckerstadt mit schönen Badestränden (ca. 40 km südlich). Ausgangspunkt für die Inseln der Cumberland-Gruppe, insbesondere für Brampton Island (s. S. 469).

Westlich des Bruce Highway, etwa auf halber Strecke zwischen Mackay und Proserpine, erstreckt sich der **Eungella National Park.** Mit seinen üppigen Regenwäldern (einer Mischung aus tropischer und subtropischer Flora), tiefeingeschnittenen Schluchten und spektakulären Wasserfällen gilt dieser für Besucher erst teilweise erschlossene Nationalpark als eines der unberührtesten Naturreservate von Queensland.

Proserpine (8000 Einw., 131 km nördlich von Mackay) und Umgebung werden ebenfalls vom Zucker bestimmt. Wissenswertes über die Produktion von Rohrzucker vermittelt eine Besichtigung der Proserpine Sugar Mill (Führungen Juli–Nov. Mo–Fr 14 Uhr). Darüber hinaus fungiert Proserpine als Tor zur Whitsunday Coast.

Es ist noch gar nicht allzu lange her, da lagen die drei Küstenorte Cannonvale, Airlie Beach und Shute Harbour, die sich zur Großgemeinde **Whitsunday** zusammengeschlossen haben, in tiefem Dornröschenschlaf. Wachgeküßt wurden sie von finanzkräftigen Investoren der Tourismusindustrie. Für reine Badeferien ist die Whitsunday Coast mit ihren vielfach steinigen und zumal bei Ebbe wenig einladenden Stränden, die zudem zwischen September und März von den gefährlichen Box Jelly Fish-Quallen heimgesucht werden, allerdings kaum geeignet. Die wahre Bedeutung der Orte liegt in ihrer Funktion als Sprungbrett für die zahlreichen Whitsunday-Islands (s. S. 470f.). Neben Transfers vom Festland zu Inselressorts mit (Wasser-)Flugzeugen, Hubschraubern und Katamaranen werden Eintagsausflüge in schnellen Motorbooten ebenso offeriert wie mehrtägige Segeltouren. Beachtung unter den lokalen Sehenswürdigkeiten verdienen vor allem der Whitsunday Eden Park, ein privater Tierpark mit Känguruhs, Koalas, Krokodilen u. a. (einige Kilometer südwestlich von Cannonvale; tgl. 9–18 Uhr); die Whitsunday Aquariums, ein großes Salzwasseraquarium mit Tropenfischen, Meeresschildkröten, Muscheln und lebenden Korallenstöcken (an der östlichen Peripherie von Airlie Beach; tgl. 10.30–16.30 Uhr) und die Mandaley Coral Gardens, in denen man die Unterwasserwelt des Great Barrier Reef erlebt, ohne dabei naß zu werden (5 km östlich von Airlie Beach; tgl. 9–17 Uhr). Die Straße Airlie Beach–Shute Harbour durchschneidet die Nordregion des **Conway Range National Park.** Empfehlenswert ist die Wan-

Küstenlandschaft am Cape Hillsborough

derung auf den Mt. Rooper, von dem sich ein grandioser Blick über die Whitsunday Passage mit ihrem Insellabyrinth bietet (ca. 4 km/ca. 1,5 Std. v. v.).

Fährt man von Proserpine auf dem Bruce Highway weiter in nördlicher Richtung, kommt man nach 69 km nach **Bowen,** einem beliebten Ferienort mit guten Badestränden. Mit Ausnahme des kleinen **Cape Upstart National Park** (Granitvorgebirge mit Sandstränden; 51 km nordwestlich von Bowen) verläuft die Fahrt von hier nach Townsville ohne spektakuläre Höhepunkte.

Praktische Hinweise

Verkehr: Mackay und Proserpine sind gut mit Bahn, Bus und Flugzeug (Ansett Airlines, Australian Airlines, East-West Airlines) zu erreichen. Proserpine – Cannonvale – Airlie Beach – Shute Harbour wird regelmäßig von Sampsons Bus Service befahren, (✆ 079/ 452377). Über Ausflüge zu den Whitsunday-Inseln und Kreuzfahrten zum Great Barrier Reef informiert die Whitsunday Tourism Association. Sehr hilfreich ist die Broschüre Whitsunday Holiday Fact Finder der lokalen Fremdenverkehrsbehörde (Auflistung von Unterkünften, Restaurants, Tourveranstaltern, Tauchschulen u. a.).

Unterkunft: Mackay: *** Coral Sands Motel, 44 MacAlister St., ✆ 079/511244; ** Golden Reef Motel, 164 Nebo Rd., ✆ 079/ 576572; Backpackers Retreat, 21 Peel St., ✆ 079/511115; Mackay YHA Hostel, 32 Peel St., 079/513728; Seawinds Caravan Holiday Park, Blacks Beach, ✆ 079/546334. **Airlie Beach:** **** Whitsunday Coral Sea Resort, 25 Ocean View Ave., ✆ 079/466458; *** Tropic Isle Resort, 356 Shute Harbour Rd., ✆ 079/466244; *** Whitsunday Village Resort, Shute Harbour Rd., ✆ 079/466266; ** Whitsunday Wanderers Resort, Shute Harbour Rd., ✆ 079/466446 (Motel und Caravan Park); * Whitsunday Holiday Units, 285 Shute Harbour Rd., ✆ 079/467366; Backpackers by the Bay, Lot 5 Hermitage Drive, ✆

079/467267; Club Magnums Backpackers Resort, Shute Harbour Rd., ✆ 079/466266; Airlie Cove Resort Van Park, Shute Harbour/Ferntree Rds., ✆ 079/466727; Island Gateway Caravan Village, Shute Harbour Rd., ✆ 079/466228.

Information: Tourism Mackay Information Centre, Nebo Rd., ✆ 079/522677; Whitsunday Tourism Association, 348 Shute Harbour Rd., Airlie Beach, ✆ 079/466673; National Parks & Wildlife Service, Mackay District Office, 64 Victoria St., Mackay, ✆ 079/576292; National Parks & Wildlife Service, Whitsunday District Office, Shute Harbour Rd., Airlie Beach, ✆ 079/469430.

Townsville und Magnetic Coast

Die sogenannte Magnetic Coast umfaßt den Küstenabschnitt zwischen Bowen im Süden und Ingham im Norden (s. Karte S. 469). Den ökonomischen und kulturellen Mittelpunkt dieser Region bildet **Townsville,** mit ca. 110000 Einwohnern die drittgrößte Stadt von Queensland. Der moderne Port Townsville dient vornehmlich der Verschiffung der landwirtschaftlichen Erträge und der mineralischen Produkte des Hinterlands, das im Westen bis nach Mt. Isa und im Norden bis nach Burketown reicht. Einen wesentlichen Beitrag zur kulturellen Bedeutung der Stadt leistet insbesondere die James Cook University mit dem Australian Institute of Marine Science, einem der weltweit renommiertesten Forschungsinstitute auf dem Gebiet der Meeresbiologie. Darüber hinaus ist Townsville Ausgangspunkt für das etwa 60 km entfernte Great Barrier Reef.

Unseren kurzen Rundgang durch Townsville beginnen wir in der Flinders Mall (Informationskiosk der Fremdenverkehrsbehörde). Während diese Fußgängerzone vom futuristischen Hotelturm des Townsville International überragt wird, reihen sich am nördlichen Ende der Flinders St. einige sehenswerte architektonische Relikte der Stadtgeschichte aneinander. Am Ross River (Flinders St. East) liegt das Great Barrier Reef Wonderland. Kernstück des Komplexes ist The Aquarium. Ein Tunnel aus Acrylglas ermöglicht einen Spaziergang durch die Unterwasserwelt des Great Barrier Reef (tgl. 9.30–17 Uhr). Überaus lohnenswert ist auch ein Besuch des Omnimax Theatre mit seiner 360-Grad-Leinwand, wo u. a. ein atemberaubender Film über das Great Barrier Reef gezeigt wird (mehrmals tgl. 9–17 Uhr). Zum Wonderland gehören schließlich noch das Queensland Museum Naturwissenschaften, Geschichte und Technologie (tgl. 9–17 Uhr) und das Hauptquartier (mit Besucherzentrum) der Great Barrier Reef Marine Park Authority (Mo–Fr 9–16 Uhr, Sa u. So 9–12 Uhr). Wie eine Trutzburg überragt unmittelbar im Südwesten der 285 m hohe Castle Hill die Stadt. Auf den Gipfel, von dem sich eine grandiose Aussicht bietet, führt ein steiler Wanderpfad (ab Stanton Terrace) sowie auch eine Straße (Castle Hill Rd. ab Stanley St.). Unter den Parkanlagen von Townsville ragt der Queens Garden mit einer reichhaltigen Sammlung tropischer Pflanzen heraus (Haupteingang an der Paxton St.; ca. 2 km nördlich der City).

Sehenswertes in der Umgebung: **Town Common Environmental Park,** ein Naturschutzgebiet, das ein wichtiges

Refugium für zahlreiche Vogelarten darstellt (ca. 5 km nordwestlich in Richtung Pallarenda); **Billabong Sanctuary,** ein bekannter Faunapark mit Koalas, Krokodilen u. a. (17 km südlich am Bruce Highway; tgl. 9–17 Uhr; Fütterung der Koalas tgl. 15 Uhr); **Mt. Elliot National Park,** ein gebirgiger Nationalpark um den Gipfel des Mt. Elliot (1342 m) mit dichten Regenwäldern, mächtigen Granitblöcken und spektakulären Wasserfällen (Abzweigung vom Bruce Highway 28 km südlich, dann 6 km in westlicher Richtung); **Crystal Creek–Mt. Spec National Park,** ein Naturreservat in der dicht bewaldeten Paluma Range mit Wasserfällen und überwältigenden Aussichtspunkten (Abzweigung vom Bruce Highway knapp 70 km nördlich, dann ca. 20 km auf kurvenreicher Teerstraße in westlicher Richtung); **Jourama Falls National Park,** ein Naturschutzgebiet mit spektakulären Wasserfällen, die in mehreren Kaskaden über glattgeschliffene Granitfelsen stürzen; sehr schön gelegener Campingplatz am Parkeingang (Abzweigung vom Bruce Highway ca. 10 km südlich von Ingham, dann 6 km in westlicher Richtung). Ferner fungiert Townsville als Sprungbrett zur nahen Magnetic Island (s. S. 471 f.).

Von Townsville verlaufen in westlicher Richtung der Flinders Highway und die Inlander-Bahnlinie nach Charters Towers (135 km) und weiter über Hughenden nach Mt. Isa (883 km). Etwas abseits vom Flinders Highway liegt die historische Goldgräbersiedlung Ravenswood, heute eine ›Geisterstadt‹ mit einigen gut erhaltenen Gebäuden aus der Goldrauschära.

Charters Towers (9500 Einw.) ist eine bedeutende Agrarstadt, in der sich überdies einige renommierte Internatsschulen etabliert haben. Den Wohlstand der

Kolonialgebäude in Townsville

›goldenen Vergangenheit‹ (1871–1911) spiegeln zahlreiche stilvoll restaurierte alte Gebäude mit schmiedeeisernen Verzierungen und reich dekorierten Fassaden wider, vor allem die Stock Exchange Arcade in der Gill St., die ehemalige Börse aus dem Jahre 1887/88, die heute Galerien und Kunstgewerbeläden sowie ein Museum zum regionalen Bergbau beherbergt (Mo–Fr 8.30–13, 14–16.30 Uhr, Sa u. So 9–15 Uhr). Westlich der Great Dividing Range beginnen die Savannenebenen des Outback (s. S. 500 ff.).

Praktische Hinweise:

Verkehr: Townsville ist ein bedeutender Verkehrsknotenpunkt und problemlos per Bahn, Bus und Flugzeug zu erreichen. Im Ort selbst und seiner näheren Umgebung verkehren Stadtbusse. Zwischen Townsville und Magnetic Island mehrmals tgl. 6–19 Uhr Passagier- und Autofähren: Hayles Magnetic Express, 168–192 Flinders St. East, ✆ 077/716927; Magnetic Marine Ferry Services, 168–192 Flinders St. East, ✆ 077/727122. Tgl. 9 Uhr Katamaran vom Great Barrier Reef Wonderland zum Kelso Reef, einem Teil des äußeren Barrierreriffs (Rückkehr am späten Nachmittag; Pure Pleasure Cruises, ✆ 077/213555).

Unterkunft: Townsville: **** Townsville International Hotel, Flinders Mall, ✆ 077/722477; *** South Bank Motor Inn, 23 Palmer St., South Townsville, ✆ 077/211474; *** The Summit Motel, 6 Victoria St., ✆ 077/212122; ** Downtown Motel, 121 Flinders St., ✆ 077/725022; ** The Strand Motel, 51 The Strand, ✆ 077/721977; Townsville Transit Centre, Palmer/Plume Sts., South Townsville, ✆ 077/212322; Townsville YHA Hostel (Reef Lodge), 4–6 Wickham St., ✆ 077/211112; Sun City Caravan Park, 119 Bowen Rd., ✆ 077/757733. **Charters Towers:** *** Cattleman's Rest Motor Inn, Bridge/Plant Sts., ✆ 077/873555; Charters Towers YHA Hostel, 58 York St., ✆ 077/871028; Dalrymple Caravan Park, Lynd Hwy., ✆ 077/871121.

Information: Magnetic North Tourism Authority Information Centre, Flinders Mall, Townsville, ✆ 077/712724; Charters Towers Tourist Information Centre, 61 Gill St., ✆ 077/871280; Great Barrier Reef Marine Park Authority, Flinders St. East, Townsville, ✆ 077/818811.

North Coast

North Coast nennt man den Küstenabschnitt im nördlichen Queensland, der sich von Ingham bis Cairns erstreckt. Diese Region erhält landesweit die höchste Niederschlagsmenge und präsentiert sich demzufolge jahrein, jahraus in einem üppigen Grün. **Ingham** (6500 Einw.) ist eine hübsche Kleinstadt, in der italienische Einwanderer einen hohen Bevölkerungsanteil stellen. Das wirtschaftliche Standbein dieser Region ist ebenfalls die Produktion von Rohzucker. In Ingham stehen mit der Macknade Mill die älteste Zuckermühle Australiens sowie mit der Victoria Mill die größte Raffinerie für Rohzucker der südlichen Hemisphäre (Besichtigung Juni–Nov. Mo–Fr 9.30 u. 11.30 Uhr; ✆ 077/761722). Verschifft wird der Rohzucker in Lucinda (ca. 20 km nordöstlich), wo sich eine 5,76 km lange Förderanlage befindet. Vom kleinen Hafen Dungeness bei Lucinda verkehren Ausflugsboote zur Hinchinbrook Island (s. S. 472f.). Hier wie in Lucinda stehen zudem Charterboote zu den Inseln Orpheus und Great Palm zur Verfügung (s. S. 472). Über eine Schotterpiste erreicht man 48 km westlich von Ingham die Wallaman Falls, die über eine breite Felswand 305 m in die Tiefe stürzen (in der Nähe einfacher Campingplatz).

Zwischen Ingham und Cardwell verläuft der Bruce Highway entlang des malerischen Hinchinbrook Channel, einer schmalen Meeresstraße zwischen dem Festland und der dicht vorgelagerten Hinchinbrook Island. Sowohl die Insel wie auch die Festlandküste werden gesäumt von Mangrovenwäldern und -sümpfen (Everglades), die einen idealen Lebensraum für Salzwasserkrokodile bilden. In **Cardwell** (Ausgangspunkt zur Hinchinbrook Island, s. S. 472f.) lohnt sich unbedingt ein Blick in das Besucherzentrum des National Parks & Wildlife Service (Wissenswertes über den tropischen Regen- und Mangrovenwald;

Mo–Fr 8–17 Uhr, Sa u. So 8–12.30 u. 13.30–17 Uhr). Nördlich von Cardwell beginnt der Edmund Kennedy National Park, ein Küstennationalpark mit ausgedehnten Mangrovenwäldern.

Tully (3000 Einw.) ist der feuchteste Ort Australiens (durchschnittlicher Niederschlag 4500 mm pro Jahr). Haupteinnahmequelle der Region um Tully ist der Anbau von Zuckerrohr und Bananen (Besichtigung der 1925 gegründeten Tully Sugar Mill Juni–Nov. Mo–Fr 10 Uhr; ✆ 077/682288). Von Tully führt ein Abstecher entlang des Tully River nach Cardstone im Hinterland (36 km). An seinem Oberlauf besitzt der Fluß zahlreiche Stromschnellen – ideal für Wildwasserfahrten in Kanus und auf Flößen.

Die 2 km nordöstlich von Tully in Richtung Pazifik abzweigende Straße führt durch den Tam O'Shanter State Forest, in dem zahlreiche Kasuare (straußenähnliche Laufvögel) ihre Nistplätze haben. An der Küste erstrecken sich über ca. 15 km mehrere palmenbestandene Sandstrände (u. a. South Mission Beach, Wongaling Beach, Mission Beach; alle mit Motels und Caravan Parks). Zwischen Mission Beach/Clump Point und der gerade 5 km entfernten Dunk Island (s. S. 173) verkehren regelmäßig Motorboote. Interessant sind auch die in Mission Beach und den Nachbarorten offerierten Ausflugsfahrten in Flachbooten zu den krokodilreichen Everglades des **Edmund Kennedy National Park** (Edmund Kennedy Adventure Cruises, ✆ 070/687250). Bekanntschaft mit Krokodilen und anderen Reptilien kann man auch im **Dundee Park** machen (etwa auf halbem Weg zwischen Mission Beach und El Arish am Bruce Highway; tgl. 9–17 Uhr).

Innisfail (8000 Einw.), hübsch am Johnstone River gelegen, hat sich in letzter Zeit zum florierenden Wirtschaftszentrum der North Coast entwickelt. Von hier (sehenswert: Chinese Joss House) gelangt man auf dem Palmerston Highway in westlicher Richtung zur Nerada Tea Plantation (Besichtigung mehrmals tgl. 9–16.30 Uhr) und in den Palmerston National Park (regenwaldbestandene Schlucht des Johnstone River), jenseits dessen das Atherton Tableland beginnt (s. S. 493).

Zwischen Innisfail und Cairns erstreckt sich entlang der Küstenstraße der **Bellenden Ker National Park,** eine mit Regenwald bedeckte, stark zerklüftete Gebirgsregion, die die mächtigen Massive des Mt. Bartle Frere (1657 m) und des Mt. Bellenden Ker (1561 m) umfaßt. Am Fuße des Mt. Bartle Frere, des höchsten Gipfels von Queensland, liegen die Kaskaden der Josephine Falls, zu denen von einem per Auto erreichbaren Picknickplatz (9 km südwestlich des Bruce Highway) ein Wanderpfad durch dichten Regenwald führt (ca. 1,5 km/ca. 45 Min. v. v.). Der Picknickplatz ist auch der Ausgangspunkt für die anstrengende Wanderung auf den Gipfel des Mt. Bartle Frere (ca. 15 km/ca. 12 Std. v. v.).

7 km südlich von Babinda zweigt eine Straße in östlicher Richtung zum Bramston Beach ab (schöner Sandstrand mit kleiner Ferienkolonie). Südlich dieser Stichstraße erstreckt sich der **Eubenangee Swamp,** das unter Naturschutz stehende letzte natürliche Sumpfgebiet zwischen Townsville und Cairns (gute Möglichkeiten zur Beobachtung von Wasservögeln; Achtung: Hier kommen gelegentlich Leistenkrokodile vor!). Von Babinda führt eine 7 km lange Stichstraße gen Westen zu **The Boulders,** mächtigen Granitblöcken im Babinda Creek, der sich hier zu tosenden Stromschnellen verengt (Bademöglichkeit in mehreren

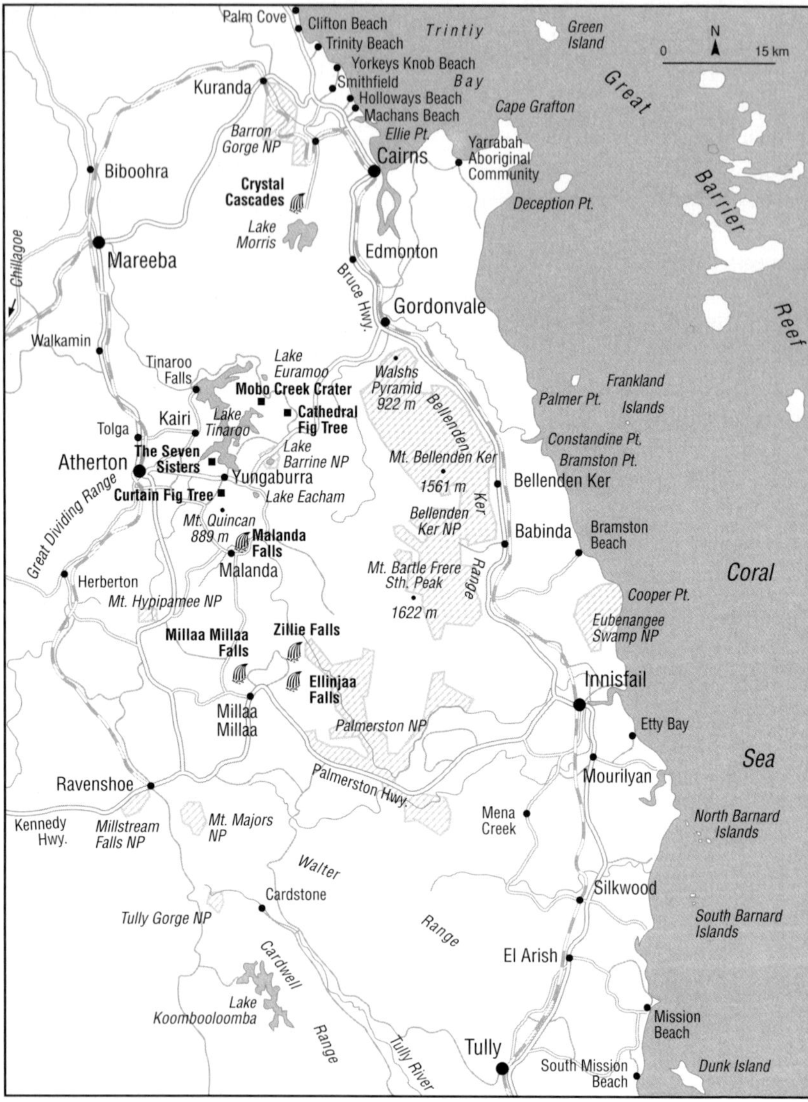

Die Umgebung von Cairns

natürlichen Felsenpools). Wenige Kilometer südlich von Gordonvale ragt **Walshs Pyramid** (922 m) auf, ein eindrucksvoller Berg mit einer annähernd perfekten Konusform. Von Gordonvale windet sich der Gilles Highway in zahllosen Kurven durch die Ausläufer der Great Dividing Range hinauf zum Atherton Tableland (s. S. 493).

Praktische Hinweise

Verkehr: Auf dem Bruce Hwy. zwischen Townsville und Cairns hohe Frequenz von regulären Linienbussen. Abstecher zu den Nationalparks der Region sind nur mit eigenem Fahrzeug möglich.

Unterkunft: Ingham: ** Ingham Motel, 62 Townsville Rd., ✆ 077/762355; Club Backpackers Hostel, 85 Lannercost St., ✆ 077/762227; Ingham Tourist Park, Bruce Hwy., ✆ 077/762403. **Cardwell:** ** Sunrise Motor Inn, 43 Marine Pde., ✆ 070/668550; Kookaburra Holiday Park, Bruce Hwy., ✆ 070/668648 (preiswerte motelähnliche Unterkünfte und Caravan Park). **Mission Beach:** *** Mission Beach Resort, Mission Beach/Wongaling Rds., ✆ 070/688288; ** Blue Pacific Resort, The Esplanade, Bingil Bay, ✆ 070/687208; Mission Beach YHA Hostel (Treehouse), Bingil Bay Rd., Bingil Bay, ✆ 070/687137; Scotty's Mission Beachhouse, 167 Reid Rd., Wongaling Beach, ✆ 070/688676; Dunk Island View Caravan Park, 175 Reid Rd., Wongaling Beach, ✆ 070/688248. **Innisfail:** ** Riverlodge Motel, 84 River Ave., ✆ 070/613888; Innisfail Backpackers Hostel, 73 Rankin St., ✆ 070/612284; River Drive Caravan Park, River Ave., ✆ 070/612515.

Information: Mission Beach Promotion Association, ✆ 070/688197; National Parks & Wildlife Service, Bruce Hwy., Cardwell, ✆ 070/668601.

Cairns und Marlin Coast

Cairns

Vor wenigen Jahren noch ein verträumtes Provinzstädtchen ist Cairns (70000 Einw.) heute ein wichtiges Tor zum Fünften Kontinent. Cairns Airport rangiert dem Passagieraufkommen nach an fünfter Stelle, sogar noch vor Adelaide. Die tropische Stadt an der malerischen Trinity Bay präsentiert sich als ein bestens ausgestattetes Fremdenverkehrszentrum.

Gegründet wurde der nach dem damaligen Gouverneur von Queensland, Wellington Cairns, benannte Ort 1876 als Versorgungshafen für die Goldfelder am Hodgkinson River und die Zinnminen auf dem Atherton Tableland. Der Bergbau spielt heute in der Region um Cairns schon lange keine Rolle mehr, an seine Stelle traten Viehzucht, Zuckerrohranbau und Fremdenverkehr. Die Stadt ist idealer Ausgangspunkt für Kreuzfahrten zum Great Barrier Reef (das nördlich der Stadt dicht an die Festlandsküste heranrückt), für Tageausflüge in das Atherton Tableland, für Wildwassertouren in der Great Dividing Range und für Geländewagensafaris auf der Cape York Peninsula. Während der Monate September bis Dezember wird Cairns vorubergehend zu einem Weltzentrum für fanatische und vor allem millionenschwere Sportfischer aus aller Welt.

Das Stadtbild von Cairns wird geprägt von modernen Gebäuden, nur vereinzelt findet man noch alte Stelzenhäuser mit den typischen breiten, tropischen Veranden. Einer der Hauptanlaufpunkte für die meisten Besucher ist der Hafen mit dem Pier Marketplace (moderner Gebäudekomplex mit einem Luxushotel, Restaurants, Boutiquen und Buchungsbüros). Davor breitet sich die Marlin Marina aus, der große Yachthafen von Cairns. Ausflugsboote zum Great Barrier Reef starten sowohl von hier als auch von der südlich gelegenen Trinity Wharf. Am City Place in der Stadtmitte lohnt sich ein Blick in das Cairns Historical Museum (Geschichte des nördlichen Queensland; Mo–Sa 10–15 Uhr).

Ganz in der Nähe (13 Shields St.) befindet sich die Upstairs Gallery (Ausstellungen namhafter australischer Künstler; Mo–Fr 9–18 Uhr, Sa 9–16 Uhr).

Im nördlichen Vorort Edge Hill erstrecken sich die Flecker Botanic Gardens (tgl. 7.30–17.30 Uhr). Etwa 15 km nördlich der City beginnt der **Barron Gorge National Park** (Wanderung zum Surprise Creek Lookout; Ausgangspunkt Wasserkraftwerk am Barron River; ca. 3 km/ca. 1,5 Std. v. v.). Südöstlich davon durchfließt der Freshwater Creek eine malerische Regenwaldschlucht (gute Bademöglichkeit nahe der Crystal Cascades; Zufahrt über Redlynch).

Unmittelbar jenseits der südöstlichen Peripherie von Cairns erstreckt sich das verzweigte, von Mangroven ausgefranste **Trinity Inlet.** Die beste Möglichkeit, diese sogenannten Everglades mit ihren zahlreichen Vogelarten und Leistenkrokodilen kennenzulernen, bietet eine Bootsfahrt (empfehlenswert Raddampferreplik S.S. Louisa ab Marlin Jetty, ✆ 070/313065). Knapp 10 km südlich von Cairns liegt die Zuckerstadt **Edmonton** mit den Sugarworld Gardens, einem großen Vergnügungspark mit vielerlei Attraktionen (tgl. 10–18 Uhr, Fr u. Sa 10–22 Uhr).

Fast schon ein ›Muß‹ ist die Bahnfahrt nach Kuranda. Die 34 km lange Bergstrecke mit 15 Tunneln und 40 Brücken wurde zwischen 1884 und 1891 von den Pionieren errichtet, um Bauholz aus dem Regenwald des Atherton Tableland zu den Siedlungen an der Küste hinunter zu transportieren. Wegen ihrer abenteuerlichen Anlage (sie überwindet auf nur 19 km einen Höhenunterschied von 305 m) wird diese Eisenbahntrasse häufig als eine der weltweit schönsten Bergstrekken bezeichnet. (Kuranda Commentary

Marlin Marina – der Yachthafen von Cairns

Train, Kamerunga Rd., Freshwater, Cairns, ✆ 070/552222; Traveltrain, McLeod St., Cairns, ✆ 070/510531).

Praktische Hinweise

Verkehr: Flug: Direktflüge u. a. von Tokyo, Bangkok, Singapur und Städten der USA nach Cairns. Nationale Verbindungen (Ansett Airlines, Australian Airlines, East-West Airlines) mit allen Großstädten. Der Flughafen liegt 3,5 km nördlich der City (Airport Shuttle Bus; Auskunft, ✆ 070/534722). *Internationale Fluglinien:* Air New Zealand, ✆ 008/221111; Air Nuigini, ✆ 070/514177; Continental Airlines ✆ 008/222122; Japan Airlines, ✆ 070/312700; Qantas, ✆ 008/177767; Thai Airways, ✆ 008/230322. *Nationale Fluglinien:* Ansett Airlines, ✆ 070/502211; Australian Airlines, ✆ 070/527700;

East-West Airlines, ✆ 070/515477; Sunbird Airlines, ✆ 070/359899.

Zahlreiche Busverbindungen u. a. von Sydney (ca. 36 Std.), Brisbane (ca. 24 Std.), Rockhampton (ca. 14 Std.), Mackay (ca. 10 Std.) und Townsville (ca. 4 Std.); zentraler Terminal an der Trinity Wharf. *Busunternehmen*: Cooktown Bus Service, ✆ 070/511064 (nach Cooktown); Coral Coaches, ✆ 070/519533 (nach Port Douglas, Mossman, Cape Tribulation, Cooktown, Kuranda); Greyhond, ✆ 070/513388 (nach Süden); Marlin Coast Bus Lines, ✆ 070/577411 (Trinity Beach, Palm Cove, Ellis Beach u. a.); McCafferty's, ✆ 070/515899 (nach Süden); Sunliner, ✆ 070/513444 (nach Süden). Expreßzüge von Brisbane nach Cairns: *Queenslander* (einmal pro Woche) und *Sunlander* (dreimal pro Woche; ca. 34 Std.; ✆ 070/511111).

Stadtverkehr: Touristenbus Cairns Explorer fährt auf einer 42 km langen Route von Mo–Sa zwischen 9–17 Uhr im 60-Minuten-Takt alle Sehenswürdigkeiten an; Start National Australia Bank, 7 Shields St. (✆ 070/551240).

Ein- und Mehrtagesausflüge: Informationen beim Far North Queensland Promotion Bureau. Ausflugsboote zum Great Barrier Reef, Passagierschiffe nach Port Douglas und Cooktown ab der Marlin Marina und der Trinity Wharf. Renommierte Veranstalter: Big Cat Cruises, ✆ 070/510444 (Tagesausflüge zur Green Island); Great Adventures Cruises, ✆ 070/510455 (Tagesausflüge zur Green Island, Fitzroy Island, Michaelmas Cay, Outer Reef); Ocean Spirit Cruises, ✆ 070/312920 (Segeltörn zur Green Island u. a.); Quicksilver Connections, ✆ 070/314299 (Katamarane nach Port Douglas, Cooktown, Outer Reef); Sunlover Cruises, ✆ 070/311055 (preiswerte Tagesausflüge zur Green Island, Outer Reef). *Geländewagensafaris* (Cape Tribulation, Cape York Peninsula): Australian Pacific Tours, ✆ 070/519299; Suncoast Safaris, ✆ 070/314999; Wild Track Camping Safaris, ✆ 070/314565. *Mail Run* (Postflug zu entlegenen Siedlungen auf der Cape York-Halbinsel): Cape York Air Services, ✆ 070/535858.

Autoverleih (auch Geländewagen): Brits Rentals, ✆ 070/510871; Budget Rent A Car, ✆ 070/519222; Cairns Rent A Car, ✆ 070/516077; Sam's Cheaper Car Rentals, ✆ 070/312556.

Unterkunft: ***** Cairns Parkroyal Hotel, 17 Abbott St., ✆ 070/311300; **** Pacific International Hotel, Spence St./The Esplanade, ✆ 070/517888; *** Bay Village Motel, 227 Lake St., ✆ 070/514622; *** Cairns Tropical Garden Motel, 312 Mulgrave Rd., ✆ 070/311777; *** Islander Inn Motel, 183 Lake St., ✆ 070/514988; ** Captain Cook Endeavour Inns, 204 Sheridan St., ✆ 070/516811 (auch Backpackers-Zimmer); ** Flying Horseshoe Motel, 281 Sheridan St., ✆ 070/513022; ** Rainbow Motor Inn, 179 Sheridan St., ✆ 070/511022; Bel Air Backpackers Hostel, 157 The Esplanade, ✆ 070/314790; Cairns YHA Hostel (Bellview Motel), 85–87 The Esplanade, ✆ 070/512225; Internat. Backpackers Hostel, 67–69 The Esplanade, ✆ 070/311545; Cairns Coconut Village, Bruce Hwy., ✆ 070/546644; Crystal Cascades Caravan Park, Intake Rd., Redlynch, ✆ 070/551036 (ca. 10 km nordwestlich).

Information: Far North Queensland Promotion Bureau, Sheridan/Aplin Sts., ✆ 070/513588. **Automobilklub:** RACQ Cairns, 112 Sheridan St., ✆ 070/516711. **Umwelt und Natur:** National Parks & Wildlife Service, 41 The Esplanade, ✆ 070/519811. **Aborigines:** Aboriginal Development Commission, 14a Aplin St., ✆ 070/514293. **Post:** General Post Office, Grafton/Hartley Sts. **Polizei:** Shields St./The Esplanade, ✆ 070/512000. **Krankenhaus:** Cairns Base Hospital, ✆ 070/506333.

Marlin Coast

An der Marlin Coast zwischen Cairns und Port Douglas erstrecken sich einige der schönsten kilometerlangen Sandstrände Australiens. Erschlossen wird die Urlaubsregion mit Feriendomizilen aller Kategorien von der reizvollen Küstenstraße Captain Cook Highway, von dem Stichstraßen zu den Stränden abgehen. Das südliche Ende der Marlin Coast markiert der Machans Beach, ihm folgen in nördlicher Richtung Holloways Beach, Yorkeys Knob Beach, Trinity Beach, Kewarra Beach und Clifton Beach. Ganz im Gegensatz zu diesen ruhigen Stränden sind in Palm Cove australische Architekten und japanische Finanziers mit wilder Entschlossenheit dabei, ihre Vorstellung zur Verschönerung der Küste in Beton zu gießen.

Neben seinen Stränden hat die Marlin Coast noch weitere Attraktionen zu bieten. An der Abzweigung zum Küstenort Trinity Park liegt das **Warrama Living History Centre,** ein Aboriginal-Kulturzentrum (tgl. außer Mo 10–17 Uhr, Sa zusätzlich 18.30–22 Uhr; Tanzvorführung tgl. außer Mo 11 u. 14 Uhr). Ein Stopp lohnt sich auch bei der **Wild World** am Cook Highway nahe Palm Cove, einem auf Reptilien spezialisierten Faunapark (tgl. 9–17 Uhr; Snake Show tgl. 10.30 u. 14.30 Uhr; Crocodile Show tgl. 11 u. 15.30 Uhr). **Hartleys Creek Wildlife Reserve,** ein weiterer bekannter

Strand am Cape Tribulation

Reptilienpark, liegt einige Kilometer nördlich von Ellis Beach am Cook Highway (tgl. 9–17 Uhr).

Das malerisch auf einer felsigen Landzunge gelegene **Port Douglas** (1400 Einw.), 1877 als Versorgungshafen für die Goldfelder am Palmer River gegründet, ist heute ein vor allem bei Tauchern und Hochseeanglern beliebter Standort (Tagesausflüge und mehrtägige Kreuzfahrten zum Riff, vor allem zu den Koralleninseln Low Isles, s. S. 475). Außer dem Court House Hotel haben in Port Douglas kaum historische Gebäude den verheerenden Wirbelsturm von 1911 überstanden. Lohnenswert ist ein Gang

durch das Ben Cropps's Shipwreck Museum am Hafen (tgl. 9–17 Uhr). Von Marina Mirage, dem mondänen Yachthafen, starten neben den Ausflugsbooten zum Great Barrier Reef auch die Raddampferreplik PS Lady Douglas zu ihrer Tour durch das von Mangroven ausgefranste Dickson Inlet (✆ 070/995051) sowie der historische Dampfzug Bally Hooley zu seiner Fahrt durch die Zukkerrohrplantagen nach Mossman (✆ 070/995051).

Mossman (1600 Einw.) ist das Sprungbrett zur Mossman Gorge. Diese wildromantische Schlucht liegt am Südende des **Daintree National Park,** eines der größten zusammenhängenden tropischen Regenwaldregionen im nördlichen Australien. Während die weitgehend unberührte Wildnis nur erfahrenen Wanderern zugänglich ist, kann man die pittoreske Schlucht am Unterlauf des Mossman River mit ihrer üppigen Tropenvegetation problemlos auf einer Rundwanderung erkunden (ab Picknickplatz am Parkeingang ca. 2,5 km/ca. 1 Std.). Der kleine Ort Daintree (35 km nördlich von Mossman) ist Ausgangspunkt für Flußfahrten zur Krokodilbeobachtung (Veranstalter s. S. 493). Im Ort selbst lohnen sich Besuche der Butterfly Farm (tgl. 9–17 Uhr) und des Timber Museum (Holzmuseum; Mi–So 10.30–16 Uhr).

Östlich von Daintree kann man den hier sehr breiten Daintree River mit einer Autofährte überqueren (hier auch Ablegestelle für verschiedene Kreuzfahrten auf dem Fluß). Jenseits des Flusses beginnt die ca. 35 km lange Piste zum **Cape Tribulation National Park** (unberührter Regenwald und Traumbuchten; nur in der Trockenzeit mit einem konventionellen Fahrzeug). Ein erster Stopp empfiehlt sich am Daintree Rainforest Environment Centre (Videovorführungen und interessanter Naturlehrpfad informieren über den tropischen Regenwald; tgl. 9–17 Uhr). Vorbei am markanten Thornton Peak geht es weiter zur Alexandra Bay mit dem langgestreckten Thornton Beach (Campingmöglichkeit). Den Bouncing Stones Beach passierend, erreichen wir Noah Beach, einen herrlichen weißsandigen Strand (Campingmöglichkeit). Auf den Superlativ unter den regionalen Stränden trifft man schließlich am Cape Tribulation selbst (schöner Blick vom Goolkee Lookout). Am Cape Tribulation beginnt der seinerzeit von Umweltschützern vehement bekämpfte Bloomfield Track, den die damalige konservative queensländische Regierung in einem geradezu unvorstellbaren Akt von ökologischem Vandalismus mitten durch einen der letzten unberührten Regenwälder der Erde anlegen ließ. Wegen extremer Steigungen sollte diese 32 km lange Piste nur mit allradgetriebenen Geländefahrzeugen angegangen werden. Ein weiteres Hindernis stellt der Bloomfield River dar, der südlich der Aboriginal-Siedlung Wujal Wujal an einer Furt durchquert werden muß (nur bei Ebbe möglich!). Beim Black Mountain National Park trifft der Bloomfield Track auf die Cooktown Developmental Road, auf der es Richtung Norden noch 28 km bis Cooktown sind (s. S. 496).

Praktische Hinweise

Verkehr: *Öffentliche Busse:* Cairns – Ellis Beach (z. B. Marlin Coast Bus Lines, ✆ 070/577411); Cairns – Port Douglas – Mossman – Daintree – Cape Tribulation – Cooktown (Coral Coaches, 25 Spence St., Cairns, ✆ 070/519533). *Katamaran:* tgl. Cairns – Port Douglas (Quicksilver Connections, 85 Lake

St., Cairns, ✆ 070/314299 u. Marina Mirage, Port Douglas, ✆ 070/995500). Quicksilver Connections veranstaltet während der Saison zudem tgl. Ausflugsfahrten von Port Douglas zu den Low Isles und zum Outer Reef. *Flußfahrten* auf dem Daintree River: Daintree Lady River Cruises, ✆ 070/331355; Daintree River Safaris, ✆ 070/907515; Daintree Wildlife Safaris, ✆ 070/986125.

Unterkunft: Port Douglas: *** Lazy Lizard Motor Inn, 121 Davidson St., ✆ 070/995900; *** Port O'Call Motel, Port St., ✆ 070/995422; ** Port Douglas Motel, 9 Davidson St., ✆ 070/995248; Port Douglas Travellers Hostel and Lodge, 111 Davidson St., ✆ 070/995922; Four Mile Beach Caravan Park, Reef St., ✆ 070/985281. **Mossman:** **** Silky Oaks Lodge, Mossman River Gorge, ✆ 070/981666; ** Demi View Motel, 41 Front St., ✆ 070/981277; Mossman Caravan Park, Foxton Ave., ✆ 070/981922. **Daintree:** Daintree Riverview Caravan Park, 2 Stewart St., ✆ 070/ 986119. **Cape Tribulation:** *** Coconut Beach Rainforest Resort, ✆ 070/519011; *** Heritage Lodge, Cooper Creek, ✆ 070/989138; The Jungle Lodge Backpackers Hostel, ✆ 070/516135; YHA Crocodylus Village, Buchanan Creek Rd., ✆ 070/514911. Mit einer Genehmigung des National Parks & Wildlife Service ist im Cape Tribulation National Park Camping erlaubt; Campingplätze am Thornton Beach und Noah Beach.

Information: Douglas Shire Tourism Association, Port Douglas, ✆ 070/995599; National Parks & Wildlife Service, Cape Tribulation National Park, ✆ 070/980052.

Atherton Tableland

Neben Stränden und Buchten hat das nördliche Queensland auch jede Menge Berge und Täler zu bieten, beispielsweise im Atherton Tableland, einem teils sanfthügeligen, teils stark zerklüfteten Hochplateau, welches das küstennahe Hinterland zwischen Cairns und Innisfail umfaßt (s. Karte S. 486). Dieses zwischen 600 und 1000 m hoch gelegene Tafelland erhielt seine jetzige topographische Prägung durch heftige vulkanische Aktivität, die noch bis zu einem Zeitpunkt vor rund 10000 Jahren andauerte. Aufgrund seiner fruchtbaren Lößböden und seines regenreichen Klimas (mittlere Niederschlagsmenge pro Jahr 1500 mm) ist das Atherton Tableland eine sehr intensiv genutzte Agrarlandschaft. Vor Ankunft der Europäer war das gesamte Hochland dicht mit tropischen Regenwäldern bedeckt. Binnen kurzer Zeit aber wurden rund drei Viertel der ursprünglichen Vegetation abgeholzt, Überbleibsel findet man nur noch in rund einem Dutzend Nationalparks.

13 km nördlich von Cairns zweigt in Smithfield der Kennedy Highway nach Kuranda ab. Das in einer Höhe von 328 m inmitten einer herrlichen Regenwaldlandschaft gelegene **Kuranda** hat sich in letzter Zeit von einem Hippie- und Aussteigerparadies zu einem respektablen Touristenort entwickelt. Viele Besucher reisen stilvoll mit einem historischen Zug an (s. S. 488). Blumengeschmückt und farnüberwuchert präsentiert sich der Bahnhof wie ein Gebäude aus dem Märchenland. Zu den Sehenswürdigkeiten Kurandas gehören ferner das Rainforest Wildlife Noctarium mit nachtaktiven Tieren (tgl. 10–16 Uhr), das Australian Butterfly Sanctuary mit Tausenden bunter Schmetterlinge (tgl. 10–15.30 Uhr), die im Freien stattfindenden Kuranda

Markets (Mi, Fr, So; Kunsthandwerk, Souvenirs, Obst u. a.), die Jilli Binna Gallery (kunsthandwerkliche Produkte der Aborigines; tgl. 9–17 Uhr) und das Tjapukai Aboriginal Dance Theatre (traditionelle Tänze der Ureinwohner mit modernen Stilelementen; tgl. 11 u. 13.30 Uhr). Etwa 5 km südöstlich von Kuranda stürzen die Barron Falls spektakulär in mehreren Kaskaden in eine 260 m tiefe Schlucht. Ein grandioser Blick über den Canyon des Barron River bis nach Cairns bietet sich vom Wrights Lookout (ca. 1 km westlich der Barron Falls).

Mareeba, mit 6500 Einwohnern der größte Ort des Atherton Tableland, ist das Zentrum des australischen Tabakanbaus. Ein Abstecher (145 km nach Südwesten) führt zum **Chillagoe Mungana National Park** mit einem ausgedehnten Höhlensystem sowie aus der Karstebene ragenden Kalkfelsnadeln und -pyramiden. Drei der Höhlen (Donna Cave, Royal Cave, Trezkinn Cave), in denen bedeutende mesozoische Fossilienfunde gemacht wurden, sind mittels Führungen zugänglich (tgl. 9 u. 13.30 Uhr).

Atherton (4500 Einw.; 35 km südlich von Mareeba) wurde 1885 als Holzfällersiedlung gegründet. Das Zentrum des regionalen Erdnuß- und Maisanbaus ist bestens geeignet als Ausgangspunkt für Erkundungen des an Naturattraktionen reichen Umlands. Ein lohnenswerter Ausflug führt auf dem Gillies Highway in östlicher Richtung nach **Yungaburra,** einen kleinen Ferienort am Südende des 1958 zur Bewässerung von Tabakplantagen geschaffenen Lake Tinaroo. In der Nähe des Städtchens ragen imposante Zeugen der einstigen vulkanischen Aktivität empor: die Aschekegel der Seven Sisters (4 km nordwestlich) und der 889 m hohe, erloschene Vulkan Mt. Quincan (4 km südlich). 2 km südlich von Yungaburra steht der Curtain Fig Tree, eine mächtige Würgefeige. Diese Bäume sind Schmarotzerpflanzen, deren Luftwurzeln sich um den Stamm des ›Gastbaumes‹ winden, wodurch dessen wasserführende Gefäße abgeklemmt werden und der Baum langsam abstirbt.

Etwa 5 km bzw. 10 km östlich von Yungaburra liegen die kleinen Kraterseen **Lake Eacham** und **Lake Barrine,** beides rund 65 m tiefe Maare, die vor schätzungsweise 95 000 Jahren als eine Art Ventile nach der starken Erhitzung von Grundwasser durch Magma entstanden sind. Um die von dichtem Hochlandregenwald umrahmten Seen führen sehr reizvolle Wanderwege (5 km bzw. 6,5 km). Bootsfahrten auf dem Lake Barrine (tgl. 10 u. 15 Uhr).

Etwa 10 km östlich des Lake Barrine zweigt vom Gillies Highway der Danbulla Forest Drive ab, eine fast durchgehend ungeteerte, 31 km lange Panoramastraße um den stark verästelten Nordostteil des Lake Tinaroo. Stopps lohnen sich u. a. beim Cathedral Fig Tree (mächtigste Würgefeige des Atherton Tableland), beim Mobo Creek Crater (Vulkankrater), beim Lake Euramoo (ca. 10 000 Jahre altes Maar) und beim Tinaroo Falls Dam (Staudamm).

Etwa 20 km südöstlich von Atherton liegt **Malanda** (1000 Einw.). Am westlichen Ortsrand befinden sich die kleinen Malanda Falls. Etwa 15 km südwestlich von Malanda erstreckt sich der **Mt. Hypipamee National Park.** Ein kurzer Rundwanderweg erschließt die beiden Hauptattraktionen: die vom Barron River gebildeten Dinner Falls sowie einen mächtigen Krater, der vor vermutlich 95 000 Jahren infolge einer gewaltigen Gasexplosion entstand.

Knapp 25 km südlich von Malanda liegt Millaa Millaa. 2 km östlich dieser kleinen Ortschaft zweigt vom Palmerston Highway der sogenannte **Waterfall Circuit** ab, eine Rundstraße, die zu den pittoresken Wasserfällen Millaa Millaa Falls, Zillie Falls und Ellinjaa Falls führt. Etwa 15 km südöstlich von Millaa Millaa beginnt der mit dichtem Regenwald bestandene und von einem Netz gut ausgebauter Wanderwege erschlossene **Palmerston National Park.** Ein großartiger Panoramablick über das Atherton Tableland bietet sich vom ca. 1100 m hohen Millaa Millaa Lookout (ca. 8 km westlich des Orts an der Mt. Hugh Road).

Am Südrand des Atherton Tableland liegt in einer Höhe von 915 m das Städtchen **Ravenshoe** (1000 Einw.), der höchst gelegene Ort von Queensland. Westlich davon beginnt der **Millstream Falls National Park** mit den Little Millstream Falls (ein guter Platz zum Beobachten von Schnabeltieren) und den Millstream Falls. Eine reizvolle Fahrt durch den üppigen Hochlandregenwald bringt uns von Ravenshoe zum 24 km südlich gelegenen **Tully Gorge National Park.** Herzstück dieses Naturreservates ist die 293 m tiefe Schlucht des Tully River, ein Canyon von atemberaubender Schönheit. Vom Tully Gorge Lookout, den man per Auto erreichen kann, führt ein guter Wanderweg hinab zum Schluchtboden (ca. 1,5 km/ca. 45 Min. v. v.). Südlich der Tully Gorge erstreckt sich in der Cardwell Range der stark verästelte Stausee Lake Koombooloomba.

Praktische Hinweise

Verkehr: Reizvollste Anreise ist die Bahnfahrt Cairns – Kuranda (s. S. 488). Öffentliche Busse verkehren nur sporadisch, ideal ist ein eigenes Fahrzeug.

Unterkunft: Kuranda: *** Kuranda Rainforest Resort, Greenhill Rd., ✆ 070/937555 (2 km nördlich); Kuranda YHA Hostel, 6 Arara St., ✆ 070/937355; Kuranda Caravan Park, Myola Rd., ✆ 070/937316. **Mareeba:** *** Jackaroo Motel, 340 Byrnes St., ✆ 070/922677; Mareeba Country Club Caravan Park, Malcolm Close, ✆ 070/923281 (11 km südöstlich). **Chillagoe:** ** Chillagoe Caves Lodge, 7 King St., ✆ 070/947106; Chillagoe Caravan Park, Queen St., ✆ 070/947177. **Atherton:** ** Hinterland Motel, 44 Cook St., ✆ 070/913311; Atherton Backpackers Hostel, 37 Alice St., ✆ 070/913552; Woodlands Caravan Park, 141 Herberton Rd., ✆ 070/911407. **Malanda:** *** Malanda Lodge, Millaa Millaa Rd., ✆ 070/965555; Gond Wana Land YHA Hostel, 17 Mary St., ✆ 070/965046; Malanda Falls Caravan Park, 38 Park Ave., ✆ 070/965314. **Ravenshoe:** ** Kool Moon Motel, 6 Moore St., ✆ 070/976407; Tall Timbers Caravan Park, Kennedy Hwy., ✆ 070/976325.

Information: Atherton Tableland Promotion Bureau, P. O. Box 257, Atherton; National Parks & Wildlife Service, Lake Eacham National Park, ✆ 070/953768.

Cape York Peninsula

Allgemeines

Einer riesigen Pfeilspitze (s. Karte S. 469) gleich ragt die Cape York Peninsula nach Norden in Richtung Papua-Neuguinea. Mit weniger als 10000 Menschen, davon der Großteil Ureinwohner, ist die Halbinsel extrem dünn besiedelt. Die Cape York Peninsula gilt als eines der größten noch bestehenden, kaum berührten Wildnisgebiete der Erde. Die sich hier ausbreitenden Nationalparks bilden bedeutsame Refugien für eine einzigartige Tier- und Pflanzenwelt, eine Mischform zwischen der Fauna und Flora Australiens und Neuguineas. In der südöstlichsten Ecke am Cape Tribulation und um Cooktown sowie in inselartigen Nationalparks entlang der Ostküste konzentrieren sich vorwiegend artenreiche Regenwälder. Im Inneren der Cape York Peninsula wandelt sich das Land in eine trockene Savannensteppe, die durchsetzt ist mit lichten, niedrigen Eukalyptuswäldern. Zahlreiche Flüsse, die während der Regenzeit über ihre Ufer treten, bilden dann ausgedehnte Binnenseen. Bizarre landschaftliche Akzente setzen zahllose riesige Termitenbauten. Eine weitere Attraktion sind die zahlreichen Aboriginal-Kunststätten mit Felsmalereien und -gravierungen.

Während Naturschützer die Cape York Peninsula am liebsten zu einem Wildnispark erklären möchten, verfolgt die Regierung seit Jahren den Plan, einen internationalen ›Weltraumbahnhof‹ auf der Halbinsel zu entwickeln. Als Standort für den kommerziellen Cape York Space Port ist an die Temple Bay (rund 200 km südöstlich des Cape York) gedacht. Gegen dieses ca. 1,5 Mrd. Mark teure Projekt laufen schon seit Jahren Umweltschützer und Ureinwohner Sturm.

Wegen ihrer Unerschlossenheit und der klimatischen Extreme der Region liegt die Cape York Peninsula abseits der großen Touristenrouten. Die rund 800 km lange Natur- und Schotterpiste zwischen Cooktown und dem Cape York ist heute noch eine arge Strapaze für Fahrer und Fahrzeuge. Während der Regenperiode (Nov. – Apr.) sollte man die Halbinsel ganz aus seinen Reiseplänen streichen, da Überschwemmungen die Peninsula Developmental Road abschnittsweise unpassierbar machen.

Cooktown und Umgebung

Cooktown (900 Einw.), am Endeavour River gelegene Hafenstadt, hat seinen Namen vom Entdeckungsreisenden James Cook, der hier am 17. Juni 1770 landete, um während eines 48tägigen Zwangsaufenthaltes in der geschützten Flußmündung seine leckgeschlagene Bark Endeavour zu reparieren. Im Juli 1874 fand ein Ire namens Mulligan am Ufer des knapp 200 km westlich gelegenen Palmer River einen Klumpen reinsten Goldes und löste damit einen spektakulären Goldboom aus. Cooktown entwickelte sich als Versorgungsbasis der Goldfelder zu einer pulsierenden Stadt. An der Charlotte St., der 3 km langen Hauptstraße der Stadt, verteilten sich 65 Kneipen sowie Dutzende von Hotels, Restaurants und Geschäften. Außerdem war hier jede Weltmacht mit einem Konsul vertreten. Als das Gold zur Neige ging, verließen immer mehr Bewohner die Hafenstadt. Die geographische Isolation sowie eine Reihe von Wirbelstürmen und Feuersbrünsten taten ein übriges. Cooktown verfiel in einen Dornröschenschlaf, aus dem es erst heute mit dem rasch zunehmenden Tourismus wieder aufwacht.

Die Hauptattraktion von Cooktown, das James Cook Historical Museum in der Helen St., dokumentiert anschaulich die Stadtgeschichte und die Entdeckungsreisen von Captain Cook (tgl. 10–16 Uhr). Sehenswert ist ferner das Sea Museum in der Walker St. mit einer Vielzahl maritimer Exponate (tgl. 9–16.30 Uhr). Die meisten architektonischen Re-

Kolonialgebäude in Cooktown

likte großer Vergangenheit reihen sich an der Charlotte St. Am nördlichen Ende des ehemaligen Prachtboulevards markiert am Ufer des Endeavour River ein Denkmal die Stelle, wo einst Captain Cook an Land ging. Ein grandioser Panoramablick über Cooktown und das Delta des Endeavour bietet sich vom Grassy Hill, einem Aussichtsberg mit einem alten Leuchtturm. Einen Abstecher lohnen weiterhin die Botanic Gardens an der östlichen Peripherie der Stadt. Von dort führt ein Fußweg zur Finch Bay, einer malerischen Bucht mit einem weiten Sandstrand. Den besten Eindruck vom mangrovengesäumten und krokodilreichen Endeavour River vermittelt eine Bootsfahrt (Endeavour River Cruises ab Cooks Landing Kiosk an der Charlotte St., tgl. 9 u. 14 Uhr).

Etwa 30 km südlich von Cooktown erhebt sich das bis zu über 400 m hohe Granitmassiv des **Black Mountain National Park,** eine geheimnisvolle Bergregion, um die sich viele Mythen der Aborigines ranken. Hier beginnt die Küstenstraße nach Port Douglas via Cape Tribulation. Zunächst passiert man die kleine Siedlung Helenvale mit dem Lion's Den Hotel, einem besuchenswerten historischen Pub. Danach führt die Schotterpiste durch den regenwaldreichen **Cedar Bay National Park,** aus dem der majestätische Mt. Finnigan (1140 m) ragt. Einige Kilometer südlich der Aboriginal-Siedlung Wujal Wujal startet der berüchtigte Bloomfield Track (s. S. 492).

Der Weg zum Cape York

Der lange Weg zum nördlichsten Punkt des australischen Festlands beginnt 82 km südwestlich von Cooktown in Lakeland Downs (Roadhouse mit Tankstelle, Motel, Caravan Park). Nach 61 km erreichen wir **Laura** (100 Einw.). Südlich des kleinen Ortes erstreckt sich beiderseits der Peninsula Developmental Road die einzigartige Quinkan Reserve. Dieses 1977 geschaffene Reservat am Laura River birgt ein Kulturgut von unschätzbarem Wert: zahlreiche Aboriginal-Felsgalerien mit Hunderten Felsmalereien und Petroglyphen (bis 25000 Jahre alt). Der Name dieser Region stammt von den hier häufig dargestellten Quinkans, die in der Mythologie der Aborigines als übelwollende Geister angesehen werden. Die für Besucher am leichtesten zugänglichen Felsgalerien befinden sich am Split Rock (ab Ranger Station ca. 10 Min. einfach), Guguyelangi Rock und Turtle Rock, ca. 13 km südlich von Laura. Empfehlenswerte Rundwanderung: von der Ranger Station nahe der Cape York-Piste zum Guguyelangi Rock und von dort weiter entlang des Bergkamms über den Split Rock zurück zum Ausgangspunkt (ca. 2,5–3 Std.). Andere Kunststätten der Aborigines, beispielsweise die Giant Horse Gallery (ca. 16 km südöstlich von Laura), sind alleine sehr schwer zu finden (detaillierte Informationen in der Ranger Station beim Split Rock; tgl. 9–17 Uhr). Ein Besuch von Laura lohnt sich vor allem während des alljährlich im September stattfindenden Cape York Aboriginal Dance Festival, eine der seltenen Gelegenheiten, authentische Tänze der Ureinwohner zu sehen (s. Farbabb. 39–40).

Nördlich von Laura erstreckt sich der relativ leicht zugängliche **Lakefield National Park,** in dem sich sämtliche Vegetationsformationen der Cape York Peninsula konzentrieren.

Bei Musgrave (Tankstelle, Restaurant) zweigt eine nur mit Allradantrieb zu bewältigende Piste zur **Edward River Aboriginal Community** an der Westküste der Halbinsel ab (ca. 240 km). Die Bewohner dieser Gemeinde betreiben eine große kommerzielle Krokodilfarm. Nordwestlich von Coen erstrecken sich die beiden nur schwer zugänglichen Naturreservate **Rokeby Croll Creek National Park** und **Archer Bend National Park,** welche die ausgedehnten Überschwemmungsgebiete des Archer-Coen-Flußsystems umfassen. 65 km nördlich von Coen liegt Archer River (Roadhouse mit Tankstelle u. Campingplatz), weitere 20 km nördlich zweigt eine rauhe Piste in nordöstlicher Richtung zum **Iron Range National Park** ab, einem weitgehend unberührten Wildnisgebiet (123 km bis Parkeingang). 45 km nördlich von Archer River folgt die Abzweigung nach **Weipa** an der Westküste (155 km auf guter Schotterpiste). In der Nähe dieser Bergbaustadt erstrecken sich die ergiebigsten Bauxitvorkommen der Erde, die mit modernsten Methoden ausgebeutet werden.

Abenteuerlich wird es nördlich der Abzweigung nach Weipa bei der oft problematischen Überquerung des Wenlock River. Das größte Hindernis auf dem Weg zum Cape York, den mächtigen Jardine River, kann man mittlerweile per Autofähre überwinden. Östlich der Piste erstreckt sich der nur während der Trokkenzeit zugängliche **Jardine River National Park.**

Bamaga (1600 Einw.) ist die hauptsächlich von Aborigines bewohnte nördlichste Gemeinde des australischen Festlands. Rund 30 km nordöstlich von Bamaga ragt das Cape York, die Nordspitze des Fünften Kontinents, in die Torres Strait. Etwas südlich liegen die Ruinen von Somerset, der ersten Siedlung auf der Halbinsel, die 1863 von John Jardine als kolonialer Außenposten von Sydney gegründet, aber bereits 1877 wieder aufgegeben wurde.

Torres Strait Islands

Australien wird von Asien durch die nur 150 km breite Torres Strait, eine inselübersäte Meeresstraße, getrennt. Die über 70 Inseln, die sich in einer langen Kette zwischen dem Cape York und Papua-Neuguinea erstrecken, sind die Relikte einer nach der letzten Eiszeit vor etwa 10000 Jahren versunkenen Landverbindung. Bewohnt ist diese Inselgruppe vorwiegend von rund 10000 Eingeborenen, sogenannten Torres Strait Islanders, die ethnisch mit melanesischen Volksstämmen Neuguineas verwandt sind. Als Verwaltungszentrum der Inselgruppe dient die kleine, 32 km nordwestlich des Cape York gelegene **Thursday Island** (2300 Einw.), einst ein Stützpunkt zahlreicher Perlenlogger, heute ein wichtiger Fischereihafen. Dicht beim Cape York liegt **Possession Island,** wo James Cook am 22. August 1770 die britische Fahne hissen ließ und damit Australien für das Empire in Besitz nahm.

Praktische Hinweise

Verkehr: *Flugzeug:* Von Cairns nach Cooktown, Weipa, Bamaga, Thursday Island und weiteren Inseln in der Torres Strait mehrmals wöchentlich (Sunbird Airlines, Cairns Airport, Aeroglen, ✆ 070/359899). *Katamaran:* Cairns – Port Douglas – Cooktown Juni–Okt. tgl. außer Di (Quicksilver Connections, 85 Lake St., Cairns, ✆ 070/518311 u. Marina Mirage, Port Douglas, ✆ 070/995500). *Busse:* Cairns – Cooktown in der Trockenzeit mehrmals wöchentlich (Coral Coaches, ✆ 070/519533 in Cairns; Cooktown Bus Service, ✆ 070/511064 in Cairns). *Selbstfahrer:* Nach Cooktown führen die ganzjährig auch mit konventionellen Fahrzeugen befahrbare Inlandroute (326 km, davon ca. 140 km ungeteert) und die zumindest in Süd-Nord-Richtung nur mit allradgetriebenen Geländewagen zu bewältigende Küstenstraße über das Cape Tribulation (235 km, davon ca. 135 km ungeteert). Für die Peninsula Developmental Road (Cooktown – Cape York) ist allradgetriebener Geländewagen ideal, während der Trokkenzeit (Mai–Okt.) bei umsichtiger Fahrweise auch mit einem robusten Pkw bis Weipa. Spätestens beim Wenlock River ist jedoch ganzjährig Allradantrieb erforderlich. Nordteil der Halbinsel sollte man am besten im Konvoi von zwei bis drei gut ausgerüsteten Geländewagen bereisen. *Einfache mechanische Reparaturen:* Laura, Coen, Weipa, Bamaga. *Benzin und Diesel:* Lakeland Downs, Laura, Musgrave, Coen, Archer River, Weipa, Bamaga. *Empfehlenswert:* Cape York Peninsula Overlanders Guide von Mike Foulkes. *Geländewagensafaris* (während der Trockenzeit 5–21 Tage durch die Cape York Peninsula): Cape York Safari, 51 Sheridan St., Cairns, ✆ 008/079023; Kamp-Out Safaris, P. O. Box 1894, Cairns, ✆ 070/930128; Oz Tours Safaris, Spence/Lake Sts., Cairns, ✆ 070/514869; Wilderness Challenge, P. O. Box 254, Cairns, ✆ 070/556504; Wild Track Camping Safaris, Marlin Parade, Cairns, ✆ 070/314565. *Mail Run* (Flug mit dem Outback-Briefträger zu verschiedenen Orten auf der Halbinsel): Cape York Air Services, Cairns Airport, Aeroglen, ✆ 070/535858. Zwischen Bamaga und Thursday Island besteht ein regelmäßiger Fährbetrieb.

Unterkunft: Cooktown: *** Cooktown's River of Gold Motel, Hope/Walker Sts., ✆ 070/695222; ** Cooktown Motor Inn, Charlotte St., ✆ 070/695357; Cooktown Backpackers Hostel, Charlotte/Boundry Sts., ✆ 070/695166; Tropical Breeze Caravan Park, Charlotte St./McIvor Rd., ✆ 070/695417. **Laura:** Quinkan Hotel, ✆ 070/603255; Laura Caravan Park, ✆ 070/603230. **Musgrave:** The Half Way House (einfache Unterkunft, Campingplatz). **Coen:** Exchange Hotel (einfache Unterkunft, Campingplatz). **Archer River:** Archer River Roadhouse (Campingplatz). **Weipa:** *** Albatross Motel, Trundling Point, ✆ 070/697314; Paxhaven Camping Ground, ✆ 070/697871. **Cape York:**

**** Cape York Wilderness Lodge, ✆ 070/691444 (400 m südlich des Cape York). In den Nationalparks der Cape York Peninsula gibt es einfache Campingplätze, Genehmigung des National Parks & Wildlife Service in Cairns (s. S. 487) erforderlich.

Information: Cape York Tourist Information Centre, Charlotte St., Cooktown, ✆ 070/695777; Quinkan Reserves Information Centre, Laura, ✆ 070/603233.

Outback

Allgemeines

Westlich der Great Dividing Range liegen die unermeßlich weiten, extrem dünnbesiedelten Ebenen des Outback von Queensland. Dieses Gebiet erstreckt sich vom Gulf of Carpentaria entlang der Grenze zum Nordterritorium im Westen in südlicher Richtung bis zu den Nordregionen von Neusüdwales und Südaustralien (s. auch Karte S. 469). Landschaftlich wird das Outback vornehmlich geprägt von ausgedehnten Halbwüsten und Savannen, die zu einem großen Teil als Weidegebiete dienen, im Südosten vor allem für Merino-Schafe, im Westen und Norden für Rinder. Die meisten Städte und Siedlungen sind reine Versorgungszentren für die Schaf- und Rinderfarmen, in anderen ist der Bergbau der Haupterwerbszweig.

Gulf Country

Der Norden des Outback umfaßt die flachen Savannenebenen südlich der Mangrovenküste des Gulf of Carpentaria. Durchzogen wird es von einem Netz teils mächtiger Flüsse, die während der Monsunregen regelmäßig über ihre Ufer treten und riesige Gebiete in seichte Binnenseen verwandeln. Die östliche Eingangspforte zum Gulf Country ist das Städtchen Croyden, in den 80er Jahren des vorigen Jahrhunderts eine pulsierende Goldgräbersiedlung. Als wirtschaftliches und administratives Zentrum der Region dient **Normanton** (1000 Einw.) mit seiner viktorianischen Normanton Railway Station. In Karumba (72 km nordwestlich von Normanton an der Mündung des Norman River) liegt eine große Garnelenfischerflotte vor Anker. Um Karumba erstrecken sich ausgedehnte Sumpfgebiete, die bekannt sind für ihre artenreiche Vogelwelt.

Burketown (200 Einw.), die älteste Siedlung des Gulf Country, wurde in seiner Geschichte häufig von Naturkatastrophen (Taifunen und Springfluten) heimgesucht. Umgeben wird Burketown von weitflächigen Feuchtgebieten, dem Lebensraum zahlreicher Leistenkrokodile. Touristisch selbst wenig interessant, dient der Ort den wenigen Besuchern in erster Linie als Ausgangspunkt zur vorgelagerten Mornington Island, der größten des **Wellesley-Archipels.** Die von überaus fischreichen Gewässern umgebenen Eilande sind vor allem Ziel von Sportfischern. Da sie zum Aboriginal-Reservat gehören, ist vor Reiseantritt eine Genehmigung zu beantragen (Auskunft in Burketown).

Wie ein grüner Juwel liegt etwa 220 km südwestlich von Burketown der **Lawn Hill National Park** in der ausgedörrten Savannenebene. Kernstück dieses Naturschutzgebiets ist eine bis zu 60 m tiefe Schlucht, die der ganzjährig wasserführende Lawn Hill Creek in das Sandsteinplateau des nordöstlichen Barkly Tableland gefräst hat. (Wanderwege von insgesamt 20 km Länge, Ranger Station und Campingplatz).

Praktische Hinweise

Verkehr: Mehrmals wöchentlich Flug von Cairns und Mt. Isa nach Normanton und Karumba sowie zur Mornington Island (Sunbird Airlines, Cairns Airport, Aeroglen, ✆ 070/35 98 99). Kaum öffentliche Verkehrsmittel, eigenes Fahrzeug ist empfehlenswert (von Apr.–Okt. ist die Region auch mit konventionellen Fahrzeugen befahrbar). Autofähre Burketown–Gununa auf Mornington Island mehrmals wöchentlich.

Unterkunft: Normanton: ** Gulfland Motel, Landsborough St., ✆ 077/45 12 90; Council Caravan Park, Brown St., ✆ 077/45 11 21. **Karumba:** ** Karumba Lodge, Yappar St., ✆ 077/45 91 43; Gulf Country Caravan Park, Yappar St., ✆ 077/45 91 48. **Burketown:** Albert Hotel, Gregory St., ✆ 077/45 51 04; Burketown Caravan Park, Gregory St., ✆ 077/45 51 67. **Mornington Island:** Birri Lodge.

Information: Carpentaria Shire Council, Normanton, ✆ 077/45 11 66.

Isa Tablelands

Diese die südöstlichen Ausläufer des Barkly Tableland umfassenden Hochländer sind eine zerklüftete, karge und unfruchtbare Region, die wegen ihres enormen Reichtums an mineralischen Ressourcen den Beinamen ›Schatzkammer von Queensland‹ trägt. Der Goldsucher John Campbell Miles stieß 1923 am Ufer des Leichhardt River unverhofft auf Silber-Blei-Erz. Aber erst 1931 wurden die Mt. Isa Mines ins Leben gerufen und mit riesigem Kapitaleinsatz begonnen, die Erzlagerstätten zu erschließen. **Mt. Isa** gehört zu den wenigen Orten der Welt, wo gleich vier wichtige Metalle (Blei, Zink, Kupfer, Silber) gefördert werden. Die Stadt, mit 40 997 km² der flächenmäßig größte städtische Verwaltungsbezirk der Welt, beherbergt 24 000 Einwohner aus über 50 verschiedenen Nationen.

Sehr informativ ist eine Besichtigung der Mt. Isa Mines. Der Bergwerkskonzern offeriert eine Surface Tour (Mo–Fr 9 u. 13 Uhr; 2stündige Besichtigung der Tagebauanlagen, Schmelzen u. a.; Startpunkt ist das Tourist Information Centre) und eine Underground Tour (Mo–Fr 8.15 u. 11.45 Uhr; 2,5stündige Besichtungstour eines Teils des Untertagbergwerks; rechtzeitige Buchung beim Tourist Information Centre erforderlich, am besten schriftlich einige Wochen vorher; Mindestalter 16 Jahre).

Weitere Sehenswürdigkeiten in und um Mt. Isa: Kalkadoon Cultural Centre in der Marian St. (Aboriginal-Kulturzentrum; Mo–Fr 9–17 Uhr); Frank Aston Underground Museum in der Shackleton St. (zur Geschichte des Bergbaus in Mt. Isa; tgl. 10–15 Uhr); Royal Flying Doctor Service Base am Barkly Highway (Mo–Sa 9–15 Uhr); School of the Air am Barkly Highway (Mo–Fr 10–12 Uhr außer Schulferien); City Lookout am Nordostrand des Zentrums (Panoramablick und internationaler Wegweiser; per Fahrzeug zu erreichen).

Zwischen Mt. Isa und Townsville an der Ostküste verläuft der Flinders Highway, eine der wichtigsten Durchgangsstraßen des queensländischen Outback. 55 km östlich von Mt. Isa liegt Mary Kathleen, wo zwischen 1950 und 1982 Uran abgebaut wurde. Nächste Station ist **Cloncurry** (2800 Einw.), einst einer der größten Kupfer- und Goldproduzentren Australiens. Als Gründungsort des Royal Flying Doctor Service besitzt Cloncurry das sehr sehenswerte RFDS Museum, das die Geschichte und Entwicklung des australischen Luftrettungsdienstes anschaulich dokumentiert (Mo–Fr 7–16 Uhr, Sa u. So 9–15 Uhr).

Etwa auf halbem Weg zwischen Mt. Isa und Townsville liegt das Landstädtchen **Hughenden** (1900 Einw.). Sehenswert: Das Dinosaur Display Centre mit der 14 m langen, originalgetreuen Replik eines Dinosaurierskeletts (Mo–Fr 9–17 Uhr). 65 km nördlich des Orts (Anfahrt teils über Schotterpisten) erstreckt sich der **Porcupine Gorge National Park** mit der vom Porcupine Creek bis zu 120 m tief in das Sandsteinplateau ge-

Wegweiser in Mt. Isa

schnittenen Schlucht (Australia's Little Grand Canyon). Von Hughenden führt der Flinders Highway auf einer landschaftlich reizvollen Strecke durch die Great Dividing Range nach Charters Towers (s. S. 483).

Praktische Hinweise

Verkehr: *Flugzeug:* Mt. Isa liegt im Flugnetz aller großen Inlandsfluglinien. *Zug:* Townsville – Mt. Isa zweimal pro Woche Expreßzug *Inlander* (Stopps u. a. Charters Towers, Hughenden und Cloncurry; ca. 20 Std.). *Bus:* Townsville – Mt. Isa von allen großen Buslinien befahren.
Unterkunft: Mt. Isa: *** The Overlander Motel, 119 Marian St., ✆ 077/435011; ** Copper City Motel, 105 Butler St., ✆ 077/432033; * Boomerang Lodge, 11 Boyd Pde., ✆ 077/432019; Mount Isa Backpackers Lodge, 105 East St., ✆ 077/433297; Mount Isa YHA Hostel, Wellington Park Rd., ✆ 077/435557; Copper City Caravan Park, 185 West St., ✆ 077/434676. **Cloncurry:** * Wagon Wheel Motel, 54 Ramsay St., ✆ 077/421866; Oasis Caravan Park, Flinders Hwy., ✆ 077/421313. **Hughenden:** ** Hughenden Rest Easi Motel, Flinders Hwy., ✆ 077/411633 (hier auch Caravan Park).
Information: Mt. Isa Tourist Information Cente, Marian St., ✆ 077/437966.

Central West

Zwischen Flinders Highway im Norden, der Grenze zu Neusüdwales im Süden, der Great Dividing Range im Osten und dem Channel Country im Westen erstreckt sich der Central West, eine weitläufige, hügelige Region, die vornehmlich als Weidegebiet für Rinder und Schafe dient. Am Nordwestrand dieser Region liegt **Winton** (1400 Einw.): Hier kam es 1891 zu einem landesweit beachteten Streik von 500 Schafscherern; hier komponierte 1895 Andrew ›Banjo‹ Paterson die *Waltzing Matilda;* hier wurde 1920 Australiens internationale Fluglinie Qantas gegründet. Wissenwertes über die Ortsgeschichte erfährt man im Qantilda Pioneer Museum (unregelmäßige Öffnungszeiten).

Im geographischen Zentrum des Central West gelegen, bildet **Longreach** (3000 Einw.) zugleich den wirtschaftlichen und kulturellen Brennpunkt dieser Region. Die Stadt ist seit 1988, als hier die Stockman's Hall of Fame eröffnet wurde, landesweit ein Begriff. Diese Ruhmeshalle dokumentiert mittels einer Ausstellung und audiovisueller Vorführungen die Geschichte des Outback.

Weitere bedeutende Orte sind Barcaldine, wo 1891 die Australian Labor Party gegründet wurde, und Blackall, wo man 1885 zum ersten Mal mit einer Tiefbohrung das Große Artesische Becken anzapfte. Rund 300 km südlich von Blackall liegt **Charleville,** mit etwa 7000 Einwohnern die zweitgrößte Stadt des queensländischen Outback nach Mt. Isa. Sehenswert: Royal Flying Doctor Service Base (Mo–Fr 8–17 Uhr) und School of the Air (Mo–Fr 8.30–15.30 Uhr außer Schulferien). Der kleine Ort Quilpie (ca. 200 km westlich von Charleville) ist bekannt für den hier im Tagebau geförderten Boulder Opal (s. S. 318 f.).

Praktische Hinweise

Verkehr: Zwischen den größeren Orten verkehren regelmäßig Linienbusse. Abseits der Hauptrouten ist man auf ein eigenes Fahrzeug angewiesen.
Unterkunft: Winton: **** Lorraine Station Outback Resort, ✆ 076/571693 (ca. 50 km südöstlich von Winton gelegene Schaffarm mit Touristenunterkünften); ** Matilda Motel, Oondooroo St., ✆ 074/571145. **Longreach:** ** Starlight Motel, Wonga St., ✆ 074/581288; Longreach YHA Hostel, 120 Galah

Die Cowboys im Hubschrauber

Die Mastwirtschaft hat auf dem Fünften Kontinent eine alte Tradition, obwohl in den Anfangsjahren der Kolonien die Rinder gegenüber den Schafen von untergeordneter Bedeutung waren. Erst mit der Erforschung des unermeßlich weiten Outback Inner- und Nordaustraliens entwickelte sich die Rinderhaltung zu einem eigenständigen Wirtschaftszweig. Nachdem die Pioniere zurückgekehrt waren, zogen Viehzüchter vom Osten und Südosten mit ihren Herden quer durch den Kontinent auf der Suche nach Weideland tief ins Innere des australischen Buschs. Einer von ihnen war Patrick Durack, der Anfang der 80er Jahre des vergangenen Jahrhunderts 10000 Rinder über eine Distanz von 5000 km von Queensland in die Kimberleys treiben ließ. Viele der Tiere überlebten den zweieinhalb Jahre dauernden Treck nicht.

Heute konzentrieren sich die Rinderfarmen (Cattle Stations) im heißen, semiariden Zentrum und Norden des Landes. Diese landwirschafltichen Betriebe können nur dann rentabel arbeiten, wenn sie sich über Gebiete von mehreren hundert, wenn nicht gar tausend Quadratkilometern erstrecken. Die weltweit größte Rinderfarm ist Strangeray Springs in Südaustralien – sie nimmt ein Gebiet von der Größe Belgiens ein. Diese Größen stehen in direktem Zusammenhang mit den herrschenden klimatischen Verhältnissen: Je niederschlagsärmer eine Region, desto karger die Vegetation und desto größer die Fläche, die pro Stück Vieh benötigt wird. Eine viehwirtschaftliche Nutzung der ariden Grassteppen und Halbwüsten wurde überhaupt erst möglich durch die Erschließung ergiebiger artesischer Wasservorräte.

Eine große Cattle Station zu betreiben, erfordert heute einen enormen Kapitalaufwand, und so gehören viele australischen Fleischfabriken oder multinationalen

St., ✆ 074/581529; Gunnadoo Caravan Park, Thrush Rd., ✆ 074/581781. **Charleville:** ** Charleville Motel, 178 King St., ✆ 074/541566; Cobb & Co. Caravan Park, Ridgeway St., ✆ 074/541053.
Information: Outback Queensland Regional Tourist Association, Blackall, ✆ 074/574222.

Channel Country

Channel Country heißt die Region in der Südwestecke des queensländischen Outback. Seinen Namen verdankt dieser brettebene Landstrich dem weit verzweigten Netz meist ausgetrockneter Flußbetten, von dem er durchzogen wird. Im langjährigen Durchschnitt beträgt die Niederschlagsmenge in dieser staubtrockenen Region weniger als 120 mm. Aber wenn der Himmel einmal seine Schleusen öffnet, dann füllen sich die unzähligen Flußläufe, Bachbetten, Kanäle und Rinnen dieses Gebiets binnen kurzer Zeit mit Wasser, treten rasch über ihre Ufer und verschmelzen oft zu riesigen Binnenseen. Sobald sich die Wassermassen zurückgezogen haben, verwandelt sich die Wildnis in ein üppiges Weidegebiet für Rinder.

›Hauptstadt‹ des Channel Country ist das Viehzuchtzentrum **Boulia** (300 Einw.), bekannter ist allerdings das Nest **Birdsville** (30 Einw.) Seine Blütezeit erlebte der kleine Ort, als er zu einem wichtigen Stützpunkt für Viehzüchter

Konzernen. Australiens Schlachthöfe produzieren jährlich knapp 1,6 Mio. t Rind- und Kalbfleisch, das garantiert nicht hormonverseucht ist. Die Hälfte davon wandert meist in Form von Steaks in die einheimischen Pfannen, die andere wird exportiert, überwiegend in die USA und nach Japan (zusammen 80 %).

Wissenschaftliche Forschungen, technisches Know How und modernes Management bestimmen heute weitgehend den Arbeitsalltag auf den australischen Cattle Stations. Und wo nach wirtschaftlichen Prinzipien gearbeitet wird, hat Cowboyromantik nur noch einen Platz am Rande. Die meisten Farmen versorgen ihre Hereford- oder Shorthorn-Rinder mit zwei, drei oder allenfalls vier Mann. Die riesigen Herden bleiben 18 bis 24 Monate auf dem meist uneingezäunten Besitz unbeaufsichtigt. Sind sie dann schlachtreif, treiben sie heutzutage eine Handvoll Männer mittels geländegängiger Motorräder oder Jeeps zusammen. In ganz großen Betrieben genügt häufig auch nur einer: ein Hubschrauberpilot, der – einem Luftartisten gleich – riesige Rinderherden über große Distanzen zu einer Sammelstelle dirigiert. Auch die Zeiten der oft monatelangen, rindermordenden Trecks entlang der sogenannten Stockroutes zu den Verladebahnhöfen oder direkt in die Schlachthäuser gehören der Vergangenheit an. Die modernen Viehtreiber sitzen heute an einem meist vollklimatisierten Arbeitsplatz. Nach der Ausmusterung und Kennzeichnung mit der Brandmarke der Farm werden die Tiere nämlich zum Weitertransport in die sogenannten Cattle Trains getrieben, bis zu 50 m lange Lastzüge, die zweistöckig über 200 Rinder befördern können. Vorteil für die Rinderzüchter: Die Tiere verlieren weniger Gewicht als früher beim Treiben. Und wo nach Kilogramm bezahlt wird, ist dies ein entscheidender Vorteil. Dennoch werden die oft recht ausgemergelten Outback-Rinder erst einmal mit Grün- und Kraftfutter aufgepäppelt, bevor man sie in Steaks und Hamburger verwandelt. Erst nach einer rund 90tägigen Mastkur, während der das Tier pro Tag etwa 1 kg an Gewicht gewinnt, läßt sich für ein Rind ein Preis von 300–500 A-$ erzielen.

wurde, die ihre riesigen Herden nach Süden trieben. Seitdem die Rindviecher aber ihre letzte Reise zu den Schlachthäusern in komfortablen Roadtrains antreten, ist Birdsville nur mehr eine fast vergessene Ansammlung von Häusern ›in the Middle of Nowhere‹. Einmal im Jahr, am ersten Wochenende im September, ist hier jedoch die Hölle los: Dann reisen Tausende von Australiern und Überseebesuchern in Kleinflugzeugen und Geländewagen an, um die Birdsville Races mitzuerleben, das nach dem Melbourne Cup vermutlich berühmteste Pferderennen Australiens. Für viele ist allerdings das Booze-Up, das große Besäufnis, der eigentliche Grund für die beschwerliche Anreise. Stundenlang gießen die Angereisten Bier in sich hinein, oft bis zur Bewußtlosigkeit. Im Rekordjahr 1989 hinterließen rund 3000 Besucher einen Berg von 66000 leeren Bierdosen!

Praktische Hinweise

Verkehr: *Bus:* Liniendienst Mt. Isa – Boulia und Winton – Boulia. Auf eigene Faust nur mit einem robusten Fahrzeug, vorzugsweise einem Geländewagen. *Reisezeit:* nur während der kühlen und trockenen Wintermonate (Mai – Sept.).

Unterkunft: Boulia: * Australian Motel, Herbert St., ✆ 077/463144; Boulia Caravan Park, Winton Rd., ✆ 077/463134. **Birdsville:** * Birdsville Hotel, Main St., ✆ 00717/8244.

Tasmania

Mt. Wellington bei Hobart

Allgemeines

Durch die 240 km breite Bass Strait vom australischen Festland getrennt, liegt die herzförmige Insel Tasmanien vor der Küste Victorias. Der kleinste Staat im Commonwealth of Australia wird von rund 460 000 Menschen (2,7 % der Gesamtbevölkerung, Bevölkerungsdichte von 6,9 Einw./km^2) bewohnt. Abgesehen vom noch weitgehend unerschlossenen Südwesten der Insel sowie von ihrem menschenarmen gebirgigen Inneren, verteilt sich die Bevölkerung mehr oder weniger gleichmäßig über den Rest der Insel. Neben dem Großraum Hobart, der Inselhauptstadt im Südosten, bildet Launceston, das wirtschaftliche Zentrum der Nordostregion, einen zweiten Besiedlungsschwerpunkt. Zum Verwaltungsbezirk Tasmanien gehört neben einigen nördlich vorgelagerten Inseln, wie Flinders, Cape Barren und King Islands, überdies die in der Subarktis gelegene Macquarie Island.

Das Landschaftsbild der Insel steckt voller Kontraste. Auf einer Fläche, die etwa derjenigen Bayerns entspricht, konzentriert sich wie in einer Art ›Mini-Europa‹ eine Vielzahl sehr unterschiedlicher Landschaftstypen. Der Südosten und die Nordküste werden landschaftlich vornehmlich geprägt durch ausgedehnte Felder, Wiesen und Weiden und erinnern damit, ebenso wie die leicht bewaldeten Midlands zwischen Hobart und Launceston, ein wenig an das ländliche England. Die Küste im Osten mit ihren malerischen Buchten und Stränden sowie imposanten Klippenszenerien ähnelt der Küste Irlands, ebenso wie das zentrale Hochland mit seinen Gletscherseen und Mooren skandinavischen Landschaften gleicht. Allein der Südwestteil der Insel, eine praktisch unberührte Wildnis aus regenwaldüberwucherten Bergen, findet in Europa kein landschaftliches Pendant.

Die günstigen Voraussetzungen bezüglich Klima und Boden bilden die Hauptgrundlage für eine intensive Agrarproduktion, auf der nach wie vor die Ökonomie der Insel basiert. Insgesamt wird rund ein Drittel der Inselfläche landwirtschaftlich genutzt. Zwar spielt der Obstanbau keine so bedeutende Rolle mehr wie in früheren Jahren, doch gedeihen hier immer noch so bekannte Apfelsorten wie Granny Smith, Golden Delicious und Jonathan. Darüber hinaus beliefert Tasmanien den australischen Kontinent mit den wichtigsten Ingredienzen zweier ›Grundnahrungsmittel‹: grünen Bohnen für die Baked Beans und Hopfen für das Bier. Andere dominierende Bereiche des primären Sektors sind die Schafzucht und die Milchwirtschaft. Daneben sind Forstwirtschaft (Papierherstellung), industrielle Aufbereitung der geförderten Bodenschätze und industrielle Verarbeitung der landwirtschaftlichen Rohstoffe weitere wichtige Stützen der Inselökonomie. Die wichtigste Energieressource bleibt die durch die hohen Niederschläge gesicherte Wasserkraft. Die derzeit rund 25 tasmanischen Wasserkraftwerke produzieren so viel Energie, daß die Insel über die billigste Elektrizitätsversorgung der Welt verfügt, was wiederum eine ganze Reihe energieintensiver Industriezweige veranlaßte, sich hier anzusiedeln. Trotz dieser facettenreichen Wirtschaftsstruktur gehört Tasmanien mit einer Arbeitslosenquote von 10 % (1991) zu den ärmsten Regionen des Fünften

Kontinents. Der neue Hoffnungsträger heißt nun Fremdenverkehr.

Anfang der 80er Jahre sorgte ein äußerst umstrittenes Staudammprojekt landesweit für Schlagzeilen: Naturschützer hatten sich mit zum Teil spektakulären Aktionen gegen den geplanten Bau des Franklin Lower Gordon-Dammes zur Wehr gesetzt und das Projekt schließlich zu Fall gebracht. Ansonsten wäre ein einzigartiges Ökosystem mit einem der schönsten Wildflüsse Australiens, archaischen Regenwäldern und bedeutenden archäologischen Fundstätten der Aboriginal-Kultur unwiderruflich verloren gegangen. Die Auseinandersetzungen um den Franklin Lower Gordon-Damm gaben der ›grünen‹ Bewegung Tasmaniens gewaltigen Auftrieb. Seit den Wahlen vom 13. Mai 1989 sind die Grünen mit einer Handvoll Abgeordneten im Inselparlament vertreten, wo sie – ein Novum für Australien – das Zünglein an der Waage bilden. Eine weitere Gefahr für die Inselökologie, der die Grünen entgegentreten, geht von der Forstwirtschaft aus. Holzfäller plündern Wälder mit jahrhundertealten, bis zu 80 m hohen Baumriesen für die gefräßige japanische Papierindustrie. Das übriggebliebene karge Land wird meist mit tristen Monokulturen wieder aufgeforstet. Zwar sind immer noch rund 40 % der Insel von Wäldern (7 % Regenwald) bedeckt, jedes Jahr fallen aber weitere etwa 200 km² ursprünglichen Waldes den Motorsägen zum Opfer.

Immerhin gelangen den Ökologen Tasmaniens bereits beachtliche Anfangserfolge. So hat Tasmanien mit etwa 20 % der Gesamtfläche den bei weitem größten Anteil an Nationalparks und Naturschutzgebieten in Australien. Weite Regionen des ›wilden Westens‹ bestehen aus jungfräulichen Regenwäldern, in denen Wissenschaftler immer noch Tiere und Pflanzen finden, die Jahrmillionen Erdgeschichte überlebt haben und die bislang noch kein Bestimmungsbuch nennt. Viele der Tier- und Pflanzenarten der Nationalparks sind endemisch, also einmalig auf der Welt, korrekter ausgedrückt vielleicht letztmalig, u. a. der Tasmanian Devil, ein fleischfressendes, zumeist nachtaktives Beuteltier von der Größe eines kleinen Hundes.

Praktische Hinweise

Anreise: *Flugzeug:* Internationale Flüge nach Tasmanien nur von Neuseeland (Auckland, Christchurch), ansonsten über den australischen Kontinent. Vier größere Fluglinien (Air New South Wales, Ansett Airlines, Australian Airlines, East-West Airlines) verbinden alle australischen Großstädte mit der Insel; Direktverbindungen nur ab Melbourne und Sydney. Kleinere Fluggesellschaften bieten z. T. recht günstige Tarife an, z. B. Kendell Airlines, Airlines of Tasmania, Promair. Sehr preiswert (nur etwas teurer als die Fähre) ist Phillip Island Air Services (mehrmals wöchentlich Phillip Island – Wynyard; ✆ 059/567316). Flughäfen in Tasmanien: Hobart, Launceston, Devonport, Burnie.
Fähre: Moderne Passagier-/Autofähre MV Abel Tasman (TT Line) dreimal wöchentlich Melbourne (Station Pier) – Devonport. Abfahrt Melbourne: Mo, Mi, Fr 18 Uhr; Ankunft Devonport Di, Do, Sa 8.30 Uhr; Abfahrt Devonport Di, Do, So 18 Uhr; Ankunft Melbourne Mi, Fr, Mo 8.30 Uhr (Auskunft bei jedem Tasmanian Travel Centre oder bei TT Line Reservations, P. O. Box 168 E, East Devonport, TAS 7310, ✆ 004/230333; TT Line, Station Pier, Port Melbourne, VIC 3207, ✆ 03/6445233). Seit Dez. 1991 verkehrt ein Katamaran (350 Passagiere und 90 Fahrzeuge) tgl. zwischen Port Welshpool in Victoria und George Town an der Nordostküste Tasmaniens (ca. 4 Std.; Seacat Tasmania, 229 Toorak Rd., Melbourne, VIC 3141, ✆ 03/8266599).

Allgemeines: In der Hauptsaison (Dez.–Feb.) Flug oder Fährpassage frühzeitig buchen! Informationen: Tasmanian Travel Centres in Hauptstädten der Bundesstaaten.

Reisen in Tasmanien: Die meisten Besucher bringen ihr eigenes Fahrzeug mit oder mieten sich auf der Insel einen Pkw oder ein Wohnmobil. Verleihfirmen gibt es in allen größeren Städten (rechtzeitig vorbestellen!).

Öffentliche Verkehrsmittel: Preisgünstigen Super Tassie Pass (7, 14 oder 21 Tage) von Tasmanian Redline Coaches besorgen (auch in allen Tasmanian Travel Centres). Spezialtransporte für Wanderer u. a. zu verschiedenen Zielpunkten im Cradle Mountain-Lake St. Clair National Park (Bushwalkers Transport, Hobart, ✆ 002/342226; Mountain Stage Line, Launceston, ✆ 003/340442; Staffords Coaches, Devonport, ✆ 004/243628; Tasmanian Wilderness Transport, Devonport, ✆ 004/249599). Aktuelle Informationen und Busfahrpläne im Tasmanian Travelways (bei allen tasmanischen Fremdenverkehrsämtern erhältlich).

Reisezeit und Klima: Vier ausgeprägte Jahreszeiten, die den europäischen vergleichbar sind. Beste Reisezeit ist Dez. – Feb., da sich während der übrigen Jahreszeiten antarktische Kaltfronten mit Regen und (in den Bergen) Schnee bemerkbar machen. Die durchschnittlichen Temperaturen von Hobart liegen im Januar bei 22° C, im Juli bei 11° C. Ostaustralische Zeitzone.

Aktivurlaub in Tasmanien: Für Wanderer bietet Tasmaniens Wildnis ein schier unerschöpfliches Abenteuerpotential. Die Nationalparks der Insel sind z. T. auf gut ausgebauten und weit verzweigten Wanderwegen zugänglich (von Spaziergängen bis zu mehrtägigen Expeditionen). In praktisch allen Naturreservaten sind auch Campingplätze vorhanden. Bekanntester Wanderweg: Overland Track zwischen Cradle Mountain und Lake St. Clair (80 km; ca. 4–6 Tage). Ausge-

Sir John Franklin

zeichnete Faltblätter sowie gutes Kartenmaterial erhält man beim Department of Parks, Wildlife and Heritage, 134 Macquarie St., P. O. Box 44 A, Hobart, TAS 7000, ✆ 002/302620. Wertvolle Hinweise in der im Buchhandel erhältlichen Broschüre Explore Tasmania's Wild Side und im Wanderführer 100 Walks in Tasmania von Tyrone Thomas.

Organisierte, mehrtägige Touren: Cradlair Tours, P. O. Box 516, Devonport, TAS 7310, ✆ 004/243971; Open Spaces, 28 Criterion St., Hobart, TAS 7000, ✆ 002/310977; Tasmanian Expeditions, 59 Brisbane St., Launceston, TAS 7250, ✆ 003/343477. Wanderer sollten auch im tasmanischen Sommer immer mit plötzlichen Temperaturstürzen bis zu 30°C rechnen. Selbst bei Halbtageswanderungen sollte man stets warme Kleidung, gutes Regenzeug und robuste Bergschuhe mitnehmen. Über die breitgefächerte Palette weiterer Urlaubsaktivitäten (Radfahren, Kanuexpeditionen, Angeln, u. a.) informieren ausführlich Broschüren, die man in jedem Tasmanian Travel Centre erhält.

Hobart

Allgemeines

Manche Australier bespötteln die südlichste Großstadt des Fünften Kontinents (185000 Einw.) als ein »Gefängnis der Langeweile«, was aber sicherlich nichts anderes ist als ein auf Ignoranz oder gar Böswilligkeit beruhendes Vorurteil. Als Tatsache darf gelten: Mit ihrer grandiosen Flußlage am Fuße steil aufragender Berge zählt die Inselkapitale zu den schönsten Städten Australiens. An den breiten Mündungstrichter des River Derwent geschmiegt und von zahlreichen Wasserflächen aufgelockert, erinnert Hobart an norwegische Küstenstädte. Den imposanten Hintergrund der Metropole bildet der Mt. Wellington (1270 m). Mit rund 100 unter Denkmalschutz stehenden Gebäuden besitzt Hobart die umfangreichste Sammlung georgianischer Bauwerke in Australien.

Geschichte

Knapp 15 Jahre nach Ankunft der ersten Flotte in Sydney unternahm Kapitänleutnant John Bowen an der Risdon Cove im Mündungsdelta des River Derwent einen ersten Besiedlungsversuch. Der Standort erwies sich jedoch als ungeeignet, so daß die Briten ihre Siedlung bereits 1804 an die Sullivans Cove am jenseitigen Ufer des Derwent verlegten. Zu Ehren des damaligen Kolonialministers, Lord Hobart, gab man ihr den Namen Hobart Town.

Aus Tasmanien, wie die Insel ab 1825 offiziell genannt wurde, kamen in den folgenden Jahren vor allem negative Schlagzeilen: Den Briten gelang es in wenigen Jahrzehnten, die schätzungsweise 4000 bis 5000 Ureinwohner restlos auszurotten. Truganini, die letzte reinblütige Tasmanierin, starb 1876. Die britischen Kolonialbeamten und -offiziere gingen in Tasmanien aber auch mit einem Großteil ihrer eigenen Landsleute nicht viel besser um. Gleich nach der Gründung der Hafenstadt Hobart entwickelte sich die Insel zu einer Verbannungsstätte für die widerspenstigsten und gefährlichsten Strafgefangenen.

Somit lebten anfänglich in Hobart fast ausschließlich Häftlinge und deren Bewacher. Ab 1827 ließen sich zunehmend freie Siedler nieder. Aufgrund der günstigen Voraussetzungen für Ackerbau und Viehzucht im Umland entwickelte sich Hobart rasch zu einer der bedeutendsten australischen Hafenstädte (Nahrungsmittel nach Sydney, Wolle und Getreide nach England). Darüber hinaus war Hobart in den 40er Jahren des vorigen Jahrhunderts ein bedeutender Stützpunkt für Wal- und Robbenfänger, die von hier zu ihren Expeditionen in den Südpazifik und in das antarktische Eismeer starteten. Obwohl die Stadt nach dem Zweiten Weltkrieg eine starke Bevölkerungszunahme erlebte, verlagerte sich das ökonomische und politische Schwergewicht ab Mitte dieses Jahrhunderts zunehmend auf das Festland.

Stadtgliederung und -besichtigung

Hobart erstreckt sich beiderseits des breiten, schiffbaren Mündungstrichters des River Derwent. Die Stadtteile am West- und Ostufer des Derwent werden von der 1025 m langen Tasman Bridge miteinander verbunden. Das am Westufer gelegene Zentrum mit dem historischen Stadtkern ist überschaubar.

Als Ausgangspunkt für unseren Streifzug bietet sich der malerische Hafen an der Sullivans Cove an. Das nördlich gelegene **Victoria Dock** (1; s. Farbabb. 71) dient als Anlegestelle für Fischkutter; hier wird der angelandete Fang gleich an Ort und Stelle verkauft. Im Hafenbekken des benachbarten **Constitution Dock** (2) dümpeln vorwiegend Jachten und Ausflugsboote. An der Hunter St. nördlich des Victoria Dock reihen sich einige gut erhaltene historische Lagerhäuser, die heute u. a. das Centre for the Arts, die Kunsthochschule der University of Tasmania, beherbergen (im Untergeschoß Plimsoll Gallery; tgl. 12–17 Uhr). Über dem Güterhafen und -bahnhof an der Macquarie Wharf ragt der **Cenotaph** (3) auf, das für jede größere australische Stadt obligate Kriegerdenkmal, hier in Form eines Obelisk.

Westlich des Hafenviertels verläuft die Macquarie St., die von vielen schönen Beispielen georgianischer Baukunst gesäumt wird. An ihrem nördlichen Ende liegt das weiträumige Gebäude des **Tasmanian Museum and Art Gallery** (4), wo neben der naturkundlichen Abteilung vor allem die auf die Kultur der tasmanischen Ureinwohner spezialisierte ethnographische Sektion sehr sehenswert ist (tgl. 10–17 Uhr). An der Ecke Macquarie St. und Elizabeth St. steht die im Stil des italienischen Renaissance erbaute **Town Hall** (5) von 1864. Ihr gegenüber erhebt sich das **General Post Office** (6), westlich davon geht die Elizabeth St. in eine pulsierende Fußgängerzone über. Zwischen dieser und der Murray St. liegt die **Cat and Fiddle Arcade** (7), eine hübsche Arkade mit zahlreichen Souvenirläden und Boutiquen. Kunstinteressierte könnten von hier einen Abstecher zum **State Library Building** (8) machen, das neben der Staatsbibliothek und dem Staatsarchiv auch die Allport Library mit dem Museum of Fine Arts beherbergt. Dieser Komplex birgt Tasmaniens umfangreichste Sammlung von historischen Möbeln, Tafelsilber, Glas, Keramik, Büchern, Gemälden und anderen Antiquitäten (Mo–Fr 9.30–17 Uhr).

Folgen wir der Macquarie St. in südwestlicher Richtung, so gelangen wir zum **Franklin Square** (9), dem Herz des historischen Stadtkerns, mit seinen alten Platanen. Mit einer Seekarte in der Hand steht hier Admiral Sir John Franklin, Gouverneur von Tasmanien (1837–1843), auf seinem Steinsockel und

Hobart

1 Victoria Dock
2 Constitution Dock
3 Cenotaph
4 Tasmanian Museum and Art Gallery
5 Town Hall
6 General Post Office
7 Cat and Fiddle Arcade
8 State Library und Allport Library mit Museum of Fine Arts
9 Franklin Square
10 St. Davids Cathedral
11 Parliament House
12 Arthur Circus
13 Van Diemans Land Memorial Folk Museum
14 Maritime Museum

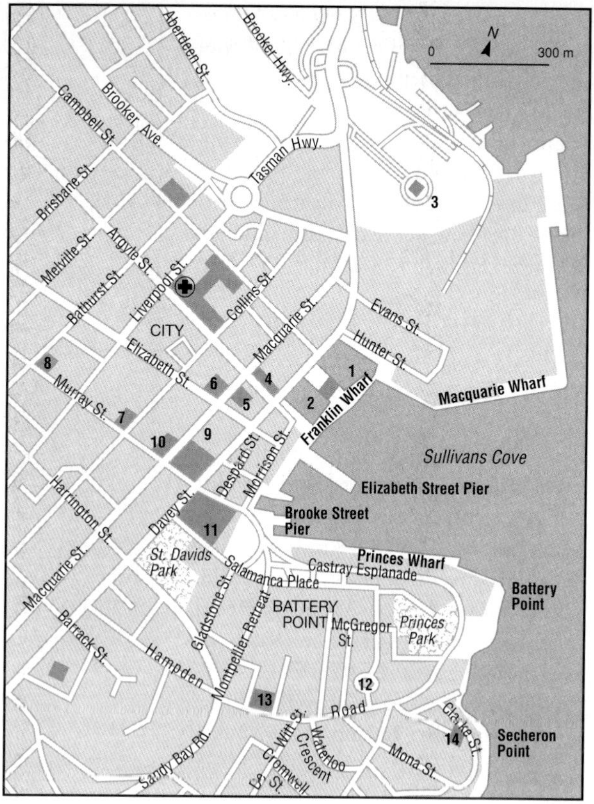

erträgt das muntere Treiben unter ihm mit bronzenem Stoizismus. Südwestlich dieser Grünanlage erhebt sich die **St. Davids Cathedral** (10), ein eindrucksvolles Beispiel kolonialer Sakralarchitektur.

Vorbei am im voluminösen Gründerzeitglanz erstrahlenden **Parliament House** (11) von 1840 (Führungen Mo–Fr 10 u. 14 Uhr außer an Sitzungstagen) erreichen wir Salamanca Place im geschichtsträchtigen Stadtteil Battery Point. Die Reihe der einfachen Sandsteinhäuser, die am Salamanca Place den Kai säumt, wurde vorwiegend von Sträflingen in den 30er Jahren des 19. Jahrhunderts errichtet. Die Pinten und Kaschemmen, die Kontore und Speicher aus der Zeit der Walfänger berherbergen heute Kunsthandwerks- und Gemäldegalerien, Cafés und Restaurants. In den Sommermonaten findet jeden Samstagvormittag ein (Floh-)Markt statt.

Das Altstadtareal von Battery Point, das sich auf einem Hügel über dem Salamanca Place ausbreitet, war einst die Gegend der Matrosen und Dockarbeiter. Heute ist dieses sensibel und mit viel Sachverstand restaurierte Viertel ein begehrtes Wohngebiet. Besonders pittoresk ist das aus einem guten Dutzend georgianischer Gebäude bestehende Häuserensemble, das sich am **Arthur Circus** (12) um das Village Green, den einstigen Dorfanger, gruppiert. Zwei der unter Denkmalschutz stehenden Kolonialbauten in Battery Point beherbergen sehenswerte Museen: im Narryna House (1836) ist das **Van Diemens Land Memorial Folk Museum** (13; Erinnerungsstücke an die tasmanischen Pioniere; 103 Hampden Rd.; Mo–Fr 10–17 Uhr, Sa u. So 14–17 Uhr) untergebracht, im Secheron House (1831) das **Maritime Museum** (14; Geschichte der tasmanischen Seefahrt; Secheron Rd.; tgl. 13–16.30 Uhr, Sa 10–16.30 Uhr).

Fischkutter am Constitution Dock

Vororte und nähere Umgebung

Einen krassen Gegensatz zum historischen Hobart bildet das **Wrest Point Hotel Casino,** ein moderner Bau im Las-Vegas-Stil, der sich ca. 1 km südlich des Zentrums am Westufer des Derwent im Vorort Sandy Bay erhebt. Seit 1972 ist Tasmanien auch wegen seines Rufes als Spielstätte ein beliebtes Reiseziel.

Überragt werden Hobarts südliche Vororte vom **Mt. Nelson** (340 m), von dessen Gipfel sich ein herrlicher Blick auf die Stadt und den River Derwent bietet (Bus 57, 58 oder 59). Am Fuß des Mt. Nelson, im Vorort Lower Sandy Bay, liegt das **Tudor Village,** das Modell eines mittelalterlichen englischen Dorfes (827 Sandy Bay Rd.; Bus 30; tgl. 9–17 Uhr).

Rund 10 km südlich des Zentrums steht am Channel Highway bei Taroona der 66 m hohe **Shot Tower** (schöne Aussicht auf das Delta des River Derwent). Dieser 1870 erbaute Turm diente bis 1904 der Herstellung von Bleikugeln. Man ließ von oben geschmolzenes Blei nach unten tropfen (tgl. 9–17 Uhr). Südlich von Taroona erstrecken sich einige Badestrände (z. B. Kingston Beach, Sandstrände der Blackmans Bay). 2 km südlich des Städtchens Kingston liegt das Australian Antartic Headquarters mit einer Informationsausstellung über die australischen Aktivitäten in der Antarktis (Mo–Fr 9–17 Uhr).

Etwa 1 km nördlich der City steht nahe des Tasman Highway inmitten einer herrlichen Parkanlage das der Öffentlichkeit nicht zugängliche **Government House,** ein georgianischer Prachtbau aus dem Jahre 1853. Nordwestlich schließen sich die **Royal Tasmanian Botanical Gardens** an (je nach Jahreszeit tgl. 8–16.45 Uhr oder 18.30 Uhr). Wohlstand und feudaler Lebensstil einer reichen Pionierfamilie spiegeln sich im **Runnymede House** wider, einem eindrucksvollen Kolonialgebäude mit Originalinventar aus dem Jahre 1836, das im nördlichen Vorort New Town steht (61 Bay Rd.; tgl. 10–16.30 Uhr).

Die grandiose Lage Hobarts läßt sich am besten bei einem Ausflug auf den **Mt. Wellington** (1270 m) genießen. Auf der

Anfahrt lohnt sich ein Stopp bei der Cascade Brewery, der ältesten noch arbeitenden Brauerei Australiens, die bereits im Jahre 1827 gegründet wurde (Cascade Rd.; Führungen tgl. 10 u. 13 Uhr). Zum Aussichtspunkt auf dem Gipfel des Mt. Wellington windet sich eine 21 km lange, landschaftlich überaus reizvolle Serpentinenstraße. Sehr lohnenswert ist der Spaziergang vom Pinnacle Observation Shelter am Aussichtspunkt zu der bizarren Felsformation The Organ Pipes (ca. 3 km/ca. 1 Std. v. v.).

Von Bellerive am Ostufer des River Derwent kommt man auf dem East Derwent Highway zur knapp 10 km weiter nördlich gelegenen **Risdone Cove,** wo 1803 der erste Siedlungsversuch der Engländer in Tasmanien scheiterte. Außer Grundmauern und den Repliken zweier alter Siedlerhütten gibt es heute allerdings nicht mehr viel zu sehen (Ausstellung und Multi-Visions-Schau im Besucherzentrum, tgl. 9.30–16.30 Uhr).

Zu einem Ausflug in die östlichen Randgebiete Hobarts sollte unbedingt auch ein Besuch des Städtchens **Richmond** gehören (ca. 25 km nordöstlich). Für traditionsbewußte Einheimische ist das bereits 1815 gegründete Richmond beinahe schon ein Teil tasmanischer Urgeschichte, kann sich der Ort doch rühmen, neben der Richmond Bridge, Australiens ältester Steinbrücke (1823), mit der St. Johns Church (1836/37) auch noch die erste katholische Kirche des Fünften Kontinents zu besitzen. Weitere historische Sehenswürdigkeiten: Richmond Gaol (1825; tgl. 10–17 Uhr) und St. Lukes Church (1834–1836).

Praktische Hinweise

Unterkunft

Hotels/Motels höherer Kategorien: ***** bis *** Wrest Point Hotel, 410 Sandy Bay Rd., Sandy Bay, ✆ 250112; **** Hobart Macquarie Motor Inn, 167 Macquarie St., ✆ 344422; **** Westside Hotel, 156 Bathurst St., ✆ 346255; *** Downtowner Hotel, 96 Bathurst St., ✆ 316333; *** Hobart Pacific Motor Inn, Kirby Crt., West Hobart, ✆ 346733; *** Innkeepers St. Ives Hotel, 67 St. Georges Tce., Battery Point, ✆ 301801.

Mittlere Hotels/Motels: ** Barton Colonial Cottage, 72 Hampden Rd., Battery Point, ✆ 236808 (stilvolle Unterkunft in Kolonialgebäude); ** Beach House Hotel, 646 Sandy Bay Rd., Sandy Bay, ✆ 251161; ** Hobart Tower Motel, 300 Park St., New Town, ✆ 280166; ** Prince of Wales Hotel, 55 Hampden Rd., Battery Point, ✆ 236355; * Alabama Hotel, 72 Liverpool St., ✆ 343737; * Brunswick Hotel, 67 Liverpool St., ✆ 344981; * * Holm Lodge Guest House, 24 Victoria Esplanade, Bellerive, ✆ 443656.

Nicht klassifizierte Hotels/Motels und Pensionen: Hobart Backpackers Hostel (Adelphi Court), 17 Stoke St., New Town, ✆ 28 48 29; Tasmanian Backpackers Hostel (New Sydney Hotel), 87 Bathurst St., ✆ 34 45 16; 300 Park Street for Backpackers, 300 Park St., New Town, ✆ 28 01 66.

Jugendherbergen: Bellerive YHA Hostel, 52 King St., Bellerive, ✆ 44 25 52; New Town YHA Hostel (Woodlands), 7 Woodlands Ave., New Town, ✆ 28 67 20.

Caravan Parks: Sandy Bay Caravan Park, 1 Peel St., ✆ 25 12 64 (ca. 2 km südlich); Treasure Island Caravan Park, 671 Main Rd., Berriedale, ✆ 49 23 79 (ca. 10 km nördlich).

Fernverkehr

Flugzeug: Bus zwischen City und Flughafen (26 km östlich) mehrmals tgl. (Tasmanian Redline Coaches, 96 Harrington St., ✆ 34 45 77; ca. 30 Min.). *Fluglinien:* Airlines of Tasmania, Hobart Airport, ✆ 48 50 30; Ansett Airlines, 178 Liverpool St., ✆ 38 11 11; Australian Airlines, 4 Liverpool St., ✆ 38 33 33; East-West Airlines, 126 Collins St., ✆ 38 02 00.

Bus: Zu allen größeren Orten Tasmaniens. *Buslinien:* Tasmanian Motorways, Shop 3, Centreway Arcade, Collins St., ✆ 23 83 88; Tasmanian Redline Coaches, 96 Harrington St., ✆ 34 45 77.

Autoverleih: Annie's Auto Rent, 9 Main Rd., Moonah, ✆ 28 02 52; Bargain Car Rentals, 189 A Harrington St., ✆ 34 69 59; Budget Rent A Car, 47 Liverpool St., ✆ 34 52 22 (auch Wohnmobile); Drive-Away-Rent-A-Car, 165 Campbell St., ✆ 31 22 22.

Stadtverkehr

Bus: Gut ausgebautes Busnetz der Metropolitan Transport Trust (MTT). *Day Rover Ticket:* Benutzung aller öffentlichen Linienbusse für einen Tag. Guide to Metro Services (Fahrplan, Verbindungen u. a.) ist beim Tasmanian Travel Centre erhältlich.

Fähre: Zwischen dem Zentrum (Abfahrt Brooke St. Pier nahe Constitution Dock) und Bellerive am Ostufer des River Derwent Mo–Fr mehrmals tgl. eine Passagierfähre.

Taxi: Taxis Combined Services, ✆ 34 84 44.

Touren: Kreuzfahrten auf dem River Derwent nach Claremont, New Norfolk (Norden) und bis Bruny Island (Süden). Abfahrt vom Brooke St. Pier; The Cruise Company, Brooke St. Cruise Centre, ✆ 34 92 94.

Fahrradverleih: Graham McVilly Cycles, 63 King St., Sandy Bay, ✆ 23 72 84; Open Spaces, 28 Criterion St., ✆ 31 09 77.

Restaurants

Asiatisch: Sakura, 85 Salamanca Place, Battery Point (japanisch); Seoul, Harrington/Collins Sts. (koreanisch); The Oriental, Wrest Point Hotel, Sandy Bay Rd., Sandy Bay (chinesisch). **International:** Agean, 121 Collins St., (griechisch); Beefeater, 37 Montpelier Retreat, Battery Point (Grillspezialitäten); Berties Pasta, 115 Collins St., (italienisch). **Seafood:** Mure's Fish Centre, Constitution Dock; Mure's Fish House, 5 Knopwood St., Battery Point.

Einkauf

Hobarts populärste Shopping-Meile ist die Elizabeth St. (teils Fußgängerzone) und die von ihr abzweigende Cat and Fiddle Arcade. Beliebte Souvenirs sind Wollwaren und Schnitzarbeiten aus Huon-Kiefernholz.

Kunsthandwerk und Souvenirs: Souvenir City, 77 Elizabeth Mall; The Lace Place, 77 Salamanca Place, Battery Point. **Buchladen:** Angus & Robertson, 36 Elizabeth St. **(Floh-) Markt:** Salamanca Market, Salamanca Place, Battery Point (Trödel, Kunsthandwerk, Obst u. a.; in den Sommermonaten Sa 8–14 Uhr).

Unterhaltung

Kulturelle Veranstaltungen: Theatre Royal, 29 Campbell St., ✆ 34 62 66; Backspace Theatre, Campbell St.; Salamanca Theatre, 79 Salamanca Place, Battery Point (alternativ, avantgardistisch und experimentierfreudig). **Kino:** State AFI Cinema, 375 Elizabeth St., North Hobart. **Kneipen und Musikklubs:** Dog House, Barrack/Goulburn Sts. (Rock, Blues und Jazz); Down Town Hotel, Macquarie/Harrington Sts. (Rock); Red Lion Tavern, 129 Macquarie St. (Rock); St. Ives Hotel, Sandy Bay Rd., Sandy Bay (Jazz). **Kasino:** Wrest Point Hotel-Casino, Sandy Bay Rd., Sandy Bay, ✆ 250112 (auch Show-Programm).

Information

Touristen: Tasmanian Travel Centre, 80 Elizabeth St., ✆ 300211. **Automobilklub:** Royal Automobile Club of Tasmania (RACT), Patrick/Murray Sts., ✆ 382200. **Umwelt und Natur:** Department of Parks, Wildlife and Heritage, 134 Macquarie St., ✆ 302620; Wilderness Society, 130 Davey St., ✆ 349366; The Wilderness Shop, 33 Salamanca Place, Battery Point, ✆ 349370. **Aborigines:** Tasmanian Aboriginal Centre, 249 Elizabeth St., ✆ 341405. **Andere Bundesstaaten:** Nordterritorium, 93 Liverpool St., ✆ 344199; Victoria, Trafalgar Centre, 126 Collins St., ✆ 310499.

Öffentliche Einrichtungen

Post: General Post Office, Elizabeth/Macquarie Sts., ✆ 233074. **Krankenhaus:** Royal Hobart Hospital, Liverpool St., ✆ 388308; Ambulanz: ✆ 000 (Notruf). **Konsulate:** *Bundesrepublik Deutschland,* 348 Sandy Bay Rd., Sandy Bay, ✆ 231814; *Schweiz,* 1 Cedar Court, Sandy Bay, ✆ 252657.

Southern District

Huon River Valley und Bruny Island

Das landschaftlich reizvolle Tal des Huon River sowie die Huon Peninsula südlich von Hobart gehören zu den bekanntesten Apfelanbaugebieten Australiens. Tasmaniens ›Apfelindustrie‹ hat ihren Zenit mittlerweile allerdings längst überschritten. Ein Besuch der Region ist vor allem während der Apfelblüte (Okt.–Nov.) sehr eindrucksvoll.

Hauptverkehrsader ist der Huon Highway. Ein erster Stopp lohnt sich in **Grove** (ca. 30 km südwestlich von Hobart), wo sich das Huon Apple and Heritage Museum befindet (tgl. 9.30–17 Uhr). Das Zentrum der Apfelregion bildet die Stadt **Huonville,** über deren Hafen ein Großteil der hiesigen Obsternte exportiert wird.

Entlang des Westufers des hier sehr breiten und malerischen Huon River gelangen wir nach Geevestone (Milchwirtschaft und Holzindustrie), wo eine ca. 25 km lange Stichstraße (im letzten Drittel ungeteert und recht rauh) zum **Hartz Mountains National Park** abzweigt. Dieses Naturreservat, ein mit Hochmooren und malerischen Seen durchsetztes sowie größtenteils mit Regenwald bedecktes Plateau erhielt seine landschaftliche Prägung durch mächtige Gletscher während der letzten Eiszeit (gute Wandermöglichkeiten u.a. zum Waratah Lookout; schöner Blick über das Delta des Huon River).

Über Dover kommt man zum populären Seebad **Southport,** das den südlichen Endpunkt des Huon Highway markiert. 3 km nördlich von Southport zweigt eine schmale Straße in westlicher Richtung ab. Zunächst gelangt man nach Hastings, einem ehemaligen Holzfällerdorf, dann folgen ein Thermalschwimmbad (tgl. 9–19 Uhr) und die **Hastings Caves** (Führungen in der Newdegate Cave tgl. 11.15, 13.15, 14.15, 15.15, 16.15 Uhr).

Für die Rückfahrt nach Hobart bietet sich als Alternative zum Huon Highway der Channel Highway an. Dieser führt

Kirche auf Bruny Island

von Huonville zunächst in südlicher Richtung durch eine malerische Landschaft entlang des Ostufers des Huon River über Cygnet nach Gordon, von wo er der Westküste des D'Entrecasteaux Channel nach Kettering folgt. Zwischen Kettering (Yachthafen Oyster Cove Marina) und Roberts Point auf North Bruny Island verkehrt mehrmals tgl. eine Autofähre (Fahrzeit ca. 15 Min.).

Bruny Island ist eine Doppelinsel, deren nördlicher und südlicher Teil nur durch einen schmalen Isthmus miteinander verbunden sind. Während die relativ flache Nordinsel als Weidegebiet für Rinder und Schafe dient, präsentiert sich die gebirgige South Bruny Island (im Inneren Regenwald) zumindest teilweise noch als unberührte Inselwildnis. Die schmale Landenge zwischen den beiden Inselteilen steht als Bruny Island Neck Game Reserve unter Naturschutz (am Abend kann man Zwergpinguine beobachten). An der pittoresken Adventure Bay liegt der gleichnamige kleine Ferienort, in dessen Nähe Captain Cook am 25. Februar 1777 landete. Lohnenswert ist ein Blick in das Bligh Museum, ein historisches Museum, das über die frühen Entdecker und Seefahrer in den Gewässern Tasmaniens informiert (Mai–Sept. tgl. 10–16 Uhr, Okt.–Apr. 9–17 Uhr). Von Adventure Bay windet sich eine schmale Straße nach Lunawanna (11 km) und weiter zum Cape Bruny (18 km), wo sich ein 1836 von Strafdeportierten errichteter Leuchtturm erhebt (Di, Do 10–12, 14–16 Uhr).

Praktische Hinweise

Verkehr: *Bus:* Hobart–Dover Mo–Fr mehrmals tgl. (Hobart Coaches, ✆ 002/34 4077). *Fähren:* Kettering–North Bruny Island mehrmals tgl. etwa im Stundentakt. Auf Bruny Island keine öffentlichen Verkehrsmittel.

Unterkunft: Huonville: * Grand Hotel, 2 Main St., ✆ 002/64 1004. **Dover:** * Dover Hotel, Main Rd., ✆ 002/98 1210; Dover Beachside Caravan Park, Kent Beach, ✆ 002/98 1301. **Lune River** (bei Hastings): * Ida Bay Cabins, Main Rd., Ida Bay, ✆ 002/98 3110; Lune River YHA Hostel, Main Rd., Lune River, ✆ 002/98 3163. **Bruny Island:** ** Whalers Inn Holiday Village, Lighthouse Rd., Lunawanna, ✆ 002/93 1271 (Unterkunft in komfortablen Blockhütten); House Sophia, Dennes Point, ✆ 002/60 2277; Lumeah Hostel, Quiet Corner, Adventure Bay, ✆ 002/93 1265; Captain Cook Memorial Caravan Park, Adventure Bay, ✆ 002/93 1128.

New Norfolk und der Südwesten

Ein weiterer Ausflug führt von Hobart durch das malerische Tal des River Derwent zum 32 km westlich gelegenen **New Norfolk** (10 000 Einw.). Gegründet wurde dieser Ort bereits 1807 von Einwanderern von der Norfolk Island. New Norfolk ist vor allem bekannt für das Hauptprodukt der umliegenden Agrarregion – Hopfen. Zu den herausragenden Sehenswürdigkeiten des Ortes zählt das Oast House aus dem Jahre 1867, eine ehemalige Hopfendarre, die heute ein Museum mit einer Sammlung zur Geschichte des Hopfenanbaus im Derwent Valley beherbergt (tgl. 9–17 Uhr). Sehenswerte Kolonialgebäude im Ort sind die St. Mathews Church of England von 1823 (älteste Kirche Tasmaniens mit bemerkenswerten Buntglasfenstern), das Bush Inn Hotel von 1825 (älteste lizenzierte Kneipe Australiens) sowie der Old Colony Inn von 1835 (Restaurant mit viel historischem Ambiente).

13 km nordwestlich von New Norfolk befindet sich bei Plenty die **Salmon Ponds Trout Hatchery,** wo man bereits Mitte des vorigen Jahrhunderts mit Erfolg die ersten Forellen der südlichen Hemisphäre züchtete. Heute werden die hier gezüchteten Fische vor allem in den Flüssen und Seen des zentralen Hochlands von Tasmanien ausgesetzt, das sich damit den Ruf eines der besten Reviere für Australiens Sportangler erworben hat (Sept.–Mai tgl. 9–17 Uhr). Von New Norfolk führt der Lyell Highway durch das Tal des River Derwent nach Hamilton und von dort weiter in den Western District der Insel (s. S. 534).

Rund 30 km nordwestlich von New Norfolk beginnt der **Mt. Field National Park** (Regenwald in den Tallagen und alpine Pflanzendecke in den höheren Bergregionen). Zu den empfehlenswerten kürzeren Wanderungen gehört der Russell Falls Nature Walk, ein Naturlehrpfad, der vom Parkeingang durch üppigen Regenwald mit riesigen Baumfarnen und moosbewachsenen Eukalypten zu den in Kaskaden zu Tal stürzenden Russell Falls führt (ca. 1 km/ca. 30 Min. v. v.). Weitere Wanderungen: Lady Barron Falls Walk (Beginn beim Parkeingang; Rundwanderung ca. 5 km/ca. 2 Std.), Lyrebird Nature Walk (Beginn 7 km westlich des Parkeingangs an der Straße zum Lake Dobson; Rundwanderung ca. 1 km/ca. 30 Min.) und Pandani Grove Nature Walk (Rundwanderung um den Lake Dobson; ca. 3 km/ca. 1 Std.).

Bei Maydena beginnt die 84 km lange Gordon River Road, die ein ehedem nahezu unberührtes Wildnisgebiet durchschneidend zu den Stauseen Lake Gordon und Lake Pedder führt. Der riesige **Lake Pedder,** einst ein malerischer Gletschersee, wurde 1971 durch die Aufstauung des Serpentine River geschaffen. Mit seiner Überflutung verschwand ein weltweit einzigartiges Ökosystem für immer. Als bizarre Mahnmale ragen heute die Spitzen abgestorbener Bäume aus beiden Stauseen. Der Lake Pedder ist Teil des **South West National Park,** einer, abgesehen von wenigen Wanderwegen, völlig unerschlossenen Wildnisregion mit regenwaldüberwucherten Berggipfeln, Gletscherseen und tosenden Wasserfallen sowie endlos langen Sandstränden an der Küste. Etwa auf halbem Weg zwischen Maydena und Strathgordon zweigt in südlicher Richtung die Scotts Peak Road, eine 35 km lange Schotterstraße, zum Scotts Peak Dam ab. Dort ist der Ausgangspunkt für den South West Walking Track (Durchquerung des South West National Park über den Port Davey bis zum South Cape). Die meisten der ›Bushwalker‹, die sich an diese Extremwanderung wagen, laufen vom Lake Pedder in 12 bis 14 Tagen bis in die Nähe des Naturhafens Port

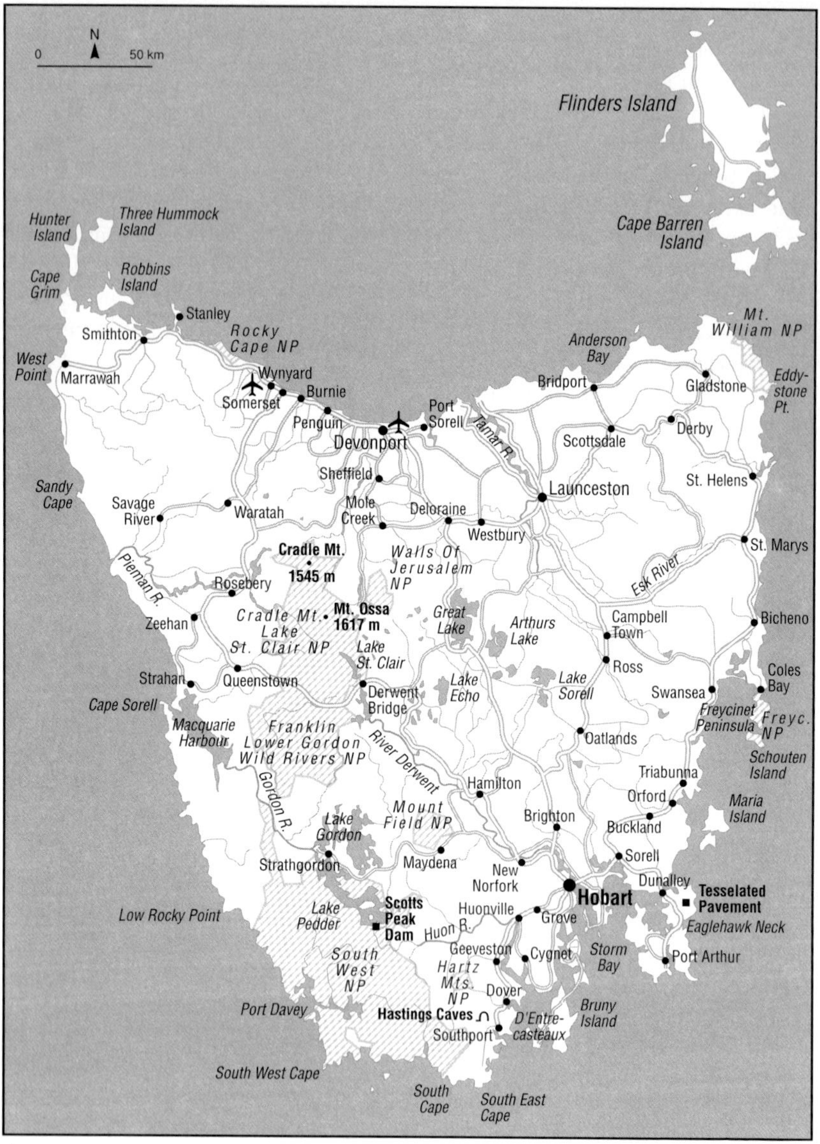

Tasmanien

Davey, wo sie sich dann per Boot oder Flugzeug auflesen lassen.

Der moderne Ort **Strathgordon** entstand als eine typische Company Town für die Mitarbeiter der Hydro Electric Commission, des Betreibers der Gordon Power Station. Dieses unterirdische Wasserkraftwerk kann besichtigt werden (tgl. 9.30 sowie jede halbe Stunde zwischen 12–15.30 Uhr).

Praktische Hinweise

Verkehr: Linienbusse von Tasmanian Motorways und Tasmanian Redline Coaches fahren von Hobart nach New Norfolk und sporadisch nach National Park am Eingang des Mt. Field National Park. Zum Scotts Peak Dam gelegentlich ein Bus von Bushwalkers Transport, ✆ 002/342226.
Unterkunft: New Norfolk: *** Willow Bend Estate (Tynwald), Lyell Hwy., ✆ 002/612667 (stilvolle Unterkunft in viktorianischem Herrenhaus); * Bush Inn Hotel, Montagu St., ✆ 002/612011 (Unterkunft in Kolonialhotel); New Norfolk YHA Hostel, Boyer Rd., ✆ 002/612591 (im historischen Bridge Toll House); New Norfolk Caravan Park, Esplanade, ✆ 002/611268. **Mt. Field National Park:** ** Russell Falls Holiday Cottages, ✆ 002/881198; Lake Dobson Cabins, ✆ 002/881149; National Park YHA Hostel, ✆ 002/881369; Mt. Field National Park Caravan Park, ✆ 002/881149. **Strathgordon:** ** Lake Pedder Motor Inn, Gordon River Rd., ✆ 002/ 801166; Strathgordon Caravan Park, Cullen St., ✆ 002/801156.
Information: Ranger Station, Mt. Field National Park, ✆ 002/881283.

East Coast

Allgemeines

Die Ostküste Tasmaniens ist vor allem bekannt für ihre oft kilometerlangen, feinsandigen Strände, die durchsetzt sind mit bizarren Klippenformationen. Naturattraktionen in Kombination mit einem umfangreichen Freizeitangebot und einem milden Klima machen aus der East Coast in den Sommermonaten die beliebteste Urlaubsregion Tasmaniens. Wenn Sie von Hobart nach Launceston reisen wollen und in Eile sind, sollten Sie den Midland Highway wählen. Haben Sie jedoch ein paar Tage Zeit, dann entscheiden Sie sich für die Straße entlang der Ostküste, die sich etwas euphemistisch Tasman ›Highway‹ nennt. Diese Streckenführung kommt fast einer Dauerfahrt über eine nicht enden wollende Aussichtsterrasse gleich. Beinahe alle landschaftlichen Variationen, die Tasmanien zu bieten hat, wechseln einander ab auf diesen 435 schönsten Straßenkilometern der Insel.

Tasman Peninsula

Auf dem Weg nach Port Arthur lohnen sich ein paar Abstecher und Stopps. In Sorell (26 km östlich von Hobart) zweigt vom Tasman Highway in südlicher Richtung der Arthur Highway ab. Über Copping kommen wir nach **Dunalley,** wo das Tasman Memorial an die erste Landung von Europäern auf der Insel am 2. Februar 1642 erinnert. Weiter geht es quer durch die Forestier Peninsula, an deren Südküste wir das sogenannte **Tesselated Pavement** passieren, einen flachen, felsigen Strandabschnitt, der mit seinem von der Flut geschaffenen Naturpflaster wie ein Teil der römischen Via Apia wirkt. Nur wenig südlich liegt **Eaglehawk Neck,** eine gerade ca. 400 m breite Landenge, die einzige Verbindung zwischen der Forestier und der Tasman Peninsula. Einige Kilometer südlich dieser Engstelle hat das Meer phantastische Klippenformationen modelliert: den Tasmans Arch, einen 63 m hohen

Triumphbogen aus Naturstein; das Devils Kitchen, einen kollabierten Felsbogen, heute eine 60 m tiefe, brodelnde Meeresschlucht sowie das Blowhole, wo das Meerwasser unter großem Druck durch ein kleines Loch in der Decke aus einer ausgewaschenen Brandungshöhle herausgepreßt wird.

10 km südwestlich des Eaglehawk Neck befindet sich im Ort Taranna der **Tasmanian Devil Park,** ein Faunapark, wo es Tasmanische Teufel zu sehen gibt (tgl. 10–17 Uhr). 1 km nördlich von Port Arthur liegt **The Bush Mill,** ein nachgebautes Holzfällerdorf aus der Zeit um die Jahrhundertwende (tgl. 10–17 Uhr), und 2 km südwestlich erhebt sich der **Palmers Lookout,** der einen schönen Blick auf die historische Stätte und die Port Arthur Bay gewährt. Weitere 5 km südlich hat das Meer in Jahrmillionen die **Remarkable Cave** aus den Klippen gewaschen, eine ca. 100 m lange, tunnelartige Grotte, die man bei Ebbe betreten kann.

Port Arthur

Alljährlich rund 200 000 Besucher wollen die Überreste der 1830 errichteten Strafkolonie Port Arthur sehen. Damals erkannte George Arthur, der vierte Gouverneur von Tasmanien, die Vorzüge der Tasman Peninsula als ideales natürliches Gefängnis: Die rauhe Klippenküste bildete den natürlichen Wall zur See hin. Der schmale Isthmus am Eaglehawk Neck ließ sich mühelos sichern. Und so wurden ab 1830 die zuvor auf verschiedene Gefängnisse in ganz Tasmanien verteilten Strafdeportierten in Port Arthur zusammengezogen. In Spitzenzeiten lebten hier mehr als 1200 Strafgefangenen sowie rund 1000 Wachsoldaten und Verwaltungsbeamte. Obwohl der gesamte Komplex 1895 durch ein Buschfeuer schwer in Mitleidenschaft gezogen wurde, ist noch heute ein Großteil der Strafkolonie erhalten.

Ein etwa zwei- bis dreistündiger Rundgang durch Port Arthur führt uns u. a. zu folgenden Gebäuden bzw. Ruinen: dem Penitentiary (ursprünglich ein Getreidespeicher), dem Guard Tower, dem Commandants House (restaurierter Wohnsitz verschiedener Lagerkommandanten), dem Smith O'Brien's Cottage (komfortable Unterkunft für den irischen Aristokraten und Rebellen William Smith O'Brien im Jahre 1850), dem Lunatic Asylum (einst Unterbringungsort für alte und gebrechliche sowie seelisch kranke Gefangene, heute Besucherzentrum mit historischem Museum), dem Modell Prison (kreuzförmig angelegtes Gebäude, wo an rückfällig gewordenen Häftlingen eine neue Form des Strafvollzugs erprobt wurde: die Isolationshaft), dem Junior Medical Officer's House (elegantes Ziegelsteingebäude) sowie der Church (eindrucksvolle Ruine einer 1836/37 von Gefangenen errichteten neugotischen Kirche). Ein sehr schöner Blick über die historische Stätte bietet sich vom Scorpion Rock Lookout oberhalb der Kirche. In der Port Arthur-Bucht liegt die Isle of the Dead, wo zwischen 1831 und 1877 die Verstorbenen ihre letzte Ruhestätte fanden. Während man die etwa 180 Gräber der Kolonialbeamten und Wachsoldaten mit Grabsteinen versah, verscharrte man die knapp 1800 hier verstorbenen Sträflinge namenlos in Massengräbern.

Öffnungszeiten des Port Arthur-Komplexes: tgl. 9–17 Uhr; Führungen tgl. 9.30–15.30 Uhr stündlich, ca. 30–40 Minuten; Bootstouren zur Isle of the Dead tgl. 10.30–15.30 Uhr stündlich, ca. 60 Min.; Auskunft ✆ 002/50 23 63.

Ruinen von Port Arthur

Tasman Highway zwischen Sorell und Launceston

Von Sorell, im vorigen Jahrhundert die Kornkammer der Insel, führt der Tasman Highway in nordöstlicher Richtung zu der kleinen Ortschaft **Buckland.** In der St. John the Baptist Church (1846) findet sich ein Buntglasfenster an der Ostseite des Kirchenschiffs, das aus dem 14. Jahrhundert stammt und das Leben von Johannes dem Täufer darstellt. **Orford** (18 km nordöstlich von Buckland) hat sich mit seinen schönen Stränden und Angelrevieren in letzter Zeit zu einem populären Ferienort entwickelt. Die kleine Ferienkolonie Louisville Point (ca. 5 km nordöstlich von Orford) ist das Sprungbrett zur vorgelagerten Maria Island (Abfahrt des Passagierboots tgl. 10.30 Uhr; Fahrzeit ca. 40–50 Min.).

Zwischen dem Fischereihafen Triabunna und dem 51 km nördlich gelegenen Ferienzentrum Swansea passiert der Tasman Highway nur eine nennenswerte Sehenswürdigkeit: die 1843 von Sträflingen errichtete **Spiky Bridge,** eine merkwürdige Brücke, deren Brüstungen mit spitzen Steinen bewehrt sind. Das bereits 1820 gegründete, an der Great Oyster Bay gelegene **Swansea,** früher ein bedeutender Stützpunkt für Walfänger, verfügt heute noch über eine Reihe historischer Gebäude. In der Swansea Bark Mill wurde 1880–1960 die Rinde der Black Wattle, einer Mimosenart, gemahlen, um daraus den Grundstoff für das Gerben von Leder zu gewinnen. Angeschlossen ist das East Coast Museum (Regionalgeschichte; tgl. 9–17 Uhr). Nordöstlich des Orts erstreckt sich der herrliche Nine Mile Beach.

11 km südwestlich von Bicheno zweigt eine 31 km lange Stichstraße zum kleinen Küstenort Coles Bay ab, südlich dessen sich der **Freycinet National Park** (s. Farbabb. 72) erstreckt. Hier erfährt das grandiose Naturtheater aus Fels und

Meer noch eine Steigerung durch die phantastischen Hazards, ein mächtiges, rosafarbenes Granitmassiv. Problemlos per Auto zu erreichen sind im Nordteil des Parks die Sleepy Bay, eine von Granitfelsen gesäumte Bucht, sowie das Cape Tourville mit seinem Leuchtturm (grandioser Blick auf die Hazards). Empfehlenswerte Rundwanderung: vom Parkplatz an der Parsons Cove zu einem Aussichtspunkt auf dem Sattel zwischen Mt. Amos (422 m) und Mt. Mason (400 m; herrlicher Blick auf die Wineglass Bay mit ihren makellosen Stränden), dann durch lichten Eukalyptuswald zum nördlichen Ende der Wineglass Bay, dem Isthmus Track in westlicher Richtung folgend quer über die Landenge zum Hazards Beach, an der Küste entlang nach Norden zum Lemana Lookout am Fleurieu Point und von dort zurück zum Ausgangspunkt (ca. 4–5 Std.). Informationen über weitere Wanderungen sowie über Bootsausflüge zur Schouten Island in der Ranger Station am Parkeingang (hier auch ein Campingplatz).

Dem großen Fischereihafen und Ferienort **Bicheno** (89 km nördlich von Swansea; ehemaliger Walfängerstützpunkt; Sea Life Centre mit zahlreichen Aquarien, tgl. 9–17 Uhr) ist **Diamond Island,** eine kleine Felseninsel mit einer Brutkolonie von Fairy Penguins (Zwergpinguinen) vorgelagert. Bei Ebbe und ruhiger See ist dieses Eiland von Bicheno zu Fuß übers Watt erreichbar.

Der Tasman Highway führt nun über den Elephant Pass und durch eine herrliche Berglandschaft nach St. Marys. Hier biegt in südwestlicher Richtung eine durch das malerische Tal des Esk River mäandernde Landstraße ab, während sich der Tasman Highway kurvenreich über den St. Marys Pass wieder hinab zur Küste windet. Über die beliebten Seebäder Scamander und Beaumaris erreicht man nach 37 km **St. Helens** (1200 Einw.), den größten Ort an der Ostküste. Das einst bedeutende Walfängerdorf ist heute ein sehr populärer Ferienort, der aber trotz zunehmender Beliebtheit noch ohne große Hotelkomplexe vor sich hinträumt (am St. Helens Point Dünen von Saharaformat).

Nordwestlich von St. Helens schwenkt der Tasman Highway ins Landesinnere ab. Beim kleinen Ort Herrick zweigt in nordöstlicher Richtung eine Straße nach Gladstone ab, dem Ausgangspunkt für den kaum erschlossenen **Mt. William National Park** sowie die herrlichen, fast menschenleeren Sandstrände der **Ringarooma Bay.** Folgt man dem Tasman Highway nach Westen, kommt man über Derby (Tin Mine Museum, tgl. 9–17 Uhr) nach Scottsdale. Von hier lohnen sich Abstecher zur **Bridestowe Lavender Farm,** einem der weltweit größten Hersteller von Parfümlavendelöl (ca. 13 km westlich bei Nabowla; am besten zur Lavendelblüte im Jan.) sowie nach **Bridport,** einem beliebten Seebad an der halbmondförmigen Anderson Bay (ca. 25 km nördlich). Von Scottsdale sind es noch 70 km bis Launceston (s. S. 526).

Praktische Hinweise

Verkehr: *Bus:* Tasman Hwy. zwischen Hobart und Launceston Mo–Fr mit Tasmanian Redline Coaches. Zwischen den einzelnen Orten regelmäßig kleinere regionale Buslinien. *Tagesausflüge:* von Hobart nach Port Arthur: Abfahrt Mi, Fr, So 9 Uhr beim Tasmanian Travel Centre, 80 Elizabeth St., Hobart (Buchung erforderlich!). Zwischen Bicheno und Coles Bay beim Freycinet National Park tgl. ein Bus von Bicheno Coach Service, ✆ 003/75 14 61.

Unterkunft: Port Arthur: *** Innkeepers Fox & Hounds Motor Inn, Arthur Hwy., ✆ 002/502217; *** Port Arthur Motor Inn, Arthur Hwy., ✆ 002/502101; ** Port Arthur Villas, Remarkable Cave Rd., ✆ 002/502239; * Seascape Guest House, Main Rd., ✆ 002/502367; Port Arthur YHA Hostel, Champ St., ✆ 002/502311; Garden Point Caravan & Camping Park, Garden Point, ✆ 002/502340 (ca. 2 km nordöstlich). **Orford:** *** The Eastcoaster Resort, Louisville Rd., ✆ 002/571172 (ca. 5 km nordöstlich; auch Caravan Park). **Swansea:** ** Innkeepers Swan Motor Inn, 2 Franklin St., ✆ 002/578102; Swansea YHA Hostel, 5 Franklin St., ✆ 002/578367; Swansea Caravan Park & Holiday Village, Shaw St., ✆ 002/578177. **Coles Bay:** ** Coles Bay Holiday Villas, ✆ 002/570101; * The Chateau Guest House, ✆ 002/570101; Coles Bay YHA Hostel, ✆ 002/349617; Freycinet National Park, Caravan Park, ✆ 002/570107. **Bicheno:** *** Silver Sands Motor Inn, Burgess St., Peggy's Point, ✆ 003/751266; ** Wintersun Lodge Motel, 35 Gordon St., ✆ 003/751225; Bicheno YHA Hostel, Tasman Hwy., ✆ 003/751293; Treasure Island Caravan Park, 4 Champ St., ✆ 003/751117. **St. Helens:** *** Innkeepers Bayside Inn, 2 Cecilia St., ✆ 003/761466; ** Anchor Wheel Motel, 61 Tully St., ✆ 003/761358; St. Helens YHA Hostel, 5 Cameron St., ✆ 003/761661; St. Helens Caravan Park, Penelope St., ✆ 003/761290.

Midlands und Lake District

Von Hobart gelangen wir auf dem Midland Highway über Brighton (Bonorong Park Wildlife Centre; tgl. 10–17 Uhr) und ein von amerikanischen Bomben verschontes Bagdad zum 84 km nördlich gelegenen **Oatlands.** In diesem 1826 gegründeten Ort haben sich einige Gebäude aus den Pionierjahren erhalten, u. a. die Campbell Memorial Church (1856), die Thimble Cottage (1845) und die Amelia Cottage (1839) sowie die Callington Mill (1837, tgl. 10–17 Uhr).

Das 1821 gegründete **Ross** könnte ebenso gut in der Grafschaft Kent liegen. Die herausragende Sehenswürdigkeit des Ortes ist die 1830–1836 von Sträflingen errichtete Ross Bridge mit ornamentalem Schmuckwerk an den Brückenbögen; erstklassige Steinmetzarbeiten, für die der Künstler, ein Strafdeportierter, als Belohnung die Freiheit erhielt.

Campbell Town, bereits 1811 als Standort für eine Garnison gegründet, besitzt einige beachtenswerte Kolonialbauten, u. a. die Brier Bridge (1836), die St. Lukes Church (1839) und der Campbell Town Inn (1840). 11 km nördlich zweigt vom Midland Highway die Esk Main Road in Richtung Ostküste ab (s. S. 526). Auf dem Midland Highway erreicht man nach 56 km Launceston.

Der Lake Highway zweigt 55 km nördlich von Hobart vom Midland Highway ab. Über das historische Landstädtchen Bothwell gelangen wir in das **zentrale Hochland von Tasmanien,** eine Region, die sich als ein von der letzten Eiszeit vor 10000 Jahren vererbtes Gewässerpuzzle aus über 3000 Gletscherseen sowie zahllosen Flüssen und Bächen präsentiert. Bereits ab 1864 begann man, in diesen Gewässern europäische Regenbogenforellen auszusetzen, heute gilt der Lake District als Mekka für Sportangler. Hauptseen sind der Great Lake, ein über 1000 m hoch gelegener Stausee, sowie der Lake Sorell, der Lake Echo und der Arthurs Lake.

Praktische Hinweise

Verkehr: Auf dem Midland Hwy. verkehren Busse von Tasmanian Motorways und Tasmanian Redline Coaches. Auf dem Lake Hwy. gibt es keine öffentlichen Verkehrsmittel.

Unterkunft: Oatlands: ** Amelia Cottage, 104 High St., ✆ 002/541264 (stilvolle Unterkunft in Kolonialgebäude); ** Thimble Cottage, 82 High St., ✆ 002/541423 (stilvolle Unterkunft in Kolonialgebäude); Oatlands YHA Hostel, 9 Wellington St., ✆ 002/541320. **Ross:** ** Historic Hudson Cottage, Church St., ✆ 003/815354; Ross Caravan Park, Bridge St., ✆ 003/815345. **Campbell Town:** ** Powells Motel, 118 High St., ✆ 003/811161.

Northern District

Launceston

60 km tief im Landesinneren am Ursprung des Tamar River, wo sich South Esk und North Esk River treffen, liegt Launceston (95000 Einw.), die zweitgrößte Stadt Tasmaniens. Bereits 1805 gegründet, entwickelte sich der Ort rasch zum Bildungs-, Handels- und Dienstleistungszentrum des vorwiegend agrarisch geprägten Nordens. Launceston spielte nicht nur in der Geschichte Tasmaniens eine große Rolle, die Stadt gilt auch als Geburtsstätte von Melbourne. Hier fiel 1835 die Entscheidung, am Yarra River die Metropole zu gründen. Seine ausgedehnten Parkanlagen mit zahlreichen stattlichen europäischen Bäumen sowie seine große Vielfalt historischer Häuser und Kirchen im georgianischen Stil machen Launceston zu einer auf Anhieb sympathischen Stadt.

Während sich die altehrwürdigen Kolonialbauten in der Stadtmitte konzentrieren, liegen die beiden eigentlichen Hauptattraktionen von Launceston mehr an der Peripherie. Am West Tamar Hwy., nahe der Kings Bridge, erstreckt sich die Penny Royal World, ein Freilichtmuseum, das die Frühindustrie der Kolonialtage lebendig werden läßt (u. a. eine Windmühle, eine Getreidemühle, eine Schießpulvermühle und eine Wassermühle). Auf dem weitläufigen Komplex verkehrt eine historische Trambahn. Die Eintrittskarte gilt auch für die Raddampferreplik PS Lady Stelfox, die von hier zu Kreuzfahrten auf dem Tamar River und in die Cataract Gorge startet (Penny Royal World tgl. 10–16.30 Uhr; Abfahrt PS Lady Stelfox tgl. 10–16 Uhr jeweils zur vollen Stunde). Gegenüber der Penny Royal World steht das Ritchies Mill Arts Centre, eine interessante Kunstgalerie in einer Mühle aus dem Jahre 1833 (tgl. 10–17 Uhr).

Mit der **Cataract Gorge,** einem pittoresken, von den Wassermassen des South Esk River in Äonen geschaffenen Canyon, liegt ein kleines Naturwunder unmittelbar vor der Haustür von Launceston. An der Kings Bridge beginnen zwei verschlungene Wanderpfade durch die wildromantische Schlucht. Am Nordufer des South Esk River verläuft der Cataract Walk, ein gut ausgebauter Fußweg, von dem sich immer wieder grandiose Blicke in die Schlucht bieten. Anstrengender ist der Zig Zag Walk entlang des Südrands des Canyon. Beide Wege

Ringarooma Bay

treffen sich am First Basin, dem südwestlichen Ende der Schlucht, wo ein 308 m langer Sessellift eine atemberaubende Fahrt über die tosenden Wasser bietet.

Einen kleinen historischen Stadtrundgang durch Launceston beginnen wir mit einer Besichtigung des Queen Victoria Museum am Royal Park (naturhistorische Abteilung und angegliederte Kunstgalerie; Mo–Sa 10–17 Uhr, So 14–17 Uhr). Vom Museum folgen wir der Cameron Rd. in nordöstlicher Richtung zum Civic Square, wo wir auf ein georgianisches Schmuckstück von Launceston stoßen: das Macquarie House (1830), das heute eine Informationsausstellung über die kolonialzeitlichen Bauwerke in und um Launceston birgt (Mo–Sa 10–16 Uhr, So 14–16 Uhr). Weitere architektonischen Perlen reihen sich an der St. John St., u. a. das Post Office Building mit seinem markanten Uhrenturm (1889), die Town Hall (1864) und die St. Johns Church (1825). Wir setzen unseren Streifzug entlang der Cameron St. fort und gelangen, vorbei am Batman Fawkner Inn (1822; hier traf man die historische Entscheidung zur Gründung Melbournes), zum City Park. In dieser hübschen Grünanlage befinden sich das John Hart Conservatory, ein Gewächshaus mit vielen exotischen Pflanzen (tgl. 8.30–17 Uhr), sowie Monkey Island, ein Tiergehege mit rund 30 japanischen Makaken (tgl. 9–16 Uhr). Am Rande des City Park liegen die Albert Hall (1891; Kongreßzentrum) sowie das Design Centre of Tasmania (Kunsthandwerksausstellung; Mo–Fr 10–18 Uhr, Sa 10–13 Uhr, So 14–17 Uhr).

Umgebung von Launceston

Süden und Osten: Waverley Woollen Mills, die 1874 gegründete, älteste Tex-

St. Andrews Church in Evandale

tilfabrik Australiens (Waverly Rd./Tasman Hwy., ca. 5 km östlich; tgl. 9–17 Uhr); Franklin House, ein georgianischer Prachtbau aus dem Jahre 1838 (Old Hobart Road, 6 km südlich; tgl. 9–17 Uhr); Evandale, ein historisches Dorf mit Kolonialgebäuden und Antiquitäten- und Kunstgewerbeläden (19 km südlich); Clarendon House, ein georgianisches Herrenhaus von 1838 (27 km südlich bei Nile; tgl. 10–17 Uhr); Longford, ein Dorf mit einer Vielzahl gut erhaltener historischer Gebäude (27 km südlich); Ben Lomond National Park, im Sommer ein beliebtes Wandergebiet, im Winter eine viel besuchte Skiregion (ca. 60 km südöstlich).

Norden: Notley Fern Gorge, eine Schlucht mit Baumfarnen, den letzten Relikten des früheren Regenwalds (ca. 25 km nordwestlich, Abzweigung vom West Tamar Highway bei Legana); Beaconsfield, eine historische Bergbaustadt mit Minenmuseum (ca. 45 km nordwestlich; tgl. 10–16 Uhr); Batman Bridge, eine architektonisch interessante, 432 m lange Kabelhängebrücke (ca. 45 km nördlich); George Town, einer der ältesten Orte Tasmaniens mit einer Vielzahl historischer Gebäude (ca. 65 km nördlich); Low Head, ein populärer Badeort mit guten Stränden und einem Seefahrtmuseum (ca. 70 km nördlich; tgl. 10–17 Uhr).

Praktische Hinweise

Verkehr: *Fluglinien:* Ansett Airlines, George/Brisbane Sts., ✆ 003/31 77 11; Australian Airlines, George/Brisbane Sts., ✆ 003/ 31 44 11. *Buslinien:* Hobart Coaches, 168 Brisbane St., ✆ 003/31 86 77; Tasmanian Redline Coaches, 112 George St., ✆ 003/ 31 91 77; Mountain Stage Line, 59 Brisbane St., ✆ 003/34 04 42 (Busse zum Cradle Mountain – Lake St. Clair National Park). *Autoverleih:* Budget Rent A Car, Launceston Airport, ✆ 003/91 85 66 (auch Wohnmobile); Touring Motor Homes, 21 Glen Dhu St., ✆ 003/95 13 66 (Wohnmobile).

Unterkunft: **** Innkeepers Penny Royal Village, 147 Paterson St., ✆ 003/31 66 99; *** Batman Fawkner Inn Hotel, 35 Cameron St., ✆ 003/31 72 22 (stilvolle Unterkunft in Kolonialhotel); *** Parklane Motel, 9 Brisbane St., ✆ 003/31 42 33; ** Hillview House Private Hotel, 193 George St., ✆ 003/31 73 88 (stilvolle Unterkunft in Kolonialgebäude); * Royal Hotel, 90 George St., ✆ 003/31 25 26; Launceston YHA Hostel, 36 Thistle St., ✆ 003/44 97 79; Launceston Cabin & Tourist Park, Bass Hwy. Hadspen, ✆ 003/93 63 91 (12 km südwestlich).

Information: Tasmanian Travel Centre, Paterson/St. John Sts., ✆ 003/36 31 33. **Umwelt und Natur:** National Parks & Wildlife Service, Prospect House, Bass Hwy., Prospect Vale, ✆ 003/41 53 12.

Bass Highway zwischen Launceston und Devonport

Auf der Fahrt von Launceston nach Devonport entlang des Bass Highway lohnt sich ein erster Stopp bereits in **Hadspen** (18 km südwestlich von Launceston) mit dem Entally House, einem herrschaftlichen Farmwohnhaus von 1819 (tgl. 10–12 Uhr u. 13–17 Uhr). In **Westbury** steht mit dem White House von 1841 ein weiteres Kolonialgebäude (Di, Do, Sa u. So 10–16 Uhr).

Deloraine, Verkehrsknotenpunkt und wohlhabendes Zentrum einer Weizenanbauregion, besitzt mit der St. Marks Anglican Church von 1859 ein neugotisches Gotteshaus. In Deloraine zweigt der Lake Highway ab, der in südlicher Richtung ins zentrale Hochland Tasmaniens führt. 24 km westlich von Deloraine, abseits des Bass Highway, liegt der kleine Ort Mole Creek, 5 km westlich dessen sich der **Tasmanian Wildlife Park** befindet, ein großer Faunapark, wo man u. a. Tasmanische Teufel, Koalas, Wombats und Wallabies beobachten kann (tgl. 9–17 Uhr). Weitere 5 km bzw. 10 km westlich erstrecken sich zwei phantastische Kalksteinhöhlen: die **King Solomon Cave** (Führungen tgl. 10.30, 11.30, 12.30, 14, 15, 16 Uhr) sowie die **Marakoopa Cave** (Führungen tgl. 10, 11.15, 13, 14.30, 16 Uhr). Südwestlich von Mole Creek dehnt sich um den Mt. Jerusalem (1458 m) der **Walls of Jerusalem National Park** aus, eine weitgehend unberührte Bergwildnis und ein ideales Terrain für erfahrene Bushwalker.

Folgt man von Deloraine dem Bass Highway in nordwestlicher Richtung, erreicht man nach 50 km **Devonport** (25000 Einw.). Die herausragende Sehenswürdigkeit dieser an der Mündung des Mersey River gelegenen Industrie- und Handelsstadt ist das Tiagarra Tasmanian Aboriginal Culture and Art Centre am Mersey Bluff, ein ethnographisches Museum, das einen guten Einblick in die Kunst und Kultur der von den Briten im vorigen Jahrhundert ausgerotteten tasmanischen Ureinwohner gibt (tgl. 9–16.30 Uhr). Beim Museum beginnt auch ein kurzer Rundweg zu verschiedenen Aboriginal-Kunststätten mit Felsgravierungen.

Weitere Sehenswürdigkeiten in Devonport: Tasmanian Maritime Museum, ein kleines Seefahrtsmuseum mit Schiffsmodellen u. a. (Victoria Parade; Di, Mi, Do, So 13–16.30 Uhr); Home Hill, ein hübsches Haus im Kolonialstil von 1916, das reich möbliert ist mit Antiquitäten (Middle Rd.; Di, Mi, Do, Sa, So 14–16 Uhr); Don River Railway Museum, ein großes Eisenbahnmuseum mit historischen Dampflokomotiven u. a. (einige Kilometer westlich; tgl. 11–16 Uhr). Des weiteren bietet sich Devonport an als idealer Ausgangspunkt für Reisen in das Landesinnere. Ein Ausflug führt zum Badeort **Port Sorell** (19 km östlich am Mündungstrichter des Rubicon River) mit teilweise ausgezeichneten Sandstränden (u. a. Howley Beach bei Shearwater).

Praktische Hinweise

Verkehr: *Fähre:* MV Abel Tasman dreimal wöchentlich von Devonport nach Melbourne v. v. (TT Line Reservations, ✆ 004/230333 oder 008/030344). *Bus:* Tasmanian Redline Coaches, 9 Edward St., Devonport, ✆ 004/242685. *Autoverleih:* Budget Rent A Car, 22 Formby Rd., Devonport, ✆ 004/247088 (auch Wohnmobile).

Unterkunft: Deloraine: *** Mountain View Motel, 144 Emu Bay Rd., ✆ 003/622633; Deloraine YHA Hostel (Highview Lodge), 8 Blake St., ✆ 003/622996; Apex Caravan

Park, 51 West Pde., ✆ 003/622345. **Devonport:** **** Sunrise Motor Inn, 140 North Fenton St., ✆ 004/248411; ** Edgewater Motel, 2 Thomas St., ✆ 004/278441; Devonport YHA Hostel (Mac Wright House), 115 Middle Rd., ✆ 004/245696; Mersey Bluff Caravan Park, Mersey Bluff, ✆ 004/248655.
Information: Tasmanian Travel Centre, 18 Rooke St., Devonport, ✆ 004/216233.

Cradle Mountain Lake St. Clair National Park

Dieses beliebteste Ausflugsziel von Devonport liegt rund 85 km südlich der Stadt. Auf der Anfahrt zum bekanntesten Naturschutzgebiet Tasmaniens lohnt sich ein kurzer Stopp in dem vom mächtigen Mt. Roland (1231 m) überragten Landstädtchen **Sheffield,** wo mehrere Häuser mit insgesamt rund 20 großen Wandmalereien verziert sind, die wildwestartige Szenen aus der Pionierzeit des Landes darstellen.

Der Cradle Mountain Lake St. Clair National Park umschließt die landschaftlich schönste und ökologisch bedeutsamste Region des zentralen Hochlands mit den höchsten Gipfeln Tasmaniens (u. a. Mt. Ossa, 1617 m; Barn Bluff, 1559 m; Cradle Mountain, 1545 m). Die Pflanzenwelt der Region präsentiert sich als ein buntes Florenmosaik, zu dem Hochmoore und subalpine Heiden ebenso gehören wie gemäßigte Regenwälder mit wildverwurzeltem Unterwuchs in den Tallagen.

Erste Anlaufstelle im Park sollte für alle Besucher das Cradle Mountain Visitor Centre sein (Informationen über die vielfältigen Wandermöglichkeiten; tgl. 9–17 Uhr). Etwa 1 km südlich steht das Waldheim Chalet, der einstige Wohnsitz des Österreichers Gustav Weindorfer, der so begeistert war von dieser Landschaft, daß er 1922 den Grundstein zum heutigen Nationalpark legte. In der Nähe des Chalet beginnt ein kurzer Naturlehrpfad, der durch einen Teil des Weindorfer Forest mit seinen seltenen King Billy Pines, die bis zu über 1000 Jahre alt werden können, führt (ca. 15–20 Min.). Dieser Spaziergang kann zum Weindorfer Walk, einer sehr lohnenswerten Rundwanderung, ausgedehnt werden (ca. 5,5 km/ca. 2–3 Std.). Von den zahlreichen Wanderungen, die an der Nordspitze des Lake Dove, wo die Zufahrtsstraße endet, beginnen, sind die Rundwanderung um den Lake Dove (ca. 6,5 km/ca. 3–4 Std.) und die Besteigung des Cradle Mountain (ca. 12 km/ca. 6–8 Std. v. v.; keine bergsteigerische Erfahrung nötig!) besonders zu empfehlen. Auch bei kürzeren Wanderungen an warme und regenfeste Kleidung denken!

Als Nonplusultra unter den im Park möglichen Wanderungen aber gilt der Overland Track, der 85 km lange Buschpfad zwischen dem Cradle Mountain (s. Farbabb. 18) und dem Lake St. Clair (s. Farbabb. 24).

Auf dieser Wanderung, für die man bei mäßigem Tempo sechs bis sieben Tage ansetzen sollte, kommt man durch sämtliche Vegetationszonen der Region. Gute körperliche Konstitution vorausgesetzt, ist diese Wildniswanderung, trotz einiger steiler und etlicher feuchtschlammiger Abschnitte, nicht allzu problematisch. Wegen häufiger und unvorhersehbarer Wetterstürze (jährlich 297 Regen- und 58 Schneetage) erfordert der Overland Track aber eine gute Vorbereitung und Ausrüstung. Zwar stehen entlang des Track mehrere, teils beheizbare Holzhütten als Unterkunft zur Ver-

Landschaft in der Nähe des Lake St. Claire

fügung, doch sind diese während der Hauptwandersaison (Nov.–März) häufig voll belegt, weshalb die Mitnahme eines guten Zeltes sehr zu empfehlen ist. Vor Aufbruch und bei Ankunft bei der Ranger Station melden, damit im Notfall eine Hilfsaktion eingeleitet werden kann. Wanderer auf dem Overland Track müssen übrigens eine kleine Gebühr (10 A-$, 1991) entrichten, die zweckgebunden für den Unterhalt der Schutzhütten verwendet wird. Wegen der besseren Verkehrsverbindungen ab Derwent Bridge beim Lake St. Clair gehen die meisten Wanderer den Overland Track in Nord-Süd-Richtung.

Praktische Hinweise

Verkehr: Nördlicher Zugang zum National Park mit folgenden Busgesellschaften: Cradle Mountain Coaches, 12 Edward St., Devonport, ✆ 004/249599; Invicta Coaches, 176 Stony Rise Rd., Devonport, ✆ 004/249599; Mountain Stage Line, 59 Brisbane St., Launceston, ✆ 003/340442. Zwischen dem Cradle Mountain Campground und dem Lake Dove pendelt zweimal tgl. ein Bus.
Unterkunft: *** Cradle Mountain Lodge, ✆ 004/921303; * Cradle Mountain Huts, ✆ 004/ 921303 (Berghütten beim Waldheim Chalet); Cradle Mountain Campground, ✆ 004/ 921395 (hier auch Bunkhouses mit Schlafsälen).
Information: Cradle Mountain Visitor Centre, ✆ 004/921133.

Bass Highway zwischen Devonport und Marrawah

Westlich von Devonport folgt der Bass Highway vorwiegend dem Küstenverlauf. Über Penguin (schöne Strände) gelangen wir nach **Burnie** (25000 Einw.), der bedeutendsten Industrie- und Hafenstadt im Nordwesten Tasmaniens (vor allem Papierproduktion und Erzexport). Ein schöner Blick über Burnies Tiefwasserhafen an der Mündung des Emu River bietet sich vom 245 m hohen Round Hill (ca. 3 km östlich des Zentrums). Die größte Sehenswürdigkeit im Ort selbst ist das Pioneer Village Museum, die Replik einer Häuserzeile aus dem Burnie der Jahrhundertwende (High St.; Mo–Fr 9–17 Uhr, Sa u. So 13.30–17 Uhr). 7 km westlich von Burnie zweigt vom Bass Highway der in den Western District Tasmaniens führende Murchison Highway ab.

Der nächste bedeutende Ort entlang des Bass Highway ist **Wynyard** (Milchwirtschaft und Gemüseanbau). 5 km nordwestlich der Stadt beginnt mit dem **Table Cap,** einem 114 m hohen, in die Bass Strait ragenden Felskap, auf das eine Straße führt, der schönste Küstenabschnitt im Norden Tasmaniens. Mit ihren herrlichen blütenweißen Stränden stellen die beiden Feriensiedlungen Boat Harbour Beach und Sisters Beach (11 km bzw. 20 km westlich von Wynyard) ideale Tummelplätze für Wassersportler dar. Bei Sisters Beach befinden sich zudem die Birdland Native Gardens (tgl. 9–17 Uhr). Sisters Beach liegt bereits im Ostteil des **Rocky Cape National Park,** dessen Hauptattraktion einige Höhlen sind, die bereits vor rund 8000 Jahren von tasmanischen Aborigines bewohnt waren. Zum **Rocky Cape,** dem Ausgangspunkt verschiedener Wanderungen, führt eine 5 km lange, vom Bass Highway abzweigende Stichstraße.

Im Schatten von **The Nut,** eines majestätischen, über 150 m hohen Felsmassivs, liegt auf einer weit in die Bass Strait ragenden Halbinsel der geschichtsträchtige Ort **Stanley.** Bereits 1826 hatte hier die Van Diemens Land Company ihren Hauptstützpunkt im nördlichen Tasmanien errichtet. Die bewegte Vergangenheit des malerischen Städtchens spiegelt sich in einer Reihe gut erhaltener Blausteingebäude wider: der Plough Inn (1840), heute ein historisches Museum (tgl. 10–17 Uhr), das Lyons Cottage (1879; tgl. 10–16 Uhr) sowie das Van Diemens Land Company Store House (1844), ein historisches Lagerhaus am Hafen. Das Hauptquartier der Van Diemens Land Company befand sich einst im Highfield Estate, einem Landhaus ca. 1,5 km nördlich des Ortes. Den Gipfel des sich hoch auftürmenden Vulkanfelsens The Nut erreicht man auf einem Fußweg oder per Sessellift.

Über Smithton (Milchwirtschaft, Holz- und Fischindustrie), gelangt man zum kleinen Agrarstädtchen **Marrawah,** dem westlichen Endpunkt des Bass Highway. In der Nähe des Ortes erstreckt sich der Green Point Beach, ein kilometerlanger Bade- und Surfstrand. Etwa 10 km nördlich von Marrawah erhebt sich an der Küste der 168 m hohe, schwer zugängliche **Mt. Cameron West,** wo sich eine bedeutende Aboriginal-Kunststätte mit rund 50 Felsgravierungen befindet. Am Cape Grim, der Nordwestspitze Tasmaniens, liegt die historische Woollnorth Homestead, eine der ältesten Schaffarmen Australiens (Besichtigung nach Voranmeldung beim Tasmanian Travel Centre in Burnie).

Praktische Hinweise

Verkehr: Mit Linienbussen von Tasmanian Redline Coaches nur bis Smithton. Marrawah erreicht man nur mit eigenem Fahrzeug.

Unterkunft: Burnie: *** Emu Motel, 12 Main Rd., ✆ 004/312466; Treasure Island

Kulturlandschaft bei Wynyard

Caravan Park, Bass Hwy., Cooee, ✆ 004/311925. **Wynyard:** *** Wynyard Motor Lodge, Goldie St., ✆ 004/422351; Wynyard YHA Hostel, 36 Dodgin St., ✆ 004/422013; Leisure Ville Caravan Park, 145 Scenic Dve., East Wynyard, ✆ 004/422291. **Boat Harbour:** *** Seaway Motel, Esplanade, ✆ 004/451107; Boat Harbour Beach Caravan Park, ✆ 004/451253. **Stanley:** *** Stanley Motel, Dovecote Rd., ✆ 004/581300; ** Harbour Master's Cottage, 42 Alexander Tce., ✆ 004/581301 (stilvolle Unterkunft in Kolonialgebäude); Top Spot Caravan Park, Wharf Rd., ✆ 004/581266 (hier auch Stanley YHA Hostel).

Information: Tasmanian Travel Centre, 48 Cattley St., Burnie, ✆ 004/346122.

Western District

Auch in unserer Zeit sind weite Teile dieser Region noch immer eine echte Terra Australis Incognita, eine Tausende von Quadratkilometern große Region mit schroffen Berggipfeln, unzugänglichen Flußtälern, tiefen Gletscherseen und dichten Urwäldern, die zwar vom Flugzeug aus bereits vermessen, aber in ihrer Gesamtheit noch lange nicht von Bodenexpeditionen erforscht wurde. Lange Zeit war die vom Bergbau geprägte Region um Queenstown, das einzige urbane Zentrum des Westens, nur über den Hafenort Strahan zugänglich, bis 1932 der Lyell Highway gebaut wurde.

Durch das landschaftlich recht abwechslungsreiche Tal des River Derwent führt der Lyell Highway von Hobart über New Norfolk (s. S. 518f.) und Hamilton nach Derwent Bridge. Nördlich und südlich dieser Durchgangsstraße erstreckt sich ein dichtbewaldetes Hochland mit einer Vielzahl von Stauseen und Wasserkraftwerken. Nördlich von Derwent Bridge liegt der 17 km lange glaziale **Lake St. Clair** (s. Farbabb. 24), mit einer Tiefe von bis zu 200 m der tiefste natürliche Binnensee Australiens. Die Ranger Station bei der Cynthia Bay an der Südspitze dieses Sees markiert den Startpunkt für den bekannten Overland Track (s. S. 532) in Süd-Nord-Richtung. Die Seen- und Gebirgslandschaft um den Lake St. Clair ist aber auch ein ideales Terrain für Tageswanderungen (Informationen in der Ranger Station): Watersmeet Nature Walk (einfacher Naturlehrpfad mit erläuternder Broschüre; 3,5 km/ca. 1 Std. v. v.), Shadow Lake and Forgotten Lake Walk (Wanderung zu zwei malerischen Bergseen am Fuß des Little Hugel; ca. 12 km/ca. 3–4 Std. v. v.) und Mount Rufus Walk (Rundwanderung mit herrlichen Panoramablicken auf den Gipfel des 1416 m hohen Mt. Rufus; ca. 18 km/ca. 6–7 Std.). Eine sehr interessante Tagestour umfaßt die Bootsfahrt von der Cynthia Bay im Süden zur Narcissus Bay am Nordende des Lake St. Clair, von wo man auf dem Cuvier Valley Track (ca. 17 km/ca. 6–7 Std.) oder entlang des westlichen Seeufers (Teil des Overland Track; ca. 15 km/ca. 5–6 Std.) zum Ausgangspunkt zurückkehren kann.

Im Süden schließt sich an den Cradle Mountain Lake St. Clair National Park nahtlos der **Franklin Lower Gordon Wild Rivers National Park** an. Hinter diesem Namensungetüm verbirgt sich eine der wildesten und unzugänglichsten Landschaften Tasmaniens, die aber Anfang der 80er Jahre fast einem wasserwirtschaftlichen Großprojekt zum Opfer gefallen wäre (s. S. 509). Damals wären auch beinahe einzigartige archäologische Fundstätten, wie z. B. die Kutikina Cave, die bereits vor 15000 bis 20000 Jahren den damaligen Ureinwohnern Schutz bot, zerstört worden. Das Naturreservat ist nur erfahrenen Buschwanderern und Wildwasserkanuten zugänglich, aber auch die Fahrt auf dem Lyell Highway (Gelegenheiten für Stopps und kurze Wanderungen) hinterläßt einen nachhaltigen Eindruck von dieser Wildnisregion. Ca. 20 km westlich von Derwent Bridge überquert der Lyell Highway die King William Range. Wenig später rückt der majestätische Frenchmans Cap (1443 m) mit seiner markanten weißen Quarzitkappe ins Blickfeld. Sehr zu empfehlen ist die kurze Wanderung auf den Donaghys Hill Wilderness Lookout (ab Parkplatz am Lyell Highway ca. 30–40 Min. v. v.). Eine weitere kleine Wanderung führt 4 km westlich des Victoria Pass vom Lyell Highway durch üppigen Regenwald zu den malerischen Nelson Falls (ca. 20 Min. v. v.).

Bei der Fahrt durch die Landschaft westlich des Nationalparks erhält man drastischen Anschauungsunterricht in Sachen Umweltzerstörung. Im Jahre 1881 stießen Prospektoren in den Bergen um Queenstown auf Zinn und Kupfer, deren Abbau einige Leute reich machte, die Natur aber auf Dauer schädigte: Kahlgefressene Hügel- und Bergrücken mit roten, erodierten Hängen, in denen vereinzelt abgestorbene Bäume von der früheren üppigen Vegetation zeugen, bestimmen die deprimierende Landschaftsszenerie um den Kupferberg Mt. Lyell. Der Circulus vitiosus der Ökokatastrophe läßt sich etwa so beschreiben: Die Bäume um Queenstown wurden gefällt, um die Hochöfen der Kupferschmelzerei zu befeuern. Die dabei freigesetzten schwefelhaltigen Rauchschwaden wiederum vernichteten die verbliebene Vegetation. Mit heftigen Regenfällen schließlich ging das fruchtbare Erdreich buchstäblich den Bach hinunter.

4 km östlich von **Queenstown** (4000 Einw.) erreichen wir die etwas abseits des Lyell Highway gelegene Iron Blow Open Cut, eine historische Kupfertagebaumine. Die Mount Lyell Mine, eine noch arbeitende Kupfermine, kann im Rahmen von Betriebsführungen besichtigt werden (tgl. 9.15 u. 16.30 Uhr; Buchung und Abfahrt beim Western Arts & Crafts Centre in Queenstown). Die Geschichte des Bergbaus um Queenstown dokumentiert eine Ausstellung historischer Photographien im Galley Museum, das sich im alten Imperial Hotel (1898) befindet (Mo–Fr 10–16.30 Uhr, Sa u. So 13.30–16.30 Uhr; mit Touristenbüro).

36 km südwestlich von Queenstown liegt am nördlichen Ende des Macquarie Harbour, der wie ein norwegischer Fjord wirkt, der Ort **Strahan** (gesprochen Strawn). Die eigentliche wirtschaftliche Grundlage des Ortes, der heute vorwiegend von der Fischerei und dem Tourismus lebt, bildeten damals die weltweit einmaligen, bis zu 2000 Jahre alten Huonkiefern, die man in den Wäldern um Strahan abholzte. Ein Abstecher nach Strahan lohnt sich vor allem wegen der hier angebotenen Kreuzfahrten auf dem Macquarie Harbour, dem breiten Mündungstrichter des Gordon River. Auf einer solchen halbtägigen Ausflugsfahrt kann man etwa 40 km trockenen Fußes in den einzigartigen Regenwald der Westküste vordringen. Zu den offerierten Touren gehört auch ein kurzer Stopp bei der Sarah Island am

Südende des Macquarie Harbour, die 1821–1834 als Gefängnisinsel diente (Gordon River Cruises, ✆ 004/ 71 71 87). Westlich von Strahan erstreckt sich der Ocean Beach, ein 40 km langer Sandstrand mit einer heftigen Brandung. Dieser Strand ist ein Teil der mächtigen Fels- und Sandbank, die den Macquarie Harbour fast vollständig vom Ozean abriegelt. Die schmale Öffnung zum Meer hin trägt heute noch den Namen, den ihr die nach Sarah Island verbannten Sträflinge einst gaben: Hell's Gate – das Tor zur Hölle.

Auf dem Zeehan Highway erreicht man von Queenstown nach 33 km den Ort **Zeehan** (1500 Einw.), in der zweiten Hälfte des vorigen Jahrhunderts eine wohlhabende Silberstadt mit annähernd 10 000 Einwohnern. Sehenswert sind das West Coast Pioneers Memorial Museum (Bergbaumuseum; tgl. 8.30–17 Uhr) sowie das Gaiety Theatre, im 19. Jahrhundert das größte Theater Australiens, heute eine Kunstgalerie (tgl. 9–17 Uhr). Weiter geht es auf dem Murchison Highway über **Renison Bell** (ergiebige Zinnmine) nach **Rosebery.** Einige Kilometer südlich dieses Ortes befinden sich die über 110 m hohen Montezuma Falls. 54 km nördlich von Rosebery zweigt vom Murchison Highway eine kurvenreiche Straße in westlicher Richtung ab, die über Waratah nach Savage River (große Eisenerzmine) und weiter nach **Corinna** führt. Von diesem kleinen Ort kann man mit einem Ausflugsboot auf dem Pieman River durch eine malerische Schlucht zum Pieman Head fahren (tgl. 10.30 Uhr; ✆ 004/ 46 11 70). Nördlich von Waratah windet sich der Murchison Highway durch die malerische Hellyer Gorge, bevor er bei Somerset, zwischen Wynyard und Burnie, auf den Bass Highway trifft (s. S. 532).

Praktische Hinweise

Verkehr: Von Mo–Sa verkehren auf dem Lyell Hwy. zwischen Hobart und Strahan sowie auf dem Zeehan/Murchison Hwy. zwischen Queenstown und Somerset (bei Burnie) Busse von Tasmanian Redline Coaches.

Unterkunft: Derwent Bridge: ** bis * Derwent Bridge Wilderness Resort und Caravan Park, Lyell Hwy., ✆ 002/89 11 44. **Queenstown:** *** Silver Hills Motel, Penghana Rd., ✆ 004/71 17 55; ** Mt. Lyell Motor Motel, 1 Orr St., ✆ 004/71 18 88; Queenstown Cabin & Tourist Park, 17 Grafton St., ✆ 004/71 13 32. **Strahan:** *** Strahan Inn, Jolly St., ✆ 004/ 71 71 60; * Strahan Lodge, Ocean Beach Rd., ✆ 004/71 71 42; Strahan YHA Hostel, Harvey St., ✆ 004/71 72 55; West Strahan Caravan Park, Andrew St., ✆ 004/71 72 39.

Information: Tasmanian Travel Centre, 39–41 Orr St., Queenstown, ✆ 004/71 10 99; Ranger Station, Lake St. Clair, Derwent Bridge, ✆ 002/89 11 15.

Praktische Reiseinformationen

Reisevorbereitungen

Informationsstellen

... in der Bundesrepublik Deutschland:
Australian Tourist Commission, Neue Mainzer Str. 22, 60311 Frankfurt/Main, ✆ 069/27400621, Fax 069/27400640; Australian Northern Territory Tourist Commission, Bokkenheimer Landstr. 45, 60325 Frankfurt/Main, ✆ 069/72071415; Queensland Tourist & Travel Corporation, Neuhauser Str. 16/4.St., 80331 München, ✆ 089/2609693, Fax 089/2603530; Tourism Tasmania, Neue Mainzer Str. 22, 60311 Frankfurt/Main, ✆ 069/250991, Fax 069/234305; Tourism Victoria, Neue Mainzer Str. 22, 60311 Frankfurt/Main, ✆ 069/250991, Fax 069/234075; Western Australian Tourist Commission, Schloßstr. 60, 51429 Bergisch-Gladbach, ✆ 02204/56153, Fax 02204/52556.

... in Österreich:
Australian Tourist Commission, Postfach 72, A-1183 Wien, ✆ 0222/475323.

... in der Schweiz:
Australian Tourist Commission, Eichstutz 11, CH-8634 Hombrechtikon, ✆ 055/424004, Fax 055/424064.

Die australischen Fremdenverkehrsämter in der Bundesrepublik Deutschland, in Österreich und in der Schweiz erteilen Auskunft über alle mit einer Australienreise zusammenhängenden Fragen und versenden kostenlos verschiedene, teils sehr nützliche Broschüren und Prospekte.

Diplomatische Vertretungen Australiens

... in der Bundesrepublik Deutschland:
Botschaft: Visaabteilung, Bredero-Haus, Godesberger Allee 119, 53175 Bonn, ✆ 0228/810376, Fax 0228/376268.
Generalkonsulat: Gutleutstr. 85, 60329 Frankfurt/Main, ✆ 069/2739090, Fax 069/232631; Karl-Liebknecht-Str. 5, Palast-Hotel, 10178 Berlin, ✆ 030/2139604, Fax 030/8925040 (keine Visumerteilung).

... in Österreich:
Botschaft: Mattiellistr. 2–4, A-1040 Wien, ✆ 0222/5128580.

... in der Schweiz:
Botschaft: Alpenstr. 29, CH-3006 Bern, ✆ 031/430143/7.
Konsulat: 56–58, Rue de Moillebeau Petit Saconner, CH-1211 Genève 19, ✆ 022/7346200.

Einreisebestimmungen

Für die Einreise nach Australien benötigt man: einen Reisepaß, dessen Gültigkeitsdauer mindestens drei Monate über die Zeit des beabsichtigten Aufenthaltes in Australien hinausgeht; ein Visum; eine ausgefüllte Einreisekarte, die vor der Ankunft im Flugzeug oder auf dem Schiff erhältlich ist; einen Rückflugschein bzw. Flugschein für die Weiterreise zu einem Ziel außerhalb Australiens; eventuell einen Nachweis über ausreichende Geldmittel für die Zeit des Aufenthalts.

Ein Touristen- bzw. Besuchervisum (sechs Monate gültig) wird von den australischen Botschaften kostenlos ausgestellt (Bearbeitungszeit ca. 2–3 Wochen). Das ausgefüllte Antragsformular wird zusammen mit dem Reisepaß, einem Paßbild neueren Datums und einem frankierten (Einschreibeporto!) und selbst adressierten Rückumschlag per Einschreiben an die Visaabteilung der Botschaft geschickt.

Wer mehrmals ein- und ausreisen will, sollte ein Mehrfach-Reisevisum mit dem Vermerk ›For Multiple Travel‹ beantragen. Ein Touristen- bzw. Besuchervisum, das man in der Regel problemlos erhält, kann nicht in ein Einwanderungsvisum umgewandelt werden und wird in Australien auch nur in Sonderfällen verlängert (Anträge sind zu richten an das Department of Immigration and Ethnic Affairs, das in allen großen Städten Büros unterhält). Normalerweise wird keine Verlängerung gewährt, wenn die Gesamtbesuchszeit dadurch mehr als sechs Monate betragen würde. Bleibt man trotzdem länger, kann dies ernste Folgen haben (u. a. Geldstrafe und Abschiebung).

Ein Touristen- bzw. Besuchervisum schließt auch generell die Ausübung einer beruflichen Tätigkeit aus. Working Holiday Visa mit einer Gültigkeit von einem Jahr, die einzig zur Aufnahme einer kurzzeitigen Arbeit berechtigen, werden derzeit nur in seltenen Fällen ausgegeben.

Deviseneinfuhrbeschränkungen bestehen nicht. Der eingeführte Betrag darf bei der Heimreise auch in voller Höhe wieder ausgeführt werden. Allerdings ist die Mitnahme australischer Währung auf 5000 A-$ in Banknoten und Münzen beschränkt. Ausgenommen hiervon sind Traveller Cheques in allen Währungen (auch in A-$).

Gegenstände des persönlichen Bedarfs können unbeschränkt mitgebracht werden. Reisende über 18 Jahre dürfen 250 Zigaretten oder 250 g Zigarren oder Tabak sowie 1 l Spirituosen zollfrei einführen. Weiterhin sind andere anmeldepflichtige Waren außer Tabak und Spirituosen bis zu einem Betrag von 400 A-$ (bei unter 18jährigen 200 A-$) zollfrei. Strenge Bestimmungen gelten für alle Narkotika-, Pflanzen-, Lebensmittel- und Tierimporte und deren Nebenprodukte sowie für Waffen.

Aufgrund seiner isolierten Insellage ist Australien frei von einigen der gefährlichsten Krankheiten der Erde (u. a. Maul- und Klauenseuche sowie Tollwut). Um diese Krankheiten auch weiterhin vom Fünften Kontinent fernzuhalten, hat man strenge Quarantänebestimmungen sowie Einfuhrrestriktionen für Lebensmittel, Pflanzen, Tiere u. a. erlassen. Detaillierte Informationen bei den diplomatischen Vertretungen.

Die Innenräume aller Flugzeuge, die aus Übersee in Australien landen, werden, bevor die Passagiere die Kabine verlassen haben, mit einem von der Weltgesundheitsorganisation zugelassenen Sprühmittel desinfiziert.

Gesundheitsvorsorge

Derzeit sind für Reisende aus infektionsfreien Gebieten keine Impfungen zwingend vorgeschrieben. Gesundheitsnachweise müssen erbracht werden, wenn Sie aus einer Region einreisen, in der Gelbfieber, Pocken, Cholera oder Typhus ausgebrochen sind. Zur persönlichen Sicherheit empfiehlt sich jedoch die Auffrischung des Impfschutzes gegen Tetanus (Wundstarrkrampf) und Poliomyelitis (Kinderlähmung). Auch im tropischen Norden Australiens stellt die Malaria keine Gefahr mehr dar, dagegen hat das HIV-Virus mittlerweile auch den Fünften Kontinent erreicht. Damit AIDS keine Chance hat, sollte man die bekannten Vorsorgemaßnahmen beachten!

Da man in den australischen Apotheken praktisch alle gängigen Präparate erhält, empfiehlt sich eigentlich nur die Mitnahme von rezeptpflichtigen Medikamenten. In Deutschland, Österreich und der Schweiz ausgestellte Rezepte werden in Australien nicht anerkannt, außer sie wurden von einem australischen Arzt beglaubigt. Sand, Staub und grelles Licht machen es für Träger von Kontaktlinsen ratsam, zusätzlich eine Brille mitzunehmen.

Da zwischen Australien einerseits und der Bundesrepublik Deutschland, der Schweiz und Österreich andererseits kein Sozialversicherungsabkommen besteht, empfiehlt es sich unbedingt, für die Dauer der Reise eine zusätzliche Reisekrankenversicherung abzuschließen. Diese sollte sowohl die ambulante als auch stationäre Behandlung sowie zudem einen eventuellen Krankenrücktransport umfassen. Plant man nur einen kürzeren Aufenthalt in Australien bieten manche Versicherungsträger auch sog. Pakete an, die neben einer Kranken- auch eine Reisegepäck- und Haftpflichtversicherung miteinschließen.

Reisekasse

Empfehlenswert ist die Mitnahme von auf australische Dollars ausgestellten Traveller Cheques, die praktisch überall, selbst in entlegenen Gebieten, in Banken, Postämtern und größeren Hotels gewechselt werden können. Reiseschecks in DM oder SFr werden dagegen häufig nur in Großstädten und Tourismuszentren eingelöst.

Kreditkarten sind in Australien gebräuchlich, für das Mieten von Leihwagen oft sogar unerläßlich. In Hotels entfällt beim Vorweisen von ›Plastikgeld‹ auch die sonst übliche Vorauszahlung des Zimmers. Alle international gebräuchlichen Kreditkarten werden akzeptiert. Eurocard wird gewöhnlich nur angenommen, wenn auch Mastercard oder Visa auf der Karte steht.

Eurocheques und persönliche Schecks werden in der Regel nicht akzeptiert; eine Ausnahme bildet die Deutsche Bank Australia, die allerdings nur Eurocheques der Deutschen Bank annimmt. Sinnvoll ist es darüber hinaus, einen gewissen Bargeldbetrag bei sich zu haben (am besten A-$ oder auch US-$). Wenn Sie auf dem Ankunftsflughafen einen Gepäckwagen benutzen wollen, benötigen Sie dafür meist 1 A-$-Münzen.

Planen Sie eine längere Australienreise, könnte es sich lohnen, bei einer der großen australischen Banken ein Sparkonto (Passbook Savings Account) einzurichten. Mit diesem Sparbuch kann man dann überall in Australien bei den Filialen der jeweiligen Bank bis zu 500 A-$ pro Woche abheben. Ein Sparbuch ist ein relativ sicherer Weg, seine Reisekasse mitzuführen, da man seine Unterschrift in diesem Dokument mit einer besonderen Tinte schreiben muß, die nur bei einem speziellen Licht sichtbar wird. Zudem sind bei größeren Beträgen die relativ hohen Zinssätze ein weiteres Argument für ein Sparkonto. Last but not least fallen auch die bei Reiseschecks und Kreditkarten üblichen Gebühren weg. Das Geld, das man anlegen möchte, kann bei der Einreise eingeführt werden oder man fordert es später per Telex von seiner Heimatbank an. Als zuverlässige Kreditinstitute empfehlen sich die Westpac Bank, die größte australische Privatbank, und die Commonwealth Bank, die fast überall in Australien vertreten ist und mit deren Sparbüchern man überdies auch bei Postämtern Geld ausbezahlt bekommt.

Nachdem der australische Dollar – 1 A-$ = ca. 1,15 DM (1993) – in den letzten Jahren wiederholt deutlich abgewertet wurde, ist eine Australienreise für Europäer erheblich preiswerter geworden. Ein billiges Reiseland ist Australien deshalb aber noch lange nicht. Zwar liegen die Treibstoffpreise deutlich unter dem europäischen Niveau, doch muß man vor allem für Unterkunft und Verpflegung sowie insbesondere auch für Dienstleistungen erheblich mehr berappen als etwa in Deutschland. Wer beabsichtigt, während seines Aufenthalts viel zu reisen, sollte bei einer nicht allzu aufwendigen Lebensweise ein Minimum von 400–500 A-$ pro Woche veranschlagen. Die Inflationsrate beträgt etwa 8 % (1993).

Reisegepäck

Generell empfiehlt sich legere, aber schickliche Freizeit- oder normale Straßenkleidung. In den heißen australischen Sommermonaten reagieren selbst Großstädter mit sympathisch unkonventionellen Ideen auf die Klimaverhältnisse: ›Verkürzte‹ Kleidung gilt für Geschäftsleute und Büroangestellte als durchaus akzeptabel. Dagegen wird in Hotels, Restaurants und Bars der gehobenen Kategorien formelle Kleidung erwartet. Für Reisen ins Outback sind unbedingt strapazierfähige Jeans und derbes Schuhwerk mitzunehmen. Für die südlichen Wintermonate sollte man eine dichte Regenjacke oder einen Übergangsmantel sowie einen warmen Pullover nicht vergessen. Fehlt trotzdem etwas, kann man es vor Ort kaufen. Allerdings sind Textilien in Australien durchweg etwas teurer als in Mitteleuropa.

Neben Flugticket, gültigem Reisepaß mit Visum, Kreditkarte, Schecks und Bargeld sollten Sie gegebenenfalls einen internationalen Studentenausweis (z. T. erhebliche Studentenrabatte bei verschiedenen Flug- und Buslinien u. a.), einen Jugendherbergsausweis sowie den (internationalen) Führerschein und den ADAC-Mitgliedsausweis (falls Sie vorhaben, ein Auto zu mieten oder zu kaufen) nicht vergessen. Obwohl Australien als ein sicheres Reiseland gelten darf, muß man seine Wertsachen sorgfältig vor Diebstahl und Verlust schützen. Bei einem etwaigen Verlust kann es sehr hilfreich sein, Fotokopien von den Originaldokumenten zur Hand zu haben.

Will man eine Reisegepäckversicherung abschließen, ist zu beachten, daß optische Geräte (Fotoapparate u. a.) meist nur zu 50 % der Versicherungssumme gedeckt sind. Eventuell sollten Sie erwägen, eine spezielle Fotoversicherung abzuschließen. Wichtig: Überprüfen Sie den geographischen Geltungsbereich und achten Sie darauf, daß Ihre Versichung die gesamte Dauer der Reise umfaßt!

Reisezeit

Die Jahreszeiten in Australien sind entgegengesetzt zu denen in Europa: Frühling von September bis November, Sommer von Dezember bis Februar, Herbst von März bis Mai, Winter von Juni bis August. Da sich der Fünfte Kontinent aber über verschiedene Klimazonen erstreckt, herrscht immer irgendwo ideales Reisewetter. Die Faustregel für die beste Reisezeit lautet: September bis April im Süden, Mai bis Oktober im ganzen Norden und im Landesinneren.

Die Südregionen von Neusüdwales, Südaustralien und Westaustralien sowie Victoria und Tasmanien sind am schönsten im Frühjahr und Sommer, auch wenn es in den Sommermonaten bisweilen extrem heiß werden kann. Aber auch der Herbst gilt im Süden als gute Reisezeit; gelegentlicher Regen während dieser Monate wird einen Mitteleuropäer kaum erschüttern können. In der südlichen Hälfte Australiens fallen die Niederschläge vorwiegend im Winter. Dort kann der Winter überdies recht kalt werden, mit viel Schnee im Gebirge, allerdings kaum Frost in den Küstenregionen. Die südlichen Motropolen wirken zwischen den Monaten Juni und August meist recht trist und ungemütlich.

Für das Landesinnere dagegen sind die Wintermonate als günstige Reisezeit zu empfehlen. Zwischen Juni und August kann man im ›Roten Herzen‹ mit klaren, sonnigen Tagen und Temperaturen von ca. 20°–25° C rechnen. Nachts aber braucht man im Wüstenwinter einen gut wärmenden Schlafsack, da die Temperaturen oft bis gegen den Gefrierpunkt absinken. In den Sommermonaten dagegen ist im Landesinneren die Hitze beinahe unerträglich. Tagestemperaturen von 40 °C und mehr im Schatten sind keine Seltenheit – und Schatten ist oft weit und breit keiner zu finden. Überdies erhält das Zentrum des Kontinents seine spärlichen Niederschläge im Sommer, woraus häufig ein bedeckter, wolkenverhangener Himmel resultiert.

Die jahreszeitlichen Unterschiede verringern sich, je weiter man nach Norden gelangt. Das vom monsunal-tropischen Klima bestimmte Wettergeschehen nördlich des

		Sommer		Herbst			
		Jan.	Feb.	März	Apr.	Mai	Juni
Sydney	Maximum °C	26	25	25	22	19	17
	Minimum °C	18	18	17	15	11	9
	Niederschlag mm	98	113	128	127	124	131
	Wassertemperatur °C	22	2	22	21	14	17
Melbourne	Maximum °C	26	26	24	20	17	14
	Minimum °C	14	14	13	11	9	7
	Niederschlag mm	48	50	54	59	57	50
	Wassertemperatur °C	18	18	17	16	15	14
Perth	Maximum °C	30	30	28	24	21	18
	Minimum °C	18	18	17	14	12	10
	Niederschlag mm	8	11	20	40	124	186
	Wassertemperatur °C	20	20	21	21	20	19
Brisbane und Sun Coasts	Maximum °C	29	29	28	26	23	21
	Minimum °C	27	20	19	16	13	11
	Niederschlag mm	162	164	145	87	69	69
	Wassertemperatur °C	25	25	25	24	22	20
Darwin	Maximum °C	32	32	32	33	32	21
	Minimum °C	25	25	25	24	22	20
	Niederschlag mm	391	330	260	103	14	3
	Wassertemperatur °C	29	29	29	28	28	26
Adelaide	Maximum °C	30	29	27	23	19	16
	Minimum °C	16	17	15	13	10	8
	Niederschlag mm	19	20	24	44	69	72
	Wassertemperatur °C	19	20	20	18	16	15
Cairns	Maximum °C	32	31	30	29	27	26
	Minimum °C	24	24	22	22	20	18
	Niederschlag mm	399	441	464	177	91	51
	Wassertemperatur °C	28	28	28	26	25	23
Hobart	Maximum °C	22	22	20	17	14	12
	Minimum °C	12	12	11	9	7	5
	Niederschlag mm	45	41	44	52	50	57
	Wassertemperatur °C	15	15	15	14	13	12
Canberra	Maximum °C	28	27	24	20	15	12
	Minimum °C	13	13	10	6	3	1
	Niederschlag mm	59	57	52	47	52	38
Alice Springs	Maximum °C	37	36	33	29	23	20
	Minimum °C	22	21	18	14	9	6
	Niederschlag mm	34	39	22	12	17	16

Wendekreises des Steinbocks (Tropic of Capricorn) kennt nur zwei regional mehr oder minder deutlich ausgeprägte Jahreszeiten, die sich weniger in der Temperatur als vielmehr in der Niederschlagsmenge unterscheiden: die Regenzeit (The Wet) von November bis April sowie die Trockenperiode (The Dry) von Mai bis Oktober. Kurz vor und während der Regenzeit herrscht im tropischen Norden ein oft unerträglich schwüles Treibhausklima, das gekennzeichnet wird von täglichen Wolkenbrüchen. Zudem treten in The Wet immer wieder verheerende Wirbelstürme auf. Wegen der nur während der

Winter		Frühling		Sommer	
Juli	Aug.	Sep.	Okt.	Nov.	Dez.
16	17	20	22	24	25
8	9	11	13	15	17
105	81	70	75	78	80
16	16	16	17	19	20
13	15	17	20	22	24
6	6	8	9	11	13
48	49	58	67	59	58
13	13	13	14	15	16
17	18	19	21	25	27
9	9	10	11	14	16
174	139	81	55	21	14
18	18	18	18	19	20
20	22	24	26	28	29
9	10	13	16	18	17
57	47	48	75	95	130
20	19	20	21	22	24
30	31	33	34	34	33
20	21	23	25	25	25
1	2	13	50	126	243
26	24	27	27	29	29
15	16	19	22	25	28
7	8	9	11	13	15
66	62	51	44	31	27
14	14	14	15	16	17
25	27	28	29	31	31
17	18	19	21	22	23
30	26	36	35	84	167
22	23	24	25	27	28
11	13	15	17	19	20
4	5	6	8	9	1
54	49	53	61	61	56
12	11	11	12	12	13
11	13	16	19	23	26
0	1	3	5	9	11
37	45	48	69	64	58
19	22	26	31	34	35
4	7	10	15	18	20
13	12	6	20	23	32

Regenmonate auftauchenden Box Jelly Fish-Quallen (s. S. 545) ist von November bis April im Norden an zahlreichen Stränden das Baden verboten. Angenehm warm, freundlich und meist trocken sowie quallenfrei sind dagegen die Spätherbst- und Wintermonate.

Gefahren und Risiken einer Australienreise

»19jähriger von Hai zerrissen! Tödlicher Vorfall beim Tauchen vor der Küste Südaustraliens!« – so lautete die Schlagzeile in einer deutschen Tageszeitung im September 1991. Haie, Krokodile, Schlangen – immer wieder kommt es zu Zwischenfällen mit gefährlichen Tieren. Aber keine Panik: Bei umsichtigem Verhalten ist die Gefahr relativ gering. Nachstehend einige Gefahrenquellen und Vorsichtsmaßnahmen.

Nirgendwo auf der Welt gibt es mehr und obendrein giftigere **Schlangen** als in Australien. Von den dort vorkommenden 140 Schlangenarten gelten 20 als tödlich. Da Schlangen sehr scheue Tiere sind, ist eine Begegnung in freier Wildbahn aber eher selten. Als bester Schutz gilt die Beachtung folgender Vorsichtsmaßnahmen:

- Nie allein durch die Landschaft ziehen! Möglichst nie in einer Gruppe von weniger als drei Wanderern gehen!
- Vor allem in unübersichtlichem Gelände nie mit Sandalen und in kurzen Hosen, sondern immer mit festen Schuhen/Stiefeln und in langen Hosen wandern! Eventuell zusätzlich die Waden mit Gamaschen (Gators) schützen.
- Immer geräuschvoll vorwärts bewegen! Eventuell den Boden vor sich mit einem Stock abklopfen! Immer auf Steine und Baumstämme treten, nicht darüber steigen!
- Nicht an steinigen, unübersichtlichen Plätzen rasten! Vorsicht an Tümpeln und Wasserstellen!
- Sich nie einer Schlange nähern, auch wenn sie tot scheint! Einer Schlange nie den Fluchtweg versperren!
- Immer zwei feste Binden mitnehmen!

Bei einem Schlangenbiß sollte man folgende **Erste-Hilfe-Maßnahmen** treffen:

- Sofort einen Druckverband anlegen, d. h. eine Binde o. ä. stramm um die Bißstelle wickeln!

Checkliste für die Reisevorbereitung

Spätestens drei bis vier Monate vor Reisebeginn:
Flug- oder Pauschalarrangement buchen und das Visum beantragen. Falls erforderlich **spätestens vier bis sechs Wochen vor Reisebeginn:** Mit den (Auffrischungs-)Impfungen gegen Tetanus und Polio beginnen.
Spätestens zwei Wochen vor Reisebeginn: Auslandskranken- und Reisegepäck-Versicherung abschließen sowie Reiseschecks besorgen.

Auf die Reise mitnehmen:

Unbedingt notwendig	*Sehr empfehlenswert*	*Eventuell*
Reisepaß	Internationaler Studentenausweis	Nationaler und internationaler Führerschein
Reiseschecks	Jugendherbergsausweis	ADAC-Mitgliedsausweis
Kreditkarte	Fotokopien der wichtigsten Dokumente	Nachweis über Schadensfreiheitsrabatt
Bargeld (A-$ oder US-$)	Kamera, Zubehör und Filme	Internationales Impfzeugnis
Flugticket	Rucksack für Tagestouren	Ersatzbrille
Reisetasche/Rucksack	Badesandalen	Zelt/warmer Schlafsack/Schaumgummimatte
Umhängetasche	Wasserflasche	Koch- und Eßgeschirr
Leichtes Sommerschuhwerk	Windjacke/Anorak	Eßbesteck/Kocher
Feste Schuhe	Übergangsmantel	Taschenspiegel
Hosen/Kleider	Regenschutz (Regenjacke, Poncho)	Feldstecher/Kompaß
Hemden/Blusen/T-Shirts	Leinenschlafsack oder Bettlaken	Taschenkalender
Warmer Pullover	Taschenmesser/Nähzeug	Taschenwörterbuch Englisch – Deutsch
Unterwäsche/Socken	Taschenlampe	Kontrazeptiva (Pille, Kondome)
Taschentücher	Taucherbrille, Flossen und Schnorchel	Dreipoliger Adapter für Elektrogeräte
Badesachen	Reisewecker	
Kopfbedeckung	Adressbuch (mit wichtigen Telefonnummern)	
Waschzeug/Handtuch	Lesematerial	
Sonnenbrille	Kleine Schere und Pinzette	
Sonnencreme	Sicherheitsnadeln	
Insektenschutzmittel	Klebeband	
Wichtige Medikamente		

- Das Bein oder den Arm mit einem Ast o. ä. schienen und ruhig stellen!
- Das Opfer nie allein lassen und es nach Möglichkeit beruhigen!
- Unnötige Bewegung vermeiden (damit das Gift nur langsam in den Blutkreislauf gelangen kann) und sofortige medizinische Hilfe suchen!
- Falls möglich, die Schlange töten und sie dem Arzt zur Bestimmung des Antiserums mitbringen!
- Niemals die Bißwunde aufschneiden oder gar aussaugen!
- Immer daran denken: Nach dem Biß einer Giftschlange stirbt man nicht sofort! Zwar schwillt die Bißstelle bereits nach ca. 5 Minuten merklich an, doch zeigen sich allgemeine Symptome, wie Schwitzen, Schwächegefühl, Übelkeit, Erbrechen und Ohnmacht, in der Regel erst nach 1–2 Stunden. Zu Atemnot und anderen ernsten Symptomen kommt es, je nach der Schlangenart, erst zwischen 7–24 Stunden nach dem Biß. In den allermeisten Fällen bleibt also genügend Zeit, Hilfe zu holen!

Von den etwa 1500 **Spinnenarten** Australiens gelten 30 als giftig. Dem Menschen können allerdings nur zwei Giftspinnen gefährlich werden: Die Trichternetzspinne (Funnelweb Spider), deren Vorkommen auf den Großraum Sydney begrenzt ist, sowie die Rotrückenspinne (Redback Spider), die landesweit überwiegend in Trockenregionen vorkommt. Beim Biß einer Trichternetzspinne sollte man ebenso vorgehen wie beim Biß einer Giftschlange. Weniger gefährlich ist der Biß der Rotrückenspinne: Zur Kühlung der Bißstelle kann etwas Kaltes aufgelegt werden. In den ariden Gebieten gibt es auch **Skorpione,** deren Stich für Menschen schmerzhaft, aber nicht lebensgefährlich ist. Folgende **Verhaltensregeln** sind zu beherzigen:

- Prinzipiell gelten dieselben Vorsichtsmaßnahmen wie bei Giftschlangen!
- Beim Zelten immer Schuhe und Kleidung vor dem Anziehen vorsichtig ausschütteln!
- Steine vor dem Aufheben immer erst mit dem Fuß anstoßen!
- Vor allem abends und nachts nicht direkt auf dem Boden sitzen!
- Auf Busch-Campingplätzen die ›Plumpsklos‹ vor der Benutzung kontrollieren!

Im tropischen Norden Australiens kommen zwei **Krokodilarten** vor: das harmlose Süßwasser- oder Johnstone-Krokodil und das gefährliche Salzwasser- oder Leistenkrokodil, das den Homo sapiens als schmackhafte Beute sehr schätzt (s. S. 396f.). An besonders gefährdeten Stellen (u. a. in der Nähe von Flußmündungen ins Meer sowie an den Ufern tropischer Flüsse und Seen) findet man Warntafeln, die man unbedingt beachten sollte. Auch wenn diese Schilder fehlen (sie sind sehr beliebt als Souvenirs!), nie ins Wasser gehen! Immer zuerst Einheimische fragen, die sichere Bade- und Schwimmplätze kennen! (Weitere Vorsichtsmaßnahmen und Verhaltensregeln s. S. 397).

Auch in australischen Meeresgewässern gibt es einiges, was beißt und sticht. Dort ist das Risiko, auf gefährliche Tiere zu stoßen, sogar deutlich größer als auf dem Lande. **Haie,** von denen vor den Küsten des Fünften Kontinents rund 100 Arten schwimmen, haben in Australien bislang mehr Menschen angefallen und getötet als anderswo auf der Welt. Dennoch beträgt das Risiko, in australischen Gewässern von einem Hai angegriffen zu werden, gerade 1 : 10 Mio., wie Wissenschaftler der University of New South Wales errechnet haben. Sicherheitshalber sollte man aber vor allem zwischen Dezember und Februar, wenn die Haigefahr am größten ist, nur an kontrollierten oder durch Netze geschützten Strandabschnitten baden. Bedenken Sie auch, daß die gefürchteten Meeresräuber über Flüsse weit ins Landesinnere vordringen können.

Mindestens ebenso gefährlich wie der Hai ist der **Box Jelly Fish** (auch Sea Wasp oder Marine Stinger genannt), eine Würfelqualle, die vorwiegend im Flachwasser tropischer Meere vorkommt und in den nordaustralischen Küstengewässern in den Sommermonaten zwischen November und April anzutreffen ist. Die leicht bläulichen, fast unsichtbaren Medusen, die oft in großen Mengen auftreten, weisen einen Durchmesser von ca. 5–25 cm auf. Ihre 5–7 mm dicken, bis zu 3 m langen Fangarme sind an ihren Enden mit Nesselzellen ausgestattet, die ein starkes Gift absondern. Diese Substanz bewirkt neben schmerzhaften Verätzungen der Haut in vielen Fällen auch tödliche Lähmungen der menschlichen Atmungsorgane. Viele Strände Nordaustraliens sind deshalb im Südsommer für Badende gesperrt. Keine Gefahr droht an Strandabschnitten, die durch sogenannte Stinger Nets gesichert sind. Risikolos baden und schwimmen kann man auch bei den meisten Inseln des Great Barrier Reef, allerdings nicht bei denen in Festlandsnähe! Nach einem Unfall mit einem Box Jelly Fish unbedingt einen Arzt aufsuchen! Als Sofortmaßnahme Essig (Vinegar; steht an vielen Stränden bereit) auftragen und eventuell Mund-zu-Mund-Beatmung durchführen! Unbedingt die an den Stränden aufgestellten Warnschilder beachten!

Ebenfalls sehr gefährlich ist der bis zu 30 cm lange **Steinfisch** (Stone Fish), der einem Stein täuschend ähnlich sieht und oft der Dinge harrt, die auf ihn zukommen. Tritt man versehentlich auf ihn, bohren sich seine kräftigen Rückenstacheln in den Fuß und sondern ein sehr schmerzhaftes, bisweilen sogar tödliches Gift ab. Bei einer Riffwanderung sollte man also stets Schuhe mit einer kräftigen Sohle tragen. Beim Schnorcheln bieten Flossen Schutz. Zu den Meeresbewohnern, bei denen größte Vorsicht angebracht ist, gehören weiterhin der **Stachelrochen** (Stingray), der **Rotfeuerfisch** (Butterfly Cod), der **Blaugeringte Tintenfisch** (Blue Ringed Octopus) sowie 32 verschiedene Arten von Seeschlangen, die zwar nicht aggressiv sind, deren Gift aber absolut tödlich wirkt. Ferner gibt es Muscheln, die mit Giftstacheln versehen sind. Da dieses Gift Muskellähmungen verursachen kann, sollte man jegliche Berührung vermeiden.

Nicht zu unterschätzen sind die vom **Meer** selbst ausgehenden Gefahren. Am sichersten badet und schwimmt man zwischen den beflaggten Strandabschnitten, die von Lebensrettern kontrolliert werden. Besonders auf der Hut sein sollte man vor gefährlichen Unterströmungen, die einen Schwimmer Hunderte von Metern ins offene Meer hinausziehen können. Im Notfall sollten Sie nach Möglichkeit keine Panik aufkommen lassen, so wenig Kraft wie möglich verbrauchen und statt gegen die Strömung anzukämpfen, die Lebensretter auf sich aufmerksam machen.

Eine weitere Gefahr wird häufig verkannt, bisweilen auch schlicht ignoriert – das Risiko, sich durch übermäßiges Sonnenbaden einen hautkrebsfördernden Sonnenbrand zu holen. Das seit einigen Jahren über dem Südpol rasch wachsende Ozonloch und die daraus resultierende vermehrte UV-Strahlung hat auf dem Fünften Kontinent die Hautkrebserkrankungen rapide ansteigen lassen. Australien (und hier wiederum vor allem Queensland) hat die höchste Hautkrebsrate der Welt! Pro Jahr sterben 1000 Australier an Hautkrebs! Ärzte raten zu folgenden Vorsichtsmaßnahmen:

- Zwischen 11 und 15 Uhr Aktivitäten im Freien und damit intensive Sonnenbestrahlung vermeiden!
- Unbedingt die pralle Sonne und das ›Braten‹ am Strand meiden!
- Stets eine wasserfeste Sonnencreme mit dem höchsten Schutzfaktor verwenden und beim längeren Schwimmen, Surfen und Schnorcheln ein T-Shirt tragen!
- Beim Aufenthalt im Freien stets eine Kopfbedeckung tragen, die für Schatten im Gesicht und am Hals sorgt!

Häufig unterschätzt, weil in unseren Breiten nicht bekannt, sind die von Buschfeuern und Wirbelstürmen ausgehenden Gefahren. Daher sollte man die über Radio und Fernsehen verbreiteten Warnungen vor Waldbränden und Zyklonen unbedingt ernst nehmen und die Anweisungen der Behörden befolgen! Während der Trockenperiode ist landesweit in vielen Regionen an bestimmten Tagen (Days of Total Fire Ban) jegliches offene Feuer im Freien strikt untersagt. Unbedingt zu beachten sind die an stark frequentierten Stellen errichteten Feuerwarntafeln! Wirbelstürme treten nur im tropischen Norden und gewöhnlich nur in den Sommermonaten zwischen November und April auf. Bei einem Aufenthalt während dieser Zeit empfiehlt es sich, die von den Behörden veröffentlichten Merkblätter mit Verhaltensregeln zu beachten.

Anreise nach Australien

... mit dem Flugzeug

Der Fünfte Kontinent wird von rund 30 internationalen Fluggesellschaften aus fast aller Welt bestens bedient. Die meist frequentierte Route von Europa nach Australien führt über Südostasien (Ostroute). Die reine Flugzeit Frankfurt – Sydney (Entfernung ca. 17000 km) beträgt mindestens 20 Stunden plus Zwischenstopp in Singapur, Bangkok o. ä. Abhängig von der gebuchten Fluglinie sind auch eingeplante Stopover bei Hin- und Rückflug in Singapur, Bangkok, Kuala Lumpur, Jakarta, Denpasar auf Bali, Manila und Hongkong möglich.

Hauptlinien auf der Ostroute sind die Deutsche Lufthansa und die nationale australische Fluggesellschaft Qantas Airways, die sich auf dieser Strecke von der BRD aus etwa zwei Drittel der Sitzplatzkapazität teilen. Lufthansa und Qantas bedienen diese Route mehrmals pro Woche mit nur einer Zwischenlandung zum Auftanken. Weitere namhafte Fluggesellschaften auf der Ostroute sind Cathay Pacific Airlines, Garuda Indonesia Airways, Olympic Airways, Malaysian Airline System, Philippine Airlines, Singapore Airlines und Thai Airways International. Einen wenig bekannten, aber sehr interessanten Flugdienst für Touristen, die über Indonesien nach Australien reisen wollen, bietet die indonesische Gesellschaft Merpati, die zweimal wöchentlich zwischen Kupang (Timor) und Darwin verkehrt.

Eine attraktive und dabei gar nicht mal sehr viel teuerere Alternative ist der etwas längere Flug von Europa nach Australien auf der Westroute über Nordamerika. Auf dieser Route fliegen u. a. Air New Zealand, Canadian Pacific Airlines und United Airlines. Möglichkeiten zu Zwischenstopps bestehen u. a. in Vancouver, Los Angeles und Auckland sowie auf verschiedenen Pazifikinseln (Honolulu auf Hawaii, Tahiti und Fiji). Interessant sind auch die oft von kooperierenden Fluglinien angebotenen Rund-um-die-Erde-Flüge (Auskunft in jedem guten Reisebüro).

Australiens wichtigste Zielorte mit internationalen Flughäfen sind Sydney, Melbourne, Adelaide, Perth, Darwin, Brisbane, Cairns, Townsville und Hobart. Wertvolle Reisezeit läßt sich mit einem Gabelflug sparen, wenn man an einem internationalen Flughafen Australiens ankommt (z. B. in Sydney) und von einem anderen wieder abreist (z. B. von Darwin).

Der reguläre Preis (Hin- und Rückflug) für den Linienflug Frankfurt – Sydney liegt bei ca. 7700 DM (Economy Class), ca. 8000 DM (Business Class) und ca. 13300 DM (First Class). Zahlreiche Reisebüros vermitteln ermäßigte Flüge von den größeren Flughäfen in Europa zu Preisen (je nach Saison ab ca. 2100–2400 DM), die deutlich unter den Normaltarifen liegen. Preiswert sind u. a. die Verbindungen der Garuda Indonesia Airways und der Olympic Airways. Zahlreiche Billigflugtickets sind ein Jahr gültig und lassen Unterbrechungen zu. Prinzipiell ist es ratsam, sich drei bis vier Monate vorher bei verschiedenen Reisebüros zu erkundigen und zu buchen.

Die IATA-Fluggesellschaften Lufthansa und Qantas setzen dem sogenannten Graumarkt eigene Sonderflugpreise entgegen. So bietet die Lufthansa für die Strecke Frankfurt – Sydney – Frankfurt u. a. einen Holiday-Sondertarif an, der je nach Reisesaison zwischen ca. 3000–3600 DM liegt (Mindestaufenthalt 14 Tage, Höchstaufenthalt 6 Monate, verschiedene Flugunterbrechungen möglich). Die Qantas offeriert u. a. einen Purchase Excursion Fare-(PEX)-Tarif, der ab allen deutschen Flughäfen, je nach

Saison und Zielflughafen in Australien, für den Hin- und Rückflug mit Stopover-Möglichkeit in einer von sieben ostasiatischen Metropolen zwischen ca. 2100–3500 DM liegt (Mindestaufenthalt 14 Tage, Höchstaufenthalt 6 Monate, Infos in der Broschüre Qantas Special Stopovers). Darüber hinaus bietet die Qantas ihren internationalen Passagieren günstige Sondertarife für Flüge innerhalb Australiens (Australia Explorer Pass; s. S. 557).

... mit dem Schiff

Die Seereise von Europa nach Australien dauert etwa 6–7 Wochen. Allerdings gibt es einen ausgesprochenen Liniendienst im Schiffsverkehr zwischen Europa und Australien schon lange nicht mehr. Der Passagierverkehr wird gewöhnlich von Frachtschiffen durchgeführt, die nur eine kleine Anzahl von Reisenden 1. Klasse aufnehmen. Der Fahrpreis liegt entsprechend hoch und übersteigt die Kosten eines Fluges in der Touristenklasse bei weitem. Für die Einwegpassage Hamburg – Sydney/Melbourne/Perth (via Rotterdam und Le Havre) muß man mit ca. 4500–6000 DM rechnen. Auskunft geben folgende Spezialveranstalter: Margis Reiseagentur GmbH, Stahltwiede 11, 22761 Hamburg, ✆ 040/8512860; Reiseagentur Hamburg-Süd, Ost-West-Str. 59, 20457 Hamburg, ✆ 040/37055 91.

Reisen in Australien

Allgemeines

Australien ist ein für europäische Verhältnisse unvorstellbar weites Land. Einige exemplarische Straßenentfernungen mögen dies verdeutlichen: Sydney – Melbourne ca. 900 km, Sydney – Adelaide ca. 1500 km, Adelaide – Darwin ca. 3200 km, Sydney – Perth ca. 4000 km. Wenn Sie dem berühmten Highway One, der ganz Australien streckenweise unter anderem Namen umzirkelnden Bundesstraße Eins, folgen, so legen Sie, ohne Abstecher ins Landesinnere, ca. 14000–15000 km zurück.

Die Auswahl der Transportmittel muß von den Entfernungen, die man zurücklegen will, und der Reisedauer abhängig gemacht werden. Sind zeitliche Grenzen gesetzt, sollte man versuchen, das Land punktuell zu erschließen, sich also auf Teilgebiete des Fünften Kontinents zu konzentrieren, um diese dann in ihrer ganzen Vielfalt zu erleben. Ein zeitlich begrenzter Jahresurlaub mag es erforderlich machen, die endlosen Ausdehnungen, welche die einzelnen Attraktionen des Landes von einander trennen, buchstäblich zu überfliegen und an den interessanten Punkten ein Fahrzeug zu mieten. Nach dem Fly & Drive-Prinzip kann man in 4–5 Wochen die Höhepunkte im Osten und im Zentrum des Fünften Kontinents kennenlernen. Und wer noch 14 Tage länger Zeit hat, kann eventuell auch Abstecher nach Westaustralien oder Tasmanien mit einplanen. In einem solchen Fall empfiehlt es sich, schon daheim den Mietwagen und/oder Flug-, Eisenbahn- und Buspassagen sowie Hotel-/Motelzimmer zu buchen. Eine Liste von auf Australien spezialisierten Reisebüros ist bei den australischen Fremdenverkehrsämtern in Europa erhältlich.

Entfernungen in Australien (in Kilometern)

	Adelaide	Albany	Alice Springs	Ayer's Rock	Brisbane	Broken Hill	Cairns	Canberra	Darwin	Hobart*	Kununurra	Mackay	Melbourne	Mt. Isa	Perth	Port Hedland	Surfer's Paradise
Albany	2675 *2494*																
Alice Springs	1555 *1320*	3594 *2532*															
Ayer's Rock	1597 *1659*	3636 *2685*	446 *333*														
Brisbane	1992 *1616*	4269 *3981*	3026 *2246*	3472 *2579*													
Broken Hill	513 *426*	2790 *2781*	1670 *1176*	1712 *1509*	1479 *1233*												
Cairns	2858 *2773*	5135 *3812*	2307 *1460*	2753 *1793*	1710 *1392*	2345 *1734*											
Canberra	1230 *970*	3905 *3553*	2785 *2258*	2827 *2591*	1315 *951*	1100 *805*	2938 *2376*										
Darwin	3261 *2623*	3735 *3184*	1706 *1307*	2152 *1640*	3672 *2852*	3376 *2431*	2953 *1677*	4233 *3734*									
Hobart*	999 *1261*	3674 *3701*	2554 *2577*	2596 *2910*	1970 *1788*	1113 *1317*	3291 *3016*	903 *1088*	4260 *3882*								
Kununurra	3248 *2344*	3735 *2587*	1693 *1044*	2139 *1377*	3659 *2828*	3363 *2217*	2940 *1825*	4400 *2977*	880 *440*	4247 *3500*							
Mackay	2100 *2416*	4377 *4912*	2391 *1787*	2837 *2119*	1010 *800*	1783 *1426*	700 *613*	2325 *1783*	3037 *2350*	2971 *2496*	3024 *2241*						
Melbourne	747 *650*	3422 *3084*	2302 *1970*	2344 *2303*	1718 *1379*	861 *702*	3039 *2683*	651 *470*	4008 *3273*	252 *610*	3995 *2904*	2719 *2163*					
Mt. Isa	2734 *1990*	4773 *3026*	1179 *674*	1625 *1007*	1847 *1572*	2105 *1275*	1128 *785*	2724 *2556*	1825 *1297*	3070 *3251*	1812 *1262*	1212 *1110*	2818 *2644*				
Perth	2720 *2118*	409 *376*	3639 *1976*	3681 *2309*	4314 *3605*	2835 *2405*	5180 *3436*	3950 *3177*	4206 *2808*	3719 *3325*	3326 *2211*	4422 *4536*	3467 *2708*	4973 *2650*			
Port Hedland	3847 *3432*	2105 *1688*	3289 *2883*	3737 *3216*	5289 *4447*	4531 *3858*	4570 *3315*	5646 *4489*	2510 *1579*	5338 *4637*	1630 *1183*	3654 *3928*	5286 *4019*	3442 *2875*	1696 *1311*		
Surfer's Paradise	2028 *1604*	4305 *4074*	3106 *2338*	3552 *2671*	80 *93*	1559 *1235*	1790 *1484*	1235 *916*	3752 *2961*	2074 *1719*	3739 *2897*	1090 *893*	1822 *1332*	1927 *1664*	4393 *3698*	5369 *5277*	
Sydney	1475 *1165*	3791 *3654*	2831 *2021*	2873 *2354*	1031 *748*	1161 *932*	2636 *1976*	302 *237*	4095 *3328*	1141 *1040*	4096 *3023*	2061 *1456*	889 *706*	2396 *2320*	3996 *3278*	5692 *4598*	933 *679*

Ziffern in Normalschrift sind Straßen-km, kursive die direkten Flug-km (IATA-km).
Die Straßen-km von Hobart sind ohne die Fähren-km Melbourne – Devonport angegeben.

Besonders individuell läßt sich der Fünfte Kontinent mit einem Mietwagen oder einem vor Ort gekauften Fahrzeug entdecken. Mit Linienbus und Zug kann man zwar schnell und bequem zwischen den größeren Orten reisen, doch ist es beispielsweise ganz unmöglich, viele Nationalparks mit ihren Naturattraktionen mit öffentlichen Verkehrsmitteln zu erreichen. Wenn man den Fünften Kontinent zusammen mit mehreren Personen bereist, sprechen durchaus auch Kostengründe für den Kauf eines Gebrauchtwagens.

Bei der Reiseplanung sollten neben den klimatischen Gegebenheiten auch die Ferientermine in Australien berücksichtigt werden. Während der heißen Sommermonate und vor allem während der Sommerferien (Mitte Dezember bis Anfang Februar) sollten Sie mit ausgebuchten Unterkünften und Engpässen im Transport (besonders im Flugverkehr) rechnen. Ähnliche Verhältnisse herrschen während der zweiten großen australischen Feriensaison im August und September.

... mit dem eigenen Auto

Australien besitzt für seine Größe und Bevölkerungszahl ein relativ gut ausgebautes Straßennetz mit einer Gesamtlänge von über 850000 km. Autobahnähnliche, mehrspurige Streckenabschnitte, sogenannte Freeways (Fwy.), gibt es nur im Bereich der Großstädte. Ansonsten dominieren zweispurige Straßen, die, wenn es sich um Hauptrouten handelt, als Highways (Hwy.) bezeichnet werden. Ein Highway kann von seiner Qualität her einer gut ausgebauten deutschen Bundesstraße entsprechen, mitunter tragen aber auch, etwas euphemistisch, staubige Schotterpisten diese Bezeichnung. Mittlerweile sind in Australien sämtliche Hauptverbindungsstraßen durchgehend asphaltiert (Teerstraße = Bitumen oder Sealed Raod). Abseits der Hauptrouten aber durchzieht das weite australische Outback ein dichtes Netz von Schotterpisten (Gravel Roads) und unbefestigten Naturpisten (Dirt Roads).

Die Wahl des Fahrzeugtyps – zweiradgetriebener Wagen (Conventional Vehicle) oder allradgetriebenes Geländefahrzeug (Four Wheel Drive; Abk. 4 WD) – hängt von der geplanten Reiseroute ab. Ein zuverlässiger Geländewagen ist zweifellos das ideale Gefährt, um Australien abseits der großen Durchgangsstraßen auf Sand- und Schotterpisten zu erforschen. Allerdings sind der Mietpreis bzw. die Anschaffungskosten sehr hoch. Andererseits sind verschiedene Outback-Pisten zumindest während der Trokkenperiode auch mit robusten Personenwagen oder sogar Wohnmobilen zu befahren. Schwere Regenfälle können jede Naturstraße aber für Tage und Wochen vollkommen unpassierbar machen, oft selbst für Fahrzeuge mit Allradantrieb.

Wer sich auf die bekannten Attraktionen konzentrieren will, kann sich mit einem zweiradgetriebenen Fahrzeug, mit dem man unter normalen Umständen etwa 95 % aller touristisch relevanten Orte und Landschaften erreichen kann, begnügen. Zu landschaftlichen Highlights wie dem westaustralischen Bungle Bungle National Park (s. S. 376), den Jim Jim Falls im Kakadu National Park (s. S. 391) oder dem Palm Valley im Finke Gorge National Park (s. S. 413), zu denen man wirklich nur mit einem Allradfahrzeug gelangt, werden von lokalen Veranstaltern Geländewagen-Touren angeboten; oder man kann sich vor Ort kurzzeitig einen 4 WD mieten. Ein allradgetriebener Geländewagen lohnt sich also eigentlich nur für Australien-Reisende, die sich auf extreme Pisten wagen wollen, wie z. B. den Birdsville Track oder die Cape York Road.

Es empfiehlt sich (vor allem, wenn man beabsichtigt, einen Geländewagen zu mieten) die Mitnahme eines internationalen Führerscheins. Falls Sie Mitglied eines Automobilklubs sind, welcher der Alliance Internationale de Tourisme oder der Fédération Internationale de l'Automobile angeschlossen ist (z. B. der ADAC), können Sie die Dienste der Australian Automobile Association (AAA) in Anspruch nehmen. Diese ist in jedem Staat mit Unterorganisationen vertreten (z. B. RACV in Victoria oder RACQ in Queensland), von denen man gegen Vorlage eines gültigen Automobilklub-Mitgliedsausweises des Heimatlandes kostenlos oder sehr preisgünstig Reiseinformationen, Kartenmaterial, Hotel- und Caravan Park-Verzeichnisse u. a. erhält. Zum Service der australischen Automobilklubs gehört auch die Pannenhilfe in Notfällen (Breakdown Service; hierfür ist eine Liste von Pannenhilfestationen erhältlich). Als Kartenmaterial zu empfehlen sind die sog. Strip Maps der Automobilklubs sowie die Straßenkarten verschiedener Mineralölgesellschaften (z. B. der BP Australian Road Atlas).

Gebrauchtwagen sind in Australien relativ teuer, vor allem ›exotische‹ Modelle aus Japan und Europa. Zunächst sollte man sich die Frage stellen, welchen Fahrzeugtyp man für die geplante Reiseroute benötigt. Sehr populär bei jugendlichen Reisenden sind die Kombiversionen (Station Wagon oder Panel Van) von im Lande hergestellten robusten Personenwagen wie Holden Kingswood oder Ford Falcon, die über fast unverwüstliche großvolumige 6-Zylinder-Maschinen verfügen (Nachteil: relativ hoher Spritverbrauch; Vorteil: viel Platz, kaum Probleme mit Ersatzteilen; Preis für Modell Baujahr 1980: ca. 8000 A-$; Baujahr 1985: ca. 14000 A-$). Will man auf seiner Reise weitgehend unabhängig von den relativ teueren Hotels und Restaurants sein, wählt man am besten einen mit Kühlschrank, Gaskocher, Wassertank u. a. ausgerüsteten Camper Van, die es auf der Basis von u. a. Volkswagen-, Toyota- und Nissan-Bussen gibt (Preis für Modell Baujahr 1980: ca. 12000 A-$; Baujahr 1985: ca. 20000 A-$). Plant man Touren auf überwiegend rauhen Pisten in entlegenen Gebieten, sollte man sich für einen zuverlässigen Geländewagen entscheiden, z. B. Toyota Landcruiser oder Nissan Patrol (Preis für Modell Baujahr 1980: ca. 14000 A-$; Baujahr 1985: ca. 22000 A-$).

Gebrauchtwagenhändler konzentrieren sich in den meisten australischen Großstädten in bestimmten Gegenden (z. B. in Sydney an der kilometerlangen Parramatta Rd. oder in Melbourne an der Sydney Rd.). Günstiger als bei Autohändlern kommt man eventuell über die privaten Anzeigen in den Wochenendausgaben der großen Tageszeitungen oder in Anzeigenmagazinen wie Auto Super Market, in denen Privatleute wie Händler inserieren, an ein Fahrzeug. Bei einem Händler erhält man zwar eine Garantie (gewöhnlich für 5000 km oder drei Monate), die allerdings nicht viel nützt, wenn man den Wagen in Sydney gekauft hat und dieser dann in Perth seinen Geist aufgibt.

Verschiedene Händler bieten neben einer technisch-mechanischen Garantie auch eine Rückkaufgarantie. Man kann den Kauf meist bereits zu Hause arrangieren und gleich nach Ankunft in Australien sein Fahrzeug übernehmen; hinzu kommt die Zeitersparnis beim Wiederverkauf vor der Abreise. Der Nachteil ist der höhere Preis gegenüber einem Kauf ohne Rücknahmegarantie. Adressen von Händlern, die eine Rückkaufgarantie geben: Mach 1, 495 New Canterbury Rd., Dulwich Hill, Sydney, NSW 2203, ✆ 02/5693374; Swiss-Am-Motors, 211 Parramatta Rd., Homebush, Sydney, NSW 2140, ✆ 02/767176 oder Cordulaplatz 8, CH-5400 Baden, ✆ 056/220301; Travel Car Centre, Bruno Frischknecht, 573 Pittwater Rd., Brookvale, Sydney, NSW 2100, ✆ 02/9381129.

Beim Kauf eines Gebrauchtwagens ist prinzipiell folgendes zu beachten:

- Falls Sie Zweifel am technischen Zustand des ins Auge gefaßten Wagens haben, bestehen Sie auf einer Inspektion (On-Site-Test) durch den Automobilklub des jeweiligen Staates (für ADAC-Mitglieder ca. 30 % billiger).

Roadtrain

- Das Auto muß eine Bescheinigung über die Verkehrstüchtigkeit (Roadworthy Certificate), die nicht älter als 30 Tage sein darf, besitzen.
- Versuchen Sie ein Auto zu kaufen, dessen Registrationspapiere über die Dauer Ihres Aufenthalts in Australien hinaus gültig sind. Die eigentümerunabhängige Zulassung eines Fahrzeugs muß jedes Jahr erneuert werden, was je nach Staat und Fahrzeugmarke ca. 300–400 A-$ kostet. Die Dauer der Zulassung ist an einem farbigen Aufkleber an der Windschutzscheibe ersichtlich. Falls das Fahrzeug noch zugelassen ist, ist beim Besitzerwechsel lediglich eine Ummeldegbühr (Transfer Fee) fällig.
- In den Gebühren für die Fahrzeugzulassung ist bereits eine obligatorische Haftpflichtversicherung für Personenschäden des Unfallgegners (Third Party Personal Injury Insurance) enthalten. Sinnvollerweise sollte man zusätzlich zu diesem Minimalschutz eine Versicherung für Sachschäden des Unfallgegners (Third Party Property Insurance) abschließen. Optimalen Versicherungsschutz bietet die Comprehensive Insurance, die etwa der deutschen Teilkaskoversicherung entspricht. Wichtig: Von verschiedenen australischen Versicherungen wird der deutsche Schadensfreiheitsrabatt (No Claim Bonus) anerkannt, also Versicherungspolice nicht vergessen!
- Alles Wissenswerte zum Thema Gebrauchtwagenkauf kann man Broschüren der Automobilklubs entnehmen (z. B. in Victoria The RACV Car Buyers Guide).

Das **Mietwagennetz** ist dicht und gut ausgebaut. Alle international renommierten Mietwagenfirmen (u. a. Avis, Budget, Hertz, Thrifty) haben in den australischen Metropolen und Touristenzentren Niederlassungen. Darüber hinaus findet man in den größeren Städten zahlreiche lokale Autoverleihe, die häufig recht günstige Konditionen bieten

(u. a. Firmen wie Rent-A-Wreck oder Rent-A-Bomb). Landesweit vertreten sind auch auf Wohnmobile und Allradfahrzeuge spezialisierte Vermieter (z. B. Brits Rentals; Zentrale: 112 Bell St., Preston, Melbourne, Vic. 3072, ✆ 03/4169333). Die Mietpreise liegen derzeit (1993), abhängig vom Anbieter, vom Fahrzeug und von der Mietdauer zwischen 45 und 180 A-$ pro Tag.

Benzin oder Diesel sind in den Vermietungsgebühren nicht inbegriffen, in der Regel jedoch unbegrenzte Freikilometer (Unlimited Mileage). Zwischen den größeren Städten sind gewöhnlich auch Einwegmieten möglich, allerdings müssen Sie dann eventuell für die Rückführkosten aufkommen. In manchen Touristenzentren (u. a. in Alice Springs und Darwin) kann man sogenannte Mini Mokes mieten, preiswerte jeepähnliche Fahrzeuge, die ideal sind für Kurzstrecken. Viele Verleiher bieten ferner sogenannte Self-Drive-Holiday-Packages an, bei denen die Unterkunft bereits mitgebucht ist.

Voraussetzung zur Anmietung eines Fahrzeugs ist ein gültiger Führerschein und, je nach Vermieter, ein Mindestalter zwischen 21 und 25 Jahren. Manche Vermieter machen die Vorlage einer gängigen Kreditkarte zur Bedingung. Ansonsten wird häufig die voraussichtliche Wagenmiete und eine Kaution von 100 A-$ im voraus erhoben. In der Regel sind die Mietwagen teilkaskoversichert, wobei man die Selbstbeteiligung durch den Abschluß einer Zusatzversicherung ausschließen kann. Beim Mieten von Campmobilen und Geländewagen ist darauf zu achten, daß sich der Versicherungsschutz in keinem Fall auf selbstverschuldete Schäden an der Inneneinrichtung, am Dach und am Unterbau des Fahrzeugs erstreckt. Für alle Mietwagen, außer Geländefahrzeugen, gibt es Beschränkungen bezüglich unbefestigter Straßen. Schäden aufgrund von Zuwiderhandlungen gehen voll zu Lasten des Mieters, da hier kein Versicherungsschutz besteht. Generell sollte man sich vor der Übernahme des Mietwagens genau über die Vertragsbedingungen unterrichten lassen und unbedingt prüfen, ob ein Reservereifen, ein Wagenheber und Bordwerkzeug vorhanden sind. Eine kurze Probefahrt ist ebenfalls ratsam. Während der Hauptsaison frühzeitig reservieren, insbesondere für Campmobile und Geländewagen (Adressen bei den australischen Fremdenverkehrsämtern in Europa).

In Australien herrscht Linksverkehr, dennoch gilt die Regel: Wer von rechts kommt, hat Vorfahrt. Vorsicht ist vor allem beim Rechtsabbiegen angebracht (insbesondere in Melbourne). Das Anlegen von Sicherheitsgurten ist Pflicht, auch auf den Rücksitzen. Die Alkoholgrenze liegt bei 0,5 Promille. Die Höchstgeschwindigkeit beträgt innerhalb geschlossener Ortschaften 60 km/h, auf Überlandstraßen 100 km/h (in Südaustralien 110 km/h), sofern es nicht anders geregelt ist. Vor allem in Großstädten empfiehlt es sich unbedingt, die Parkvorschriften genau zu beachten, da bei Zuwiderhandlungen empfindliche Geldstrafen drohen. Vor unbeschrankten Bahnübergängen ohne Signalanlage ist man verpflichtet, kurz zu stoppen. Die meisten Verkehrsschilder entsprechen der internationalen Norm.

In den Gebieten der Großstädte und entlang der großen Durchgangsstraßen ist das Tankstellennetz sehr dicht, im Binnenland und abseits der Hauptrouten wird es jedoch rasch recht dünn. Allerdings sollte aus Sicherheitsgründen nur bei Fahrten in extrem entlegene Gebiete ein größerer Benzinvorrat mitgeführt werden. Auch auf Outback-Pisten liegen nicht mehr als maximal 250 km zwischen den einzelnen Tankstellen.

Benzin wird verbleit und unverbleit angeboten. Der Liter Superbenzin kostet an der Küste etwa 0,65–0,70 A-$, im Binnenland bis zu 1 A-$ (1993). Roadhouse nennt man in Australien eine große Rastanlage an einem Highway mit Tankstelle, Restaurant sowie oft auch einem Motel und Caravan Park. Das Netz von Reparaturwerkstätten ist in den letzten Jahren recht engmaschig geworden. Selbst in entlegenen Outback-Nestern findet sich meist jemand, der zumindest kleine mechanische Arbeiten ausführen kann.

Generell sollte man Tagesetappen von mehr als 300 km vermeiden und bedenken, daß gerade in der Abenddämmerung die Gefahr von Zusammenstößen mit Känguruhs, Emus und anderen Wildtieren besonders groß ist. In den riesigen Viehweidegebieten halten sich nachts zudem die umherziehenden Rinder gerne entlang des warmen Asphaltbandes auf. Sinnvoll erscheint in jedem Fall ein Schutzgitter gegen Steinschlag, das man vor die Windschutzscheibe klappen kann (Glasschäden kommen längst nicht nur auf Schotterpisten vor!).

Auf der Hut sein sollte man auch vor den sogenannten Roadtrains, den mächtigen Lastwagengespannen mit einer Länge von bis zu 50 m und einem Gesamtgewicht von bis zu 120 t. Es ist üblich, daß man einem Roadtrain generell die Vorfahrt läßt. Entgegenkommende Fahrzeuge verlassen notfalls die Straße, um den schwerfälligen Riesen auf Rädern, die den Bremsweg eines Güterzugs haben, nicht in die Quere zu kommen. Beim Überholen eines Roadtrain unbedingt die Überlänge einkalkulieren!

Besondere Vorsichtsmaßnahmen sind beim Reisen im Outback anzustellen: Mangelhafte Ausrüstung und bodenloser Leichtsinn kosten auch heute noch Menschenleben. Grundvoraussetzung ist, daß sich das Fahrzeug in Top-Zustand befindet. Zur Ausrüstung gehören u.a. zwei Reservereifen, Abschleppseil, Bordwerkzeug, Spaten, Axt, Notfallapotheke sowie die wichtigsten Ersatzteile und der Route entsprechend genügend Reservekanister. Nehmen Sie auch bei kürzeren Reisen ins Outback stets einen ausreichenden Trinkwasservorrat und genügend Lebensmittel mit! In der australischen Sommerhitze braucht ein erwachsener Mensch ca. 4 l Wasser pro Tag zum Überleben! Denken Sie stets daran, daß sich die meisten unbefestigten Straßen im Zentrum und in den nördlichen Regionen während der Regenzeit (November–April) oft in einem abenteuerlichen Zustand befinden. Grundsätzlich gilt: Vor dem Befahren von Naturpisten immer den aktuellen ›Straßen‹-Zustand erfragen. Zudem sollte man vor einer Fahrt in eine einsame Region die Polizei oder auch die Ranger eines Nationalparks über Reiseroute und Reisedauer informieren, damit im Notfall eine Hilfsaktion veranlaßt werden kann. Wichtig: Den Rückruf nicht vergessen, wenn man heil am Zielort angekommen ist!

Im Falle einer Panne gilt die eiserne Regel: Immer beim Fahrzeug bleiben und Hilfe abwarten, auch wenn dies Tage dauern sollte! Aus der Luft ist ein Auto in der Wüste wesentlich leichter zu erkennen als ein Mensch. Außerdem gibt es erfahrungsgemäß kaum Überlebenschancen, wenn man versucht, sich zu Fuß durchzuschlagen. In sehr abgelegenen Gebieten grundsätzlich nur im Konvoi fahren. Schotterpisten und Naturstraßen im Outback erfordern auch eine besondere Fahrtechnik. Für das berühmte australische »Wellblech« gibt es kein Patentrezept. Bei überschwemmten Straßen oder vor Flußdurchquerungen sollte man stets Wassertiefe und Untergrund erkunden, bevor man langsam, aber zügig hindurch fährt. In Viehweidegebieten muß man Zauntore, welche die Pisten blockieren, immer so zurücklassen, wie man sie vorgefunden hat, also geschlossen oder offen. Bitte bedenken Sie auch, daß es sich bei den Trockenregionen Inneraustraliens um sehr fragile Ökosysteme handelt und bleiben Sie stets auf den ausgefahrenen Buschpisten.

... mit dem Bus

Im inneraustralischen Überlandverkehr spielen Busse eine dominierende Rolle. Zwischen den Großstädten sind die Busverbindungen landesweit als gut bis sehr gut zu bezeichnen. Günstige Tarife machen das

Busreisen zu der nach dem Autostopp preiswertesten Art der Fortbewegung. Die modernen Expreßbusse, die rund um die Uhr schnell und bequem zwischen den wichtigsten Orten verkehren, sind in der Regel klimatisiert sowie mit Waschraum, Toilette, Panoramafenstern und verstellbaren Sitzen mit Kopfstützen ausgestattet. An Raststätten werden regelmäßig Pausen eingelegt, um den Passagieren Gelegenheit zu geben, Mahlzeiten und Erfrischungen zu sich zu nehmen. Das Freigepäck ist gewöhnlich auf 20 kg begrenzt; für weitere Gepäckstücke wird meist eine Extragebühr verlangt.

Studenten mit gültigem Ausweis sowie Mitglieder des internationalen Jugendherbergswerkes erhalten einen Rabatt von 10–20 %. Beim Kauf des Tickets ist darauf zu achten, ob kostenlose Zwischenstopps möglich sind. Die großen Buslinien haben ihre Terminals meist in den Zentren der Städte; oft existieren auch zentrale Busbahnhöfe, die von mehreren Gesellschaften benutzt werden. Vor allem während der Hauptreisezeit empfiehlt sich eine frühzeitige Platzreservierung (entweder direkt bei der jeweiligen Buslinie oder bei Reisebüros sowie häufig auch bei lokalen Fremdenverkehrsämtern).

Die beiden führenden Busgesellschaften, die ihre Fahrzeuge in ganz Australien auf die Highways schicken, sind Ansett Pioneer und Greyhound Australia. Weitere Linien mit einem sehr dichten Expreßdienstnetz im Interstate-Verkehr sind Bus Australia und McCafferty's. Ferner gibt es landesweit eine Vielzahl von kleineren Unternehmen, die preiswerte Busdienste im Fern- und Regionalverkehr anbieten.

Für Australien-Besucher, die beabsichtigen, längere Strecken mit dem Bus zu reisen, lohnt sich der Kauf einer Netzkarte zu einem Spezialtarif. Die großen Buslinien bieten zwei Versionen an: einmal solche, mit denen man innerhalb eines Zeitraums (meist sechs oder zwölf Monate) landesweit bestimmte, von vornherein festgelegte Städte anfahren kann, zum anderen solche, mit denen man sich die Route innerhalb eines bestimmten Zeitraums (7, 10, 15, 21, 30, 60 oder 90 Tage) nach eigenem Geschmack selbst zusammenstellen kann.

In die erste Kategorie fällt z. B. das Greyhound Aussie Explorer Ticket, das es wiederum in verschiedenen Varianten gibt (z. B. Best of the West: Perth – Adelaide – Coober Pedy – Ayers Rock – Alice Springs – Darwin – Derby für 575 A-$; 1991). Sehr populär ist auch die zweite Möglichkeit z. B. der Pioneer Aussiepass, der Greyhound Bus Pass und der Bus Australia Pass. Die Preise der Netztickets der großen Buslinien liegen zwischen 195 A-$/7 Tage und 1250 A-$/90 Tage. Ansett Pioneer offeriert zudem einen Super Aussiepass, der unbegrenztes Reisen im Streckennetz dieser Linie mit begrenzten Übernachtungen in Motels kombiniert.

Plant man seinen Australienaufenthalt für die Hauptsaison, so empfiehlt es sich, den Buspaß bereits in Deutschland zu kaufen (7-, 10- und 15-Tage-Tickets sind ohnehin nur außerhalb Australiens erhältlich); Auskunft und Buchung: Ansett Pioneer, c/o Ansett Airlines of Australia, Luginsland 1, 60313 Frankfurt/Main, ✆ 069/282225; Greyhound International, Eschersheimer Landstr. 297, 60320 Frankfurt/Main, ✆ 069/5601005 sowie bei allen australischen Fremdenverkehrsbüros in Europa.

... mit der Eisenbahn

Alle Hauptstädte, mit der Ausnahme von Darwin, sind an das australische Eisenbahnnetz angeschlossen, das mit nur knapp 40000 km im internationalen Vergleich aber eher bescheiden ist. Die einzelnen Bundesstaaten betreiben eigene Streckennetze mit jeweils unterschiedlicher Spurweite.

Am dichtesten ist der Eisenbahnverkehr im Osten und Südosten sowie im Südwesten des Kontinents; dort versorgt von den Hauptstädten aus ein relativ gut ausgebautes

Streckennetz der Regionalbahnen die meisten größeren Orte. Verbunden werden die beiden Großregionen durch eine transkontinentale Fernstrecke, für die ebenso wie für die Eisenbahnlinie zwischen Port Augusta in Südaustralien und Alice Springs im Zentrum die wichtigste Stichbahn des Kontinents, die Australian National Railways Commission, zuständig ist.

Australiens Fernzüge zählen nicht gerade zu den preiswertesten und schnellsten, sicherlich aber zu den bequemsten Verkehrsmitteln auf dem Fünften Kontinent. Vor allem die Nachtzüge sind sehr komfortabel ausgestattet mit Klimaanlage, Schlafkabinen, Duschen und Toiletten sowie Speisewagen. Auf allen Fernzügen besteht die Wahlmöglichkeit zwischen First Class und Economy Class. Die Freigepäckgrenze liegt für alle Passagiere bei großzügigen 80 kg.

Wenn Sie Australien mit der Eisenbahn kennenlernen wollen, empfiehlt sich ein preisgünstiges Netzticket: der Austrailpass (1. Klasse) oder der Budget Austrailpass (2. Klasse). Beide werden für eine Gültigkeitsdauer von 14 Tagen (690 A-$/415 A-$), 21 Tagen (850 A-$/535 A-$), 30 Tagen (1050 A-$/650 A-$), 60 Tagen (1460 A-$/930 A-$) und 90 Tagen (1680 A-$/1070 A-$) ausgestellt und erlauben unbegrenzt freie Fahrt auf allen Staatsbahnen sowie auf den meisten Regionalzugsystemen innerhalb des gewählten Zeitraums (März 1990; hinzu kommen noch Zuschläge für Schlafkabinen). Beide Versionen des Austrailpass müssen außerhalb von Australien gekauft werden (s. u.). Ebenfalls bereits vor der Abreise muß der Kangaroo Road 'n' Rail Pass gebucht werden, mit dem einem entweder 14 Tage (750 A-$/470 A-$), 21 Tage (900 A-$/650 A-$) oder 28 Tage (1100 A-$/830 A-$) lang die Streckennetze der Railways of Australia sowie das der Busgesellschaft Greyhound zur Verfügung stehen.

Eisenbahnfans bietet Australien eine ganze Reihe erlebnisreicher Zugreisen; zu den touristisch interessantesten gehören die Fahrten in den berühmten Expreßzügen Indian Pacific und Ghan. Der Indian Pacific bewältigt auf dem Weg von Sydney nach Perth, die drittlängste Bahnstrecke der Welt, eine Entfernung von beinahe 4000 km. Für diese Fahrt vom Pazifischen zum Indischen Ozean benötigt er etwa 65 Stunden. Westlich von Adelaide durchquert er auf dem mit 478 km längsten schnurgeraden Schienenstrang der Welt die Nullarbor Plain. Zu den großartigsten Zugfahrten der Welt zählen Kenner auch die Reise im Ghan von Adelaide nach Alice Springs (ca. 20 Stunden).

Bedenken Sie, daß die berühmten Langstreckenzüge Australiens nicht täglich verkehren und die Nachfrage gewöhnlich sehr groß ist. Frühzeitige Vorausbuchungen sind daher ratsam bis notwendig. Ticketbuchungen und Platzreservierungen werden bis zu 12 Monate im voraus akzeptiert. Auskunft und Buchung: Tourland Reisen, Generalagentur der Railways of Australia, Brönnerstr. 11, 60313 Frankfurt/Main, ✆ 069/ 280713 sowie bei allen australischen Fremdenverkehrsämtern in Europa.

... mit dem Flugzeug

Dem geographischen Charakter des Landes angemessen, verfügt Australien über ein effizientes Binnenflugnetz. Etwa 80 % aller Langstreckenreisen mit öffentlichen Verkehrsmitteln entfallen auf den inländischen Flugverkehr. Die großen Gesellschaften setzen auf den Hauptrouten durchweg moderne Jets ein. Mit Hilfe kleiner und kleinster Fluglinien kann man fast jeden Ort Australiens per Flugzeug erreichen. Wobei allerdings zu bedenken ist, daß die Flüge in kleinen Maschinen wegen der heißen Aufwinde über den inneraustralischen Trockengebieten turbulent sein können.

Innerhalb Australiens wurde der Luftverkehr hauptsächlich von zwei großen Gesellschaften, der staatlichen Australian Airlines und der privaten Ansett Airlines, bestritten, bis im November 1990 nach der Deregulierung (Aufhebung von Einschränkungen im Flugverkehr) neue gegründet wurden, unter denen die East West Airlines herausragt. Das Streckennetz der großen Fluggesellschaften wird ergänzt durch eine Vielzahl von Regionalfluglinien, wie z. B. Air New South Wales und Eastern Airlines (in Neusüdwales), Kendell Airlines (in Victoria und Südaustralien), Skywest (in Westaustralien), Airlines of Tasmania (in Tasmanien) sowie Sunbird Airlines und Sunstate Airlines (in Queensland).

Die australischen Fluglinien gehören zwar zu den sichersten, aber längst nicht zu den billigsten der Welt. Doch der harte Konkurrenzkampf am inneraustralischen Himmel beschert heute den ausländischen Touristen Preisnachlässe und Sondertarife, Air-Pässe und Netztickets, deren Vielfalt sehr verwirrend ist. Detaillierte und vor allem aktuelle Auskunft erhält man bei den australischen Fremdenverkehrsämtern sowie direkt bei den Fluglinien.

Interessant für Besucher aus Übersee sind vor allem der G'Day Australia Pass der Ansett Airlines und der East West Airlines sowie der »Australia Explorer Pass« der Qantas und Australian Airlines. Erwähnenswert sind zudem der LH Australia Airpass I & II der Lufthansa in Verbindung mit Australian Airlines und der Singapore Airlines Australia Airpass der Singapore Airlines in Verbindung mit Australian Airlines. Reisenden mit flexiblem Zeitplan, die freie Sitzplätze spontan nutzen können, bieten alle Fluglinien sogenannte Standby Fares, d. h. 20 % Ermäßigung auf die regulären Economy-Tarife (Tikkets gibt es nur am Flughafen; keine Reservierung möglich). Studenten können bis zu 25 % Rabatt bekommen, wenn sie unter 26 Jahre alt sind, einen gültigen Studentenausweis besitzen sowie überdies eine Bescheinigung ihrer Universität (auf englisch) vorweisen können.

Während der Hauptreisezeit kommt es im inneraustralischen Flugverkehr erfahrungsgemäß häufig zu Engpässen. Auskunft und Buchung: Ansett Airlines of Australia, Luginsland 1, 60313 Frankfurt/Main, ✆ 069/282225; Australian Airlines, Neue Mainzer Str. 22, 60313 Frankfurt/Main, ✆ 069/233104; East West Airlines, c/o Ansett Airlines of Australia (s. o.) sowie bei allen australischen Fremdenverkehrsämtern in Europa. Übrigens: Auf allen Inlandflügen besteht ein striktes Rauchverbot!

Organisierte Touren

In den Großstädten und Touristenzentren wird ein breitgefächertes Spektrum an organisierten Touren angeboten. Besonderer Popularität erfreuen sich seit einiger Zeit sogenannte Bus-Campingreisen, die z. T. mit speziell ausgerüsteten Allrad-Fahrzeugen durchgeführt werden. Ein gutes Renommee haben die landesweit operierenden Veranstalter AAT King's Tours und Australian Pacific Tours. Detaillierte Informationen erhält man vor Ort bei den regionalen Fremdenverkehrsämtern.

Autostopp

Zwar ist Hitchhiking landesweit nicht verboten, doch kann Australien wegen der gewaltigen Distanzen und der oftmals sehr geringen Verkehrsdichte keineswegs als Traumland für Tramper gelten. Dazu kommt vor allem während der Hauptreisezeit noch die oftmals große Konkurrenz durch andere Anhalter auf den Hauptrouten. In menschenarmen Regionen muß man häufig stunden-, wenn nicht sogar tagelange Wartezeiten einkalkulieren. Zeitsparend und relativ billig ist es, gegen Benzinkostenbeteiligung eine Mitfahrgelegenheit anzunehmen (Angebote u. a. an den schwarzen Brettern der Jugendherbergen und Backpackers Hostels). Frauen sollten übrigens im Macho-Land Australien nicht unbedingt alleine trampen.

Routenvorschläge

Zwei Wochen in Australien

1. Ankunft in Sydney – Flug nach Alice Springs – Ausflüge zu den MacDonnell Ranges sowie zum Ayers Rock und zu den Olgas – Flug nach Cairns – Ausflüge zum Great Barrier Reef – Heimflug von Cairns oder Brisbane
2. Ankunft in Sydney – Fahrt nach Melbourne und weiter nach Adelaide – Ausflug zu den Flinders Ranges oder nach Kangaroo Island – Fahrt nach Coober Pedy und weiter nach Alice Springs mit Abstecher zum Ayers Rock und zu den Olgas – Flug nach Sydney – Heimflug von Sydney

Drei Wochen in Australien

1. Ankunft in Sydney – Fahrt nach Brisbane und weiter nach Cairns mit Ausflügen zum Great Barrier Reef – Flug nach Alice Springs – Ausflüge zu den MacDonnell Ranges sowie zum Ayers Rock und zu den Olgas – Fahrt nach Adelaide mit Zwischenstopp in Coober Pedy – Heimflug von Adelaide
2. Ankunft in Sydney – Fahrt nach Melbourne mit Zwischenstopp in Canberra – Weiterfahrt nach Adelaide entweder entlang der Great Ocean Road oder über den Western Highway mit Zwischenstopp in den Grampians – Fahrt nach Alice Springs mit Zwischenstopp in Coober Pedy sowie Abstecher zum Ayers Rock und zu den Olgas – Flug nach Cairns – Ausflüge zum Great Barrier Reef – Heimflug von Cairns oder Brisbane
3. Ankunft in Sydney – Fahrt nach Port Augusta via Broken Hill – Ausflug zu den Flinders Ranges – Weiterfahrt nach Alice Springs mit Zwischenstopp in Coober Pedy sowie Abstecher zum Ayers Rock und zu den Olgas – Weiterfahrt nach Katherine – Ausflug in den Katherine Gorge National Park – Abstecher in die westaustralischen Kimberleys – Weiterfahrt nach Darwin – Ausflug in den Kakadu National Park – Heimflug von Darwin
4. Ankunft in Perth – Fahrt über Geraldton und Carnarvon nach Port Hedland – Abstecher in den Hamersley Range National Park – Weiterfahrt über Broome und Derby in die Kimberley-Region – Ausflüge zum Windjana Gorge und Geikie Gorge National Park – Weiterfahrt nach Halls Creek – Abstecher zum Wolfe Creek Meteorite Crater und zum Bungle Bungle National Park – Weiterfahrt über Kununurra nach Katherine – Ausflug in den Katherine Gorge National Park – Weiterfahrt nach Darwin – Ausflug in den Kakadu National Park – Heimflug von Darwin

Vier Wochen in Australien

1. Ankunft in Sydney – Fahrt nach Brisbane und weiter nach Cairns mit Ausflügen zum Great Barrier Reef – Flug nach Darwin – Ausflug in den Kakadu National Park – Fahrt nach Katherine – Ausflug in den Katherine Gorge National Park – Weiterfahrt nach Alice Springs – Ausflüge zu den MacDonnell Ranges – Weiterfahrt nach Adelaide mit Abstecher zum Ayers Rock und zu den Olgas sowie Zwischenstopp in Coober Pedy – Weiterfahrt nach Sydney über Broken Hill oder Mildura – Heimflug von Sydney

2. Ankunft in Sydney – Fahrt über Melbourne nach Adelaide – Weiterfahrt über Coober Pedy und Ayers Rock/Olgas nach Alice Springs – Ausflüge zu den MacDonnell Ranges – Weiterfahrt nach Darwin mit Zwischenstopp im Katherine Gorge National Park – Ausflug in den Kakadu National Park – Fahrt in die Kimberley-Region (Bungle Bungle National Park, Geikie Gorge National Park, Windjana Gorge National Park) – Weiterfahrt nach Port Hedland mit Abstecher in den Hamersley Range National Park – Weiterfahrt nach Perth – Heimflug von Perth

Fünf Wochen in Australien

1. Ankunft in Sydney – Fahrt nach Brisbane und weiter nach Cairns mit Ausflügen zum Great Barrier Reef – Abstecher nach Port Douglas und Cooktown – Weiterfahrt nach Cairns über Mt. Isa und Tennant Creek nach Katherine – Ausflug in den Katherine Gorge National Park – Weiterfahrt nach Darwin – Ausflug in den Kakadu National Park – Fahrt oder Flug nach Alice Springs – Ausflüge zu den MacDonnell Ranges – Weiterfahrt nach Port Augusta mit Abstecher zum Ayers Rock und zu den Olgas sowie Zwischenstopp in Coober Pedy – Ausflug zu den Flinders Ranges – Weiterfahrt nach Melbourne mit Zwischenstopp in Adelaide – Heimflug von Melbourne
2. Ankunft in Sydney – Fahrt nach Brisbane und weiter nach Cairns mit Ausflügen zum Great Barrier Reef – Abstecher nach Port Douglas und Cooktown – Flug von Cairns nach Alice Springs – Ausflüge zu den MacDonnell Ranges – Weiterfahrt nach Adelaide mit Abstecher zum Ayers Rock und zu den Olgas sowie Zwischenstopp in Coober Pedy – Weiterfahrt nach Melbourne – Abstecher nach Tasmanien – Heimflug von Melbourne

Sperrzonen

Gebiete, die sich im Besitz der australischen Ureinwohner befinden (Aboriginal-Land), dürfen von Nicht-Aborigines nicht ohne Erlaubnis betreten oder durchfahren werden. Jeder Weiße muß eine Genehmigung des zuständigen Land Council vorweisen können. Für Einzelreisende ist das fast unmöglich, da diese Permits nur in Ausnahmefällen für Antragsteller mit einem begründeten Anliegen (z. B. Wissenschaftler) gewährt werden. Wer Aboriginal Land besuchen will, sollte sich mindestens vier Wochen vor dem geplanten Termin schriftlich an das jeweils zuständige Land Council wenden: ... *für das Nordterritorium (Top End):* Northern Land Council, 47 Stuart Hwy, P. O. Box 39843, Winnellie, Darwin, NT 0800, ✆ 089/817011. ... *für das Nordterritorium (›Rotes Herz‹):* Central Land Council, 33 Stuart Hwy, P. O. Box 3321, Alice Springs, NT 0870, ✆ 089/523800. ... *für Südaustralien:* Pitjantjatjara Council, 3 Wilkinson St., P. O. Box 2584, Alice Springs, NT 0871, ✆ 089/505411.

Eine gute Möglichkeit, Aboriginal Land zu besuchen, bieten organisierte Touren, die z. T. von Ureinwohnern als Reiseveranstalter angeboten werden. Informationen in der Broschüre Come Share Our Culture, die bei der Australia's Northern Territory Tourist Commission erhältlich ist.

Unterkunft und Essen

Hotels und Pensionen

Das Angebot an Unterkünften reicht von Campingplätzen und Caravan Parks über preiswerte Jugendherbergen und Pensionen bis hin zu Hotels und Motels der internationalen Luxusklasse. Während der Hauptreisezeiten (Juli – Sept., Dez. – Feb.) empfehlen sich unbedingt frühzeitige Vorausbuchungen für Unterkünfte aller Kategorien in den größeren Städten und bedeutenderen Touristenzentren. Ihre Reservierungen können Sie mittels Anruf selbst tätigen oder über Reisebüros sowie gelegentlich auch regionale Fremdenverkehrsämter vornehmen lassen. Manche Hotel-, Motel- und Caravan Park-Ketten unterhalten überdies zentrale Reservierungsbüros, die Buchungen für ganz Australien entgegennehmen. Reservierungen für die meisten Unterkünfte der höheren Kategorien sind in der Regel über gute Reisebüros bereits von Europa aus möglich.

Beim Einchecken in ein Hotel oder Motel ist eine internationale Kreditkarte von großem Nutzen, denn mit ihr entfällt die sonst übliche Vorauszahlung des Zimmers. Frühstück oder andere Mahlzeiten sind bei den meisten Hotels/Motels nicht im Preis inbegriffen. Bei längeren Aufenthalten erhält man in Unterkünften aller Kategorien in der Regel einen günstigeren Tarif. Viele Hotels und Motels sowie auch Caravan Parks sind Vereinigungen angeschlossen (z. B. Best Western, Golden Chain Motor Inn, Flag Inn, Big 4 Tourist Parks), die teilweise kostenlos Mitgliedskarten ausgeben, mit denen man 10 % und mehr Nachlaß erhält. Während der Hauptreisezeiten erheben andererseits viele Hotels und Motels einen Saisonzuschlag.

In Australien gibt es kein offizielles, nationales Klassifizierungssystem für Unterkünfte. Die in diesem Buch vorgenommene Einteilung in Kategorien orientiert sich an dem Australian National Tourguide, dem besten Unterkunftsverzeichnis für ganz Australien. Diese über 500 Seiten starke Auflistung von Übernachtungsmöglichkeiten, die jedes Jahr in einer aktualisierten Fassung von den Automobilklubs von Victoria (RACV) und Südaustralien (RAA) herausgegeben wird, gibt detaillierte Auskünfte und Preisangaben über sämtliche Unterkünfte.

Die vorgenommene Klassifizierung kennt fünf Kategorien, wobei ***** die höchste und * die niedrigste Klasse bezeichnet. Allerdings können innerhalb einer Kategorie, je nach Region, sowohl Qualität wie auch Preis stark differieren. Generell läßt sich sagen, daß die Zimmerpreise in Großstädten und bevorzugten Touristenzentren deutlich höher liegen als in entlegenen Gebieten.

Der Begriff Hotel führt bei Besuchern aus Übersee oft zu Verwirrung, denn nicht in jedem australischen Hotel kann man auch übernachten. Häufig sind mit dieser Bezeichnung Pubs, also Kneipen, gemeint. Zur Einschränkung des Alkoholkonsums erließ man im vorigen Jahrhundert landesweit ein Gesetz, nach dem alkoholische Getränke nur zu bestimmten Zeiten und nur in Hotels ausgeschenkt werden durften. Vor allem außerhalb der Städte sind Hotels auch heute noch oft nichts anderes als Kneipen, die, um ihre Schanklizenz nicht zu verlieren, irgendwo unter dem Gebälk über ein kleines Gästezimmer verfügen.

Klassifizierte Hotels/Motels: Im Unterschied zu einem Motel muß in Australien ein Hotel neben den üblichen Einrichtungen auch eine öffentliche Bar besitzen. Hotelähnliche Unterkünfte, die keine Lizenz zum Ausschank alkoholischer Getränke haben, tragen oft die Bezeichnungen Private Hotel, Guest House, Lodge oder Inn.

Hotels der Kategorie *****, **** und *** entsprechen durchweg internationalem Standard. Sie verfügen meist über mehrere Restaurants, Bars und Läden. Gäste können in der Regel zwischen klimatisierten Einzel- und Mehrbettzimmern bis hin zu Suiten wählen, wobei private Badezimmer natürlich immer inbegriffen sind. Zur Ausstattung der Zimmer gehören überdies Telefon, Fernseher und kleine Kühlschränke. Ein 24-Stunden-Zimmerservice ist in diesen Häusern selbstverständlich.

Zu den Unterkünften der Kategorie ** und * zählen oft stilvolle ältere Hotels (mitunter Bauten aus der Kolonialzeit), deren Zimmer eine gepflegte und komfortable Grundausstattung haben sowie teils auch über ein eigenes Bad/WC verfügen. Gelegentlich muß man in Hotels dieser Kategorie die sanitären Einrichtungen mit anderen Gästen teilen. In praktisch jedem australischen Hotelzimmer, ungeachtet der Kategorie, gibt es eine elektrische Tee- bzw. Kaffeekanne sowie Teebeutel, Pulverkaffee, Milch und Zucker.

Motels, die das Rückgrat des australischen Übernachtungsgeschäfts bilden, findet man in jeder etwas größeren Stadt, meist entlang der Ausfallstraßen an den Peripherien. Speziell auf die Bedürfnisse von Autoreisenden eingerichtet, verfügen sie über abgeschlossene Ein- und Mehrzimmereinheiten, die der Kategorie entsprechend gleiche Ausstattung und gleichen Komfort besitzen wie Hotels. Motels ist oft ein Restaurant angeschlossen (gelegentlich mit Schanklizenz); viele besitzen zudem einen Swimming-pool. Hin und wieder steht in den Zimmern eine Kochnische zur Verfügung.

Sie müssen für ein Einzel-/Doppelzimmer pro Übernachtung mit etwa folgenden Preisen rechnen (1993): *****Hotels/Motels ca. 150–250 A-$/ ca. 180–300 A-$; ****Hotels/Motels ca. 100–120 A-$/ca. 140–200 A-$; ***Hotels/Motels ca. 60–80 A-$/ca. 80–120 A-$; **Hotels/Motels ca. 40–60 A-$/60–80 A-$; *Hotels/Motels ca. 20–40 A-$/ca. 30–50 A-$.

Reisende mit besonderem Interesse an der Fauna und Flora sollten bei Hotels/Motels auf die Zusatzbezeichnung Resort achten. Diese liegen meist recht einsam in oder am Rande von Nationalparks und bilden ideale Ausgangsbasen für Naturerkundungen. Eine ›Spezialität‹ von Queensland sind, neben den durchweg sehr luxuriösen Inselresorts des Great Barrier Reef, sogenannte Regenwaldresorts. Die Übernachtungspreise in Resorts entsprechen durchweg denen der ***** und ****Hotels/Motels oder liegen sogar noch darüber.

Nicht klassifizierte Hotels/Motels und Pensionen: Vielfach haben auch diese ein durchaus akzeptables Niveau. Die Zimmer verfügen in den wärmeren Landesteilen meist über einen Ventilator, in den kühleren über einen elektrischen Heizstrahler. Häufig befinden sich in den Räumen Waschbecken mit Warm- und Kaltwasser. Bad und WC sind in der Regel Gemeinschaftseinrichtungen. Einzel-/Doppelzimmer dieser Kategorie sind pro Übernachtung für etwa 10–15 A-$/ 15–25 A-$ zu haben (1993).

In ganz Australien finden Rucksacktouristen und andere kostenorientierte Reisende eine Vielzahl von auf ihre Bedürfnisse zugeschnittenen, kleinen Hotels, sogenannten **Backpackers Hostels**. In diesen Unterkünften, die mittlerweile den etablierten Jugendherbergen kräftig Konkurrenz machen, kostet die Übernachtung in Mehrbettzimmern zwischen 8–10 A-$ sowie in Einzel- und Doppelzimmern zwischen 12–15 A-$, je nach Ausstattung der Zimmer (1993). Weitere Informationen sowie ein sehr hilfreiches Verzeichnis erhält man bei: Backpackers Down Under, 365 Bowen Terrace, New Farm, Brisbane, QLD 4005, ✆ 07/3581488.

Aus der Kategorie der nicht klassifizierten Unterkünfte ragen die sogenannten **Homestays** (auch Bed & Breakfast genannt) heraus. Dies ist eine relativ preiswerte Möglichkeit der Übernachtung, bei der man zugleich die Australier selbst besonders intensiv kennenlernen kann. Die Unterkünfte, die sich meist in den Vororten der größeren Städte befinden, werden mit oder ohne eigenes Bad/WC angeboten. Die Preise liegen, je nach Region und Ausstattung der Zimmer, zwischen ca. 30–50 A-$ für ein Einzel- sowie ca. 40–70 A-$ für ein Doppelzimmer (1993). Weitere Auskünfte bei: Bed & Breakfast Australia Pty. Ltd., P. O. Box 408, Gordon, NSW 2072, ✆ 02/498 53 44.

Andere Unterkünfte

In allen Großstädten sowie vor allem in den bekannten Urlaubszentren an der Küste und in den Bergen steht ein breites Spektrum an **Apartements** für Selbstversorger zur Verfügung. Diese Unterkünfte, die auch unter Bezeichnungen wie Holiday Flat oder Holiday Unit firmieren, sind ideal für Reisende, die sich länger an einem Ort aufhalten. Gewöhnlich verfügen sie zumindest über ein Schlaf- und Wohnzimmer sowie eine voll eingerichtete Küche (Herd, Kühlschrank und Küchengeräte sowie Geschirr und Besteck). Je nach Ausstattung und Lage muß man bei Ferienwohnungen mit Preisen rechnen, die den mittleren bis oberen Hotel-/Motel-Kategorien entsprechen. Die Anmietung kann auf täglicher oder wöchentlicher Basis erfolgen. Adressenverzeichnisse erhält man bei den australischen Fremdenverkehrsämtern in Europa.

Die australische Youth Hostels Association (YHA) betreibt landesweit rund 150 **Jugendherbergen**, in denen Mitglieder des internationalen Jugendherbergswerkes willkommen sind. Erforderlich ist ein gültiger Jugendherbergsausweis des Heimatlands. Man kann sich gegen eine geringe Gebühr aber auch eine Gastkarte ausstellen lassen. Vorgeschrieben ist die Benutzung von Leinenschlafsäcken. Eine Altersbeschränkung besteht nicht. Die Übernachtungspreise liegen zwischen 4–8 A-$ (1993), allerdings wird eine leichte Mithilfe (diverse Reinigungsarbeiten, Geschirrspülen o. ä.) erwartet. Besonders dicht ist das Netz von Jugendherbergen an der Ostküste und in Tasmanien, relativ weitmaschig dagegen im Norden und Westen. Nähere Informationen sowie ein Verzeichnis aller Jugendherbergen erhält man bei der Zentrale des australischen Jugendherbergsverbandes: YHA-Australia National Office, 60–62 Mary St., Surry Hills, Sydney, NSW 2010, ✆ 02/212 12 66.

In den meisten Großstädten gibt es überdies Wohnheime des YMCA und YWCA (Young Men/Women Christian Association). Oftmals handelt es sich bei diesen Unterkünften um recht komfortable Herbergen im Hotelstil mit Doppelzimmern. Die Übernachtungspreise liegen deutlich über denen der Jugendherbergen und können bisweilen das Niveau von *Hotels/Motels erreichen.

Überall auf dem Fünften Kontinent haben sich Farmer auf den Besuch zahlender Gäste eingerichtet und bieten Country Accommodation, Ferien auf dem Bauernhof, eine ideale Gelegenheit, mit Australiern in Kontakt zu kommen. Die Unterkunftspalette reicht von einfachen Holzbarracken, in denen sonst Saisonarbeiter übernachten, bis zu komfortablen, motelähnlichen Gästehäusern. Die Tarife variieren je nach Art der Unterkunft und Verköstigung zwischen ca. 50–150 A-$ (1993). Auskunft erhält man u. a. bei: The NSW Farm and Country Holiday Association Inc., Private Bag 4, Spit Junction, NSW 2088, ✆ 02/969 24 64.

Australien ist hervorragend für **Camper** gerüstet, die landesweit eine breite Palette von meist hervorragend gewarteten Campingplätzen und Caravan Parks vorfinden. Die meisten dieser Einrichtungen, die sich gewöhnlich an den Ausfallstraßen der Städte befinden, sind sowohl auf Urlauber mit Wohnmobilen als auch Camper mit Zelten eingestellt. Zur Grundausstattung gehören Stellflächen mit und ohne elektrische Anschlüsse, sanitäre Anlagen mit Duschen und Toiletten sowie Münzwaschautomaten und -trockner. Häufig sind auch Picknickplätze mit münzbetriebenen Gas- oder Elektro-Barbecues sowie Kinderspielplätze und Swimming-pools vorhanden. Auf den meisten der größeren Caravan Parks gibt es neben den Einrichtungen für Camper noch stationäre Mietwohnwagen (On-Site-Vans) sowie gelegentlich zudem recht komfortable Hütten und Häuschen. In der Regel sind diese Unterkünfte gut ausgestattet mit Herd und Kühlschrank sowie sämtlichen Koch- und Eßutensilien. Die sanitären Einrichtungen müssen meist mit den Campern geteilt werden. Besonders gut ausgestattet sind die Plätze der großen Caravan Park-Ketten, wie z. B. Big 4 Tourists Parks. Die Übernachtungspreise auf den meisten Caravan Parks liegen bei ca. 5–8 A-$ für einen Zeltplatz sowie 8–15 A-$ für einen Stellplatz mit Stromanschluß. On-Site-Vans und Cabins kosten ca. 15–40 A-$ (1993).

Neben den kommerziellen Caravan Parks gibt es in den Nationalparks Campingplätze, die vom National Parks & Wildlife Service unterhalten werden. Dabei handelt es sich um Einrichtungen unterschiedlichster Qualität; die Palette reicht von Campingplätzen, die den oben beschriebenen Caravan Parks ähneln, bis zu einfachen Buschcamps mit ›Plumpsklos‹. In manchen Nationalparks ist das Campen mit einer Genehmigung der Ranger kostenlos möglich, in anderen werden pro Person ca. 2–3 A-$ verlangt. Vor allem in den Nationalparks sind während der Hochsaison die Campingplätze häufig überfüllt. Nur Buchung oder frühzeitiges Kommen sichert dann einen Stellplatz.

Die australische Küche

Während in Großstädten und Ferienzentren eine breitgefächerte Palette von Restaurants kulinariche Streifzüge durch beinahe alle Küchen der Welt ermöglicht, stellt sich die Situation in ländlichen Gebieten eher monoton dar. Aufgrund der etwas verwirrenden australischen Alkoholgesetze lassen sich die Restaurants in drei verschiedene **Hauptkategorien** einteilen: In manchen darf prinzipiell kein Alkohol getrunken werden (Not Licensed Restaurants), andere sind vollständig lizenziert und servieren selbst alkoholische Getränke (allerdings in der Regel nur zusammen mit Mahlzeiten; Fully Licensed Restaurants) und die restlichen sind sogenannte BYOs. Diese Abkürzung steht für Bring Your Own und bedeutet, daß die Restaurants über keine Lizenz verfügen, Alkohol auszuschenken, den Gästen aber erlaubt ist, Wein und Bier mitzubringen. Obwohl die Wirte von BYO-Restaurants für das Kaltstellen und Öffnen der Flaschen eine Entkorkungsgebühr berechnen, sind die meisten Gaststätten dieser Kategorie preisgünstiger als die lizenzierten Restaurants.

Das Preisniveau insgesamt liegt in den Restaurants aller Kategorien deutlich höher als z. B. in der BRD. Ausgesprochen teuer sind die Spitzenrestaurants, wo meist eine telefonische Voranmeldung erforderlich ist und wo von den Gästen auch formelle Kleidung erwartet wird. Für alle Restaurants gilt: Man nimmt nicht am erstbesten Tisch Platz, selbst wenn dieser frei sein sollte, sondern wartet, bis man einen Platz zugewiesen bekommt. Ausführliche Informationen über die Gourmet-Tempel der Großstädte findet man u. a. in den bei den Touristenbüros erhältlichen Broschüren der *This Week in ...*-Serie sowie in den Restaurantkolumnen der größeren Tageszeitungen.

Preiswert, aber gut und reichlich sind in der Regel die Counter Lunches oder Counter Meals, die an den Theken vieler Pubs bzw. Hotel-Kneipen serviert werden. Relativ günstig sind auch die landesweit recht zahlreich vertretenen asiatischen (vor allem chinesischen) Restaurants und die italienischen Pizzerien sowie die auf einer alten britischen Tradition beruhenden Fischbratküchen (Fish and Chips Shops). Kleine, billige Mahlzeiten serviert man überdies in vielen Bistros und Cafeterien, die häufig die Bezeichnung Deli tragen. Sehr vielfältig und preisgünstig ist ferner das Angebot des sogenannten Take Away Food. In jeder größeren Stadt findet man last but not least Schnellrestaurants wie McDonald's, Kentukky Fried Chicken und andere Abfüllstationen, die sich im gemeinsamen Kampf zur Vernichtung jeglicher Eßkultur vornehmlich entlang der großen Ausfallstraßen konzentrieren.

Ähnlich wie die Bewohner der britischen Inseln schätzen die meisten Australier ein reichhaltiges Frühstück, das in Hotels und Restaurants überwiegend aus kompletten Menüs besteht (Steak, Wurst, Eier und Speck u. a.). Sehr beliebt als sättigende Mahlzeit zu Tagesbeginn sind die sogenannten Cereals, also Haferflocken und Cornflakes, die zu Müslis in vielfältigen Variationen kombiniert werden.

Bescheidener fällt dann in der Regel das Lunch aus, das meist aus etwas Leichtem besteht, wie z. B. einem Sandwich, einem Salat o. ä. Als Zwischengericht am Nachmittag gibt es bei vielen Australiern den Devonshire Tea: Tee und Hörnchen (Scones) mit Marmelade und Schlagsahne. Generell gilt aber das Dinner, das warme Abendessen, als Hauptmahlzeit. In Hotels und Restaurants wird das Frühstück meist von 7–10 Uhr, das Mittagessen von 12–14 Uhr und das Abendessen von 18–21 Uhr serviert.

»Wenn man gut essen will«, bemerkte ein verzweifelter Ausländer, der im Jahre 1878 über australische Verhältnisse schrieb, »so muß man selbst kochen.« Doch die Zeiten, da man Down Under nur das australische Nationalgericht, Steak mit Spiegelei und gebackenen Bohnen, erhielt, gehören längst der Vergangenheit an. Das Beste, was der australischen Küche passieren konnte, war der Zustrom kreativer Köche aus dem südeuropäischen und ostasiatischen Raum nach dem Zweiten Weltkrieg. Selbst entlegene Outback-Nester haben mittlerweile ihren ›Chinesen‹ oder ›Italiener‹. Für Liebhaber fernöstlicher Gaumenfreuden lohnt sich in den australischen Metropolen immer der Weg durch die Chinatown. Hier finden sich meist alle regionalen Küchen Chinas und häufig zudem indonesische, malaysische, thailändische und vietnamesische Restaurants.

Liebhaber von Seafood (Fischspezialitäten) kommen insbesondere in den australischen Küstenregionen voll auf ihre Kosten. Die Meeresfrüchte zählen nach Meinung von Feinschmeckern zu den besten der Welt. Besonders geschätzt sind u. a. Rock Oysters (Felsaustern; vor allem in Sydney), Moreton Bay Bugs (kleine Krustentiere; Spezialität von Brisbane), Yabbies (kleine Süßwasserkrebse), Mud Crabs (Mangrovenkrabben), King Prawns (Riesengarnelen), Cray Fish (Meereshummer) und Scallops (eine Kammuschelart). Unter den Speisefischen ragt ein Süßwasserfisch heraus: der sehr schmackhafte Barramundi, den man in den nördlichen Binnengewässern fängt und der gebacken oder gegrillt serviert wird.

Als weitere typisch australische Spezialitäten gelten T-Bone-Steaks und Lammbraten sowie in den nördlichen Landesteilen Känguruh-, Büffel- und Krokodilsteaks. Zu den kulinarischen Merkwürdigkeiten des Fünften Kontinents gehören u. a. die Aussie Meat Pies (Fleischpasteten geheimnisvollen Inhalts, die mit einem kräftigen Schuß Tomatenketchup garniert werden), die Woppers (extra große Sandwiches, die bereits wiederholt zu Fällen von Maulsperre geführt haben), die Pavlova (eine etwas ominöse Süßigkeit aus Schaumgebäck, Früchten und Sahne) sowie vor allem das Vegemite (eine als Brotaufstrich dienende Hefepaste, die wie Schmieröl aussieht und wie Maggi-Konzentrat schmeckt). Ein kulinarisches Abenteuer verspricht auch der Genuß von Witchetty Grubs, fingerdicken Raupen, die roh nach Haselnuß und gegart wie ein mit Zukker bestreutes Ei schmecken.

Eine der großen Freizeitleidenschaften der Australier ist das Barbecue, kurz BBQ oder Barbie genannt. Das Barbecue ist ein Männer Ritual, bei dem der Grill zum Gartenaltar erhoben wird. Auf den heißen Eisenplatten der modernen, meist strom- oder gasbetriebenen Grills bruzzeln nicht nur Steaks und Würste, sondern auch Delikatessen wie Krabben und Langusten sowie Kartoffelscheiben und knackiges Gemüse. Überall im Lande findet man Barbecue-Einrichtungen: in Stadtparks und Naturreservaten ebenso wie auf Campingplätzen und Caravan Parks. Zu einem echten Barbecue gehören natürlich auch ein paar Stubbies, die gewöhnlich in einem Eskie, einem Kühlbehälter, kaltgestellt werden.

Bier, Wein und andere alkoholische Getränke kann man in Australien nicht einfach im Supermarkt kaufen. Für Alkoholika sind lizenzierte Läden zuständig, die Bezeichnungen tragen wie Bottle Shop, Liquore Store oder Winery. Die Alkoholgesetze sind sehr streng, zum Kaufen und Konsumieren muß man mindestens 18 Jahre alt sein. Zwar sind die Australier vorwiegend Biertrinker, doch erfreut sich seit einiger Zeit auch Wein einer zunehmenden Beliebtheit. Bier wird gewöhnlich eiskalt aus Cans (Dosen) oder Stubbies (⅓-Liter-Flaschen) getrunken. Wein zapft man, vor allem bei Grillparties, häufig aus Casks ab, aus 4–5 l fassenden Plastikbehältern, die wiederum in Pappkartons stecken.

Nationalparks

In Australien gibt es rund 2000 Naturschutzgebiete unterschiedlicher Kategorien (u. a. National Parks, Nature Reserves und Conservation Areas), die zusammen ca. 2,5 % der Gesamtfläche einnehmen. Diese Natur- und Wildreservate unterstehen der Verwaltung der zentral- bzw. bundesstaatlichen Naturschutzbehörden, die meist unter der Bezeichnung National Parks & Wildlife Service firmieren und die u. a. für ein möglichst reibungsloses Zusammenspiel zwischen Tourismus und Natur verantwortlich sind.

Die meisten Nationalparks und Schutzgebiete werden von ausgedehnten und gut ausgebauten Wegenetzen durchzogen, die ideale Möglichkeiten zum Wandern und zur Tierbeobachtung bieten. Fast in allen Naturreservaten, die landesweit von hochqualifizierten Parkhütern (Rangers) kontrolliert werden, ist mit einer Genehmigung (Permit) des zuständigen National Parks & Wildlife Service Buschcamping möglich. Die bekannten und größeren Nationalparks und sonstigen Schutzgebiete besitzen in der Regel gut ausgestattete Besucherzentren, wo man fast immer ausgezeichnetes Informationsmaterial hinsichtlich Fauna und Flora sowie Wander- und Campingmöglichkeiten im jeweiligen Park erhält. Auskünfte erteilen die Zentralbüros der Naturschutzbehörden in den Staatshauptstädten.

Jeder Besucher eines Naturschutzgebietes sollte folgende Regeln beachten:

- Die Pflanzen- und Tierwelt der Parks ist geschützt! Keine Pflanzen ausreißen und (vor allem bei der Fotopirsch) möglichst keine Tiere aufscheuchen!
- Jagdwaffen sind ebenso verboten wie Hunde, Katzen und andere Haustiere!
- Zelten ist in den meisten Parks ausschließlich auf den dafür vorgesehenen Campingplätzen erlaubt!
- Vorsicht mit offenem Feuer! Ein einziger Funke kann ein verheerendes Buschfeuer entfachen! Beachten Sie unbedingt die sogenannten Days of Total Fire Ban! Benutzen Sie nach Möglichkeit Gas- oder Spirituskocher!

- Alle Abfälle müssen wieder mitgenommen werden! Müll zu vergraben ist zwecklos, da er von wilden Tieren meist wieder ausgebuddelt wird! Menschliche Ausscheidungen sollten immer mit einer dünnen Schicht Erde bedeckt werden!
- Flüsse, Bäche und Wasserstellen niemals mit Speiseresten, Abwaschmitteln und Seife verschmutzen!
- Immer daran denken, daß die Vegetationsdecke schnell zerstört ist und deshalb immer auf den vorgeschriebenen Wegen bleiben!
- Nach Möglichkeit in kleinen Gruppen wandern, da große Trupps die Umwelt zu sehr belasten!
- Insbesondere vor mehrtägigen und schwierigen Touren immer Rücksprache mit den zuständigen Rangers nehmen.

Im folgenden sind nun die bedeutendsten Nationalparks aufgeführt (s. auch gegenüber der hinteren Umschlagklappe).

New South Wales

Park	Lage	Besondere Merkmale	Auskunft	Beste Besuchszeit
Ku-ring-gai Chase (s. S. 163)	30 km nördlich Sydney	Sandsteinplateau, Flußdelta, Aboriginal-Felskunst	✆ 02/ 4579853	ganzjährig
Blue Mountains (s. S. 172)	70 km westlich Sydney	Zerklüftetes Plateau mit Canyons, Wasserfällen und Eukalyptuswäldern	✆ 047/ 878871	ganzjährig
Barrington Tops (s. S. 176)	320 km nördlich Sydney	Berglandschaft mit Regenwald und Schnee-Eukalypten	✆ 049/ 873108	ganzjährig
Warrumbungle (s. S. 194)	500 km nordwestlich Sydney	Bizarre Felsformationen vulkanischen Ursprungs	✆ 068/ 421311	Juni–März
Sturt (s. S. 197)	Dreiländereck (NSW/QLD/SA)	Wüstenpark mit roten Sanddünen sowie Salz- und Dornbuschvegetation; rote Riesenkänguruhs	✆ 080/ 880253	Nov.–März
Kosciusko (s. S. 204)	500 km südwestlich Sydney	Höchster Berg Australiens, Gletscherseen, Wintersportregion	✆ 064/ 562102	ganzjährig

Victoria

Dandenong Ranges (s. S. 224)	35 km östlich Melbourne	Berge und Schluchten mit Baumfarnen und Königseukalypten	✆ 03/ 4124011	ganzjährig
Wilsons Promontory (s. S. 243)	230 km südöstlich Melbourne	Bewaldetes Granitmassiv, Sandstrände	✆ 056/ 808538	Okt.–Apr.
The Lakes (s. S. 247)	300 km östlich Melbourne	Von Sanddünen gesäumte Lagunenkette	✆ 051/ 551539	Okt.–Apr.

Park	Lage	Besondere Merkmale	Auskunft	Beste Besuchszeit
Mt. Buffalo (s. S. 251)	350 km nordöstlich Melbourne	Teil des Alpine National Park mit imposanter Berglandschaft	∅ 057/ 21 50 22	Okt.–Mai
Port Campbell (s. S. 263)	250 km südwestlich Melbourne	Kliffküste mit bizarren Felsformationen	∅ 055/ 98 63 82	Sept.–Mai
Grampians (s. S. 268)	250 km nordwestlich Melbourne	Grandiose Berglandschaft, Aboriginal-Felsmalereien	∅ 053/ 56 43 81	ganzjährig
South Australia				
Flinders Chase (s. S. 296)	Kangaroo Island; 200 km südwestlich Adelaide	Imposante Kalkklippen, artenreiche Tierwelt	∅ 08 48/ 37 235	Sept.–Mai
Coorong (s. S. 300)	185 km südlich Adelaide	Von Sanddünen gesäumte Lagunenkette, große Vogelkolonien	∅ 085/ 75 70 14	Sept.–Mai
Flinders Ranges (s. S. 306)	450 km nördlich Adelaide	Rauhes Wüstengebirge mit tiefen Schluchten; Wildblumen	∅ 086/ 48 00 17	Juni–Nov.
Western Australia				
Leeuwin-Naturaliste (s. S. 354)	300 km südlich Perth	Kalksteinhöhlen, Kliffküste, Wildblumen	∅ 097/ 57 21 47	ganzjährig Wildblumen: Sept.–Nov.
Walpole-Nornalup (s. S. 356)	110 km westlich Albany	Imposante Küstenlandschaft, ausgedehnte Karri-Wälder	∅ 098/ 40 10 26	Sept.–März
Nambung (s. S. 362)	250 km nördlich Perth	Wüstenpark mit bizarren Kalksteinsäulen	∅ 095/ 45 70 43	ganzjährig
Kalbarri (s. S. 362)	650 km nördlich Perth	Tiefe Flußschlucht, Küstenklippen, Wildblumen	∅ 099/ 37 11 04	Mai–Okt.
Cape Range (s. S. 365)	1700 km nordwestlich Perth	Kreidefelsen und tiefe Canyons, Sandstrände, Korallenriff	∅ 099/ 49 14 28	ganzjährig
Hamersley Range (s. S. 368)	1700 km nördlich Perth	Rauhe Berglandschaft mit zerklüfteten Schluchten, vereinzelt Palmen	∅ 091/ 86 82 88	Apr.–Sept.
Geikie Gorge (s. S. 376)	2800 km nordöstlich Perth	Spektakuläre Flußschlucht mit Süßwasserkrokodilen	∅ 091/ 91 51 21	Mai–Okt.
Bungle Bungle (s. S. 376)	3200 km nordöstlich Perth	Bizarre Felsdome und Sandsteinkuppeln	∅ 091/ 68 62 62	Mai–Okt.

Park	Lage	Besondere Merkmale	Auskunft	Beste Besuchszeit
Northern Territory				
Kakadu (s. S. 391)	250 km östlich Darwin	Küstenebenen, Abbruchkante des Arnhem Land-Plateaus, artenreiche Fauna, Aboriginal-Kulturstätten	✆ 089/ 79 21 01	Mai–Okt.
Katherine Gorge (s. S. 400)	30 km nordöstlich Katherine	Grandiose Flußschlucht in einem Sandsteinplateau	✆ 089/ 72 18 86	Mai–Okt.
MacDonnell Ranges (s. S. 409)	östlich und westlich von Alice Springs	Mehrere Nationalparks, die rauhe Berge und pittoreske Schluchten umfassen	✆ 089/ 50 82 11	März–Sept.
Uluru (Ayers Rock und Olgas; s. S. 416)	450 km südwestlich Alice Springs	Mächtige Inselberge, heilige Stätten der Aborigines	✆ 089/ 56 21 22	Apr.–Nov.
Queensland				
Lamington (s. S. 454)	55 km westlich Gold Coast	Subtropische Regenwälder mit antarktischen Buchen	✆ 075/ 33 35 84 u. 075/44 06 34	ganzjährig
Bunya Mountains (s. S. 457)	400 km nordwestlich Brisbane	Bergregenwald mit mächtigen Bunya-Kiefern	✆ 076/ 68 31 27	ganzjährig
Great Sandy (s. S. 462)	Fraser Island; 300 km nördlich Brisbane	Sanddünen, Süßwasserseen, Wälder mit Satinay-Bäumen	✆ 071/ 86 31 60	ganzjährig beste Zeit Apr.–Nov.
Carnarvon Gorge (s. S. 478)	700 km nordwestlich Brisbane	Tiefes Schluchtsystem in einem Sandsteinplateau, reichhaltige Flora, Aboriginal-Felsmalereien	✆ 070/ 84 45 05	Mai–Nov.
Atherton Tableland (s. S. 493)	70 km südwestlich Cairns	Mehrere Nationalparks in einem vulkanisch geprägten Tafelland	✆ 070/ 95 37 68	ganzjährig
Cape York Peninsula (s. S. 495)	Nordostspitze	Mehrere große Nationalparks mit tropischem Regenwald und Savannensteppen	✆ 070/ 69 57 77	Mai–Okt.
Great Barrier Reef (s. S. 464)	Ostküste	Mehrere Insel-Nationalparks	✆ 077/ 81 88 11	
Tasmania				
Mt. Field (s. S. 519)	70 km nordwestlich Hobart	Vielfältige Fauna und Flora, Wasserfälle	✆ 002/ 88 12 83	Dez.–Mai

Park	Lage	Besondere Merkmale	Auskunft	Beste Besuchszeit
Cradle Mountain-Lake St. Clair (s. S. 530)	150 km westlich Launceston	Grandiose Gebirgskulisse mit zahlreichen Seen und Wasserfällen	✆ 004/ 92 11 33	Okt.–März
Franklin Lower Gordon (s. S. 534)	200 km westlich Hobart	Ursprüngliche Flußwildnis mit dichten Regenwäldern	✆ 004/ 71 71 22	Dez.–Feb.

Sprachführer

Die Amtssprache des Fünften Kontinents ist zwar Englisch, doch klingt dieses Weltidiom hier etwas anders als im ehemaligen Mutterland. Wenn sie nicht gerade dem Melbourner Geldadel, wo man reinstes Oxford-Englisch pflegt, angehören, sprechen die Australier Strine (gesprochen: Strain), eine auch Slanguage genannte Dialektvariante des Englischen, Strine, die genuschelte Abkürzung von Australian, ist das zähe Relikt des Cockney-Slumakzentes, den die ersten Siedler und Strafdeportierten vor über 200 Jahren aus den englischen, irischen und schottischen Arbeitersiedlungen und Hafenvierteln mit in die neue Heimat brachten. Sprachwissenschaftler haben das australische Strine als eine »linguistische Rebellion« der einfachen Leute gegen die im Hochenglischen parlierende Obrigkeit des Kolonialzeitalters interpretiert. Auch heute noch benutzen die Australier ihr australisches Englisch, um sich gegen die Briten abzugrenzen und ihre kulturelle Eigenständigkeit zu betonen. Wer heutzutage als ein waschechter Aussie gelten will, der benutzt zumindest gelegentlich einige unenglische Redensarten. Das gilt mittlerweile für fast alle Australier, nicht mehr nur für diejenigen aus den unteren sozialen Schichten.

Vom Oxford-Englisch unterscheidet sich das Strine sowohl in der Phonetik als auch in der Semantik. Der stark von unserem Schulenglisch abweichende Klang resultiert zum einen aus einer allgemeinen Trägheit, beim Sprechen überhaupt den Mund zu öffnen, sowie zum anderen aus einer außergewöhnlichen Schnelligkeit beim Sprechen, die phonetisch zur Bildung ungewohnter Wortungetümer führt. »Owyergoin mate, orright?« – an diese gängige Begrüßungsformel muß sich der Neuling ebenso erst gewöhnen wie an manche Fragen und Redewendungen, wie z. B. »Wotsontermorrer?« (»Was steht morgen auf dem Programm?«), »Wottayerrekkon, mate?« (»Was meinst du, Kumpel?«) oder »Avagoyermug!« (»Nun mach schon, du Penner!«). Gehässige Leute behaupten, die Australier würden so schnell sprechen und zudem beim Sprechen den Mund kaum aufmachen, damit ihnen nicht so viele Fliegen in denselben geraten.

Weitere Hauptmerkmale neben dem Verschlucken und Verwischen von Silben sind die für Nicht-Australier ungewohnten nasalen und oft sehr langgezogenen Vokale. So werden beispielsweise day (Tag) wie dai und take wie taik ausgesprochen, also mit einem Laut, der ähnlich klingt wie der in der deut-

Mate and Ocker

»Ow yer goin', mate?« (»Wie geht's dir, Kumpel?«) – so lautet eine gängige Begrüßungsformel in Australien. In legerem Umgangston reden auch Bus- und Taxifahrer ihre Fahrgäste mit Mate an. Für einen Australier ist anscheinend jeder ein Mate, der nicht gerade ein Dago oder Wog (abschätzig für Italiener und Chinesen), ein Coon oder Boong (dto. für Aborigine), ein Reffo oder Chink (dto. für Indochina-Flüchtling) ist.

Der Ursprung der Mateship-Tradition aber wurzelt tief in der australischen Geschichte. Mates – das waren die Männer der Pioniertage, die sich im Kampf gegen eine fremde und feindselige Umwelt auf Gedeih und Verderb zusammengeschlossen hatten, um in der Not einander beizustehen. Oft hing damals das Überleben des einzelnen von der Hilfe seiner Kameraden ab. Dieser Kult der Männerfreundschaft mag heute noch beim Militär, in den Gewerkschaften und vor allem in männlichen Saufcliquen eine gewisse Rolle spielen, ansonsten ist Mateship in unseren Tagen zu einer oft oberflächlichen Kumpelei verkommen. Eines aber gilt immer noch: Mate ist stets eine frauenausschließende Freundschaftsbezeichnung oder Anrede.

In den gebräuchlichen Englisch-Wörterbüchern sucht man den Begriff Ocker vergeblich. Nach Meinung von Etymologen soll es sich dabei um eine verballhornte Form von mediocre (mittelmäßig) handeln. Wie dem auch sei, das Attribut Ocker bekommen Australier verliehen, die sich durch ganz spezielle Verhaltensweisen auszeichnen. Ihre besonderen Charakteristika sind ein loses Mundwerk, das immer und überall mitreden muß; ein immenser Bierkonsum; ein rüpelhaftes, mitunter verletzendes Verhalten; eine überaus skeptische Einstellung gegenüber jeglicher Art von intellektueller und kultureller Beschäftigung sowie last but not least ein beschränkter Horizont, der nicht über die eigene, eng begrenzte Welt hinausreicht. Es versteht sich von selbst, daß in der seltsamen Männerwelt der australischen Ocker Frauen keinen Platz haben.

schen Sprache vorkommende Zwielaut ei. Mitunter mutieren die Australier auch das i zu einem oi, was dann beispielsweise wie oi loik (I like) klingt. Dazu kommen Hunderte von endemischen Wörtern und Begriffen, also typisch australischen Wortschöpfungen. Ein weiteres Kennzeichen ist schließlich die Vorliebe der Australier für Abkürzungen. Ihr Land nennen sie schlicht Oz, sich selbst Aussies. Aus dem Frühstück wird das brekkie, zu dem man oft bikkies (Biskuits), aber nur gelegentlich vegies (Gemüse) ißt. Später kommt dann der postie (Postbote), der absolut keine mozzies (Moskitos) mag, und bringt einen Brief aus Brissie (Brisbane).

Eine typische australische Konversation wird auch bereichert und bestimmt durch die Verwendung von Wörtern wie bloody, shit und fuck, und zwar in einem Ausmaß, daß einem Deutschsprachigen schon fast die Schamesröte ins Gesicht steigt. Die Australier allerdings sehen das ganz anders. Für sie ist beispielsweise bloody (etwa verdammt) schon lange kein Schimpfwort mehr, sondern ganz einfach eines der am meisten gebrauchten australischen Adjektive. So entschuldigt man sich mit einem *I'm bloody sorry!,* und wird man nach dem Wohlbefinden gefragt, so antwortet man *I'm all bloody right.*

Der Aussie-Kauderwelsch bereitet häufig selbst Briten und sogar Amerikanern Schwierigkeiten. Verzweifeln Sie also nicht, wenn Sie Ihr Schulenglisch im Stich läßt! Es empfiehlt sich aber sehr, zumindest einige Brocken Strine zu lernen und gelegentlich in die Konversation mit Australiern einfließen zu lassen. Die Einheimischen empfinden das als eine Sympathiebekundung für ihr Land und ihre Kultur – fair dinkum, ehrlich!

Sehr zu empfehlen ist das folgende Sprachlehrbuch: Mike Zeedel/Conrad Stein, Aussie-Slang, Kauderwelsch-Sprachführer, Band 48, Peter-Rump-Verlag, Bielefeld 1990.

Wörter- und Begriffsverzeichnis

abo	abwertend für Eingeborener (= Aborigine)
about right	ganz recht
amber fluid	Bier
arvo	Nachmittag
Aussie	Australier
back of Bourke	in der tiefsten Provinz, hinter dem Mond
banana bender	Einwohner von Queensland
barbie	Barbecue
bastard	›freundliche‹ Anrede
beaut, bewdie	sehr gut, großartig
beg yours!	Entschuldigung!
belt up!	Schnauze! Halt den Mund!
bikie	(Motor-)Radfahrer
bikkies	Biskuits
bitumen	Teerstraße
blackfellow, blackfella	Eingeborener
blithered (to be . . .)	betrunken sein
bloke	Kumpel, Freund
bloody	verdammt
blowies	Schmeißfliegen
bludger	Schmarotzer
blue (to have a . . .)	Streit haben
bomb	altes Auto
bonzer	sagenhaft, ausgezeichnet
boong	abwertend für Eingeborener
booze	alkoholisches Getränk
brekkie	Frühstück
buck	Dollar
bull dust	feiner Staub
bullshit	totaler Blödsinn
bush	alles Land jenseits der Städte, Outback
bushie	jemand, der im Outback lebt
chuck up (to be . . .)	einen Kater haben
chunder (to . . .)	kotzen
cobber	Freund
cockie	kleiner Farmer
coon	abwertend für Eingeborener
croc	Krokodil
crook	schlecht, krank
crook (the . . .)	Schurke
cuppa	eine Tasse Tee
Dago	Südeuropäer
damper	Brot des Outback
dinkie die	ehrlich, die ganze Wahrheit
dinkum, fair dinkum	ehrlich, wirklich
dirt road	ungeteerte Straße
don't drop your bundle!	Gib nicht auf!
Down Under	Australien
drive someone nuts (to . . .)	jemanden verrückt machen
drongo	Nichtsnutz, Idiot
dumper	mächtige Surfwelle
dunny	Toilette
eskie	Kühlbehälter
fair enough	gut, einverstanden; nur recht und billig
fair go (give him a . . .)	Gib ihm eine Chance.
Footie	Football
fossick (to . . .)	nach Edelsteinen/Gold suchen
frenchie	Kondom, Pariser
freshie	Süßwasserkrokodil
fridge	Kühlschrank
g'day	Guten Tag, hallo!
get stung (to . . .)	hereingelegt werden
go bananas (to . . .)	verrückt spielen, verrückt werden
go bung (to . . .)	kaputt gehen

good on yer	gut gemacht, bravo
gravel road	Schotterstraße
grazier	Schaf- oder Rinderfarmer
grog	alkoholisches Getränk
gum tree	Eukalyptusbaum
half cut (to be . . .)	sturzbetrunken sein
have a go!	Versuch's mal!
hang on!	Einen Moment, bitte!
hard yakka	harte Arbeit
hoon	Idiot
hop into the booze (to . . .)	ein paar Bierchen zischen
idiot box	Fernsehapparat, Glotze
I dunno	Ich weiß nicht.
I'll catch ya later	Ich seh dich dann später.
jackeroo	Cowboy-Lehrling; allgemein für Anfänger
joey	Känguruh-›Baby‹
jumbuck	Schaf
kick the bucket (to . . .)	ins Gras beißen
Kiwi	Neuseeländer
knock (to . . .)	kritisieren
knocker	Pessimist
Kraut	Deutscher
lingo	Sprache
lolliewater	Limonade
loo	Toilette, Waschraum
mate	Kumpel, Freund; gebräuchliche Anrede
middie	mittelgroßes Bierglas
mozzie	Moskito
mug	Dummkopf
my oath	Das will ich meinen.
never never	Wüste, Outback
Nip	Japaner
nit	Idiot
no worries!	Okay! Kein Problem! Alles klar!
not bad	ganz passabel
ocker	der einfache Australier; auch: Tölpel, Hinterwäldler
on the piss (to be . . .)	auf Sauftour sein
outback	Busch, Hinterland
owyergoin' mate, orright?	Wie geht's, Kumpel?
Oz	Australien
piss-up	Saufgelage
plonk	billiger Wein, Fusel
plonkie	Betrunkener
Pom, Pommie	Engländer
postie	Postbote
pot	großes Bierglas, Bierkrug
ridgey didge	ehrlich, wirklich
righto!	okay, einverstanden!
ringer	australischer Cowboy, Viehhüter
ripper	gut, ausgezeichnet
roadtrain	großes Lastwagengespann
roo	Känguruh
rubbish	Unsinn
saltie	Salzwasserkrokodil
school	Säuferrunde
schooner	großes Bierglas
scuse I!	Entschuldigung!
she'll be apples!	Geht in Ordnung! Okay!
she'll be wright!	Geht in Ordnung! Okay!
sheila	junge Frau
shout (to . . .)	eine Runde ausgeben
smoko	Zigarettenpause
soapie	seichte Fernsehsendung
speedos	kurze Unterhose oder Badehose für Männer
sport	Kumpel, dufter Typ
spunky	sexy
squarehead	Quadratschädel; abwertend für Deutscher
squatter	Großgrundbesitzer
station	große Vieh- oder Schaffarm
stickybeak	neugierige Person
stockman	australischer Cowboy, Viehhüter
stubbie	kleine Bierflasche

surfie	Wellenreiter	truckie	Lastwagenfahrer
swagman	Vagabund, Landstreicher	tucker	Essen
ta	danke	up a gum tree (to be ...)	mächtig in Schwierigkeiten stecken
ta-ta	tschüß	ute	kleiner Lieferwagen
tart	sehr abwertend für Frau; Nutte	vegies	Gemüse
tellie	Fernsehapparat	Wog	Asiate
thongs	Gummischlappen	wowser	Spielverderber
too right!	Sehr richtig!	yabber (to ...)	schwatzen
top sort	flotte Biene, steiler Zahn	Yank	Amerikaner
track	Fahrpiste	yankee shout	Kneipenrunde, bei der jeder selbst bezahlt
trouble'n strife	(Ehe-)Frau	yobbo	Großmaul
		yummi	lecker

Praktische Informationen von A–Z

Auskunftsstellen

In Australien existiert ein dichtes Netz von Auskunftsbüros für Touristen. Die einzelnen Bundesstaaten sowie das Northern Territory und das Australian Capital Territory unterhalten unabhängig voneinander ihre eigenen Fremdenverkehrsorganisationen, die gewöhnlich mit Niederlassungen in den Hauptstädten der jeweils anderen Staaten vertreten sind. In diesen Zentralbüros erhält man eine Fülle von Broschüren, Faltblättern, Stadtplänen und Landkarten sowie Auskünfte in allen touristischen Belangen. Das in der Regel sehr kooperative und gut informierte Personal hilft bei der Reiseplanung und nimmt meist auch Buchungen für Hotels, Reiseveranstalter u. a. vor.

Darüber hinaus gibt es in jedem bedeutenden Ferienzentrum sowie jeder Stadt, die etwas auf sich hält, lokale und regionale Auskunftsbüros. Die meisten Informationsstellen erkennt man an einem großen weißen I auf blauem Grund. Die genauen Anschriften und Telefonnummern der Auskunftsbüros finden Sie im Reiseteil jeweils unter Praktische Hinweise. Öffnungszeiten (regional mitunter recht unterschiedlich) meist: Mo–Fr 9–17 Uhr, gelegentlich auch Sa und So halbtags.

Auskunft erhält man zudem bei den australischen Automobilklubs; für Mitglieder der meisten deutschen Automobilklubs gibt es dort auch kostenloses Kartenmaterial. Vor Besuchen von Nationalparks, insbesondere vor Wanderungen, sollte man unbedingt die jeweils zuständigen Büros des National Parks & Wildlife Service kontaktieren, die Auskunftsuchenden in der Regel eine Vielzahl meist überaus hilfreicher Broschüren u. a. zur Verfügung stellen.

Behinderte

In Australien bemüht man sich landesweit sehr um die Betreuung von Behinderten, so daß auch Rollstuhlfahrer, Blinde und andere Behinderte nach einer sorgfältigen Vorausplanung keineswegs auf eine Australienreise verzichten müssen. Auf dem Fünften Kontinent verfügen die meisten öffentlichen Einrichtungen sowie überdies Hotels, Restaurants, Kinos u. a. über eine behindertengerechte Ausstattung. Einen besonderen Service für Behinderte offeriert die private Fluglinie Ansett Airlines. Desweiteren sind auch viele Nationalparks zumindest teilweise Behinderten zugänglich. So haben die örtlichen Büros des National Parks & Wildlife Service in manchen Naturreservaten Wege für Rollstuhlfahrer sowie sogenannte Senses Trails für Blinde angelegt. Informationen erhält man vom Dachverband der australischen Behindertenorganisationen: Australian Council for Rehabilitation of the Disabled (ACROD), P. O. Box 60, Curtin, ACT 2605, ✆ 062/824333.

Diplomatische Vertretungen

... der Bundesrepublik Deutschland:
119 Empire Circuit, Yarralumla, Canberra,
✆ 062/2701911 und 062/2733177.
... von Österreich:
12 Talbot St., Forest, Canberra,
✆ 062/951533.
... der Schweiz:
7 Melbourne Ave., Forrest, Canberra,
✆ 062/2733977.
Öffnungszeiten allgemein Mo–Fr 9–12 Uhr.
Konsulate und andere Einrichtungen der Bundesrepublik Deutschland, Österreichs und der Schweiz befinden sich in Sydney (s. S. 172), Melbourne (s. S. 241), Adelaide (s. S. 289), Perth (s. S. 353), Darwin (s. S. 390), Brisbane (s. S. 450) und Hobart (s. S. 517).

Einkauf und Souvenirs

Lebensmittel, Haushaltsartikel, Textilien u. a. kauft man am preisgünstigsten in den Metropolen und größeren Orten entlang der Küste, wo sich mit unzähligen Supermärkten, Kaufhäusern, Einkaufszentren u. a. eine Fülle von Shopping-Möglichkeiten bietet. Grundsätzlich gilt: Je weiter man sich von den Ballungsgebieten entfernt, desto rascher verkleinert sich einerseits die Angebotspalette und desto schneller steigen andererseits die Preise. Besucher aus Übersee können in Großstädten gegen Vorlage des Reisepasses und eines internationalen Flugscheins in den dortigen Duty Free Shops relativ preisgünstig einkaufen. Bestimmte Artikel (z. B. Zigaretten) erhält man jedoch erst wenige Tage vor dem Abflug.

Öffnungszeiten, bei regionalen Unterschieden, meist: Mo–Fr 9–17.30 Uhr, Sa 9–13 Uhr. In den größeren Städten haben die meisten Geschäfte ein- oder zweimal pro Woche bis 21 Uhr geöffnet. Manche Lebensmittelläden sowie vor allem die unzähligen kleinen Milk Bars, Mini-Krämerläden, die neben Milchprodukten auch alle möglichen Dinge des täglichen Gebrauchs bereithalten, sind häufig bis in die späten Abendstunden geöffnet. Günstige Einkaufsmöglichkeiten bieten sich auch auf den (Floh-) Märkten, die ein fester Bestandteil des Lebens in den größeren Städten sind.

Neben dem meist minderwertigen Koala- und Känguruh-Kitsch, der in vielen Souvenirläden feilgeboten wird, gibt es auch ein breitgefächertes Angebot von sinnvollen Mitbringseln. Als typisch australisch gelten beispielsweise Opale und Opalschmuck sowie andere Edel- und Halbedelsteine (u. a. Saphire, Topase, Achate). Sehr begehrt und meist nicht gerade billig sind Kunstwerke und kunsthandwerkliche Produkte der Ureinwohner, wie z. B. Rindenmalereien, Holzschnitzereien und Flechtarbeiten.

Feste und Feiertage

Staatsfeiertage: New Year's Day (1. Januar; Neujahrstag), Australia Day (26. Januar; der darauf folgende Montag ist der eigentliche Feiertag), Ostern (März/April), Labour Day in Westaustralien (Erster Montag im März; Tag der Arbeit), Labour Day in Victoria (Zweiter Montag im März), Labour Day im Australian Capital Territory (Dritter Montag im März), Anzac Day (25. April; Gedenktag zu Ehren der in der Schlacht von Gallipoli gefallenen Australier), Labour Day in Queensland (Erster Montag im Mai), Queen's Birthday (Zweiter Montag im Juni; nicht in Westaustralien), National Aboriginal Day (14. September), Labour Day in Neusüdwales (Erster Montag im Oktober), Labour Day in Südaustralien (Zweiter Montag im Oktober), Christmas Day (25. Dezember; Erster Weihnachtstag), Boxing Day (26. Dezember; Zweiter Weihnachtstag, benannt nach den present boxes, den Geschenkschachteln; nicht in Südaustralien), Proclamation Day (29. Dezember; nur in Südaustralien). Fällt ein Staatsfeiertag auf einen Sonntag, so ist der darauf folgende Montag arbeitsfrei.

Veranstaltungen: Im allgemein recht festfreudigen Australien markieren zahlreiche kulturelle Veranstaltungen und Sportwettbewerbe die Höhepunkte des Jahres. Besonders populär sind landesweit Pferderennen und Rodeos, Surf Carnivals in den östlichen Küstenorten (November bis März) und Landwirtschafts-Ausstellungen (Country Fairs, Agricultural Expositions u. a.). Verbunden mit diesen Agrarmessen sind in der Regel Pferderennen, Rodeos und andere sportliche Wettkämpfe. Die nachstehende kalendarische Auflistung beschränkt sich auf die bedeutendsten Feste und Veranstaltungen.

Januar

Neujahrstag	Perth Cup (Pferderennen)	Perth
26. Januar	Australia Day Bush Picnic (Volksfest mit Pferderennen)	Katherine (NT)
Variabel	Sydney Festival (mehrwöchiges Kunst- und Kulturfestival)	Sydney
Variabel	Multicultural Festival	Canberra
Variabel	Australian Open (Tennisturnier)	Melbourne
Variabel	German Shooting Festival (Schützenfest)	Hahndorf (SA)
Variabel	Oompah Festival (Volksfest mit Blasmusik)	Tanunda (SA)
Variabel	Country Music Festival	Tamworth (NSW)
Variabel (Jan./Feb.)	Chinese New Year	Landesweit

Februar

Letztes Wochenende	Royal Canberra Show (Landwirtschafts-Ausstellung)	Canberra
Variabel	Royal Hobart Regatta (großes Wassersportfest auf dem River Derwent)	Hobart
Variabel (Feb./März)	Moomba Festival (Volksfest mit breitem Spektrum an Veranstaltungen)	Melbourne
Variabel (Feb./März der geradzahligen Jahre)	Adelaide Arts Festival (großes Kulturfestival)	Adelaide
Variabel (Feb./März)	Festival of Perth (großes Kulturfestival)	Perth

März		
Variabel	Canberra Festival (zehntägige Geburtstagsfeier der Stadt mit Volksfestcharakter)	Canberra
Variabel	Begonia Festival (Blumenfest mit kulturellem Beiprogramm)	Ballarat (VIC)
Variabel	Swan Valley Wine Festival	Swan Valley (WA)
Ostern	Sydney Cup (Pferderennen)	Sydney
Ostern	Easter Fair (zahlreiche Kulturveranstaltungen mit einer chinesischen Drachenprozession als Höhepunkt)	Bendigo (VIC)
Ostersamstag	Opal Festival (Volksfest)	Coober Pedy (SA)
Variabel (März/Apr. der Jahre mit ungeraden Zahlen)	Barossa Valley Vintage Festival (Weinlesefest)	Barossa Valley (SA)
April		
Variabel	Country Roundup	Cooma (NSW)
Variabel (Apr./Mai)	St. Kilda Film Festival (nicht kommerzielle Kurzfilme)	Melbourne
Mai		
Variabel	Beach Carnival	Darwin
Variabel	Bangtail Muster (Volksfest mit Umzügen und Rodeo)	Alice Springs (NT)
Variabel	Lion's Camel Cup (Dromedarrennen)	Alice Springs (NT)
Variabel	Goldrush Festival	Tennant Creek (NT)
Variabel	Gardenfest	Toowoomba (QLD)
Variabel	Country Music Festival	Charters Towers (QLD)
Juni		
Variabel	Beer-Can-Regatta (Wettrennen von Dosenschiffen)	Darwin
Variabel (Juni/Juli)	Laura Races and Rodeo (Pferderennen und Rodeo)	Laura (QLD)
Juli		
Variabel	Doomben Ten Thousand (Pferderennen)	Brisbane
Variabel	Boab Festival (Volksfest mit Rodeo)	Derby (WA)
Variabel	Katherine Carnival (Volksfest mit Rodeo)	Katherine (NT)
Variabel	Barunga Festival (Aboriginal-Kulturfest)	Katherine (NT)
Variabel	Mareeba Rodeo	Mareeba (QLD)
Variabel (Juli/Aug.)	Tennant Creek Rodeo	Tennant Creek (NT)

August

Variabel	City to Surf Race (Langstreckenlauf)	Sydney
Variabel	Royal National Show (Landwirtschafts-Ausstellung)	Brisbane
Variabel	Darwin Rodeo	Darwin
Variabel	Darwin-Ambon-Regatta (internationale Segelregatta)	Darwin
Variabel	Shinju Matsuri-Festival (Fest der Perlen)	Broome (WA)
Variabel	Halls Creek Carnival (Volksfest mit Pferderennen und Rodeo)	Halls Creek (WA)
Variabel	Top of the West Festival (Volksfest mit Kultur- und Sportveranstaltungen)	Wyndham (WA)
Variabel	Ord River Festival (Volksfest mit Rodeo und kulturellen Veranstaltungen	Kununurra (WA)
Variabel	Rocky Roundup (großes Rodeo mit Volksfest)	Rockhampton (QLD)
Variabel	Mt. Isa Rodeo	Mt. Isa (QLD)
Variabel (Aug./Sept.)	Alice Springs Rodeo	Alice Springs (NT)
Variabel (Aug./Sept.)	Pacific Festival (Straßenfest mit Umzügen und Karnevalstreiben)	Townsville (QLD)

September

1. Wochenende	Birdsville Races (berühmtes Pferderennen mit berüchtigtem Beiprogramm)	Birdsville (QLD)
Letzter Samstag	Henley-on-Todd-Regatta	Alice Springs (NT)
Variabel	Grand Final (Endspiel im Australian Rules Football)	Melbourne
Variabel	Royal Adelaide Show (Landwirtschafts-Ausstellung)	Adelaide
Variabel	Australian Beer Fest	Canberra
Variabel	Warana Festival (Frühlingsfest mit Umzügen und kulturellen Veranstaltungen)	Brisbane
Variabel	Carnival of Flowers	Toowoomba (QLD)
Variabel	Cape York Aboriginal Dance Festival (großes Aboriginal-Kulturfest)	Laura (QLD)
Variabel (Sept./Okt.)	Royal Melbourne Show (Landwirtschafts-Ausstellung)	Melbourne
Variabel (Sept./Okt.)	Floriade Spring Festival (Blumenfest mit kulturellem Beiprogramm)	Canberra
Variabel (Sept./Okt.)	Royal Perth Show (Landwirtschafts-Ausstellung)	Perth
Variabel (Sept./Okt.)	Capricana (Frühlingsfest)	Rockhampton (QLD)

Oktober		
Letztes Wochenende	Rose and Rodeo Festival	Warwick (QLD)
Variabel	Victorian International Film Festival	Melbourne
Variabel	Greek National Day	Canberra
Variabel	Royal Hobart Show (Landwirtschafts-Ausstellung)	Hobart
Variabel	Rich River Festival (Wettfahrt von Raddampfern u. a.)	Echuca (VIC)
Variabel	Pioneer Festival (Volksfest mit kulturellen Veranstaltungen)	Swan Hill (VIC)
Variabel	Perth Oktoberfest	Perth
Variabel	Rocktoberfest	Rockhampton (QLD)
Variabel	Fun in the Sun Festival (Volksfest mit Karnevalsatmosphäre)	Cairns (QLD)
Variabel	Jacaranda Festival (Blumenfest)	Grafton (NSW)
Variabel (Okt./Nov.)	Adelaide Grand Prix (Finale der Formel 1-Weltmeisterschaft)	Adelaide
Variabel (Okt./Nov.)	Fremantle Week (Volksfest mit Kultur- und Sportveranstaltungen)	Fremantle (WA)
Variabel (Okt./Nov.)	Springding Festival (Volksfest)	Geelong (VIC)
November		
1. Dienstag	Melbourne Cup (Pferderennen)	Melbourne
Variabel	Oktoberfest	Melbourne
Dezember		
Variabel	Salamanca Arts Festival (Volks- und Kulturfest)	Hobart
29. Dez.–2. Jan.	Sydney-Hobart-Yachtregatta	Sydney/Hobart
Variabel (Dez./Jan.)	Tasmanian Festival (großes Volksfest mit Sport- und Kulturveranstaltungen)	Hobart

Geld und Geldwechsel

Landeswährung ist der Australische Dollar (A-$), der in 100 Cents (c) unterteilt ist. Im Umlauf befinden sich Banknoten in der Staffelung 2, 5, 10, 20, 50 und 100 A-$. Münzen gibt es zu 1, 2, 5, 10, 20 und 50 Cents sowie zu 1 und 2 A-$. Vorsicht mit der 2 A-$-Münze: Sie ist merkwürdigerweise kleiner als alle anderen Münzen, und leicht mit einem Centstück zu verwechseln! Die jährliche Inflationsrate liegt derzeit (1993) bei etwa 8 % mit leicht steigender Tendenz. Die aktuellen, am US-$ orientierten Wechselkurse können Sie den Tageszeitungen entnehmen.

Wechselstuben, welche die gängigen ausländischen Währungen akzeptieren, finden Sie bereits an Ihrem Ankunftsflughafen. Banken, die Devisen jeglicher Art zu offiziell festgelegten Kursen tauschen, gibt es in praktisch jedem größeren Ort. Gewöhnlich ist es auch möglich, in größeren Hotels Geld zu wechseln, allerdings ist dort der Kurs meist deutlich ungünstiger. Es ist sehr ratsam, bei Reisen in entlegenen Outback-Regionen stets einen ausreichenden Vorrat an

Bargeld (A-$) sowie Reiseschecks (A-$) mit sich zu führen, da weit abseits der größeren Städte oft weder Kreditkarten noch ausländische Zahlungsmittel angenommen werden.

Öffnungszeiten der Banken: Mo–Do 9.30–16 Uhr, Fr 9.30–17.30 Uhr. Länger geöffnet sind gewöhnlich die Wechselstuben in den internationalen Flughäfen. Wechselkurs (Stand: Juli 1993): 1 A-$ = ca. 1,15 DM, ca. 1,05 SFr, ca. 0,75 US-$.

Gesundheit

Dem Touristen, der in Australien erkrankt, stehen hochqualifizierte Ärzte und moderne Krankenhäuser zur Verfügung. Selbst im menschenarmen Outback ist die medizinische Versorgung trotz der oft widrigen Gegebenheiten ausgezeichnet organisiert: Hier sorgt der Royal Flying Doctor Service im Notfall für rasche ärztliche Hilfe. Die Leistungen der Fliegenden Ärzte sind in der Regel auch für Besucher des Landes kostenlos. Ansonsten aber sind die Arzt- und Krankenhauskosten in Australien sehr hoch, weshalb es ratsam ist, für die Aufenthaltsdauer eine Reise- bzw. Auslandskrankenversicherung abzuschließen.

Unseren Apotheken entsprechen in Australien die Chemists. Erhältlich sind dort die meisten in Europa gebräuchlichen Medikamente. Für rezeptpflichtige Präparate muß man allerdings einen australischen Arzt aufsuchen, da es den hiesigen Apotheken nicht erlaubt ist, ausländische Rezepte anzunehmen. In allen größeren Städten finden sich Chemists mit 24-Stunden-Dienst.

Prophylaktische Maßnahmen gegen Krankheiten sind in der Regel nicht nötig. Vorbeugende Schutzmaßnahmen erfordern allerdings die oftmals große Hitze und intensive Sonneneinstrahlung vor allem während der australischen Sommermonate. An heißen Tagen sollten Sie stets einen Hut tragen, eine hochwirksame Sonnenschutzcreme verwenden und bei Wanderungen stets genügend Trinkwasser mitnehmen (1 l Wasser oder ungesüßten Tee pro Person und pro Stunde). In allen Städten und größeren Orten kann man das Leitungswasser bedenkenlos trinken, allerdings schmeckt es oft, bedingt durch Mineralien, nicht besonders gut. In entlegenen Dörfern oder Nationalparks, wo man das Trinkwasser aus großen Sammeltanks bezieht, empfiehlt sich Abkochen oder Desinfizieren mit Tabletten (z. B. Micropur).

Maße, Gewichte, Stromspannung

Seit Mitte der 60er Jahre ist in Australien für Maße und Gewichte im allgemeinen das metrische System gebräuchlich. Gelegentlich erfolgen Höhenangaben aber noch in Fuß (1 foot = 30,48 cm) sowie Entfernungsangaben in Yards (1 yard = 91,44 cm) und Meilen (1 mile = 1609,34 m). Temperaturen werden meist in Grad Celsius, seltener in Grad Fahrenheit angegeben.

Die elektrische Spannung beträgt 240/250 Volt Wechselstrom/50 Hertz. Für die australischen Steckdosen, die drei Ausgänge besitzen, benötigen Sie einen dreipoligen Adapterstecker, den Sie sich bereits vor der Reise zulegen sollten.

Medien

Wie in kaum einem anderen Land der westlichen Welt ist der Kommunikationsbereich in Australien gekennzeichnet durch die Konzentration der Medien in einigen wenigen Händen. Drei private Konzernriesen kontrollieren die Presse, den Rundfunk und das Fernsehen: die Herald & Weekly Times-Gruppe, die John Fairfax-Gruppe und die News Corporation des international bekannten Medienzars Rupert Murdoch. Dessen ungeachtet, betrachten sich die meisten Redaktionen als politisch unabhängig.

Es erscheinen über 500 Zeitungen und Zeitschriften, darunter rund 70 Tageszeitungen. Landesweit vertrieben wird im wesentlichen allerdings nur die Tageszeitung The Australian (Auflage ca. 1350000). Die zwar nicht auflagenstärksten, aber zweifellos wichtigsten Tageszeitungen Australiens erscheinen in Sydney und Melbourne, den beiden Pressezentren des Landes: der Sydney Morning Herald (Auflage ca. 400000) und die Melbourner Age (ca. 235000). Weitere wichtige Blätter sind: The Sun (Sydney; ca. 350000), Daily Telegraph (Sydney; ca. 325000), The West Australian (Perth; ca. 250000), The Herald (Melbourne; ca. 220000), The Advertiser (Adelaide; ca. 215000) und The Telegraph (Brisbane; ca. 140000).

Zu den durch die Qualität der Berichterstattung bedeutendsten Zeitschriften gehören die australischen Ausgaben der Nachrichtenmagazine Time und Newsweek. Desweiteren erscheinen in Australien regelmäßig rund 70 fremdsprachige Zeitungen, deren Liste angeführt wird von der vietnamesischen Chieu Duong (Sydney; ca. 70000–100000) und dem italienischen Pronto Guide (Sydney; ca. 60000). Die bedeutendsten deutschsprachigen Zeitungen sind Die Woche in Australien (Sydney; ca. 8500) und Neue Heimat und Welt (Melbourne; ca. 8000). Zeitschriftenhandlungen tragen die Bezeichnung Newsagent.

Deutsche Tages- und Wochenzeitungen sowie Magazine und Illustrierte sind in den größeren Städten und Urlauberzentren ebenfalls erhältlich, wegen des langen Postwegs allerdings mit erheblicher Verspätung.

Neben der öffentlich-rechtlichen Rundfunk- und Fernsehanstalt ABC (Australian Broadcasting Commission), die landesweit über fast 200 Relaisstationen sendet, existieren gegenwärtig rund 140 private Rundfunk- sowie etwa 50 private Fernsehgesellschaften, bei denen es sich durchweg um kommerzielle, oft regional begrenzte Sender handelt. Dazu kommen die sogenannten Ethnischen Programme des Special Broadcasting Service (SBS) in Canberra, Sydney und Melbourne, eines staatlichen Rundfunk- und Fernsehkanals, der ausschließlich in Sprachen von Immigrantengruppen sendet.

Öffnungszeiten

Auskunftsbüros für Touristen: s. S. 573
Banken und Wechselstuben: s. S. 579
Geschäfts- und Regierungsbüros: Mo–Fr 9–17 Uhr
Läden, Kaufhäuser und Supermärkte: s. S. 574
Museen und Galerien: lokal und regional recht unterschiedlich; generell am 1. Weihnachtstag, am Karfreitag sowie meist auch am Anzac Day (25. April) geschlossen
Postämter: s. S. 581.

Post

Post aus Australien sollten Sie stets per Luftpost verschicken (deutliche Aufschrift Air Mail). Die Beförderungsdauer nach Mitteleuropa liegt ab den Hauptpostämtern der Metropolen bei ca. 5–7 Tagen, ab kleinen Provinzpostämtern meist deutlich darüber. Briefmarken erhält man nicht nur in Postämtern, sondern auch an Automaten sowie bei Zeitungshändlern und in Hotels. Gebühren für Luftpostsendungen (1993): Karte 0,90 A-$; Brief bis 10 g: 1,20 A-$.

Pakete werden nur bis zu einem Gewicht von 20 kg befördert und müssen neutral verpackt sein (Spezialkartons sind bei allen größeren Postämtern erhältlich). Luftpostpakete brauchen bis Mitteleuropa ca. 10–14 Tage; auf dem Seeweg dauert es mindestens 2½–3 Monate. Die Gebühren für ein per Schiffspost (Surface Mail) nach Übersee verschicktes 10-kg-Paket liegen bei ca. 35 A-$ (1993).

Sendungen nach Australien können (erfahrungsgemäß sehr zuverlässig) an die Hauptpostämter (General Post Office) der verschiedenen Städte adressiert werden; Vermerk poste restante nicht vergessen! Beim Abholen postlagernder Sendungen ist in der Regel der Reisepaß vorzulegen. In größeren Postämtern kann man bisweilen mittels Computerausdrucken selbst kontrollieren, ob bereits Post angekommen ist. Bedenken Sie, daß Ihre Post eventuell unter Ihrem Vornamen eingeordnet sein könnte! Noch nicht eingegangene Sendungen kann man sich gegen Gebühr nachschicken lassen (auch an ein anderes Postamt). Gewöhnlich werden nicht abgeholte Sendungen nach vier Wochen an den Absender zurückgeschickt.

Postleitzahlen wichtiger Orte: Sydney, NSW 2000; Canberra, ACT 2600; Melbourne, VIC 3000; Brisbane, QLD 4000; Cairns, QLD 4870; Adelaide, SA 5000; Alice Springs, NT 0870; Darwin, NT 0800; Perth, WA 6000; Hobart, TAS 7000.

Telegramme kann man persönlich bei den Postämtern oder über Telefonvermittlung aufgeben. Die Gebühren sind abhängig vom Empfangsort und der Telegrammart (Brief- oder Eiltelegramm).

Öffnungszeiten der meisten Postämter: Mo–Fr 9–17 Uhr, gelegentlich auch Mo–Fr 8.30–17.30 Uhr sowie Sa 8.30–12 Uhr.

Telefon

Postverkehr und Telefondienst sind in Australien getrennt. Für das Telefonwesen ist die staatliche Gesellschaft Telecom zuständig. Ortsgespräche kosten derzeit (1993) bei unbegrenzter Sprechdauer 0,30 A-$. Ferngespräche innerhalb Australiens können von Privattelefonen sowie von öffentlichen Fernsprechzellen aus, welche die Kennzeichnung STD (Subscriber Trunk Dialing) tragen, ohne Vermittlung geführt werden. Für Ferngespräche innerhalb Australiens gelten zu folgenden Zeiten verbilligte Tarife: Mo–Fr 18–22 Uhr; zu einem besonders günstigen Tarif kann man täglich/nächtlich zwischen 22–8 Uhr sowie zwischen Sa 18 Uhr – Mo 8 Uhr telefonieren. An vielen australischen Telefonzellen kann man sich auch zurückrufen lassen.

Überseegespräche können von den meisten Hoteltelefonen sowie von den Fernsprechzellen mit der Kennzeichnung ISD (International Subscriber Dialing) aus ohne Vermittlung direkt durchgewählt werden. Die Telefonnummer für die BRD (z. B. nach Frankfurt) setzt sich wie folgt zusammen:

0011	Fernsprechamtsnummer
49	Vorwahlnummer des Landes
69	Vorwahlnummer der Stadt
XXXXXX	Teilnehmernummer

Bei Überseegesprächen dürfen Sie die 0 der Ortsvorwahl nicht mitwählen, sonst kommt die Verbindung nicht zustande. Die Ländervorwahl für Österreich ist 43, für die Schweiz 41. Sobald Sie die gesamte Übersee-Telefonnummer gewählt haben, werden Sie nach ca. 15 Sekunden ein melodisches Geräusch hören, das bedeutet, daß Ihr Anruf ›unterwegs‹ ist. Nach weiteren ca. 20–30 Sekunden wird das Rufzeichen Ihres Gesprächspartners ertönen. Ein Ferngespräch nach Mitteleuropa kostet im Selbstwählverfahren tagsüber pro Minute ca. 1,90 A-$, zwischen 23–6 Uhr ca. 1,20 A-$ (1993). Bei Anrufen von Telefonzellen aus immer genügend 10-, 20- und 50-Cents-Münzen sowie 1 A-$-Stücke bereithalten. Ist das eingeworfene Geld beinahe aufgebraucht, blinkt ein rotes Warnlicht auf. Denken Sie bei der Wahl der Anrufzeit an die sieben- bis neunstündige Zeitverschiebung!

Die landesweit einheitliche (kostenlose) Notrufnummer für Polizei, Ambulanz und Feuerwehr ist 000, die Rufnummer der Auskunft 013 (national) und 0103 (international).

Vorwahlnummern einiger australischer Städte:

Ort	*von australischen Orten*	*von der BRD*
Adelaide	08	00618
Alice Springs	089	0061 89
Brisbane	07	00617
Canberra	062	0061 62
Darwin	089	0061 89
Hobart	002	0061 02
Melbourne	03	00613
Perth	09	00619
Sydney	02	00612

Zeit

Wegen der enormen Ost-West-Erstreckung des Kontinents gibt es in Australien drei Zeitzonen: Eastern Standard Time (EST; mitteleuropäische Zeit + 9 Stunden) in Neusüdwales (außer Broken Hill), Victoria, Queensland und Tasmanien; Central Standard Time (CST; mitteleuropäische Zeit + 8½ Stunden) in Südaustralien (einschließlich Broken Hill/NSW) und im Nordterritorium; Western Standard Time (WST; mitteleuropäische Zeit + 7 Stunden) in Westaustralien.

In den australischen Staaten (außer Westaustralien und Queensland) herrscht zwischen Oktober–März Sommerzeit (Daylight Saving), d.h. die Uhren werden in diesen Monaten um eine Stunde vorgestellt. Während der Sommerzeit vergrößert sich die Zeitdifferenz zu Mitteleuropa natürlich um eine weitere Stunde. Andererseits verringert sich der Zeitunterschied zwischen Mitteleuropa und Australien um eine Stunde während der europäischen Sommerzeit zwischen April–September.

Wie in Großbritannien und den USA sind in Australien die Zeitangaben gewöhnlich mit dem Zusatz a.m. (ante meridien; von 8–12 Uhr) und p.m. (post meridien; von 12–24 Uhr) versehen.

Zoll

Für die zollfreie Einfuhr von Souvenirs liegt die Wertgrenze in der Bundesrepublik Deutschland bei 100 DM, in Österreich bei 650 ÖS, in der Schweiz bei 200 SFr. Zollfrei sind außerdem 200 Zigaretten (oder 50 Zigarren oder 250 g Tabak), 1 l Spirituosen oder 2 l Wein, 250 g Kaffee und 100 g Tee sowie 50 g Parfüm und ¼ l Eau de Cologne.

Rück- und Weiterreise

Sie sollten unbedingt 72 Stunden vor der Abreise bei Ihrer gebuchten Fluglinie den Rück- oder Weiterflug rückbestätigen. Sie können dies auch telefonisch erledigen, um Mißverständnissen vorzubeugen, ist es aber sinnvoller, persönlich ins Buchungsbüro der jeweiligen Gesellschaft zu gehen. Versäumen Sie die Rückbestätigung, erlischt Ihre Flugreservierung! Bedenken Sie, daß viele der sogenannten Billigflieger häufig mit Überbuchung arbeiten und daß schon mancher Reisende trotz bestätigten Rückflugs nicht mitfliegen konnte. Sinnvoll ist es daher, rechtzeitig (d.h. ca. zwei Stunden vor Abflug) am Check-In-Schalter des Flughafens zu sein! Vergessen Sie überdies nicht, daß von allen Personen ab dem 12. Lebensjahr beim Verlassen Australiens eine Ausreisegebühr von (1993) 20 A-$ erhoben wird!

Abbildungsnachweis

Australian Tourist Commission S. 386, 418/19
Museum of the Goldfields (Kalgoorlie) S. 65
State Library of New South Wales (Sydney) S. 55, 60, 62/63, 70, 73, 79
State Library of Victoria (Melbourne) S. 50, 57, 67, 95
Johannes Willenbrink (Köln) Farbabbildungen 51, 55

Alle weiteren Farb- und Schwarz-Weiß-Abbildungen von Roland Dusik

Karten wurden vom Verlag Berndtson & Berndtson, Fürstenfeldbruck erstellt.

Bitte schreiben Sie uns, wenn sich etwas geändert hat!

Alle in diesem Buch enthaltenen Angaben wurden vom Autor nach bestem Wissen erstellt und von ihm und dem Verlag mit größtmöglicher Sorgfalt überprüft. Gleichwohl sind – wie wir im Sinne des Produkthaftungsrechts betonen müssen – inhaltliche Fehler nicht vollständig auszuschließen. Daher erfolgen die Angaben ohne jegliche Verpflichtung oder Garantie des Verlags oder des Autors. Beide übernehmen keinerlei Verantwortung und Haftung für etwaige inhaltliche Unstimmigkeiten.
Wir bitten dafür um Verständnis und werden Korrekturhinweise gerne aufgreifen: DuMont Buchverlag, Postfach 101045, 50450 Köln.

Literaturauswahl

Allgemeine Landesübersichten

Länder der Erde–Band Australien. Time Life Verlag, Amsterdam 1988

Lamping, Heinrich: Australien. Ernst Klett Verlag, Stuttgart 1985

Merian-Heft Australien. Hoffmann und Campe, Hamburg 1988

Viedebantt, Klaus: 30mal Australien – Serie Piper Panoramen der Welt. Piper Verlag, München 1988

Fauna und Flora

Dossenbach, Hans D.: Die Tierwelt Australiens. Silva Verlag, Zürich 1986

Fugger, Brigitte/Bittmann Wolfgang: Australien – Reiseführer Natur. BLV Verlagsgemeinschaft, München – Wien – Zürich 1990

Moffitt, Ian: Der australische Busch. Time Life Verlag, Amsterdam 1976

Pettit, Rose: Australien – Tier- und Pflanzenwelt. Landbuch-Verlag, Hannover 1985

Geschichte und Politik

Hughes, Robert: Australien – Die Gründerzeit des Fünften Kontinents. Econ Verlag, Düsseldorf – Wien – New York 1987

Kisch, Egon Erwin: Landung in Australien. Verlag Kiepenheuer & Witsch, Köln 1985

Leichhardt, Ludwig (Hg.: Franz Braumann): Die erste Durchquerung Australiens 1844–46. Thienemann Verlag – Edition Erdmann, Stuttgart 1983

Lütgen, Kurt: Auf Geheimkurs – Geschichten und Gestalten der Entdeckung Australiens. Arena Verlag, Würzburg 1988

Lütgen, Kurt: Weit hinter dem Wüstenmond – Geschichten und Gestalten der Erforschung Australiens. Arena Verlag, Würzburg 1988

Lütgen, Kurt: Wie Sand vor dem Wind – Auf den Spuren der Ureinwohner Australiens. Arena Verlag, Würzburg 1988

Voigt, Johannes H.: Geschichte Australiens. A. Kröner Verlag, Stuttgart 1988

Aborigines

Heermann, Ingrid: Die Traumzeit lebt weiter. Katalog des Staatlichen Museums für Völkerkunde, Stuttgart 1981

Lommel, Andreas (u. a.): Die Kunst des alten Australiens. Prestel Verlag, München 1989

Schlatter, Gerhard: Bumerang und Schwirrholz – Eine Einführung in die traditionelle Kultur australischer Aborigines. Dietrich Reimer Verlag, Berlin 1985

Supp, Eckhard: Australiens Aborigines – Ende der Traumzeit? Bouvier Verlag, Bonn 1985

Uhlig, Helmut: Menschen der Südsee – Die Naturvölker Australiens und Ozeaniens. Safari Verlag, Berlin 1974

Wilpert, Clara P. (Hg.): Der Flug des Bumerang – 40000 Jahre Australier. Christians Verlag, Hamburg 1987

Ziehr, Wilhelm: Hölle im Paradies – Entdekkung und Untergang der Südsee-Kulturen. Econ Verlag, Düsseldorf – Wien – New York 1980

Reiseberichte

Davidson, Robyn: Spuren – Eine Reise durch Australien. Rowohlt Taschenbuch Verlag, Reinbek bei Hamburg 1982

Horwitz, Tony: Australiens Outback. Frederking & Thaler Verlag, München 1991

Keiner, Bernd: Quer durch den roten Kontinent. Frederking & Thaler Verlag, München 1989

Kiemle, Roland: Abenteuer-Almanach Australien-Neuseeland. Droemersche Verlagsanstalt Th. Knaur Nachf., München 1988

Kreutzkamp, Dieter: Zwölftausend Kilometer Australien und Neuseeland – Mit dem Fahrrad durch Wüsten und über Berge. Pietsch Verlag, Stuttgart 1989

Taitl-Kröger, Thea: Goldrausch mit Folgen – Eine Frau allein im australischen Outback. Mai Verlag, Buchschlag bei Frankfurt 1990

Romane und Erzählungen

Cato, Nancy: Delie und Brenton – Alle Flüsse fließen ins Meer. Goldmann Verlag, München 1985

Cato, Nancy: Der ewige Baum – Australiensaga. Goldmann Verlag, München 1990

Chatwin, Bruce: Traumpfade. Carl Hanser Verlag, München – Wien 1990

Davidson, Robyn: Vorfahren. Rowohlt Taschenbuch Verlag, Reinbek bei Hamburg 1991

Hooper, Meredith: Watzel Stinkers Tagebuch. Arena Verlag, Würzburg 1991

McCullough, Colleen: Dornenvögel. Goldmann Verlag, München 1991

Morgan, Sally: Ich hörte den Vogel rufen. Orlanda Frauenverlag, Berlin 1991

White, Patrick: Der Maler. Piper Verlag, München 1989

White, Patrick: Eine Seele von Mensch, Fischer Taschenbuch Verlag, Frankfurt am Main 1991

Wolf, Volker (Hg.): Australien erzählt (18 Erzählungen). Fischer Taschenbuch Verlag, Frankfurt/Main 1991

Wongar, Bahumir: Die Seele. Lamuv Verlag, Bornheim-Merten 1985

Wood, Barbara: Traumzeit. Krüger Verlag, Frankfurt/Main 1991

Märchen und Legenden

Boltz, Herbert: Märchen der australischen Ureinwohner. Fischer Taschenbuch Verlag, Frankfurt/Main 1989

Bozic, Sreten (Hg.): Das kleine Känguruh und andere australische Märchen aus der Traumzeit. Röth Verlag, Kassel 1981

Löffler, Anneliese (Hg.): Märchen aus Australien – Traumzeitmythen der Aborigines. Diedrichs Verlag, Düsseldorf – Köln 1981

Register

Ortsregister

(ACT = Australian Capital Territory; NSW = New South Wales; NT = Northern Territory; QLD = Queensland; SA = South Australia; TAS = Tasmania; VIC = Victoria; WA = Western Australia)

National Parks

Personen- und Sachregister

»Richtig reisen« / »Richtig wandern«

- Ägypten
  - Kairo
  - Sinai und Rotes Meer
- Arabische Halbinsel
- Australien
- Bahamas
- Belgien und Luxemburg
  - Belgien mit dem Rad
- Bundesrepublik Deutschland
  - »Richtig wandern«: Allgäuer und Ammergauer Alpen (Herbst '93)
  - Berlin
  - Deutsche Ostseeküste
  - »Richtig wandern«: Franken
  - München
  - »Richtig wandern«: Ostfriesland
  - »Richtig wandern«: Sächsische Schweiz
  - »Richtig wandern«: Thüringer Wald
- China
- Cuba
- Dänemark
  - Bornholm
- Finnland
- Frankreich
  - »Richtig wandern«: Bretagne
  - »Richtig wandern«: Burgund
  - »Richtig wandern«: Cevennen und Languedoc
  - Elsaß
  - Korsika
  - »Richtig wandern«: Korsika
  - Languedoc und Roussillon
  - Paris
  - »Richtig wandern«: Provence
  - »Richtig wandern«: Pyrenäen
- Griechenland
  - Die griechischen Inseln
  - Kreta
  - »Richtig wandern«: Kykladen
  - »Richtig wandern«: Nordgriechenland
  - »Richtig wandern«: Peloponnés
  - »Richtig wandern«: Rhodos
- Großbritannien
  - London
  - Nord- und Mittelengland
  - »Richtig wandern«: Nord-England
  - »Richtig wandern«: Schottland
  - »Richtig wandern«: Englands Süden
  - Süd-England
- Guadeloupe – Martinique
- Holland
  - Amsterdam
- Hongkong mit Macau und Kanton
- Indien
  - Nord-Indien
  - Süd-Indien
- Indonesien
- Irland
- »Richtig wandern«: Island
- Italien
  - Friaul – Triest – Venetien
  - Ischia, Capri, Procida
  - Neapel
  - Oberitalien
  - Rom
  - Sardinien
  - »Richtig wandern«: Sardinien (Herbst '93)
  - Sizilien
  - Süditalien
  - »Richtig wandern«: Südtirol
  - Toscana
  - »Richtig wandern«: Toscana und Latium
  - Venedig
- Jamaica
- Kanada und Alaska
  - Ost-Kanada
  - West-Kanada und Alaska
- »Richtig wandern«: Lappland
- Luxemburg
  - Belgien und Luxemburg
- Madagaskar – Komoren
- Malediven
- Marokko
- Mauritius
- Mexiko
- Nepal
- Neuseeland
  - »Richtig wandern«: Neuseeland
- Norwegen
- Österreich
  - Graz und die Steiermark
  - »Richtig wandern«: Tirol
  - Wien
- Ostafrika
- Philippinen
- Portugal
  - Azoren
- Prag
- Réunion
- Schweden
- Seychellen
- Spanien
  - Andalusien
  - »Richtig wandern«: Andalusien
  - Barcelona
  - Extremadura
  - Gran Canaria
  - Ibiza/Formentera
  - »Richtig wandern«: Der spanische Jakobsweg
  - Katalonien
  - Lanzarote
  - »Richtig wandern«: La Palma, La Gomera, El Hierro
  - Madrid und Kastilien
  - »Richtig wandern«: Mallorca
  - »Richtig wandern«: Der Osten Spaniens
  - »Richtig wandern«: Pyrenäen
  - Teneriffa
- Südamerika
  - Argentinien – Chile – Paraguay – Uruguay
  - Peru und Bolivien
  - Venezuela, Kolumbien und Ecuador
- Thailand
- Türkei
  - Istanbul
- Tunesien
- Ungarn
  - Budapest
- USA
  - Florida
  - Hawaii und Südsee
  - Kalifornien
  - Los Angeles
  - Neu-England
  - New Orleans und die Südstaaten
  - Südwesten – USA
  - Texas
  - USA – Der Westen
  - Washington D. C.
- Zentralamerika
- Zypern

Nationalparks im Südosten

New South Wales
1 Sturt NP
2 Gibraltar Range NP
3 Bundjalung NP
4 Yuraygir NP
5 Mt. Kaputar NP
6 Guy Fawkes NP
7 New England NP
8 Warrumbungle NP
9 Apsley Gorge NP
10 Gloucester NP
11 Kinchega NP
12 Myall Lakes NP
13 Wollemi NP
14 Willandra NP
15 Mungo NP
16 Mallee Cliffs NP
17 Blue Mountains NP
18 Ku-ring-gai Chase NP
19 Royal NP
20 Morton NP
21 Kosciusko NP
22 Dena NP
23 Wadbilliga NP

Victoria
24 Hattah-Kulkyne NP
25 Wyperfeld NP
26 Little Desert NP
27 Grampians NP
28 Mt. Buffalo NP
29 Croajingolong NP
30 Wilsons Promontory NP
31 Otway NP
32 Lower Glenelg NP

South Australia
33 Canunda NP
34 Coorong NP
35 Flinders Chase NP
36 Innes NP
37 Mt. Remarkable NP
38 Flinders Ranges NP
39 Gammon Ranges NP

Verzeichnis der Karten